本书得到"兰州大学中央高校基本科研经费专项资金重点研究基地建设项目"（项目批准号：18LZUJBWTD003）和自由探索项目"'一带一路'倡议中不同区域的主要安全问题研究"（项目批准号：18LZUJBWZY004）的资助

社会运动理论视角下的中东变局研究

曾向红 等著

中国社会科学出版社

图书在版编目（CIP）数据

社会运动理论视角下的中东变局研究／曾向红等著.—北京：
中国社会科学出版社，2018.1
ISBN 978-7-5161-8752-4

Ⅰ.①社… Ⅱ.①曾… Ⅲ.①中东问题—研究 Ⅳ.①D815.4

中国版本图书馆CIP数据核字（2016）第189879号

出 版 人	赵剑英	
责任编辑	罗　莉	
责任校对	李　林	
责任印制	戴　宽	

出　　版	中国社会科学出版社	
社　　址	北京鼓楼西大街甲158号	
邮　　编	100720	
网　　址	http://www.csspw.cn	
发 行 部	010-84083685	
门 市 部	010-84029450	
经　　销	新华书店及其他书店	
印　　刷	北京明恒达印务有限公司	
装　　订	廊坊市广阳区广增装订厂	
版　　次	2018年1月第1版	
印　　次	2018年1月第1次印刷	
开　　本	710×1000　1/16	
印　　张	31.5	
插　　页	2	
字　　数	516千字	
定　　价	116.00元	

凡购买中国社会科学出版社图书，如有质量问题请与本社营销中心联系调换
电话：010-84083683
版权所有　侵权必究

目 录

序 言 …………………………………………………………………（1）

第一部分 社会运动理论与变局前的中东

第一章 社会运动理论视角下的中东社会变迁研究述评 …………（3）
第二章 20世纪90年代以来中东社会变迁对社会运动的影响 ……（22）
第三章 20世纪90年代以来中东社会运动的发展演变 ……………（45）
第四章 社会运动对社会变迁的作用——模型构建、
　　　　影响因素与效果判定 ………………………………………（66）

第二部分 社会运动理论视角下的中东变局

第五章 中东变局的发展过程、动力与机制——以埃及
　　　　变局为中心 …………………………………………………（99）
第六章 埃及社会运动中的政治机会结构、
　　　　水平网络与架构共鸣 ………………………………………（134）
第七章 埃及变局中的信息瀑布与虚拟社交网络 …………………（174）
第八章 政治伊斯兰力量与中东变局 ………………………………（194）

第三部分 中东变局的外部维度

第九章 架构视角与美国对埃及变局的应对 ………………………（215）
第十章 西方国家对"保护的责任"的选择性适用 ………………（242）
第十一章 法国空袭利比亚的决策过程 ……………………………（271）

第十二章　俄罗斯军事干预叙利亚危机的动机及方式选择 ……… (287)

第四部分　中东变局带来的复杂影响

第十三章　影响中东变局从社会运动演变为内战的因素 ……… (323)
第十四章　"伊斯兰复兴运动"与突尼斯的和平政治过渡 ……… (351)
第十五章　中东变局对"占领"运动的影响及效果比较 ……… (375)
第十六章　国际社会对"保护的责任"适用的立场 ……………… (404)

参考文献 …………………………………………………………… (439)
后　记 ……………………………………………………………… (484)

序　言

（一）中东变局的深远影响

2010年12月17日以来，一波被称为"阿拉伯之春"（Arab Spring）或中东变局（Middle East Upheavals）的政治变局浪潮席卷突尼斯、埃及、利比亚、叙利亚、约旦、也门、巴林等中东国家，造成了深远的地区与国际影响，其效应一直持续至今。就影响而言，从国家、地区与国际三个层面进行划分，中东变局的后果至少在以下三个层面上有显而易见的体现。

首先，在国家层次上，中东变局对中东国家的政局及其发展方向造成了深远的影响。

受到变局波及的国家后来的发展方向具有明显不同。如突尼斯在民众"独裁者下台"的抗议声中迎来了较为平缓的政治变革，尽管目前突尼斯的政治形势仍然比较脆弱，但至少避免了大规模的国内冲突。而埃及变局虽然以相对缓和的方式促成了前总统穆巴拉克的下台，但此后执政的穆斯林兄弟会与埃及军方陷入了长期的政治对峙，并最终导致军方通过"政变"的方式驱逐了穆尔西政府，此后的埃及军方虽然执掌了政权，但在一定程度上又重返了变局前威权主义统治的覆辙。相较于突尼斯和埃及不那么暴力和血腥的变迁，利比亚和叙利亚的变局可以用令人振腕来形容。在利比亚，经过残酷的内战，利比亚反对派势力虽然推翻了卡扎菲政权，但截至目前，利比亚局势仍然处于混乱形势中，新旧政权的更迭并未带来一个民主、自由、和平的新世界。叙利亚变局带来了持续5年多的内战，阿萨德政权的存续，是以政局的支离破碎、民众的大量伤亡和流离失所、"伊斯兰国"的崛起等为代价的。也门不仅同样陷入了内战，而且还引发沙特阿拉伯领导的国际联盟的军事干预。而沙特、约旦、巴林等同样受到中东变局影响的国家，虽然避免了政权更迭或内部冲突，但原来的政治秩序受到了或多或少的冲击，为此不得不对传统的统治方式进行一些调整，以应对中东变局带来的民众民主意识提高的挑战。

总之，由于统治基础、经济形势、阶层分布、应对策略、外部影响、抗争强度等因素的不同，中东变局在不同国家所产生的后果迥然有异。不过，有一点没有太多的疑问，即认为中东变局是一场类似于东欧剧变、苏联解体之类的民主促进运动的观点被证明是存在严重偏差的。在某种程度上，"阿拉伯之春"已演变为"阿拉伯之冬"。至少，中东变局对受其波及的国家带来了复杂影响，这种影响绝不是一场暴风骤雨式的民主变革运动，这是当初对其到来热烈欢呼的观察人士始料未及的。

其次，在地区层次上，中东变局深刻地改变了中东地区的政治版图。

中东变局对该地区政治版图的改变，至少有两个方面的影响途径，一种是直接的影响，一种是间接的影响。直接的影响，主要体现在受到变局影响的国家的实力消长以及域内国家为推动或遏制中东变局的发展势头所采取的应对措施所带来的后果上。如变局导致埃及社会的剧烈变动，在很大程度上削弱了埃及在阿拉伯世界中的影响力，导致了利比亚和叙利亚等传统阿拉伯强国影响力受损。而与此形成对照的是，沙特阿拉伯等海湾合作委员会成员国虽同样受到变局影响，但由于维持了政权的总体稳定，其影响力得到凸显。这种不同国家实力此消彼长的现象，具有深远的国际后果。如起初为了遏制也门"革命"局势的发展，此后为避免属于什叶派的胡塞武装在也门的发展势头，沙特阿拉伯直接率领海湾合作委员会成员国进行军事干预。此外，沙特还向变局后的利比亚、埃及等提供大量援助，这在一个侧面凸显了变局后沙特阿拉伯的实力增强，这是沙特在中东地区日益采取强势政策的重要原因。

就间接的影响而言，中东变局在该地区产生的纷乱局势，为地区或全球大国介入地区局势提供了机会。无论是美国、俄罗斯等全球大国，还是土耳其、以色列、伊朗等地区大国，均以一种警惕的眼光观察着中东局势的演变，并积极介入变局，以维护或拓展自身影响。虽然很难对各大国在中东变局中的利弊得失做出准确的评估，但总体而言，中东变局在地区层面上带来的间接后果包括：美国在中东地区的势力受到一定冲击，俄罗斯借干预叙利亚危机拓展了自身的实力，土耳其试图将自身打造为伊斯兰世界的领袖，伊朗借介入叙利亚和也门局势并与美国签署核协议得以扩大自身的影响，以色列担心变局后埃及和约旦等国会撕毁以前达成的和平条约这一担忧并未成为现实，并在分散了国际社会对巴以和平问题注意力的同时借机扩大了对巴勒斯坦的优势。等等这些现象，毫无疑问，中东变局重塑了大国在中东地区的实力和利益分配格局，进而可能会对该地区形势的后续发展产生持久的影响。

最后，中东变局还对国际格局与部分国际规范产生了部分冲击。

这种冲击体现在多个方面，至少就目前而言，有四种冲击已经显露无遗。第一种冲击是国际格局方面的，即美俄在中东地区的力量分布似乎出现了此消彼长的变化。中东变局的发生，正值美国实施亚太再平衡战略之际。奥巴马政府主动削弱在中东地区的存在，以致美国在应对埃及变局、伊拉克局势、叙利亚内战等问题上出现了一系列战略失误（如放弃穆巴拉克疏远了沙特阿拉伯等盟友，匆忙干预利比亚造成了利比亚局势的持久动荡，急于从伊拉克撤军为"伊斯兰国"的崛起提供了机会，等等），这不仅削弱了美国的战略信誉，而且还冲击到美国在该地区的地位。而俄罗斯以打击"伊斯兰国"为名介入叙利亚内战，并通过与伊朗、伊拉克甚至埃及等地区大国发展关系，不仅扩大了在中东地区的战略存在，而且还有效改善了因兼并克里米亚所带来的与西方关系冷淡的局面。

第二种冲击是中东变局中非暴力抗议的威力得到了充分展示。虽然大规模非暴力抗议活动所带来的后果难以预料，但作为一种可能实现政权更迭的方式，这类政治抗争运动将有可能对未来其他地区的抗争政治产生一定的示范效应。至少在部分西方观察者眼中，中东变局在跨国社会运动的发展脉络中上承东欧剧变、苏联解体，中接2003—2005年间发生在格鲁吉亚、乌克兰、吉尔吉斯斯坦等前苏联国家的"颜色革命"，下续蔓延至美国、英国等发达国家与部分发展中国家和地区的系列"占领"运动。如有观察家认为，系列"占领"运动受到了中东变局的直接启发。因此，不排除未来的某个社会运动从中东变局中获得启发，以此作为推动本国政权实现更迭的手段。

第三种冲击是"保护的责任"的适用对主权规范的冲击。"保护的责任"的概念自2005年以来既已出现，但中东变局前，该概念只是停留在讨论阶段，并未得到适用。中东变局带来的混乱局势，为西方国家以"保护的责任"为名干预特定国家的内部事务、颠覆非友好政权提供了话语或理念支撑。军事干预利比亚是西方国家首次适用"保护的责任"。尽管纵观联合国安理会通过的相关决议，其中并未出现"保护的责任"的字眼。西方国家以"保护的责任"为名军事干预利比亚虽然充满争议，但毕竟为"保护的责任"的适用提供了一个先例。事实上，继干预利比亚后，西方国家还希望将这一概念适用到叙利亚危机的解决上，只不过由于叙利亚问题与利比亚局势有所不同以及俄罗斯、中国、巴西等国家和组织的反对，这一企图未能得逞。不过，"保护的责任"被付诸实践，毕竟对现有国际社会中的主权规范构成了一定的冲击。

第四种冲击是"伊斯兰国"的崛起对国际主权规范的冲击。中东变局带来的一个间接后果就是"伊斯兰国"在伊拉克和叙利亚的强势崛起。利用美军从伊拉克撤出和叙利亚内战造成的混乱局势，"伊斯兰国"通过挑起教派冲突、攻城略地、严格实施沙里亚法、残酷对待"异教徒"和"叛教者"等，建立了所谓的"哈里发国家"，并在巴黎、布鲁塞尔等西方国家的心脏地带发动系列恐怖袭击，使之成为当前国际社会面临的严重安全威胁。在规范方面，"伊斯兰国"声称，它的目的是在世界范围贯彻伊斯兰教法，使整个世界成为乌玛的天下。而乌玛得到重建的根本途径，在于坚持和贯彻"认主独一"的原则，即"万物非主、唯有真主"。根据"伊斯兰国"的设想，全世界的虔诚穆斯林将组成一个单一的全球共同体，它超越了伊斯兰世界内部民族、国家、宗教派别、地域、部落等的分割，是一种纯粹基于"认主独一"原则而得以形成的信仰共同体。这种观念，从根本上否认现有国际体系的原则，如国家平等、尊重国家独立等，而且拒绝承认其他宗教、文化存在的合法性。这是对现代人类文明的底线提出了根本性挑战，而且极富扩张性和侵略性。

由于距今时日尚短，中东变局的全面影响还有待观察。不过，通过上文的简要梳理，可以发现，中东变局已在国家、地区、国际体系三个层面上产生了广泛而深远的影响。中东变局的影响，要求国内学术界对该问题进行系统、深入的研究。

（二）国内研究现状

相对于中东变局的多重和深远影响，国内学术界的研究显得严重滞后。这种滞后至少体现在以下三个方面：[①]

其一，体现在研究成果的数量上。中东变局自2010年开始至今，国

[①] 对于中国学术界有关中东变局研究成果的述评，也可参见范鸿达《中东变局背景下中国的中东研究》，载《西亚非洲》2013年第6期，第146—157页。下文对此的评估，更多将其置于英语世界相关成果的比较研究的框架中进行。

内学术界曾经出现过一段时间的研究热潮，甚至目前仍有部分学者在跟踪研究中东变局的发展过程与后续影响。不过，整体而言，国内关于中东变局的研究，力度明显不够。如以成果的形式为例，现有研究成果主要体现学术论文上，较少有专著出现。不多的例外，只有刘中民、朱威烈主编的《中东地区发展报告：中东变局的多维透视（2012年卷）》、[1] 马晓霖主编的《阿拉伯剧变：西亚、北非大动荡深层观察》[2]与张翠容所著的《中东现场》与《另一片海：阿拉伯之春、欧债风暴与新自由主义之殇》。[3] 在这四本著作中，张翠容的两本著作属于报告和访谈性质。数量如此之少的专著，从一个侧面说明国内学术界热衷追踪学术热点，但缺乏对热点问题的持久关注和深入研究。通过与英语世界中关于中东变局研究成果的数量进行简单比较，即可发现国内研究存在的这一不足相当明显。据不完全统计，截至2016年年初，英语世界中关于中东变局的专著已达50多部。[4] 仅此一项，即可充分说明国内学术界对中东变局的研究仍须大大加强。

其二，体现在研究议题上。中东变局波及十余个西亚北非国家，涉及政治、经济、社会、文化、军事、文学、历史、宗教等多个领域，影响遍

---

[1] 刘中民、朱威烈编：《中东地区发展报告：中东变局的多维透视（2012年卷）》，北京：时事出版社2013年版。

[2] 马晓霖主编：《阿拉伯剧变：西亚、北非大动荡深层观察》，北京：新华出版社2012年版。

[3] 张翠容：《中东现场》，桂林：广西师范大学出版社2012年版；张翠容：《另一片海：阿拉伯之春、欧债风暴与新自由主义之殇》，桂林：广西师范大学出版社2015年版。

[4] 限于篇幅，在此不一一列举。近两年的文献如下：Reza Jamali, *Online Arab Spring：Social Media and Fundamental Change*, Oxford：Chandos Publishing, 2015；Vera van Hüllen, *EU Democracy Promotion and the Arab Spring International Cooperation and Authoritarianism*, Basingstoke：Palgrave Macmillan, 2015；Ali Kadri, ed., *Development Challenges and Solutions after the Arab Spring*, Basingstoke：Palgrave Macmillan, 2015；Larbi Sadiki, ed., *Routledge Handbook of the Arab Spring：Rethinking Democratization*, London：Taylor & Francis Ltd, 2015；Amr Yossef and Joseph R. Cerami, *The Arab Spring and the Geopolitics of the Middle East：Emerging Security Threats and Revolutionary Change*, Basingstoke：Palgrave Macmillan, 2015；Christopher L. Brennan, *Fall of the Arab Spring From Revolution to Destruction*, San Diego：ProgressivePress.com, 2015；Daniel Ritter, *The Iron Cage of Liberalism：International Politics and Unarmed Revolutions in the Middle East and North Africa*, Oxford：Oxford University Press, 2015；James L. Gelvin, *The Arab Uprisings：What Everyone Needs to Know*, Oxford：Oxford University Press, 2015；Jülide Karako？, ed., *Authoritarianism in the Middle East：Before and After the Arab Uprisings*, Basingstoke：Palgrave MacMillan, 2015；Nadine Schnelzer, *Libya in the Arab Spring：The Constitutional Discourse Since the Fall of Gaddafi*, Weisbaden：Springer Fachmedien Wiesbaden, 2015；John L. Esposito, Tamara Sonn and John O. Voll, *Islam and Democracy After the Arab Spring*, Oxford：Oxford University Press, 2016；Kirsten J. Fisher and Robert Stewart, eds., *Transitional Justice and the Arab Spring*, London：Taylor & Francis Ltd, 2016；etc.

及国家、地区、国际体系等观察层次。要对如此显著的国际事件进行全面、深入的研究，并不容易。正如三十多年过去了，人们依旧难以就1979年的伊朗伊斯兰革命中存在的某些问题形成准确的理解一样，希望学术界在变局发生数年后即对其中的某些重大问题达成共识不太现实。然而，如果要相对清晰地把握中东变局的发展脉络及其影响，对其开展较为全面的研究，而不只是局限于某些特定问题，这是最基本的要求。然而，目前国内学术界对中东变局的研究，主要集中在政治学研究领域内，此外还有部分社会学、经济学、历史学、传播学、宗教学的研究成果。就研究主题而言，大多数研究成果涉及的主要是中东变局发生的结构性背景、大国的应对措施、中东变局产生的影响等议题。这些研究成果无疑为人们了解中东变局做出了巨大的贡献，然而，如果长期将研究视域集中在这些问题上，将很难促进国内中东变局研究水平的提高，遑论与国际学术界展开竞争。[①] 再以英语世界中研究中东变局的专著为例，它们对中东变局的研究，涵盖了政治学、经济学、社会学、文学、传播学等学科领域。研究主题不仅有对中东变局的整体研究，也有对发生变局的不同国家的国别研究；不仅有对变局根源的探索，也有对变局过程和演变的追踪，还有诸多对变局后果与影响的分析；不仅有宏观层次上的研究，也有中观视角下的考察，还有微观层次上的检视。尽管英语世界关于中东变局的研究成果质量参差不齐，但成果数量的众多和研究主题的广泛，客观上具有弥补质量不足的效果。

其三，体现在研究视角上。中东变局涉及方方面面的问题，从不同的学科角度出发，均可以对其做出相应的解读。在对中东变局的性质、根源、进程、后果、影响等问题不太可能立即达成共识的情况下，研究者从不同的学科出发、采取不同的理论视角对此进行研究，是提高对中东变局研究的学理化水平的重要途径。而就目前国内学术界对中东变局的研究而言，大多数成果并未明确指出其所采取的理论视角。如以政治学或国际关系学界的研究成果而言，研究者主要采取的是含蓄的理性选择理论。无论是对发生变局国家发展形势的判断，还是对大国在变局中博弈的分析，研

[①] 在一定程度上，牛新春对中国国际问题专家有关阿富汗、伊拉克两场战争的研究所做的批评，也适用对中东变局问题的研究。可参见牛新春《集体性失明：反思中国学界对伊战、阿战的预测》，载《现代国际关系》2014年第4期，第1—9页。

究者们几乎不约而同地从成本—收益的角度出发展开分析。与之相对应的是，至少在视角上，英语世界的相关专著采取的视角较为多元，理论工具更为多样。如有成果分别从文化社会学、地缘政治学或政治地理学、国际政治经济学、批判理论、后殖民主义、社会运动理论等理论角度出发对中东变局进行了别开生面的研究。尽管理论视角的多元，并不一定能保证结论的正确，不过，研究视角的单一，无疑在很大程度上影响了研究成果的创新性。因此，怎样才能激励更多不同学科背景的研究者介入中东变局的研究中，就相关问题提供具有创新意义的观点，进而提高中东变局甚至中东问题研究的学理水平，是学术界需要认真思考的问题。

除了以上三个方面的不足，国内学术界关于中东变局的研究成果还存在研究方法单一——主要采取描述、文献梳理等定性研究方法，而采取比较分析、案例研究、过程追踪、文本分析等定性研究方法的成果较少，而采用田野调查、深度访谈、参与观察等科学程度较高的定性研究方法以及数学建模、回归分析等定量研究方法研究中东变局更是凤毛麟角；研究资料不够丰富——主要采用网络资源，甚至较少参考学术期刊、学术专著等具有较高可信性和学术性的研究成果；问题意识不够明确——部分研究成果停留在泛泛而论特定国家政局或中东变局的原因与影响的阶段，未能对不同国家出现不同结果等问题提供具有说服力或科学性的答案，等等。

需要指出的是，指出现有研究的不足，只是对此所做的初步反思，而不是针对现有研究成果的批评。相反，在中东变局以迅雷不及掩耳之势发展的背景下，现有研究成果对于人们把握中东变局提供了诸多洞见，做出了不可或缺的贡献。之所以指出这些不足，本书只是想通过与英语世界的相关成果做一简单比较，以便人们发现国内中东变局存在的明显差距，并激励更多学者从事这一问题的研究。如此，才有可能提高国内中东变局问题研究的水平，进而提升中国中东问题研究的整体实力。随着中东变局的发生、"伊斯兰国"的崛起、中国"一带一路"倡议的提出，中东问题研究的重要性得到了学术界更多的强调。我们有理由期待，当更多的学者介入到"一带一路"问题的研究中，将会有更多关于中东变局的成果出现。

（三）社会运动理论与中东变局

本书将从社会运动理论的角度对中东变局进行研究。所谓社会运动，是指"一个人群为了追求或抵制特定社会变革而以某种集体认同和团结感为基础,并主要采取非制度性方式进行的,具有一定连续性和组织性的冲突性集体行动"。① 根据上述定义,社会运动具有明确的目的(即追求或抵制某种社会变革),主要采取非制度化的行为方式(如大规模民众抗议,甚至采取武装斗争的方式),依靠某种集体认同或团结感得以维系(如共享作为本国统治者的反对者身份),具有一定的连续性和组织性(尽管在各国持续时间不同,但多少有连续性和组织性),具有程度不一的冲突性(冲突性从突尼斯的民众与政权的对峙,埃及民众与军队的冲突,利比亚、叙利亚、也门的武装对抗等不一而足)五个方面的特征。② 尽管中东变局在不同国家有不同的表现形式,但大体而言,它们均有以上五个方面的特征。如此,将发生内战或引发外部干预前的中东变局称之为社会运动是适当的。事实上,国内外学术界并不乏从社会运动理论的角度对中东变局进行研究的成果,③ 而且这些成果为人们理解中东变局提供了诸多具有新意的观点。因此,本书将运用这一视角对中东变局的源起、过程、影响等问题进行较为全面的研究。

从社会运动理论的角度出发进行研究,可以发现中东变局中存在许多有待进一步研究或思考的问题。从中东剧变的突发性、社会运动理论在发展过程出现的三种主导性理论——资源动员理论(Resources Mobilization Theory)、政治过程模式(Political Process Model)以及架构视角(Frame Perspective)——出发,以及对中东变局进行比较研究的角度来看,这些挑战至少包括五个方面的议题。这些议题主要包括以下这些主要问题。④

其一是如何说明中东变局的突发性。在 2011 年之前,人们未能预测到中东变局的发生,由此而来的问题是:中东变局为什么会发生?国内外学界为什么未能对中东变局予以准确的预测?突发性的政治剧变能进行预测吗?现有的社会运动理论工具能否对中东变局的发生做出合理的解释?

---

① 冯仕政:《西方社会运动理论研究》,北京:中国人民大学出版社 2013 年版,第 37 页。冯仕政对西方社会运动理论研究中"社会运动"一词的定义及其流变、争议做了细致的梳理(详见第 25—39 页),并在此基础上提出了上述定义。

② 同上书,第 37—38 页。

③ 这类成果在本书中会有所涉及,在此不进行罗列。

④ 从社会运动理论的角度对这些问题的精彩总结,见 Cédric Dupont and Florence Passy, "The Arab Spring or How to Explain those Revolutionary Episodes?" *Swiss Political Science Review*, Vol. 17, No. 4, 2011, pp. 447–451.

为什么中东变局开始于2010年底而不是在此前的某个时刻？此前受到社会运动理论研究较多关注的伊斯兰运动与中东变局之间有什么样的联系？中东变局在中东地区的传播有什么样的机制在发挥作用？等等。

其二，从政治过程模式的角度来看，由此带来的问题包括：中东变局面临什么样的政治机会结构（political opportunity structure）？2010年底开始的中东变局与此前中东地区出现的社会运动在面临的政治机会结构方面是否发生了显而易见的变化？如果是，又发生了哪些变化？中东变局出现前及在其发展过程中，各国政治体系的开放程度提高了吗？各国政府精英内部是否出现了明显的裂痕？军队在各国剧变中发挥了什么样的作用？为什么有的国家的军队在剧变中保持了中立而有的国家其军队拒绝支持抗议者？外部势力在剧变中又发挥了什么样的作用？美国是如何看待中东变局的？西方国家为何会军事干预利比亚而拒绝军事干预叙利亚（这里所指的干预是指以帮助抗议者推翻统治者为目的的干预）？俄罗斯为何军事干预叙利亚，其干预形式、干预时间的选择等有何特别之处？美国等西方国家应对中东变局的措施其效果如何？等等。

其三，从资源动员理论的角度来看，需要回答的问题包括：为什么存在激烈利益冲突和意识形态差异的各种政治力量在中东变局中团结了起来？为什么有的国家的变局（如突尼斯与埃及）持续时间很短？什么样的资源或力量让抗议者敢于挑战统治者的权威，甚至在可能面临巨大风险的情况下依然参与抗议？中东地区的虚拟社交网络、各政治实体建立的社会支持网络在剧变中发挥了什么样的作用？Facebook、Twitter等虚拟社交网络和电视、广播、报纸等传统媒体在剧变中发挥的作用孰大孰小？中东地区的持不同政见者是否影响到了中东变局的进程？等等。

其四，从架构视角出发，有待回答的问题是：抗议者在剧变中完成了哪些架构工作（framing work），提出了哪些框架（frame）？影响框架共鸣（frame resonance）程度的主要因素是什么？各国政府又提出了什么样的反架构（counter‑frame）？抗议者的架构与政府的反架构效果分别如何？为什么抗议者以前掀起的社会运动所构建的框架无法引发广泛的框架共鸣？为什么不同阶层的抗议者们能在剧变中形成团结？伊斯兰文化或民主、人权等话语在架构建构中分别发挥了什么样的作用？等等。

其五，从比较研究的角度来看，可以将中东变局带来的问题分解为区域内比较与区域外比较两个方面。就区域内比较而言，有待回答的问题包括：中东变局与此前的伊斯兰运动和各种世俗性社会运动有何区别？就推翻政府而言，为什么中东变局在有的国家成功了（如突尼斯、埃及、也门），而在有的国家失败了（如约旦、巴林等），在有的国家却导致了内战（如利比亚、叙利亚）？此次中东变局与1979年的伊朗伊斯兰革命有何异同？等等。至于区域外的比较则包括：中东变局与冷战后期的东欧剧变是否具有可比性？如果有，它们的异同在哪里？中东变局是否受到2003—2005年先后波及格鲁吉亚、乌克兰、吉尔吉斯斯坦三国的"颜色革命"的影响？中东变局与"颜色革命"有何异同？中东变局是否对波及美国等国家或地区的系列"占领"运动产生了影响？这种影响主要体现在哪些方面？为什么中东变局与系列"占领"运动动员起来的民众在数量上存在巨大差异？等等。

能否通过社会运动理论对上述问题提供具有说服力的答案，涉及社会运动理论和中东变局研究两个研究议题的发展前景。就前者而言，能否有效回答上述问题，涉及中东变局是否有助于实现社会运动理论的创新、它要求社会运动理论如何调整或修正既有的观点等问题。如果社会运动理论或其他相关理论能有效解释中东变局的突然发生以及由此衍生的一系列问题，将有效提高中东研究的学理化水平；如果现有理论或解释机制无法充分说明中东变局的发展特征，那么就有必要利用这些材料修正既有社会运动理论，或者构建新的解释机制，以实现社会运动理论的创新。换言之，中东变局在提出了一系列挑战的同时，也提供了一种可能需要进行理论修正或理论创新的契机。而对于中东问题研究者而言，从社会运动理论的角度对上述问题展开研究，或许有助于对中东变局发展的起源、发展演变、后果影响等问题产生较为新颖甚至具有科学性的观点，至少可以通过问题导向型研究，对中东变局中出现的反常现象做出具有一定学理意义的解释。此外，无论是新理论视角的引入，还是回答上述问题都要求采用的比较分析、案例研究、过程追踪、文本分析等研究方法，或许均有助于克服目前中东变局研究过程中存在的部分缺陷，进而可能提高中东问题研究的学理水平。就此而言，从社会运动理论的角度对中东变局进行研究，或许可以实现两者的互惠发展。

（四）本书的结构安排与分工情况

本书不可能全面回答从社会运动理论角度出发就中东变局提出的一系

列有待解释的问题。中东变局涉及的问题过于繁杂，而其发生距今不过五年多时间，且囿于资料、与研究对象的距离、语言等方面存在的困难，寄希望于本书对中东变局涉及的诸多问题进行全面的分析远超笔者的能力。鉴于此，本书主要采取问题导向型研究的方式，每章试图解答中东变局中的一至两个有待解释的困惑。通过这种方式，笔者希望能对中东变局中出现的部分重要理论或现实问题进行初步探索，从而为人们理解中东变局的深远影响及复杂性提供部分启示。

按照研究议题的类型，本书分为四个部分：第一部分探讨社会运动理论在研究中东变局时的适用性，并运用该视角回顾中东变局前该地区社会运动与社会变迁之间的关系；第二部分运用社会运动理论较为深入地研究中东变局的发展过程；第三部分探讨政治过程模式中的重要组成部分——"跨国环境与外部行为体的角色"——在中东变局中扮演的角色；第四部分，基于社会运动理论和其他学科的理论视角研究中东变局所产生的地区与国际影响。需要指出的是，尽管也注意到了外部行为体在社会运动发展过程中所扮演的角色，但社会运动理论本身缺乏全面分析该议题的理论工具和概念体系，故在第三部分和第四部分的部分章节中，本书主要借鉴了国际关系学科的相关理论工具，以澄清外部行为体对中东变局的影响或应对。研究议题的跨学科性，导致本书在研究特定议题时还参考了其他学科的理论视角。这也从一个侧面说明，试图基于一种理论视角对中东变局涉及的诸多问题做出合理的解释，是一项相当困难的任务。

具体而言，本书分为四部分十六章，每部分四章。第一至第四章为第一部分，主要目的在于较为全面地分析中东变局前该地区的社会变迁与社会运动之间的关系。其中，第一章尝试回答的问题是：社会运动理论能否与对中东社会变迁的理解相结合？这种结合所产生的成果、做出的贡献与存在的不足有哪些？第二章尝试回答的问题是：20世纪90年代以来中东国家根据国际货币基金组织等机构提出的"建议"开展的结构调整战略，对该地区的社会运动产生了什么样的影响？第三章尝试回答的问题是：中东地区20世纪90年代以来的社会运动遵循了什么样的发展轨迹？第四章尝试回答社会运动对社会变迁有哪些抽象的影响机制？如何评估社会运动影响社会变迁的强度？大体而言，第一部分主要是理论部分，本部分将对理解中东变局为何会出现提供部分启示。

第二部分涵盖第五章至第八章，该部分基于社会运动理论考察了中东变局的发展过程。其中,第五章将埃及变局作为考察的重点,尝试以此为例回答三个问题:中东变局遵循什么样的发展过程、其发展动力源自何处、遵循了何种发展机制?第六章尝试回答一个令人困惑的问题:埃及2005年与2011年发生的两次致力于推翻穆巴拉克政府的大规模社会运动——分别为"受够了"运动与埃及变局——为什么带来不同的政治效应?第七章仍主要以埃及变局为例,尝试回答两个问题:如何解释埃及变局突如其来的爆发、Facebook与Tweeter等虚拟社交网络在埃及变局中扮演了一种什么样的角色?第八章尝试回答的问题是:原本具有雄厚实力、同时又有强烈政治意愿的政治伊斯兰力量为何未在中东剧变中发挥突出作用?尽管本部分所涉及的问题并未囊括中东变局发展过程中存在的全部困惑,但上述问题是令人瞩目、亟待回答的几个重点问题。通过案例研究,或许可以管中窥豹,对中东变局的威力与局限有所认识。

第三部分包括第九章至第十二章,主要对与中东变局发展演变密切相关的大国在其中扮演的角色进行了研究。这种大国所扮演的角色,是影响社会运动发展轨迹及其后果的重要因素,故本书专辟一章分析这一问题。其中,第九章尝试回答的问题是:美国是如何应对埃及变局的,这种应对方式的效果如何?第十章尝试回答的问题是:为什么西方国家以"保护的责任"之名军事干预利比亚却未以此干预叙利亚?第十一章试图解决的问题是:为什么法国萨科齐政府在干预利比亚问题上非常积极,法为何选择了空袭而不是仅提供武器或派出地面部队的干预方式?第十二章尝试回答的问题是:为什么在面临的成本可能大于收益的情况下,俄罗斯选择在2015年9月30日宣布军事干预叙利亚危机?通过本部分四章的研究,有助于对大国在中东变局中的战略考虑及干预成效形成较为清晰的认识,从而为后来各国在中东变局中的行为提供部分启示。

第十三章至十六章为本书第四部分,初步探讨了中东变局所产生的地区与国际影响。如前所述,中东变局产生的影响涵盖了国家、地区、国际体系三个层面,要对其全部影响进行深入研究,几乎是不可能完成的任务。本书第四部分选择了四个方面的影响进行研究。第十三章讨论的问题是:为什么有的国家社会运动(突尼斯、埃及)相对平稳地推翻了当权者,而有的国家的社会运动(利比亚与叙利亚)却陷入了内战?第十四章的问题是:为什么受到中东变局严重波及的国家中,只有突尼斯的政治过渡相对平稳地实现?第十五章试图解答的问题是:中东变局对系列

"占领"运动产生了什么样的影响,为何它们的后果迥然有异?第十六章尝试回答的问题是:世界上大多数国家签署了2005年9月《世界首脑会议成果》文件,但为什么各国对"保护的责任"的第一次适用却立场迥异?本部分四章对中东变局影响的考察,涵盖了国家(第十三、十四章)、地区(第十四章)、国际体系(第十五、十六章)三个层面,具有一定的代表性。

本书是团队协作的成果。各章的具体分工情况如下:曾向红负责第一章、第八章、第九章的写作;第二章、第三章、第四章、第十四章、第十五章由曾向红、陈亚州完成;第五章由曾向红、杨恕完成;第六章、第七章由周明、曾向红完成;第十章由曾向红、霍杰完成;第十一章由庄宏韬、曾向红完成;第十二章由曾向红、杨双梅完成;第十三章由曾向红、楼千舟完成;第十六章由曾向红、王慧婷完成。全书由曾向红进行统校。由于本书并非由曾向红独立完成,且大部分章节都涉及其他参与者,所以有可能会导致整本书在行文风格、参考文献等存在差异;同时,由于本书主要采用了问题导向型的研究方式,每一章的研究都是由具体的问题而"起",且最终都"落"回到该问题之上,以致本书各章具有较高独立性,最终影响到本书框架的连贯性与完整性。必须承认,以上问题客观存在。但也需要指出:对于上述第一个问题,由于全书各章均有曾向红参与写作,且主题均由曾向红进行构思,故各章之间的风格差异得到了最大限度的削减。对于第二个问题,虽然各章之间的确具有较高独立性,但由于各章内容受到各部分主题的约束,故彼此之间也具有显而易见的关联性。作者希望本书框架的连贯性和完整性所受到的影响得到了有效的减轻。

总而言之,中东变局对中东各国、地区甚至国际体系所产生的影响,包括已经显现的和尚未显现的,决定了该事件将是中东历史上甚至国际关系史上的重大事件。基于此,学术界有必要对该事件进行全方面的跟踪研究。而鉴于中东变局涉及诸多活动领域,自然要求不同学科介入研究过程中,这是提高学术界对中东变局研究水平的重要途径。本书主要运用社会运动理论以及国际关系理论中的部分解释机制,对中东变局中出现的部分反常现象或作者认为重要的议题进行了研究。当然,由于变局的复杂性、形势发展的迅速性以及作者能力的有限,决定了本书不可能对中东变局进行面面俱到的分析,而且就相关问题提出的解释也只是尝试性或初步性的,或者可能被证明存在不足或有待修正的。作者的初衷在于通过对中东变局的部分问题尝试进行具有一定理论意义的解读，致力于为人们了解中东变局的源起、发展演变、国际影响等问题提供一些初步的思考。如果本书能对人们思考中东变局有所启发，或者能激励更多的学者从事中东变局相关问题的研究，那么，本书的目的既已达到。基于此，作者诚挚希望学术界对拙作进行批评指正，以便对其中部分观点进行完善或修正。

曾向红

2017 年 5 月

第一部分

社会运动理论与变局前的中东

第一章

社会运动理论视角下的中东社会变迁研究述评

【本章提要】 自21世纪以来，运用社会运动理论研究中东地区的社会变迁成为中东研究的一股潮流，涌现了不少研究成果。这些成果采用社会运动理论的政治过程模式、资源动员理论与架构视角这三种范式作为分析框架，重点研究中东的伊斯兰运动。现有成果虽为中东社会变迁的研究做出了一定的贡献，但同样存在一些局限。而2010年底以来中东变局始料不及的发生，为社会运动研究既提出了诸多的挑战又带来了难得的机遇。能否创造性地对中东变局展开研究，在一定程度上影响到社会运动理论与中东社会变迁结合的前景。

前　言

本书第一部分分为四章，基本属于理论分析部分，这四章的主要目的在于较为全面地分析中东变局前该地区的社会变迁与社会运动之间的关系，以为后面几部分的分析提供理论基础。其中，第一章尝试回答的问题是：社会运动理论能否对中东社会变迁进行适当的理解，运用该理论视角的成果有哪些？这些成果做出了哪些贡献，又存在哪些不足？第二章尝试回答的问题是：20世纪90年代以来在中东国家出现的社会变迁对该地区的社会运动产生了哪些影响？这些影响的具体机制有哪些？第三章尝试回答的问题是：中东地区20世纪90年代以来的社会运动遵循了什么样的发展轨迹？经过了哪些发展阶段？不同阶段的社会运动在策略选择、运动组织、话语架构等方面存在哪些差异？第四章尝试从理论层面构建社会运动影响社会变迁的理论模型，并回答如何评估这种影响的机制、强度等问题。本章将集中讨论社会运动理论与变局前中东地区社会变迁的相关性及其成果。

2010年12月17日以来，一股政治剧变的浪潮波及突尼斯、埃及、利比亚、叙利亚、约旦、也门、巴林等中东国家，造成了深远的地区与国际影响，其效应一直持续至今。在这波被称之为中东变局的大规模变局发生之前，几乎没有学者或决策者预测到中东变局会以大规模群众抗议的方式产生，自然也没有意识到变局在不同的国家会带来不同的结果。中东变局始料未及的发生，暴露了既有中东研究的一些缺陷。其中一个重要缺陷在于，中东研究较少关注除伊斯兰运动之外的广泛的社会变迁现象，由此导致对中东各国的发展动力缺乏深入和全面的了解。而且，中东研究中研究成果以事实描述和预测型的成果为主，较少运用相关社会、政治理论对各国社会现象进行深入研究的成果等。[1] 这些缺陷的存在，是导致国内外学界未能准确把握中东国家社会变迁及其发展动力的重要原因。

尽管均未预测到中东变局的产生，但国内外学术界并不乏具有一定学理性的中东问题研究成果。其中，通过运用社会运动理论来分析中东国家社会变迁的成果，便是其中的突出代表。社会运动理论是社会学研究中的一个重要的理论流派，它对于解释各国的社会变迁尤其是大规模的抗议活动具有重要意义。不仅如此，在中东研究中，社会运动理论与社会变迁研究的结合，有助于实现中东研究这一属于区域研究范畴的研究领域与更广泛的政治与社会学研究的契合。[2] 事实上，自21世纪以来，通过运用社会运动理论来研究中东国家的社会变迁现象，已构成中东研究中一种不容忽视的研究取向。这种研究取向极大地提高了中东研究的学理化水平，有助于人们对中东国家的社会变迁形成更为深入的理解。

---

[1] 国内与国外的分析，可分别参考孙德刚《中国的中东研究》，载《西亚非洲》2011年第4期；Oded Haklai, "Authoritarianism and Islamic Movements in the Middle East: Research and Theory - building in the Twenty - first Century," *International Studies Review*, Vol. 11, No. 1, 2009, pp. 27 - 45.

[2] Andrea Teti, "Bridging the Gap: IR, Middle East Studies and the Disciplinary Politics of the Area Studies Controversy," *European Journal of International Relations*, Vol. 13, No. 1, 2007, pp. 117 - 145.

当然，在中东研究中实现了社会运动理论与各国社会变迁研究之间结合的成果也存在一定的缺陷。这也是社会运动研究者同样未能预测到中东变局发生的部分原因。尽管如此，不能以此来贬低甚至摒弃这种研究取向。本章旨在以社会运动理论在中东研究中的运用状况为例，说明国内外关于中东国家社会变迁研究的得失。这种研究，或者有助于促使更多的社会科学研究者注意对中东国家社会变迁及中东变局进行学理化研究，从而可以对中东地区的社会变迁进行更准确的把握，避免再次遗漏各国社会发展过程中的重大事件和重要机制。为此，本章结构安排如下：首先分析社会运动理论与中东社会变迁研究结合产生的成果及这种结合出现的背景，其次梳理现有研究成果关注的主要议题，然后讨论这种结合所做出的贡献和存在的缺失，最后简要讨论中东变局对社会运动研究者提出的具体挑战。

一 运用社会运动理论研究中东国家社会变迁的主要成果及兴起背景

在对运用社会运动理论分析中东国家社会变迁的研究成果之得失进行评估前，有必要对其中具有代表性的成果及这种研究结合出现的背景稍作介绍，以为下文的讨论作为铺垫。

（一）整体状况及代表性成果

借鉴社会运动理论研究中东国家的社会变迁现象早已有之，但直到21世纪头十年才形成一股学术潮流。20世纪80年代后期和90年代曾出现了中东研究者尝试运用社会运动理论理解1979年伊朗伊斯兰革命的成果。[1]但这个时期的社会运动理论与中东问题的研究结合不紧密，而且并未运用到除伊朗之外其他中东国家的社会变迁上。[2]

到了21世纪，社会运动理论已成为中东问题研究者分析中东社会变

---

[1] 第一部通过运用社会运动理论研究伊朗革命的著作，见 John Foran (ed.), *A Century of Revolution: Social Movements in Iran*, Minneapolis: University of Minnesota Press, 1994.

[2] Charles Kurzman, "Social Movements and Islamic Studies," in Quintan Wiktorowicz (ed.), *Islamic Activism: A Social Movement Theory Approach*, Indiana: Indiana University Press, 2004, p. 295.

迁现象的重要理论分析工具，国外学术界涌现出一批运用社会运动理论研究中东社会变迁的成果。以著作为例，比较突出是2001维克托洛威茨（Quintan Wiktorowicz）所著的《管理伊斯兰行动主义》，2002年威克曼（Carrie R. Wickham）所著的《动员伊斯兰》，2003年哈菲兹（Mohammed M. Hafez）所著的《穆斯林为什么会反叛》，2004年维克托洛威茨主编的《伊斯兰行动主义》和克拉克（Jannier A. Clark）所著的《伊斯兰、慈善与行动主义》；以及巴亚特（Asef Bayat）分别于2007年、2010年出版的两本著作——《让伊斯兰变得民主》与《作为政治的生活》。[1]

除了这些著作，此外还有部分散见于国际期刊和论著中的论文。以发表在国际期刊上的论文为例，在1980年至2008年这段时间内，以"集体行为"、"动员"、"社会运动"与"中东"、"阿拉伯世界"作为关键词，在《世界政治》（World Politics）、《比较政治》（Comparative Politics）、《美国社会学评论》（American Sociological Review）与《美国社会学杂志》（American Journal of Sociology）这四种政治学与社会学的国际顶尖期刊中进行组合搜索，总共有7篇论文（包括评论），在这7篇文章中，其中有5篇文章出现在2000年之后。[2] 这说明直到21世纪之后，社会运动理论与中东问题的合作研究才取得比较明显的进展。不过相对于世界上其他区域，如北美、欧洲、拉美、东亚，基于社会运动理论对中东问题的研究成果仍处于边缘地位。

（二）结合兴起的思想与政治背景

首先，从已发表成果来看，2011年之前基于社会运动理论对中东地

---

[1] Quintan Wiktorowicz, The Management of Islamic Activism: Salafis, the Muslim Brotherhood, and State Power in Jordan, Albany, New York: State University of New York, 2001; Carrie R. Wickham, Mobilizing Islam: Religion, Activism, and Political Change in Egypt, New York: Columbia University Press, 2002; Mohammed M. Hafez, Why Muslims Rebel: Repression and Resistance in the Islamic World, Boulder, CO: Lynne Rienner, 2003; Quintan Wiktorowicz (ed.), Islamic activism: A social Movement Theory Approach, Bloomington: Indiana University Press, 2004; Jannier A. Clark, Islam, Charity, and Activism: Middle - Class Welfare in Egypt, Jordan, and Yemen, Bloomington: Indiana University Press, 2004; Asef Bayat, Making Islam Democratic: Social Movements and The Post - Islamist Turn, Stanford: Stanford University Press, 2007; Asef Bayat, Life as Politics: How Ordinary People Change the Middle East, Amsterdam: Amsterdam University Press, 2010.

[2] 相关数据可从JSTOR过刊数据库进行高级搜索可得。

区社会变迁或政治发展进行研究的成果，关注的几乎全是中东地区伊斯兰运动的发展状况。这种研究取向，具有重要的思想和政策背景。"中东例外主义"（Middle Eastern exceptionalism）是社会运动理论对中东伊斯兰运动研究的思想背景。与其他区域形成对比，中东地区的国家与社会的稳定性更容易被人们和研究者感知到，而该地区的稳定又往往被归因为伊斯兰文化。在西方决策者和公众看来，伊斯兰文化是单一的、静态的文化，这是东方主义一贯的论点。不仅如此，恐怖袭击、宗教激进主义的兴起，伊朗人质危机等事件，又让西方决策和公众认为，伊斯兰文化具有反现代、反西方色彩，很容易与极端主义、恐怖主义与权威主义等联系在一起，并很容易演变为非理性的暴力行动。

基于社会运动理论对伊斯兰运动展开研究的成果，与上述关于中东地区社会状况的刻板印象有明显区别。这些成果在关注中东地区维持了较长时期表面稳定的同时，也注意到社会运动给中东地区带来的深刻变化，其中包括各国发生的形形色色基于伊斯兰信仰而发起的动员、抗议、暴力斗争及它们可能带来的转型潜力。此外，这些研究成果还认为伊斯兰运动具有理性的特征，它们是行动者在面临不同机遇或限制的情况下，通过动员相应的资源并构建相应的意识形态以实现某些战略目标而采取的行动。[①]研究视角的改变，有助于人们突破对伊斯兰运动的传统认识，进而更有效地把握其产生的原因、带来的政治影响和未来的发展方向。

其次，西方对中东地区伊斯兰运动动员能力的顾虑甚至恐惧，构成社会运动理论与中东伊斯兰运动研究相结合的政策背景。伊斯兰运动在中东地区具有广泛影响，构成人们认知和应对中东局势的一种常识或前提。以埃及为例，在穆巴拉克政府于2011年被抗议民众推翻之前，埃及穆斯林兄弟会（下称"穆兄会"）是除执政党——国家民主党——外最具实力的政治力量，尽管它不具备合法的政党地位。穆兄会强大的组织能力和长期参与埃及政治活动的丰富经历，让人们对其发展趋势和政治实力深表关切。尤其是"9·11"事件之后，穆兄会雄厚的财政能力，以及在中东各国和西方的广泛影响，让受到伊斯兰激进主义袭击的西方国家对穆兄会的

---

① 胡雨：《社会运动理论视角下的政治伊斯兰生成机制》，载《国际论坛》2009年第3期。

政治意图充满怀疑。[1] 在此情况下，社会运动研究者对有利于伊斯兰运动兴起的结构性因素、伊斯兰激进主义的产生根源、伊斯兰运动的动员能力和机制、伊斯兰与民主之间的关系等问题的探讨，在一定程度上有助于扭转西方决策者和公众对伊斯兰运动的传统认识，同时也为西方如何更有效地应对伊斯兰运动及其发展带来的挑战提供启示。

由此不难理解，为什么社会运动理论与伊斯兰运动研究之间的结合主要出现在2000年之后。[2] 前述7本著作、7篇论文中的5篇文章均出现在2000年后，说明现实政治事件对学者们研究主题和取向的影响。学者们对伊斯兰运动的研究，着眼点往往在于伊斯兰运动对西方的影响（最为典型的是"9·11"事件）。可以推断，随着2010年中东变局后伊斯兰力量在中东影响力的扩大，社会运动理论与伊斯兰运动研究之间的结合将出现一个新的高潮。

另外，值得指出的是，在运用社会运动理论研究中东社会变迁问题时，研究者采用的理论分析框架几乎一致。在社会运动理论的发展过程中，曾经出现过多种研究范式，占主导地位的主要有资源动员理论（Resources Mobilization Theory）、政治过程模式（Political Process Model）与架构视角（Frame Perspective）这三种。[3] 在运用社会运动理论分析中东国家社会变迁的成果中，学者们使用的主要就是上述三种范式。当然，一开始，对于能否运用主要基于北美与西欧经验的社会运动理论来解释中东地区的社会变迁，学界尤其是阿拉伯学者曾经心存疑惑；然而，随着越来越多的学者开始这方面的尝试，而且也的确产生了一些有助人们了解中东地区社会变迁过程的成果，这种努力逐渐得到了学界的认可。[4]

---

[1] Rachel Ehrenfeld, "The Muslin Brotherhood Evolution: An Overview," *American Foreign Policy Interests*, Vol. 33, 2011, pp. 69 – 85.

[2] Asef Bayat, *Life as Politics: How Ordinary People Change the Middle East*, pp. 229 – 230.

[3] 可参考赵鼎新《社会与政治运动讲义》，北京：社会科学文献出版社2006年版；[美]艾尔东·莫里斯、[美]卡洛尔·麦克拉吉·缪勒主编：《社会运动理论的前沿领域》，刘能译，北京：北京大学出版社2002年版；McAdam et al. (eds.), *Comparative Perspectives on Social Movements: Political Opportunities, Mobilizing Structures and Cultural Framings*, Cambridge, UK: Cambridge University, 1996.

[4] Oden Haklai, "Authoritarianism and Islamic Movements in the Middle East: Research and Theory – Building in the Twenty – first Century," *International Studies Review*, Vol. 11, No. 1, 2009, pp. 36 – 39.

二 现有研究成果的主要研究议题

现有运用社会运动理论研究中东社会变迁的成果，都将关注重点集中在伊斯兰运动，因此它们的研究议题具有较多的重叠性。归纳起来，现有研究成果虽然研究的问题甚多，但下列四个议题得到的关注是最多的。它们是：伊斯兰运动兴起的结构性因素、伊斯兰运动的动员机制、伊斯兰运动激进化的条件、伊斯兰运动的政治影响。下文将分别对这四个主要研究议题稍作介绍，以勾勒出基于社会运动理论对中东伊斯兰运动研究的基本状况。

（一）伊斯兰运动兴起的结构性因素

社会运动不是在真空中产生的，而是在一定的政治形势中形成的，这种背景往往被社会运动研究者称为"政治机会结构"。[①] 政治机会结构的构成及其变化发展，极大地影响社会运动者所能获取的外部资源、抗争策略、组织结构、动员潜力等，进而对社会运动的结果产生显著影响。一般认为，政治机会结构的构成主要有四个方面：政治体系的开放程度、精英内部的团结程度、是否有政治精英可以进行联盟、国家对抗议活动进行镇压的意愿。[②] 在政治机会结构的构成要素中，政治体系的开放程度意义比较突出，它在很大程度上影响一个国家社会运动出现的频率与规模。与西方政治体系较为开放不同，中东地区的伊斯兰运动往往面临政治体系开放程度有限、西方等外部势力对其发展不予支持等结构性障碍。

根据中东国家政治体系的开放程度和对权力竞争的态度，可以将中东国家分为三类。第一类是开放的政治体系，其中的代表是土耳其。在这类体系中，行动者可以自由组建政党，并允许就高级权力职位展开竞争。第二类是封闭的权威主义体系，其中叙利亚、伊拉克、利比亚与沙特阿拉伯属于这一类。在封闭的政治体系中，不允许自由组建政党，也禁止有意义

[①] 参考 David S. Meyer, "Protest and Political Opportunities," *Annual Review of Sociology*, Vol. 30, 2004, pp. 125 – 145；朱海忠：《西方"政治机会结构"理论述评》，载《国外社会科学》2011年第6期。

[②] Doug MaAdam, "Political Opportunity: Conceptual Origins, Current Problems, Future Direction," in MacAdam etc. eds., *Comparative Perspectives on Social Movements*.

的权力竞争。第三类是介于开放政治体系与封闭权威主义体系之间的是"半开放的威权体系"(semi-open authoritarian system),包括埃及、阿尔及利亚、摩洛哥、突尼斯、约旦与科威特等国。这类国家一般不允许社会运动挑战国家最高权力,但允许议会、市政结构等权力机构通过竞争产生。这些国家具有一定程度的政治开放性,并依据形势的变化决定政治体系开放的程度。① 经验研究成果表明,社会运动最为兴盛的国家,恰恰在于这些半开放的权威主义国家中。通过利用国家有限的政治开放和中东地区民众浓厚的伊斯兰情结,处于合法与非法之间的伊斯兰运动往往可以拓展自己的影响力,吸引民众支持伊斯兰事业。

(二)伊斯兰运动的动员机制

因为政治空间开放程度有限,中东地区伊斯兰运动往往无法通过公开的政治渠道或组建专门的社会运动组织进行动员,但它们依然拥有一定的物质和组织资源、合法性与认同资源,并且具有一些进入国家权力部门和新闻媒体的制度性资源。② 一般而言,可把中东国家的政治空间分为三个场域:首先是政治权力的"中心"(center)地带,包括国家议会、中央机构、军队、法院等权力中心;其次是"半边缘"(semiperiphery)的政治区域,由专业协会、大规模的职业机构组成,包括工会、学生会、律师协会等专业协会;最后是"边缘性"(periphery)的政治区域,涵盖宗教机构、地方社区、青年活动中心、学校等场所。③ 在"中心"地带,伊斯兰运动的动员能力极其有限,这也是各国政府严格管制的区域;"半边缘"区域则是伊斯兰运动极力加以争取的场域,而且已取得明显的政治成效;而"边缘"地带则是伊斯兰运动进行社会运动动员的沃土。经过在"半边缘"与"边缘"地带的长期经营,伊斯兰运动已建立了众多的清真寺、诊所、学校、讲经学堂、以慈善为目的的伊斯兰福利机构等社会基础设施,从而形成与中东国家相并行,并与其展开竞争的"地下伊斯

---

① Carrie R. Wickham, *Mobilizing Islam: Religion, Activism, and Political Change in Egypt*, pp. 176 – 178.

② Mohammed M. Hafez, *Why Muslims Rebel: Repression and Resistance in the Islamic World*, p. 19.

③ Carrie R. Wickham, *Mobilizing Islam: Religion, Activism, and Political Change in Egypt*, p. 94.

兰产业"（parallel Islamic sector），这些区域甚至构成一种"国中之国"。①

伊斯兰社会运动之所以能在所在国"半边缘"与"边缘"地带极大地扩大自身影响，是因为它们充分地发挥了社会网络的作用。② 社会网络之所以能够实现这一目标，是基于"个人参与社会运动，不是因为观念的力量，甚至不是因为参与者的个人态度，而是因为嵌入在相关的社会网络中，从而使得他们成为抗议活动的'结构上可获得者'（structural available）"。③ 通过社会支持网络的运作，尤其是通过宣讲伊斯兰教义（da'wa），开展相关慈善工作，揭露政府的腐败和滥用职权，伊斯兰运动可以将支持者的亲属、朋友吸取到社会运动中来，即使他们参与社会运动的动机并不一致。通过亲属、朋友、同事关系等纽带联系起来的社会运动参加者，比较容易形成一种集体身份，从而克服社会运动中经常会出现的信任不够、团结不足、难以形成共识、经常出现搭便车者等难题。④ 除了传统的社会网络，博客、Facebook、Twitter 等虚拟社交网络，在伊斯兰运动的动员过程也发挥了显著作用。⑤

（三）伊斯兰运动激进化的条件

中东地区伊斯兰运动的发展并不稳定，这在一定程度上是由所在国政治和社会环境决定的。为了避免自身的权威和合法性遭到挑战，中东国家可以依据形势的变化，对伊斯兰运动采取或包容或镇压的政策。但各国政府要想将彻底消除伊斯兰运动也面临一定的困难。姑且不论伊斯兰运动本身的政治基础比较稳固，赤裸裸的镇压很有可能激发它们的暴力抗争。同

---

① Shadi Hamid, "Islamists and Nonviolent Action," in Maria J. Stephan (ed.), *Civil Jihad: Nonviolent Struggle, Democratization, and Governance in the Middle East*. New York: Palgrave Macmillan, 2009, p. 69.

② 尤见 Jannier A. Clark, *Islam, Charity, and Activism: Middle - Class Welfare in Egypt, Jordan, and Yemen*. Bloomington: Indiana University Press, 2004.

③ Doug McAdam, "Culture and Social Movements," in Enrique Larana, et al., *New Social Movements: From Ideology to Identity*, Philadelphia: Temple University Press, 1994, pp. 36 - 37.

④ James A. Kitts, "Not in Our Backyard: Solidarity, Social Networks, and the Ecology of Environmental Mobilization," *Sociological Inquiry*, Vol. 69, No. 4, 1999, pp. 551 - 574.

⑤ David Faris, *Revolutions without Revolutionaries? Social Media Networks and Regime Response in Egypt*, University of Pennsylvania, Ph. D. Dissertation, 2010; Melissa Y. Lerner, "Connecting the Actual with the Virtual: The Internet and Social Movement Theory in the Muslim World—The Cases of Iran and Egypt," *Journal of Muslim Minority Affairs*, Vol. 30, No. 4, 2010, pp. 555 - 574, etc.

样重要的是，伊斯兰运动组建的众多社会服务基础设施，为缓解各国公共服务缺口做出了贡献。一旦取缔这些基础设施，由此带来的公共服务缺口，是各国政府难以填补的。而这正是伊斯兰运动在20世纪80、90年代得以迅速发展的重要政治与社会背景。① 当然伊斯兰运动同样不敢采用激进化的措施来应对国家对其发展采取的限制性措施。这是因为，拥有庞大"平行伊斯兰产业"的伊斯兰力量，如果彻底激怒各国政府，很有可能导致其生存基础遭到摧毁。所以，采取温和的抗争方式，是中东地区伊斯兰运动维护自身生存和发展的理性策略。②

那么，在什么样的条件下伊斯兰运动会趋向激进化呢？对这一问题做出专门研究的哈菲兹（Mohammed M. Hafez）认为，伊斯兰运动的激进化源于各国政府的压制性措施："解释军事伊斯兰运动的关键因素，并不在于经济停滞或过分世俗化，而在于进入国家制度渠道的缺乏"。③ 但也有学者认为，中东地区伊斯兰运动的激进化（如埃及的"伊斯兰集团"），以及它们后来放弃暴力抗争的战略，并不能全归因于埃及政府的镇压。武装斗争对其国际国内合法性的损害，以及伊斯兰集团领导者对暴力抗争战略的反思，是同等重要的因素。④ 正如有学者指出的："直到最近，（关于政府镇压与激进化之间的关系——引者注）最为突出的发现，是该领域的经验成果认为两者之间存在任何可能"。⑤ 其他的经验研究成果也表明，政府镇压与社会运动激进化之间并不存在必然联系。⑥

---

① Asef Bayat, *Life as Politics: How Ordinary People Change the Middle East*, pp. 43 – 46.
② Shadi Hamid, "Islamists and Nonviolent Action," pp. 65 – 78.
③ Mohammed M. Hafez, *Why Muslims Rebel: Repression and Resistance in the Islamic World*, p. 18.
④ 见 Asef Bayat, *Making Islam Democratic: Social Movements and The Post – Islamist Turn*, pp. 138 – 143；Roel Meijer, "The Egyptian Jama' a al – Islamiyya as a Social Movement," in Joel Beinin and Frédéric Vairel (eds.), *Social Movements, Mobilization, and Contestation in the Middle East and North Africa*, Stanford: Stanford University Press, pp. 143 – 162.
⑤ David Cunningham, "State Versus Social Movement: FBI Counterintelligence Against the New Left," in Jack A. Gold – stone (ed.), *States, Parties, and Social Movements*, Cambridge: Cambridge University Press, 2003, p. 47.
⑥ 参考黄冬娅《国家如何塑造抗争政治——关于社会抗争中国家角色的研究评述》，载《社会学研究》2011年第2期。

(四) 伊斯兰运动的社会与政治影响

既然伊斯兰运动在中东地区产生了重要的影响，那么，伊斯兰运动能否带来一场像伊朗一样的伊斯兰革命呢？对这一问题，社会运动研究者一般给出了否定的答案。如长期从事伊朗与埃及伊斯兰运动比较研究的巴亚特认为，伊朗革命并非由需持久努力的社会运动所促成，而是通过革命性的途径建立了神权统治。政权更迭的革命方式，导致伊朗的宗教力量与世俗力量形成泾渭分明的界线，未实现宗教与世俗之间的水乳交融。而在埃及，长期以伊斯兰信仰为取向的社会运动，通过开展社会慈善活动、宣扬本真性宗教信仰在人们生活中的重要性，不仅带来了伊斯兰运动在社会领域影响的急剧扩大，而且将其势力渗透到国家机关和军队等部门之中，使得政府也不得不采用宗教话语以迎合国民浓厚的宗教感受性，其结果就是埃及这一世俗国家已被"伊斯兰化"。① 在巴亚特等人看来，伊斯兰教作为一种宗教，它本身并无民主与专制之分，中东国家的发展方向，最终取决于各种政治势力的较量和伊斯兰运动所具有的转型潜力。而就 20 世纪 90 年代以来土耳其、黎巴嫩、约旦、埃及、伊朗等国伊斯兰运动的发展经历显示，中东国家正向"后伊斯兰主义"（post - Islamism）的时代迈进。② 而"后伊斯兰主义"的典型特征是："它致力于实现宗教与权利、信仰与自由、伊斯兰与解放之间的融合……致力于将伊斯兰与个人选择和自由、民主与现代性结合在一起，以实现某些学者所称的'另一种现代性'"。③

伊斯兰运动无法带来一场伊斯兰革命，那么它能否促进中东地区公民社会的发展呢？在某些研究者看来，伊斯兰社会运动是中东地区"公民社会苏醒"的一种迹象和前提，因为伊斯兰运动日益将人权、自由与民主等话语纳入到自身的意识形态之中，尝试确立自身温和与包容民主的形象。④ 然而，许多社会运动研究者指出，中东地区的伊斯兰运动并不一定

---

① 详见 Asef Bayat, *Making Islam Democratic*: *Social Movements and The Post - Islamist Turn*.
② 另见 Olivier Roy, *Global Islam*: *The Search for a New Ummah*, London: Hurst, 2004.
③ Asef Bayat, *Making Islam Democratic*: *Social Movements and The Post - Islamist Turn*, p. 11.
④ 如埃及穆斯林兄弟会对于民主问题态度的变化过程，见 Chris Harnisch and Quinn Mecham, "Democratic Ideology in Islamist Opposition? The Muslim Brotherhood's 'Civil State'," *Middle Eastern Studies*, Vol. 45, No. 2, 2009, pp. 189 - 205.

有助于该地区公民社会的发展,进而促进该地区的民主化进程。原因是多方面的:首先是伊斯兰运动脱离下层民众。伊斯兰运动的主要动员对象在于中产阶级,尤其是具有较高知识水平的中产阶级,如医生、律师、管理人员、大学教授、大学生等专业人士,而非城市贫民、妇女、少数族群等低收入阶层。[1] 其次,无论是西方的公民社会发展援助,还是基于伊斯兰信仰的非政府组织,都未能培养出既鼓励个人自由又愿意承担集体责任的政治主体,而是助长了极端个体主义的蔓延,这对于公民社会的出现和发展是极为不利的。[2] 再次,学者们对能否不加批判地将公民社会的概念运用到中东社会变迁过程中,能否将伊斯兰运动视为公民社会发展的助推器,同样存在诸多质疑。他们认为公民社会是一个非历史的概念,具有强烈的目的论倾向,这对于主要通过非正式社会网络进行动员的伊斯兰运动而言是极为陌生的。据此,公民社会研究者也往往认为伊斯兰运动不够民主。[3] 最后,伊斯兰运动虽然采取了民主、人权等话语,然而,对于他们是否内化了这些价值观,是否在掌握政权后仍贯彻尊重人权和实施民主政治,并不是确定无疑的。

三 既有研究成果的贡献与缺失

现有运用社会运动理论研究中东社会变迁的成果,因主要研究议题和理论分析框架的趋同,这为研究者总结既有研究成果的得失提供了极大的便利。本节将对现有成果的成就和存在的问题分别予以简要总结。

---

[1] 有诸多成果注意到这一现象,尤见 Jannier A. Clark, *Islam, Charity, and Activism: Middle - Class Welfare in Egypt, Jordan, and Yemen.*

[2] Benoit Cehalland, "The Counter - Power of Civil Society and the Emergence of a New Political Imaginary in the Arab World," *Constellations*, Vol. 18, No. 3, 2011, pp. 274 - 275. 伊斯兰活动家穆罕默德·杜维什(Muhammad al - Duwish)指出的,伊斯兰复兴带来了一系列的失误,其中包括"我们是个人主义的受害者,我们太个人主义了","我们缺乏一种集体行动的文化,尽管伊斯兰传统强调社群和集体性"。引言见 Pascal Menoret, "Leaving Islamic Activism Behind: Ambiguous Disengagement in Saudi Arabia", in Joel Beinin and Frédéric Vairel (eds.), *Social Movements, Mobilization, and Contestation in the Middle East and North Africa*, p. 60.

[3] 对公民社会理论的这种批评,见 Roel Meijer, "Taking the Islamist Movements Seriously: Social Movements Theory and the Islamist Movement," *International Journal of Social History*, Vol. 50, No. 2, pp. 287 - 288.

(一) 做出的贡献

运用社会运动理论对中东社会变迁问题,尤其是伊斯兰运动的研究,有助于提高中东问题研究的理论化水平,有助于矫正人们对伊斯兰运动的某些固有认识,甚至可以依据中东地区伊斯兰运动独特的发展经历,对现有社会运动理论进行修正和完善。具体而言,这种贡献体现在以下四个方面:

1. 有助于对伊斯兰运动认识的理性化

实现社会运动理论与中东伊斯兰运动研究的结合最为突出的贡献,在于将伊斯兰运动视为参与者基于理性考虑而采取的行动。这些成果虽然同样以解释"中东例外主义"为旨趣,但在研究过程中,并不预先认定伊斯兰运动就是非理性主义或倾向于极端主义的,这有助于实现伊斯兰运动研究的理性化与常规化。正如查尔斯·库兹曼(Charles Kurzman)指出的:伊斯兰运动"为了追求集体目标而对资源的运用,抗议者对政治机遇做出的回应,发展出具有说服力的意识形态架构——社会运动研究的主要议题——全都持这样一种观点:(伊斯兰运动的——引者注)主体是有见地的战略行为体"。[①] 这种研究取向具有极为积极的学术含义,因为社会运动理论"代表一种更加中立、客观的理论工具,尝试将伊斯兰运动视为一种动态的运动,而没有将伊斯兰宗教作为一种决定性的影响因素,因此避免了把伊斯兰运动原型化和实质化,而运用其他途径研究伊斯兰运动的成果往往具有这种倾向"。[②]

然而,将伊斯兰运动的行为体视为基于工具理性逻辑而行动的行为体,具有矫枉过正的倾向,它们往往在不经意间又忽视了情感、价值理性、习惯等行为逻辑对伊斯兰运动行为体的影响。[③] 举例来说,中东伊斯兰运动的勃兴,恐怖主义行动的泛滥,的确在一定程度上与伊斯兰运动领

---

① Joel Beinin and Frédéric Vairel, "The Middle East and North Africa: Beyond Classical Social Movement Theory", p. 292.

② Roel Meijer, "Taking the Islamist Movements Seriously: Social Movements Theory and the Islamist Movement", p. 287.

③ 马克斯·韦伯讨论了有关人类社会行为的四种动机,它们分别由工具理性、价值理性、情绪、传统四种因素驱动。可参阅 [德] 马克思·韦伯《经济与社会》,林荣远译,北京:商务印书馆 2006 年版,第 56 页。

导者和恐怖分子动员反以、反美情绪有关。① 因此，为了对伊斯兰运动进行更全面的分析，在强调伊斯兰运动理性特征的同时，还需注意影响其发展的其他社会乃至心理因素。

2. 动员机制研究的创新

社会运动研究者注意到中东地区伊斯兰运动进行动员的独特机制。与西方社会运动主要通过垂直性的社会运动组织来进行动员和推进社会运动，并在此基础上形成组织间的长期合作联盟甚至颇具规模的社会运动产业不同，② 中东地区的社会运动，主要依靠的是以水平联系和非正式制度为特征的非正式网络。③ 这一现象，已得到许多研究者的证实。④ 可以说，水平网络在中东国家无处不在。它们不仅在政治、经济、文化领域中有明显体现，而且还深深嵌入穆斯林和普通民众的日常生活之中。⑤

由此可以理解，水平网络在埃及等中东国家的社会运动中具有不可替代的作用。诚如毛里·迪安尼（Mario Diani）指出的，在中东的社会运动中，"具体的政治组织——极少数例外——即使出现，也是极为短暂与稀少的；而创建与维持联盟则非常复杂，而且仅限于争议较小的问题；包容性的推进民主运动则往往成效有限。因此，这里的集体行动看上去更多的是直接起源于社区，以借用那些具有明确政治性的网络及其凝聚起来的团结"。⑥ 即使穆兄会这样的正式政治组织，也不得不依靠穆斯林、朋友、

---

① 如 Khaled Fattah and K. M. Fierke, "A Clash of Emotions: The Politics of Humiliation and Political Violence in the Middle East," *European Journal of International Relations*, Vol. 15, No. 1, 2009, pp. 67 – 94.

② 可参考 David Bornstein, *How to Change the World: Social Entrepreneurs and the Power of New Ideas*, New York: Oxford University Press, 2007; Charles Leadbeater, *The Rise of the Social Entrepreneur*, London: Demos, 1996; Joanna Mair, et al., *Social Entrepreneurship*, New York: Palgrave, 2006, etc.

③ Jannier A. Clark, *Islam, Charity, and Activism: Middle - Class Welfare in Egypt, Jordan, and Yemen*, Bloomington: Indiana University Press, 2004, p. 26.

④ 关于这一观点的大量研究成果见 Quintan Wiktorowicz, "Introduction," in Quintan Wiktorowicz (ed.), *Islamic activism: A social Movement Theory Approach*, Bloomington: Indiana University Press, 2004, pp. 9 – 13.

⑤ 更详细的讨论可见 Diane Singerman, "The Network World of Islamist Social Movement," in Quintan Wiktorowicz (ed.), *Islamic activism: A Social Movement Theory Approach*, pp. 149 – 157.

⑥ Mario Diani, "Social Movement Theory and Grassroots Coalition in the Middle East," *Paper for the 2008 ASA Meeting*, Boston, August 1 – 4, p. 15.

家庭、协会等网络来扩大自己的影响力，拓展自己的政治空间，而这些空间往往处于中东国家的"半边缘"与"边缘"地带。① 实际上，通过非正式网络进行政治动员，并非中东伊斯兰运动的独特动员渠道，有研究者注意到日本的环境保护活动，同样主要通过由人际社会关系构成的"厚重网络"（thick networks）进行动员。② 由此可见，水平网络固然是中东社会运动动员的重要渠道，但它并非属于中东地区所独有。

3. 社会运动理论相关概念的创新

尽管社会运动者主要采用既有的理论框架和概念来研究中东伊斯兰运动的发展，但在研究过程中也的确尝试进行一些创新。其中，尤其值得注意的是社会运动研究者在研究中东社会变迁的过程中提出了一些创新性的概念。在这方面比较典型的是巴亚特。如他先后提出了诸如"想象团结"（imagined solidarity）、③ "存在的艺术"（art of presence）、④ "社会非运动"（social nonmovements）等概念，并产生了一定的学术影响。其中，"社会非运动"的概念是对社会运动范畴的一个重要创新。根据巴亚特（Asef Bayat）的观点，"非运动"是指"非集体行动者的集体行动，他们体现在大量普通民众的生活实践当中，这些破碎化但相似的活动能带来社会的众多变化，即使这些活动很少由意识形态或得到公认的领导者或组织所指导"。从事社会非运动的主体，包括妇女、年轻人、少数族群、贫民、国际移民，以及生活在国际大都市城乡接合部的农民。它们之所以从事社会非运动，主要在于维持自己的生计，被迫从事处于合法或非法地带的活动（如城乡接合部的人们违章用电等），或挑战传统社会规范对他们角色身份和生活方式的规定（如阿拉伯妇女和青年人张扬自身的个性）。当政府威胁到它们的诉求，或国家出现危机时，本来不具备政治性的社会非运动就很有可能转变为大规模的社会运动。⑤

---

① Wiktorowicz, "Introduction," in Quintan Wiktorowicz (ed.), *Islamic activism: A Social Movement Theory Approach*, p. 22.

② Jeffrey Broadbent, "Movement in Context: Thick Networks and Japanese Environmental Protest," in Mario Diani and Doug McAdam (eds.), *Social Movements and Networks: Relational Approaches to Collective Action*, Oxford: Oxford University Press, 2003, pp. 204 – 229.

③ Asef Bayat, *Islamism and Social Movement Theory*, pp. 901 – 905.

④ Asef Bayat, *Making Islam Democratic: Social Movements and The Post – Islamist Turn*, p. 201.

⑤ Asef Bayt, *Life as Politics: How Ordinary People Change the Middle East*, pp. 14 – 26.

巴亚特关于社会非运动的创新性研究，为其他社会运动研究者提供了启示。如帕斯卡·蒙瑞特（Pascal Mennoret）提出了"半正式化行动主义"的概念，用以描述沙特伊斯兰运动的动员机制。这种动员机制，主要不是通过提供慈善服务扩大影响力，而是致力于通过批判非法传教活动、组织小圈子的讲经学习、批评学校的课外活动来提升人们的宗教感受性。这是一种介于通过专业组织机构进行动员和通过隐蔽网络进行"社会非运动"之间的动员机制，主要作用领域在于教育领域。① 这些概念创新，注意到了中东伊斯兰运动的具体语境，契合了它们的运动特征，既提高了社会运动理论对伊斯兰运动的解释力，同时也丰富和拓展了社会运动理论的研究范畴。

（二）存在的问题

1. 创新程度不足

尽管社会运动研究者在研究伊斯兰运动的过程中也尝试进行理论创新，但总体而言仍局限于三种范式的框架之中。现有成果中，通过借鉴社会运动的经典概念来理解伊斯兰运动发展历程的成果居主导地位，它们大体都属于理论运用型研究。这种研究虽然也深化了对伊斯兰运动这一重要政治现象的认识，而且往往也提供了非常丰富的历史细节，然而，它们的结论往往是证明西方社会运动理论在中东地区的适用性。如克拉克在《伊斯兰、慈善与行动主义》中言道："根据资源动员理论的观点，社会运动由一系列集体事件组成，它们指向一些一般性的社会变革目标"，"而（资源动员理论的——引者注）这些发现在埃及、约旦与也门得到了证实"。②

这种运用中东地区伊斯兰运动的发展经历证明社会运动理论有效性和解释力的现象，在其他著作中同样有比较明显的体现。如曾对运用社会运动理论解释中东社会变迁的成果进行过梳理的奥德·哈克莱（Oded Haklai）明确指出，"大部分学者，在于展示主要由非中东研究者发展出来的现有政治科学概念和理论是如何适用于中东地区的。很少有人运用中东地

---

① Pascal Menoret, "Leaving Islamic Activism Behind: Ambiguous Disengagement in Saudi Arabia," pp. 44 – 47.

② 引言见 Jannier A. Clark, *Islam, Charity, and Activism*, pp. 21, 25.

区的材料去检验或修正各种在非中东语境中发展出来的理论,同样很少有人建构适用于其他地区的新理论或发展出一般性的理论问题"。① 换句话说,目前运用社会运动理论研究中东政治和社会变迁的成果,很大程度上仍停留在理论运用的阶段,离理论创新还有相当长一段距离。正是出于对这一局面的不满,巴亚特才致力于创建出一些新的概念,尝试对社会运动理论的发展做出贡献。② 然而,这种努力仍处于初级阶段,能否通过研究中东社会变迁与社会运动以实现社会运动理论的发展,甚至范式的变迁,仍是一个有待观察的问题。

2. 忽视世俗性的社会运动

现有相关研究成果的研究主题几乎全部集中在分析伊斯兰运动上。直到中东变局发生之后的 2011 年,学术界才出现第一本不以伊斯兰运动作为核心研究主题的此类专著——由乔尔·贝林（Joel Beinin）与弗里德里希·维莱尔（Frédéric Vairel）主编的《中东北非地区的社会运动、动员与抗争》。③ 过于关注伊斯兰运动的研究取向,带来一个非常严重的问题,即给人们造成一种印象,似乎中东北非地区除了伊斯兰运动外,就不再有其他类型的社会运动。

事实上,除了伊斯兰运动,该地区还存在数量众多的世俗性社会运动,如劳工抗议、妇女维权运动、民主运动等。尤其是 2001 年在巴勒斯坦发生第二次反以色列占领暴动和 2003 年美国侵略伊拉克以后,中东地区以民生和政治改革为诉求的各种社会运动急剧增多,而这些社会运动很少得到社会运动研究者的注意。④ 例如,除了埃及 2004 年底一直延续到 2007 年追求政府改革的民主运动——"受够了"运动——得到社会运动者的些许关注外,其他世俗性的社会运动几乎消失在社会运动研究者的视

---

① Oded Haklai, "Authoritarianism and Islamic Movements in the Middle East: Research and Theory – building in the Twenty – first Century," p. 40.

② 巴亚特对学者们不加批判地挪用社会运动理论解释中东政治倾向的批判,见 Asef Bayat, *Life as Politics: How Ordinary People Change the Middle East*, p. 4.

③ 见 Joel Beinin and Frédéric Vairel (eds.), *Social Movements, Mobilization, and Contestation in the Middle East and North Africa*.

④ 对这些抗议活动的深入研究,可参考 Shadi Hamid, "Islamists and Nonviolent Action," in Maria J. Stephan (ed.), *Civil Jihad: Nonviolent Struggle, Democratization, and Governance in the Middle East*. New York: Palgrave Macmillan, 2009.

野中，而它们在一定程度上构成 2011 年中东变局的前奏。① 除了这些可见的、带来日常生活断裂的社会运动，普通民众的"社会非运动"得到的关注就更少了。② 然而，无论是可见的社会运动，还是普通民众基于日常生活从事的"社会非运动"，都有重要的转型潜力，对中东地区社会变迁的动力和轨迹同样产生了不可忽视的影响。有鉴于此，有学者呼吁社会运动研究者应超越"伊斯兰主义"，将更多的研究精力投入到以追求民主、社会正义、妇女等群体权利为诉求的社会运动中去。③

3. 低估跨学科研究的意义

中东社会变迁过程的复杂性，需要研究者采取跨学科的研究路径，而社会运动研究者很少注意到这一现象。研究者通过借鉴社会运动理论范式，矫正了以往研究者过于突出政治文化在中东社会变迁过程中影响的倾向；然而，他们在不经意间又低估了政治文化在各种社会运动中的作用。在中东各类社会运动中，该地区政治文化的影响依然不可低估。举例来说，除了伊斯兰宗教信仰，中东地区其他的政治文化传统，如浓郁的庇护体制（patronage system）及其体现形式（如父权制与代理人主义），同样在伊斯兰运动中发挥了重要作用。④ 罗尔·梅杰（Roel Meijer）甚至认为，哈菲兹与维克托·洛威茨分别关于中东激进化伊斯兰运动的出现和埃及萨拉非主义发生的内部分裂，很有可能不是政府镇压的结果，而是基于中东庇护者——代理人关系的普遍存在而造成的。⑤

运用社会运动理论研究中东社会变迁的成果忽视跨学科研究途径意义的另一个表现，是它们几乎没有涉及外部因素对中东伊斯兰运动所产生的

---

① 借鉴社会运动理论研究"受够了"运动的成果，见 Rabab El-Mahdi, "Enough! Egypt's Quest for Democracy, *Comparative Political Studies*," Vol. 42, No. 8, 2009, pp. 1011-1039.

② 这种局面直到巴亚特写作《作为生活的政治》一书才得到一定程度的改变。

③ 见 Pascal Menoret, "Leaving Islamic Activism Behind: Ambiguous Disengagement in Saudi Arabia," pp. 43-60; Anne Matie Baylouny, "Hizbullah's Women: Internal Tranformation in a Social Movement and Militia," in Joel Beinin and Frédéric Vairel (eds.), *Social Movements, Mobilization, and Contestation in the Middle East and North Africa*, pp. 163-178.

④ Janine Clark, "Social Movement Theory and Patron-Clientelism: Islamic Social Institutions and Middle Class in Egypt, Jordan, and Yemen," *Comparative Political Studies*, Vol. 37, No. 8, 2004, pp. 944-968.

⑤ 可参见 Roel Meijer, "Taking the Islamist Movements Seriously: Social Movements Theory and the Islamist Movement," pp. 290-291.

影响。在传统的政治机会结构概念中，国外力量对社会运动的影响，并没有被视为政治机会结构的组成部分。然而跨国社会运动的研究成果证明，外部力量——包括大国、国际组织、国际非政府组织、海外侨民等国际行为体——对一国内部社会运动的发展演变具有极为重要的意义。虽然也有部分学者注意到中东地区社会运动受到外界力量态度、资源、观点等方面的影响，但这种研究仍然处于边缘地位。中东社会运动与更广泛的国际环境之间的联系，仍然没有得到社会运动研究者的充分关注。中东社会运动研究对政治文化、跨国联系等因素作用的低估，部分说明了现有研究成果存在一定的盲点。这种趋势继续下去，很有可能带来中东伊斯兰运动研究的僵化，无法发现促使中东政治与社会发展、变化的更复杂、更广泛的动力。而充分汲取社会学、人类学、国际关系学、比较政治学、制度经济学等领域关于中东问题的丰富成果，有助于拓宽研究的视野，实现伊斯兰运动理论化水平的提高，或许还有助于人们更准确地把握该地区的发展趋势。

本书将运用社会运动理论对中东变局进行全面的研究。中东变局的突然发生，以及由此带来的一系列问题，给有志于运用社会运动理论分析中东国家社会变迁的研究者提出了一系列的挑战。尽管中东变局已经延续了五年多，然而，中东变局涉及的许多问题并未得到社会运动研究者和中东问题专家全面和深入的研究。对于社会运动理论而言，中东变局虽然提出了诸多的挑战，但是其中的某些问题或许永远也得不到解答。然而，面对诸多困惑，社会运动研究者有责任也有义务去利用中东材料从事修正既有社会运动理论或构建社会运动理论新范式的工作，以实现社会运动理论的创新。换言之，中东变局在提出了一系列挑战的同时，同时也是一种契机。如果社会运动理论或其他相关理论能有效解释中东变局的突然发生以及由此衍生的一系列问题，将有效提高中东研究的学理化水平。因此，能否通过运用社会运动理论或其他相关理论有效回答中东变局涉及的问题，将在很大程度上决定社会运动理论与中东国家社会变迁研究之间结合的前景。本书各章将初步对运用社会运动理论来理解中东变局时涉及的部分问题进行研究，一方面尝试检验社会运动在理解中东变局前的社会变迁与社会运动过程中的适用性，另一方面也为理解中东变局中出现的一些反常现象提供初步的解释。

第 二 章

20世纪90年代以来中东社会变迁对社会运动的影响

【本章提要】本章基于分析社会变迁与社会运动关系的基本视角——情感、利益与价值,以考察20世纪90年代以来导致中东社会运动发生的社会变迁因素。通过梳理后发现,90年代以来中东国家的社会变迁在宏观上主要表现为经济结构的调整、安全环境的变化以及威权主义统治的僵化这三个方面。受到以上社会变迁的影响,20世纪90年代以来的中东社会运动主要体现为"情感导向型运动"、"利益导向型运动"和"政权导向型运动",且这三种类型的社会运动依次构成20世纪90年代以来中东社会运动的发展演变脉络。

20世纪90年代以来,中东地区在发生社会变迁的同时,也产生了大量的社会运动。但直到2010年底,在伴随中东剧变爆发的大量社会运动,及其释放出的超强能量对中东地区秩序产生剧烈冲击后,学界才开始反思以往中东研究中存在的种种"偏见"。[1] 学者们意识到,了解中东剧变前中东国家社会变迁与社会运动的关系,对理解当前中东政治发展具有重要意义。在此背景下,中东社会变迁与社会运动的关系越来越受到研究者的

---

[1] Oded Haklai, "Authoritarianism and Islamic Movements in the Middle East: Research and Theory Building in the Twenty – First Century ," *International Studies Review*, Vol. 11, No. 1, 2009; Eva Bellin, "The Robustness of Authoritarianism in the Middle East: Exceptionalismin Comparative Perspective," *Comparative Politics*, Vol. 36, No. 2, 2004; Asef Bayat, "Arab Revolutions and the Study of Middle Eastern Societies," *International Journal of Middle East Studies*, Vol. 43, No. 3, 2011.

关注。不过到目前为止,学术界尚未出现系统论述中东地区 90 年代以来社会变迁与社会运动关系的研究成果。此外,虽然中东地区过去几十年内产生了许多形形色色的社会运动,但目前仍然缺乏从数量、规模、类型、特征、成因和影响等方面对它们进行深入研究的成果。鉴于此,系统研究中东社会运动和社会变迁的关系,对理解当前中东政治的发展及其未来趋势都具有重要意义。

国内外学术界对中东社会变迁和社会运动的研究现状如下:首先,对中东国家正在经历的社会变迁,国内相关研究成果主要有王联、陈万里、马丽蓉等人的专著,[1] 此外还有不少相关论文。不过,国内学者尚未对中东国家的社会变迁进行集中研究。国外除了希沙姆·萨拉比(Hisham Sharabi)和查尔斯·林霍尔姆(Charles Lindholm)等人较为详细地论述了中东国家的社会变迁外,[2] 其他大部分成果仅关注中东国家社会变迁的某一方面。其次,国内外学术界研究中东国家社会运动的成果相对多一些。[3] 相对国内研究成果而言,国外研究成果相对较多,如第一章所讨论的。尽管国内外学术界对中东国家社会运动的研究成果不少,但重点关注的领域是伊斯兰运动,而对世俗性社会运动的关注较少,且将社会变迁与社会运动结合起来的成果并不多见。整体来看,既有的研究成果主要关注社会运动出现的原因,以及社会运动对中东国家、中东国家与大国关系的影响。而对于社会运动与中东国家社会变迁之间的关系,目前尚未出现专门的研究成果。

鉴于此,本章拟集中研究 1990 年以来至今中东地区的社会变迁与社会运动之间的关系。在以往社会运动理论研究中,社会运动与社会变迁的关系均有所涉及,但这一问题尚未作为专门的理论问题而被予以详细的解析。因此,我们首先需要从既有的社会运动理论模型中提炼出关于社会运

---

[1] 王联:《中东政治与社会》,北京:北京大学出版社 2009 年版;陈万里:《阿拉伯社会与文化》,上海:上海外语教育出版社 2011 年版;马丽蓉:《中东国家的清真寺社会功能研究》,北京:时事出版社 2011 年版。

[2] Hisham Sharabi, *Neopatriarchy*: *A Theory of Distorted Change in Arab Society*, New York: Oxford University Press, 1988; Charles Lindholm, *The Islamic Middle East*: *Tradition and Change*, Rossendale: Wiley – Blackwell, 2002.

[3] 李意:《阿拉伯国家的抗争政治:动因及结果》,载《外交评论》2012 年第 4 期;李意:《中东国家抗争政治的特点分析》,载《西亚非洲》2012 年第 2 期;胡雨:《社会运动理论视角下的政治伊斯兰生成机制》,载《国际论坛》2009 年第 3 期。

动与社会变迁之间关系的相关知识，在此基础上加以整合与补充，以在理论层面厘清社会变迁与社会运动的互动关系，进而为我们分析中东社会运动与社会变迁的关系提供理论基础。其次，中东社会运动的发生无疑与该地区的社会变迁具有密切的联系。在过去几十年中，尽管中东表面上维持着一种能被大家所感知的"稳定"局面，但实际上，中东国家社会各个方面均发生了广度和深度不一的变化。因此，我们需要纵向观察过去20年间中东社会发展变化的大致历史轮廓，以提炼出对社会运动具有重要影响的社会变迁因素。

研究20世纪90年代以来中东社会变迁和社会运动的关系具有重要的现实意义与理论意义。就现实意义而言，其一，我国现阶段面临群体性事件频发和治理经验不足的压力，因此研究他国社会变迁过程中出现的社会运动及其影响，可为我国处理类似事件提供一定的借鉴。其二，社会变迁与社会运动之间的关系，实质上涉及民众诉求与政府治理之间的矛盾，而这一问题是当今世界各国普遍面临的重大课题。为此，将社会运动置入社会变迁的整体过程中进行考察，有助于深化对中东社会运动特别是中东变局的发展过程和动力的认识。其三，有助于把握中东国家应对大规模社会运动时所采取的措施及其效果，以及大国应对中东变局的目的、方式与过程。就理论意义而言，其一，有助于探讨社会变迁与社会运动之间的一般关系，并予以理论解释。其二，通过创造性地运用既有社会运动理论对中东社会运动进行研究，不仅可观察中东社会运动的主要特征，而且也可以检视西方社会运动理论对中东社会运动的适用性和解释力。在此基础上，可为完善西方社会运动理论提供积极的启发。其三，可以提高中东问题研究的理论化水平，并与国际学术界展开对话与竞争。

简言之，本章在回顾既有研究成果的基础上，构建一种分析社会变迁与社会运动互动关系的理论框架。借鉴该理论框架，本章将在情感、利益和价值三个维度上，分别考察20世纪90年代以来中东政治体制的僵化、经济结构的调整和地区安全环境的恶化对中东社会运动产生的具体影响。

一　情感、利益、价值：分析社会变迁与社会运动的基本维度

在探寻社会运动的发生原因时，社会变迁始终是社会运动理论研究者

不可回避的重要因素之一。现有讨论社会变迁对社会运动影响的研究成果，依据它们所遵循的视角，主要可分为社会心理学视角和理性主义视角两类。这两种视角均承认社会变迁是社会运动发生的初始动因，但对于社会变迁后是什么具体因素或机制导致社会运动发生这一问题，两者存在不同的观点。持社会心理学视角的学者，普遍将社会运动的产生机制归因于社会个体或群体在应对社会变迁失败后产生的心理失衡感。而持理性主义视角的学者，尽管也承认社会变迁是社会运动产生的最初诱因，但他们更多强调社会变迁致使社会中层组织臻于完善、社会运动资源的获取更为及时有效，这才是导致社会运动发生的关键原因。围绕社会变迁影响社会运动的具体路径与机制，在上述两种理论视角的引导下，不同的学者提出或构建了不同的理论假设和理论模型，这对我们从理论上厘清社会变迁与社会运动之间的关系具有积极的启发意义。

第一，社会心理学视角。该视角自20世纪初经欧洲引入美国社会学界后，曾一度成为美国社会运动理论研究的主导视角。尽管围绕社会心理学视角构建的社会运动理论，共享理念化的理论内核，但它们在如何选择情感类型上各不相同。具有欧洲留学经历的美国社会学家赫伯特·布鲁默（Herbert Blumer），在其建立的集体行为形成理论中，将社会变迁因素置于集体行动发生的起点。布鲁默认为，社会变迁能够引起人们内心的不安、孤独甚至怨恨等负面情绪。这种源于个体的情感体验在社会群体中扩散后，如果能够引发其他社会个体的共鸣，并经历集体磨合（milling）与集体兴奋（collective excitement）阶段，进入社会感染（social contagion）阶段时，则集体行动会随之发生。[①] 继布鲁默之后，尼尔·约瑟夫·斯梅尔塞（Neil Joseph Smelser）在20世纪60年代提出了解释社会运动发生原因的加值理论（the value – added model）。他将结构性诱因、结构性怨恨、一般化信念、触发性事件、有效的动员和社会控制能力的下降这六因素，视为社会运动发生的必要条件。他同时认为，这六个要素出现的数量越多，社会运动发生的概率也将随之提高。[②] 据此可见，斯梅尔塞和布鲁默均认可社会变迁对社会运动的诱发作用。但从学理上对两者的观点进行对比后可以发现，相比定义模糊的情感因素，作为布鲁默理论内核的"一

[①] 赵鼎新：《社会与政治运动讲义》，北京：社会科学文献出版社2006年版，第28页。
[②] 同上书，第64页。

般化信念"① 则更具学理性。此外,泰得·罗伯特·格尔(Ted Robert Gurr)于70年代提出的以"挫折—反抗"为核心机制的"相对剥夺感"(relative depression)理论,在继承了社会心理学衣钵的基础上,进一步细化了社会个体面临社会变迁时的情感反应类型。该理论认为,当社会变迁导致社会的价值能力(value capacity)不能满足社会个体的价值期望(value expectation)时,个体会产生"相对剥夺感"。根据这个论断,格尔紧接着辨析出了三种主要的相对剥夺感类型:递减型相对剥夺感、欲望型相对剥夺感和发展型相对剥夺感。对其中任何一种类型的相对剥夺感而言,如果一个群体内个体的相对剥夺感越高,那么社会运动爆发的可能性也越高。② 总之,以上三种理论模型均属于微观分析层次,即通过分析社会变迁对社会个体心理产生的影响,以分析促进社会运动发生的心理与情感因素。与此同时,上述三种理论无一例外均承认社会变迁对社会运动的影响,但对于社会运动发生的具体机制尚存分歧。

第二,理性主义视角。社会心理学视角的主导地位在20世纪70年代后受到理性主义视角的挑战,并在二者的学理争论中逐渐被理性主义视角所取代。尔后,学者们开始"抛弃带有情感色彩的怨恨和剥夺等字眼,转而采用利益、兴趣等带有理性选择含义的概念"观察与分析社会运动。③ 与前一代学者相比,新一代社会运动研究者更加关注社会变迁的具体方面,例如塞缪尔·亨廷顿(Samuel Huntington)将社会变迁的速度与制度化的速率结合在一起,以探讨社会运动发生的原因。他认为,当国家的制度化水平低于该国的社会变迁速度时,社会运动和革命最容易发生。④ 此外,埃里克·沃尔夫(Eric R. Wolf)在西方殖民主义扩张的背景下,考察了非西方社会中革命发生的条件;杰克·古德斯通(Jack A. Goldstone)在考察欧亚大陆17世纪和18世纪末、19世纪初发生的两次大规模抗议浪潮的原因后发现,人口增长造成了:(1)具有强大组织力量、动员潜能和严重不满情绪的社会下层人群;(2)国家和知识精英

---

① "一般化信念"是指"人们对特定问题产生的症结及其解决途径产生一个共同的认识"。详见赵鼎新:《社会与政治运动讲义》,第65页。
② 赵鼎新:《社会与政治运动讲义》,第78—82页。
③ 同上书,第29页。
④ [美]塞缪尔·菲利普斯·亨廷顿:《变化社会中的政治秩序》,王冠华等译,上海:上海人民出版社2008年版。

之间距离的加大和异端意识形态的形成；（3）政治精英内部的分化和权力斗争加剧。这三个结果相互作用，进而导致国家机器发生崩溃，提高了革命发生的风险。① 此外，与以上一些学者试图找到解释社会运动发生的一般化理论模式不同，赵鼎新提出了研究社会运动的三种基本视角——"变迁"、"结构"、"话语"。其中，赵鼎新将"变迁"视为"由现代化、人口变迁、自然灾害、大规模疫病流行、外来思潮入侵等原因引起的种种社会变化"。② 同时他强调，"变迁"与"结构"、"话语"三个因素并非构成了一种一成不变的固定模式，而是一个松散的分析框架。

从20世纪70年代至90年代末，资源动员理论、政治过程模式和框架理论先后占据了社会运动理论研究的中心，这三个理论范式与之前的传统社会运动理论关注社会运动发生的宏观结构不同，它们更多关注社会运动发生、动员、组织等的微观机制。因此，最近几十年内，源于欧洲社会学研究传统的社会变迁等结构性因素，较少受到社会运动理论家的研究。此外，近几十年内北美特别是美国社会学家主导着社会运动理论的研究。虽然欧美之间的学术交流自20世纪80年代以来取得了重大进展，但重机制、轻结构的研究取向在有意无意之中将宏观结构因素推到学术研究的尴尬境地。

通过上文对现有研究成果的梳理我们可以发现，社会变迁既可以直接作用于社会运动，也可以借助其他中介变量对社会运动施加影响。在既有研究成果的基础上，为了更清晰地观察与分析社会变迁对社会运动的影响，我们将社会变迁影响社会运动的途径或内容分为微观、中观和宏观三个层次（如图2-1所示），在三个层次中，任何一种要素的变化都可能会诱发社会运动的产生。

微观层次	中观层次	宏观层次
个体（心理、情感）	中层组织（公民社会组织等）； 社会结构（人口结构、阶层结构等）	经济结构； 政治结构； 文化结构； 外部环境

图2-1 社会变迁影响社会运动的分析层次

---

① 赵鼎新：《社会与政治运动讲义》，第78—82页。
② 同上书，第23页。

如图2-2所示，在微观层次上，社会变迁会给个体或社会运动潜在参与者带来心理与情感上的变化；在中观层次上，社会变迁可能引发社会中层组织、社会结构的变化等；在宏观层次上，社会变迁可能导致国家经济结构、政治结构、文化结构、外部环境的变化。层析分析法无疑为我们辨析社会运动发生的社会变迁因素提供了便利，不过需要指出的是，社会变迁是一个十分广泛的社会经济进程，由此带来社会变迁的内容包罗万象。因此，如果从社会变迁出发且遵循一般化原则，以分析哪一种或哪些社会变迁导致了社会运动的产生，将是一项十分繁杂的工作。加之社会变迁的各层次之间、各层次内部各要素之间往往相互影响、彼此作用，这又增加了分析的难度。而不论是社会心理学视角还是理性主义视角，大体都遵循类似的分析逻辑。这也是导致各个理论之间相互争论且彼此不能说服对方的重要原因。鉴于上述原因，本章提出了分析社会变迁与社会运动互动关系的三维视角，即情感、利益与价值，并以这三个维度为基础，构建了一种分析中东社会变迁与社会运动互动关系的松散的分析框架，如图2-2所示：

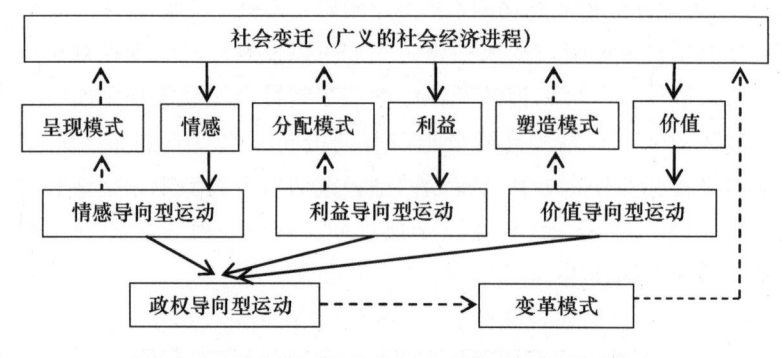

图2-2 社会变迁与社会运动之间互动的关系模式

（注：上图包括两部分内容。其一，由实线连接起来的内容是社会变迁影响社会运动的机制，这也是本部分需要解释的内容；其二，由虚线连接起来的内容是社会运动影响社会变迁的机制，关于对这一机制的解释详见第四章。）

该分析框架将情感、利益与价值作为分析社会变迁与社会运动互动关系的基本维度，主要存在四个方面的考虑：第一，该分析框架在继承社会心理学视角和理性主义视角各自理论核心（"情感"与"利益"）的基础上，将现有社会变迁与社会运动相关研究成果中未予以充分重视的价值因素纳入其中，由此形成了一种较为系统的理论框架。之所以将价值因素纳入分析框架，是因为现代社会急剧的变迁进程，对既存社会规范或价值提出了挑战。而作为开展价值追求、价值创造和价值推广的社会运动，越来越受到社会运动研究者的青睐。第二，情感、利益与价值作为人类行为所遵循的基本逻辑，得到广泛的认可，[①] 因此，从这三个维度进行分析所得出的结论，理应具有相对广泛的适用性。借助该理论框架，不仅可解释中东社会运动产生的社会变迁原因，也可用来分析世界其他地区发生的类似现象。第三，该框架有助于区分社会运动发生的社会变迁因素和非社会变迁因素。需要澄清的是，社会变迁能够导致社会运动的发生，但这并不意味着，凡社会变迁一定会导致社会运动的发生。该框架认为，假定其他因素不变，只有能造成一定数量社会个体的情感、利益和价值任何一方面受损的社会变迁，才可视为社会运动发生的社会变迁因素。且在这三个维度上，受损方面程度越深时，社会运动发生的可能性则越高。如果普通民众在三个维度同时受损较严重，则有可能导致产生推翻政权的社会运动。第四，根据这三个维度及其综合作用的结果，可将社会运动分为"情感导向型运动"、"利益导向型运动"、"价值导向型运动"和"政权导向型运动"，如此一来，可为观察中东社会运动的发展演变过程提供便利。

将情感、利益与价值作为分析社会变迁与社会运动互动关系的三种基本视角，在契合以往社会运动理论研究传统的同时，也能为我们解释20世纪90年代以来中东社会变迁与社会运动的关系提供一种整体性的分析框架。首先，在情感维度，中东国家普通民众情感受挫严重，主要源自于地区外部行为体对中东带来的安全威胁。与中东近代以来沦为西方国家殖民地的历史遭遇和本地区不可磨灭的战争经历密切相关。在面对外部力量对中东地区构成的威胁时，中东地区民众普遍表现出较激烈的反应。这生动地体现在2001年阿富汗战争与2003年伊拉克战争上，在以上两场战争期间，中东各国爆发了声势浩大的反占领运动。其次，在利益维度，始于20世纪80年代的经济结构调整，导致中东各国出现较为严重的贫富分化。在此背景下，切身利益受损的包括劳工、学生、公务员在内的各阶

---

① ［德］马克思·韦伯：《社会学的基本概念》，顾忠华译，桂林：广西师范大学出版社2005年版，第31—35页。

层,开始以罢工、游行、静坐等方式表达他们的不满。再次,在价值维度,西方文化中的民主、自由、平等等价值观逐渐渗透至中东民众之中,尤其受到熟练应用现代电子产品的广大青年群体的青睐。不过对西方价值观念的推崇,并未驱使中东民众要求在本国建立西方式的民主制度,而是累积成为对本国日益僵化的威权主义统治的厌恶。

二 情感维度：中东安全环境的恶化及其对社会运动的影响

在社会运动研究中,情感议题是必不可少的组成部分。在微观层次上,情感是人性的重要构成部分;在宏观层次上,情感是人类社会文化最鲜活的载体。因此,社会运动研究者在早期探索社会运动的发生原因时,往往将情感因素作为重要的自变量,这与后来兴起的理性主义视角形成了鲜明的对比。就中东国家90年代以来发生的社会运动而言,在21世纪第一个十年间发生的许多社会运动,主要受到情感因素的驱使。这不仅与中东国家近代发展道路历经的曲折与艰辛有关,还与"9·11"事件发生后中东安全形势的变化密切相关。就中东近代的历史遭遇而言,第一次世界大战后,中东国家沦为英国、法国等西方国家的殖民地与半殖民地。二战结束后,尽管中东国家普遍获得了民族独立,但此后不久即陷入冷战的旋涡中,中东地区由此成为美苏两个超级大国竞争的舞台。对于近代以来中东的这段历史,阿拉伯国家的学术界和穆斯林民众都感到痛心疾首,他们不仅惋惜伊斯兰文明的衰落,而且对西方的殖民统治更是深恶痛绝,引以为耻。[①] 20世纪90年代以来,中东地区安全环境发生了深刻的变化,巴以冲突持续发酵以及美国在中东地区持续的反恐战争,引起了中东国家广大民众的反美情绪。"9·11"事件后,以美国为首的西方国家在中东发动的反恐战争,被部分中东民众视为是对阿拉伯领土的"入侵"与"占领"。再加之西方国家对伊斯兰世界进行的歪曲呈现,导致阿拉伯国家普遍对以色列和美国心存不满,特别是对两者在中东的活动持反感态度。因此,每当外部力量对中东的安全威胁明显增加时,就会激起中东民众强烈的情感与心理反应。在此背景下,阿拉伯国家的民众往往基于共同的宗教

[①] 朱威烈:《伊斯兰文明与世界》,载《世界经济与政治》2007年第7期,第57—58页。

与语言等纽带团结在一起,通过社会运动的形式表达他们的集体情感。

20世纪90年代以来,中东国家民众集体情感主要表现为反以、反美的泛阿拉伯民族主义情绪,这种情感的产生主要与20世纪90年代以来巴以持续不断的冲突、美国在中东地区的军事存在和西方国家对伊斯兰文明的歪曲呈现密切相关。

第一,中东民众的反以情绪。进入90年代后,冷战的结束为巴以冲突的缓解与和平协议的早日实现创造了历史机遇。1992年伊扎克·拉宾(Yitzhak Rabin)在以色列国内大选中成功击败右翼利库德集团领导人伊扎克·沙米尔(Yitzhak Shamir)再度出任以总理。在出任总理不久,拉宾就向阿拉伯国家频频示好,并表示愿意接受巴勒斯坦人提出的"以土地换和平"的原则和联合国第242、338号决议。在美国的斡旋以及巴以双方的共同努力下,巴以双方于1993年在美国白宫签署了第一个和平协议——加沙—杰里科自治原则宣言,次年,巴解主席阿拉法特和拉宾在开罗签署了关于实施加沙—杰里科自治原则宣言的执行协议。这一系列协议的签署反映了巴以双方致力于实现和解的意愿,并为双方之间的后续进行合作奠定了政治基础。受到这一协议推动,以色列开始与其他中东国家寻求改善关系,例如,1994年,以色列与约旦签署了和平条约,这标着这两国结束了长达46年的战争状态。尤其值得提及的是,巴以双方于1995签署了意义重大的"塔巴协议"。根据此份协议的内容,巴勒斯坦民族权力机构的治理范围将扩大到约旦河西岸27%的地域。该协议的签署进一步推动了巴以双方的和解,并对中东地区甚至世界的和平与稳定具有积极的意义。作为对这一协议签署的褒奖,挪威诺贝尔委员会将1994年的诺贝尔和平奖授予阿拉法特、佩雷斯和拉宾,以奖励他们在达成历史性协议的过程中做出的重要贡献。然而,巴以之间关系的改善却遭到以色列极右势力的反对。为了宣泄不满,一名犹太极端分子在1995年特拉维夫国王广场举行的10万人的和平集会上刺杀了拉宾。拉宾遇刺后,巴以改善双边关系的步伐逐渐放缓。

进入21世纪后,美国总统布什于2002提出了一个中东和平计划。此后,联合国、欧盟、俄罗斯和美国中东问题四方会议代表在此基础上几经磋商,最终形成了中东和平"路线图"计划(Roadmap Peace Plan)。该路线图分三个阶段分别阐述了巴以和解的具体步骤,并最终计划于2005年完成巴以最终地位谈判,建立巴勒斯坦国。然而,由于以色列的强硬态度,到2003年9月,该"路线图"计划最终搁浅。总之,巴以冲突激发了阿拉伯人强烈的泛阿拉伯民族主义情绪,并由此导致产生了大量社会运动。例如,2000年巴勒斯坦爆发了反对以色列人的大规模社会运动。这次大规模抗议活动发生的主要原因是巴以和谈停滞,其导火索是沙龙参观了阿克萨清真寺。在"第二次巴勒斯坦暴动"中,大量巴勒斯坦民众纷纷走上街头,高举标语以表达他们对以色列人的愤怒,且不少民众使用暴力方式袭击以色列目标。

　　第二,中东民众强烈的反美情绪。中东民众对美国的抵触情绪主要来自于以下几个方面:首先,美国在中东相继发动的反恐战争。作为对"9·11"事件的报复,美国及其联军于2001年10月发动了推翻塔利班政权的阿富汗战争,试图彻底消灭制造"9·11"事件的幕后黑手——"基地"组织及其同盟者塔利班武装。2003年3月,美国又以伊拉克藏有大规模杀伤性武器并暗中支持恐怖分子为借口,绕开联合国安理会,单方面对伊拉克实施军事打击。阿富汗战争的结果是推翻了塔利班政权,但造成了阿国内政局的持续动荡。目前,由于阿富汗塔利班与阿富汗政府之间为谈判设定的条件悬殊、双方内部对和解的意见不一以及受国际环境的影响等,阿富汗国内和解进程现状令人担忧。[①] 就伊拉克战争而言,美国不仅未在伊拉克找到大规模杀伤性武器,而且战争加剧了伊拉克国内逊尼派与什叶派之间的宗教纷争。此外,两场战争均造成了大量的平民伤亡,并且使两国国内面临恐怖主义和极端主义势力的长期侵扰。阿富汗战争和伊拉克战争后,美国在两国均保持了一定数量的军事存在,使许多阿拉伯国家的民众感受到安全威胁。其次,美国在阿以冲突中始终偏袒以色列的态度引起了阿拉伯人的反感。美国与以色列的关系是影响阿拉伯国家与美国关系的重要症结。在阿以冲突中,美国不仅同情以色列人,而且每年为以色列提供了大量的经济与军事援助,这都引起了阿拉伯人的强烈反对。再次,阿拉伯人对美国的反感还与美国在中东大力推行自由主义经济模式有关。始于20世纪80年代的新自由主义经济改革,破坏了中东国家原来的计划经济体制,但是囿于各种原因,中东国家在计划经济体制崩溃后并未成功地建立起市场经济。不仅如此,经济结构调整催生了中东各国普遍的

[①] 朱永彪、武兵科:《阿富汗和解进程:现状、原因与前景》,载《兰州大学学报》(社会科学版)2015年第2期。

贫富两极分化和社会发展严重失衡,并滋生了各种社会问题。因此,在反美情绪的影响下,中东国家频繁发生反对美国的社会运动。其中,影响较大的有埃及 2000 年至 2006 年间为声援巴勒斯坦抵抗运动而对美国、以色列与丹麦商品进行抵制的"非暴力圣战运动",以及埃及 2003 年反对美国侵略和占领伊拉克的抗议活动等。

第三,西方世界的"伊斯兰恐惧症"极大地伤害了中东广大穆斯林的情感。"伊斯兰恐惧症"实质代表着一种思维定势,即将各种涉及穆斯林的社会问题和公共危机,统统简化为"伊斯兰威胁"。其最极端的表现,是声称伊斯兰教信仰本质上就是反西方和反现代化的,并认为穆斯林是潜在的"麻烦制造者"。[1] 美国传统文化中对穆斯林的偏见可以追溯至中世纪基督教欧洲对伊斯兰教的负面印象。冷战结束后,美国各种保守政治力量以鼓吹伊斯兰恐惧症为主要目标,并经过媒体的宣传和报道后被进一步扩大。特别是"9·11"事件发生后,西方特别是美国对伊斯兰世界的恐惧更是达到顶峰,并为美国在中东的政策与军事存在提供了借口。作为世界文明体系中的组成部分,伊斯兰文明具有极为宏大和周全的学科架构,这也是构成伊斯兰文明独具一格的重要原因。[2] 而美国罔顾伊斯兰文明的文化特征以及其与世界文明的发展差距,而对伊斯兰世界进行歪曲呈现,使中东广大穆斯林群体的身份遭到蔑视。在此情况下,中东穆斯林在面对西方国家的蔑视时,集体表现出强烈的不满。如,2012 年美国罔顾穆斯林的感受,拍摄了一部诋毁伊斯兰教先知的电影,这部电影一经预告即触怒了整个中东地区的穆斯林。据介绍,在这部名为《穆斯林的无知》(Innocence of Muslims)的电影中,导演将恐怖分子的形象刻画为头戴围巾的穆斯林,并选择在"9·11"事件 11 周年纪念日前夕放映了该部影片的预告片。为了表达对该部影片所表现出的对伊斯兰文明的无知,和侮辱穆斯林先知的强烈愤慨,也门、伊拉克、伊朗、突尼斯等许多中东国家的民众纷纷走上街头,焚烧美国国旗,袭击美国领事馆和工作人员。此外,中东国家爆发了大规模的反美民众抗议运动。

---

[1] 何健宇:《美国霸权的演进与"伊斯兰恐惧症"》,载《世界经济与政治》2013 年第 4 期,第 126 页。

[2] 朱威烈:《伊斯兰文明与世界》,载《世界经济与政治》2007 年第 7 期,第 57—58 页。

三 利益维度：中东经济结构调整及其对社会运动的影响

自20世纪90年代以来，在经济全球化冲击下，中东国家经济结构在过去几十年间经历了"解构"与"重构"的过程。受此进程的影响，中东各国经济社会诸多领域发生了急剧的变迁。尽管中东各国无一例外地受到自80年代开启的新自由主义经济改革的冲击，因此瓦解了中东各国与社会早期达成的维持了数十年的非正式契约关系。然而，在重新构建国家与社会关系方面，一些国家取得了一些成就，而另一些国家却迟迟未能取得突破性进展。

20世纪80、90年代，中东各国的国内改革导致中东国家社会急剧变化。在20世纪60、70年代，主要依赖于较高的实物投资和石油价格，中东各国的经济保持了较长时间的发展与繁荣。但由于石油价格的下跌，以及由此导致政府分配能力的减弱，中东国家经济形势趋于恶化，并最终陷入了经济危机。为了尽快走出经济危机，包括埃及、摩洛哥、突尼斯和约旦等在内的许多中东国家，在80年代中期开始着手启动国内改革。在整个中东地区，各国政府的普遍做法是削减津贴、减少公共开支。改革措施在90年代初收到了一定的效果，主要体现为国内债务水平和通货膨胀得到一定程度的控制等。在已取得的改革成果的激励下，政府进一步增强了经济结构调整的力度。此举的主要目标是在国际金融机构和西方国家提供资金的情况下，通过国有企业私有化、贸易与金融自由化和加强制度建设等改革措施，以实现经济发展模式从政府主导型向市场主导型过渡。尽管得到了国际社会的积极鼓励与支持，但中东国家的经济改革仍然是不平衡、犹豫不定和不完整的。[1] 而且在整个90年代，由于中东国家面临石油价格波动的困扰和周期性干旱引起的农业重创的双重压力，因而总体来看，90年代中东经济非常脆弱，经济改革步履维艰。[2]

---

[1] Paul Aarts, "The Middle East: A Region without Regionalism or the End of Exceptionalism?" *Third World Quarterly*, Vol. 20, No. 5, 1999, p. 917.

[2] Tarik M. Yousef, "Development, Growth and Policy Reform in the Middle East and North Africa since 1950," *The Journal of Economic Perspectives*, Vol. 18, No. 3, 2004, pp. 97–99.

中东经济结构的调整引发了各国社会的变化。就国家与社会关系而言，尽管在少数国家，经济改革使民众逐渐摆脱了依赖政府提供生活保障的思维模式，进而一定程度上缓解了这些国家的政权合法性危机。不过对大部分中东国家而言，随着国家与社会长期达成的较为稳定的非正式契约关系开始瓦解，政府的合法性遭到来自社会各方面的质疑。以埃及为例，自1952年革命之后，在国家与社会持续互动过程中，国家政权与广大民众之间逐渐形成了一种非正式的社会契约，即民众在政治领域向纳赛尔及其统治集团进行妥协与退让，作为交换，国家向民众提供生活物资和安全保障。为了维持这种关系，埃及国内建立了大量的公共服务部门与广泛的补贴网络，以向民众无偿或低价提供食物、电力、油气、交通、教育、医疗和其他公共服务。也正是凭借其与社会之间形成的默契关系，埃及政府才能够较为顺利地维持埃及国内政治秩序。

然而，埃及国内经济结构调整打破了此种非正式契约关系。而促使埃及进行经济结构调整的原因之一，是持续居高不下的人口出生率。从20世纪70年代一直到90年代中期，埃及人口出生率史无前例地上升，由此导致埃及每年新生儿数量高达130万人。[1] 面对不断上升的人口数量，考虑到埃及当时的经济规模，纳赛尔及其继任者无法持续满足各方面所需的津贴与补助。为此，政府尝试通过借贷缓解由于人口过快增长带来的各种问题，然而不仅没有收到预期的效果，而且将埃及拖入一个很难填满的资金黑洞。到80年代后期，埃及上升为当时世界负债最高的国家之一，埃及负债规模占到其GDP的184%。[2] 在此背景下，以美国为首的西方国家于90年代初期表示，愿意帮助埃及填补债务窟窿，但却提出了附加的政治条件，即埃及需修正其发展道路，以建立一种能够完全融入全球经济的市场驱动的出口导向型经济体制。陷入困境的时任埃及总统穆巴拉克（Muhammed Hosni Mubarak）别无选择，只得接受西方国家和国际金融机构的提议，埃及遂于1991年开启了新自由主义经济改革计划。该计划的核心内容是更换国家政权合法性的基础，也就说首先需要解除国家与社会

---

[1] 戴晓琦：《19世纪以来埃及阶级结构的演变及其对当前社会的影响》，载《西亚非洲》2011年第6期，第30页；戴晓琦：《中产阶级与埃及政局变化》，载《阿拉伯世界研究》2012年第1期，第56页。

[2] 同上。

间先前达成的非正式契约关系。具体的措施包括国家经济部门的私有化、民众福利的削减和国家经济职能的弱化。不过,从实际情况来看,经济结构的调整并没有实现这一预期效果,反而将埃及置于旧有的国家与社会长期形成的非正式契约关系被打破、而新的国家与社会关系尚未形成的两难境地。

埃及国家与社会之间非正式契约关系破裂的主要原因有两个。其一,政治与经济结构的调整引起了埃及阶级结构的分化与组合。到20世纪末,埃及社会形成了两个主要阶级,上层阶级与下层阶级。前者包括纳赛尔革命前的地主和资本家、外国资本家、纳赛尔时期的上层官僚和从萨达特到穆巴拉克时期的各类新资本家。后者主要是原有的贫农、农业工人、国企失业工人、原来行政单位和失业单位的部分工薪阶层。上层与下层已于21世纪初完成了自身的阶级重建。中层仍在建构之中,但轮廓已基本清晰,包括各种技术人员、行政中下层、私企老板、大部分店主等。但是,上下层阶级之间的距离在扩大。主要表现为:1993年上层阶级人数占总人口的3%,中层占45%,下层占52%,但2006年,上层占18%,中层占12.4%,下层占69.1%。这表明埃及社会结构呈现不对称的"哑铃式"结构。[①] 中产阶级中的大量人口向下层社会的下滑,造成中产阶级规模的缩小和下层阶级人数的膨胀。

其二,埃及经济结构调整导致社会出现了贫富两极分化。经济结构调整后,中低收入者由于不再享有政府之前提供的福利而失去了基本的生活保障,事实上沦为穷人。在改革初期,为了在国内实施改革的同时避免大量人员失业,政府计划将国有公司以市场价格出售给那些向政府许诺接手公司后不会在未来数年内解雇员工的买家。而且这些买家也向政府保证,即使可能会有部分员工失业,但他们也能够获得公司提供的职业培训以使其再就业。然而,后来的情况并非如此。实际上,大部分国有公司以低于市场的价格卖给了穆巴拉克的家族成员,以及与其有密切关系的商人。公司以前的许诺和保证化为乌有。在经济结构调整后不久,埃及国内出现了大量员工失业的现象。不可否认,经济结构调整后以技术服务和农产品出

---

① 戴晓琦:《19世纪以来埃及阶级结构的演变及其对当前社会的影响》,载《西亚非洲》2011年第6期,第30页;戴晓琦:《中产阶级与埃及政局变化》,载《阿拉伯世界研究》2012年第1期,第56页。

口为代表的出口贸易带动了埃及的经济增长,但与此同时,非技术人员、国家部门的工人、公务员、依靠养老金生活的人们,却明显地感觉到他们的收入不仅一直未变,而且物价水平越来越高。一些中产阶级家庭甚至眼睁睁看着他们的生活水平不断下降,直到成为穷人。据统计,2011年之前,埃及超过40%的人口生活在贫困线以下。[1]

其三,国内经济结构调整导致埃及国内民众的不安全感日益强烈。埃及民众的不安全感首先来自普通民众在经济结构调整过程中被边缘化。与普通民众生活水平日益下降不同,民族民主党成员、与政权关系密切的商人、穆巴拉克家族、支持穆巴拉克政权的军方,成为经济改革主要的受益群体。其次,社会公正日益丧失。尤其值得注意的是,军方是埃及政权的支柱,穆巴拉克为了镇压极端伊斯兰团体的激进行为,授予国家安全部门以广泛的权力,但这些权力几乎不受法律的约束,警察可以肆意逮捕、拷打、关押犯人或嫌疑人。到2010年,警察和安全人员的行为已经发展到了让许多埃及民众感到害怕和厌恶的程度。不过,面对如此种种的遭遇,由于缺乏有效的民意表达渠道,埃及民众几乎很难公开表达他们不满与愤怒。在国家层面,表现为很少出现针对政府的抗议活动。除普通民众的呼声受到政府压制外,政治反对派自20世纪70年代以来也一直处于被压制的状态。尽管穆巴拉克政权允许他们获得较少的议会席位,但坚决阻止其参与国家决策过程和组建政党。受此影响,"穆兄会"与政府的关系经历了极其复杂曲折的变化。再次,社会风气日渐下滑。公务员索取"小费",教师课后开设课程等通过非正常的渠道增加收入的现象屡见不鲜,由此可见腐败已经深入人们生活的各个层面。到2005年前后,国家政权合法性的基础——纳赛尔时代建立的国家与社会之间的达成的契约关系——逐渐消失殆尽。[2]

埃及的案例表明,国家与社会的关系本质上是国家与社会个体之间权利与义务的协调分配。在80年代之前,中东各国国家与社会的关系更类似于一种家长制形式,即国家为社会个体提供基本生活保障和安全保障。经济结构的调整不可避免要触及并瓦解这一政治关系。在新的经济运转方

---

[1] Bruce K. Rutherford, "Egypt: the Origins and Consequences of the January 25 Uprising," pp. 35-37.

[2] Ibid., pp. 37-38.

式已经发生变化而其他社会关系依然保持其旧的运作方式，并依靠惯性维系时，往往会造成社会关系的紧张。而造成此种紧张关系的关键原因在于广大民众的利益受损。在此情况下，如果民众的利益关切长期未能得到政府的回应，且民众并无其他合法渠道表达其诉求时，尽管面临较大的安全风险，但选择以集体抗争或社会运动的形式表达其不满仍是为数不多的表达诉求的途径。

四　价值维度：威权政权统治的僵化及其对社会运动的影响

自19世纪中东开启现代化进程以来，中东政治制度经历了较大的变化。特别是第二次世界大战结束后，中东部分国家摆脱了殖民统治，建立了独立的民族国家。新独立的中东国家在政体上，主要采用了民主共和制和君主立宪制两种形式。到20世纪90年代，为了满足经济结构调整后国家的发展需要，以及回应民众对民主政治日渐上涨的热情，中东各国在既有政治制度的基础上尝试进行改革，以不断完善政党制度、选举制度和议会制度，并希望最终建立相对多元的民主政治制度。其中，政党制度的发展变化，很大程度上可以反映出一国民主政治的发展变化。为了深入地阐释这一情况，下文以埃及政党制度的演变为例，以说明中东民主政治发展的历程及其对中东社会运动的影响。

埃及现代政党制度于20世纪初随西方政治思想的传入而在国内逐渐确立。在埃及后续的政治发展中，政党制度的发展演变先后经历了宪政时代、纳赛尔时代、后纳赛尔时代、穆巴拉克时代和后穆巴拉克时代，整体上主要表现为一党制与多党制交替出现、宗教政党与世俗政党相互竞争发展的基本特征。具体而言，埃及政党制度的第一个发展阶段为1923—1952年的宪政时代。这一时期埃及制定了国家宪法，成立了议会，由此在国家层面形成了比较完善的政治制度。其中，由于深受世俗民族主义意识形态的影响，该时期埃及各政党的主要特征为：比较崇尚主权在民和宪法至上的西方现代政治理念；强调超越宗教界限的民族意识与国家利益；倡导保障民众权利和实行宪政制度。但是，尽管这一时期埃及政治制度体现出民主的一面，不过此时的议会和内阁多由经济实力雄厚的地主把持，因而这一时期埃及政治制度具有排斥下层民众的明显倾向。

埃及政党制度发展进程的第二阶段是纳赛尔时代，即从 1952 年至 1970 年。由于纳赛尔反对真正的多党制，因此他解散了原来的议会政党和穆斯林兄弟会，并先后成立了解放大会和民族联盟。但是在民族联盟运行不久后，纳赛尔又解散了民族联盟。之后，纳赛尔于 1962 年 10 月根据《国民宪章》（National Charter）建立了"阿拉伯社会主义联盟"（Arab Socialist Union，简称"ASU"）。阿拉伯社会主义联盟是埃及 1952 年革命后成立的第一个政党，它的政治基础是工人、农民、士兵、知识分子和其他非剥削阶层。[1] 阿拉伯社会主义联盟一直维持到萨达特上台。整体来看，纳赛尔时代埃及政党政治的主要特征是长期实行一党制。

埃及政党制度发展进程的第三阶段是后纳赛尔时代，也就是萨达特总统时代。1978 年萨达特解散了由纳赛尔建立的阿拉伯社会主义联盟，先前的阿拉伯社会主义联盟分解为阿拉伯社会主义党、自由社会主义党和民族进步联盟党三个政党。这意味着埃及实际上结束了一党制，开始实行多党制度。从这三个新政党的政治谱系来看，自由社会主义党和民族进步联盟分别构成了左翼和右翼的官方反对党。尽管如此，它们与执政的阿拉伯社会主义党仍然保持着合作关系。这一时期，埃及政党制度的发展还表现在，萨达特于 1977 年 7 月签署并颁布新的《政党法》（Political Parties Law），这是埃及独立后第一部政党法。该法令的颁布对政党的发展产生了重要的影响。因为新《政党法》规定，埃及民众有自由成立政党和选择从属于某个政党的权利。

与此同时，埃及还成立了"政党事务委员会"（the Political Parties Affairs Committee），该委员会的主席由上议院（舒拉委员会）主席兼任，其主要任务是授予政党以合法地位和监管政党的一切活动。由此可见，虽然新《政党法》表面上给予广大民众合法成立和加入政党的权利，然而实际情况并非如此。在实际操作中，政党的注册和政党活动受到政党事务委员会的严格管控。例如，如果一个申请注册成为合法政党的政治团体与既存的某个政党具有相同或相似的意识形态，那么该政治团体的申请一般会被政党事务委员会拒绝；如果某一团体欲利用阶级之间的紧张关系或对立成立政党，那么其政党申请也会被驳回。政党事务委员除了有权驳回政

---

[1] 哈全安：《埃及现代政党政治的演变》，载《南开学报》（哲学社会科学版）2007 年第 4 期。

党申请外，也可以随时取消政党的活动，甚至取缔政党。① 受此影响，"穆兄会"与萨达特政权的关系，在保持了短暂的合作后即迅速恶化。总而言之，从 20 世纪 70 年代到 90 年代末，埃及对政党及其活动的限制非常严格。

埃及政党制度发展进程的第四阶段是穆巴拉克时代。该时期埃及政党的特点除了继承了萨达特时期一党独大的特征外，另一个明显特征是存在宗教政党与世俗政党的激烈竞争的局面，这主要表现为穆巴拉克政府与"穆兄会"的关系上。20 世纪 80 年代，穆巴拉克虽然否认"穆兄会"的合法政党地位，但允许其参加议会选举。这一举措促使"穆兄会"逐渐放弃了暴力活动，进而转向通过在国家政治体制内以合法参与的方式公开竞争国家权力。然而到了 90 年代，由于埃及当局加强了对政党活动的监管力度，穆巴拉克与"穆兄会"之间的关系急剧恶化，这种情况一直持续至 2005 年。② 2005 年埃及对《政党法》做了较大幅度的修改，取消了对政党申请资格的一些严格限制，并对先前的《政党法》做了一些修正。修正后的政党法对政党的注册作出了比较宽松的规定。例如，如果政党事务委员会未在 90 天内对提交的政党申请作出回应，那么意味着该政党就可以成立。尽管做了许多修改，但是对埃及各政党而言，竞争国家权力还是比较困难的。这是因为新的《政党法》规定，注册成立政党必须要获得一定数量地方政府官员的签名。此外，政党要确保其有助于国家团结。和此前一样，埃及也不允许申请注册的政党与现存政党在意识形态上相同或接近。

通过回顾埃及政党制度的发展过程可以看出，在上述各个阶段，埃及均对政党及其活动做了较为严格的限制。尽管中东国家在 90 年代后尝试进行民主政治改革，但考虑到国家政权的巩固和国内政局的稳定，中东国家基本上维持着威权主义政治统治。从中东各国威权主义政权的运行情况来看，威权主义政体固然在一定程度上能够维护国家的稳定，但同时也容易滋生个人集权、政治腐败、家族统治等现象。此外，威权主义政体对公

---

① Daniel L. Tavana, "Party proliferation and electoral transition in post – Mubarak Egypt," *North African*.

② 哈全安：《埃及现代政党政治的演变》，载《南开学报》（哲学社会科学版）2007 年第 4 期。

民政治参与较为严格的限制,加之经济结构调整带来的不利影响,导致中东各国社会组织出现了新的发展。这在一定程度上为中东社会运动的产生提供了较为便利的社会网络。

自 90 年代以来,中东公民社会有了较快发展。以埃及为例,据统计,埃及国内民间社会组织的数量从 1976 年的 7593 个增加至 1990 年的 12832 个,到 1990 年,埃及各类社会组织的成员总数达 300 余万人。1990 年后,埃及民间社会组织也呈现不断增长的趋势,到 2005 年,埃及民间社会组织已超过 19000 个,2007 年达到 23200 个。① 这些成分复杂、规模不一的公民社会组织遍布行业协会、工会、商会以及宗教慈善机构等。在这些公民组织中,作为公民社会重要组成部分的非政府组织,自 90 年代以来也不断发展壮大。据统计资料显示,埃及 1999 年就有 14500 多个注册的非政府组织,其中超过 10% 的非政府组织是 1990 之后注册的。不仅在埃及是这样,中东其他国家非政府组织的数量也急剧上升。目前,突尼斯国内大约有 5000 个非政府组织;黎巴嫩非政府组织从 1990 年的 1586 个增加到 1996 年的 3500 多个。约旦目前大约有 800 多个非政府组织,其中大部分是 90 年代建立的。②

根据非政府组织的基本原则、价值基础和组织目标,中东非政府组织主要可分为五种类型。(1)宗教激励型非政府组织,主要由伊斯兰教、基督教团体负责运行,因此这类组织的活动很大程度上受到宗教教义或宗教—政治因素的驱动。(2)传统福利型非政府组织。主要由上层阶级的家庭成员经营,组织的主要目标是促进可持续发展,如创造收入、培训社区民众等。这类组织中也包括一些伊斯兰慈善性质的非政府组织。(3)职业型非政府组织。这类组织大多是世俗性组织,由各行各业中的职业精英负责管理。成立组织的目标不尽相同,或出于某种义务和人文关怀,或出于获取物质利益的考虑。(4)国家赞助型非政府组织。它们是国家职能在社会领域的延伸,行使国家的部分社会与经济职能。(5)西方支持的非政府组织。西方国家特别是美国往往以改善人权为由出资建立涉及教育、卫生、环保等内容的非政府组织,并借此传播西方价值观,甚至借用

---

① 王林聪:《埃及公民社会刍议》,第 29 页,中国社会科学院亚太与全球战略研究院网站 http://niis.cass.cn/news/585604.htm。

② 同上。

组织名义为一些国家的反对派提供资金、物质和技术援助等。[①]

中东非政府组织之所以在90年代后呈快速发展的趋势，主要是因为民众普遍缺乏正常的政治参与渠道。除此之外，还主要受到以下两个因素的影响：其一，非政府组织能够填补或充当政府在社会一些领域缺失的职能。因此，中东各国政府在一定程度上对非政府组织的发展持默认的态度。中东各国人口快速增长以及城市移民的增加，给城市的公共服务系统带来了巨大的压力，而在一些领域，非政府组织有助于缓解政府在公共服务供给上所面临的压力。其二，非政府组织受到外国资金的援助。一些国外组织不仅为中东各国非政府组织提供资金帮助，甚至以此为理由强行干涉受资助的非政府组织的活动。另外，非政府组织受到世界银行、各国政府、激进团体等不同政治派别的支持，这也在一定程度上促进了中东非政府组织的发展。

在获得发展的同时，中东非政府组织也面临一些问题。第一，民众参与非政府组织的积极性不高。如职业性非政府组织的组织结构往往是权威性的等级结构，而且拥有固定的组织程序，因此组织内的普通成员几乎没有参与组织决策的机会。在此情况下，组织内的普通成员除了从非政府组织中获得一些物资资助外，很少主动去做一些利他的事情。第二，政府比较严格的监控措施，使非政府组织丧失了一定的自主性。一方面，非政府组织一定程度上减轻了政府面临的社会服务压力；但另一方面，政府因为担心非政府组织会获得更大的政治空间，一般不允许非政府组织转变为政治团体。尽管一些职业协会经常涉及政治活动，且政府对此予以默许，但政府仍然对组织的运转、资金流向等进行较为严格的监管。总之，正如巴亚特对中东非政府组织描述的那样，"经济的脆弱鼓励了它们的发展，而政治的脆弱又阻碍了它们的发展"。[②]

尽管非政府组织因其自身具有难以克服的局限而对中东政治的影响力不是很大，但非政府组织在中东各国的发展无疑为民众发起社会运动提供了必要的社会基础。在埃及，受到美国政府资助的非政府组织的数量达

[①] Asef Bayat, *Social Movements, Activism and Social Development in the Middle East*, Civil Society and SocialMovements, Programme Paper, UnitedNations Research Institute for SocialDevelopment, 2000, p. 20.

[②] Ibid., p. 23.

120多个。2011年，美国向埃及68个非政府组织提供了价值2亿美元的资助，以支持它们在国内煽动与制造混乱。为此，埃及政府强化了对外国非政府组织的审查力度，如2012年2月埃及司法部门对包括19名美国人在内的43名非政府组织成员进行了审判，谴责他们擅自设立办事机构，从事政治活动。[①] 因此，面对政府不断增加的压力，民众参与非政府组织的积极性并不高。即便他们参与非政府组织，其目的大多出于满足基本的生活需求。然而，在特殊情况下，这种松散的社会网络会凝聚成为巨大的社会动员网络，这正是社会运动发生的必要条件之一。

五 结论

本章以情感、利益与价值三个维度为基础，尝试构建一种分析社会变迁与社会运动互动关系的理论框架。就社会变迁对社会运动的作用而言，该框架认为，社会变迁能够引起人们情感、利益和价值三方面的变化。假定其他因素不变，只有能造成社会个体情感、利益和价值任何一方面受损的社会变迁，才可视为社会运动发生的社会变迁因素。且在这三个维度上，受损方面越多、程度越深时，社会运动发生的可能性越高。如果普通民众在三个维度同时受损较严重时，则有可能导致产生推翻政权的社会运动。根据这三个维度及其综合作用的结果，可将社会运动分为"情感导向型运动"、"利益导向型运动"、"价值导向型运动"和"政权导向型运动"。就社会运动对社会变迁的作用而言，"情感导向型运动"、"利益导向型运动"、"价值导向型运动"和"政权导向型运动"对社会运动分别具有不同的作用。根据这四种类型社会运动的各自特性，社会运动影响社会变迁的机制依次可称为"呈现模式"（情感导向型运动）、"分配模型"（利益导向型运动）、"塑造模式"（价值导向型运动）和"变革模式"（政权导向型运动）。

遵循该理论框架所展示的逻辑关系，20世纪90年代以来中东地区社会运动的发生原因主要有以下三个方面：第一，在利益维度上，中东各国始于20世纪80年代的经济结构调整，引起了中东各国国内阶级结构的分

---

① 新华网：《非政府组织搅乱美埃关系》，http://news.xinhuanet.com/world/2012-02/22/c_122736503.htm。

化与组合，并导致社会出现了贫富两极分化。在民众利益受损的情况下，为了改善自身的处境，包括劳工阶层、城市中低收入者等群体在内的社会阶层，开始以社会抗议的体制外形式反对政府削减公共开支，并要求政府增加工资与提高最低生活保障。这类以争取社会经济权利为主要议题的社会运动集中分布在1990年至2000年期间。第二，在情感维度上，主要受到90年代以来巴以持续不断的冲突、美国在中东地区的军事存在和西方国家对伊斯兰文明的歪曲呈现的影响，中东国家民众表现出较为激烈的反以、反美的泛阿拉伯民族主义情绪。这种情感投射在社会运动上，集中体现为从"9·11"事件发生至2010年期间，中东地区爆发了许多反占领社会运动。第三，在价值维度上，受到西方民主价值观的影响，且在中东民众情感与利益双重受损的情况下，中东民众开始了反对本国政府的社会运动，这集中体现为2010年底爆发的波及诸多中东国家的"中东变局"。此外，通过对中东社会运动的考察还可以发现，自20世纪90年代以来，中东世俗性社会运动的发展整体上遵循了"争权利——反占领——反政府"的演进路径。关于90年代以来中东社会运动的发展演变及其原因，下一章节专门就此问题进行研究。

第三章

20世纪90年代以来中东社会运动的发展演变

【本章提要】 自20世纪90年代以来，中东世俗性社会运动的发展整体上遵循了"争权利——反占领——反政府"的演进路径。各国政府并未对从20世纪80年代一直延续到90年代的争权利运动作出积极有效的回应。这导致中东民众在面临的政治机会结构十分有限的情况下，借助2001年后中东局势的恶化，将社会运动引入反占领议题。反占领运动是中东社会运动发展过程中的分水岭，此后，借助反占领运动争取到的合法的政治空间，抗议民众又将抗争议题引向经济领域，而最终将抗议对象升级为针对本国政府。在这一过程中，青年表现出比其他群体更活跃的反抗意识，并日益成为社会运动的主要参与者和组织者。整体来看，中东社会运动以非暴力抵抗和水平网络动员为主要特征，并能够通过积极塑造社会运动话语增强其动员能力。

前 言

20世纪90年代以来，中东不少国家发生过社会运动。发生社会运动的主要国家及其运动状况如下：约旦独立后发生过两次大规模的抗议浪潮，第一次发生于自由化政策引进后的1989年，这次抗议活动主要围绕失业和报酬等议题展开。约旦政府认为，此次抗议活动的性质兼社会经济性和政治性于一体。因此，社会运动发生后，政府放松了对政治激进者和反对派的限制，允许他们参加议会选举。第二次抗议活动发生于2000年

10月，这次抗议的起因是2000年9月28日，以色列反对党领袖沙龙拜访了犹太人、穆斯林和基督徒有争议的圣地圣殿山（Haram Ash-Sharif），由此引起了许多巴勒斯坦人的强烈不满，并爆发了阿克萨群众起义。摩洛哥在2000年至2010年间发生了连续的抗议运动，高潮是2007年1月至10月，总共发生了945次抗议。在这些抗议活动中，劳工协会、行业协会、青年行动者等走上街头表达对失业、高物价、较低的劳动报酬的不满。直到2010年年底"中东变局"发生前，摩洛哥抗议浪潮的势头逐渐消退。阿尔及利亚则于2003年发生了由工人协会领导的持续两天的罢工，抗议活动的主要对象是私有化政策、收入下降、较差的工作条件等。2008年，不断上升的贫困率和失业率导致上千名青年人走上街头，甚至出现暴力抗议活动。在突尼斯，2005年信息社会世界峰会召开期间，突尼斯发生了较小的政治抗议，要求政治自由等。2008年突尼斯一个地方的小公司声称政府存在不公平的录用现象，由此引发了工人和青年激进者自发游行示威。这次抗议持续了数周时间，政府逮捕了大约200名示威者。在海湾国家中，仅科威特和巴林发生过抗议运动。2006年4000多名年轻的抗议者松散地组织了一场所谓的"橙色运动"（orange movement），成功迫使政府将选区由25个减少到5个。此外，科威特女权运动也较为活跃。2005年5月16日科威特国民议会通过一项法律修正案，所有年满21周岁的科威特人，不论性别，均拥有参加大选的权利。这是中东女权运动取得的重大胜利。在巴林，什叶派与逊尼派之间的紧张关系是引发抗议的主要原因。巴林2008—2010年发生了数起安全部门拷打抗议者的游行示威，并引发了暴力事件。

　　围绕20世纪90年代以来中东社会运动中心议题的发展演变轨迹，本章首先依次考察中东争权利运动、反占领运动和反政府运动的特征、产生原因与动员机制等。在此基础上，考察中东不同阶层或群体反抗意识的强弱，以及先前在抗争意识上具有较大差异的群体是如何在社会运动中走向联合的。再次，本章对以上三种社会运动中的策略选择、组织结构与话语建构等逐一进行分析。对上述问题进行研究，具有理论和现实两方面的意义。就理论意义而言，可通过检视既有社会运动理论对中东社会运动的解释力，完善主要基于西方社会运动为案例发展而来的社会运动理论，进而提高中东问题的理论研究水平。就现实意义而言，从宏观上对中东国家社会运动的发展轨迹进行研究，可为我国群体性事件的综合治理提供一定的借鉴与启发。

一 20世纪90年代以来中东社会运动的发展路径

20世纪90年代以来，中东社会运动大体上围绕特定的中心议题展开，而中心议题的变化预示着社会运动发展阶段的更迭。尽管中东世俗性社会运动繁杂多样，并且在运动形式、运动规模、激烈程度以及社会影响等方面存在较大差异，但通过对特定社会运动的产生原因、核心诉求与预期目标这三个要素进行考察，仍可归纳出特定时期内社会运动的中心议题。据此，本章将90年代以来的中东社会运动中心议题区别为"争权利"、"反占领"和"反政府"三类。大体而言，中东世俗性社会运动的运动轨迹基本遵循了"争权利——反占领——反政府"的演进路径，且每一种社会运动代表的中心议题基本上以十年为一个节点进行转移，如图3-1所示：

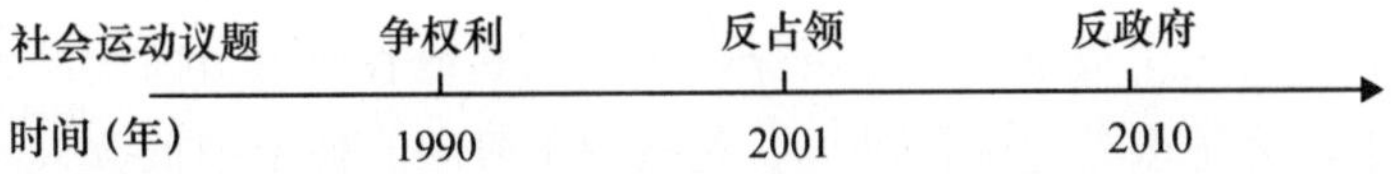

社会运动议题	争权利	反占领	反政府
时间（年）	1990	2001	2010

图3-1 20世纪90年代以来中东社会运动议题演变示意图

对社会运动的中心议题进行提炼，不仅有助于对90年代以来中东发生的纷繁复杂的社会运动进行归类，而且也能为我们观察90年代以来中东社会运动的发展演变脉络提供便利。下文将分阶段对这三种社会运动的主要特征进行分析。

（一）1990—2001年：以"争权利"为中心议题的抗争阶段

从1990年至2001年"9·11"事件发生这一时期，是中东民众将"争权利"作为核心诉求的阶段。因此，本章将这一时期涉及该议题的社会运动统称为"以争取权利为中心的社会运动"，简称"争权利运动"。顾名思义，争权利运动旨在为某一社会群体争取经济、政治、社会、文化等方面的利益，涉及就业、报酬、教育、医疗、社会地位等较为具体的需求。如1997年土耳其"持久权利公民倡议运动"等。这类社会运动实质上反映了抗议民众要求社会资源与财富更加公平分配的夙愿。在不同的阶层或群体中，争权利运动体现为不同的运动形式，如劳工运动、女权运动、学生运动等。由于争权利运动涉及内容比较广泛，因而这类运动的参与者遍及工人、公务员、商人、城市中低收入者等不同阶层以及妇女、律师、教师等特定的群体。这类运动尽管发生频率较高，但目标诉求仅限于社会经济诉求，并且持续时间较短，因此各国政府在应对这类社会运动时，经常选择性地作出妥协，以在尽量满足抗议民众诉求的同时维持自身的统治地位。不过，在这一时期，威权主义统治在中东正处于上升阶段，而争权利运动则相对处于弱势地位，这在很大程度上限制了争权利运动发展的能力。

这一时期的社会运动之所以以争权利为中心议题展开，主要原因在于，从20世纪80年代起，中东各国陆续启动经济结构调整。为了加快实现经济发展模式从政府主导型向市场主导型的过渡，中东各国政府普遍削减民众福利、减少公共开支。由此导致的结果之一，是社会出现了贫富两极分化并持续扩大。在此过程中，中低收入者因不再享有政府之前提供的各项福利而失去了最基本的生活保障。在无其他有效渠道向政府表达诉求的情况下，为了改善自身的处境，包括劳工阶层、城市中低收入者等群体在内的社会阶层，开始以社会抗议的体制外形式反对政府削减公共开支，并要求政府增加工资与提高最低生活保障。如1998年埃及一些较大的公司发生了70多次工人罢工，1999年初埃及平均每周都有超过5次的工人罢工或静坐；而伊朗仅1991年前半年的工人罢工次数就高达2000多次。[①]争权利社会运动虽然在中东不同时期都有发生，但1990年至2001年期间的社会抗议活动集中围绕社会经济议题展开，因此争权利运动构成这一时期中东社会运动的主要形式。

（二）2001—2010年：以"反占领"为中心议题的抗争阶段

2001年以后，中东社会运动的中心议题从"争权利"转移到了"反占领"，反占领运动遂成为中东社会运动的主要形式。此次中东社会运动

[①] Asef Bayat, *Social Movements, Activism and Social Development in the Middle East*, Civil Society and SocialMovements Programme Paper, UnitedNations Research Institute for SocialDevelopment, 2000, p. 8.

议题的转移与中东地区安全形势的恶化直接相关。"9·11"事件后，美国相继发动了针对阿富汗和伊拉克的反恐战争，使中东地区的安全环境骤然恶化。在此背景下，反对外部势力的入侵和占领，成为中东民众发起系列抗争运动的新理由。这类运动包括 2000 年至 2006 年间埃及为声援巴勒斯坦抵抗运动而对美国、以色列与丹麦商品进行抵制的"非暴力圣战运动"，2001 年埃及反对以色列占领黎巴嫩的运动，以及 2003 年埃及反对美国侵略和占领伊拉克的抗议活动，2005 年摩洛哥反对以色列占领运动，黎巴嫩 2005 年的"雪松革命"和 2006 年的真主党运动、2009 年的巴勒斯坦暴动，等等。"反占领运动"可视为中东民众在感知到外来威胁后集体作出的应激性反应，它们反映了中东民众强烈的反以、反美的泛阿拉伯民族主义情绪。在一定程度上，这类运动能够增进阿拉伯国家彼此的团结与认同。

通过对中东反占领运动发生原因进行考察后可以发现，中东民众之所以对外部力量介入中东地区作出激烈的反应，主要受到一种"被感知的集体威胁"（a perceived collective threat）[①] 的情感驱使。与世界其他地区相比，中东地区民众对外来威胁的反应更加敏感与激烈。这是因为，作为对某一地区民众整体心理状态的一种写照，"被感知的集体威胁"的形成与中东历史上的殖民主义、新殖民主义和外国占领等遭遇密切相关。"9·11"事件后，以美国为首的西方国家相继对阿富汗、伊拉克发动战争，激发了中东民众历史上形成的这种集体情感。此外，"被感知的集体威胁"还源自于民众在国家内部形成的一种普遍的不安全感。因此，这种基于历史因素和国内因素形成的"被感知的集体威胁"成为一种独特的动员结构，引发不同阶层的情感共鸣。中东国家的小商贩、社区协会、宗教团体、街道工会几乎没有共同的特征，然而一旦感受到共同威胁的存在，他们会通过各自的非正式网络进行动员。在此情况下，社区之间既有的隔阂可以因此得到搁置。此外，家长式的、职业性的、宗教性的和社区性的非正式网络之间也有可能建立某种非正式联系。一旦这些非正式的网

---

① Joel Beinin and Frédéric Vairel, "Introduction: the Middle East and North Africa Beyond Classical Social Movement Theory," in Joel Beinin and Frédéric Vairel eds., *Social Movements, Mobilization, and Contestation in the Middle East and North Africa*, California: Stanford University Press, 2011, pp. 8 – 9.

络被积极动员起来，其中所蕴含的能量往往是惊人的。

反占领运动在90年代以来中东社会运动发展过程中具有承上启下的特殊意义。这种转折意义主要体现在两个方面：第一，反占领运动为争权利运动的振兴提供了历史机遇。以埃及工人运动为例。据统计，从1984年至90年代初的埃及工人罢工浪潮期间，平均每年发生的工人集体行动的数量为25—80次。但从1998年至2008年，大约有200万埃及工人参加了2623次占领工厂、罢工、游行示威等集体行动。这与之前的工人运动规模与次数形成了鲜明的对比。其中，仅2004年一年埃及发生了265次工人运动，而2007年、2008年的工人集体行动次数均超过600次。[①]可见，争权利运动从低潮走向复兴，很大程度上受到声势浩大的反占领运动的激励。第二，反占领运动为反政府运动开拓了有利的政治空间。尽管反占领运动的抗争对象主要是以色列、美国等西方国家，表面上它们似乎并未针对本国政权，但从中东社会运动的整体发展脉络来看，反占领运动中包含向本国政府传达不满的政治信号。反占领运动发生后不久，中东一些国家即开始出现了针对本国政府的抗议运动。另外，如果联系到中东各国抗争运动所面临的政治机会结构十分有限这一事实，就比较容易发现反占领运动的政治意义影响深远。

（三）2010年以后：以"反政府"为中心议题的抗争阶段

直到2010年中东变局爆发后，中东社会运动的中心议题才正式从"反占领"转移至"反政府"。不过自2004年后，反政府诉求已在中东国家的社会运动中初露端倪，并呈现迂回向前发展的特征。其中，集象征性和现实性为一体的是2004年发生在埃及的"受够了"运动。该运动是埃及乃至整个中东社会运动发展趋势的风向标。这是因为五十多年来，政治动员第一次成为中东国家国内团体进行社会抗争的主要原因。"受够了"运动发生后，即自2005年至2010年，中东社会运动整体上呈现争权利运动、反占领运动、反政府运动相互借力与交替发生的景象。不过，就运动规模和影响力而言，反占领运动依然是这一时期社会运动的主导类型。相

[①] Ahmed Adly, Amr Ismail, "When Cheap is Costly: Rent Decline, Regime Survival and State Reform in Mubarak's Egypt (1990–2009)," *Middle Eastern Studies*, Vol. 47, No. 2, 2011, pp. 308–310.

比之下，争权利运动因议题老化并未引起外界过多的注意；同时，虽然反政府运动已开始显露，但因始终担心招致各国政府的镇压而能量有限。针对政府的社会运动主要在总统或议会选举等一些特殊的时期出现，其目的在于尽量避免引起政府的注意。例如，在 2005 年总统选举期间，埃及国内出现了不少政治性抗议运动。而总统选举年过后，主要的抗议运动又转移至社会经济领域。反政府运动这种"畏首畏尾"的行动一直持续到 2010 年底突尼斯"茉莉花革命"爆发之时。自此，中东社会运动才大规模地从反占领运动演变为反政府运动。

"反政府"运动与上述两类运动相比具有不同的特征。这类运动旨在要求政府变革、改变现存的一系列制度安排甚至推翻政府。由于这类社会运动具有挑战本国威权主义政权的明显意图，因此始终面临被严厉镇压的风险，尤其是规模较小的反政府运动很容易招致政府的镇压。为了回避镇压风险以达到最终实现推翻本国政权的目的，反政府运动参与者在预期反抗无果或面临危险的情况下，往往会有意识地隐藏其政治偏好，同时暗中积蓄力量等待有利的政治机会的到来。因此，一旦反政府运动爆发，其往往会以"滚雪球"的方式动员大量的民众参与其中，并可能会形成跨阶层联合。而在策略选择上，反政府运动通常采取非暴力抗争方式，以扩大民众的支持基础和维持最小程度的人员伤亡。在中东近代历史上，最具代表性的反政府运动是 1979 年伊朗伊斯兰革命。然而进入 90 年代后，随着中东威权主义统治的加强，反政府抗议运动逐渐陷入低潮，在整个 90 年代中东几乎未发生明显的以政府为主要抗争目标的社会运动。但进入 21 世纪后，反政府抗议运动获得持续的动力，且愈演愈烈。除埃及外，中东其他国家也发生过类似的运动，如科威特 2005 年发生的要求政府缩减选区的"橙色运动"（the Orange Movement），伊朗 2009 年爆发了反对总统内贾德连任的"绿色运动"（the Green Movement）等。这些都对中东变局的发生产生了推波助澜的作用。

中东反政府运动发生的原因不同于以往社会运动理论家所说的资源动员理论和政治过程模式。资源动员理论强调，社会运动之所以发生，关键在于抗议者能够获得包括资金、人员、政治力量、非政府组织、抗议过程中形成的各种正式的和非正式的组织、信息技术等各类资源。政治过程模式则认为，社会运动是政治系统外的民众影响政治决策与政治发展的一种方式，该模式集中关注有利于抗议活动发生的政治环境，包括国内政治体系的开放程度、精英内部的团结程度、是否有政治精英可以联盟、国家镇压抗议活动的意愿和能力等因素。但是，中东社会运动行为体面对的政治机会和所能获取的资源都十分有限。在这种情况下，中东地区反政府运动不可避免地发生表明，中东反政府运动的发生原因不在于物质性资源和有利的政治机会，而在于中东具有不同利益、目标和意识形态的团体能够通过想象彼此相互联系，形成所谓的"想象团结"。"想象团结"是指不同的社会运动行为体自发地通过想象或主观建构构建共同的利益和共享的价值，从而达成一种共识的过程。想象的团结通常发生在相互交流空间不足或狭小的环境下，特别是在权威主义政权之下，详见第五章。"想象的团结"也可视为政治想象的一种，"所谓政治想象，并非是行为体关于政治问题的胡思乱想，相反它是在现有物质背景下对替代性政治生活——包括政治身份、政治秩序、民众与国家之间的关系、替代性政治制度安排、替代性意识形态等内容——的思考"。政治想象暂存于个体的头脑之中，是对当前不合理社会秩序的一种不满。中东社会运动水平网络不断扩大，导致社会各阶层从相互孤立逐渐走向彼此联合，在这一过程中，他们形成了共同的集体身份。而基于共同的身份，他们对未来政治生活的理想化安排也日渐趋同。

从上文的分析可见，争权利运动、反占领运动和反政府运动依次构成了90年代以来中东社会运动发展的三个主要阶段。而且，这三者之间并非是相互孤立的，争权利运动在抗争效果不明显与政治机会结构有限的情况下，通过借助中东局势的恶化，将其能量投入到以反占领为中心的社会运动上，而这反过来又促进了争权利运动的高涨。在此基础上，形成了争权利运动、反占领运动和反政府运动彼此借力发展的局面。这表明，民众在以某个议题进行抗争并且未得到政府的积极回应以及与政府力量悬殊的情况下，会将社会运动议题转入其他并不明显针对政府的领域，在其他类型的社会抗议活动中锤炼抗议技巧、积累经验和拓展政治空间。在此情况下，即便在政治机会结构整体保持不变的情况下，大规模反对政府的抗议活动也能够通过不断扩大的非正式网络得以实现。

二 中东社会运动中各阶层的抗争意识

社会不同阶层或群体抗争意识的强弱与社会运动的发生和发展前景紧

密相关。社会运动理论研究表明,抗争意识是连接政治机会结构和集体行动的中介,客观上有利的政治机会结构并不必然导致集体行动的发生。著名社会运动研究者道格·麦克亚当(Doug McAdam)认为:"组织成员对特定挑战反应的变化有助于将不断变化的政治结构转化为一组认知线索(cognitive cues),这预示着政治系统面对挑战时的脆弱性增加。"[1] 也就是说,社会运动的发生需要社会运动主体抗争意识的转变。皮文(F. Fox Piven)和克洛沃德(R. A. Cloward)经过进一步研究后认为,普通民众抗争意识的转变主要体现在三个方面:第一,先前承认统治者的合法性和接受现存制度安排的人们,开始相信统治者的统治及其对社会的安排是不公正和错误的;第二,认为既有安排是不可避免的人们,开始要求改变与获得权利;第三,以前自认为无助的人们开始感觉到他们有能力改变现状。[2] 与皮文和克洛沃德的观点相近,麦克亚当将普通民众抗争意识觉醒的过程称为"认知解放"(cognitive liberation)。它指的是一种集体共享的认知的转变,是在集体行动的潜在参与者中间出现的意识变化。不过,麦克亚当对"认知解放"的分析属于典型的托克维尔式分析,即认为政治机会的出现与民众对政治机会的捕捉或感知是同步的。查尔斯·库兹曼(Charles Kurzman)对此提出了一种与之不同观点,他认为政治机会的出现与民众感知到政治机会的节奏往往是不相匹配的。这种情形通常出现在两种情况下:其一,当政治机会出现时,民众囿于各种因素并未能成功地察觉到;其二,民众感知到的政治机会事实上并非真实存在。[3]

实际上,不论是实际存在的政治机会结构还是被感知的政治机会结构,两者都对社会运动的产生与发展具有指引作用。这是因为,被感知的政治机会结构与实际的政治机会结构的效果一样,均能促使民众产生"认知解放",从而导致民众将抗争意识从观念形态转变为抗争实践。抗争意识是社会运动发生发展的重要主观条件,而具有较强反抗意识的群体往往构成社会运动的主要组织者或参与者。因此,分析社会不同阶层或群体抗争意识的强弱,一方面有助于比较中东各阶层或团体在抗争意识上存

---

[1] Doug McAdam, "Political Process and the Development of Black Insurgency 1930 – 1970," Chicago: The University of Chicago Press, 1982, p. 49.

[2] Ibid., pp. 49 – 50.

[3] Charles Kurzman, "Structural Opportunity and Perceived Opportunity in Social – Movement Theory: The Iranian Revolution of 1979," American Sociological Review, Vol. 61, No. 1, 1996, p. 154.

在的差异及其原因,另一方面也有助于深刻认识中东社会运动发生的主观条件。通过对中东社会运动的考察可以发现,中东草根阶级、城市中低收入者、城市底层群体、知识分子、妇女、学生、青年等"来自体制外的具有一定认同感的集体行动者",① 均是中东社会运动的潜在参与者。不过,不同群体在反抗意识上存在较大差异。

第一,中东草根阶层抗争意识并不强烈。草根阶层在应对社会变迁带来的困境时显得较为被动,抗争意识明显不足。因为他们必须将大量时间与精力投入到拓展资源的活动上,以保障其基本生活。具体而言,一家之主延长劳动时间、家庭迫于生活压力出售私人物品、允许小孩在外打工补偿家用等现象在草根阶层屡见不鲜。再加上草根阶层花费在医疗、教育等方面的开支一般比较有限,故该阶层通常与宿命论、犯罪、宗教狂热分子、懦弱、绝望和迷信等词汇联系在一起,并由此形成了底层民众特定的文化氛围——"贫困的文化"(culture of poverty)。② 受此文化的长期浸染,他们中的很多人往往持一种听天由命、等待命运裁决的生活态度。当然,也不乏相当部分的草根民众通过各种方式进行抗争。不过大体来看,大多数草根阶层因其社会边缘地位的长期固化,且缺乏向上流动的机会,他们的反抗意识并不突出。

由于并无明显的抗争意识,因此大多数的城市底层民众在面对社会经济结构的改变时,选择了另外一种集体行动——"安静的侵犯"(quiet encroachment)。"安静的侵犯"是大量原子化的普通民众在既没有明确的领导者,也没有意识形态或组织结构的引导下进行的碎片化的持续的集体行动。这类行为包括违规搭建住所、非法引入自来水管、私自牵拉电线、逃避执法人员的管理、占用公共场所等行为,涉及移民、难民、失业者、半失业者、小商小贩等处于城市边缘的群体。政府对这种现象往往持模棱两可的态度:一方面,政府对民众依靠自身谋生的方式持包容态度,因为民众的这种方式可以减轻政府提供公共产品的压力,故政府容忍有限的"安静的侵犯";另一方面,由于"安静的侵犯"挑战了公共秩序和国家对公共空间的控制力,同时挤压了城市有产者的公共服务资源,所以政府

---

① 李意:《中东国家抗争政治的特点分析》,载《西亚非洲》2012 年第 2 期,第 55 页。
② Asef Bayat, *Life as Politics*, *How Ordinary People Change the Middle East*, Amsterdam: Amsterdam University Press, 2010, pp. 49 – 50.

和民众之间时常也会发生冲突。

第二，对城市的中低收入阶层来说，集体抗议是他们表达不满情绪的主要方式。在20世纪80年代，摩洛哥、突尼斯、黎巴嫩和约旦等国家均发生了城市中低收入群体因政府削减公众福利而引发的城市集体抗争。在90年代，随着经济自由化愈演愈烈，城市中低收入者的抗争日渐升温，这种情况在伊朗尤为显著。面对此种状况，政府一方面作出些许退让，而另一方面加强了暴力机构对这类现象的控制力度。不过对于局部的小规模的抗议活动，政府通常的做法是强力镇压以防升级。如1998年埃及农民反对终结他们土地所有权的抗争就遭到政府的镇压，而对于全国性的抗议活动，政府通常作出较大的妥协或进行政治改革。[①] 总之，城市集体抗议多是自发性的，尽管影响范围较广，但同时面临被镇压的危险。

第三，知识分子群体的抗争意识整体比较消极。尽管知识阶层的社会地位和社会认知水平远在草根阶层之上，然而他们患有集体性"社会疲劳"（social fatigue）综合症，致使他们在抗争方面表现得比较消极与被动。之所以产生"社会疲劳"症，主要原因在于，他们具有参与政治事务的能力，但因为感觉到自身与社会和政治环境比较疏远，因而往往不会参与到有关社会发展的替代性方案的讨论之中，故个体对推动社会变迁并未表现出强烈的欲望。[②] 知识分子虽仍然自视为左翼知识精英，信奉国际无产阶级抗争的意识形态，但实际上他们已不再从事制定社会替代方案的活动，也不再在组织框架内进行集体活动，而仅仅通过文学作品或者报刊文章表达他们的观点或不满。

第四，劳工阶层是经济结构调整的首当其冲者，也是最先"揭竿而起"的社会群体。90年代，约旦、黎巴嫩、摩洛哥和土耳其等中东国家，都建立了相对独立于国家或执政党的工会组织，以化解行业矛盾及维护劳工阶级的权益。面对经济结构调整所带来的不公平的劳动现状、分配问题

---

① Asef Bayat, *Social Movements, Activism and Social Development in the Middle East*, Civil Society and SocialMovements Programme Paper, UnitedNations Research Institute for SocialDevelopment, 2000, p. 6.

② MarieDuboc, "Egyptian Leftist Intellectuals' Activism from the Margins: Overcoming the Mobilization \ Demobilization Dichotomy," in Joel Beinin and Frédéric Vairel eds., *Social Movements, Mobilization, and Contestation in the Middle East and North Africa*, California: Stanford University Press, 2011, p. 62.

和政治议题时，劳工阶层往往能够在工会的组织与领导下做出系统与快速的反应。整体而言，这一时期中东工人运动的主要特征表现为：（1）工人罢工、游行示威等集体行动的次数增多；（2）工人运动产生了一定的示范效应，带动其他行业和群体社会运动的兴起；（3）在工会组织数量上升的同时，工会的组织化程度不断加强；（4）工人运动的主要参与者是国家部门的工人，而私有企业工人参与工人运动的积极性相对较弱；（5）工人运动以经济诉求为主，并未表现出明显的政治诉求。整体上，21世纪最初十年的工人抗议的主体大部分是城市工人。在没有国家层面的领导者参与的情况下，他们通常通过当地的非正式网络和工会组织团结在一起，要求政府实现社会公平，并未提出实行民主改革和政权更迭的框架。事实上，这一时期劳工阶层尚不具备挑战国家权力的能力，在各国政府强势统治之下，他们既没有足够力量也没有充分信心单独组织针对国家政权的政治运动。考虑到大部分工人运动主要倚靠非正式的地方网络联系在一起以推动劳工运动的发展，如果他们发起针对政府的抗议运动，那么可能会导致这些原本不坚固的团结被轻而易举地摧毁。

第五，除劳工阶层外，广大女性也积极参与和组织抗争运动。中东国家的女性在家庭地位、就业率、受教育程度、政治参与度和社会地位上等方面普遍低于男性。例如，除土耳其、突尼斯等个别国家颁布过世俗性家庭法以外，大多数中东国家的家庭法以伊斯兰教法为基础，将女性置于从属或依附于男性的地位。在这种情况下，为了提高自身的地位，中东女性通过积极组建女性组织的方式加入到争取权利的抗议运动中。中东女权运动具有如下特点：首先，女性自身的力量比较有限。鉴于此，女权主义者在发起社会运动时，通常要与其他社会运动组织如学生组织、人权组织、国外女权组织等联合行动，并在行动过程中动员并吸纳具有人文关怀的男性加入，以扩大自身的影响力。此外，女权主义者还积极利用国际场合以及参与国际合作以提高女性的话语权，并以此作为向政府施加压力的一种手段。[①] 其次，女权运动的领导者和参与者以作家、大学生、知识分子等中青年职业女性为主。精英主导型女权运动虽然具有一些不可替代的优势，但也在一定程度上疏远了相当部分的普通女性。而且由于中老年女性

[①] Valentine M. Moghadam, "Transnational Feminist Networks: Collective Action in an Era of Globalization," *International Sociology*, Vol. 15, No. 1, 2000.

的传统观念在短时间较难转变,因此在女权运动组织内部,青年女性与中老年女性有时会在一些问题的看法上产生分歧。再次,女权运动组织缺乏充足的资金来源,且组织内部尚未制定明确的目标和策略,这一定程度上限制了其活动能力。

第六,青年逐渐成为中东社会运动的主要发起者和参与者。因为阿拉伯国家人口出生率和人口增长率始终维持着较高的增长速度,以致该地区的青年人口不断增多。而在中东国家现有的经济条件下,政府提供的就业岗位通常不足以满足大量青年的就业需求,导致中东各国面临不同程度的青年民生问题。与此同时,信息技术的渗透使青年人可以轻而易举地了解国外讯息,通过与自身处境进行比较,从而强化了他们对本国政府的不满。由此可见,现实经历与内心渴望之间的较大反差,加剧了阿拉伯国家青年的思变欲望和抗争意识。可以说,失业青年是中东所有社会群体中最具革命性的群体。

上述分析表明,不同群体在社会地位与社会认知等方面存在的差异,导致他们的反抗意识参差不齐。在他们预期政治机会结构对其发起社会抗争不利或有限的情况下,各群体或者会有意压制自己的抗争意识,或仅在自身所处的群体内发起局部的社会抗争。反映在社会运动形式上,则体现为劳工群体、女权主义者、青年等团体发起的彼此独立的社会运动。不过,在特定的情况下,上述不同社会群体也会联合起来,形成"跨阶层动员",[①] 从而会实现社会运动在规模和地域上的同步扩大。此类社会运动的爆发往往会对一国国内政权的稳定构成较大冲击。

三 中东社会运动中的策略选择、运动组织和话语架构

在社会运动中,策略选择、运动组织和话语架构是社会运动的重要构成部分。就20世纪90年代以来中东社会运动的具体情况而言,在策略选择上,中东社会运动以非暴力抵抗策略为主;在运动组织上,尽管存在社会运动组织的垂直领导,以及各种社会运动组织之间时有联系,但整体而

---

① Katerina Dalacoura, "The 2011 Uprising in the Arab Middle East: Political Change and Geopolitical Implications", *International Affairs*, Vol. 88, No. 1, 2012, pp. 67-68.

言，中东社会运动仍以水平动员方式为主；在话语架构上，20世纪90年代以来中东社会运动中主要出现了两种话语类型——"人权"与"变革"。尽管均是社会运动话语的架构，不过两者在动员效果上具有实质性差异。最后，不论是社会运动策略的实施、运动组织功能的发挥，还是话语建构的集中展示，往往通过"街头政治"的形式体现出来。

（一）中东社会运动的策略选择

社会运动的策略是社会运动主体为了实现特定的运动目标所采用的方式。大体而言，可分为暴力抗争方式和非暴力抗争方式两大类型。"吉哈德"（jihad）或所谓的"圣战"（holy war）是中东社会运动中最具代表性的暴力方式；非暴力方式包括游行、示威、静坐、和平占领、请愿等。就社会运动策略的效应而言，破坏性策略与温和性策略哪一种策略更有利于社会运动目标的实现，学术界对此尚未达成共识。[1] 有观点认为，仅仅讨论策略选择与社会运动结果之间的关系，并不能得出令人满意的结论，因而需要澄清一种策略发挥作用的条件。例如巴顿（James W. Button）认为，当社会冲突的范围仅局限于抗议团体及其目标时，选择破坏性策略更有利；而当大量民众开始卷入冲突并导致冲突的范围扩大时，破坏性策略反而会降低运动成功的可能性。[2] 不过，这些判断往往是基于对欧美社会运动的经验事实进行分析得出的结论，是否同样适用于中东的社会运动还有待考察。

整体来看，20世纪90年代以来的中东社会运动通常采取的运动策略是非暴力方式。中东威权主义统治一向处于强势地位，因此通过军事政变、政治暗杀、集体暴力等抗争方式实现社会运动诉求成功的概率极低。在这种情况下，非暴力抵抗遂成为中东社会运动普遍采用的策略形式。尽管其中并没有掺杂较多的物质性暴力，但非暴力抗争运动被视为超越正常的政治、经济和社会行为之外的体制外行为。需要指出的是，尽管非暴力抵抗是中东社会运动的主导策略形式，但在阿拉伯国家中一直存在对暴力

---

[1] 详细讨论见 Marco G. Giugni, "Was It Worth the Effort? The Outcomes and Consequences of Social Movements," *Annual Review of Sociology*, Vol. 24, 1998.

[2] Marco G. Giugni, "Was It Worth the Effort? The Outcomes and Consequences of Social Movements," *Annual Review of Sociology*, Vol. 24, 1998, p. 378.

抵抗方式的推崇。有观点认为,"吉哈德"(jihad)或"圣战"(holy war)是伊斯兰的传统,同时也是实现政治目标最有效的方式。不过大部分人士认为,非暴力抗争是改变现状的有效武器,可以尽可能减少伤亡人数,增加政府镇压的代价,进而对政府的镇压意图起到一定程度的抑制作用。除此之外,非暴力抵抗方式还因具有以下优点而更有利于社会运动目标的实现:(1)能最大限度激起人们对公正事业的同情与支持;(2)在解决长期累积的社会不公方面,非暴力方式的效果更明显;(3)能驱除个体的恐惧感,构筑强大的心理力量;(4)能够较为容易地在当局与抗议者之间建立沟通的桥梁;(5)争取到安全力量在抗议运动中保持中立。尽管如此,非暴力运动对一些根深蒂固的冲突的解决仍显得力不从心。此外,当非暴力抵抗运动实现既定目标后,平民抗争有可能沦为各种政治力量为实现自我利益而争相利用的工具。

(二)中东社会运动组织

社会运动组织是社会运动发起与发展过程中的主要领导机构。同一社会运动不同组织之间或不同社会运动组织之间,既存在相互竞争的关系,也存在互动(合作、联合、合并)关系。[①] 社会运动组织间的竞争关系在中东比较少见,因为中东社会运动通常以同质性团体为基本单位彼此独立进行。而社会运动组织间的互动关系较为多见,这是因为:首先,在中东国家中,如果想要实现更宏大的政治目标,仅靠某一组织自身很难实现。其次,社会运动规模的扩大,为其他社会群体和社会运动组织的参与提供了机遇。以反政府社会运动为例,在运动爆发伊始,参与社会运动的团体和组织较为有限。而当社会运动达到一定的规模时,各种运动组织包括学生组织、青年组织等都会加入其中。在这种情况下,各种社会力量因共同目标结成临时同盟,共同抗议他们的"敌人"。

然而,不同社会运动组织在社会运动规模扩大时形成的同盟关系往往具有脆弱性和不稳定性,由情势所造就的同盟关系暂时掩盖或搁置了不同群体之间的潜在矛盾。如反政府运动在实现总统或政府下台这一共同目标后,在社会运动中团结一致的各政治派别之间、民众与政府之间、不同社会团体之

---

① Mayer N. Zald, Roberta Ash, "Social Movement Organizations: Growth, Decay and Change," *Social Forces*, Vol. 44, No. 3, 1966, p. 335.

间潜在的矛盾得以凸显,进而可能引发国内新一轮的社会动荡。而反政府社会运动平息后,国家内部权力的真空也为外部力量的干预提供了机会。

以上情形生动地体现在黎巴嫩"雪松革命"中。黎前政府总理拉菲克·哈里里(Rafik Bahaa Edine Hariri)的遇刺,引发了黎巴嫩普通群众的抗议运动,以表达对本国政府和叙利亚政府的强烈不满。2005年2月16日持续至19日的抗议活动尽管受到反对派声援的鼓舞,不过这些集会与示威活动很大程度上是民众的自发行为。抗议活动持续至19日后,哈里里的一些朋友联合政治激进人士组建了"黑屋"(the black room)组织,该组织遂成为后续社会运动的组织者。"黑屋"组织成立后即按照计划有目的地引导运动,并为运动的持续进行提供资金支持,以呼吁政府迫使叙利亚军队撤出黎巴嫩。为此,"黑屋"组织于2月21日在贝鲁特组织并领导了一场约7万人参加的游行示威,以及在哈里里遇刺一个月之际的3月14日组织了大规模游行示威活动。在黎巴嫩国内舆论的强烈反对和国际社会的双重压力下,叙利亚总统巴萨尔最终决定撤出1.5万叙利亚正规军。不过抗议活动在实现预期目标后,对于支持抗议活动的广大普通群众而言,他们希望借此扩大政治参与的希望却落空了。由于"黑屋"组织内部成员身份复杂,组织中的每一个核心成员都隶属于各自的政治派别,因此在"雪松革命"后,他们对政治权力的争夺使黎巴嫩似乎重新回到之前的状态。

(三) 中东社会运动中的话语架构

话语体系或意义建构作为社会运动的动员方式,已引起越来越多的学者的注意和兴趣。随着社会运动框架理论的兴起,20世纪90年代以来学者逐渐将话语运用到对社会运动的分析中。[1] 框架是有目的的行为体对发生在现实世界中的一组事件进行"剪裁"和重新组合的一种方式,使其

---

[1] 关于框架理论详见 David A. Snow, et al., "Framing the French Riots: A Comparative Study of Frame Variation," *Social Forces*, Vol. 86, No. 2, 2007; David A. Snow etal., "Frame Alignment Processes, Micromobilization, and Movement Participation," *American Sociological Review*, Vol. 51, No. 4, 1986; Robert D. Benford and David A. Snow, "Framing Processes and Social Movements: An Overview and Assessment," *Annual Review of Sociology*, Vol. 26, 2000. 早期将话语运用到社会运动的分析中的研究主要有 Wil Pansters, "Social Movement and Discourse: The Case of the University Reform Movement in 1961 in Puebla, Mexico," *Bulletin of Latin American Research*, Vol. 9, No. 1, 1990; Robert D. Benford, "'You Could Be the Hunderdth Monkey': Collective Action Frames and Vocabularies of Motive Within the Nuclear Disarmament Movement," *The Sociological Quarterly*, Vol. 34, No. 2. 1993.

符合人们的生活体验和主观感受，以引导人们按照架构者的意图进行思考和行动。在中东社会运动发展过程中出现了两种比较引人注目的框架，分别是出现在 20 世纪 80、90 年代的"人权"话语，以及出现在 21 世纪的前十年的"变革"话语。通过对二者的比较可以发现，作为借用的西方话语，"人权"话语并未在大部分阿拉伯国家引发共鸣和获得合法性。相反，根植于中东国家的社会现实中的"变革"话语，则引发了中东国家大面积的社会动荡。

"人权"话语在 20 世纪 80、90 年代经引入后成为中东社会运动的一种主框架，在社会抗争中扮演着凝聚世俗力量、宗教力量等各种政治力量的角色。人权话语进入中东后，埃及、摩洛哥、巴林和土耳其等国均建立了人权组织，其中比较有影响力的有"埃及人权组织"（the Egyptian Organization for Human Rights）、土耳其"赫尔辛基公民大会"（the Helsimki Citizens Assembly，简称"EOHR"）、"摩洛哥人权组织"（Organization Marocain des Droit de l'Homme，简称"OMDH"）等。不过，中东各国人权组织的发展水平参差不齐。摩洛哥是这一时期中东各国中人权组织发展水平较高的国家，其国内人权组织在国家职能和家庭法律改革方面扮演着重要角色。巴林人权激进主义是政治反对团体的一部分；土耳其人权运动在改善政治犯的人权状况上发挥了积极作用，但其社会地位和社会影响力均比较有限。尽管人权组织在中东各国的发展水平存在差异，但"人权"话语经常被一些群体利用，以发起社会抗争事件。

人权组织在埃及、巴林、摩洛哥、土耳其等均遭到政府不同形式与不同程度的压制，加之自身存在的一些缺陷，人权运动的行动经常捉襟见肘。第一，部分人权组织的行动主要依靠志愿者完成，而志愿者的流失率较高，这导致人权运动组织不能很好地维持政策的连贯性；第二，虽然部分人权组织配备专业技术人员，以向社会提供管理、辩护等公共服务，但这类专业技术人员的数量往往十分有限；第三，人权话语在中东社会中始终被视为西方的"舶来品"而非中东传统文化的产物。尽管重视与改善人权是全球性议题，但实现"人权"话语与伊斯兰文化的融合，在短期内较难完成；第四，人权组织的精英运作模式疏远了普通大众，尤其是贫困的乡村人口。而将政治权利作为人权组织关注的重点目标，也疏远了普通民众比较关注的经济和文化议题，因此，将人权作为发起社会运动的话语往往使社会运动处于被孤立的困境。① 其中的深层原因在于，作为对中东现状进行架构的结果，"人权"框架的集中性严重不足。集中性是指框架提出的信念、价值及观念与架构对象的价值观念存在多大程度上的相符性。② "人权"框架集中性的不足，极大地削弱它的动员能力。总之，将"人权"作为中东80、90年代社会运动的主框架是失败的。

与"人权"话语架构失败不同，中东地区21世纪以来新出现的"变革"话语却取得了成功。"变革"话语在中东早期的社会抗争中已经出现，如2004年埃及"受够了"运动的核心组织是"埃及变革运动"(Egypt Campaign for Change)。而在更早的2000年，声援巴勒斯坦民族解放斗争的政治抗议，是一个叫"全民变革运动"(Popular Campaign for Change)的组织领导的。社会运动组织的名称本身就是一个象征符号，它在社会运动的意义建构中扮演着重要的角色。这些象征性符号通常取材于社会，③ 反映了社会整体的思想状况。它们经过社会运动组织的传播后，往往能够成为大众发起抗议的话语。2010年前"变革"话语的广泛传播为中东变局奠定了思想基础，而中东变局则是"变革"话语集中爆发的表现。无论是突尼斯的街头抗议、埃及的广场示威、巴林的政治僵局、利比亚的内战以及叙利亚危机等，都"没有统一的政治纲领，也没有强有力的政治组织，更没有一呼百应的人物，但却有一个明确的斗争目标，那就是要求现任领导人下台或政府改组，即实现所谓的'变革'"。④ "变革"无疑是对民众诉求最简洁的概括，从而产生了极强的动员效果。

"人权"框架和"变革"框架在社会动员效果上的成败，反映了两种话语在架构方式上的差异。第一，"人权"话语的架构者或是某些激进主义组织的领导者，或是政治精英，它们动员的路径是自上而下的；而"变革"话语是中东普通大众基于对中东地区社会变迁的不满而形成的共

---

① 吕耀军：《中东非政府人权组织的特征与挑战》，载《阿拉伯世界研究》2012年第1期，第68—73页。

② 更详细的讨论可参考 Richard D. Benford and David A. Snow, "Framing Processes and Social Movements," *Annual Review of Sociology*, Vol. 26, 2000, pp. 530–533.

③ [美] 西德尼·塔罗：《心智、政治文化和集体行动框架：通过行动建构意义》，载 [美] 艾尔东·莫里斯、卡洛尔·麦克拉吉·缪勒主编《社会运动理论的前沿领域》，刘能译，第214页。

④ 王联：《论当前中东变局的国内因素及其国际影响》，载《阿拉伯世界研究》2011年第4期，第18页。

有观念,因此其架构路径是自下而上的;第二,"人权"话语是借用的话语,而"变革"话语是本土的话语;第三,在传播方式上,"人权"话语的传播主要借助以实体形式存在的正式或非正式的人权组织,而"变革"话语的扩散更多是依靠虚拟网络实现的。以上三方面的差异,导致两者在动员效果上也存在显著差异。

(四)中东社会运动的主要形式

中东各国的社区居民一般情况下很少能被动员起来,社区激进主义在中东较为少见。这是因为受平民主义遗产的影响,社区民众的集体认同较弱。在中东各国国家与社会的长期互动过程中,政府与国内各阶级之间形成了一种非正式的契约关系,即民众在政治领域向统治集团进行妥协与退让,为了换取民众对国家的忠诚,国家向民众提供安全与生活保障等公共产品。尽管随着经济结构的调整,中东各国与社会之间达成的这种非正式契约关系逐渐瓦解,但由于其存在的时间较长,导致社区内部成员的集体认同感和集体行动被严重削弱。在经济结构调整后,失去了政府提供的生活保障的社区普通民众,倾向于通过独立行动解决问题而非选择相互合作,因而在共同生活的社区通常发生相互争夺资源的行为,以致社区民众之间缺乏向心力。此外,社区集体行动受到政府的严格管控。[1] 因此,社区集体行为在中东各国比较少见。

实际上,中东社会运动的抗争形式主要表现为"街头政治",街头是中东民众进行抗争的最主要的场所。中东国家街头政治的起源较早,并且随着时代的变迁,街头政治的抗争议题也在发生变化。20世纪50年代到80年代,中东街头政治的主要议题是反对殖民统治。90年代以来,埃及、摩洛哥、突尼斯、约旦、黎巴嫩、伊朗等大部分中东国家的街头政治,通常以反对消减消费品补贴、抗议物价上涨、反对工资下调等为主要内容。而从90年代后期到21世纪初,正如前文所述,其抗议的议题逐渐发生了转变,由针对国内问题转向反对国外势力的干预。街头之所以能够成为政治场所,主要原因在于它能够为抗议主体和当局之间的互动提供公共空

---

[1] Asef Bayat, *Social Movements, Activism and Social Development in the Middle East*, Civil Society and Social Movements Programme Paper, United Nations Research Institute for Social Development, 2000, pp. 9 – 14.

间，并能促进原子化的个体之间的交流。在街道，原来相互陌生的个体能够基于彼此心照不宣的认同，建立起真实的或虚拟的"消极的网络"。尽管这种联系通常是松散的、非正式的和不稳定的，但在特定情况下，这种消极的网络就会转变为具有能动性的社会运动网络，从而形成集体行动或社会运动。总之，"街头政治不是一种美德，而是一种使人们的集体声音能够被听见的一种必要的机会"。①

结　论

自20世纪90年代以来至今，中东世俗性社会运动基本遵循了"争权利——反占领——反政府"的演进路径。也可以说，中东社会运动经历了从利益导向型运动至情感导向型运动再至政府导向型运动的演变。从80年代一直延续到90年代的争权利实质上是一种利益导向型社会运动，而政府对此类社会运动的回应并未满足民众的诉求。在面临的政治机会结构十分有限的情况下，借助2001年后中东局势的恶化，中东民众开始将反占领作为社会运动的主要议题。中东反占领运动是中东社会运动发展的分水岭。通过反占领运动争取到的合法政治空间，抗议民众又将抗争议题引向经济领域，最终将抗议对象升级为反对政府。在20世纪90年代以来中东社会运动的发展过程中，不同社会群体或阶层表现出的抗争意识有所不同。其中，青年日益成为社会运动的主要参与者和组织者。此外，通过对中东社会运动的考察可以发现，在策略选择和组织结构上，中东社会运动以非暴力抵抗和水平网络动员为主，并能够通过塑造话语增强社会运动的动员能力。

中东"争权利运动"、"反占领运动"与"反政府运动"这三种主要的社会运动类型在发生时间上呈相互衔接之势，并在反占领运动发生后逐渐升级至反政府运动。中东各国政府属于典型的威权主义政权，因此在中东国家发起社会运动的风险较大。但在此背景下，中东各国社会运动频发这一事实意味着，社会运动的产生与有利的政治机会结构紧密相连这一判断可能并不完全适用于分析中东社会运动。既然如此，就需考察是什么因素促使民众摆脱权威主义政治机会结构的限制，积极参与社会抗争中来这

---

① Asef Bayat, "The 'Street' and the Politics of Dissent in the Arab World," http://www.merip.org/mer/mer226/street-politics-dissent-arab-world.

一问题。实际上，中东社会运动议题升级的主要原因并非各国政治机会机构发生了显著变化，而是社会运动的水平网络不断扩大造成的。中东社会运动从"争权利"向"反政府"演变的机制与动力如图 3-2 所示：

水平网络的扩大	发展机制	发展动力	政治机会	社会运动类型
	集体身份出现	阶层向心力加强	政治机会结构	争权利
	集体身份强化	跨阶层联盟形成	政治机会结构	反占领
	政治想象	跨阶层联盟巩固	能感知的政治机会结构	反政府

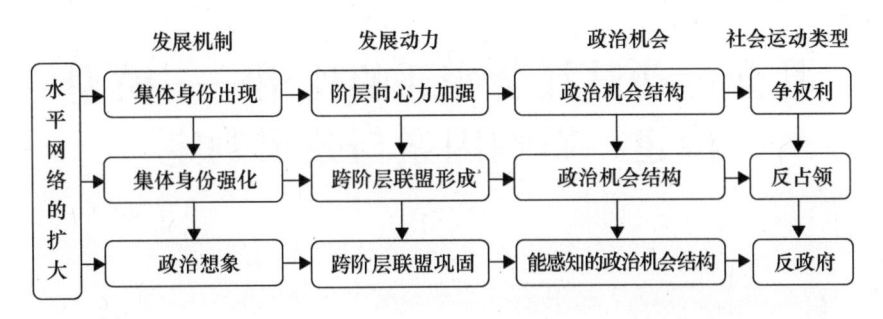

图 3-2　中东社会运动从"争权利"向"反政府"演变的机制与动力

具体而言，20 世纪 90 年代以来至中东变局爆发，中东各国水平网络经历了较快速度的扩大，由此导致产生了两个相互关联的结果。其一，随着水平网络的扩大，中东民众的集体身份经历了从"集体身份的形成"到"集体身份的强化"，并最终导致"政治想象"的出现；其二，随着中东社会运动水平网络扩大与集体身份变化，中东各国社会阶层之间的凝聚力进一步加强，跨阶层联盟形成的概率在增加。如图 3-2 所示，对应"集体身份的出现"、"集体身份的强化"与"政治想象"的依次分别是"阶层向心力加强"、"跨阶层联盟形成"与"跨阶层联盟巩固"。不过，在"集体身份"与"阶层联盟"的变化过程中，政治机会结构几乎没有发生变化。但是，政治机会结构未发生显著变化并不等同于政治机会结构未发挥作用。在争权利运动与反占领运动这两种社会运动类型中，政治机会结构发挥了抑制社会运动规模扩大与议题升级的作用；而在反政府社会运动中，由于"政治想象"与"跨阶层联盟"相结合所产生的巨大社会能量，此时"实际的政治机会机构"已被民众"感知的政治机会机构"取代。在中东变局中，跨阶层联盟所产生的巨大社会力量，远远超出了当时政治机会机构所能起到的抑制作用。因此，"水平网络"、"集体身份"、"政治想象"、"跨阶层联盟"与"政治机会结构"是理解 90 年代以来中东社会运动发展演变过程与原因的关键概念。下一章将对社会运动反作用于社会变迁的机制、影响因素，以及研究过程中需要注意的问题进行讨论，以为第二部分的研究提供相应的理论基础。

第四章

社会运动对社会变迁的作用——模型构建、影响因素与效果判定

【本章提要】本章考察了社会运动理论研究中一个亟须认真研究但尚未得到深入探讨的问题——社会运动对社会变迁的作用。首先，本章考察了社会运动中的"价值导向型运动"、"利益导向型运动"与"政权导向型运动"这三种主要的运动各自作用于社会变迁的过程，并将三者影响社会变迁的具体机制分别概括为"塑造模型"、"分配模型"与"变革模型"；其次，在对现有文献中有关影响社会运动动员能力的因素进行分析的基础上，本章尝试提出一种衡量社会运动能动性的要素组合分析法。根据社会运动的动员规模、策略选择与组织化水平这三个要素起作用的数量与程度，社会运动的能动性可依次分为"强"、"较强"、"较弱"与"弱"四个层级；最后，围绕如何辨析社会运动的影响效果这一问题，讨论如何确认社会运动的结果与影响，如何评价社会运动的成功与失败，以及其中蕴含的关于社会运动的价值判断三个方面的内容。

21世纪以来，社会运动在世界范围内重整旗鼓，并按照某种方式成群、成串地出现。在已发生的众多社会运动当中，2003—2005年前苏联地区发生的"颜色革命"（Colour Revolution）、2010年底以来波及西亚北非的中东变局（Arab Spring）和2011年蔓延至世界范围的"占领运动"（The Occupy Movement），不仅各自包含的社会运动数量众多，而且一经发生便迅速向其他国家和地区扩散，以致在时间上和周期上呈现密集聚合之势。根据这些特征，三者均可被视为21世纪以来世界范围内发生的

"抗议周期"（protest cycles）。[①] 除了这三轮引人注目的抗议周期外，公民权利运动、反全球化运动、环境保护运动等其他各类社会运动也进入活跃期。社会运动在全球范围内的再次兴起，不仅导致埃及、突尼斯、利比亚等国的政权被推翻，而且诱发了以"伊斯兰国"（Islamic State of Iraq and al-Sham）为代表的宗教极端主义势力的盛行。

尽管这些社会运动的产生原因、具体诉求、运动规模等具有明显的差异，但它们共同的特点是均对社会变迁产生了深远影响。由此可见，社会运动不仅是社会深刻变迁产生的结果，而且也是推动或抵制社会变迁的重要行为体。它们或者试图促成社会某一方面的革新，例如女权运动、绿色运动等；或者抵制社会某方面的变化，如反全球化运动、反堕胎运动等。大体而言，社会运动在现代社会越来越成为民众表达集体意愿、要求社会变革的一种方式。就我国而言，近些年，随着全球范围内社会运动的再次兴起和我国公民权利意识的显著提高，我国群体性事件不仅数量上明显增多，而且群体性事件的类型也正在发生改变，即有从刺激—反应型向主动型转变的倾向。[②] 在此背景下，不仅需要继续研究社会运动或群体性事件的成因与发展模式，而且更应该注意社会运动对社会变迁产生的具体影响。

一 文献回顾与分析框架

社会运动是推动社会变迁的重要能动主体。社会变迁不仅是引发社会运动的重要原因，而且也是社会运动存在的理由。社会运动与社会变迁紧密相关，以资源动员理论和政治过程理论为代表的理性主义视角对此予以

[①] 所谓"抗议周期"，是指社会运动在某个时间段内数量急剧增加、范围迅速扩散，在时间上和周期上密集地聚合，成群体性爆发之势的现象。关于"抗议周期"的概念及特征详见［美］西德尼·塔罗：《运动中的力量：社会运动与斗争政治》，吴宏庆译，南京：译林出版社2005年版，第189—215页；Donatella Della Porta and Mario Diani, Social Movements: An Introduction, Oxford: Blackwell Publishing Ltd, 2006, pp. 188-191; Donatella della Porta and Alice Mattoni, "The transnational dimension of protest: From the Arab Spring to Occupy Wall Street," http://ecpr.eu/filestore/workshopoutline/20.pdf；［美］戴维·A. 斯诺、罗伯特·D. 本福德：《"主框架"和抗议周期》，载［美］艾尔东·莫里斯、［美］卡洛尔·麦克拉吉·缪勒主编《社会运动理论的前沿领域》，刘能译，北京：北京大学出版社2002年版，第163页。

[②] 赵鼎新：《社会与政治运动讲义》，北京：社会科学文献出版社2006年版，序言第4页。

认可。资源动员理论将社会运动界定为"社会改变导向的偏好结构",以突出参与社会运动的社会群体要求推进社会变革的偏好;① 政治过程理论认为,"社会运动是体制外的团体与其寻求变革的社会政治环境互动的结果",因此,"寻求变革"是社会运动最主要的目标。② 此外,传统社会心理学视角和架构视角也将广义的社会经济进程作为理论分析的起点。有学者指出,"变迁是社会运动基本的界定特征",也是社会运动存在的理由。③ 社会运动致力于将大量原子化的个体凝聚起来,以实现偏好结构由预期到现实的转换。④ 在这一过程中,运动中的变迁和由运动引起的变迁相互联系,循环互动。尽管推动社会变迁的行为体不止社会运动一类,但与其他社会形态相比,社会运动在推动社会变迁时所采取的方式更显灵活性,进而增强了其能动性。

然而,对社会运动作用的研究在20世纪90年代之前被社会运动研究者所忽视。这是因为,自20世纪初社会运动研究成为一个相对独立的研究领域以来,学者的研究始终围绕社会运动的成因与发展规律这两个核心议题展开。⑤ 他们从不同的视角对此进行探讨,相继形成了传统社会心理学视角、以资源动员理论和政治过程理论为代表的理性主义视角,以及以框架理论为核心的诠释学视角这三种主流视角。然而,这三种视角较少涉及对社会运动结果与影响的讨论,以致当学术界对此进行了反思时指出,"对社会运动结果的研究是现有文献中最受忽视的课题之一"。⑥ 为了弥补这一不足,学界从90年代中后期开始加强了对社会运动作用的研究。此

---

① John D. McCarthy and Mayer N. Zald, "Resource Mobilization and Social Movements: A Partial Theory," *American Journal of Sociology*, Vol. 82, No. 6, 1977, pp. 1217 – 1218.

② Doug McAdam, *Political and the Development of Black Insurgency 1930—1970*, Chicago: the University of Chicago Press, 1982, p. 40.

③ James L. Wood and M. Jackson, *Social Movements: Development, Participation and Dynamics*, Belmont: Wadsworth, 1982, p. 6. 转引自 [波] 彼得·什托姆普卡:《社会变迁的社会学》,林聚任等译,北京:北京大学出版社2011年版,第267页。

④ John D. McCarthy and Mayer N. Zald, "Resource Mobilization and Social Movements: A Partial Theory," *American Journal of Sociology*, Vol. 82, No. 6, 1977, p. 1218.

⑤ 赵鼎新:《西方社会运动与革命理论发展之述评——站在中国的角度思考》,载《社会学研究》2005年第1期,第171页。

⑥ Marco Giugni, "How Social Movements Matter: Past Research, Present Problems, Future Developments," in Marco Giugni, Doug McAdam, and Charles Filly (eds.), *How Social Movements Matter*, Minnesota: the University of Minnesota Press, 1999, pp. 14 – 15.

第四章　社会运动对社会变迁的作用……影响因素与效果判定　/　69

后，社会运动的诸多影响逐渐得到研究者越来越多的重视。以美国为例，2001至2009年间，美国学界就社会运动的政治影响这一问题发表的期刊论文共有45篇，其中38篇发表在《美国社会学评论》(the American Sociological Review)、《美国社会学杂志》(American Journal of Sociology)、《社会力量》(Social Forces) 和《社会问题》(Social Problems) 等社会学主流的期刊上。① 除了以论文形式呈现的研究成果外，马可·朱格尼（Marco Giugni）、麦克亚当（Doug McAdam）和梯利（Charles Filly）等专门从事社会运动研究的一些著名学者撰写了一本论文集——《社会运动何以重要》(How Social Movements Matter)，此书对社会运动的作用作了深入探讨。② 这不仅为我们提供了一幅有关社会运动影响研究的路线图，而且提升了关于此问题研究的理论化水平。

整体来看，学者们对社会运动作用的研究主要围绕两条主线展开：其一，探寻有利于社会运动成功的内部特征，主要尝试在策略（破坏性策略还是温和性策略）、组织（组织化水平高还是组织化水平低）等要素与社会运动能动性之间寻找因果联系；③ 其二，学者们尝试将社会运动置于更广泛的社会和政治环境中，以检验公共舆论、政治机会结构等其他因素作为干预变量对社会运动结果的影响。这也是学者们目前较为普遍的研究旨趣。这一阶段最突出的特征是从不同的方面或层次辨析社会运动产生的影响。④ 围绕上述两条主线，均产生了相当数量的实证性研究成果。

---

① Edwin Amenta, Neal Caren, Elizabeth Chiarello, and Yang Su, "The Political Consequences of Social Movements," *the Annual Review of Sociology*, Vol. 36, 2010, p. 2.

② Marco Giugni, Doug McAdam, and Charles Filly, *How Social Movements Matter*, Minnesota: the University of Minnesota Press, 1999. 这本书已被翻译成中文，见［美］西德尼·塔罗等著《社会运动论》，张等文、孔兆政译，长春：吉林人民出版社2002年版。

③ William Gamson, *The Strategy of Social Protest*, Belmont, Galif.: Wadsworth, 1990.

④ 这两个阶段的研究综述，见 Marco G. Giugni, "Was It Worth the Effort? The Outcomes and Consequences of Social Movements," *Annual Review of Sociology*, Vol. 24, 1998; 冯仕政：《西方社会运动理论研究》，北京：中国人民大学出版社2013年版，第205—206页。代表性的研究成果主要有：Marco Giugni and Florence Passy, "Social Movements and Policy Change: Direct, Mediated, or Joint Effect?" *Working Paper*, Vol. 1, No. 5, 1998; Marco Giugni and Florence Passy, "Toward a Joint-Effect Approach to Social Movement Outcomes: A Time-series Analysis of the Impact of Ecology, Antinuclear, and Peace Movements in the United States, 1975–1995," http://www.unil.ch/files/live//sites/iepi/files/users/epibiri1/public/passy1.pdf; Leon Mann, "Protest Movements as a Source of Social Change," *Australian Psychologist*, Vol. 28, No. 2, 1993.

尽管如此，既有的研究成果仍存在一些不足之处。其中，最突出的问题是缺乏一种分析社会运动影响的整体理论框架。诚如著名的社会运动研究者朱格尼指出的："在社会运动结果的研究领域，虽然充满着丰富的对不同时间不同地点发生的不同运动进行有价值的实证研究，但仍然缺乏一种能引领将来对这一主题进行研究的清晰的理论框架。"① 这种状况的存在，部分原因是这一问题引起关注时日尚短，但更重要的是社会运动影响社会变迁的过程本身极为复杂。当然，整体性分析框架的缺失不利于对社会运动的影响开展比较系统的研究。如果长期仅局限于基于个案的实证考察，那么将会在很大程度上制约社会运动影响研究的理论化水平。为此，本章尝试构建一种分析社会运动影响社会变迁的框架，以考察社会运动影响社会变迁的具体过程与机制。

本章的分析框架如图 4-1 所示：

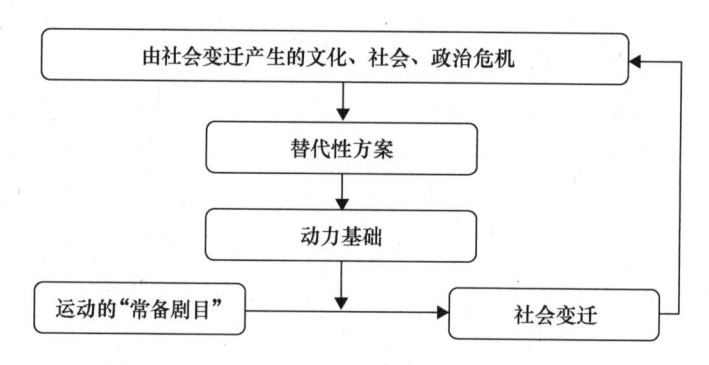

图 4-1 社会运动影响社会变迁的一种分析框架

社会运动与社会变迁是相互联系、相互作用的有机整体。鉴于有关社会运动对社会变迁作用的研究是当前社会运动理论研究中相对薄弱的环节，因此，本章拟重点考察社会运动影响社会变迁的机制、动力与手段，以及社会运动内部诸要素（动员规模、策略选择、组织水平等）的组合与社会运动的能动性之间的关系。该框架认为，社会变迁可能导致各方面的社会问题。其中，文化认同危机、社会资源分配危机与政权合法性危机是社会变迁过程中经常会出现的社会危机类型，同时也是激发社会运动的主要社会危机。一旦它们未能得到妥善处理或处理方式失当，并使公众感

---

① ［美］西德尼·塔罗等著：《社会运动论》，张等文、孔兆政译，第23页。

觉到通过制度化途径解决这些危机的希望渺茫，那么民众就有可能选择抗争政治作为改变自身不利处境的一种方式。

为了实现民众的集体诉求和动员民众参与，社会运动的组织者首先需要构建或制定出一套针对不满现状的替代性方案。针对不同类型的社会危机，社会运动制定的替代性方案可区分为"新价值"（文化认同危机）、"控制框架"（社会资源分配危机）和"想象团结"（政权合法性危机）。其次，为了将替代性方案成功转变为社会现实，社会运动或者依靠自身的力量，或者寻找其他可以借助的力量，以试图清除既有危机。例如在确立某种新价值的时候，社会运动往往依靠自身的力量实现新价值的"社会化"；而为了化解社会资源分配危机与政权合法性危机，社会运动则需要联合体制内政治精英的力量。不论社会运动独自或与其他社会力量结盟以促进其目标的实现，这些力量均可被视为推动社会运动运行的"动力基础"。再次，社会运动主要依赖其"常备剧目"（the social movement repertoire）作为推行替代方案的工具或手段，具体包括公开集会、依法游行、示威、请愿、声明、散发传单和小册子等。[①] 不过，由于不同的社会危机触发社会运动的类型不同，而不同类型的社会运动影响社会变迁的具体过程存在很大差异，因此，不同类型的社会运动影响社会变迁的具体过程并不与该框架所描述的完全一致。鉴于此，在遵循该框架提出的基本研究思路的基础上，在下文作具体分析时，我们做了一些适当的调整，以刻画与比较不同类型的社会运动影响社会变迁的具体过程。

按照该分析框架的逻辑顺序，本章首先考察了社会运动作用于社会变迁的具体机制，我们将其分别提炼为"塑造模型"、"分配模型"与"改革模型"；其次，考察了社会运动内部要素（社会运动的动员规模、策略选择与组织水平）及其组合形式与社会运动能动性之间的关系；在以上分析的基础上，本章最后讨论如何辨析社会运动的影响这一问题，具体涉及如何确认社会运动的结果与影响，如何评价社会运动的成败以及其中蕴含的对社会运动的价值判断。

---

① ［美］查尔斯·蒂利：《社会运动，1768—2004》，胡位钧译，上海：上海世纪出版集团2009年版，第4—6页。

二　社会运动影响社会变迁的类型及模型构建

　　为了分析社会运动影响社会变迁的具体过程，首先需要对各种各样的社会运动进行必要的类型划分。从社会变迁的角度对社会运动进行归类时，学者一般根据社会运动引发的社会变迁的目标和范围两个标准进行划分。其中，比较具有代表性的是大卫·阿伯利（David Aberle）的研究，通过结合社会运动的追求目标和影响范围两个标准，阿伯利区分了社会运动的四种类型：第一，转型运动，它以追求结构的整体变迁为目标；第二，改良运动，以实现结构的部分变迁为目标；第三，救赎运动，以成员个体的彻底改变为目标；第四，另类选择运动，以成员个体的部分改变为目标。[1] 尽管这种分类方式具有一定的合理性，但仍不能将其作为分析社会运动作用的逻辑起点。主要原因在于：其一，由社会运动引发的社会变迁可能同时涉及不同的领域与层次。也就是说，同一场社会运动可能既对社会整体结构产生影响，同时也可能促使个人态度或认同发生改变等。其二，由于受到干扰的因素较多，社会运动追求的预期目标并不总是能与社会运动实际达到的目标相一致。因此，如果以上述分类框架为基础研究社会运动影响社会变迁的具体机制，那么得出的结论可能并不令人信服。

　　遵循马克思·韦伯（Max Weber）对社会行动内在逻辑的分类，本章对社会运动的类型进行了重新划分。韦伯认为，社会行为具有针对他人或社会的主观意义，并可分为"工具理性行为"、"价值理性行为"、"情感行为"和"传统行为"四种不同的人类行为。[2] 这种划分基本涵盖了社会行为的具体形态。社会运动作为一种集体行为，同样是一种有目的、有意义的社会行为。但是，社会运动显然并不属于"传统行为"，即"一种含糊的对于习惯性刺激以重复其固有的态度作出的反应"。[3] 因为社会运动往往具有明显的意图性特征，故本章对"传统行为"不作具体研究。因此，除了"传统行为"外，社会运动的特征同样符合社会行为的一般特

---

　　[1]　［波］彼得·什托姆普卡：《社会变迁的社会学》，第272页。

　　[2]　［德］马克斯·韦伯：《社会学的基本概念》，顾忠华译，桂林：广西师范大学出版社2005年版，第31—35页。

　　[3]　同上书，第33页。

征。据此，社会运动可分为"情感导向型运动"、"价值导向型运动"与"利益导向型运动"。

具体而言，情感导向型运动是指为了满足直接的热爱、激情、憎恨等心理需要和抒发某种情感而产生的集体行为，例如 2003 年埃及出现的反对美国入侵和占领伊拉克的抗议活动和 2013 年中国西安反日游行等均属于此类运动。价值导向型运动则旨在捍卫某种价值、信仰和认同等。斯梅尔塞（Neil J. Smelser）认为，社会运动具有某种价值引导作用，它们往往是以一般信念的名义发起的、进行价值重建的活动。社会运动寻求特定的认同，以使其价值观或生产（生活）方式获得其他社会群体的接受。[①] 不仅如此，价值导向型运动还涉及对偏好、规范、思想、态度、信念、认同、文化等一般观念形态的修正与改造。但是，为了表述上的方便，我们将此类运动统称为"价值导向型运动"，比较典型的如"新社会运动"等。价值导向型运动以价值目标为最高追求，它可以更多地顾及行为的自身价值而不去计较行动的后果。[②] 相反，利益导向型运动遵循工具理性逻辑。迪特尔·鲁赫特（Dieter Rucht）认为，一些社会运动遵循"工具性"逻辑，旨在获取政治权力，通过这种方式，迫使社会的政策、法律、制度和组织方面进行有目的的变迁。[③]

除了上述三种社会运动类型外，还有一种社会运动以推翻政府的统治进而在国内确立新的秩序原则为目标，例如 21 世纪前苏联地区发生的"颜色革命"与西亚北非发生的中东变局等，此类社会运动可称为"政权导向型运动"。尽管政权导向型运动发生的频率较低，然而一旦发生，将会给一国国内政治带来深刻影响。同时有可能向外扩散，进而影响地区稳定及其发展方向。政权导向型运动不仅是人们长期压抑的愤懑情绪的集中宣泄，而且反映了民众对民主、自由等价值的追求，同时也表达了民众期望社会资源向自身倾斜的愿望。因此，不能简单地将其归入韦伯的四种社会行动类型中的任何一种。但是，政权导向型运动无疑是社会运动中的一种特殊类型，因此，本章将其与"情感导向型运动"、"价值导向型运动"、"利益导向型运动"并列为社会运动的主要类型。

---

① Neil J. Smelser, *Theory of Collective Behavior*, New York: Free Press, 1962, pp. 24-26.
② ［德］马克斯·韦伯：《社会学的基本概念》，第 34 页。
③ ［波］彼得·什托姆普卡：《社会变迁的社会学》，第 273 页。

在以上四种社会运动类型中，情感导向型运动以宣泄或抒发某种感情为直接目的。其爆发具有偶然性，并且持续时间较短，达到目的后一般能较快平息，因而其社会影响往往只限于某一个较短的时期内。因此，本章对此类运动不作重点分析。而"价值导向型运动"、"利益导向型运动"和"政权导向型运动"这三种运动或反复出现（价值导向型运动、利益导向型运动），或一旦发生就能对社会各方面造成强烈的冲击（政权导向型运动），因此这三种类型的社会运动是本章重点考察的对象。事实上，这三种社会运动各自代表了社会运动作用于社会变迁的一种特定形式，我们将其分别概括为"塑造"、"分配"与"变革"。此外，根据三者在影响社会变迁过程上的差异，我们将社会运动作用于社会变迁的具体机制分别构建为"塑造模型"、"分配模型"与"变革模型"。但需要指出的是，它们可视为社会运动作用于社会变迁的主要形式而非全部形式。下文我们将以"价值导向型运动"、"利益导向型运动"和"政权导向型运动"这三种社会运动类型为基础，分析社会运动影响社会变迁的具体机制。

（一）社会运动的"塑造模型"

价值导向型运动具有塑造社会观念的功能。之所以如此，是因为价值导向型运动能够修正或改造人们的某种价值、偏好、规范、思想、态度、信念、认同、文化等观念，进而在公众中树立起社会运动所倡导的某种新的价值规范。例如保罗·伯斯坦（Paul Burstein）认为，社会运动能塑造或改变公众的偏好。为了实现这一目标，社会运动往往采用两种方式：其一，改变公众对当前社会问题的偏好的分布状态；其二，重新确定问题，即改变民众关于什么的偏好，从根本上扭转人们对既有问题或欺骗的认知。[1] 谢里·凯布尔（Sherry Cable）和贝斯·德古迪斯（Beth Degutis）从不同的层次出发考察了社会运动的塑造功能。他们认为，在个体层次，个人参与社会运动的过程也是个人再社会化的过程。在这一过程中，个人会形成新的集体认同，培养并产生新的政治态度等；在社区层次上，参与

---

[1] [美]西德尼·塔罗等著：《社会运动论》，张等文、孔兆政译，长春：吉林人民出版社2002年版，第39页。

社会运动能够增进社区内部民众之间的团结与认同。[①] 除了上述影响，在更广泛的意义上，社会运动会促进社会文化的变迁，大多数关注社会运动和文化的研究者都将社会运动视为文化变迁的工具。[②] 因为"抗争政治又特别指向了关涉国家的集体诉求行为"，[③] 所以社会运动在与国家的互动中，不只是被动地接受国家对其形态的塑造，而且也能主动塑造国家的政治文化。尽管价值导向型社会运动对社会文化具有塑造功能，但在某个较短的时期内，社会文化的改变通常非常缓慢，而且难以察觉和识别。

尽管社会运动意欲塑造的观念其具体形态各不相同，但其中隐含着对某种价值的推崇，而且也都将这种新价值的确立视为社会运动追求的目标。为了使新的价值成功地内化为公众普遍接受的观念，社会运动需要一系列有利的条件。社会运动实现塑造功能的具体机制如图4-2所示：

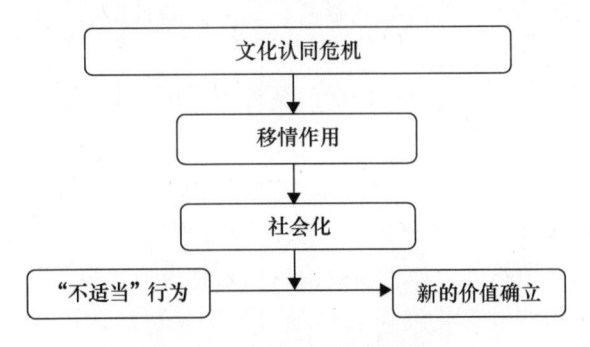

图4-2 社会运动的塑造模式

首先，新价值的出现是对既存价值的一种挑战。因此，既存价值或规范在某一群体或大部分民众间产生认同危机，往往是新价值创建与确立的前提。在现代社会，全球化不仅使资本、技术、劳动等生产要素的跨地区流动成为可能，而且导致了不同文化、价值观之间的碰撞与冲突。[④] 这使文化认同危机成为反复出现的社会现象。价值导向型社会运动正是在这一

---

① Sherry Cable and Beth Degutis, "Movement Outcomes and Dimensions of Social Change: The Multiple Effects of Local Mobilizations," *Current Sociology*, Vol. 45, No. 3, 1997, pp. 130–132.

② [美]西德尼·塔罗等著：《社会运动论》，第62—64页。

③ 黄冬娅：《国家如何塑造抗争政治——关于社会抗争中国家角色的研究评述》，载《社会学研究》2011年第2期，第217—218页。

④ 傅腾霄、陈定家：《关于全球化与文化认同危机》，载《社会科学战线》2003年第6期，第208页。

背景下应运而生，同时也是塑造新的价值规范的一种重要方式。其次，新价值能否被社会初步认可，关键在于其是否能够对受众群体产生"移情效应"（empathy effect），移情是促使民众态度转变的一种重要的资源。① 观察社会运动是否产生了移情效应的主要方法，是衡量社会运动倡导的新价值是否与人们的审美、思想、情感等观念相契合，以及接受新价值后民众是否与价值倡导者产生了大致相似的心境。为此，社会运动就需要以一种创新性的框架（frame）将新价值呈现出来。如果该框架得到了人们经验上足够多的证据支持（经验的可信度），与人们的日常生活联系紧密（经历的可测量度），以及与人们头脑中现存思想观念相吻合（观念的重要性），那么该框架引起共鸣的程度就高。此外，如果该框架在经验的可信度、经历的可测量度和观念的重要性三个因素中起作用的因素越多、程度越深，那么框架产生的共鸣就越高，反之，新价值从一开始就会失去吸引力。②

不过，移情作用是新价值传播的条件而非机制，社会化才是新价值得以普及的主要机制。在新价值出现后，人们对其或赞扬（按照价值来倡导的规范行动），或反对（不按照价值所倡导的方式行为），或褒贬并存。但不论面临何种反应，在公众表达关注的过程中，新价值既可能得到传播，也有可能渐渐消失。如果新价值被越来越多的人接受并得以内化，那么新价值也进入"社会化过程"。③ 通过社会化机制，社会运动所倡导的新的价值规范才有可能被社会接受。但是，社会群体接受新价值的程度与范围如何，还取决于其能否与民众置身其中的文化—制度背景相适应。最

---

① C. Daniel Batson, Marina P. Polycarpou, Eddie Harmon - Jones, Heidi J. Imhoff, Erin C. Mitchener, Lori L. Bednar, Tricia R. Klein, and Loft Highberger, "Empathy and Attitudes: Can Feeling for a Member of a Stigmatized Group Improve Feelings Toward the Group?" *Journal of Personality and Social Psychology*, Vol. 72, No. 1, 1997, pp. 105 - 106.

② 有关框架理论的主要研究成果主要有：Robert Benford and David Snow, "Framing Processes and Social Movements: An Overview and Assessment," *Annual Review of Sociology*, Vol. 26, 2000; David A. Snow, et al., "Framing the French Riots: A Comparative Study of Frame Variation," *Social Forces*, Vol. 86, No. 2, 2007, p. 385; David A. Snow et al., "Frame Alignment Processes, Micromobilization, and Movement Participation." *American Sociological Review*, Vol. 51, No. 4, 1986; [美] 戴维·A. 斯诺、罗伯特·D. 本福德：《"主框架"和抗议周期》，艾尔东·莫里森、卡洛尔·麦克拉吉·缪勒主编：《社会运动理论的前沿领域》，第151—177页。

③ [美] 彼得·卡赞斯坦、罗伯特·基欧汉、斯蒂芬·克拉斯纳编：《世界政治理论的探索与争鸣》，秦亚青等译，上海：上海世纪出版集团2006年版，第306页。

后，为了使社会运动倡导的价值最终确立起来，社会运动除了采用一般的行动策略外，很有可能采取明显的"不适当"行为，如绝食、裸体示威、袭击政府等极端行为。故意的"不适当"行为，尤其是那些可能导致社会排斥和法律惩罚的行动，可以成为价值倡导者发出信号的有力工具。[1] 然而，并非所有的新价值都会成功实现社会化，很多新价值可能因为种种原因提出后不久就告夭折。

（二）社会运动的"分配模型"

利益导向型运动具有重新分配社会资源的功能。社会运动虽然经常会付出成本，但也有可能为其追随者争取到小至具体的政策改变、大至结构性改革等方面的红利。具体而言，在政策层面上，社会运动能为他们的支持群体争取到"一次性利益"。例如，1936年美国退伍军人组织争取早日发放他们在第一次世界大战中的"出征津贴"的抗议活动，发放出征津贴只适用于当时符合条件的退伍军人，而对后来参加过第一次世界大战的退伍军人或参加未来战争的退伍军人没有影响。社会运动通过对政府施加压力以改变公共政策，从而满足社会运动参与者的利益。这涉及社会生活的各个方面，例如为扩大获取诸如教育、就业、医疗等资源的途径而进行的社会抗争等。[2] 在制度层面，社会运动能为符合特定要求的群体争取到制度化的集体利益。社会运动尝试挑战或打破既得利益者的制度堡垒，使特定群体能在新的制度之内分享利益，并通过法律和官僚政治体制加以强化，从而确保集体利益能够得到正常分配。[3] 然而，改变政策或制度同样需要有利的条件和环境，社会运动"分配"功能的实现机制如图4-3所示：

---

[1] [美] 彼得·卡赞斯坦、罗伯特·基欧汉、斯蒂芬·克拉斯纳编：《世界政治理论的探索与争鸣》，秦亚青等译，上海：上海世纪出版集团2006年版，第306页。

[2] Paul Burstin and April Linton, "The Impact of Political Parties, Interest Groups, and Social Movement Organizations on Public Policy: Some Recent Evidence and Theoretical Concerns," *Social Forces*, Vol. 81, No. 2, 2002; Daniela Caruso, "Autism in the U.S.: Social Movement and Legal Change," *American Journal of Law and Medicine*, Vol. 36, No. 4, 2010.

[3] [美] 埃德文·阿门塔、迈克尔·P. 杨：《施加影响：集体利益标准的概念上的和方法论的涵义》，载西德尼·塔罗等著《社会运动论》，第60页。

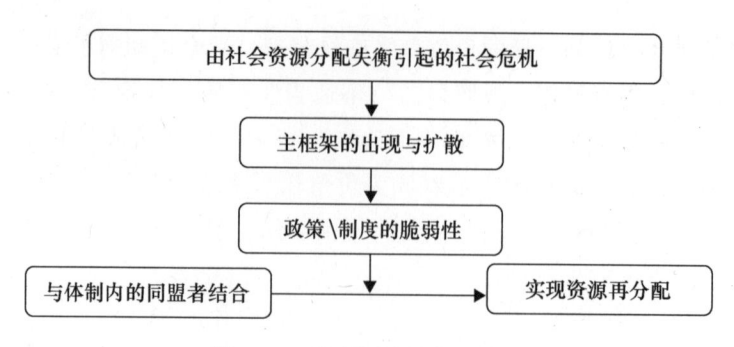

```
┌─────────────────────────────────┐
│  由社会资源分配失衡引起的社会危机  │
└─────────────────────────────────┘
                 ↓
        ┌─────────────────┐
        │  主框架的出现与扩散  │
        └─────────────────┘
                 ↓
        ┌─────────────────┐
        │  政策\制度的脆弱性  │
        └─────────────────┘
         ↓              ↓
┌─────────────────┐  ┌─────────────────┐
│ 与体制内的同盟者结合 │  │   实现资源再分配   │
└─────────────────┘  └─────────────────┘
```

图 4-3 社会运动的分配模式

具体来说，首先，在社会系统内，某一群体的利益分配失衡问题如果长期得不到解决，累积到一定程度后很可能引起受损失者对现存政策或制度的不满与批判，并引发社会危机。为了改变社会不公，社会运动往往是这些民众进行选择的手段。这是利益导向型社会运动发生的结构性条件。其次，为了实现其利益诉求，社会运动需要建构出一个主框架（master—frame），其功能是向民众提供一套可供选择的替代性政策或制度。如果这一框架能把新的政治范式（即新政策、制度的蓝图）与民众的文化传统、习惯、利益等成功地联系起来的话，那么这种主框架就会让民众感觉到较为可信。再次，要求政策、制度变迁的社会运动要想取得成功，关键在于既有体制的脆弱性。这主要表现为：现有的政策或制度存在各种各样的弊端，以致不被社会大多数成员予以认可而失去了合法性；面对强大的民意，弱势的政党不能有效地把民众的诉求整合进既有的利益调节渠道中去。[1] 这些问题的存在削弱了既有体制有效应对社会运动的能力。

最后，社会运动需要得到体制内政治精英的支持。这是因为，一方面，政治精英是政策或制度的主要设计者，如果得到他们的支持，既有政策或制度被修正或改变的可能性会增大；另一方面，由于制度变迁不可避免地涉及权力与利益的重新配置，因此必然会遇到制度内部分政治精英的抵制，而仅靠社会运动自身的力量往往很难完成。对体制内的政治精英而言，面对民众的利益诉求，原本团结一致的政治精英可能会出现分化。部分精英为了争取到更多的民众支持或出于同情，可能会选择站在民众一

---

[1] ［美］汉斯彼特·克里西和多米尼克·威斯勒：《社会运动对政治制度的影响：对美国和瑞士采取直接立法的比较分析》，载西德尼·塔罗等著《社会运动论》，第96页。

边，而另一部分精英可能会捍卫既有的政策与制度安排。但不论出于何种原因，政治精英的分化，在削弱了掌权者对动员起来的民众的控制能力的同时，也为社会运动实现其目标增添了同盟者。总之，社会运动要打破原有的政策或制度安排，需要有其他有利因素的配合，并作为社会运动的同盟者贡献自身的力量。①

（三）社会运动的"变革模型"

政权导向型社会运动具有变革功能。社会运动具有打破原有国家结构的力量，这已在2003—2005年前苏联地区发生的"颜色革命"与2010年底以来波及西亚北非的中东变局中得到充分证明。社会运动通过结构性变革，以增加他们所代表的群体对政治过程施加影响的机会。在发生"颜色革命"与中东变局的各国中，均存在家族统治、腐败盛行、社会不公、经济不振等长期累积的社会矛盾。在此背景下，民众开始超越现存秩序安排的边界和局限，进而考虑可能的替代方案，最终形成所谓的"政治想象"。②"政治想象"是在现有物质背景下对替代性政治生活——包括政治身份、政治秩序、民众与国家之间的关系、替代性政治制度安排、替代性意识形态等内容——的思考。③ 在社会运动中，即使参与者彼此不相熟识，但通过想象的方式"超越"彼此之间的差异，往往能在抗议者中形成集体身份，当共享集体身份的行为体联合行动时，想象中的政治生活也就有了实现的可能。④

"政治想象"形成后，要实现政权更迭，还需存在"跨阶层动员"或"精英联盟"等推动力量。在中东变局中，民众从政治态度冷淡到积极参与抗议活动的成功转化，在于人们所发挥出来的集体能动性。⑤ 这在参与

---

① [美]汉斯彼特·克里西和多米尼克·威斯勒：《社会运动对政治制度的影响：对美国和瑞士采取直接立法的比较分析》，载西德尼·塔罗等著《社会运动论》，第96页。

② Keally D. McBride, *Collective Dreams: Political Imagination and Community*, Pennsylvania: The Pennsylvania State University Press, 2005, p.10.

③ Robert Asen, *Visions of Poverty: Welfare Policy and Political Imagination*, Michigan: Michigan State University Press, 2002, pp. 9 – 10.

④ Asef Bayat, "Islamism and Social Movement Theory," *Third World Quarterly*, Vol. 26, No. 6, 2005, pp. 891 – 908.

⑤ William A. Gamson, "Arab Spring, Israeli Summer, and the Process of Cognitive Liberation," *Swiss Political*.

抗议活动的各社会阶层中均有所体现,除了参与过抗议活动的工人、学生等群体,以往很少参与政治活动的穷人、律师、医生、教师等阶层也参与到社会运动中来,从而在某些国家(如突尼斯、埃及、利比亚、巴林、也门等国)实现了"跨阶层动员"。① 而在"颜色革命"中,尽管出现了大规模的反政府社会运动,但导致总统下台的主要动力在于政治精英内部的分化与重新组合。以吉尔吉斯斯坦"郁金香革命"(Tulip Revolution)为例,2005年阿卡耶夫(Askar Akayev)试图加强自身的统治地位,以确保总统家族进一步控制国家的政治与经济资源,但其扩张家族商业利益的意图却引起了北方商业精英的普遍不满。与此同时,这促使北方商业精英向当时由于被取消选举资格而心存芥蒂的南方政治精英靠拢。最终的结果是,凭借他们各自与地方民众的亲密关系,南北两地的反对派精英团结在一起,从2005年2月中旬到3月中旬动员了大量民众参与反政府抗议活动,最终推翻了阿卡耶夫政权。②

此外,政权导向型社会运动往往是受到突发性事件的刺激而爆发,一国发生的所谓的"革命"会对与其结构性条件相似的国家产生"示范效应"与"连锁反应"。例如突尼斯的"茉莉花革命"(Jasmine Revolution)与格鲁吉亚的"玫瑰革命"(Rose Revolution)两者分别充当了引发中东变局与"颜色革命"的第一张多米诺骨牌。此外,两者还有各自的内部刺激因素,"颜色革命"中反对派都将"选举舞弊"(吉、格:议会选举,乌:总统选举)作为质疑政府合法性的借口和开展抗议活动的理由;中东变局的催化剂则有所不同,它们往往围绕某件悲剧性的政治或社会事件而展开,例如突尼斯失业大学生穆罕默德·布瓦吉吉(Mohamed Bouazizi)出于绝望和义愤自焚而死,成为引发突尼斯"茉莉花革命"的导火线。

大体而言,政权导向型社会运动实现社会变迁的具体机制可提炼

---

① Jack A. Goldstone, "Cross-Class Coalitions and the Making of the Arab Revolt of 2011," *Swiss Political Swiss Review*, Vol. 17, No. 4, 2011, pp. 457-462.

② David Lewis, "The Dynamics of Regime Change: Domestic and International Factors in the 'Tulip Revolution'," *Central Asian Survey*, Vol. 27, No. 3-4, 2008, pp. 267-268, pp. 271-273; Jacob Mwathi Mati, "Social Movements and Socio-Political Change in Africa: The Ufungamano Initiative and Kenyan Constitutional Reform Struggles (1999-2005)," *International Society for Third-Society Research*, Vol. 23, No. 1, 2012, pp. 63-84.

如下：

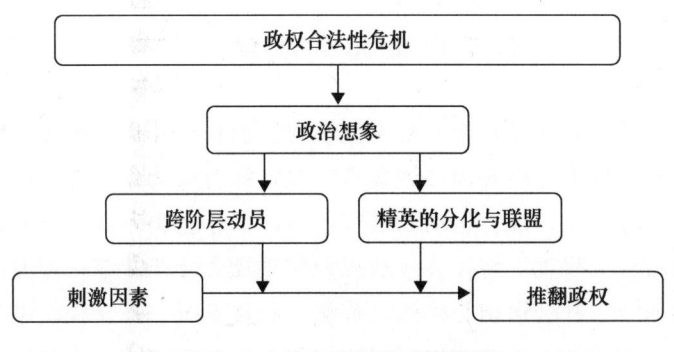

图 4-4 社会运动的改革模型

综上所述，社会运动通过"塑造"、"分配"与"改革"三种主要形式对社会变迁产生作用，并由此形成了社会运动影响社会变迁的"塑造模式"、"分配模式"与"改革模式"。借助这三种主要模式，社会运动将其对社会变迁的影响推向社会生活的各领域和多层次。但是，如此并不能确保社会运动只要具备了上述各种条件后就一定能顺利实现社会变迁的目标。社会运动实现社会变迁的程度，除了受到上述因素的影响外，一定程度上还受到国家作用的影响。国家作为社会运动所处其中的最重要制度结构，不仅能够影响社会运动的发生、发展与形式，而且能够影响社会运动的结果和影响力。具体来说，构成国家塑造作用的因素包括稳定的政治结构（国家性质、国家创建和国家政治制度）、较为稳定的政治环境（国家渗透能力、战略、策略）和变动的政治背景（封闭政体的开放性、政治联盟的稳定性、政治支持存在与否、政治精英的分裂、政府的政策执行能力），这三个方面的因素均会对社会运动实现社会变迁的发展轨迹与最终结果产生影响。① 因此，在分析社会运动对社会变迁的影响时，一方面需要考察社会运动作用于社会变迁的具体机制，如上文所述的三种模式；另一方面，也要考察社会运动所处的政治环境，特别是国家对社会运动的塑造作用。只有这样，才能对社会运动的影响做出较为全面、客观的分析。

---

① 黄冬娅：《国家如何塑造抗争政治——关于社会抗争中国家角色的研究评述》，载《社会学研究》2011 年第 2 期，第 219—220 页。

三 社会运动作用于社会变迁的影响因素及其组合

社会运动能在何种程度上实现社会变迁的目标，很大程度上取决于社会运动如何选择与运用其内部诸要素，包括社会运动参与者、社会运动策略、社会运动组织、社会运动话语等。不过，在上文考察社会运动的影响时，本书在很大程度上将社会运动视为推动社会变迁的单一行为主体。从这一角度而言，社会运动与社团、政党、利益集团、院外游说团体等其他行为体并无实质性的差异，他们均致力于改变社会的特定或某些方面，使其朝着有利于自己的方向发展。但是，如果打开社会运动这个"黑箱子"就可以发现，与上述各类抗争主体相比，社会运动在促进社会变迁的过程中所采取的方式更显灵活和多样。这是因为，社会运动能够针对特定的目标有效利用其内部诸要素，以增强其推动社会变迁的能动性。

围绕社会运动的参与者、策略与组织三个核心要素，相关研究主要在于辨析何种类型的动员、策略与组织更有利于社会运动实现社会变迁的目标。但是，到目前为止，学术界对上述问题的看法尚未达成共识。本部分在对已有文献进行梳理的基础上认为，仅从社会运动内部任何一种要素的某一方面出发，考察其在社会运动实现社会变迁目标的过程中所起的是阻碍作用还是促进作用，所得出的结论具有不确定性。这是因为，社会运动内部的任何一种要素并不能离开其他因素单独发挥作用。因此，需要综合考虑社会运动的动员、策略与组织三种要素的共同作用，并建立一种观察与衡量社会运动能动性的整体性分析框架。

（一）社会动员与社会运动的能动性

根据社会运动在试图促进社会变迁时引发的民意聚合程度，社会运动可分为"共意性运动"与"冲突性运动"。前者指某一社会运动的目标受到某一地理区域内民众最广泛的支持（占总人口的80%—90%），且在追求社会变迁时没有或很少遭到有组织反对的社会动员。与之相对的是冲突性社会运动，它是指那些在试图改变社会结构、更改通行的基本政策或打破群体之间权力平衡的过程中，遭到有组织反对的社会动员。[1] 民众支持的多寡，直接反映了民众就某一问题所持赞成或反对态度的程度，以及可供社会运动利用的潜在资源的多寡。从这种意义上来看，共意性社会运动具备冲突性社会运动所不具备的许多有利条件，诸如"连锁式"的运动组织、基础性支持的联合（即能够利用原有的组织去建立它自己的组织）、广泛的政府支持、媒体的大量报道、慷慨的制度化资助和广泛的公众支持等。但是，对于哪种运动更有利于社会运动目标的实现却有不同的观点。

一种观点认为，共意性运动不能充当社会变迁的工具。尽管共意性社会运动享有较广泛的支持，但这并不意味着其比冲突性社会运动在实现社会变迁目标上更具优势，也不意味着其动员规模相对较大。[2] 其中的原因在于，制度支持和成员支持是两种不同的进程，因此会产生不同的动员效果。具体而言，从现有机构（例如政府、商界和媒体）动员资金和基础设施等资源，与动员有意愿投入精力参与社会运动的成员，在某种程度上是以彼此独立的方式开展的。造成资源动员与成员动员之间分离的主要原因在于，共意性运动因为能从多种渠道获取资源，所以不需要尝试把持普遍支持态度的成员转换为有责任感和积极的行动者。[3] 相反，冲突性社会运动则需要扩大动员规模和地域范围，以弥补其资源不足造成的缺陷。正因为如此，共意性运动往往会陷入外部机构所施加的约束之中并易趋于衰落，这使它很少能向其成员展示这样一种前景，即通过一系列的运动进程可有效地促进社会变迁。为了避免自身的衰落，共意性运动往往蜕化为一种利益群体，同时放弃大规模动员方式，甚至通过与政策制定者之间的妥

---

[1] [美]约翰·D.麦卡锡、马克·沃尔夫森：《共意性运动、冲突性运动及其对基础设施的占用》，载艾尔东·莫里斯、卡洛尔·麦克拉吉·缪勒主编《社会运动理论的前沿领域》，第314—315页。

[2] [美]迈克尔·史华兹、苏瓦·保罗：《资源动员与成员动员：为什么共意性社会运动不能充当社会变迁的工具》，载艾尔东·莫里斯、卡洛尔·麦克拉吉·缪勒主编《社会运动理论的前沿领域》，第239—240页。

[3] 资源动员理论认为，可供社会运动动员的资源包括人力、金钱与设施多种资源。但这里"资源动员"中的"资源"不包括"人力"（主要指社会运动参与者），以此区分制度支持与成员支持各自与社会运动动员规模之间的关系。

协以实现其利益诉求。[①]

相反，另一些学者如麦卡锡（John McCarthy）和沃尔夫森（Mark A. Wolfson）等认为，共意性社会运动具有推动社会变迁的巨大潜力，因而对社会变迁来说它是一个理想的工具。[②] 从以上分析来看，与共意性运动相比，冲突性运动最明显的优势是能够促使成员亲自参与到运动之中，而非使其对运动的支持仅停留在态度上。其中隐含的假设是，动员人数较多的社会运动比动员人数较少的社会运动更有利于实现社会变迁。然而，仅立足于动员人数的多寡去判断社会运动的前景仍然不能令人信服。冲突性运动动员人数较多但支持率较低、共意性运动动员人数较少但支持率较高。如果不从动员规模而从民意基础上来看，共意性运动即使放弃大规模的动员方式，也能使政府无形之中感受到来自民众的强大压力。面对强大的民意，政府有可能在决策过程中融入民众的诉求。

（二）策略选择与社会运动的能动性

在社会运动策略上，选择哪种策略更有利于社会运动实现社会变迁？自盖姆森在《社会抗议的策略》一书中提出这一问题以来，一直是学界争论的焦点。以盖姆森（William Gamsen）、麦克亚当（Doug McAdam）、塔罗（Sidney Tarrow）、梯利（Charles Tilly）等为代表的不少学者认为，使用暴力或破坏性策略能提高运动目标实现的机率。[③] 皮文和克洛沃德也坚定地支持这一说法。他们认为，正因为社会运动缺乏制度内的手段，所以破坏性策略是达成目标的最优策略。[④] 与此相反，以苏迈克（Schumaker）为代表的其他学者认为，破坏性策略对社会运动实现目标毫无益处。他认为，有效使用破坏性策略需要具备两个条件：一是抗议者和他们的抗议对象有直接对抗的机会；二是当抗议者与某一怀有敌意的阶层有零和要求的时候。他坚持认为，使用破坏性策略可能引起公众的敌意，因而其成

[①] ［美］迈克尔·史华兹、苏瓦·保罗：《资源动员与成员动员：为什么共意性社会运动不能充当社会变迁的工具》，第250—254页。

[②] 同上书，第232页。

[③] ［美］马可·朱格尼：《导论：社会运动何以重要：过去的研究、目前的问题和未来的发展》，载西德尼·塔罗等著《社会运动论》，第5页。

[④] Frances Fox Piven and Richard A. Cloward, "Poor People's Movements: Why They Succeed, How They Fail," *American Political Science Review*, Vol. 73, No. 2, 1979.

效不如温和策略。① 除了单纯讨论策略选择与社会运动结果的关系外，一些学者尝试寻找策略发挥效果的条件。例如巴顿（Button）认为，当冲突局限于抗议团体及其目标时，选择破坏性策略更有利；而当大量民众开始卷入冲突时或冲突的范围扩大时，破坏性策略会降低运动成功的可能性。②

可见，目前学者对这一问题仍未达成共识。从 21 世纪社会运动在全球的表现来看，尽管其中不可避免地存在一些暴力冲突，但整体上，非暴力或温和策略是社会运动采取的主导策略。这或许是因为，在现代社会，非暴力方式比暴力方式具有以下诸多优点：第一，非暴力抗争在有效改变现状的同时，也可将人员伤亡率控制在最低限度；第二，非暴力抵抗更能激起人们对公正事业的同情与支持；第三，在解决社会长期存在的不公方面，非暴力方式比暴力方式更具持久力；第四，在非暴力抵抗过程中，单个的民众能够形成强大的合力，进而提高了镇压的成本以抑制政府镇压的意愿或迫使安全力量保持中立。此外，非暴力方式易于在当局与抗议者之间建立沟通的桥梁等。不过，也应该看到非暴力策略自身具有的局限性，它并不能解决某些根深蒂固的冲突。而且，当社会运动实现既定的目标后，平民主义有可能沦为各党派实现自我利益的工具，在这种情况下，权力真空或纷争有可能会增加外部势力干预的机率。③ 最后需要指出的是，非暴力策略与暴力策略是相对的，在一定条件下可以相互转化。如在跨阶层动员形成和军队精英分裂的条件下，采用非暴力抵抗的社会运动则会向内战演变。此外，暴力抵抗也可能促使社会运动转化为革命行为（详见第十四章）。

（三）组织化程度与社会运动的能动性

社会运动在何种程度上能实现其声称的社会变迁目标，还往往与社会

---

① ［美］马可·朱格尼：《导论：社会运动何以重要：过去的研究、目前的问题和未来的发展》，载西德尼·塔罗等著《社会运动论》，第 6 页。

② Marco G. Giugni, "Was It Worth the Effort? The Outcomes and Consequences of Social Movements," Annual Review of Sociology, Vol. 24, 1998, p. 378.

③ Hardy Merriman, "Theory and Dynamics of Nonviolent Action," in Maria J. Stephan (eds.), Civilian Jihad: Nonviolent Struggle, Democratization, and Governance in the Middle East, Basingstoke: Palgrave Macmillan, 2009, p. 17; Fabio Rojas, "Social Movement Tactics, Organizational Change and the Spread of African - American Studies," Social Forces, Vol. 84, No. 4, 2006.

运动的组织化程度密切相关。社会运动组织和其他组织一样，一经形成，维持其自我存在或生存即成为首要目标。只有在生存得以确保之后，社会运动才会追求其他更高层次的目标。① 在此，我们仅关注什么样的组织特征影响社会运动实现社会变迁的程度。目前，对这一问题论述最系统的学者是盖姆森。他在综合分析 1800—1945 年期间美国发生的 53 次抗议运动后，得出了以下结论：诉求单一的组织比诉求多元的组织更易于成功；选择性激励措施与运动成功之间具有明显的联系；在组织结构上，科层化程度高、集中性特征明晰和内部未分裂为小团体的组织更易于实现其目标。② 在盖姆森之后相当长时期内，论证科层化、集权化、理性化的组织是不是确实有利于社会运动目标的实现，就成为社会运动研究者讨论的核心问题。

在社会运动理论的主流范式中，资源动员理论比其他范式更强调社会运动组织的重要性。资源动员理论将社会运动组织视为获取和控制资源的重要渠道，并认为，采用科层制的组织具有较强的资源动员能力，因而组织化程度较高的组织更易于实现其目标。为了提高组织的科层化水平，资源动员理论认为应该根据成员为社会运动组织贡献的时间与精力的多寡确定其组织结构。成员的安排应从高到低依次分为：骨干人员（cadre members），他们将自己的大部分时间或一部分时间投入到与社会运动组织相关的事情上，并参与社会运动组织的决策过程；专职人员（professional staff），他们对社会运动投入充足的时间，但不参与组织的决策过程；工作人员（workers），断断续续地投入时间的非骨干人员。此外，社会运动组织还需设有临时团队（a transitory team），他们由完成某一具体任务的工作人员组成，受骨干人员的直接领导。临时团队直接参与社会运动组织的事务，他们通常进行面对面的交流，在这样的参与中，这些工作人员会受到彼此团结的激励。③

但是，社会运动组织是一把双刃剑。社会运动组织内部也可能会出现寡头化及其导致的资源配给不均与内部分解等破坏社会运动进程的因素。

---

① John D. McCarthy and Mayer N. Zald, "Resource Mobilization and Social Movements: A Partial Theory," *American Journal of Sociology*, p. 1226.

② Ibid..

③ Ibid., p. 1227.

具体来说，正式社会运动组织的建立可能导致产生寡头团体。一经形成，他们将维持组织自身的存在视为一种比实现社会变迁目标更重要的价值。在此背景下，社会运动只能牺牲其发展潜能以尽力确保组织的生存。而要维持社会运动组织的长期运转，则需要从分配给社会运动参与者的资源中抽取部分资源，这会导致用于发动社会运动的资源的数量减少。为了弥补资源的不足，社会运动就需从外部获取资源，而这又会导致资源供给者在社会运动事务上进一步拓展其控制权。如果社会运动未能以与赞助者的利益和目标相一致的方式利用资源，那么资源供给链很可能会被切断。在此情况下，继续开展社会运动就变得困难重重。此外，外部联系的建立可能促使抗议者将外部赞助者的意志上升为社会运动优先追求的目标，从而大大降低社会运动追求社会变迁的动力。另外，寡头化也会带来内部支持的分解。抗议者日益寻求培育与外部支持者的联系，也会使组织内部成员间的联系趋于脆弱，进而使组织内部原本有效的团结激励机制失灵。而正是这一机制，为早期大量的潜在参与者加入社会运动提供了重要的驱动力。吸引潜在支持者能力的减弱，势必限制社会运动的资源动员能力和社会运动规模的扩大，进而制约社会运动的活动范围和能动性。[1]

（四）要素组合形式与社会运动的能动性

从以上分析可以看出，仅从社会运动内部的任何一种要素的某一方面出发，考察其在实现社会变迁目标的过程中所起的是阻碍作用还是促进作用，所得出的结论具有不确定性。在社会运动的三要素中，"常备剧目"是社会运动实现其目标诉求的最重要工具，因为它是"运动"目标得以实现的手段和"WUNC 展示"得以呈现的场所。[2] 事实上，在社会运动的运行过程中，社会运动的参与者、策略、话语、组织等之中的任何一种要

---

[1] Doug McAdam, *Political and the Development of Black Insurgency 1930 – 1970*, Chicago: the University of Chicago Press, 1982, pp. 54 – 56.

[2] 梯利认为，社会运动是"运动"、"常备剧目"和"WUNC 展示"三要素的有机结合体。具体而言，"运动"是指不间断、有组织地向目标当局公开提出群体性的诉求伸张；"常备剧目"则是各种政治行为方式，包括策略、组织、联盟、公开集会、依法游行、示威请愿、声明、散发传单和小册子等方式的随机组合形式；而运动参与者协同一致所表现出的价值（wor – thiness）、统一（unity）、规模（numbers）和奉献（commitment），称之为"WUNC 展示"，见查尔斯·蒂利《社会运动，1768—2004》，上海：上海世纪出版集团 2009 年版，第 4—6 页。

素的作用效果都会受到其他因素的影响。因此，在考察社会运动能动性的过程中，需要区分社会运动内部主要要素的组合方式。事实上，在社会运动的"常备剧目"中，与话语等其他要素相比，社会动员、策略选择和组织化程度这三个要素对社会运动的能动性具有更显著的影响。因为社会动员、策略选择和组织化程度直接涉及社会运动的参与者、手段与社会运动组织，它们是社会运动不可或缺的构成要素。而在三个要素内部，都包含一定程度上相互对立的两个方面的内容。据此，这三种要素间共有六种组合方式，如图4-5所示：

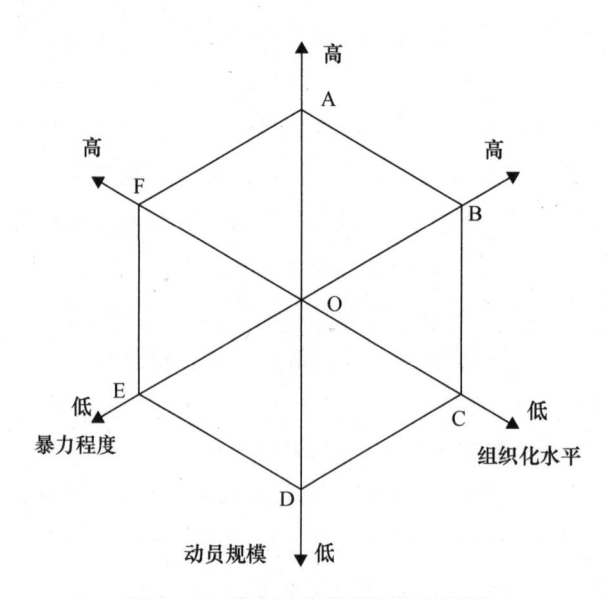

图4-5 社会运动能动性的分析图

在上图中，AD、BE、CF分别表示社会运动的动员规模、策略选择与组织化程度。其中，每一条延伸线以O点为界分为两条相向而行的射线，它们各自代表社会运动每一种要素起所起作用的高低及程度。社会运动的能动性可视为由OA、OB、OC、OD、OE、OF六条线中连续三条射线上的任何一点与O点组成的四边形的面积（上图仅表示一种理想化情形）。本章认为，假定其他因素为常量，在这三个要素的组合形式中，如果起作用的因素越多、程度越深，则社会运动的能动性越强。例如，如果社会运动的动员规模越大、策略越具破坏性以及社会运动的组织化程度越高，那么社会运动的能动性（用四边形OFAB的面积表示）则越强；反之，其能动性（用四边形 OCDE 的面积表示）则会越弱。

不过，以上两种情形只是社会运动能动性的两种典型表现。根据图 4-5，社会运动的能动性可大致分为强、较强、较弱、弱四个层级，每一层级反映了社会运动的不同特征，详见表 4-1：

表 4-1　　　　　　　社会运动能动性的四种层级划分

能动性	图示	社会运动特征
强	O**FAB**	参加人数较多、较为严重的暴力冲突、组织较为严密
较强	O**AB**C	参加人数较多、较为严重的暴力冲突、组织松散
较强	O**A**F**E**	参加人数较多、冲突程度较低、组织较为严密
较弱	O**B**CD	参加人数较少、较为严重的暴力冲突、组织松散
较弱	OF**E**D	参加人数较少、冲突程度较低、组织较为严密
弱	OCDE	参加人数较少、冲突程度较低、组织松散

（注：字母中除 O 点以外的加黑字母表示起作用程度高的要素，未加黑的字母表示起作用程度低的要素）

在以上分析的基础上，为了更清晰的分析与比较两场或两场以上的社会运动的能动性，需要对社会运动动员规模、策略选择（暴力程度）与组织化水平作出比较准确的衡量，在具体衡量时可参考下图所列举的各项观察指标：

表 4-2　　　　　　　社会运动内部三种要素的观察指标

社会运动的要素	观察指标
动员规模	实际参与者人数
动员规模	潜在参与者人数
暴力程度	参与者使用的工具、口号等的进攻性
暴力程度	人员的伤亡率
暴力程度	与国家安全力量发生冲突的程度
暴力程度	对公共（私人）财产的破坏程度
组织化水平	是否具有运转良好的科层化的组织结构
组织化水平	是否具有明确的职能划分
组织化水平	是否具有分支机构
组织化水平	是否具有统一且权威的领导者

总之，社会运动的能动性是社会运动的动员规模、策略选择与组织化程度等要素共同作用的结果。但需要强调的是，一般而言，社会运动的能动性与社会运动目标的实现程度之间具有一定的相关性，能动性较强的社会运动比能动性较弱的社会运动在实现社会变迁目标上更具优势。但是，社会运动的能动性仅指社会运动在推动社会变迁时具有的能力的大小，所以，能动性较强的社会运动不一定意味着其能够完全实现其目标诉求。社会运动内部因素是影响其社会变迁目标能否实现的重要因素，但不是决定性因素。

四 如何辨识社会运动的结果与影响

尽管社会运动能对社会各方面产生程度不一的影响，然而，不论在经验层面还是理论层面，确认社会运动的结果仍是一个非常棘手的难题。从一定历史时期内所发生的社会变化中辨析出其中的社会运动因素和非社会运动因素，需要考虑的因素过多，因为造成一种结果的原因往往不止一个。因此，确认社会运动的结果是一项既复杂又精细的任务。在某一结果的形成过程中，社会运动发挥作用的程度到底有多大，是直接的还是间接的，是社会运动明确追求的结果还是其他客观因素造成的结果？这些问题的答案并非一目了然。下文将对此进行简要讨论。

（一）如何确认社会运动的结果与影响

在已有的相关成果中，威廉·盖姆森（William Gamson）的著作《社会抗议的策略》被视为辨识社会运动影响的最富创新性和最为系统的成果。在此书中，盖姆森对53个活跃在1800年至1945年间的美国抗议群体的经历进行了实证分析，然而并未从一般意义上对社会运动的结果进行讨论。为尝试解决上述问题，梯利较为明确地提出了社会运动的四种效果，他认为社会运动的结果受到社会运动内部因素和外部因素的双重制约。内部因素包括社会运动诉求、社会运动行为；外部因素指外部事件和外部行为。据此，社会运动的结果可分为四类：（1）与社会运动诉求直接相关的运动行为的效果；（2）与社会运动诉求直接相关的运动行为和外部影响的共同效果；（3）与运动诉求相关的外部影响；（4）与运动诉求不直接相关的运动行为和外部影响的共同效果。① 这种分类对我们评估社会运动的效应提供了有益的理论借鉴。不过，虽然在理论层面将社会运动的结果分为以上四种类型具有可行性，但在实际操作层面，如何在实际研究过程中对这些类型进行操作，以完成成功的"分离手术"，还需不断的探索与试错。

不仅在理论上如此，从社会运动的现实发展来看，对社会运动开展效果评估也是一项亟须解决的问题。随着世界各国特别是发展中国家对国家现代化目标的追求，社会运动也越来越与现代性这一主题密切联系。早在19世纪，迪尔凯姆、滕尼斯、韦伯、马克思、圣西门和孔德等经典作家在对现代性特征的论述中就已经对此做过论述。② 进入21世纪以来，全球化的深化和大众传媒的普及，使塑造集体信念、凸显"示范效应"和建构共同话语等更加便利化，这提高了社会运动发生的可能性。进入21世纪，公民权利运动、环境保护运动、反全球化运动、妇女解放运动等重新进入活跃期。这意味着，在现代社会，社会运动越来越成为民众表达集体意愿、要求社会变革的有力工具。然而，这些社会运动对参与者与社会生活究竟有没有带来变化？带来了多大程度的变化？带来的是正面的影响还是负面的影响？对这些问题的研究仍然较为滞后。对社会运动的结果与影响认真进行辨析与评估，可对我们理性对待社会运动有所裨益。

为此，马可·朱格尼倡导运用比较分析法、过程追踪法与反事实推理相结合的方法辨析社会运动的结果和影响。他认为，首先不仅要搜集有关某个特定运动及其所宣称的结果的资料，而且还要搜集有关其他行动体的资料，包括利益集团、统治者、政党、媒体和对抗运动等。通过对上述行为体行动资料的分析，能对社会运动带来的可观察到的实际影响作出更好评价。其次，不仅要考虑与运动相关的潜在的解释因素，诸如动员水平、策略和组织水平，而且要考虑其他更广泛的社会变化的变量，例如政治机会结构或社会人口因素。再次，确立一种比较研究方案，通过对不同情形下的类似运动或相似情形下的不同运动的比较，可以提高我们发现运动行动和结果之间关系的可能性。然后，运用过程追踪法，以动态的方法分析

---

① ［美］查尔斯·蒂利：《社会运动从互动到结果》，载西德尼·塔罗等著《社会运动论》，第321页。

② ［波］彼得·什托姆普卡：《社会变迁的社会学》，第269—270页。

特定的社会运动与其宣称的结果之间的联系。最后，我们不仅要考虑那些特定运动引起变化的情况，而且还要考虑那些没有能被观察到的情形。[1] 为此，可以进行反事实推理，即以相关因素为基础的其他可能存在的解释进行明确的或含蓄的对比。为了更加具有操作化，朱格尼设定了比较研究的议程，如图4-6所示：

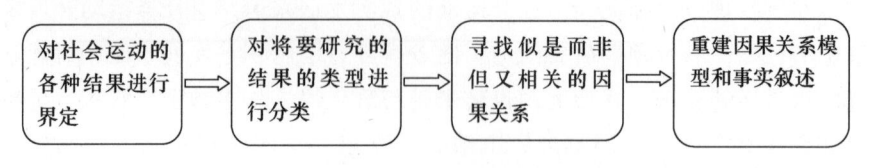

```
对社会运动的各种结果进行界定 → 对将要研究的结果的类型进行分类 → 寻找似是而非但又相关的因果关系 → 重建因果关系模型和事实叙述
```

图4-6　研究社会运动结果的方法论议程

资料来源：西德尼·塔罗等著：《社会运动论》，第16页。

此外，还可从不同的角度或采用不同的研究方法对同一场社会运动的结果进行分析，例如对某一社会运动分别采用定量分析与定性分析法，以检验是否能得出相同的结论。

（二）如何评价社会运动的成败

另一个有待深入研究的问题是如何评价社会运动，这与社会运动的效果评估是一个硬币的两面。社会运动实现了什么样的目标或带来多大程度的社会变化，才能被视为是成功的社会运动？事实上，社会运动的"成功"也是一个较难界定的问题。盖姆森将"成功"界定为，与作为一个团体的社会运动组织的持久力相关的一系列结果和群体成员新的利益分配。[2] 简言之，能使社会运动组织不断持续下去和为社会运动的参与者带来利益的社会运动，才是成功的社会运动。由此可知，盖姆森对社会运动成功的认定，主要以社会运动自身的生存与参与者收益这两个方面作为评估标准。有学者认为，评价社会运动的成败应参考其"程序性影响"、

---

[1] 马可·朱格尼：《导论：社会运动何以重要：过去的研究、目前的问题和未来的发展》，载西德尼·塔罗等著《社会运动论》，第13—18页。

[2] 冯仕政：《西方社会运动理论研究》，北京：中国人民大学出版社2013年版，第203页。

"结构性影响"、"敏感性影响"和"实质性影响"四个方面。① 不过，大多数学者的通常做法是将"成功"等同于社会运动声称目标的实现。

但是，用社会运动声称目标的实现与否作为判断社会运动的"成功"的标准，衍生了许多质疑。例如：如果一场社会运动未能实现其声称的目标，却带来了其他意料之外的积极结果；或社会运动的影响在较短的时间内未能被人们察觉，但是经过历史的发展证明了其具有重要的意义；或社会运动实现了其声称的目标却为此付出了诸如人员伤亡等惨重的代价；再者，如果社会运动实现了其声称的目标，但这些目标的实现给部分群体带来利益的同时，却给另外的群体带来了损失，等等。在这些情况下，社会运动是否能取得了"成功"仍需商榷。就社会运动带来社会变迁的程度而言，一场失败的社会运动，也能带来重大的社会变革；而一场实现其声称目标的社会运动，或许对社会变迁的影响微弱。例如，尽管美国"三K党"（Ku Klux Klan）运动在19世纪60年代保卫南方黑人种族隔离的运动中失败，并在1871年被美国总统强行取缔，但从长远来看，却加速了美国政治极化的趋势，从此意义来讲，"三K党"运动是一场对美国政治具有深远影响的社会运动。② 此外，不同的群体对社会运动的评价也不尽相同。社会运动的参与者和旁观者、利益无关者与利益相关者、官方和民间等对社会运动的成功与失败的界定往往存在不同的认知。所以，用社会运动声称目标的实现与否判断社会运动的成败是一个简洁的标准，但却是一种蕴含风险的做法。

（三）对社会运动的价值判断

对社会运动结果的确认，同样涉及另一个在社会运动研究中不被经常讨论的问题，即对社会运动的价值判断。在社会科学领域，理论与价值紧

---

① "程序性影响"是指一个运动在进入有关当局的决策过程方面取得的成就；"结构性影响"是一个运动在改变有关当局的政治、法律或其他制度方面所取得的成就；"敏感性影响"是一个运动在改变有关当局和民众的价值、认知及态度，从而提高他们对该运动所关注的问题的敏感性方面造成的影响；"实质性影响"是一个社会运动在达到具体目标和要求方面所取得的成绩，详见冯仕政《西方社会运动理论研究》，第204页。

② Rory McVeigh, David Cunningham and Justin Farrellc, "Political Polarization as a Social Movement Outcome: 1960s Klan Activism and Its Enduring Impact on Political Realignment in Southern Counties, 1960 to 2000," *American Sociological Review*, Vol. 79, No. 6, 2014, p. 1146.

密联系在一起。理论是人们对客观世界反复认知与判断的结果,因此理论在反映某种客观事实的基础上还包含了理论者的价值倾向。价值既指一种在情感与认知相互影响下形成的信仰体系,也指客体与主体之间的一种关系,即客体对主体的有用性。[①] 在社会运动理论中,同样包含这两方面的含义。社会学的奠基者孔德认为,社会学的两大主题是"社会秩序论"与"社会变迁论",因此他把自己所创立的社会学分为"社会静力学"和"社会动力学"。尽管后来的社会学家的研究兴趣和重点不同,但都没有超过这两大主题。[②]

"秩序"与"变迁"不仅是社会学的主题,也是社会学两种最基本的价值判断。在此种意义上,社会运动的各理论流派间也体现出不同的价值取向。早期以社会心理学为视角的社会运动理论持肯定秩序的价值倾向,将社会运动与集体行动、革命等视为对社会秩序的一种挑战,因此对社会运动或集体行为持强烈的排斥态度。正因如此,以社会心理学为视角的理论家将社会运动视为非理性与野蛮的行为;而以资源动员理论和政治过程理论为代表的理性主义者则偏向于"变迁",认为社会运动是追求社会进步与正义的工具。正如文章第二部分所阐述的,他们不仅认为社会运动是理性的行为,而且认为变迁是社会运动基本的界定特征与存在理由。不过,"秩序"与"变迁"是一对既对立又统一的概念。两者间有相互排斥的一面,因为对秩序的追求往往以变迁为代价;两者间也有统一的一面,因为不可能存在没有秩序的变迁,也不存在没有任何变迁的秩序。[③] 本章尽管很大程度上从学理上说明了社会运动在推动社会变迁方面所具有的能动性,但并不代表持以牺牲秩序换变迁的立场。

五 结论

本章重点考察了当前社会运动理论研究中一个亟须认真研究的但过去未曾深入探讨的问题——社会运动对社会变迁的作用。通过考察可以发

---

① Donald J Puchala, *Theory and History in International Relations*, New York and London: Routledge, 2003, 转引自李开盛《国际关系理论的价值透视》,载《外交评论》2006年第4期,第51—52页。
② 青连斌:《社会学研究的两大主题》,载《学习时报》2006年1月2日,第6版。
③ 冯仕政:《西方社会运动理论研究》,北京:中国人民大学出版社2013年版,第316页。

现，社会运动对社会变迁的作用具体表现为"塑造"、"分配"与"变革"三种主要形式。它们是对社会变迁过程中产生的文化认同危机、社会资源分配危机和政权合法性危机做出的回应，具体体现在价值导向型运动、利益导向型运动和政权导向型运动三种较有代表性的社会运动类型上。此外，社会运动实现社会变迁的程度受到社会运动动员规模、策略选择、组织水平等社会运动内部诸要素的影响。尽管如此，社会运动实现社会变迁的程度，并不完全取决于社会运动的动员规模、策略选择与组织水平中任何单一因素，而是各种因素综合作用的结果。此外，关于社会运动结果与影响的确认研究目前仍然以比较研究法为主，在方法论上，目前尚未形成一套比较成熟与系统的研究议程。本书余下部分将在参考第一部分提出的分析框架的基础上，对中东变局的发展过程、外部力量在其中扮演的角色、中东变局所产生的地区与国际影响进行研究。

第二部分

社会运动理论视角下的中东变局

第 五 章

中东变局的发展过程、动力与机制——以埃及变局为中心

【本章摘要】 中东变局始料未及的发生，暴露出现有中东研究所具有的"现状偏见"、"精英偏见"与"结构偏见"等缺陷，这些偏见对中东地区的政治发展过程、发展动力、发展机制等因素未予以应有的重视。基于此，本章尝试提供一种理解中东变局发生与发展机制的分析框架。中东变局发生之前，中东北非地区发生了许多可见的社会运动和不可见的社会非运动，它们构成了中东变局的先导；而抗议者在抗议中体现出来的集体能动性，则是中东变局得以产生和发展的动力；抗议者之所以能发展这样一种有别于以往的政治主体性，主要是因为产生了一种政治想象，从而通过团结广泛的社会阶层形成一种能对当局进行挑战的权力。尽管中东变局导致中东北非地区发生了剧变，但其发展方向及其后果并不明确。

中东变局的出现，波及了诸多中东国家，[①] 并激发了学术界浓厚的兴趣，出现了不少成果。不过这些成果主要关注中东变局发生的国际与国内背景、对大国关系与地区局势的影响、发生抗议各国的合法性危机等宏观问题；对于中东变局与抗议活动的动员机制、发展动力、影响成功或失败的具体因素等问题，相关研究尚未充分展开。本章主要以埃及剧

---

① 可参考 Oliver Schlumberger and Torsten Matzke, "Path toward Democracy? The Role of Economic Development," *Swiss Political Science Review*, Vol. 18, No. 1, 2012, p. 107.

变为例,① 通过对中东变局的发展过程、发展动力、发展机制等问题的研究,尝试建构一种能对其发生与发展机制进行分析的理论框架。

一 中东变局呼唤中东研究的范式变迁

中东变局的产生,国内外学术界、政界等均未能预测到。② 在 2011 年以前,中东北非地区并未显露出会发生大规模社会抗议活动的迹象。在经济领域,部分中东北非国家(如埃及、摩洛哥、约旦、突尼斯等)自 20 世纪 80—90 年代开始,在世界贸易组织与世界银行的监督下执行新自由主义经济改革政策。尽管这种政策带来了贫富差距拉大、失业率上升、腐败蔓延等现象,但各国比较平稳的经济增长,仍然让各国统治者和西方国家对中东北非国家的稳定寄予厚望。比如,鉴于突尼斯在执行新自由主义经济改革政策后取得的优异表现,西方决策者将突尼斯的经济发展经验称之为"突尼斯奇迹";对于埃及,国际货币基金组织的代表在 2010 年 2 月公开表扬其经济结构调整政策,尤其是 2004 年推行的激进自由主义政策,认为它们"促进埃及经济的持久性与(为应对全球金融危机)开辟了适当的政策反应空间"。③ 在政治领域,中东北非国家的统治者都享有长时期在位的经历,尽管他们实现这一目标的途径或方式有异——有的通过王位继承制,有的是实行准"家族继承制",有的则通过操纵选举,但各国统治者维持了本国相当长时间的稳定却是不争的事实。西方国家

---

① 对于各国政治变局能否称之为"革命",学术界有不同观点。本章虽使用了"革命"一词,但打上引号以示此问题在学界可能存在的争议。相关观点可见 Alexander Kazamias, "The 'Anger Revolutions' in the Middle East: An Answer to Decades of Failed Reform," *Journal of Balkan and Near Eastern Studies*, Vol. 13, No. 2, 2011, p. 144; K. El‐Din Haseeb, "On the Arab 'Democratic Spring': Lessons Derived," *Contemporary Arab Affairs*, Vol. 4, No. 2, 2011, p. 117; Amal A. Kandeel, "Egypt at a Crossroads," *Middle East Policy*, Vol. XVIII, No. 2, 2011, p. 12; Jon B. Alterman, "The Revolution Will Not Be Tweeted," *The Washington Quarterly*, Vol. 34, No. 4, 2011, p. 103.

② 可见 Angela Joya, "The Egyptian Revolution: Crisis of Neoliberalism and the Potential for Democratic Politics," *Review of African Political Economy*, Vol. 38, No. 129, 2011, p. 368; Erin A. Snider and David M. Faris, "The Arab Spring: U.S. Democracy Promotion in Egypt," *Middle East Policy*, Vol. XVII, No. 3, 2011, p. 49; William A. Gamson, "Arab Spring, Israeli Summer, and the Process of Cognitive Liberation," *Swiss Political Science Review*, Vol. 17, No. 4, 2011, p. 463; etc.

③ http://www.imf.org/external/np/ms/2010/021610.htm.

（如美国）虽然也向这些国家施压要求推进政治民主化，但出于对进行反恐战争的需要、该地区丰富的能源资源、维护以色列的安全等方面的战略考虑，它们推进该地区政治民主化进程的意愿不高，结果西亚北非国家可以有效抵制政治民主化的压力。考虑到阿拉伯国家在维持国家稳定方面展现出比较灵活的政治技巧，其政权类型往往被西方学者称之为"灵活的威权主义"[1]或"升级版威权主义"。[2]阿拉伯国家在经济与政治领域的上述表现，使得国内外学者直至中东变局发生前，仍保持着以往对该地区的判断，认为该地区能保持相当长时间的稳定。这也是中东变局的发生之所以带来极大震惊与困惑的原因。

中东变局的突然发生，暴露出现有中东研究的许多缺陷，要求人们对现有的中东研究进行反思。总体而言，现有中东研究具有以下三个方面的缺陷：首先是中东研究的"现状偏见"。对于西亚北非地区长期未受到民主化浪潮波及这一现象，学术界将之称为"伊斯兰例外主义"，并为此提出了许多解释路径，如"文化特殊主义"、社会结构研究、制度制约、战略计算、政治经济学、政治文化、历史主义分析等。[3]这些研究途径致力于解释中东北非地区能够保持长时期政治连续性的原因。当中东地区的稳定成为中东研究的既有前提，那些能够对政治发展引起变化的因素就很少得到关注，自然也就不能准确把握中东变局发生的原因。其次是"精英偏见"。[4]在理解阿拉伯地区政治发展的动力时，研究者们往往关注的是政治精英的决策过程和分化组合，认为该地区政治发展的趋势主要取决于精英们的博弈过程和所采取的国家战略。这种分析框架，忽视了影响阿拉伯国家发展进程的一系列社会力量和政治过程，如普通人的渴望，青年人的动员，工人们的抗议等，从而导致对该地区政治发展动力理解的僵化。

---

[1] Rabab El-Mahdi, "Enough! Egypt's Quest for Democracy," *Comparative Political Studies*, Vol. 42, No. 8, 2009, pp. 1029 – 1030.

[2] Steven Heydemann, *Upgrading Authoritarianism in the Arab World*, Washington, D. C.: Saban Center at Brookings Institution, October 2007.

[3] 可参考 Oded Haklai, "Authoritarianism and Islamic Movements in the Middle East: Research and Theory-building in the Twenty-first Century," *International Studies Review*, Vol. 11, No. 1, 2009, pp. 28 – 36; Eva Bellin, "The Robustness of Authoritarianism in the Middle East: Exceptionalism in Comparative Perspective," *Comparative Politics*, Vol. 36, No. 2, 2004, pp. 139 – 157.

[4] 见 Asef Bayat, "Arab Revolutions and the Study of Middle Eastern Societies," *International Journal of Middle East Studies*, Vol. 43, No. 3, 2011, p. 386.

最后是"结构偏见"。上述解释"阿拉伯例外主义"的制度制约、政治文化、社会结构研究等路径，关注的主要是阿拉伯国家的文化与社会结构等结构性因素的运作及其对各国政治稳定具有的作用，它们属于典型的结构研究路径。采用结构解释路径的成果，虽然对结构的理解可能存在不同意见、强调的侧重点也有所差异，而且指出了结构对政治稳定可能带来的负面效应，但因为结构性因素忽视了阿拉伯民众和各社会阶层在结构条件下具有的政治能动性，因此对于何为阿拉伯地区政治变迁的有效路径等问题，仍然找不到答案。上述偏见的存在，严重制约了研究者们对中东北非地区发展动力、机制、途径的理解，无法有效把握该地区政治、社会、文化、经济等领域所发生的广泛变化，从而产生"中东研究为什么会错失中东变局？"这样的问题。① 中东变局暴露出来的中东研究的上述缺陷，要求学术界重新检验现有研究路径的前提与假设，乃至中东北非研究的认识论与方法论途径。②

对中东变局的发生与发展进行解释，要求对既有中东研究范式进行调整。中东变局的出现，标志着中东北非地区的政治现状出现了突破性的变化，而要对这突破性的变化进行有效的理解，囿于现有研究途径无法实现这一目标。这并不是说现有研究途径一无是处；相反，它们已经并且仍将为人们了解和研究中东北非的政治发展进程贡献重要的见解。然而，如果研究者将现有的研究路径内化到自身的研究中，不对已成问题的研究途径进行深入反思，将来的研究成果或许将继续"错失"该地区重要的政治发展现象。如以关于埃及研究为例，有研究者明确承认，由于受到现有研究路径的影响，研究者们既很少对埃及政治安排的内部动力、埃及国内的治理状况发生兴趣，也很少对埃及社会的各种政治力量进行深入考察。这是因为，"该国权力被一小部分政治精英所掌握，而且他们看起来不可撼动与无法替代"，以致理解埃及政治发展动力的工作几乎无人问津；更严

---

① 国外已经出现了不少的反思声音（可参考 F. Gregory Gause III, "Why Middle East Studies Missed the Arab Spring," *Foreign Affairs*, vol. 90, no. 4, 2011, pp. 81 – 90; *International Journal of Middle East Studies*, Vol. 43, No. 3, 2011, pp. 384 – 390），但国内还未出现相关研究成果。

② Mariz Tadros, "Introduction: The Pulse of the Arab Revolt," *IDS Bulletin*, Vol. 43, No. 1, 2012, pp. 4 – 6.

重的是，这种倾向并非个别现象，"埃及人具有，国际社会同样具有"。[①] 为了对中东变局的发生与发展过程进行恰当理解，并更有效地把握该地区的未来发展趋势，研究者有必要突破中东研究的"现状偏见"、"精英偏见"与"结构偏见"。诚如中东问题研究者欧曼尼尔·萨卡利（Omnia El Shakry）指出的："试图以二元对立的方式——如自由主义还是伊斯兰主义、革命还是反革命——来理解变革的力量，需要以对治理的社会政治系谱学、政治主体性，以及抗议与动员的细致研究来代替"。[②] 这种呼吁，要求研究者将"现状偏见"、"精英偏见"与"结构偏见"分别不予重视的过程因素、导致中东地区发生变化的其他政治主体——各社会阶层、这些阶层所体现出的政治能动性等因素，纳入到中东研究中来并予以必要的关注。

现有关于中东变局的大量成果，并未从根本上扭转政治过程、政治主体及其政治能动性在中东北非发展过程中的边缘地位。中东变局后，国内外学术界已对其发生背景、深层根源、地区和国际影响等问题进行了大量的研究。如以中东变局的发生原因为例，现有成果指出了2008年全球金融危机对中东国家经济形势带来的严重负面的影响（特别是小麦价格的上涨）、各国政府执行新自由主义经济改革政策带来的社会与政治后果、各国社会出现的贫富两极分化、中东国家居高不下的失业率尤其是大量年轻人口的失业、各国安全机构与警察的滥用暴力、国家机构中的腐败盛行等因素，均为中东变局的出现创造了条件。毫无疑问，这些解释为人们理解中东变局的发生原因、影响等问题提供了洞见。不过，现有研究也存在一定的不足。这些研究大多属于结构层次和专注于政治精英的解释，从中能看到全球经济实力分配的变化、全球经济观念的变动、各国政治经济结构的改变，各国政治精英们的联盟与背叛等结构层面的变化。它们能部分解释中东变局"为什么"会发生的问题，[③] 但对于政治主体是"谁"、政

[①] H. A. Hellyer, "The Chance for Change in the Arab World: Egypt's Uprising," *International Affairs*, Vol. 87, No. 6, 2011, p. 1314.

[②] Omnia El Shary, "Imagining 'the Political' Otherwise," *International Journal of Middle East Studies*, Vol. 43, No. 3, 2011, p. 385.

[③] 事实上，结构性解释因素并不能确切说明中东剧变爆发的真正原因，正如著名社会运动理论家麦克·道格亚当（Doug McAdam）指出的，怨恨无所不在，但社会运动并非无处不有（转引自 Roel Meijer: "Taking the Islamist Movement Seriously: Social Movement Theory and the Islamist Movement," *International Journal of Social History*, Vol. 50, No. 2, 2005, p. 280），这充分说明结构性因素并不能解释中东剧变爆发的具体时间和地点。

治过程是"如何"展开的、政治剧变是"怎样"实现的等问题,他们往往不予关注,或只能提供很少的启发。因此,为了对中东变局的政治主体、政治过程、动员机制等问题形成比较清晰的了解,在强调和研究导致中东变局发生的结构性因素的同时,我们还有必要对中东变局的动员过程进行细致考察,并对其发展轨迹进行仔细检视。如有研究者指出的,"为了对导致本·阿里、穆巴拉克与卡扎菲被推翻的持久性结构和各种层出不穷的新的、多样化的力量形成全面的了解,我们需要记录下推动和阻碍特定历史轨迹得以发展的行为体、联盟及其关键时刻"。[1] 也就是说,要对中东变局的影响形成比较合理的理解,研究该事件的"谁"、"如何"、"怎样"等问题。这些问题与分析中东变局"为什么"出现同等重要,并有助于将中东研究中的政治主体、政治过程与政治机制等因素重新纳入到研究中来。

本章的目的在于尝试通过分析中东变局的发展过程、发展动力与发展机制,以构建一种能对其产生和发展机制进行合理解释的分析框架。本章具体回答三个问题:中东变局是否真的无迹可循?中东变局是如何展开的?中东变局中的抗议者为什么能够凝聚起对抗政府的力量?前两个问题涉及中东变局的发展过程与发展动力,而第三个问题则与中东变局的发展机制密切相关。为了尝试对这三个问题进行回答,我们将以从2011年1月25日持续到2月11日的埃及剧变为例进行说明。这一案例的选择,主要考虑到埃及在中东地区的地位和埃及剧变在中东变局中的意义,以及埃及相对而言比较开放、研究资料比较丰富等因素。埃及在中东地区战略地位的重要性毋庸多说,其内外政策和政局发展往往有引领性的作用;至于埃及的抗议事件对中东变局的意义在于:"埃及政局变化无疑会在该地区内部——如巴林、利比亚、叙利亚与也门等——产生连锁反应,就像以前发生的那样","埃及是位明星,如果埃及的革命取得成功,它将会对该地区产生积极影响;如果革命失败,那么它将为该地区带来其他后果"。[2]采用案例研究的有效性在于:尽管受到中东变局波及的各国在基本国情和

---

[1] Arang Keshavarzian, "Beyond 1979 and 2011: When Comparisons District," *International Journal of Middle East Studies*, Vol. 44, No. 1, 2012, p. 160.

[2] 引言见 H. A. Hellyer, "The Chance for Change in the Arab World: Egypt's Uprising," p. 1316. 另外也可参考 Mariz Tadros, "Introduction: The Pulse of the Arab Revolt," p. 2.

对外关系上差异甚大,尽管中东变局在不同的国家带来了不同的政治效应,尽管各国受到中东变局波及的时间有前后之别,但中东变局在短时间内能迅速蔓延到众多中东国家,说明这些国家共有一些导致该事件得以发生和发展的结构性和过程性条件。对于结构性条件,如前所述,现有研究做了大量的工作:如各国政治体制的相似性,中东国家政治文化和历史记忆的相似性,共同的阿拉伯语使得中东变局极易传播等;然而,过于重视结构性因素,导致过程性因素处于未被关注的地位。以埃及剧变为例进行深度研究,兼论其他国家的抗议活动,有助于人们深入对中东变局共享的过程性因素的了解。

另外还需要说明的是,任何政治剧变和革命性事件并非线性发展过程,而是有高低起伏的不同发展阶段,涉及断裂、混乱、反复等系列过程。[①] 但为了研究的需要,不可避免会采取一种线性叙述方式。这些局限,或许只能通过获得关于中东变局的更多细节才能解决。[②] 接下来本章将分别对中东变局的发展过程、发展动力与发展机制进行研究,以构建一种理解中东变局的解释框架。解释路径如下:

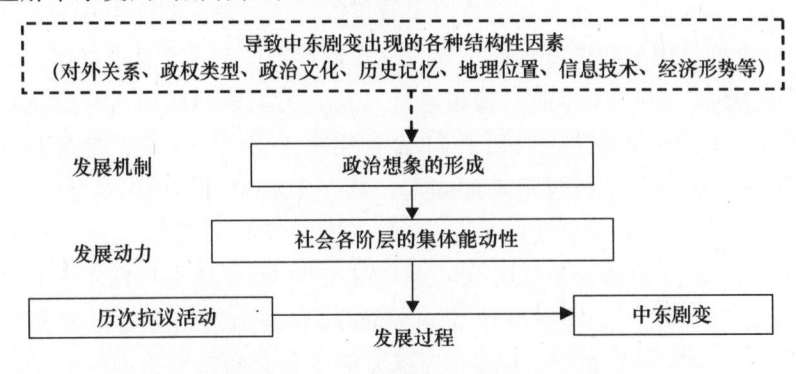

图 5-1 中东变局的一种分析框架

---

① Mehdi Mabrouk, "A Revolution for Dignity and Freedom: Preliminary Observations on the Social and Cultural Background to the Tunisian Revolution," *The Journal of North African Studies*, Vol. 16, No. 4, 2011, p. 631.

② 这仅仅只是一种乐观的期待,将来人们能否还原历史的细节,仍然是一个有待观察的问题。以1979年伊朗的伊斯兰革命为例,现在已经过去了30多年,但人们对其中的某些关键问题仍然众说纷纭,无法达成共识(见 Arang Keshavarzian, "Beyond 1979 and 2011: When Comparisons District", p. 160.)即便是这样,对于重大历史性事件,人们仍有理解的需要与欲望,即使所提供的解释可能是暂时性的。

二 中东变局的发展过程：从社会（非）运动到中东变局

中东变局是否有迹可循？为什么人们没有察觉到中东变局的来临？事实上，如第三章所述，在21世纪第一个十年，突尼斯、埃及、黎巴嫩、以色列、巴勒斯坦等中东国家均发生了数量不等、目标有异的政治抗议活动，然而这些抗议活动却很少得到研究者们的关注。① 如在埃及，过去数十年里仅劳工抗议活动就极为众多：2000年爆发了135次劳工抗议，2001年有138次劳工抗议，除了2002年与2003年分别下降到90、86次外，此后埃及每年的劳工抗议数量呈逐年递增的趋势，在2006年发生的劳工抗议活动多达222次。② 劳工抗议的主要对象在于迅速飙升的通货膨胀率、急剧下降的工资水平以及恶化的工作条件；劳工抗议之所以自2005年以来迅速增多，主要与2004年埃及"商人内阁"上台后加速推进新自由主义经济改革有关。③ 这还只是劳工抗议的情况，另外埃及还发生了许多要求推进政治改革和调整国家政策的抗议活动。其他中东国家的政治与社会抗议情况与埃及大同小异，尽管数量不一定有埃及那样多。如以突尼斯为例，自1984年的"面包骚乱"后，突尼斯的政治与社会抗议活动曾经沉寂过一段时间，但到了21世纪第一个十年的末期，突尼斯又开始见证了政治与社会抗议活动的兴起。如在2008年与2010年10月，突尼斯先后发生了加夫萨（Gafsa）矿业工人抗议与班盖达尼地区（Ben-Guerdane）的抗议活动，这还不包括1991年与2008年突尼斯军方和安全力量分别与伊斯兰运动安纳达（anNahda）和基地组织分支苏莱曼集团（Soliman）的军事对抗。④ 中东变局爆发前中东北非国家出现的各种社会

---

① 也可参考 Maria J. Stephan, ed., *Civil Jihad: Nonviolent Struggle, Democratization, and Governance in the Middle East*, New York: Palgrave Macmillan, 2009.

② 上述埃及劳工抗议数量引自 Khalid Ali, "Precursors of the Egyptian Revolution," *IDS Bulletin*, Vol. 43, No. 1, 2012, p. 18.

③ Amr Ismail Ahmed Adly, "When Cheap is Costly: Recent Decline, Regime Survival and State Reform in Mubarak's Egypt (1990 – 2009)," *Middle East Studies*, Vol. 47, No. 2, 2011, pp. 295 – 313.

④ Mehdi Mabrouk, "A Revolution for Dignity and Freedom: Preliminary Observations on the Social and Cultural Background to the Tunisian Revolution," pp. 626 – 627.

与政治抗议活动,无论是出于什么样的政治、社会与经济目标,无论发生在什么样的政治、社会与经济背景下,本来应该给各国统治者和国际观察家敲响警钟,然而它们却未得到应有的重视,因为被视为对政局发展无足轻重而遭到忽视。

为了理解中东变局的发展过程,我们迫切需要重新审视中东变局前中东地区各种抗议活动的作用与意义。除了上文提到的劳工运动,自 2000 年至 2010 年间,埃及还发生了一系列其他的社会与政治抗议活动,其中规模较大者就包括 2000 年至 2006 年间为声援巴勒斯坦人抵抗运动而对美国、以色列与丹麦商品进行抵制的"非暴力圣战运动",[1] 2003 年反对美国侵略和占领伊拉克的抗议活动,2005 年一直持续到 2007 年的"受够了"(Kefaya,英译名即为"Enough")运动,2005 年的反对政府冷漠对待苏丹难民的抗议活动和法官抗议活动,2006 年的反对警察迫害面包车司机艾穆德·埃尔-卡比尔(Emad El-Kebir)和反对性侵犯的抗议活动,2008 年与 2009 年的"4·6"大罢工、2010 年反安全机构迫害"哈利德·赛义德"的抗议,等等。[2] 这些抗议活动虽然没有实现政府改组和垮台的目标,但它们构成了中东变局的前奏。其中,尤为突出的是"受够了"运动,它与其他运动的主要区别在于,它将抗议的矛盾由针对外部势力和社会问题转向了穆巴拉克的统治,不仅要求推进改革,而且还批评和抗议穆巴拉克试图将其总统之位传给其次子贾姆勒的企图。[3] 尽管"受够了"运动动员起来的抗议人数有限,但其意义是显著的:其一是实现了埃及各政治势力的短暂联合——包括伊斯兰力量、左派力量、纳赛尔

---

[1] Leor Halevi, "The Consumer Jihad: Boycott Fatwas and Nonviolent Resistance on the World Wide Web," *International Journal of Middle East Studies*, Vol. 44, No. 1, 2012, pp. 45–70.

[2] 上述抗议活动的基本情况,见 David Faris, *Revolutions without Revolutionaries? Social Media Networks and Regime Response in Egypt*, University of Pennsylvania, Ph. D. Dissertation, 2010, Chapter 2 and 3. 法官抗议活动见 Sarah Wolff, "Constraints on the Promotion of the Rule of Law in Egypt: Insights from the 2005 Judges' Revolt," *Democratization*, Vol. 16, No. 1, 2009, pp. 100–118;劳工抗议还可参考 Joel Beinin, "Worker's Protest in Egypt: Neo-Liberalism and Class Struggle in 21st Century," *Social Movements Studies*, Vol. 8, No. 4, 2009, pp. 449–454.

[3] "受够了"运动的情况可参考 Nadia Oweidat, etc., *The Kefaya Movement: A Case Study of a Grassroots Reform Initiative*, Pittsburgh: Rand Corporation, 2008, p. 10; Rabab El-Mahdi, "Enough! Egypt's Quest for Democracy"; Manar Shorbagy, "Understanding Kefaya: The New politics in Egypt", *Arab Studies Quarterly*, Vol. 29, No. 1, 2007, pp. 39–61.

民族主义者、新自由主义者等,这些力量因为历史积怨原本矛盾重重,很少合作与联合参与社会抗议;① 其二是在埃及开启了一种发动非暴力抗争的方式争取实现自身诉求的模式,当人们对国家政策和现实问题有所不满时,倾向于通过抗议活动来表达不满,而且这种行为具有明确的政治取向。突尼斯的情况与此相似。2008 年、2010 年突尼斯的劳工抗议同样具有重要的示范效应。为了实现自己的诉求(甚至包括签证的拒签、遭受不公正对待、因为各种原因导致失业等各种不满),突尼斯公民倾向于通过静坐、绝食、示威等方式表达不满,以致突尼斯在某些评论家眼中成了"绝食抗议之都"。② 这些因素对于突尼斯与埃及先后发生政治剧变具有一定的联系,尽管后者的成功并不能直接归因于之前的这些抗议活动。正如有学者指出的,就埃及的政治剧变而言,突尼斯剧变的意义在于:"突尼斯的事件激发埃及人相信'我们同样能做到',正如他们在解放广场所宣告的一样。然而,前者仅仅带来了认知的改变,而没有构成一种客观的机遇。正是因为有了过去十年的动员,恐惧,这一维持专制政权的关键因素,早在 2011 年 1 月之前就已经瓦解了。"③ 因此,过去十来年的非暴力抗争经历,对抗议者们带来了什么样的启发和教训,值得研究者予以注意。

具体而言,各国之前发生的抗议活动对中东变局的先导作用主要体现在三个方面。首先,各种社会与政治抗议活动锻炼了抗议者的抗议技巧和组织能力。2011 年前中东地区各国所发生的抗议活动,虽然总体而言规模均不大,但考虑到中东地区比较严密的政府控制体系和对非法集会活动比较严厉的压制措施,它们的出现本来就是一种突破。在这种环境下组织和发起政治抗议活动,证明中东地区抗议者具有一定的动员与组织能力,以及绕过政府控制进行动员的相关技巧。不难理解,为什么 2011 年之前

---

① 左派力量与伊斯兰力量之间的历史积怨可参考 Maha Abdelrahman, "With the Islamists? Sometimes. With the State? Never!' Cooperation Between the Left and Islamists in Egypt," *British Journal of Middle Eastern Studies*, Vol. 36, No. 1, 2009, pp. 37 - 54.

② Mehdi Mabrouk, "A Revolution for Dignity and Freedom: Preliminary Observations on the Social and Cultural Background to the Tunisian Revolution," p. 627.

③ Joel Beinin and F "Popular Uprising in Tunisia and Egypt," in Joel Beinin and Frederic Vairel, eds., *Social Movements, Mobilization, and Contestation in the Middle East and North Africa*, Stanford: Stanford University Press, 2011, p. 250.

发生的这些抗议活动主要是由网络技术娴熟的青年人发起；因为实际动员空间的有限和中东各国对发展网络技术相对开放的政策，为年轻人组织敏感的政治抗议活动提供了有限但难得的活动空间。尽管这些抗议活动大都以失败告终，但通过在抗议过程中与国家安全力量进行面对面的对抗与互动，为中东变局中抗议者如何与警察和安全力量打交道积累了一定的经验。此外，除了埃及的"受够了"运动组建起跨党派联盟外，其他政治与社会抗议活动参与者的代表性与诉求往往不具有普遍性，但抗议者为组织抗议进行的协调活动，客观上为他们在中东变局中反思如何提高抗议活动的动员能力提供了一定的启示。或许同等重要的是，抗议活动的屡屡失败，迫使社会运动抗议者重新检视自身的抗议战略和抗争技巧，反思运动之所以会失败的原因。这一点从中东变局中抗议者对抗议技巧的改进和在一些重大战略问题上所进行的创新中可管窥端倪。

其次，各种抗议活动的涌现暴露了各国民众对政府的不满程度和致力于推进国家改革而非维持现状的"个人偏好"（private preference）。如前所述，中东研究者们往往只关注中东各国政局稳定的现象，认为各国民众都具有维护现状与拥护政府的政治倾向，而对各国内部有可能带来政治剧变的内部变化很少予以关注。因此，当中东变局中有大量的民众要求总统下台时，研究者往往困惑不解。这种现象，是一种被社会运动与革命研究者称之为"偏好隐瞒"的机制所导致的。"偏好隐瞒"是指在社会运动和革命发生之前，人们对其政府的真实态度和是否会参与反政府的态度属于"个人偏好"，它们往往不会公开表达出来；而通过行为或声明表达出来、外人无法判断真伪的"公众偏好（public preference）"，则可能是不真实的。[1] 个人偏好与公众偏好不一致的现象，往往导致观察者和研究者把握不到社会运动潜在参与者的真实态度，而基于此做出的判断则是一种假象，这也是中东变局前中东地区维持了高度稳定假象的内在原因，同样也是研究者们未能预测到苏联、东欧剧变、1979 年伊朗伊斯兰革命与2003—2005 年发生在前苏联地区的"颜色革命"的原因。中东变局前中东地区爆发的各种社会与政治抗议活动，虽然没有揭示出大多数普通民众的个人偏好，但它们毕竟显示出部分民众有反政府的意愿并敢于通过行动

---

[1] Timur Kuran, "Now Out of Never: The Element of Surprise in the East European Revolution of 1989," *World Politics*, Vol. 44, No. 1, 1991, p. 17.

表达出这种意愿,这对于其他具有相似个人偏好的人无疑是一种鼓励。当机会来临和政府镇压的意愿下降时,这些怀有反政府个人偏好的民众,很有可能被动员和主动参与反对政府的抗议活动,正如中东变局所显示的一样。

最后,此前的抗议活动为大规模的政治动员开辟了一定的政治空间。这里所谓的政治空间,既包括虚拟社交网络、独立媒体在内的虚拟空间,同时也包括街头、广场、公园、咖啡馆、清真寺等现实空间。虚拟空间的意义在于:潜在的社会运动参与者,特别是其中的积极分子,通过利用虚拟空间绕过政府的审查或在政府允许的范围内,比较有效地交流对政治问题的看法,甚至在必要的时候进行政治动员。在埃及、突尼斯、约旦、叙利亚等中东国家,他们通过虚拟空间了解政治局势、了解反政府偏好的存在状况,并通过互动形成虚拟共同体,在联合起来发动抗议活动中发挥了比较重要的作用。[①] 如上文提到2000年后埃及爆发的历次抗议活动,都或多或少地借用了虚拟社交网络的作用。至于现实的政治空间,可分为相对公开和相对私密的空间两种。前者如街头、广场、公园、闹市区等,后者如清真寺、咖啡馆、工会、联合会、小圈子的聚会等。相对公开的公共空间是人们日常活动的主要场所,也是抗议者组织抗议活动时偏爱的地点。这一方面是因为这些空间经常有大量的人群活动,有助于抗议活动吸收参与者;另一方面,这些空间具有重要的象征性政治意义,一旦有抗议活动产生,很容易引起媒体特别是国际媒体的注意和报道。如埃及"受够了"运动期间,就有许多抗议者在开罗、亚历山大港等城市的中心公共场合进行抗议,吸引了不少国际媒体的关注,在一定程度上扩大了该运动的影响。至于清真寺、咖啡馆等相对私密的公共空间,则是中东地区居民进行政治动员的隐蔽场所,在这些空间中潜在抗议者很容易形成可进行政治动员的社会网络。在社会运动研究者看来,社会网络是社会运动的主要消息来源和沟通渠道,而且也是社会运动进行动员的基础资源,它们能

[①] 这方面的成果很多,比较有代表性的成果可参考 Dale Eickman and Jon Andersen, *New Media in the Muslin World: The Emerging Public Sphere*, Bloomington: Indiana University Press, 2003; Jeffrey Ghannam, *Social Media in the Arab World: Leading up to the Uprising of 2011*, Washington DC: Venter for International Media Assistance, 2011; Naomi Sakr (ed.), *Arab Media and Political Renewal: Community, Legitimacy and Public Life*, London: IB Tauris, 2007, etc.

为社会运动提供经济、人员、合法性、信息等方面的资源。① 其中,又以社会网络的招募功能最为重要。这是因为,当熟人网络中的某一个行为体被招募到社会运动中时,网络中的其他行为体会受到同样去参加社会运动的极大压力。② 总而言之,通过开辟出一定的公共抗议空间,2011 年前阿拉伯地区的各种抗议活动为中东变局的出现提供了一些必要的条件。

除了各种可见的抗议活动,中东地区普通老百姓的"社会非运动"(social nonmovements)也具有巨大的转型潜力。所谓"社会非运动",意味着它与社会运动一样,一旦运转起来就能给现有的社会秩序、现有的政治安排带来一定的冲击,但这种后果的产生并非人们刻意为之的结果。根据提出这一概念的著名中东问题研究专家阿赛夫·巴亚特(Asef Bayat)的观点,"非运动"是指"非集体行动者的集体行动,他们体现在大量普通老百姓的生活实践当中,这些破碎化但相似的活动能带来社会的众多变化,即使这些活动很少由意识形态或得到公认的领导者或组织所引导"。③ 与传统的社会运动相比,社会非运动具有四个方面的特征:首先,它们是行动导向而非意识形态导向的,而且往往以静悄悄的方式发生,所以其活动与影响往往遭到研究者的忽视;其次,与传统社会运动主要采取各种抗议活动,通过向当局施加压力以实现某种诉求不同,社会非运动是一种实践政治而非抗议政治;再次,社会运动对社会运动者往往意味着日常生活的断裂——参与某些具体的抗议活动,但社会非运动本身就构成人们日常生活的一部分;最后,社会运动往往是一小部分为了某一特定的目标在某一特定的时间段采取集体行动,而社会非运动则是大规模的原子化和破碎化的个人为了生计而每天从事的活动,其突出特征就是人数众多。④ 社会非运动的行为主体,并非专业的政治人士,而是为生活奔波的城市边缘人

---

① Roger V. Gould, "Collective Action and Network Structure," *American Sociological Review*, Vol. 58, No. 2, 1993, pp. 182 – 196; Roberto M. Fernandez and Doug McAdam, "Social Networks and Social Movements: Multiorganizational Fields and Recruitment to Mississippi Freedom Summer," *Sociological Forum*, Vol. 3, No. 3, 1988, pp. 357 – 382; etc.

② 戴波拉·弗里德曼、道格·麦克亚当:《集体认同感和行动主义:网络、选择和社会运动的生命历程》,载艾尔东·莫里斯、卡洛斯·麦克拉吉·缪勒主编《社会运动理论的前沿领域》,刘能译,北京大学出版社 2002 年版,第 184 页。

③ Asef Bayt, *Life as Politics: How Ordinary People Change the Middle East*, Amsterdam: Amsterdam University Press, 2010, p. 14.

④ Asef Bayt, *Life as Politics: How Ordinary People Change the Middle East*, pp. 19 – 20.

群，主要包括妇女、年轻人、少数族群、贫民、国际移民，以及生活在国际大都市城乡接合部的农民。为生计所迫，这些数量众多的行为体往往不约而同地从事那些处于合法与非法地带的工作（如挤占公共场所用来摆摊设点、在城乡接合部搭建违章建筑、使用公共设施但拒绝付费等），或挑战传统社会规范对角色身份和生活方式的规定（如阿拉伯妇女拒绝佩戴面纱、婚前与男朋友交往、从事传统认为不适合女性从事的工作等，青年人则拒绝定期参加礼拜、收听西方流行音乐和观看西方大片、玩极具危险性的游戏以寻求刺激等）。这些社会非运动在中东地区非常广泛，尤其在开罗、贝鲁特、德黑兰、安曼等城市相对普遍。城市边缘人群从事的社会非运动，往往以不可见的方式在运转，而且其效果并不一定会带来可见的政治效果，因此较少受到研究者们的注意。

　　社会非运动往往不会对当局的权威构成挑战，但它一旦转化为社会运动则影响巨大。社会非运动因为是普通民众的生活实践，为了生计和张扬自己的身份，他们平时各自为战，很少能够对政府的治理结构提出挑战。对于政府而言，原子化的个体活动而非意识形态指导下的集体性政治动员，并不必然对政府权威构成真正的威胁；只有到了它们有可能引发社会动荡（妇女和青年人对既有社会规范的挑战）和造成国家财政资源严重流失（街头小贩不纳税、城乡接合部的人们拒绝为用水用电缴费等）的时候，政府才会对此加以规范和管理。然而，毕竟社会非运动往往处于合法与非法的灰色地带，其活动不一定全然置于政府的监管和控制之下，这为人们在不经意间开辟新的政治空间提供了机会。如当许多妇女选择接受教育、拒绝在公共场合佩戴面纱、成立专为妇女服务的文化交流机构，而且当这种选择成为时尚时，社会非运动就有可能在不经意间缓慢地改变阿拉伯地区的妇女规范；而当许多街头小贩集中选择某一个区域作为营业的地点，并且吸引越来越多的小贩加入以致构成一个集市时，很有可能改变现有的街道规划和城市结构；而当年轻人在网络上共享某些政治观点并组建了相应的网络社区加以集中讨论，那么该社区就很有可能吸引许多原本政治冷漠的年轻人加入，并影响到他们参与社会抗议活动的意愿。也就是说，社会非运动带来的政治与社会后果虽然短期内几乎无法察觉，但其长期后果却很难估量，它们很有可能在缓慢的过程中挑战社会既有的规范、制度与权力关系。尤其在国家发生危机、战争、外来干预的情况下，社会非运动就有可能被动员为社会运动，最终对政府的权力直接提出挑战。中东变局中有大量穷人、妇女,尤其是青年人的参与,说明社会非运动在激发这些人群的政治参与方面具有一定的作用。这主要因为,包括穆斯林兄弟会在内的中东各政治政党,主要面向的是中产阶级而很少关注穷人,这种倾向很大程度上影响到这些阶层对各政治政党的认同。① 因此,在中东始料未及且往往缺乏领导者的剧变中,这些阶层的动员主要以自发的方式发生,动员起来的目标无外乎通过推进制度变迁以追求经济利益和身份表达,而这与社会非运动的目标非常契合(详见第四章)。由此可见,没有先前社会非运动的广泛存在,很难想象中东变局中穷人阶层的普遍参与。

总而言之,中东变局实际上是有迹可循的。无论是此前发生的各种可见的社会抗议活动,还是中东各国普通民众所从事的社会非运动,都显示出了中东可能会发生政治变化的迹象。然而,囿于中东研究的"现状偏见"、"精英偏见"和"结构偏见",人们无法看到各种政治与社会抗议活动可能带来的转型潜力。接下来考察中东各社会阶层在中东变局中是如何体现他们的能动性的。

三 中东变局的发展动力:抗议者们的集体能动性

中东变局虽然有迹可循,可依然需要解释为什么到了中东变局时,中东各国均有数以万计的群众走上街头进行抗议。此前的历次抗议活动虽然锤炼了抗议者的抗议技巧、向社会各阶层展示各国反政府偏好的存在状况、为反政府活动开辟了一定的空间,然而这些抗议活动动员起来的抗议者人员一般未能超过一万人,在国家应对措施面前,它们大多以失败告终。而社会非运动的参与人数虽然成千上万,然而其实践者只是原子化和破碎化的个人,人数众多但未经组织,仅仅是作为一种"消极网络"

---

① 这一现象受到许多研究者的关注,请参考 Jannier A. Clark, *Islam, Charity, and Activism: Middle - Class Welfare in Egypt, Jordan, and Yemen*, Bloomington: Indiana University Press, 2004; Carrie R. Wickham, *Mobilizing Islam: Religion, Activism, and Political Change in Egypt*, New York: Columbia University Press, 2002 pp. 16 – 17; Asef Bayat, *Social Movements, Activism and Social Development in the Middle East*, Civil Society and Social Movements Programme Paper Number 3, New York: United Nations Research Institute for Social Development, 2000, p. 16; Oden Haklai, "Authoritarianism and Islamic Movements in the Middle East: Research and Theory – Building in the Twenty – first Century," *International Studies Review*, Vol. 11, No. 1, 2009, p. 38, etc.

(passive network)——即通过即时性的沟通，在公共空间直接或通过大众媒体间接地意识到彼此之间的相似性——而存在，很少展示出大规模的动员能力。① 因此，尽管2010年底之前中东地区有这些抗议活动和社会非运动的存在，但人们依然意识不到中东变局的来临。在埃及，甚至在突尼斯动乱发生以后，学术界和主流媒体仍然认为埃及不会发生突尼斯一样的社会抗议浪潮。原因很简单："埃及不是突尼斯；革命可以发生在突尼斯，但绝不会出现在埃及"，②"在不止一个场合，我曾听说过'埃及不是一个热衷抗议的国家'"，③"我从未想过（在埃及）会发生一场遍及全国、维持较长时间但没有暴力的抗议活动，无论暴力是来自于抗议者还是顽固的安全机构"。④ 可以理解，埃及政治剧变的出现与成功，极大地挑战了人们的常识和预测能力。不过，有了突尼斯与埃及政治剧变所产生的示范效应，利比亚、约旦、叙利亚、也门、巴林等国爆发的抗议活动，就变得容易理解了。然而，如何解释突尼斯与埃及等国原本对政治冷漠的公民突然转变为积极的政治参与者，仍然是学者们的一个重要任务。⑤

之所以能从政治上冷淡转化到积极参与抗议活动之间的成功转化，在于人们所发挥出来的集体能动性。集体能动性是指人们意识到现状不再是令人满意的，而且改变这种现状是可行的，更重要的是他们相信通过自己的行动能够改变这种现状。⑥ 对于社会运动或革命而言，集体能动性最显著的结果，就是动员起数量众多的民众参与，从而有助于实现抗议规模的急剧扩大。在中东变局中，集体能动性在参与抗议活动的各社会阶层中均有所体现。除了参与过抗议活动的工人、学生等群体，以往很少参与政治活动的穷人、律师、医生、教师等基层也参与到中东变局中来，从而在某些国家（如突尼斯、埃及、利比亚、巴林、也门等国）实现了"跨阶层

---

① Asef Bayt, *Life as Politics: How Ordinary People Change the Middle East*, p. 22.

② Marion Dixon, "An Arab Spring," *Review of African Political Economy*, Vol. 38, No. 128, 2011, p. 311.

③ Arang Keshavarzian, "Beyond 1979 and 2011: When Comparisons District," p. 159.

④ H. A. Hellyer, "The Chance for Change in the Arab World: Egypt's Uprising," p. 1315.

⑤ 解释中东剧变突发性的初步成果，可参考 Jeff Goodwin, "Why We Were Surprised (A-gain) by the Arab Spring," *Swiss Political Science Review*, Vol. 17, No. 4, 2011, pp. 452–456.

⑥ William A. Gamson, "Arab Spring, Israeli Summer, and the Process of Cognitive Liberation," p. 464.

动员"。① 在各社会阶层中，最为典型地体现了集体能动性拓展和延伸的是年轻人。以往包括埃及在内的中东国家出现社会抗议活动，尽管也有一定数量的年轻人参与，但作为一个阶层，中东地区的年轻人对政治事务仍是相对冷漠的。如联合国人口活动基金会2010年曾经发表过一份报告，对埃及年轻人的政治倾向和动员能力作出如下判断："以年轻人对有组织活动和志愿活动的参与来衡量，埃及年轻人的公民参与程度是非常弱的。他们的社会网络仅限于一些亲密的朋友和家庭，而且随着年龄的增长，这些社会网络的重要性也会降低……年轻人并不愿投入时间利用既有的媒介来了解社会与政治问题，他们的政治参与也极少，年轻人的投票率往往不到1/5，他们与朋友也很少讨论政治问题，甚至不知道议会中有年轻人的代表"。② 而在中东变局中，发起抗议活动并在其中发挥主要作用的，正是这些原来对政治比较冷淡的年轻人。年轻人对政治问题态度的急剧变化，主要原因在于它们形成了集体能动性。下文主要以年轻人为例，兼论其他社会阶层，来对抗议者在中东变局中的表现及其意义进行分析。

抗议者在中东变局中的集体能动性主要体现在五个方面。这五个主要方面分别是恰当地利用突发性事件、对抗议时间与抗议地点的选择、完善抗争策略与技巧、通过各种途径动员广泛社会资源的参与，以及在抗议活动期间通过组建自主性社区以维持社会秩序。下文将分别对抗议者在这五个方面所体现出来的集体能动性进行分析。

首先，利用突发性事件启动抗议活动。大规模的政治变动，往往与某种突发性事件联系在一起，因为突发性事件意味着人们的日常生活遭遇了断裂，它迫使人们审视和反思现有社会政治安排的合理性。也就是说，在适当的政治机遇下，突发性事件为激发人们形成集体能动性提供了机会。如前苏联地区的"颜色革命"，往往爆发在总统与议会选举结果公布之后，对选举结果的质疑成为民众质疑政府合法性的借口和开展抗议活动的理由；中东变局的催化剂则有所不同，它们往往围绕某件悲剧性的政治或社会事件而展开。以突尼斯为例，2010年12月17日，突尼斯南部省会

---

① Jack A. Goldstone, "Cross - Class Coalitions and the Making of the Arab Revolt of 2011," *Swiss Political Swiss Review*, Vol. 17, No. 4, 2011, pp. 457 - 462.

② United Nations Population Fund Egypt, *Survey of Young People in Egypt: Final Report*, Cairo: The Population Council, Inc., 2010, p. 145.

城市西迪·布济德（Sidi Bouzid）的一名街头小贩、失业大学生布瓦吉吉（Mohamed Bouazizi）出于绝望和义愤自焚而死，成为引发突尼斯"茉莉花革命"的导火线。一开始，出于对布瓦吉吉的同情和自身的类似遭遇，许多年轻人同样选择自焚，以此表达对政治不公和经济衰退的抗议。但随着有人（主要是家属、亲属结构与部落）开始自发组织抗议活动，并随着突尼斯全国总工会（1月4日）和律师团体对抗议活动表示支持，突尼斯的抗议活动积蓄了极大的力量，并迅速扩大到突尼斯各主要城市。[①] 在突尼斯"革命"的过程中，布瓦吉吉的死是一件突发性但极富象征意义的事件，抗议者通过使用富有情绪感染力的语言来描述布瓦吉吉的经历，所引发的情感共鸣是突尼斯抗议规模实现蔓延的重要机制。埃及剧变的产生在一定程度上受到突尼斯剧变的影响，但它同样具有自己的催化剂，那就是2010年6月一名叫哈利德·赛义德（Khaled Said）的青年遭到两名埃及警察殴打致死的事件。通过将该事件与埃及的政治不公、警察滥用暴力等现象联系起来，埃及年轻人得以成功地说明抗议活动是合法的。不过，突发性事件对政治剧变的重要意义，主要其体现在较早受到中东变局波及的国家中，较后受到波及的国家则较少受突发性事件的刺激。这些国家抗议活动的产生，更多地受到邻近国家"滚雪球效应"或"传染"效应的影响。[②]

其次，抗议时间和抗议地点的选择。抗议时间与抗议地点的重要性，在于它们是否具有显著的象征意义、能否产生强大的动员能力。特别是抗议地点的选择，往往对抗议活动的成败具有显著影响。在中东变局中，各国抗议者对时间的选择往往没有特别的考虑，要么抗议活动是在某一天自发出现（如突尼斯的2011年1月28日），要么是相对随机地进行选择（如约旦的2011年3月24日）。比较特殊的是埃及抗议者。为了更大限度

[①] 突尼斯政治剧变的发展过程，可参考 Habib Ayeb, "Social and Political Geography of the Tunisian Revolution: The Alfa Glfa Grass Revolution," *Review of African Political Economy*, Vol. 38, No. 129, 2011, pp. 467–479.

[②] 相关概念见 Samuel Huntington, *The Third Wave: Demcratization in the 20th Century*, Norman: University of Oklahoma, 1991；使用这种效应解释"颜色革命"的成果，见 Valerie Bunce, Michael Coppedege, "International Diffusion and Post-Communist Electoral Revolutions," *Communist and Post-Communist Studies*, Vol. 39, No. 3, 2006, pp. 283–304; Mark R. Beissinger "Structure and Example in Modular Political Phenomena: The Diffusion of Bulldozer/Rose/Orange/Tulip Revolution," *Perspective on Politics*, Vol. 5, No. 2, 2007, pp. 259–276, etc.

地动员潜在的社会运动参与者，尝试进行动员的年轻人选了1月25日这一天举行抗议。当天是埃及的法定节日——警察日，当初设立该节日是为了表彰埃及警察在反对殖民统治过程中所发挥的突出作用。选择这样一个具有象征性的日子开始抗议，其政治寓意非常明显：埃及警察已经失去了昔日的荣光，已堕落为压制人们自由、维护穆巴拉克政权的既得利益集团，它对赛义德等老百姓的迫害，导致它已是需要进行变革的对象。尽管抗议时间经过精心选择，然而它到底为埃及剧变作了多大贡献，仍然不得而知；但抗议地点的选择却产生了比较明显的效应。毫无例外，受到中东变局波及国家所发生的抗议活动，"主战场"均是首都和其他大城市，尽管抗议的爆发地点并不一定出现在这些地方。如突尼斯的突尼斯城、埃及的开罗和亚历山大港、[①] 利比亚的的黎波里、班加西，约旦的安曼等，[②] 是抗议活动与安全力量或军队对峙的主要场所。尤其是这些大城市中的广场、权力中心前的街道，是抗议者集结的中心地带。大城市对于抗议活动的意义有：抗议者很容易在这些地方进行集结和疏散，它们因为是国家的政治和权力中心而具有显著的象征意义，便利的公共交通设施方便人们加入，周边的附属设施和四通八达的街道有助于抗议者藏匿和躲避安全机构的搜索。[③] 中东变局中，抗议者对抗议时间，尤其是抗议地点的选择，极大地影响到了抗议活动的进程，同时也改造了这些空间的政治与象征意义，并影响到这些空间以后功能的演变。

再次，改进抗争手段与技巧。中东变局中，抗议者一般采取了非暴力抗争的战略，这种战略的选择，一方面反映了抗议者对以往抗议活动之所以失败的反思，另一方面也有来自于对中东以外地区抗议战略的学习与模仿。就前一方面而言，2008年埃及马哈拉（El-Mahalla el-Kubra）工业城国有纺织厂工人罢工提供了一定的教训。在这场后来演变为"4·6"大罢工的抗议活动中，警察通过占领工厂来试图对罢工加以阻止，然而却

[①] 开罗在埃及抗议活动中的重要性，可参考 Wael Salah Fahmi, "Bloggers' Street Movement and the Right to the City. (Re) claiming Cairo's Real and Virtual 'Spaces of Freedom'," *Environment and Urbanization*, Vol. 21, No. 1, 2009, pp. 89 – 107.

[②] 如在约旦，"如果以族群、阶层与性别来加以衡量，最具包容性的抗议，似乎就在安曼，其中包括以失败告终的3月24日示威活动"。见 Curis R. Ryan, "Identity Politics, Reform, and Protest in Jordan," *Studies in Ethnicity and Nationalism*, Vol. 11, No. 3, 2011, p. 571.

[③] Asef Bayt, *Life as Politics: How Ordinary People Change the Middle East*, pp. 167 – 169.

导致示威转化为暴力：抗议者们放火烧了不少建筑物，警察们则对此开枪镇压，至少两个人死于冲突；其他地区的声援性抗议活动同样遭到警察的阻挠，最终导致该运动失败。"4·6"大罢工失败的教训，启示抗议者在抗议过程中保持自律和维持非暴力抗争方式的重要性。除了从本国以往的抗议活动中汲取教训，中东变局中的抗议者还积极向国外相关团体获取经验。以埃及为例，埃及剧变中的一些埃及年轻人曾在塞尔维尔"应用非暴力行动和战略中心"（Center for Applied NonViolent Action and Strategies，简称 CANVAS）进行学习，获取如何通过采取非暴力抗争方式推翻本国统治者的策略与技巧。这些在塞尔维亚学习过的人，回国后又把非暴力抗争的战略与技巧传授其他人员。据称，"4·6"青年运动和"受够了"运动组织在埃及剧变中采取的战术，直接来自于"应用非暴力行动和战略中心"培训课程的所授内容。[1] 另外，在埃及剧变的开罗抗议者之中，流传一本 26 页的小册子——《如何聪明地进行抗议》（How to Protest Intelligently）。该宣传手册为抗议活动设定的目标包括：占领政府建筑物、争取警察和军队的支持、保护其他抗议者。它还教导人们如何保护自己和分化瓦解警察和军队的实用技巧：前者包括提醒人们什么样的着装和穿戴方式可以有效保护自己免遭催泪瓦斯和警棍的伤害；提醒人们带上玫瑰花，呼喊积极的口号，并和自己的邻人站在一起。后者包括：提醒警察他们的家人可能也在抗议者中；建议人们携带诸如"警察和人民共同反对政府"之类的标语。[2] 除了这些策略，抗议者还通过选择比较隐蔽的地点，用数码相机、手机等工具记录下抗议者的和平抗议活动，以及警察、暴徒、安全力量对抗议者施暴的场景，并将它们上传到网络上，为抗议活动赢得广泛的国内与国际支持。总之，埃及抗议活动的这些创新性抗争方式，又比

---

[1] "应用非暴力行动和战略中心"的前身，是 1998 年在塞尔维亚成立的一个叫"Otpor!"（意为"反抗"）的组织。通过举行非暴力抗争推翻米洛舍维奇的统治后，该组织热衷于将它们的非暴力抗争战略向世界推广，先后与 50 个国家——如白俄罗斯、伊朗、缅甸、津巴布韦等——的反政府力量进行接触并对他们传授非暴力抗争技巧。关于塞尔维亚"应用非暴力行动和战略中心"及对埃及"一·二五革命"影响，可参考 Tina Rosenberg, "Revolution U," in Marc Lynch, Susan B. Glasser, and Blake Hounshell, eds., *Revolution in the Arab World: Tunisia, Egypt, and the Unmaking of an Era*, Washington, D. C.: Slate Group, 2011, pp. 127 – 142.

[2] Tina Rosenberg, "Revolution U," in Marc Lynch, Susan B. Glasser, and Blake Hounshell, eds., *Revolution in the Arab World: Tunisia, Egypt, and the Unmaking of an Era*, Washington, D. C.: Slate Group, 2011, pp. 141 – 142.

较广泛地被其他中东抗议者所采纳。它们一方面削弱了政府处理抗议活动的合法性,另一方面也扩大了抗议活动的影响,为其赢得了更多的支持者。

然后,通过各种手段动员广泛的社会阶层参与"革命"。中东变局中得到凸显和屡屡被强调的动员工具,是推特(Twitter)、脸书(Facebook)等虚拟社交网络工具。毫无疑问,这些虚拟社交网络的确在中东变局中发挥了比较重要的作用,但如果将虚拟社交网络视为"革命"成败的决定因素,那就高估了其意义。① 这种观点的可能陷阱,就是重复现有中东研究的"结构偏见",从而看不到人们的能动性。事实上,以主要发起中东变局的年轻人为例,除了通过虚拟社交网络动员和组织社会抗议活动之外,他们还在现实抗议中承担了大量的组织协调工作。如在埃及剧变中,年轻人积极在自发抗议者和各反对派政治力量之间进行斡旋,组建了"革命青年联盟",并首先号召于2月1日举行百万人抗议活动。② 又如在约旦,针对2011年3月24日后抗议人群的减少,年轻人积极与约旦的各种组织、政党、工会与专业协会等进行联系,以维持抗议活动的动力。③ 这些需要在抗议过程中进行的联系与协调工作,比在网络呼喊政治口号进行动员要困难得多、要求更高,但年轻人进行这些任务的尝试和努力,说明他们具有了一定的政治意识和政治技巧。除了网络动员和通过政治协调组建跨党派联盟,中东地区既有的各种社会网络(如家庭、邻里、同事、朋友、行业等)被动员起来,成为中东变局抗议规模超越以往的决定性原因。通过社会网络进行动员,使得在此基础上的社会运动呈现两个方面的重要特征:首先是吸收的成员往往具有相近的社会、经济地位,分享近

---

① 高估虚拟社交网络在中东剧变中的作用,具有以下几个方面的缺陷:首先,低估了中东许多阶层和民众没有电脑和因特网接入的事实;其次,未能看到历次中东抗议活动、利比亚与叙利亚等国的抗议者同样借用了虚拟社交网络的作用,然而却未能实现政权变迁的原因;再次,并未意识到电视、手机、邮件等传统媒介因素在中东剧变发挥了同等重要的作用。关于该问题的讨论文献很多,这里不一一列举。

② Yusery Ahmed Ezbawy, "The Role of the Youth's New Protest Movements in the January 25th Revolutions," *IDS Bulletin*, Vol. 43, No. 1, 2012, pp. 29–33.

③ Curis R. Ryan, "Identity Politics, Reform, and Protest in Jordan," p. 575.

似的政治观点,成员成分因此具有较高的同质性;① 其次,当行为体彼此相熟,他们可以分享许多非公开性信息,维持社会运动的团结、承诺和形成集体身份,从而有效地降低参与社会运动的成本与风险。换句话说,就是"血缘比态度更重要"。② 中东变局中,如果没有社会网络的参与,很难想象在埃及、突尼斯、巴林、也门等国会形成跨阶层动员。至于原本作为消极网络而存在的社会非运动在中东变局的作用,前文对此已有叙述。值得指出的是,社会网络包含了社会非运动,社会网络能动员起不同的社会阶层,而社会非运动的主要参与者为妇女、青年、城市贫民等社会阶层,后者的动员作用弱于前者,且包括在前者的动员对象之中。总而言之,在中东压制性的政治环境中,能够通过各种途径动员不同的资源发起抗议活动,无论成败,本身就是一种突破,这也说明抗议者体现出较强的集体能动性。

最后,组建自主社群以维持秩序和保护国民。在中东变局急剧变动、不确定性增加的环境中,各国政治秩序的稳定面临严峻考验:国家的权力中心遭到挑战,警察与安全力量要么处于与抗议者进行对抗的状态、要么处于不被民众信任的状态。换句话说,在抗议活动期间,国家处于无政府状态的边缘。整个国家,往往只有军队才是维持秩序的力量。在这种背景下,抗议者和居民能否通过自治维持秩序,就构成考验抗议者是否具有集体能动性的一个关键指标。在埃及,这种情况更加严重。当局为了说明抗议活动是国家祸乱之源,不仅有意将警察和安全机构从各城市社区撤离,导致许多地方出现了抢劫现象和数百名囚犯越狱的现象;而且有证据表明,政府和执政党(民族民主党)雇用了一些暴徒对抗议者进行攻击。为了应对权威缺失的状况,抗议者们表现出了高度的自我克制和作为国家公民的责任。在埃及的抗议中心——解放广场,抗议者们通过自发的行动有效地维持着广场的秩序;"尽管解放广场人山人海,但那里构成一个自治区","这个迷你国家没有军队,只有社会正义,所有人共享一种彼此

---

① David Snow, Louis Zurcher, and Sheldon Ekland - Olson, "Social Networks and Social Movements: A Microstructural Approach to Differential Recruitment," *American Sociological Review*, Vol. 45, No. 5, 1980, p. 791;贝尔特·克兰德尔曼斯:《抗议的社会建构和多组织场域》,见莫里斯、缪勒主编《社会运动理论的前沿领域》,第117—118页。

② Rodney Stark and William Sims Bainbridge, "Networks of Faith: Interpersonal Bonds and Recruitment to Cults and Sects," *American Journal of Sociology*, Vol. 85, No. 6, 1980, p. 1383.

尊重的关系，宗教、阶层与性别等因素无关紧要"，①"示威者们将广场打扫干净，保护商店并抓住抢劫者让他们交回赃物。当穆斯林祈祷时，科普特基督徒就在解放广场围成圈保护他们，而当基督徒们做弥撒时，穆斯林则围成圈来保护他们"。②至于在解放广场外的埃及其他地区，为了维护社区的安全，在没有组织支持和引导的情况下，居民们自发地建立起"平民委员会"（lagaan shaabiyya），进行街头巡逻，以保护居民人身与财产安全。1月27日，埃及整个大开罗地区还没有一个自下而上的草根自治社区，但到1月29日，几乎开罗每个社区都有平民委员会。③ 埃及抗议者和普通老百姓在危机面前表现出来的自制、自治、理性与利他，是集体能动性的典型体现。

这些强大集体能动性的现象，说明了中东地区的民众的确表现了与以往不同的政治参与热情和能力，这也是中东变局影响深远的一个重要原因。④ 随之而来的问题是：为什么中东地区的民众在中东变局中形成了以往抗议活动中所不具备的集体能动性？

四 中东变局的发展机制：
政治想象及其意义

中东地区的抗议者在中东变局中所体现出来的集体能动性，意味着在抗议者中构成了一种新的政治主体性。大规模的抗议活动，首先在各国抗议者之间形成了一种集体身份，即抗议者为了推翻各国的统治者或要求当

---

① H. A. Hellyer, "The Chance for Change in the Arab World: Egypt's Uprisin," *International Affairs*, Vol. 87, No. 6, 2011.

② Tina Rosenberg, "Revolution U," in Lynch, Glasser and Hounshell, eds., *Revolution in the Arab World*, p. 141.

③ 可参考 Jennifer Ann Bremer, "Leadership and Collective Action in Egypt's Popular Committees: Emergence of Authentic Civic Activism," *International Journal of Not - for - Profit Law*, Vol. 13, No. 4, 2011, pp. 70 - 72; Fred Brooks and Tatiana Jaunzems, "Community Organizing in Egypt During and After the Revolution," *Social Policy*, Vol. 41, No. 4, 2011, pp. 58 - 61.

④ 值得指出的是，尽管受到中东剧变波及国家的抗议者都体现了一定程度的政治能动性，但这一因素并非抗议能否取得预期效果的决定性原因，这一问题还受到政府应对措施、军队的态度等因素的影响，详见第十四章。

局进行改革而共享"政府的对抗者或反抗者"的身份。① 然而,中东变局的发生与发展展现了比此更多的东西。在对中东变局尤其是埃及剧变进行观察的过程中,著名哲学家斯拉沃热·齐泽克(Slavoj Zizek)指出:"埃及发生的事情并不简单,它不仅仅意味着'我们需要自由民主'。埃及民众正在为某些不同的、新的东西在奋斗。"② 那么,在中东变局中,中东地区民众到底发生了什么样的改变呢?可以认为,这种变化,最典型地体现在埃及民众寻求政治变革的意愿及能力上,这实际上意味着他们形成了一种新的政治主体性。这种新的政治主体性,正是导致中东地区民众的身份——从原来对政治冷漠的阿拉伯民众转变为在中东变局中敢于对抗政府的抗议者——的内在原因,也是抗议者们之所以表现出来不同以往抗议活动新集体能动性的真正根源。正因为如此,"以前通过沉默和不作为的方式疏远专制政权、同时还拒绝在日常环境中承担基本义务"的中东国家公民,开始"愿意承担起集体责任",如在抗议活动中主动清扫抗议地点、组织平民委员会维持社会秩序等。③ 阿拉伯民众所具有的新政治主体性的意义,不仅仅展示了异乎往常的集体能动性,对本国的统治者提出了挑战;而且还将持续地影响到未来中东地区的政治发展,因为"阿拉伯动乱最为持久的方面在于人民的感觉。民众——通过政治与体验之间的新型关系——正在对自身进行再造,在摆脱经年的无动于衷和逆来顺受后,开始以政治主体的身份出现"。④

为什么中东地区的民众直到在中东变局中才形成新的政治主体性呢?这是因为只有在中东变局中,中东地区的民众才最为充分地发挥了自己的政治想象,相对成功地挑战了传统的国家权力。政治想象是政治生活中的

---

① 这种集体身份的形成可参考 Jack A. Goldstone, "Cross - Class Coalitions and the Making of the Arab Revolt of 2011," pp. 457 - 462; William A. Gamson, "Arab Spring, Israeli Summer, and the Process of Cognitive Liberation," pp. 463 - 468.

② 转引自 Marcelo Lopes de Souzaq and Barbara Lipietz, "The 'Arab Spring' and the City: Hopes, Contradictions and Spatiality," *City*, Vol. 15, No. 6, 2011, p. 619.

③ Benoit Cehalland, "The Counter - Power of Civil Society and the Emergence of a New Political Imaginary in the Arab World," *Constellations*, Vol. 18, No. 3, 2011, p. 272.

④ Marcelo Lopes de Souzaq and Barbara Lipietz, "The 'Arab Spring' and the City: Hopes, Contradictions and Spatiality," p. 619.

一个重要概念，然而也是一个很少得到关注的概念。[1] 所谓政治想象，并非是行为体关于政治问题的胡思乱想，相反它是在现有物质背景下对替代性政治生活——包括政治身份、政治秩序、民众与国家之间的关系、替代性政治制度安排、替代性意识形态等内容——的思考。当政治想象成为一种大众信念，并将之付诸行动，那么就很有可能带来现有政治生活的改变。特别是当替代性的政治生活在别的地方存在或已变成现实的时候，政治想象就更有可能给相关主体进行政治变革的期待与付诸行动的意愿，因为"想象往往超越了现存秩序安排的边界和局限，进而考虑其可能的替代方案，更为重要的是，想象的能量产生了一种期待：想象中的事物是值得预期的，从而被看作是可以实现的"。[2] 政治想象几乎是所有形式能动性的核心，也是所有全球经济与政治秩序的关键组成部分。与此同时，它还是政治生活中联系个人与社会、理论与实践、物质与理念、现实的与未实现的等方面的中介环节。[3] 以政治想象在民族国家形成中的作用为例，本尼迪克特·安德森（Benedict Anderson）指出，通过报纸、小说等印刷媒介的传播，消费了相关信息的人群，会在某一国家或民族中产生一种"即使是最小的民族的成员，也不可能认识他们大多数的同胞，和他们相遇，或者甚至听说过他们，然而，他们相互联结的意象却活在每一位成员的心中"。[4] 这种想象的共同体，不限于民族成员之间，也存在中东变局的抗议者之间。基于共同反对当局或要求政府进行改革的目标，在抗议活动中抗议者即使彼此不相熟识，但通过想象的方式"超越"彼此之间的差异，从而在抗议者中形成了集体身份。[5] 当共享集体身份的行为体联合行动时，想象中的政治生活也就有了实现的可能；即便它因为各种原因没有实现，但行动起来了的行为体，也就具备了成为政治主体性的资格。

中东变局反映了时代变迁对政治想象的影响。相对于民族国家形成的

---

[1] Keally D. McBride, *Collective Dreams: Political Imagination & Community*, Pennsylvania: The Pennsylvania State University Press, 2005, p. 10.

[2] Robert Asen, *Visions of Poverty: Welfare Policy and Political Imagination*, Michigan: Michigan State University Press, 2002, pp. 9 – 10.

[3] McBride, *Collective Dreams: Political Imagination & Community*, pp. 9 – 22.

[4] 本尼迪克特·安德森：《想像的共同体：民族主义的起源与散布》，吴叡人译，上海：上海人民出版社 2005 年版，第 6 页。

[5] 这也就是阿瑟夫·巴亚特所说的"想象团结"，见 Asef Bayat, "Islamism and Social Movement Theory," *Third World Quarterly*, vol. 26, no. 6, 2005, pp. 891 – 908.

时代,当前世界的生产方式和人们的生活方式已发生了许多不同的变化,特别是国际交流的扩大、信息技术的发展、各种观念和思潮的传播,使得政治想象的表现形式、传播途径、发展机制、政治影响等与此前相比发生了很大的变化。如印度著名人类学家阿尔让·阿帕杜莱(Arjun Appadurai)指出,自20世纪90年代晚期以来,政治和社会想象体现了以下一些新特征:(1)关于国家与全球之间的关系:政治想象往往超出民族国家的视域,从而扩散到更加广泛的社会过程与社会空间中。在一个联系日益密切的世界,没有人们不可想象的身份、角色与社会过程。(2)关于理念与行动之间的关系:政治想象已经不仅仅作为一种臆想和逃避不可能性的文化表现形式而存在,随着物质条件的改善和人们创造性的集体行动,它们已经成为人们行动的平台。(3)关于个人与社会之间的关系:政治想象不仅仅是个人的活动,而且往往构成集体性的事业。随着信息技术的发展,电视、互联网、手机等的普及,政治观念和学术观点的流通变得便捷,分享相似观点的人们可以组织跨阶层、跨地域、跨国界的集体行动。[1] 然而,政治想象并不是天马行空式的空想与狂想,它一方面受制于现时代的物质基础,另一方面它又为超越现有的物质局限提供了可能性。问题在于政治想象是否合理,以及人们是否愿意为实现政治想象付出努力。诚如凯莉·马克布利所说:"当政治想象离现存世界太遥远,它将无法带来改变;而当政治想象太拘泥现存秩序的假定时,它又无法充当有效的替代方案。"[2] 因此,在进行政治想象时,是否顾及到了现有物质条件的制约和现有秩序是否到了不可持续的阶段,是政治想象能否实现的关键。中东变局之所以能形成有别于以往抗议活动的新政治主体性,就在于它具备一定的物质条件和现有秩序引发了人们的普遍不满。用社会运动研究的术语来表达,就是中东变局遇到了有利的"政治机会结构"。[3]

政治机会结构的存在为中东变局的出现提供了条件,但是政治想象才

---

[1] Arjun Appadurai, *Modernity at Large: Cultural Dimensions of Globalization*, Minneapolis: University of Minnesota Press, 1996.

[2] McBride, *Collective Dreams*, p. 22.

[3] 可参考 Doug MaAdam, "Political Opportunity: Conceptual Origins, Current Problems, Future Direction," in MacAdam etc. eds., *Comparative Perspectives on Social Movements*, Cambridge: Cambridge University Press, 1996; David S. Meyer, "Protest and Political Opportunities," *Annual Review of Sociology*, Vol. 30, No. 1, 2004, pp. 125 – 145.

是激发抗议者集体能动性的根源。当现实中的政治生活为政治想象的实现提供了机会时,原本对政治冷漠的公民才有可能行动起来,为替代性的政治生活而抗争或奋斗。就中东变局而言,其面临的政治机遇就包括2008年的全球金融危机导致物价普遍上涨、中东地区经历了一段时间的地区和平、欧美国家自2004年以来至少表面上支持中东地区的民主化进程、政治阶层内部所发生的部分分化、国家强制镇压抗议者面临的高昂成本和合法性危机,等等。[1] 当这些政治机遇出现而年轻人动员起来后,对政府怀有不满的普通民众和本来持中立态度的民众,或出于反对政府的真实动机或出于维护"革命"后自身利益的机会主义动机,也开始积极地参与抗议活动,使得抗议规模急剧扩大,最后形成了"信息瀑布"。[2] 而在21世纪前十年,虽然也出现一些小规模的抗议活动,但中东地区的民众并不相信政府能够容忍大规模抗议的出现,也不认为挑战现有秩序是可能的,当然更不会去想象一种替代性的政治安排,正如埃及的民众自认为"埃及不是一个抗议的国家"所体现的。显然,中东民众新政治主体性在中东变局中的形成,主要是因为政治想象的作用,而不仅仅是政治机会结构的贡献。这进一步说明了在研究中东问题时,需要警惕"结构偏见"可能带来的对相关现象解释不完备或不准确的问题。以埃及为例,事实上2005年"受够了"运动期间,中东地区同样面临与中东变局相似的政治机会结构,然而具有吸引力和现实可能性的政治想象的缺乏,最终导致"受够了"运动的式微。而在中东变局中,通过发挥政治想象构建出契合老百姓怨恨和诉求的话语——"架构",并通过大众媒体观察其他行为体的抗议行为,抗议者认为"穆巴拉克下台"和实现"自由、面包与社会正义"这种替代性的政治生活,不仅是必要的、可行的、合理的,而且相信他们的行动是改变现存秩序的有效途径(详见第五章)。在这种政治主体性的形成过程中,政治想象既指明了行动的目标和实现目标的途径,同时让他们形成了一种集体身份——反对当局或要求政治改革,使得团结成为抗议者的首要特征。

---

[1] 关于此问题的专门研究,可参考 Eitan Y. Alimi and David S. Meyer, "Season of Change: Arab Spring and Political Opportunities," *Swiss Political Science Review*, Vol. 17, No. 4, 2011, pp. 475 – 479.

[2] "信息瀑布"的形成机制及其影响,可参考 Timur Kuran, *Private Truth, Public Lies: The Social Consequences of Preference alsification*, Cambridge: Harvard University Press, 1997.

基于政治想象形成的集体能动性,实际上构成了一股强大的权力。中东变局中政治想象之新,还表现在另一非常重要的方面:即在抗议中形成的政治主体,既不是西方新自由主义意义上拒绝集体生活的原子化个人,也非牺牲个人自由以服务于伊斯兰神权统治的集体化穆斯林,① 而是一种既有个人自由,又承担集体责任的共同体的成员。这种共同体的典型特征就是自治,就像在埃及抗议活动中,抗议者在相互尊重、自我克制与协同创造的基础上自发或协商处理抗议活动有关事件的例子所表明的。鉴于抗议活动持续的时间较短,而且缺乏明确的领导者,这种共同体也可称之为"抵抗共同体"。② 抵抗共同体的形成具有极为重要的政治效应,最大的效应就是构成一种对政府或当局形成重大挑战的权力。集体行动中的政治想象,并非行动者个人政治想象的简单累加,"而是通过人们在日常生活中,通过社会话语而与其他处于不同结构、空间与等级上的人相遇而形成的"。③ 而当抗议者在抗议活动中相遇并形成一种创造性的集体能动性,实际上也就意味着数量众多的抗议者之间体现了一种集体意志,而这是实现政治想象的关键条件,因为"谈论想象如何社会性地形成,实际上也就是强调其权力的前提条件"。④ 另外,根据汉娜·阿伦特(Hannah Arendt)的理解,权力并不能"储存和保留以应付紧急状态,如像暴力工具所发挥的作用一样",⑤ 相反权力"依赖于意志和意图的不可靠和临时性的安排"。⑥ 当中东变局中数以万计的抗议者基于政治想象而形成一种抵抗共同体时,虽然这仍然是一种"不可靠和临时性的安排",但抗议人数的众多仍然构成了一股强大的权力。面对这种权力,政府虽然在一定程度上掌控着暴力,但因为失去了合法性,其权力受到了沉重的损失。

在中东变局中,抗议者的政治想象是如何得以体现的?可以发现,新的政治想象在虚拟社交网络和现实抗议活动中均有所体现。鉴于政治想象

---

① Benoit Cehalland, "The Counter–Power of Civil Society and the Emergence of a New Political Imaginary in the Arab World," p. 271.
② McBride, *Collective Dreams*, p. 4.
③ Robert Asen, *Visions of Poverty: Welfare Policy and Political Imagination*, p. 6.
④ McBride, *Collective Dreams*, p. 2.
⑤ Hannah Arendt, *The Human Condition*, 2nd, Chicago: University of Chicago Press, 1998, p. 201.
⑥ Ibid., p. 204.

第五章 中东变局的发展过程、动力与机制——以埃及变局为中心 / 127

往往以话语和言辞的方式得以表达,可以以中东变局期间出现的相关话语来展开分析。首先来看政治想象在虚拟社交网络上的体现。在埃及剧变之前,通过上网冲浪、参与网络论坛、撰写博客、开创 Facebook 等虚拟社交网络账户,包括埃及青年在内的中东年轻人,已经表现出一定程度的政治主体性。不过这种政治主体性,反映的往往只是年轻人向往个人自由、张扬个性的要求,此时还未体现出要求推进政治变革、组建自治共同体的特征。① 在中东变局中,抗议者在网络空间的言论,比较典型地体现了新的政治想象的出现。以埃及为例,在埃及剧变的 18 天里,除了 1 月 28 日至 2 月 1 日这几天,埃及的因特网接入是保持畅通的。在这段时间里,埃及的抗议者在虚拟社交网络发布了大量混杂了情况描述、规范期待、情感表达等内容的言论,其主要作用在于分享信息和表示团结。在这些言论中,"埃及"、"革命"、"解放广场"、"穆巴拉克"构成其中的关键词,而反映出来政治想象的信息包括:"是时候回家与你的兄弟姐妹们在一起了"、"穆斯林与科普特人在新埃及中携手前进"、"利比亚与埃及心手相连,独裁不止、革命不息"等。② 仔细考察这些言论,有三个方面的内涵值得注意:首先是对妇女角色的肯定。在埃及这样一个歧视妇女比较普遍和在抗议活动中经常发生性侵犯现象的国度里,对妇女参与抗议活动的鼓励,是一个极为难得的现象。其次是要求穆斯林与科普特人相互尊重的呼吁。穆斯林与科普特人分别信仰伊斯兰教和基督教,双方因为宗教信仰、现实利益与历史因素等方面的原因,彼此之间充满怀疑与猜忌,关系长期以来就比较紧张。③ 再次,是要求利比亚人与埃及人之间的团结。尽管在国家层面埃及与利比亚之间的关系谈不上友好,但抗议者基于双方都面临推翻本国统治者的目标,他们呼吁两国民众之间彼此声援和相互支持。这

---

① 可参考 Asef Bayt, *Life as Politics*: *How Ordinary People Change the Middle East*, Chapter 6 (pp. 115–136).
② 引言来自于 Zizi Papacharissi and Maria de Fatima Oliveira, "Affective News and Networked Publics: The Rhythms of News Storytelling on #Egypt," *Journal of Communication*, Vol. 62, No. 2, 2012, pp. 10–11.
③ 双方关系可参考的历史,可参考 Vivian Ibrahim, *The Copts of Egypt*: *Challenges of Modernisation and Identity*, London: I. B. Tauris Publishers, 2011;李福泉:《埃及科普特人问题探析》,载《世界民族》2007 年第 5 期,第 18—25 页。

再次验证了阿帕杜莱有关新时期的政治想象超越国家的观点。① 以上三个方面,说明了中东变局中政治想象的新颖性,其中尤其突出的是,通过虚拟社交网络上发布的信息,可以发现抗议者们构建一种新的集体身份,不过这种集体身份并不以宗教与性别作为分界线,而是一个具有包容性的共同体身份,而且往往围绕国家的身份而展开。

除了虚拟社交网络,现实抗议活动中的行为体同样体现了新的政治想象的出现,而且是对虚拟社交网络上政治想象的真实排演。现在比较普遍的观点是,埃及剧变中形成跨阶层的动员,这也是它之所以能迫使穆巴拉克辞职的原因之一。如观察者注意到,参与抗议活动的人群跨越了阶层、性别、宗教等方面的差异,为了一个共同的目标而团结在一起。如有人指出:"解放广场上的人群代表着埃及社会的关键大众,包括中低层到中上层的各个阶层。你能发现既有富有的商人和股票交易者,也有普通店员和店主,还有邮递员和保安。在人群中,既有耄耋老人也有不谙世事的孩童,既有男性也有女性,以及信仰不同宗教的信徒。从第一天开始,妇女们就积极参与其中,戴着面纱的老妇人与未戴面纱的女性活动者手挽手地在一起。让人震惊是人群竟然没有发生性侵犯事件,而性侵犯是近几年埃及街头一个非常严重的问题。同样匪夷所思的是,穆斯林与科普特人之间竟然没有出现关系紧张的现象"。② 这种在抗议活动中形成的抵抗共同体现象,除了观察者的记录和媒体的报道,还有亲历者的自述,他们描述了政治想象是如何深刻地改变了他们对政治生活的认知和对"埃及"这一更大共同体的认识的。一名开罗的商店老板如此描述埃及剧变对他的影响:"我从来不知道我热爱埃及,直到我的国家陷入烈火之中……我发现自己身不由己就到了解放广场……我发现我热爱埃及而且不能忍受统治者的作为。当事情完了的时候,我们回去工作,而且是立马就工作。我们彼此认识多年,然而没有人知道别人是怎么想的,也不知道他们持什么样的政治观点。如果这件事情不发生,也许我们连自己是怎么想的都永远不知道。以前没有人谈论政治,而现在我们很晚还在看电视,而第二天早上起来就开始讨论、争论,也许不一定认同彼此的观点。真是难以想象!你知

---

① 更深入的讨论可参考 Tarik Ahmed Elseewi, "A Revolution of Imagination," *International Journal of Communications*, Vol. 5, 2011, pp. 1197 – 1206.

② Hazem Kandil, "Revolt in Egypt," *New Left Review*, Vol. 68, 2011, pp. 23 – 24.

道的,可能每个人都对当局有负面看法或亲身经历一些负面的事情,然而当我们走在一起,将我们所知道的和所体验的汇总,然后所有的东西都一目了然了。"[1]

相对于埃及主要通过国家这一共同体来想象新的政治生活,其他受到中东变局波及的国家抗议者政治想象的内容有所不同。如黎巴嫩、叙利亚、约旦主要想象一个不存在派别冲突的国家,沙特和利比亚抗议者主要想象一个能有效克服部落与城市区隔的国家,突尼斯抗议者试图构建一个能有效缩短中心与边缘发展差距的理想国家。[2] 无论何种形式的政治想象,都衍生出一种新的政治主体性,从而激发了抗议者的集体能动性,进而带来中东地区政治场景的巨大变化。

五 结语

本章通过研究中东变局的发展过程、发展动力与发展机制,尝试建构一种对其发生发展进行理解的分析框架。中东变局始料未及的出现,暴露出现有中东研究存在的缺陷,尤其体现在将中东地区保持长期政治稳定视为研究的既定假设和前提(即"阿拉伯例外主义"),主要关注的是中东国家精英之间的分化组合和战略决策,将主要研究精力投入到导致中东地区保持长期稳定的结构性因素这三个方面。这三种缺陷,即本章所说中东研究的"稳定偏见"、"精英偏见"与"结构偏见"。这三种偏见的存在,阻碍人们深入观察和准确把握中东政治所发生的变化,以及带来这些变化的各种社会过程和在这些过程中所体现出来的中东各社会阶层政治能动性等因素。以学者对埃及剧变的反思为例,固守并内化这些偏见,结果就是失去了理解中东地区政治发展的动力和兴趣:"我们错失了各种公开表示不满的各种细节,因为这些集体行动的形式,并不符合我们有关理性公民挑战现状的正确方式的菜单。当工人、劳工、农民与科普特人组织起抗议活动时,它们往往因为代表性与要求的褊狭,尤其是未能号召推翻政府,

---

[1] Sherine E. Hamdy, "Strength and Vulnerability after Egypt's Arab Spring Uprisings," *American Ethnologist*, Vol. 39, No. 1, 2012, p. 44.

[2] 可参考《族群性与民族主义》上的相关论文,见 *Studies in Ethnicity and Nationalism*, Vol. 11, No. 3, 2011, pp. 509 – 578.

从而遭到人们的轻视。"① 尽管不能把学界没有预测到中东变局的出现全部归因于中东研究的缺陷，但重视中东政治发展中的变化过程、发展动力及发展机制，是增强中东研究科学水平和解释能力的重要途径，也是中东变局的出现对学界提出的内在要求。本章希望通过分析中东变局之前中东地区抗议活动的意义、中东民众在中东变局中所体现出来的集体能动性，以及导致这种集体能动性现的原因，以期引起人们对中东地区具体但可能带来显著意义的政治变化、各阶层具有的政治能动性以及中东地区政治发展机制的重视。

必须承认，目前人们仍没有能力对"革命"与政治动乱等突发事件进行准确预测，然而对它们进行分析则是学界义不容辞的责任。这种责任，主要在于探索政治动乱得以出现的过程和机制，因为构建能准确对突发性政治事件进行预测的大理论在目前仍没有成为现实。如有学者指出："近三十年关于革命的社会科学文献，越来越强调革命的不可预测性，进而将研究的重点从构建大理论转向更为温和的分析途径。这些分析途径，集中关注的是社会动员的机制与过程，而且对参与者的主观体验和认知给予更多的注意。"② 学界对于"革命"与政治动乱突发性原因的温和分析途径有很多，但比较突出的有三种。一种是理性主义学派的"信息瀑布"模型。这种模型的解释机制遵循理性选择的经济人假定，认为参与"革命"抗议活动人数突发性的增加，是"革命"和突发性动乱始料未及的关键机制。③ 一种是基于系统论的观点。这种观点认为，政治与经济生活中不可避免充满不确定性、复杂性与变化性，然而，政治领导人与经济决策者往往持有一种显而易见的倾向，即试图通过控制变化与波动来维持政治或经济体系的稳定。然而，没有变化就没有信息，稳定表象下面的变化累积到一定程度，就会导致政治或经济体系在短时间内的改变，而且这种

---

① Mariz Tadros, "Introduction: The Pulse of the Arab Revolt," p. 7.
② 见 Arang Keshavarzian, "Beyond 1979 and 2011: When Comparisons District," p. 159.
③ 可参考 Timur Kuran, "Now Out of Never: The Element of Surprise in the East European Revolution of 1989"; Sushil Bikhchandani, David Hirshleifer, and Ivo Welch, "A Theory of Fads, Fashion, Custom and Cultural Change as Informational Cascades," *Journal of Political Economy*, Vol. 100, No. 5, 1992, pp. 992 – 1026; Abhijit Banerjee, "A Simple Model of Herd Behavior," *Quarterly Journal of Economics*, Vol. 107, No. 3, 1992, pp. 797 – 818; Charles Kurzan, *The Unthinkable Revolution in Iran*, Cambridge, Cambridge: Harvard University Press, 2004, etc.

改变往往是某种突发性事件。① 第三种观点来自于后结构主义者。这种观点否认实证主义式的逻辑观和因果观在说明政治秩序突发性崩溃的有效性，拒绝从结构主义的角度对社会秩序与身份形成的说明。如有的后结构主义秩序观从法国著名精神分析家雅克·拉康（Jacques Lacan）处受到启发，认为社会秩序的突然崩溃是因为行为体身份的改变，而改变的机制是来自于行为体的社会或政治想象。想象的意义在于：任何政治身份都是不可能稳定和完满的，而是始终处于变动不居的状态中。在不同的情势和社会过程中，行为体可以通过想象以不同的主体位置出现。当在特定的情况下不同的行为体经验为同一个单一的经验行为体时，它们就有可能产生政治能动性，如埃及剧变中抗议者们共同体验为"埃及人"一样。进而，当政治能动性激发出集体能动性时，社会秩序就可能受到挑战，在极端的情况下可以颠覆既有的社会结构，形成"革命"和产生政治动员。② 以上这三种模型均具有一定的启发：③ "信息瀑布"模型和后结构主义革命观注意到政治剧变中集体能动性的重要性；系统论剧变观强调政治过程和政治变化的意义；后结构主义革命观还强调了政治想象在激发行为体能动性方面的重要作用。在一定意义上，本章吸收了三种解释模型的洞见，尽管在一些细节问题上与各种主张有出入。无论如何，关注突发性政治事件前的政治变化过程、行为体突发性中体现出的集体能动性，以及政治想象在其中扮演的作用，是分析突发性政治事件为什么会出现应注意的三个基本因素。

最后值得指出的是，中东变局中涌现出来的政治想象对中东地区政治

---

① Nassim Nicholas Taleb and Mark Blyth, "The Black Swan of Cairo: How Suppressing Volatility Makes the World Less Predictable and More Dangerous," *Foreign Affairs*, Vol. 90, No. 3, 2011, pp. 33 – 39.

② 这里的讨论主要参考了 Maksym Zherebkin, "In Search of A Theoretical Approach to the Analysis of the 'Color Revolutions': Transition Studies and Discourse Theory," *Communist and Post - Communist Studies*, Vol. 42, No. 2, 2009, pp. 199 – 216.

③ 三种模型也有一定的缺陷：如"信息瀑布"模型无法断定信息瀑布形成的时间，系统论的解释则缺乏具体的因果解释机制和容易忽视行为体在政治事件中的能动性（有人指出，如果以系统论的观点来分析中东剧变，其结果就是"我们看到一系列事件，它们之间的联系和因果机制可能难以索解" Katerina Dalacoura, "The 2011 Uprising in the Arab Middle East: Political Change and Geopolitical Implication," *International Affairs*, Vol. 88, No. 1, 2012, p. 69.）；而后结构主义的解释则容易陷入不可知论的陷阱中。

发展的影响是不确定的。乔治·卡特伯（George Kateb）曾经指出，政治想象具有三种类型，一种是"过于亢奋的想象"（hyperactive imagination），它的运作机制是"将不在场的变成在场"。这是一种侵略性的政治想象，具有这种政治想象的人物，将自己视为是他人或集体的主宰，试图以一己之力重塑世界，典型例子就是希特勒领导下的纳粹德国。一种为"怠惰的想象"（inactive imagination），其运作机制是"将在场的变成不在场"。这是一种盲目的和极端个人主义的政治想象，即行为体意识不到自己与他者或社会的密切关系，将社会与政治现实视为不存在，其后果是具有道德盲目性的倾向，对他人的遭遇表示出极端的冷漠。第三种政治想象是前两种的结合，这也是最危险的政治想象，它带来的后果是虚无主义和自暴自弃，一方面妄图改变世界，另一方面却拒绝承担责任。[①] 如前所述，在中东变局中出现了一种新的政治想象。这种政治想象与卡特伯区分的三种政治想象不同：抗议者既不试图改变整个世界，也没有拒绝承担责任，而是形成了一种体现出自治和负责为基本精神的抵抗共同体。这种激发中东地区抗议者集体能动性的政治想象，扮演了一种相对积极的角色，它召唤抗议者超越既有的党派、宗教、族群、地域、性别等社会区隔，围绕国家甚至地区形成一种包容性的政治身份和自治性的抵抗社群。然而，这种新的政治想象产生的政治效应往往有其时空局限性：时间仅限于抗议期间及之后不长的一段时间，空间往往集中在抗议活动的中心及附属地区。[②] 在除此之外的时空当中，原来主导中东地区的政治想象——民众的政治冷漠和派别斗争——开始重返中东。以埃及为例，有很多的研究成果指出，在抗议活动中政治想象带来的积极效果，已经让位于抗议后想象团结和跨阶层动员的崩溃。"革命"后穆斯林兄弟会与埃及最高军事委员会为维持自己的影响力而联手压制新的抗议者、[③] 富人对穷人和农民的再度歧视等现象，[④] 充分说明了抗议活动中涌现的政治想象，并不一定有助于

[①] George Kateb, "On the Adequacy of the Canon," *Political Theory*, Vol. 30, No. 4, 2002, pp. 482 – 505.

[②] 政治想象的这种时空局限性，被马瑞兹·塔多罗斯称之为"解放广场的道德经济学"，见 Mariz Tadros, "Introduction: The Pulse of the Arab Revolt," pp. 10 – 11.

[③] 可参考 Anne Alexander, "Brothers – in – arms? The Egyptian Military, the Ikhwan and The Revolutions of 1952 and 2011," *The Journal of North African Studies*, Vol. 16, No. 4, 2011, pp. 533 – 554.

[④] Sherine E. Hamdy, "Strength and Vulnerability after Egypt's Arab Spring Uprisings," p. 46.

剧变后国家政治秩序的恢复和稳定。突尼斯的情况虽然好于埃及，但叙利亚、利比亚等国的情况则比埃及严重得多。① 也就是说，政治想象的效应是多重的，它既可能带来积极的政治效应，也有可能带来严重的政治后果；在一定的条件下有助于秩序的维持，在其他条件下则可能带来政局的变化。总而言之，政治想象在政治生活中的作用是把双刃剑，不能对其抱太乐观的期待。至于为何2011年的中东变局产生了如此大的影响，甚至在某些国家推翻了现政权，下章将以埃及变局为例，通过将其与埃及2005年发生的另一场大规模社会运动进行比较，以探讨2011年埃及变局之所以能推翻穆巴拉克的原因。

---

① 有人预测，截至目前，受到中东剧变波及的国家，最有可能会重蹈发生"颜色革命"国家的覆辙。这种观点见 Jack A. Goldstone, "Cross - Class Coalitions and the Making of the Arab Revolt of 2011," pp. 461 - 462. 至于发生"颜色革命"国家"革命"的失败，可见 Theodor Tudoroiu, "Rose, Orange, and Tulip: The Failed Post - Soviet Revolutions," *Communist and Post - Communist Studies*, Vol. 40, No. 3, 2007, pp. 315 - 342.

第 六 章

埃及社会运动中的政治机会结构、水平网络与架构共鸣

【本章提要】 本章源于一个令人困惑的问题：埃及 2005 年与 2011 年发生的两次致力于推翻穆巴拉克政府的大规模社会运动——"受够了"运动与埃及变局——为什么会带来不同的政治效应？通过运用社会运动理论进行研究，可以发现，这两次社会运动在面临的政治机会结构、动员起来的水平社会网络方面都没有明显的区别，它们之间的差异体现在运动中涌现出的架构产生了程度不同的架构共鸣。这种差异进而影响到它们各自的动员能力，最终导致它们带来了不同的政治后果。

一 前言

关于中东剧变的性质，目前国内外学术界尚未达成共识。有人认为是"人民起义"，有人认为是一场民众追求民主的"民主运动"，也有人认为是一场"政治革命"，还有人认为这是"伊斯兰革命"的继续。[①] 不论如何对其进行定性，可以确定的是，就影响而言，这一波政治剧变，不仅对

---

① 相关讨论参见 K. El‑Din Haseeb, "On the Arab 'Democratic Spring': Lessons Derived," *Contemporary Arab Affairs*, Vol. 4, No. 2, 2011, pp. 113–122.

这些发生政治剧变国家的政局产生了深远的影响,① 而且极大地影响到整个国际格局的演变以及美国、中国等大国在该地区的利益。② 至于此次剧变的原因,学者们已经指出了发生剧变的这些国家共享的一些特征:如经济领域,各国经济结构的单一和经济自由化政策,尤其是 2008 年以来的全球金融危机造成的冲击,令各国居民失业率上升、生活水平下降、物价飞涨,构成抗议群众起而反抗政府的主要原因;就政治领域而言,中东国家的领导人长期执政及衍生的官场腐败、裙带关系现象,严重削弱了各国政府的合法性。③ 除了政治和经济领域的上述现象,该地区年轻人口占人口总量的绝大多数,Facebook、Twitter 等虚拟社交网站在社会抗议中的动员作用、"全球化陷阱"带来的问题、中东国家发展模式的积弊、这些国家采取的外交政策,等等,都被视为此次中东发生政治剧变的重要原因。④

---

① Michael S. Doran, "The Heirs of Nasser," *Foreign Affairs*, Vol. 90, No. 3, 2011, pp. 17 – 25; Dina Shehata, "The Fall of the Pharaoh," *Foreign Affairs*, Vol. 90, No. 3, 2011, pp. 26 – 32; Shadi Hamid, "The Rise of the Islamists," *Foreign Affairs*, Vol. 90, No. 3, 2011, pp. 40 – 47; Daniel Byman, "Terrorism after the Revolution," *Foreign Affairs*, Vol. 90, No. 3, 2011, pp. 48 – 55; Anouar Boukhars, "The Arab Revolutions for Dignity," *American Foreign Policy Interest*, Vol. 33, 2011, pp. 61 – 68.

② 王锁劳:《有关北非中东剧变的几个问题》,载《外交评论》2011 年第 2 期;孙溯源:《中东北非变局与西方石油安全的悖论——兼论中国的石油安全》,载《外交评论》2011 年第 2 期;牛新春:《美国中东政策:矛盾与困境》,载《外交评论(外交学院学报)》2011 年第 2 期;Marc Lynch, "America and Egypt after the Uprisings," *Survival*, Vol. 53, No. 2, 2011, pp. 31 – 42; Shashank Joshi, "Reflections on the Arab Revolutions: Order, Democracy and Western Policy," *Rusi Journal*, Vol. 156, No. 2, 2011, pp. 60 – 66.

③ 可参考贺文萍《民生凋敝是中东动荡的主因》,载《社会观察》2011 年第 3 期;张维为:《浪漫"革命"之后:埃及困境如何破解》,载《社会观察》2011 年第 3 期;秦天:《突尼斯"茉莉花革命"的前因后果》,载《国际资料信息》2011 年第 2 期;Jack A. Goldston, "Understanding the Revolutions of 2011," *Foreign Affairs*, Vol. 90, No. 3, 2011, pp. 8 – 16; Nassim N. Taleb and Mark Blyth, "The Black Swan of Cairo," *Foreign Affairs*, Vol. 90, No. 3, 2011, pp. 33 – 39; Amr Ismail Ahmed Adly, "When Cheap is Costly: Rent Decline, Regime Survival and State Reform in Mubarak's Egypt (1990 – 2009)," *Middle Eastern Studies*, Vol. 47, No. 2, 2011, pp. 295 – 313; Alanoud Al Sharekh, "Reform and Rebirth in the Middle East," *Survival*, Vol. 53, No. 3, 2011, pp. 51 – 60; Sarah Johnstone, Sarah and Jeffrey Mazo, 2011, "Global Warming and the Arab Spring," *Survival*, Vol. 53, No. 2, 2011, pp. 11 – 17, etc.

④ 田文林:《对当前阿拉伯国家变局的深度解读》,载《现代国际关系》2011 年第 3 期;乐颖:《论"埃及事件"的特点及成因》,载《亚非纵横》2011 年第 2 期;秦天:《突尼斯"茉莉花革命"的前因后果》,载《国际资料信息》2011 年第 2 期。

本章集中研究的是为什么埃及的政治抗议能够取得成功。现有关于中东的研究主要关注发生政治剧变各国共享的原因，如上文提到的政治腐败、经济停滞、人口结构、网络技术产生的影响等；然而，对于各国的政治抗议的动员过程是如何完成的？为什么不同国家的军队要对抗议群众采取不同的态度？为什么只有突尼斯、埃及两国的政治抗议取得了成功，而利比亚陷入内战，也门、阿曼、约旦等国却至少维持现政权的稳定？外部力量尤其是西方国家在不同国家的政治剧变中分别扮演了什么角色等问题，现有的研究往往只是笼统地探讨某一个国家的某些因素所发挥的作用，鲜有研究成果深入地回答上述问题。① 要回答这些问题，有必要对发生政治剧变的各个国家进行比较研究，以发现各国政治动员机制的异同和不同因素带来的不同影响。本章旨在研究埃及政治抗议之所以取得成功的直接原因。为了回答这一问题，我们将对埃及 2011 年的政治抗议活动（下称埃及变局）与该国自 2004 年底一直延续到 2007 年的"受够了"（阿拉伯语"Kifaya"或"Kefaya"，翻译为英文是"Enough"）运动进行比较。通过这种比较研究，不仅能够对埃及社会运动中的动员机制有所了解，而且还能对理解其他国家的政治抗议浪潮未能取得成功的原因提供启示。

本章的比较研究将纳入社会运动理论的研究框架中进行。考虑"受够了"运动发起抗议活动主要发生在 2005 年，本章集中研究这一年"受够了"运动的活动情况。将埃及 2011 年的埃及变局与 2005 年的"受够了"运动视为社会运动是适合的。从其发展过程及后果来看，符合人们对社会与政治运动主要特征的描述，即有政治抗争、发起了集体行动与有比较明确的政治诉求。② 事实上，国内外学术界已有许多运用社会运动理论解释中东地区政治发展过程的尝试和成果，其中不仅明确包括对"受够了"运动的解释，而且还涉及对穆斯林兄弟会等伊斯兰社会力量的复

---

① 少有的例外可见 Lisa Anderson, "Demystifying the Arab Spring," *Foreign Affairs*, Vol. 90, No. 3, 2011, pp. 2–7.

② 见查尔斯·蒂利、西德尼·塔罗《抗争政治》，李义中译，南京：译林出版社 2010 年版，第 9 页。

第六章 埃及社会运动中的政治机会结构、水平网络与架构共鸣

兴、"基地"等恐怖组织的兴起等政治现象的分析。[①] 有鉴于此，下文将运用社会运动理论分析埃及的社会运动在 2011 年而不是 2005 年取得成功的原因。

本章的基本观点是，社会运动的动员规模，是决定埃及这两次社会运动能否达到预期目标的决定因素；而社会运动中建构或涌现出来的框架，则是影响社会运动动员规模的决定性因素。本章的结构安排如下：首先简要回顾埃及"受够了"运动与埃及变局这两次社会运动的发展过程。通过考察发现，这两次社会运动在许多方面具有共同点。为了分析为什么"受够了"运动未能实现推翻穆巴拉克政府的目标而埃及变局实现了，本章接下来将分析导致它们的政治后果及出现这种差异的原因。为了比较准确地回答这一问题，本章采取了排除法。即首先排除社会运动理论中的政治机会机构和动员资源对这一问题的解释，但考虑到这两次社会运动展示了相较于埃及其他社会运动更大的动员能力，本章将对它们面临的政治机会及动员资源，尤其是埃及社会中的水平网络（包括反对派联盟、社会支持网络与虚拟社交网络）进行比较详细的讨论。通过讨论，可以发现，社会运动的动员能力，是导致埃及变局取得成功而"受够了"运动失败的直接原因。至于为什么展示出不同的动员能力，第四部分将运用架构视角来对此进行讨论。最后概括本章的主要发现及简要梳理还有待于进一步研究的问题。

[①] 这类文献日益丰富，可参考 Asef Bayat, "Islamism and Social Movement Theory," *Third World Quarterly*, Vol. 26, No. 6, 2005, pp. 891 – 908; Asef Bayat, *Making Islam Democratic: Social Movements and the Post - Islamist Turn*, Stanford: Stanford University Press, 2007; Janine A. Clark, "Social Movement Theory and Patron - Clientalism: Islamic Social Institutions and the Middle Class in Egypt, Jordan, and Yemen," *Comparative Political Studies*, Vol. 37, No. 8, 2004, pp. 941 – 968; Ziad Munson, "Islamic mobilization: Social Movement Theory and the Egyptian Muslim Brotherhood," *Sociological Quarterly*, Vol. 42, No. 4, 2001, pp. 487 – 510; Carrie R. Wickham, *Mobilizing Islam: Religion, Activism, and Political Change in Egypt*, New York: Columbia University Press, 2002; Quintan Wiktorowicz, ed., *Islamic activism: A social Movement Theory Approach*, Bloomington: Indiana University Press, 2004; David M. Mednicoff, "Think Locally—Act Globally? Culture Framing and Human Rights Movements in Tuinisia and Morocco," *The International Journal of Human Rights*, Vol. 7, No. 3, 2003, pp. 72 – 102; 倪云鸽、胡雨：《试析当代政治伊斯兰的生成机制——一种社会运动理论的视角》，载《宁夏社会科学》2009 年第 4 期；胡雨：《社会运动理论视角下的政治伊斯兰生成机制》，载《国际论坛》2009 年第 3 期，等等。

二 埃及的"受够了"运动与埃及变局

"受够了"运动在埃及社会运动史上有重要的地位。"受够了"运动兴起于2004年春季,2004年12月开始走向街头进行示威游行;2005年进行的抗议活动达到高潮,2007年后逐渐衰落。"受够了"运动具有明确的政治取向,其导火线是2005年9月举行的埃及总统大选全民公投。当时,埃及总统穆巴拉克寻求第五个总统任期,[①] 并且有迹象显示,穆巴拉克有意效仿叙利亚总统摩萨德进行家族统治,致力于将总统之位传给其次子贾姆勒·穆巴拉克(Gamal Mubarak)。[②] 穆巴拉克的这些举动,让饱受失业率居高不下、物价飞涨、武警飞扬跋扈之苦的年轻人和某些政治力量极为不满。在此背景下,首先是在2004年,数百名埃及知识分子汇集在一起,讨论埃及的政治形势问题,其中主要关注的问题是如何应对埃及行政机构权力过大的问题。在收集了近300名著名知识分子与民族主义者的签字之后,活动分子于2004年9月22日召开了一次会议。该会议有近500人参加,并成立"埃及变革运动"组织作为活动的协调机构。因为在反对穆巴拉克当局的过程中喊出了"受够了"的口号,"埃及变革运动"又被称为"受够了"运动(为了以示区别,我们仍将这次社会运动称为"受够了"运动,其组织称为"埃及变革运动"组织)。[③]

"受够了"运动通过静坐、示威游行等方式传达政治信息。"受够了"运动虽然是埃及自1977年发生"面包骚乱"以来的第一次民主运动,但在很大程度上借鉴了此前抗议活动的经验。在2004年"受够了运动"兴起之前,埃及曾经发生过两次大规模的抗议活动:一次是2000年由"全民变革运动"(Popular Campaign for Change)领导的声援巴勒斯坦人民族

[①] 穆巴拉克分别于1981年、1987年、1993年、1999年、2005年当选为埃及总统,2011年的埃及变局终结了其2011年第六总统任期的抱负。

[②] 贾姆勒子承父业的迹象,早在2000年就有显示。当时,贾姆被任命为埃及执政党国家民主党(National Democratic Party)政策总书记,这是一个为贾姆勒量身打造的新职位;到了2005年,贾姆勒已成为埃及国家民主党的重要决策人物。

[③] Nadia Oweidat, etc., *The Kefaya Movement: A Case Study of a Grassroots Reform Initiative*, Pittsburgh: Rand Corporation, 2008, p. 10; Rabab El-Mahdi, "Enough! Egypt's Quest for Democracy," *Comparative Political Studies*, Vol. 42, No. 8, 2009, p. 1018.

解放斗争的政治抗议活动,以及2003年反对美国入侵伊拉克的大规模示威游行。尽管这两次抗议活动因为埃及政府的镇压而失败,而且主要针对的是埃及政府的外交政策,但它们最终都将抗议的矛头指向穆巴拉克政府的统治。可以说,这两次抗议运动,拉开了"受够了"运动的序幕。在吸收了前两次运动失败教训的基础上,"受够了"运动明确喊出了"受够了"的政治口号,并传达出"不要第五个总统任期、不要家族继承"的信息。终结穆巴拉克的统治和进行自由、民主的总统选举,构成了"受够了"运动的首要政治诉求。[①] 通过提出明确的政治口号、组建松散的社会运动联盟、举行静坐和示威游行等抗议活动,"受够了"运动展示了较强的动员能力。该运动不仅吸引了埃及不同政治政党和各种专业组织参加,而且还动员了农民、法官等群体举行抗议活动。[②] 在顶峰时期,该运动在埃及26个省的24个中有自己的代表机构。"受够了"运动于2005年5月至12月组织的主要抗议活动见表6-1。

表6-1 埃及2005年由"受够了"运动及其同盟的抗议活动
(2005年5月至12月)

时间	事件
5.25	反对宪法第76款全民公投的抗议活动
6.1	由埃及母亲协会组织的黑人妇女反对安全机构迫害的抗议活动
6.8	在达利赫·萨阿德(Dareeh Saad,1919年革命领导人的墓地)举行的烛光守夜活动
6.9	"推进妇女民主"组织发起的捍卫妇女政治权利的抗议活动
6.15	"青年变革"组织与博主们在萨伊达·宰那卜(Al-Sayeda Zeinab)陵墓前的示威游行活动
6.22	全民变革运动在"现在就要自由"口号下于舒卜拉(Shubra)组织的示威游行活动
6.26	在埃及内务部组织的示威游行,纪念国际反虐待日
6.29	在泽桐(Zeiton)的圣母玛丽亚教堂组织的抗议活动

---

① El-Mahdi, "Enough! Egypt's Quest for Democracy," p. 1013; Oweidat, etc., *The Kefaya Movement*, p. 17.

② 关于2005年埃及法官的抗议活动,可参考 Sarah Wolff, "Constraints on the Promotion of the Rule of Law in Egypt: Insights from the 2005 Judges' Revolt," *Democratization*, Vol. 16, No. 1, 2009, pp. 100-118; David Faris, *Revolutions without Revolutionaries? Social Media Networks and Regime Response in Egypt*, University of Pennsylvania, Ph. D. Dissertation, 2010, pp. 109-115.

续表

时间	事件
7.14	"受够了"运动在阿博丁宫（Abdeen）广场组织的失业抗议活动
7.20	"全国变革与改革联盟"组织的有5000名抗议者参与的抗议活动，声援法官抗议活动
7.31	抗议总统选举
8.1	在埃及总检察院办公室、埃及最高法院、媒体联盟大楼前的静坐示威，要求释放7月31日被逮捕的抗议者
8.2	"作家与艺术家变革"组织在开罗香草大街（Talaat Harb）举行抗议活动
8.3	在大剧院广场（Opera Square）举行的反腐败抗议活动
8.8	在医生联合大楼前举行的抗议活动，要求释放被捕的医生
8.14	全国变革与改革联盟组织的有7000人参与的抗议活动，号召"对当局说不，对司法独立说是"
8.16	全民监督选择组织宣布进行"我们都在看着你"运动
8.21	青年变革运动制作了长达30分钟、以抗议为主题的flash短片，并在人口密集但收入水平低下的吉萨省（Giza）尼赫亚村（Nihia）散发
8.26	青年变革运动在罗德·法拉杰（Rod el Farag）街区组织的抗议活动，散发了数千份传单，传单上印有抗议者的博客网址
9.1	全国变革与改革联盟发动集会，支持司法独立与终结腐败
9.8	由本尼·苏耶夫（Beni Suef）剧院大火受害者朋友与家属组成的"9月5日团体"在国家举行的葬礼上进行抗议活动，要求对导致超过30名艺术家丧失的大火原因进行调查
9.27	由"受够了"运动、博主、"9月25日团体"与被捕人家属组织的示威游行
12.12	"受够了"运动抗议新选举的议会议员，标志着"受够了"运动兴起一周年

资料来源：Wael Salah Fahmi, "Bloggers' Street Movement and the Right to the City. (Re) claiming Cairo's Real and Virtual 'Spaces of Freedom'," *Environment and Urbanization*, Vol. 21, No. 1, 2009, p. 98.

"受够了"运动希望穆巴拉克下台和推进民主的目标未能实现，但它产生了重要影响。对"受够了"运动成败的评价，呈现一种两极分化的状态：该运动的领导人和某些研究者认为，2005年5月11日穆巴拉克政府对宪法第76款进行修正，允许埃及多位候选人竞选总统，主要得益于该组织发起的一系列抗议活动；不仅如此，"受够了"运动的兴起，显示

第六章 埃及社会运动中的政治机会结构、水平网络与架构共鸣 / 141

了埃及政治力量有权进行抗议与组织示威活动,从而在埃及开创了一种新的政治参与模式。① 而相反的观点则认为,穆巴拉克政府之所以修改宪法条款,主要是因为统治阶层的内部分裂和权力斗争;至于民众的抗议与示威权利,只在运动早期得到一定程度的展现和维护,后来由于内部与外部原因,"受够了"运动日趋式微,没有产生显著的影响。② 在这两种评价中,后一种评价低估了"受够了"运动所具有的政治意义。事实上,"受够了"运动能够在埃及这样一个军警和安全力量随处可见、政治自由有限、自 1981 年就开始实施戒严法的威权主义国家中发起一系列挑战当局的政治抗议活动,实属不易。诚如某份研究报告指出的:"'受够了'运动领导人自认为所取得的最大成就是克服了直接对抗政府政策存在的诸多障碍。在'受够了'运动兴起之前,活动分子因为害怕遭到镇压,从不敢向权力象征、穆巴拉克总统、穆氏之子说'不'";而在"受够了运动"兴起之后,"我们能够对穆巴拉克说'不,我们已经永远不再需要你了;我们不再需要你的儿子;我们不需要一个继承性的王朝'"。③

"受够了"运动标志着埃及出现了一种新的政治参与方式。可以说,"受够了"运动在埃及开创了一个先例,当人们对政府政策和现实问题有所不满时,倾向于通过抗议活动来表达不满。自此之后,民众开始走上街头,要求政府对社会的某些不正义现象进行处理,以响应民众的呼声。当民众的要求以静坐、游行示威、群众集会等方式表达时,各种抗议活动就具备了影响国家政策和政治发展方向的潜力;更重要的是,"这种转型潜力囊括了广泛的政治力量,对于埃及来说恰逢其时。从长期来看,这种实时性的跨意识形态力量,能够开创一个新的时代潮流和一种新的运动类型,从而在埃及催生一种有希望的政治形式"。④ 现在看来,"受够了"运动构成了 2005 年及其之后各种政治抗议活动出现的催化剂。在 2005 年至 2011 年间,埃及爆发了各种各样的抗议活动,如 2006 年反对黎巴嫩战争的抗议活动,2006 年举行的抗议安全机构对妇女进行性侵犯的抗议活动,

---

① Manar Shorbagy, "Understanding Kefaya: The New politics in Egypt," *Arab Studies Quarterly*, Vol. 29, No. 1, 2007, pp. 39 – 61.
② El – Mahdi, "Enough! Egypt's Quest for Democracy," pp. 1026 – 1027.
③ Oweidat, etc., *The Kefaya Movement*, p. 24.
④ Manar Shourbagy, "The Egyptian Movement for Change — Kefaya: Redefining Politics in Egypt," *Public Culture*, Vol. 19, No. 1, 2007, p. 175.

2007年反对埃及封锁加沙地带的抗议活动，2008年4月与2009年4月掀起的"4·6大罢工"，等等。① 甚至可以说，埃及变局也可被视为是"受够了"运动的延续，这不仅因为埃及变局有"受够了"运动分子的积极参与，更重要的是，后者受到了前者的影响。埃及变局之所以能取得成功，与"革命"组织者和参加者从"受够了"运动中汲取了经验教训有一定关系。当然，"受够了"运动与埃及变局是相对独立的，而且前者在2007年就已衰落也是学界的共识，因此我们仍然可以对它们进行比较研究。无论如何，"受够了"运动虽然没有实现推翻穆巴拉克政府的目标，但它毕竟拉开了要求穆巴拉克下台的序幕。就此而言，"受够了"运动是成功的。至于我们在本章中将"受够了"运动在2005年的活动界定为失败，主要是基于它在这一年集中进行的许多抗议活动并未实现推翻穆巴拉克统治这一预期目标而言的。

终结穆巴拉克政府统治的目标是2011年的埃及变局实现的。埃及变局的种子早在2010年6月就已埋下。2010年6月6日，埃及亚历山大城28岁的小贩哈利德·赛伊德（Khaled Said）被两名便衣警察殴打致死，成为埃及变局爆发的导火索，尽管这根导火索燃了将近半年。根据埃及警方的说法，赛伊德的死因，是因为他吸食毒品时发生窒息；而据人权组织的说法，赛伊德之死，是因为他拍摄了官员拥有非法毒品的视频（此视频后来被上传到 YouTube 网站上）。在他死后五天即2010年6月11日，一名匿名的人权分子申请了一个叫"我们都是哈利德·赛伊德"的 Facebook 账号，上传了停尸房里赛伊德尸体鲜血淋漓和浑身伤痕的手机照片，同时转载了 Yourtube 网站上他快乐生活的视频。这种视觉上的强烈反差和对警察腐败、滥用暴力的确信，让许多 Facebook 用户对赛伊德及其遭遇深表同情，同时对埃及警方的腐败愈发义愤填膺。至2010年6月中旬，已有13万网民点击了该网站；到了6月底，该网页已有50万的点击率。② 这些网民不仅密切跟踪赛伊德一案的最新进展，而且还利用 Facebook、Twitter、Mysapce 等社交网站进行政治动员，呼吁民众在开罗与亚历山大

---

① 有关这些抗议活动的研究，可参考 Faris, *Revolutions without Revolutionaries*? Chapter Three and Four; 关于劳工抗议的专门研究见 Joel Beinin, "Worker's Protest in Egypt: Neo-Liberalism and Class Struggle in 21st Century," *Social Movements Studies*, Vol. 8, No. 4, 2009, pp. 449-454.

② J Preston, "Movement Began with Outrage and A Facebook Page that Gave it an Outlet," *Associated Press*, Feb. 5, 2011.

第六章 埃及社会运动中的政治机会结构、水平网络与架构共鸣 / 143

城等地进行街头抗议和静坐示威，后来这些抗议活动蔓延到埃及的其他9个城市。诺贝尔和平奖得主、原国际原子能机构总干事巴拉迪也参与了抗议活动。迫于强大的社会舆论压力，埃及法院于2010年7月上旬逮捕了与赛伊德事件有关的两名警员。然而，直到穆巴拉克于2011年2月11日宣布辞职，该案仍然没有了结。再加上埃及警察虐待平民的事件时有发生，自2010年6月起，埃及的社会抗议活动就没有停止。一开始是每个星期都有抗议活动，到了2010年秋季只是零星发生。2011年1月14日突尼斯总统本·阿里在强大的社会抗议浪潮面前的出走所产生的示范效应，再次点燃了埃及群众尤其是网民和年轻人的抗议热情。1月25日开始，埃及各地重新爆发了大规模的群众抗议事件，最终导致穆巴拉克政府倒台。

埃及变局进行了18天，它显示出来的动员力量，不仅让埃及当局和国际社会震惊，而且出乎抗议者自己的意料。鉴于国内、国际媒体对于埃及变局给予了大量的报道，这里不对其发展过程进行详细介绍，而只是对事件发展的轮廓进行简要的梳理（见表6-2）。值得指出的是，表6-2主要利用了西方媒体对埃及变局的报道，而这种报道存在严重的价值取向，即过于倾向抗议者的诉求，以客观、中立的新闻报道为名，忽视对未参加抗议的绝大多数埃及人（包括沉默的穆巴拉克支持者）观点的表达，从而出现以偏概全、歪曲事实的情况。[①] 因此，表6-2主要记录这18天所发生的事件，而不进行评论。

表6-2　埃及变局的发展过程（2011年1月25日—2月11日）

时间	事　件
1.25	在埃及全国各地——包括开罗——爆发了要求穆巴拉克辞职的抗议活动；美国国务卿希拉里发表讲话，认为埃及政府是稳定的，而且能有效应对民众的要求。这一天被称之为"愤怒日"
1.26	政府颁布禁止抗议的法令，警察用高压水枪和催泪瓦斯驱散抗议者，约500名抗议者遭到逮捕

---

① 最为典型地体现西方媒体以价值倾向代替呈现事实的例子是将穆巴拉克的支持者有意无意地刻画成暴徒、安全机构人员，是出于物质力量才支持穆巴拉克政府的。对于西方媒体所扮演的这种角色的尖锐批评，可参考 Ben Hartman: "From Pro - Tahrir Square to Deep Ambivalence: The Media's Failure and the Disenchantment of An Israeli Observer," *Jerusalem Post*, Feb 6, 2011, p.6.

续表

时间	事　件
1.27	巴拉迪回到开罗，随后在家中遭到逮捕；抗议继续，暴力升级；美国副总统拜登发表讲话，认为"我不认为穆巴拉克是独裁者"；穆斯林兄弟会呼吁其支持者上街声援抗议者
1.28	埃及的因特网服务被切断；约10万名抗议者涌进开罗解放广场，抗议者焚烧了埃及执政党——国家民主党（又译为"民族民主党"）的总部；冲突进一步升级，至少有24名抗议者死亡，1000余人受伤，抗议者暂时撤离解放广场；穆巴拉克命令在全国实现宵禁，并将警察撤离解放广场，代之以军队，但抗议者欢呼军队的出现；美国总统奥巴马呼吁穆巴拉克与抗议者进行对话
1.29	穆巴拉克自抗议活动爆发以来第一次露面，宣布解散内阁，任命情报机构负责人苏雷曼为副总统（此职位30年来一直空缺），但拒绝辞职；许多地方爆发了抢劫活动，数百名囚犯越狱；埃及股票市场下跌至少18%
1.30	奥巴马发表讲话，要求埃及进行"有秩序的转型"，以实现民主，但他没有要求穆巴拉克下台；抗议者重新涌进解放广场；巴拉迪呼吁穆巴拉克下台；埃及全国陷入完全的无秩序状态；军队是唯一的权威机构，保卫着中央银行、信息部、博物馆等重要机构与建筑
1.31	穆巴拉克任命了新的内阁，军队总司令坦塔维被任命为副总理；军队拒绝向抗议者开枪，认为使用和平手段表达观点是得到法律保障的
2.1	约25万抗议者（也有资料认为是100万）涌向解放广场，要求穆巴拉克辞职，包括亚力山大城、苏伊士城等地也爆发了大规模的抗议活动；穆巴拉克宣布不再参加预计于9月举行的总统选举，但拒绝辞职；针对穆氏的讲话，抗议者高呼"下台、下台"等口号
2.2	抗议者与穆巴拉克的支持者发生冲突，至少3人被杀，600余人受伤；军队在冲突中保持中立，没有介入也没有终止冲突；巴拉迪、美国与联合国谴责暴力活动；因特网接入得到恢复
2.3	抗议活动中约10人死亡，830余人受伤；总理沙菲齐宣布将对暴力活动进行调查；副总统苏雷曼宣布贾姆勒将不会参与总统选举，并表达了与穆斯林兄弟会进行政治对话的意愿
2.4	成千上万的抗议者继续涌向解放广场要求穆巴拉克辞职，宣布当天为"离开日"；奥巴马向穆氏施压，要求后者采取具体步骤实现有秩序的转型，但仍然没有要求穆氏辞职；一些穆巴拉克政府高官参与到抗议活动中去；国防部长坦塔维来到解放广场，视察军队，呼吁和平

第六章　埃及社会运动中的政治机会结构、水平网络与架构共鸣 ／ 145

续表

时间	事　件
2.5	抗议者依然占领解放广场；穆巴拉克解除了其次子贾姆勒在国家民主党中的高级职位，要求其副手苏雷曼邀请反对党就政治改革问题进行谈判；另外，国家民主党的一些高级领导人也宣布辞职
2.6	政府（以苏雷曼为代表）与反对党（包括穆斯林兄弟会）第一次进行谈判；反对派提出的穆巴拉克辞职的要求未被满足，谈判因此而破裂；但双方同意设定一个谈判路线图以研究宪法改革问题，抗议者继续要求穆氏辞职；穆斯林兄弟会内部就是否应该谈判出现了分歧；10万左右的抗议者盘踞在解放广场；美国支持政府与反对派之间的谈判，认为埃及的命运应由埃及人自己决定
2.7	新任命的埃及内阁召开第一次全体会议，宣布全国恢复正常状态；许多抗议者回到工作岗位，但仍有部分抗议者在解放广场坚守；开罗的股票市场仍处于关闭状态，但开罗的许多店铺重新营业；穆斯林兄弟会谴责政府不肯做出实质性的让步；美国谴责2月6日的谈判，认为一些重要的政治人物没有被邀与会。
2.8	谷歌公司执行官瓦伊勒·加尼姆（Wael Ghonim）在拘留12天后获释，他披露自己是"我们都是赛伊德"Facebook账号的创建者；加尼姆随即在电视台接受了采访，发表了极具情绪煽动性的讲话；当天，加尼姆还出现在解放广场，向抗议者表示"我不是英雄，你们才是英雄"，鼓励抗议者不用害怕政府，应该继续扩大抗议活动，抗议者重新获得了继续抗议的热情与勇气
2.9	在面临各种压力的情况下，奥巴马呼吁埃及政府立即采取步骤推进向民主的转型；苏雷曼则警告说，在缺乏和平移交权力的情况下，埃及很有可能出现军事政变；苏伊士工人号召举行全国规模的大罢工，记者、邮递员、公交车司机、医生、钢铁工人等加入了罢工的行列；抗议者焚烧了许多政府建筑物与警察局
2.10	中午，埃及开罗军区指挥官哈桑·罗伊尼（Hassan al-Roueini）将军出现在解放广场并发表讲话，表示"你们的所有要求都将得到满足"；当晚，穆巴拉克发表讲话，宣布向苏雷曼移交部分权力，但他拒绝辞职；被情报机构无能弄得极为尴尬的奥巴马认为穆氏的讲话不足信，采取的措施也不够
2.11	100多万愤怒的群众在全国各国继续抗议；苏雷曼宣布穆巴拉克已辞职，并将权力移交给了武装力量最高委员会；抗议者欢庆穆氏的出走和"革命"的胜利

资料来源：根据 *The Independent*, 2011, Feb 8, p. 4; *USA Today*, Feb, 11, 2011, p. 1A; *National Post*, Feb 12, 2011, P. A8; *Los Angeles Times*, Feb 12, 2011, p. 1; *The Independent*, Feb 12, 2011, p. 2; Jeremy M. Sharp, *Egypt: The January 25 Revolution and Implications for U. S. Foreign Policy*, Washington, D. C.: Congressional Research Service Report for Congress, Report 33003, Feb 11, 2011, pp. 2–11 的资料整理而成。

埃及"受够了"运动的逐渐式微与埃及变局的成功,向人们提出了重要的理论研究课题:为什么前者失败了而后者成功了?本章的基本观点是:动员起来的抗议者人数多寡,是决定社会运动能否取得成功的决定性因素。为了验证这一假设,我们首先必须确认不是人们经常提及的经济状况、政治腐败、人口结构、网络动员等因素,导致了埃及"受够了"运动与埃及变局之所以取得不同结果的直接原因,尽管它们的确有助于民众走上街头。为此,我们选择运用社会运动理论来进行考察。通过运用该理论对"受够了"运动与埃及变局进行比较研究,可以发现两者之间在面临的政治机遇和进行动员的资源基础方面没有显著的差异,两者之间的明显差异,出现在动员人数方面。显然,两者共享的这些因素,不能构成它们之所以带来截然不同后果的原因,只有两者之间的差异才能对此进行合理的说明。这是社会科学研究中的"相异案例比较"。[①] 下文我们将运用这种研究方法,辅之以对"受够了"运动和埃及变局这两个案例进行深度解读和历史分析的方法,对它们为什么会带来不同政治效益进行分析。在下文中,我们首先对"受够了"运动与埃及变局共享的这些特征进行分析,排除政治机会结构与动员资源这两类解释因素;然后论证两者体现出来的明显差异——动员抗议人数不同,是导致"受够了"运动与埃及变局之所以取得不同效果的直接原因。最后讨论为什么它们在动员能力上出现了重大差别。

三　为什么不是政治机会机构?

社会运动理论主要探讨的是有助于社会运动取得成功的机制与过程,这对于揭示"受够了"运动的式微与 2011 年埃及变局的成功有重要意义。在社会运动理论的发展过程中,出现了多种研究范式,其中占主导地位的是资源动员理论(Resources Mobilization Theory)、政治过程模式

[①] 赵鼎新:《社会与政治运动讲义》,北京:社会科学文献出版社 2006 年版,第 120—122 页。

(Political Process Model)以及架构视角(Frame Perspective)。① 资源动员理论强调的是抗议者能够动员的各种资源,如资金、人员、政治力量、动员组织与动员网络,利用这些资源,社会运动的参与者能够有效地将不满情绪转化成为成功的政治行动。② 而政治过程模式强调的是有利于社会运动出现的结构因素,这些结构因素往往被称之为"政治机会结构"(Political Opportunity Structure),它强调的是抗议者与抗议对象(往往是各国政府)之间的互动对运动形式与运动结果所带来的影响。③ 而架构视角强调的是抗议活动家为了赋予抗议活动合法性而建构起来的话语框架,这些话语框架因为与抗议者所处的文化背景以及抗议者本身的生活体验产生共鸣,所以能够极大地扩大社会运动的影响,甚至能够影响到社会运动的成败。④ 不同的理论家在运用社会运动理论来解释社会、政治现象时,往往强调的是不同理论范式的不同方面。下文我们将借鉴社会运动理论的这三种主流范式,来解释为什么"受够了"运动遭遇失败而埃及变局取得了成功。

首先可以看埃及这两次社会运动所面临的政治机遇。社会与政治运动并非是在政治真空发生的,外在环境能够对社会运动的成败及社会运动本身的发展过程带来重要的影响。在这些外部影响中,政治机遇机构的构成及其变化发展被视为对社会运动进行赋权或对其构成限制的最为重要的因素。根据社会运动理论家道格·麦克亚当(Doug McAdam)关于"政治

---

① 关于社会运动理论的发展过程及理论流派可参考:裴宜理、阎小骏:《社会运动理论的发展》,载《当代世界社会主义问题》2006年第4期;赵鼎新:《社会与政治运动理论:框架与反思》,载《学海》2006年第2期;赵鼎新:《社会与政治运动讲义》;艾尔东·莫里斯、卡洛尔·麦克拉吉·缪勒主编:《社会运动理论的前沿领域》,刘能译,北京:北京大学出版社2002年版;McAdam et., eds., *Comparative Perspectives on Social Movements: Political Opportunities, Mobilizing Structures and Cultural Framings*, Cambridge, UK: Cambridge University, 1996.

② 对于资源动员理论研究的总结可参考 John D. McCarthy and Mayer N. Zald, "Resource Mobilization and Social Movements: A Partial Theory," *American Journal of Sociology*, Vol. 82, No. 6, 1977, pp. 1212–1241.

③ 对于政治过程模式研究成果的述评与总结请参考 David S. Meyer, "Protest and Political Opportunities," *Annual Review of Sociology*, Vol. 30, 2004, pp. 125–145.

④ 对于架构视角研究成果的述评与总结请参考 Robert Benford and David Snow, "Framing Processes and Social Movements: An Overview and Assessment," *Annual Review of Sociology*, Vol. 26, 2000, pp. 611–639.

机遇机构"的经典研究，政治机会结构的主要构成主要有四个方面：政治体系的开放程度、精英内部的团结程度、是否有政治精英可以进行联盟、国家对抗议活动进行镇压的意愿。① 考虑到麦克亚当"政治机遇机构"分析框架中的第二与第三个组成部分有重叠之处，可以将后者合并到前者中去，然后再增加一个组成部分，即"跨国环境与外部行为体的角色"。② 接下来我们可以比较"受够了"运动与埃及变局各自面临的政治机会结构。(1) 在政治体系的开放程度方面，尽管埃及政府于 2005 年修改了宪法，允许多位候选人竞争总统，但埃及戒严法自 1981 年萨达特总统被刺以来就持续存在，以及包括穆斯林兄弟会在内的各主要反对派政党未能获得合法地位，均意味着埃及政府对于政治自由的严厉控制。也就是说，2005 年与 2011 年，埃及政治体系的开放程度并没有明显不同。(2) 就精英内部的团结程度而言，2005 年"受够了"运动前后埃及精英内部，尤其是埃及政府内部并未发生显而易见的分裂。2011 年的埃及变局尽管在 2011 年 2 月 4 日及其之后有部分政府官员加入到抗议活动中，但这些人士只是个别现象而且职位并不高，因此这些人士的"叛变"并未对穆巴拉克政府的团结构成严重的威胁。事实上，埃及"革命"的一个重要特征，是政府内部很少出现利比亚内战中大批政府高官辞职或出逃的现象。至于在"可以联合的精英"方面，反对派和抗议者中真正具有一定政治影响力的精英只有巴拉迪与阿盟秘书长穆萨，但这两人的影响力毕竟有限。尤其是巴拉迪，尽管被推举为反对党领袖，但因为长期不在国

---

① Doug MaAdam, "Political Opportunity: Conceptual Origins, Current Problems, Future Direction," in MacAdam etc. eds., *Comparative Perspectives on Social Movements*, Cambridge: Cambridge University Press, 1996. 麦克亚当不是第一个使用这一概念的社会运动理论家，但他产生的影响最大。不同的社会运动理论家在麦克亚当的"政治机会结构"中添加了不同的成分，到现在这一概念已经宽泛得可以往其中塞进不同乃至截然相反的成分，如此一来，这一概念的解释力已经大大下降。相关批判可参考 Meyer, "Protest and Political Opportunities"; Jeff Goodwin and James M. Jasper, *Rethinking Social Movements: Structure, Meaning, and Emotion*, Lanham: Rowman & Littlefield Publishers, 2003; William A. Gamson and David S. Meyer, "Framing Political Opportunity," in MacAdam etc. eds., *Comparative Perspectives on Social Movements*, pp. 275 – 290.

② 玛格丽特·E. 凯克、凯瑟琳·辛金克：《超越国界的活动家 国际政治中的倡议网络》，韩召颖、孙英丽译，北京：北京大学出版社 2005 年版；Sidney Tarrow, *The New Transnational Activism*, Cambridge: Cambridge University Press, 2005.

内生活，巴拉迪的声望甚至令许多抗议者对其表示不满。由此可见，2005年与2011年的这两次社会运动在精英分裂面临的机遇上也无实质性的差别。

再来看"跨国环境与外部行为体的角色"。考虑到穆巴拉克政府是美国的长期盟友，以及美国在埃及具有极为重要的战略利益，而且美国在埃及变局中的确极为关心埃及政治局势的发展，所以在外部行为体中，对埃及社会运动发展趋势影响最大的，无疑是美国。仔细考察美国在1月25日至2月11日这段时间里的态度变化，可以发现美国对埃及抗议活动采取的是一种典型的机会主义政策，更多的只是被动地对埃及局势做出反应。[1] 当然这里不是否认包括奥巴马与希拉里有关埃及政府不能使用武力的表态对穆巴拉克带来的压力。不过，奥巴马政府向埃及政府施加的压力，并不比"受够了"运动兴起前后布什政府要求穆巴拉克推进民主施加的压力更大。2003年入侵伊拉克后，美国于2004年推出致力于在中东地区推进民主的"大中东计划"，以建造一个民主的新中东，埃及也在美国"大中东计划"的民主改造目标之列。[2] 当埃及政府镇压"受够了"运动组织的抗议活动时，美国前国务卿赖斯因此取消了对埃及的一次访问。[3] 美国向穆巴拉克推进民主所施加的压力，让后者极为恼火。维基解密档案披露，2008年穆巴拉克在召见一名美国高级官员时，曾向他就美国施加的政治改革压力抱怨了整整90分钟；不仅如此，穆巴拉克明确表达了对赖斯的不满，因为后者在2005年于开罗发表了一场要求埃及推进民主的措辞强硬的讲话，这让穆巴拉克极为愤怒。[4] 这足以证明在所受到美国施加的外部压力方面，"受够了"运动与埃及变局方面也不存在太多

---

[1] 可参考 Lynch, "America and Egypt after the Uprisings".

[2] 可参考何志龙：《美国新保守主义与"大中东计划"》，载《现代国际关系》2006年第6期；叶青：《美国在中东的民主困境——试析美国的大中东计划》，载《阿拉伯世界》2005年第5期；王鸿刚：《美国"大中东计划"简介》，载《国际资料信息》2004年第4期；邵峰：《美国"大中东计划"的实质和发展前景》，载《亚非纵横》2004年第4期；Flynt Leverett, ed., *The Road Ahead: Middle East Policy in the Bush Administration's Second Term*, Washington, D.C.: Brookings Institution Press, 2005.

[3] Oweidat, *The Kefaya Movement*, p. 13.

[4] "Unrest in Egypt: Mubarak Distrust Reform in Mideast", *Los Angeles Times*, Feb 2, 2011, p. 1.

的差别。

除了美国的压力,另一个构成埃及社会运动"跨国环境与外部行为体角色"这一机遇的因素,是他国社会运动成功所带来的示范效应。国内外舆论突出报道突尼斯"革命"成功是导致埃及民众走向街头的重要诱因,它激发了埃及抗议者和反对派挑战穆巴拉克政府的勇气和信心。这种观点是正确的。不过,"受够了"运动同样受到了其他国家社会运动成功经验的影响。如"埃及变革运动"组织领导人承认,他们之所以通过动员民众采取和平抗议的方式挑战政府权威,是受到了东欧与中亚地区社会运动——尤其是2003年底的乌克兰"橙色革命"和2004年的格鲁吉亚"玫瑰革命"——推翻政府经历的重要启发。① 当然,因为地理位置、文化背景、政治状况等方面的原因,突尼斯社会运动成功对埃及变局带来的影响,无疑要比发生在前苏联国家的"颜色革命"给"受够了"运动产生的示范效应要大。然而,"示范效应"本身不会自动导致埃及变局取得成功。因此,导致"受够了"运动与埃及变局成败的原因,必须从其他因素上去寻找。

埃及政府在对两次社会运动进行镇压的意愿方面是否存在差别?无论是在"受够了"运动还是在埃及变局期间,埃及政府都表现出强烈的镇压抗议活动的意愿。在这两次社会运动中,埃及政府都动员了防暴警察和安全部队对抗议活动采取逮捕、拘押等措施。"受够了"运动和埃及变局的参与者都用手机、照相机、DV等媒体工具记录下了政府镇压抗议活动的照片和视频并上传到网络上,国际媒体也报道了大量的相关现象。然而,从社会运动中的冲突程度和人员伤亡数来判断,埃及政府针对"12·5运动"的镇压力度,要比对"受够了"运动的镇压力度要大。正因为警察和安全部队在与抗议群众的对峙中出现了冲突升级和人员伤亡的情况,穆巴拉克政府才于1月28日调集军队以替下警察和安全部队,这至少说明了政府试图严厉惩罚抗议者的意愿与决心。事实上,社会运动理论通过大量的经验研究表明,政府镇压的强度与社会运动能否成功之间没

---

① Oweidat, *The Kefaya Movement*, pp. 14, 20.

第六章 埃及社会运动中的政治机会结构、水平网络与架构共鸣 / 151

有必然的因果关系。① 如此一来，我们依然无法判断政府镇压在这两次社会运动中分别扮演了什么样的角色。不过我们知道，埃及军队在埃及变局中所采取的中立态度，是导致该社会运动取得成功的重要原因（尽管不是直接原因）。但埃及为什么要动用政府军队、军队为什么在抗议活动中保持中立等问题，无法直接从政治机会结构模型中得到回答，否则会出现循环论证的问题。下文我们来看埃及社会运动所动员起来的资源能否对两次社会运动取得不同效果的现象做出解释。

---

① 有关国家镇压与社会运动发展之间的关系，在社会运动研究中被称之为"镇压与动员问题"（"repression‐mobilization nexus"），它们之间存在何种因果关系，学界的观点众说纷纭。有的观点认为镇压提高了社会运动的成本，从而增加其出现了难度，这种观点可参考 Snyder, David, and Charles Tilly, 1972. "Hardship and Collective Violence in France, 1830 to 1960," *American Sociological Review* 37, 5 (October): 520 – 532; Hibbs, Douglas A., Jr. 1973. *Mass Political Violence: A Cross‐National Causal Analysis*. New York: Wiley; Oberschall, Anthony. 1973. *Social Conflict and Social Movements*. Englewood Cliffs, N. J.: Prentice‐Hall; Oliver, Pamela. 1980. "Rewards and Punishment as Selective Incentives for Collective Action." *American Journal of Sociology* 85: 1356 – 1375; Hardin, Russell. 1982. *Collective Action*. Baltimore: Johns Hopkins University Press. Jules Boykoff, *The Suppression of Dissent: How the State and Mass Media Squelch US American Social Movements*, NewYork: Routledge, 2006; Cunningham, David. 2004. *There's Something Happening Here: The New Left, the Klan, and FBI Counterintelligence*. Berkeley: University of California Press. 而另一种观点则认为，镇压增加了人们的怨恨，将激发更多的抗议活动，甚至使抗议趋向激进化，甚至走上极端主义或恐怖主义的道路，可参考 Eckstein, Harry. 1965. "On the Etiology of Internal Wars." *History and Theory* 4, 2: 133 – 163; Gamson, William, Bruce Fireman, and Steven Rytina. 1982. *Encounters with Unjust Authority*. Homewood, Ill.: Dorsey; Goldstein, Robert J. 1983. *Political Repression in Nineteenth‐Century Europe*. London: Croom Helm; White, Robert W. 1989. "From Peaceful Protest to Guerrilla War: Micromobilization of the Provisional Irish Republican Army," *American Journal of Sociology* 94, 6: 1277 – 130. 还有的研究认为镇压既制约同时又激发了社会运动，其中的关键取决于镇压方与社会运动之间的互动，及所在国的具体语境。可参考 Khawaja, Marwan. 1993. "Repression and Popular Collective Action: Evidence from the West Bank," *Sociological Forum* 8, 1: 47 – 71; Zimmermann, Ekkart. 1980. "Macro‐Comparative Research on Political Protest," pp. 167 – 237, in *Handbook of Political Conflict: Theory and Research*, ed. Ted Gurr. New York: Free Press; Davenport, Christian, Hank Johnston and Carol Mueller (eds.). 2005. *Repression and Mobilization*. Minneapolis: University of Minnesota Press; della Porta, Donatella and Herbert Reiter, eds. 1998. *Policing Protest: The Control of Mass Demonstrations in Western Democracies*. Minneapolis: University of Minnesota Press; Stanley, William. 1996. *The Protection Racket State: Elite Politics, Military Extortion, and Civil War in El Salvador*. Philadelphia: Temple University Press.

四 埃及社会运动的动员基础——水平网络

埃及两次社会运动中可以动员的资源方面是否存在显著的差异？资源动员模式强调的是"组织基础、资源积累与集体协调对于政治行动者们的重要性，突出社会运动与利益集团政治之间的相似性汇合倾向"。随着社会运动理论研究的进展，以前遭到研究者们忽视或低估的因素如社会运动的偶然性、情感性、可塑性与互动性等内容也逐渐被纳入资源动员理论的研究中。[1] 尽管注意到了许多可变和灵活性的因素，资源动员理论强调的仍是社会运动领导者在抗议者、潜在支持者将怨恨、不满等情绪转化为街头抗议活动的过程中所能利用的各种资源，包括组织基础、集体协调、金钱、社会网络、网络技术等。埃及的"受够了"运动与2011年变局之所以能够实现动员，有三种资源发挥着尤为突出的作用：反对派联盟、各反对派赖以获得支持基础的社会支持网络，以及博客、脸书、推特等虚拟社交网络。我们可以将这三种资源统称为埃及社会运动中的水平网络。我们可以看到，他们共享一个最为基本的特征，那就是它们的组织结构至少从形式上看是以水平组织和协调为主，而不是以垂直和等级制作为构成原则。这是中东社会运动与欧美社会运动极为不同的一个重要特征。[2] 在埃及的"受够了"运动与埃及变局中，这三种水平网络都发挥了极为重要的作用，它们构成了这两次社会运动能够动员起一定数量民众的重要资源基础。换句话说，尽管动员起来的民众数量有别，但在动员资源方面，"受够了"运动与埃及变局之间并未出现明显的区别，因此资源动员理论同样无法为理解为什么前者未能实现推翻穆巴拉克政府而后者实现了这一问题提供明确的答案。但考虑到"受够了"运动与埃及变局毕竟在埃及

---

[1] 道格·麦克亚当、西德尼·塔罗、查尔斯·蒂利：《斗争的动力》，李义中、屈平译，南京：译林出版社2006年版，第19—20页。

[2] Bayat, "Islamism and Social Movement Theory"; Diani, "Social Movement Theory and Grassroots Coalition in the Middle East"; Abdelrahman, Maha, "'With the Islamists? Sometimes. With the State? Never!' Cooperation Between the Left and Islamists in Egypt," *British Journal of Middle Eastern Studies*, Vol. 36, No. 1, 2009, pp. 37 - 54; Diane Singerman, "The Networked World of Islamist Social Movements," in Wiktorowicz, ed., *Islamic activism*, pp. 143 - 163,; Wiktorowicz, "Introduction: Islamic Activism and Social Movement Theory," in Wiktorowicz, ed., *Islamic activism*, pp. 22 - 26, etc.

动员了一定数量的民众，使它们与其他未产生明显影响的社会运动区别开来；而且鉴于这两次社会运动的成败很大程度上取决于如何处理水平网络带来的协调问题，我们仍需简要讨论这些水平网络的特征及在这两次社会运动中发挥的作用。

首先是反对派联盟。"受够了"运动与埃及变局都成功地在反对派之间建立了跨党派联盟。从一开始，"埃及变革运动"就不是一个政党，而是一个汇聚了埃及不同政治倾向政党的松散联盟，而且是一个世俗性质的运动联盟。参与"受够了"运动的政治力量，囊括了纳塞尔主义分子（Al-Karama 党）、马克思主义与社会主义分子（社会主义革命组织）、自由主义分子（Al-Ghad 党）、伊斯兰主义分子（Al-Wasat 党与劳工党），以及另外一些比较著名的独立活动分子。[①] 在 2004 年 12 月 12 日发起第一次静坐示威活动之后，"受够了"运动吸引了许多年轻人参加，随即也吸纳了许多专业性组织，如"推进妇女民主"组织（又称"街头是我们的"）、"青年变革"组织（Youth for Change）、"记者变革"组织（Journalists for Change）、"工人变革组织"（Workers for Change）、"工程师变革组织"（Engineers for Change）、"作家与艺术家变革"组织（Authors and Artists for Change）等。[②] 通过展示自身的动员能力，"受够了"运动不仅引起了国际媒体的广泛关注，而且还促使埃及影响最大、成员人数最多但不属于合法政党地位的政治组织——穆斯林兄弟会也于 2005 年 3 月 29 日正式参与到抗议活动中来。[③] 尽管这些政党和组织参与了"受够了"运动，但它们之间缺乏正式的协调机制，它们的活动是在各政党达成共识的基础上形成的，其领导机制是由五人组成的指导委员会，分别负责媒体、沟通、文化、（抗议）艺术与扩展五项具体工作，领导成员实现轮换制。也就是说，"受够了"运动中反对派采取的是一种水平协商和协调的机制，各反对派都在参与社会运动时保持自身在组织和成员上的独立性。[④]

埃及变局期间，各反对派仍然延续了"受够了"运动期间建立反对

[①] 在上述这些政党中，只有 Al-Ghad 党是合法政党。
[②] El-Mahdi, "Enough! Egypt's Quest for Democracy," pp. 1013, 1018-1019, 1013.
[③] Marc Lynch, "Young Brothers in Cyberspace," *Middle East Report*, MER. 245, 2007, p. 4.
[④] Fahmi, "Bloggers' Street Movement and the Right to the City," p. 96.

派联盟的做法。参与"受够了"运动的各反对派政党——包括穆斯林兄弟会,在埃及变局中重新联合了起来。各反对派彼此协调行动、互相声援。这不仅反映在鼓励自己的成员参与反对穆巴拉克政府的抗议活动上,也反映在埃及副总统苏雷曼与反对派联盟之间的谈判过程中。在2月6日的谈判中,参与谈判的反对派联盟包括埃及国家变革协会的领导人巴拉迪及其协调员、穆斯林兄弟会立法部门的负责人、世俗左翼政党阿拉伯民族党的党首、支持伊斯兰主义的劳工党领导人、自由主义世俗政党国家民主阵线的领袖;此外还有"青年运动"的3—5名代表(这几名代表分别由"6·4青年脸谱"组织、"支持巴拉迪青年团"、"穆斯林兄弟会青年团"、"国家民主阵线青年团"推举产生)等政治力量。[1] 从参与谈判的反对派来看,这些党派仍具有跨意识形态色彩。在埃及社会运动中,通过建立跨党派联盟,反对派力量可以形成统一战线,不仅可以以统一的立场与政府进行交涉,而且还可以将自身的成员及其社会支持网络动员起来,扩大社会抗议的支持基础。由此可见,由于"受够了"与2011年埃及变局都组建了跨党派联盟,它并不构成前者之所以失败而后者取得成功的决定性因素。

其次是社会支持网络。社会支持网络在社会运动中的角色,一直受到社会运动研究者们的关注。社会支持网络最为突出的功能是为社会运动提供资源和支持者,另外还可以向社会运动贡献信息、威望、权力、合法性等资源,因此在社会运动发展的各个阶段均具有重要的作用。[2] 不过社会支持网络在社会运动的初期阶段作用尤为明确,因为它有助于向社会运动提供参与者和支持者。但与西方的社会运动主要通过垂直性的社会运动组织来进行动员,并在此基础上形成组织间的长期合作联盟甚至颇具规模的社会运动产业不同,[3] 西亚北非地区国家由于政治开放的程度有限,垂直

---

[1] "ElBaradei's Role Cast in Doubt," *Wall Street Journal*, February 3, 2011, quoted in Sharp, *Egypt: The January 25 Revolution and Implications for U. S. Foreign Policy*, p. 5.

[2] Adrian Avenim, "Organizational Linkages and Resource Mobilization: The Significance of Linkage Strength and Breadth," *Sociological Quarterly*, Vol. 19, No. 2, 1978, pp. 188 – 190.

[3] 可参考 David Bornstein, *How to Change the World: Social Entrepreneurs and the Power of New Ideas*, New York: Oxford University Press, 2007; Charles Leadbeater, *The Rise of the Social Entrepreneur*, London: Demos, 1996; Joanna Mair, Jeffrey Robinson, and Kai Hockerts, *Social Entrepreneurship*, New York: Palgrave, 2006, etc.

型的正式社会运动组织与享有较高团结程度的组织间联盟几乎不存在。即使偶尔会出现，其存在也是极为稀罕和短暂的，而且仅限于能够有效取得共识的议题上。① 在此背景下，中东地区的社会运动，依靠的往往是政治党派内部的社会支持网络，而且这种社会支持网络极少是等级制的，相反是以水平联系和非正式制度作为组织基础。② 在埃及，已建立起分布最广泛、产生影响最大、结构最密切的社会支持网络的反对派是穆斯林兄弟会。穆斯林兄弟会不是纯粹的政治组织，它还拥有雄厚的资金实力，建立了庞大的经济产业。③ 但真正形成强大的社会支持网络的，是穆斯林兄弟会所开展的慈善活动。通过组建数量众多的伊斯兰社会机构（Islam Social Institutions）提供社会服务，④ 穆斯林兄弟会建立了广泛的社会支持网络。⑤ 穆斯林兄弟会建立的伊斯兰社会机构数量繁多，⑥ 提供的服务涉及许多方面，如建立诊所、清真寺、文化中心、讲经学校、兴建学校、孤儿院、幼儿园、计算机培训中心，开展救灾活动和进行住房租赁，提供社区服务和其他福利项目，甚至向人们提供婚丧嫁娶等方面的服务，等等。因为深入社区，而且无论是参与提供服务还是接受服务，都不要求目标对象必须是穆斯林兄弟会的成员，因此穆斯林兄弟会在城市社区具有强大的影

---

① 可参考 Mario Diani, "Social Movement Theory and Grassroots Coalition in the Middle East," Paper for the 2008 ASA Meeting, Boston, August 1 – 4, 2008, pp. 14 – 15.

② Jannier A. Clark, *Islam, Charity, and Activism: Middle - Class Welfare in Egypt, Jordan, and Yemen*, Bloomington: Indiana University Press, 2004, p. 26.

③ 穆斯林兄弟会在政治与经济方面的影响可参考 Rachel Ehrenfeld, "The Muslin Brotherhood Evolution: An Overview," *American Foreign Policy Interests*, Vol. 33, No. 2, 2011, pp. 69 – 85.

④ 这些服务机构尽管冠之以"伊斯兰"的名字，但实际上无论是从组织结构、运行规则或功能上都与伊斯兰事业没有实质性的关系。之所以被称之为"伊斯兰社会机构"，只是因为慈善服务的提供者信仰伊斯兰事业而已。可参考 Clark, *Islam, Charity, and Activism*, p. 39; Quintan Wiktorowicz, *The Management of Islamic Activism: Salafis, the Muslim Brotherhood, and State Power in Jordan*, Albany: State University of New York Press, 2001, pp. 65, 67.

⑤ 学者对于穆斯林兄弟会建立的这些机构有不同的称谓，有的使用"伊斯兰非政府组织"、"伊斯兰自愿协会"、"私人资源协会"，等等。可参考 Clark, *Islam, Charity, and Activism*, p. 163.

⑥ 据统计，在20世纪90年代早期，穆斯林兄弟会拥有的伊斯兰社会机构大约有5000个，笔者尚未获得21世纪以来的相关数据。见 Asef Bayat: "Revolution without Movement, Movement without Revolution: Comparing Islamic Activism in Iran and Egypt", *Comparative Studies in Society and History*, Vol. 40, No. 1, 1998, p. 164.

响，拥有的社会支持网络也最为雄厚。① 此外，在提供或接受服务的过程中，穆斯林兄弟会可以潜移默化地影响服务提供者和服务接受者的世界观与价值观，从而使该组织具有强大的潜在动员能力。②

　　穆斯林兄弟会建立的伊斯兰社会机构可以分为两类：一类是伊斯兰商业机构，另一类是伊斯兰福利机构。③ 尽管这两类伊斯兰社会机构均是非营利机构，但它们服务的对象有所不同。伊斯兰商业机构面对的是中产阶级，尤其是具有较高知识水平的中产阶级，如医生、律师、大学教授、管理人员、大学生等专业人士。这类机构虽然提供的服务质量优良，但因为收费颇高，穷人无力问津。只有后一类机构才是面对穷人的，比如向他们提供比较低廉的医疗服务，兴建孤儿院以收容孤儿等。但穆斯林兄弟会主要着眼的是伊斯兰商业机构而非伊斯兰福利机构，所以中产阶级而非穷人才是伊斯兰服务机构的最大受益者，尽管穷人的确也能偶尔受益。④ 无论如何，通过伊斯兰社会机构提供服务，穆斯林兄弟会建立起强大的社会支持网络，具有强大的动员能力。最为典型的例子是在1992年埃及地震后开展的救灾活动中，穆兄会的救灾能力让其他反对派与埃及当局感到震惊。震惊之余，为了争夺政治空间和影响力，无论是其他反对派还是埃及政府，都竞相组建自己的社会服务机构，投入资源，向民众提供各种社会服务。据估计，在20世纪90年代，埃及共有500万穷人受益于这些政治力量提供的服务，包括卫生、教育、金融、小区建设等方面的福利。⑤ 在2005的"受够了"运动与2011年的埃及变局中，这些社会支持网络无疑发挥了极大的动员作用，否则不会出现如此之多的抗议。然而，鉴于这两

---

　　① Asef Bayat, *Social Movements, Activism and Social Development in the Middle East*, Civil Society and Social Movements Programme Paper Number 3, New York: United Nations Research Institute for Social Development 2000, pp. 14 – 19.

　　② 埃及的情况与也门的情况很相似，可参考 Janine A. Clark, "Islamist Women in Yemen," in Wiktorowicz, ed., *Islamic activism*, pp. 164 – 184; Clark, Clark, *Islam, Charity, and Activism*。

　　③ 这种分类可参考 Clark, *Islam, Charity, and Activism*, p. 35 – 36.

　　④ 这一现象受到许多研究者的关注，请参考 Clark, *Islam, Charity, and Activism*, 该书主要论证的就是这一主题。此外，还可参考 Wickham, *Mobilizing Islam*, pp. 16 – 17; Bayat, *Social Movements, Activism and Social Development in the Middle East*, p. 16.

　　⑤ Saad E. Ibrahim, "Grasstoots Participation in Egyptian Development," *Cairo Papers in Social Science*, Vol. 19, No. 3, 1996, p. 34, quoted in Bayat, *Social Movements, Activism and Social Development in the Middle East*, p. 16.

第六章 埃及社会运动中的政治机会结构、水平网络与架构共鸣 / 157

次社会运动的反对派联盟并没有大的出入,而且在短短的几年时间里,其社会支持网络不会出现显而易见的扩展,因此可以判断,社会支持网络本身也不是导致这两次社会运动成败的决定性因素。

最后是虚拟社交网络。博客、推特、脸书、YouTube、Myspace 等虚拟社交网络,属于典型的水平网络,他们是以水平化、互动化与多元化为特征的。无论是匿名发帖、评论互动、还是跨国传播等活动,虚拟社交网络都展示出与传统媒体不同的特征。对于社会运动而言,虚拟社区最大的作用在于通过扩大信息的传播范围,向那些原本接触不到某些信息的群众提供信息,并塑造新的政治议程。换句话说,虚拟社交网络的出现,有助于打破信息总是从上往下进行传播的传统传播方式,实现信息的自下而上的发布和传播,甚至形成"信息瀑布"(informational cascade)——即大量信息的输入足以改变人们对事物的看法或对某事的认知。[1] 毫无疑问,具有互动、多元、及时、水平等结构特征的虚拟社会社交空间能够促进政治动员,有助于社会运动的出现。虚拟社交网络发挥作用的相关机制包括:提供和分享信息,记录不公平的社会事件激发人们的愤怒情绪,就动员事件进行沟通,在网络上就抗议方式、时间、地点、口号等进行协商,降低动员与抗议的风险,突破政府对信息的封锁,等等。根据戴维·法里斯(David Faris)的研究,虚拟社交网络能够影响到促使社会运动发展的几个核心机制:通过降低交易成本和快速传播信息,影响到社会运动领导者对动员资源的计算;通过对相关含义和象征的传播,有助于社会运动领导者、支持者、潜在参与者就运动的意义达成共识;扩大社会支持网络,强化强度不够的联系纽带,有助于激励心怀不满者重估社会抗议的可行性及成功的可能性。[2] 这些机制在埃及社会运动过程中都有所体现。

鉴于上文已对虚拟社交网络在埃及变局中发挥的作用作了介绍,这里着重讨论这种水平网络在"受够了"运动中所发挥的作用。在"受够了"运动中,起主要作用的虚拟社交网络是博客,因为在当时,推特、脸书、YouTube、Myspace 在埃及还没有得到广泛的使用。博客出现在埃及大约

---

[1] Robert M Entman, *Projections of Power: Framing news, Public opinion, and U. S. Foreign policy*. Chicago: University of Chicago Press, 2004; Woodly, "New Competencies in Democratic Communication?" pp. 111 – 112.

[2] Faris, *Revolutions Without Revolutionaries*, p. 35.

是在 2003 年至 2004 年间。得益于这段时间埃及政府致力于发展信息技术，以及美国等西方国家和国际人权组织要求穆巴拉克尊重人权这两方面的机遇，到 2005 年，埃及博客空间的发展已趋成熟。[1] 可以说，埃及的第一代博主与"受够了"运动之间存在着一种共生关系，因为"撇开'受够了'运动很难解释博客在埃及的起源，但撇开博客又很难解释'受够了'运动的成功"。[2] 自 2005 年 2 月开始，"受够了"运动的许多支持者就使用博客进行政治动员，参与其中的"青年变革"组织在这方面最为积极。在"受够了"运动进行抗议的过程中，无论是在咖啡馆，还是在大学礼堂，抑或是正在抗议的街上，博主们都随身携带着手提电脑，随时对博客进行更新。他们的帖子所传递的信息，往往是警察与安全机构对待抗议者的粗暴态度，以及社会抗议的最新进展。[3] 信息的及时沟通和对警察滥用暴力的披露，不仅吸引许多同情者参与到"受够了"运动中来，而且还影响到国际主流媒体对"受够了"运动所组织的抗议活动的报道。[4]

尽管如此，因为"青年变革"组织与"埃及变革运动"组织之间存在着深刻的意识形态鸿沟，博主们后来逐渐撤出了"受够了"运动。[5] 到 2006 年 12 月，"受够了"运动已没有什么影响；真正对"受够了"运动造成最致命打击的是 2007 年的事。当原来支持"受够了"运动的活动分子与博主们因为参与支持苏丹难民寻求庇护而遭到埃及政府的逮捕与拘留时，"受够了"运动的领导人却关掉了手机，其律师也不见人影。"埃及变革运动"组织的领导人对其支持者和盟友们的冷漠，让博主们极为失

---

[1] Tom Isherwood, "A new direction or more of the same? Political Blogging in Egypt," *Arab Media & Society*, 2008 (6), p. 3; Courtney Radsch, "Core to Commonplace: The Evolution of Egypt's Blogosphere," *Arab Media & Society*, September 2008, p. 17.

[2] Isherwood, "A New Direction or More of the Same?" p. 3.

[3] Isherwood, "A New Direction or More of the Same?" pp. 3 – 4; Wael Salah Fahmi, "Bloggers' Street Movement and the Right to the City. (Re) claiming Cairo's Real and Virtual 'Spaces of Freedom'," *Environment and Urbanization*, Vol. 21, No. 1, 2009, pp. 96 – 97.

[4] 请参考 Oweidat, etc., *The Kefaya Movement*, pp. 22 – 24.

[5] Fahmi, "Bloggers' Street Movement and the Right to the City," pp. 97 – 98.

望,他们宣布不再参与该组织发起的抗议活动。① 值得强调的是,博主们的退出,并不是导致"受够了"运动衰落的直接原因,这一点我们将在第五部分进行分析。尽管"受够了"运动衰落了,但埃及的博主们经过参与这一社会运动后,得到了许多如何组织社会运动和动员民主抗议的经验,埃及的博客技术也得到了越来越强劲的发展,如它们在2008年的"4·6大罢工"、2009年的"4·6"罢工等社会运动中都发挥了重要的作用。② 而且,随着脸谱、推特等虚拟社交网络的兴起,虚拟社交网络在埃及社会运动中的作用,越来越得到人们的重视和关注,其中也包括埃及的抗议者。③ 2011年,正是通过充分发挥虚拟社交网络的动员作用,他们才成功地拉开了埃及变局的序幕。从这里的分析可以看出,由于"受够了"运动与埃及变局都借鉴了虚拟社交网络的动员优势,所以这种资源也不构成这两次社会运动之所以产生不同结果的关键原因。④

从上文的讨论中可以发现,政治过程模式与资源动员理论这两种范式虽然对我们理解埃及社会运动出现存在的机遇和动员的资源有重要启发,但它们本身无法解释在共享了如此多结构特征与资源基础的情况下,为什么这两次社会运动会产生截然不同的政治效应。那么到底导致"受够了"运动的衰落而埃及变局成功推翻穆巴拉克政府的决定性因素是什么呢?笔者认为,抗议规模是回答这一困惑的最佳答案。我们已经提到,军队的中立尽管是埃及变局取得成功的重要因素,但这一因素本身就是一个需要回答的问题。在"受够了"运动兴起期间,埃及政府根本就没有调集军队来应对局势。之所以如此,还是因为这两次社会运动的动员能力和抗议规模有别所致。在"受够了"运动活动初期,"埃及变革运动"组织领导人

---

① 相关发展可参考 Radsch, "Core to Commonplace," p. 8; Melissa Y. Lerner, "Connecting the Actual with the Virtual: The Internet and Social Movement Theory in the Muslim World—The Cases of Iran and Egypt," *Journal of Muslim Minority Affai*rs, Vol. 30, No. 4, 2010, pp. 568 – 570.

② Faris, *Revolutions without Revolutionaries*?

③ 可参考 Al Ezzi, etc., *Cyber Activism in Egypt Through Facebook*, A Paper Presented to IAMCR 2008 – JRE Section, pp. 1 – 25.

④ 或许有反驳意见会指出,虚拟社交网络在"埃及变局"中发挥的作用要大,所以"12·5革命"取得了成功。这一质疑并不能对笔者的观点构成否定。这是因为,自1月28日开始,埃及政府就切断了因特网服务,直到2月2日才得到恢复。即使虚拟社交网络的确在埃及变局初期发挥了强大的动员作用,但虚拟社交网络本身仍然不能说明为什么因特网切断后还有大批的群众坚持在解放广场。

制定的动员目标是10万人,然而即使在"受够了"运动的全盛期,其动员起来的抗议者最多不超过2500人(经常少于1000人),而且抗议者经常是一些老面孔。① 与此同时,由另一个抗议组织——全国变革与改革联盟组织发起的抗议活动有两次分别动员了5000名与7000名抗议者(见表6-1)。即使将"受够了"运动与全国变革与改革联盟组织动员起来抗议者累加,这一数字也仅为1万人左右。其动员能力不仅远未达到"埃及变革运动"组织领导人所设定的目标,更遑论与埃及变局的动员力度相比。尽管目前在埃及变局的单场抗议活动最多动员了多少人的问题上缺乏明确的统计数据,但动员人数最多的日子是2月1日的100万或25万人,2月11日的100余万人;而聚集在解放广场的抗议者有10余万的报道在埃及变局期间常见诸报端(见表6-2)。仅此一项,就可以发现"受够了"运动与埃及变局在动员规模上出现的显著差别。这种规模上的差异,能够对埃及变局中军队保持中立,而在"受够了"运动中埃及政府甚至没有动员军队做出合理的说明。

面对数量接近百万的抗议群众,军队根本就不敢使用武力进行镇压:一旦使用武力,带来的只能是一场屠杀。这种后果,对于军队指挥官来说,是无法接受也无力承担的。更何况埃及军方至少在埃及变局之前已经积累比较良好的声誉,② 军队指挥官更不敢拿这种声誉当儿戏。相反,"受够了"运动因为没有动员起足够数量的抗议群众,穆巴拉克政府甚至无须调集军队,通过布置警察和安全力量就足以应付局势。如果抗议规模的差异是导致"受够了"运动与埃及变局带来不同结局的决定性因素,那么随之而来的问题是:为什么在面临相似的政治机遇与动员了同样的水平网络的情况下,"受够了"运动与埃及变局的动员能力会出现如此大的差别?只有回答了这一问题,我们才能真正回答"为什么是2011年而不是2005年?"这一困惑。

五 埃及社会运动中的架构与架构共鸣

为什么埃及的社会运动是在2011年而不是在2005年取得成功这一问

---

① El-Mahdi, "Enough!" p. 1027.
② 可参考 Ibrahim A. Karawan, "Politics and the Army in Egypt," Survival, Vol. 53, No. 2, 2011, pp. 45, 48.

题,可以转化为为什么"受够了"运动的动员能力要远远小于 2011 年埃及变局的动员能力?要回答这一问题,社会运动理论中的架构视角能够提供重要的启发。架构视角最初由美国著名社会学家欧文·戈夫曼(Erving Goffman)于 1974 年提出,[1] 在 20 世纪 80 年代中期由戴维·A. 斯诺(David A. Snow)与罗伯特·D. 本福德(Richard D. Benford)等人引入社会运动中。[2] 目前,架构视角已成为补充资源动员理论和政治过程模式的社会运动理论研究范式,涌现了一大批运用该理论研究社会运动的理论和经验研究成果。[3] 集体行动中的架构具有多方面的意义,但它们最主要的功能有两个方面。一是强化抗议者及潜在参与者对某些社会问题及为此采取社会行动去解决之的必要性,从而为社会运动赋予合法性。具体来说,架构"通过强调这些问题的严重性和不公正程度,或者把某个原先认为不幸但可能还可以忍受的社会状况,重新界定为不公正和不道德的",从而激发潜在参与者参与社会运动的热情。二是对这些社会问题的根源进行归因,找出必须为社会问题产生或解决负责的对象,同时对如何解决或改善这些社会状况提出解决方案。架构所发挥的这种功能,是斯诺与本福德所说的"诊断式架构"(diagnostic framing)与"处方式架构"(prognostic frame)联合发挥作用的结果。前者的作用在于"通过辨认出应受谴责的代理人,从而为某些成问题的社会状况找到罪魁祸首",而后者的作用在于"提出改善问题的一般行动思路,并提出实施该行动的责任分配方案"。[4] 在后来的研究中,本福德增加了一种架构类型,即"促发式架构"(motivational framing)。该架构的任务在于向支持者和潜在的参与者发出"行动的号召",或给出参与社会运动的理由,包括建构合适的动机词汇

---

[1] Erving Goffman, *Frame Analysis: An Essay on the Organization of Experience*, Cambridge: Harvard University Press, 1974.

[2] David A. Snow, E. Burke Rochford, Jr., Steven K. Worden, Robert D. Benford, "Frame Alignment Processes, Micromobilization, and Movement Participation," *American Sociological Review*, Vol. 51, No. 4, 1986, pp. 464–481;戴维·A. 斯诺,罗伯特·D. 本福德《"主框架"和抗议周期》,载莫里斯、缪勒主编《社会运动理论的前沿领域》,第 151—193 页。

[3] 对这些成果的评论与总结,可参考 Robert D. Benford and David A. Snow, "Framing Processes and Social Movements: An Overview and Assessment," *Annual Review of Sociology*, Vol. 26, 2000, pp. 611–639.

[4] 这里的引言和讨论见斯诺与罗伯特·D. 本福德:《"主框架"和抗议周期》,第 156—157 页。

(主要有严峻性、紧迫性、有效性、适当性四类一般化的动机词汇)。[1] 构建"诊断式架构"、"处方式建构"与"促发式架构"的过程，被斯诺与本福德称之为"核心建构任务"（core framing tasks）。[2] 集体行动的架构首先是行动导向的，而不仅仅是一种话语体系。当然，在社会运动中，不同的社会运动组织或不同的政治力量都可以提出自己的架构，这些架构既可以实现框架联合（frame alignment），从而在社会运动浪潮中形成一种"主框架"（main frame）;[3] 不过，同样常见的是，因为对现实问题的解释有所不同，社会运动组织之间可能建构出不同的诊断式架构与处方式架构，从而在运动之中产生框架竞争（frame contest）；至于反对者，则可以提出自己的反框架（counter frame），以削弱社会运动的合法性。[4]

社会运动架构能否成功发挥作用的关键在于，社会运动中涌现出来的主架构能否在潜在参与者那里产生"框架共鸣"（frame resonance）。所谓框架共鸣是指社会运动的领导者或支持者就某一社会问题作出的诊断及提供的解决方案能否得到其他潜在抗议者的支持和认可，它"关系到提出的框架的有效性或动员能力，进而关系到为什么某些框架看上去更为有效或产生'共鸣'，而其他的框架则不能产生相应的效果"。[5] 在斯诺与本福德看来，影响框架能否取得潜在支持者共鸣的因素主要有两组：一组是提出框架的可信性；一组是框架的相对显著性。框架可信性包括三个因素：框架持续性（frame consistency）、经验可信性（empirical credibility）与框架提出者本身的可信性（credibility of the frame articulator）。框架持续性是指架构提出的信念、要求之间是否存在内在矛盾，以及信念、要求与社会运动行动者之间是否相符。经验可信性是指框架提出的话语体系是否与世界的发展趋势相契合，主要不是诊断式架构或处方式架构是否真实或有效。而框架提出者本身的可行性比较容易理解，因为言说者的地位、知识

---

[1] Robert D. Benford, "'You Could be the Hundredth Monkey': Collective Action Frames and Vocabularies of Motive Within the Nuclear Disarmament Movement," *The Sociological Quarterly*, Vol. 34, No. 2, 1993, pp. 195–216.

[2] Benford and Snow, "Framing Processes and Social Movements," pp. 526–528.

[3] 架构联盟与主架构的概念见 Snow, etc., "Frame Alignment Processes, Micromobilization, and Movement Participation"; 斯诺与罗伯特·D. 本福德:《"主框架"和抗议周期》，等等。

[4] 可参考 Benford and Snow, "Framing Processes and Social Movements," pp. 537–538.

[5] Ibid., p. 530.

水平、人品、合法性等特征，都能对他们言说的内容或提出的框架产生显而易见的影响。框架显著性同样由三个方面的因素构成：框架的集中性（centrality）、经验可通约性（experience commensurability）以及描述的精确性（narrative fidelity）。集中性是指框架提出的信念、价值和观念与动员目标的价值优先次序存在多大程度上的相符性。经验可通约性是指框架的内涵、观点、意义与动员目标的生活经验在多大程度上相吻合。描述的精确性是所提出的框架是否注意到与动员目标所处的文化背景，是否顾及动员目标特殊的文化价值观与世界观。① 尽管社会运动的经验研究成果并没有证实上述所有影响框架共鸣的因素与社会运动成败之间都存在因果关系，但斯诺与本福德提出的影响架构共鸣程度的分析框架，为我们分析埃及"受够了"运动与埃及变局在动员能力方面为什么存在显著的差异做出了合理的说明。

"受够了"运动与埃及变局都提出了自己的集体行动框架。如前所述，"受够了"运动之所以得名，就在于它响亮地喊出了"受够了"的口号。"受够了"的含义在于认为埃及已经不再需要穆巴拉克了，更不需要一个穆巴拉克的儿子来继续其家族统治。"受够了"的口号在埃及民众中产生了一定程度上的共鸣，这也是该运动从2004年底到2007年下半年能持续近三年的重要原因。诚如有学者指出的，当"受够了"运动的框架不仅要求穆巴拉克不要寻求新的总统任期，并且把巴勒斯坦的民族解放斗争也纳入"受够了"架构中来时，这种框架就体现出了以下方面的具体优势：

将政治参与的诉求，与能发现存在更广泛听众的一种民族主义的话语关联了起来，而且在作为一个后殖民主义社会的埃及中存在深层次的根源，这是一种以新的方式解释政治参与及其重要性的文化架构过程……通过与埃及本国的事业联系起来从而赋予了"抵抗"与"斗争"新的含义，巴勒斯坦的民族解放斗争不仅仅对文化架构做出了贡献，而且由此产生出来的吸引力与怨恨的程度，这一文化架构为更广泛的埃及大众，尤其是学生，提供了一个通过示威活动、校园学生活动、抵制以色列活动等表达对

---

① 更详细的讨论可参考，Benford and Snow, "Framing Processes and Social Movements," pp. 530–533.

当局不满的机遇。①

在"受够了"运动中,运动领导者提出的诊断式框架与处方式框架是同一的:埃及国家与社会的众多问题均是源自于穆巴拉克的统治;而这些问题的解决只能通过穆巴拉克不再寻求新的总统任期、不将其总统职位传给其子才能实现。在"受够了"运动的支持者和参与者看来,"受够了"这一框架准确地说明了埃及各种社会与政治问题的实质及其解决途径,而且这一口号也与他们艰辛的生活体验、与对以色列的不信任相契合,所以该框架展示出一定程度的吸引力。构成埃及变局的主框架是"下台"。为了让"下台"的主框架取得更大程度的框架共鸣,抗议者使用了许多契合埃及传统文化的架构建构方式。例如,参与埃及变局的埃及说唱歌手群体,就创造了许多朗朗上口极易传唱的歌谣(如"穆巴拉克,是厚脸皮;滚蛋滚蛋,你这硕鼠"),对穆巴拉克极尽讽刺之能事。不仅如此,这些说唱歌手还结合埃及的一种民俗音乐——Baladi 音乐,并采用诗歌朗诵、肖像悬吊等玩世不恭、低俗粗鄙但富含政治意蕴的方式,亵渎穆巴拉克。这些架构建构方式,旨在削弱穆巴拉克政府的合法性、驱赶参与反政府活动的恐惧。② 事实证明,这些架构建构方式,的确有助于抗议者克服对参与社会运动的恐惧,同时树立起对运动能迫使穆巴拉克下台的信心。如有的抗议者在接受采访时表示:"人们的心智已经有所改变。他们觉得自己很神圣。他们不再害怕。我们不再害怕这种体制,因为我们能取得胜利,所以我们停止恐惧……我们敢于说出总统的错误、政府的无能。这是我们国家的一次革命,我们思维方面的一次革命。穆巴拉克也许能继续待上几天或几个星期,但他不能改变这种革命。我们不会回家。"③ 从这里可以发现,框架共鸣能够证实本福德与斯诺有关框架能为社会运动赋予合法性和凝聚社会运动参与者对运动原因、目的等方面共识的功能。

"受够了"运动与埃及变局的主框架在内容存在很大程度的相似性,而且都面临外部反框架的挑战,随之而来的问题是为什么它们在动员民众参与的规模方面出现了巨大的差异。"受够了"运动提出的"受够了"框

---

① El - Mahdi, "Enough! Egypt's Quest for Democracy," pp. 1024 – 1025.

② "Egypt: The Culture Revolution," *New York Times Book Review*, Feb 20, 2011, p. 27; "Mubarak Says he Won't Run for Re - elect, While Angry Crowds insist He should Go Now," *Jerusalem Post*, Feb 2, p. 1.

③ "Mubarak Refuses to Head the Call," *Sunday Telegraph* (Australia), Feb 6, 2011, p. 41.

架，与埃及变局提出的"下台"框架之间，除了前者更强调框架的诊断性特征而后者强调框架的处方式特征外，两者并不存在显著的区别。无论是"受够了"还是"下台"，在埃及社会中都引起了认同与共鸣，这也是为什么这两次社会运动在埃及受到人们与研究者广泛关注的重要原因。在面临的外部框架挑战方面，为了对社会运动进行"去动员"（demobilize），穆巴拉克政府在这两次社会运动中都针锋相对地构建了一些反框架。这些反框架主要有三类。第一类反框架认为，穆巴拉克才是实现埃及稳定与安全的保障，而穆巴拉克的下台则意味着埃及将步入骚乱的深渊，带来的只会是"骚乱与烈火"。① 第二类反框架认为抗议者受到外部力量的支持，贯彻的是外部势力——潜台词是西方尤其是美国——的命令。第三类反框架的主要观点是民主制度的建设需要顾及埃及的实际情况，而通过发动抗议、示威等方式来激进地推进民主，会带来严重的负面后果，比如劫掠活动的产生。然而为了安抚抗议者，这类反框架承诺进行必要的改革，但同时强调这种改革必须逐步加以推进，以避免混乱局面的产生。埃及政府建构的这三类反框架，在"受够了"运动与埃及变局中都有所体现。其中，就效果而言，三类框架都发挥了一定程度的作用。② 实际上，与埃及在2005年和2011年为社会运动提供的政治机遇并未出现明显的变化一样，埃及政府建构的反框架对社会运动的后果的影响，并不是导致两次社会运动动员能力大小出现明显差异的重要因素。既然如此，对于这一问题的回答，必须回到影响架构共鸣的两组六个因素——架构的持续性、经验可信性、架构提出者本身的可信性、架构的集中性、经验可通约性以及描述的精确性——的分析上。简而言之，在这六个方面，除了架构的集中性与经验可通约性外，影响这两次社会运动框架共鸣的其他四个方面的因素同样没有太大的区别。如此一来，我们可以得出一个推论，即架构集

---

① "Leaders Backer, Rich and Poor, see Much to Lose," *The Washington Post*, Feb 3, 2011, p. A01；"Egyptians Battle for Heart of Cairo," *The Toronto Star*, Feb 3, 2011, p. A1；"Ben – Eliezer: Mubarak Regime, Peace will Endure," *Jerusalem Post*, Jan 28, 2011, p. 23.

② 如第二类反框架在"受够了"运动与埃及变局中发挥了一定的作用。在"受够了"运动期间，埃及政府向"埃及变革运动"组织提出的后者接受了中央情报局资助的指控，导致该组织的领导人不得不就与西方的关系做出澄清，并拉开与西方的距离（参考 Oweidat, etc., *The Kefaya Movement*, pp. 32, 40.）；在埃及变局中，埃及政府有关抗议者受到外部势力教唆和操纵的反框架，让某些穆巴拉克的支持者和底层民众怀疑抗议者的动机。

中性与经验可通约性,决定了"受够了"运动与埃及变局动员规模的不同。事实是否如此呢?

首先来看"受够了"运动在框架集中性与经验可通约性方面的特征。在框架集中性方面,本章第三部分有关虚拟社交网络的论述,已经提到了博主们与"受够了"运动在社会运动核心议题与斗争策略上产生了分歧,这种分歧体现了"受够了"运动架构在集中性上存在的问题。事实上,这种矛盾还体现在"受够了"运动的其他方面。"受够了"运动虽然组建了世俗力量与政治伊斯兰力量之间的松散联盟,但它们在诊断性框架、处方式框架的建构上有不同观点,从而在社会运动内部产生了分化。"受够了"运动的架构工作致力于在实现穆巴拉克不再寻求任期的基础上增强民众的政治参与,其实质是追求"自由"与"民主"。但是,对于如何理解这些核心概念,世俗派与政治伊斯兰力量之间存在严重的分歧。以"埃及变革运动"组织为首的世俗派,指责以穆斯林兄弟会为首的政治伊斯兰力量对于民主的理解存在缺陷,认为伊斯兰力量将西方式的自由等同于堕落与不道德有失偏颇;而穆斯林力量则控诉世俗派在如何对待宗教自由的问题上态度模糊,认为后者采取这种策略是阻止政治伊斯兰力量获得更大的影响力,并阻止它们获取"受够了"运动的成果。[①] 不仅如此,"受够了"运动还将自己的架构工作拓展到埃及的一些外交政策和内政问题上,这不但进一步模糊了"受够了"运动的主旨,而且还加深了世俗派与政治伊斯兰力量之间的矛盾。如在外交政策问题上,"受够了"运动在要不要采取反美与反以立场上出现了严重的分歧;在国内问题上,世俗派与政治伊斯兰力量又在关于是否支持穆斯林妇女佩戴头巾的问题上产生了争执。[②] 由此可见,尽管"受够了"运动喊出的口号看似有明确的诉求,即要求穆巴拉克不要继续下一任任期和子承父业,但又在不经意间将架构工作拓展到了许多容易引起争议的社会与外交政策问题上。"受够了"运动构建的过于宽泛的架构,不仅让潜在的参与者与旁观者对运动的主旨产生困惑,从而削弱了该运动的动员能力;更严重的是,它对运动的内部团结带来了非常负面的影响,导致"受够了"运动各政治力量发生内讧。"受

---

① Oweidat, etc., *The Kefaya Movement*, pp. 33 – 34.
② "受够了"运动各种力量在这些内外问题上的争执与矛盾,可参考 Oweidat, etc., *The Kefaya Movement*, pp. 32 – 34.

够了"运动架构的分化,是斯诺与本福德意义上的"架构拓展"（frame extension）,但这种架构拓展带来的后果却是导致社会运动的失败。①

再来看"受够了"运动的经验可通约性。在总结"受够了"运动之所以失败的教训时,人们很容易注意到该运动未能充分动员各种水平网络和人民大众支持的缺陷。"受够了"运动以民主和自由为诉求的框架虽然具有一定的吸引力,但当运动的领导者和参与者将许多精力投入到民主概念的讨论时,带来的一种客观后果是忽视了普通民众——尤其是底层民众对社会经济困境的关注。这一问题,具有两个方面的影响:一方面,在各政治派别的社会支持网络内产生了消极影响。如"青年变革运动"组织针对"埃及变革运动"组织抽象地谈论民主、自由与人权极为不满,为此提出了一种替代性的架构——认为"我们的工作是将年轻人在日常生活中面临的问题与政府联系起来,向人们解释他们享有特定的权利,而某些人则有责任倾听他们的呼声"。② 而该组织的成员,尤其是博主们,则积极呼吁关注穷人、无家可归者与失业者们面临的生活困境,从而与"青年变革运动"组织构建的框架形成竞争。另一方面,拓展后的架构同样疏远了下层民众,这是更为致命的问题。由于"受够了"运动的主框架抽象地谈论政治问题,忽视将下层民众的经济社会诉求——就业、生活水平的提高、稳定物价等——与社会运动衔接起来,下层群众对这种框架表示出冷漠的态度,这是"受够了"运动的动员能力从未超过一万人的直接原因。③ 总之,"受够了"运动的构架在集中性与经验可通约性方面存在的问题,削弱了该运动的动员能力,导致其内部的分裂,进而使得该运动未能实现迫使穆巴拉克下台的目标。

埃及变局的架构在集中性与经验可通约性方面是否存在同样的问题呢？同样先看集中性。作为埃及变局主框架的是"下台"这一口号,它在埃及变局中喊得最为响亮,而且从 2011 年 1 月 25 日一直喊到 2 月 11 日穆巴拉克宣布辞职。即使在 2 月 1 日穆巴拉克宣布不再参加预定于 9 月

---

① 架构拓展的概念及对社会运动的影响,可参看 Snow, etc., "Frame Alignment Processes, Micromobilization, and Movement Participation," pp. 472-473.

② Fahmi, "Bloggers' Street Movement and the Right to the City," pp. 97-98.

③ Oweidat, etc., *The Kefaya Movement*, pp. 38-39; El-Mahdi, "Enough! Egypt's Quest for Democracy," pp. 1031-1032; Martin Peretz, "The New Middle East," *The New Republic*, March 3, 2011, p. 9.

举行的总统选举后，这一口号仍然响彻开罗解放广场。由此可见，在埃及变局中，社会运动的领导者与参与者都明确将运动的目标锁定在穆巴拉克辞职这一问题上。尽管在运动中抗议者也提到了许多别的政治诉求，如呼吁出台新的宪法、解散民族民主党、审判穆巴拉克及其下属等；同时也喊出了其他的口号，如"穆巴拉克是盗贼"、"穆巴拉克是胆小鬼"等，但"下台"无疑是抗议者发出的最明确的政治信息和压倒性的呼声。[①] 抗议者的共识是：穆巴拉克三十年的非正义统治已经足够了，他们再也无法忍受由他继续执政 8 个月（即到 2011 年 9 月举行新的总统大选）。[②] 在这种共识下，那些曾经导致"受够了"运动架构工作分散化的议题，在埃及变局中没有重新出现。如"革命"中没有出现明显的反美或反以口号，伊斯兰议题同样没有成为领导者与抗议者们争论的焦点。事实上，反美、反以口号的缺失与伊斯兰色彩的淡化，构成埃及变局两个非常重要的特征。[③] 埃及变局架构的高度集中性，至少有两个方面的积极结果：首先，至少暂时消弭了那些引发各政治派别和持不同政治倾向参与者之间发生内讧和争端的可能；其次，维护了各种水平网络及抗议者之间的团结，激发更多的民众为实现这一目标而参与社会运动。

　　就架构的经验可通约性而言，"下台"的主架构克服了"受够了"主架构面临的问题。作为埃及变局导火线的赛伊德事件，之所以引发了埃及民众尤其是网民们强烈的关注，主要是因为赛伊德不属于埃及任何政治派别，只是一名纯粹的埃及老百姓。他的悲惨遭遇，使同样生活艰辛、饱受官员腐败和安全机构滥用暴力之苦的埃及民众产生了强烈的共鸣。当"革命"参与者在赛伊德事件的基础上，建构出相应的诊断式框架——产生诸如此类事件的根源在于穆巴拉克政府——和处方式框架——解决这类问题的途径在于穆巴拉克下台——时，普通埃及人对此无疑会产生高度的

[①] "Mubarak won't Run again, but Stays; Obama Urges a faster Shift of Power," *The New York Times*, Feb 2, 2011, p.1; "A Million Voices, One Message," *Inter Press Service*, Feb 1, 2011.

[②] "Unmoved by Mubarak's Speech, Egyptian Protests insist: 'He must Leave'," *The Christian Science Monitor*, Feb 1, 2011.

[③] 可参考 Haseeb, "On the Arab 'Democratic Spring'," pp. 116, 117; Joshi, "Reflections on the Arab Revolutions," p. 65; "Mubarak Refuses to Heed the Call," *Sunday Telegraph* (Australia), Feb 6, 2011, p. 41; "The people against the police. Egyptians fight to get to Tahrir Square," *Jerusalem Post*, Feb 3, 2011, p. 9.

认同。除了赛伊德事件引发的共鸣外，埃及变局的参与者抱怨的都是他们日常生活中遭遇到的困难，如失业、物价飞涨、工资待遇低下、缺乏食品等经济问题、人身安全受到安全机构威胁等社会问题、没有政治自由等政治问题，而"下台"主架构的观点与此相呼应，顺应与契合了民众的这些诉求。在这种情况下，埃及变局建构出来的框架具有强大的动员能力是顺理成章的。事实上，很多报道与研究都注意到，埃及变局实现了跨阶层的动员，其参与者包括许多中产阶级，以及工人、妇女、孩子、农民等弱势群体，甚至还有一些上层人士。① 埃及变局能够动员 100 万左右的抗议者，说明经验可通约性对于框架共鸣，进而对社会运动成功的重要性。至此，我们能就埃及 2005 年与 2011 年的两次社会运动为什么产生了不同的动员能力的问题得出结论，那就是社会运动架构在框架集中性与经验可通约性方面存在的差异。

六 讨论及展望

本章来源于一个令人困惑的问题，即埃及 2005 年与 2011 年发生的两次大规模的社会运动为什么带来了截然不同的结果？为了回答这一问题，本章通过借鉴社会运动理论来考察它们面临的政治机会结构、动员起来的资源以及建构起来的架构，这是社会运动理论用以解释社会运动成败的三种主要理论范式。通过考察，本章发现"受够了"运动与"埃及变局"在面临的政治机会结构与动员起来的资源——主要是水平网络——方面，并未出现显而易见的差异。就政治机会结构而言，构成政治机会结构的四个方面的主要因素——埃及政治体系的开放程度、政府精英内部的团结程度、跨国环境与外部行为体的角色、埃及政府对两次社会运动进行镇压的意愿——在两次社会运动期间并未出现明显的变化。埃及变局中军队的中立，虽然是促使"革命"最后实现穆巴拉克下台这一预期目标的重要影响因素，但军队为什么在运动中保持中立本身是一个有待解释的问题，而

---

① "Mubarak won't Run again, but Stays; Obama Urges a faster Shift of Power," *The New York Times*, Feb 2, 2011, p.1; "Mubarak backers join fray in Egypt; Widespread clashes kill 3, injure 1,500," *The Washington Times*, Feb 3, 2011, p.1; "Mubarak Refuses to Heed the Call," *Sunday Telegraph* (*Australia*), Feb 6, 2011, p.41; "Helicoptes, Tanks, A Burst of Gunfire…a Crackdown or False Alarm in Cairo," *Daily Mail* (*London*), Feb 7, 2011.

不能构成解释两次社会运动出现不同结果的原因。同样地，在动员资源方面，构成"受够了"运动与埃及变局最为重要的动员资源均是水平网络，包括反对派联盟、社会支持网络、虚拟社交网络，而且在使用这三种水平网络进行政治动员方面，这两次社会运动同样并没有出现质的区别。也就是说，政治机会理论与资源动员模式这两种理论范式的解释逻辑，虽然能为我们了解埃及"受够了"运动与埃及变局为什么能发生及其具体动员机制带来启发，其中资源动员模式有关水平网络重要性的研究，更是为我们分析这两次社会运动为什么能突破社会运动动员难题提供了重要的洞见；然而，这两种理论范式本身，无法解释为什么在共享了几乎相同的政治机会与资源基础的情况下，这两次社会运动会产生不同的效应。通过讨论，我们发现，动员能力的差异，才是导致两次社会运动产生不同结果的直接原因。至于这两次社会运动为什么在动员能力方面出现如此明显的差异，本章进而运用了主要由戴维·O. 斯诺与罗伯特·D. 本福德提出的架构视角进行了分析。

"受够了"运动与埃及变局提出了类似的框架，而且都面临来自埃及政府建构的反框架的挑战，甚至在影响框架共鸣程度的因素上有四个方面——框架持续性、经验可信性、框架提出者本身的可信性、描述的精确性——近似，但由于在集中性与经验可通约性方面有所差异，所以导致这两次社会运动产生不同的结果。在集中性方面，"受够了"运动虽然致力于将其诉求集中在阻止穆巴拉克寻求下一任总统任期和扶持其次子贾姆勒继任总统的问题上，但其框架经过了一个拓展的过程，把斗争的焦点扩展到了对民主、自由、人权等抽象概念的讨论和对埃及外交政策、宗教问题的争议上。而在埃及变局中，这些引起争议的问题没有成为框架讨论的议题。抗议者将运动的政治诉求集中在要求穆巴拉克下台这一点上，攻其一点，不及其余，从而在反对派联盟、社会支持网络、虚拟社交网络等平台上凝聚了共识，保持了抗议者内部的团结。在经验可通约性方面，两次社会运动的框架同样有显著的差异。埃及变局使用民主、人权、自由等抽象概念来建构框架，虽然的确动员了渴望增强政治参与的部分中产阶级对运动的支持与参与，但因为框架所使用的语言严重脱离底层民众的需要，因此未能扩大运动的支持和动员基础。而埃及变局在这一方面有重大的改进。通过将普通百姓的关切上升为"革命"追求的目标，2011 年埃及社会运动涌现出的"下台"框架实现了跨阶层、跨宗教的联合，实现了结束穆巴拉克统治的目标。① 当然，不能过分夸大"下台"框架的共鸣程度。埃及变局参与者的领导者，仍是包括医生、律师、大学生、工程师等在内的中产阶级。② 构成埃及人口大多数的穷人，参与"革命"的只是少数，"许多穷人怀疑抗议者的动机，甚至关心抗议背后是否隐藏着外部议程"。③ 由此可见，本福德与斯诺的架构视角，能够对埃及两次社会运动在动员能力方面为什么体现出不同这一现象进行比较合理的说明。"受够了"运动与埃及变局之间的差异及本章的解释逻辑，见表6-3。

表6-3　本章的解释逻辑及"受够了"运动与埃及变局的异同

自变量		两次社会运动的比较	中间变量（动员能力）	因变量（政治效应）
政治机遇机构	政治体系的开放程度	近乎相同	显著差异	显著差异
	精英内部的团结程度			
	外部行为体的角色			
	国家进行镇压的意愿			
动员资源（水平网络）	反对派联盟			
	社会支持网络			
	虚拟社交网络			
影响架构共鸣的因素	框架的可信性	框架持续性		
		经验可信性		
		框架提出者的可信性		
	框架的相对显著性	描述的精确性	显著差异	
		框架的集中性		
		经验可通约性		

---

① Joshi, "Reflections on the Arab Revolutions," p. 65; Sharp, *Egypt*: *The January 25 Revolution and Implications for U. S. Foreign Policy*, p. 4; Fakhro, Elham and Emile Hokayem, 2011, "Waking the Arabs," *Survival*, 53: 2, 23 (21-30); From the Editor, "Turmoil in the Middle East," *Commonweal*, March 25, 2011, p. 5.

② "Hell Breaks losse and Egypt Teeters. Rioters Fill streets, Rage against Mubarak, Obama Urges Ally to Enact Major Reforms," *Daily News* (*New York*), Jan 29, 2011, p. 5.

③ "Leader's Backers, Rich and Poor, See Much to Lose," The Washington Post, Feb 3, 2011, p. A01.

本章的研究仍有一些未得到充分说明的问题，有待进行进一步的研究。这种不足主要有三个方面。首先，尽管本章在对"受够了"运动与埃及变局的研究中，已经尽量利用了国内外的最新研究成果。然而，囿于笔者没有到埃及进行田野调查，所以对这两次社会运动的具体动员过程的了解尚有待深入。此外，埃及变局虽然实现了推翻穆巴拉克政府的预期目标，但埃及局势仍处于发展中，"革命"本身还未尘埃落定，再加上资料方面的限制，所以本章对埃及变局的研究集中在2011年1月25日至2月11日这段时间里。随着埃及局势的发展和研究资源的丰富，埃及变局的更多细节将会浮现出来，学者们将能对本章的逻辑和观点进行完善或修正。

其次，斯诺与本福德的架构解释框架也有进一步推敲之处。本福德与斯诺认为六种因素能够影响框架共鸣，但他们只是定性地提出了这些假设，既未对这些因素如何影响框架共鸣的具体机制做出充分阐释，也未明确各种因素的相对重要程度。这些不足，同样影响到我们对埃及社会运动的解释。例如，我们不清楚在共享其他四个方面特性的条件下，为什么框架的集中性与经验可通约性对架构共鸣的程度能产生显著的影响？此外，在构成埃及社会运动动员基础的水平网络方面，无论是反对派联盟，抑或是社会支持网络，还是虚拟空间网络，都是以水平化为特征的。然而，至少在埃及变局中，抗议者与支持者都有效地克服了水平网络的破碎化，保持了联盟及与抗议者间的团结。框架共鸣无疑有助于这种团结的产生，但无论是框架的集中性还是经验可持续性，似乎都不足以充分说明团结为什么得以维持。斯诺与本福德曾经提到过的"集体身份"为说明这一问题提供了一些线索，[1] 然而，集体身份产生的一个重要条件是行为体之间的同质性。[2] 在埃及的水平网络具有显而易见的异质性这一背景下，集体身份的概念及其运作机制能在多大程度对此作出说明，仍需进行更深入的研究。

---

[1] Benford and Snow, "Framing Processes and Social Movements," pp. 631–632.

[2] 尽管许多社会理论家，包括社会运动研究，都谈到了集体身份形成的条件，但笔者认为，国际关系研究中的建构主义者亚历山大·温特有关集体身份形成条件的讨论，是比较全面和深刻的。温特认为，集体身份的产生需要四个条件，即共同命运、相互依赖、同质性与自我克制。可参考亚历山大·温特《国际政治的社会理论》，秦亚青译，上海：上海人民出版社2000年版，第430—454页。

最后，有待探讨用以解释埃及社会运动成败的因素，是否同样能解释其他中东北非国家的社会运动。在未就埃及与也门、阿曼、突尼斯、利比亚等国发生的社会运动进行细致的比较之前，对此需做进一步研究。但既然中东这波社会运动浪潮出现的国家在国际、国内背景上有重要的相似性，而且地理位置相邻，那么我们同样运用社会运动理论对这些国家的局势发展进行分析；或许本章还能为这种研究提供些许提示。当然，既然不同中东北非国家的社会运动带来了不同的结果，至少说明其他国家的社会运动可能有某些特殊的发展动力和机制。这些动力与机制究竟为何，有赖于学界展开更多、更深入的研究。本章虽然讨论了埃及变局在 2011 年能够推翻穆巴拉克政府的主要原因，但未能解释这一变局似乎是毫无征兆地发生。第七章将对此问题进行研究，并探讨虚拟社交网络在变局中扮演的具体角色。

第 七 章

埃及变局中的信息瀑布与虚拟社交网络

【本章摘要】本章尝试回答两个问题：如何解释埃及变局突如其来的爆发？Facebook等虚拟社交网络在埃及变局中扮演了一种什么样的角色？通过考察发现，埃及变局中出现了信息瀑布，它让那些原本对政府心存不满但不愿冒险参与社会抗议活动的民众敢于表达自己反政府的私有偏好。在这一过程中，通过率先发起抗议活动，Facebook等虚拟社交网络用户启动了信息瀑布的形成过程。也就是说，虚拟社交网络的动员作用主要体现在变局初期，但变局后期已经超越了网络动员的层次。因此，将埃及变局塑造为一场"Facebook革命"是不恰当的。

本章尝试从理论层面来回答这样两个问题：首先，为什么在"中东变局"发生之前没人预测到其出现，用著名社会运动理论家杰夫·戈德温（Jeff Goodwin）的话来说，"我们为什么（又一次）被中东变局所震惊"；[1]其次，Facebook、Twitter、博客等虚拟社交网络（virtual social network）或新社会媒体网络（new social media network）在其中扮演了什么角色，它们是"革命"成败的决定性因素吗？[2]在本章中我们能看到，这

---

[1] Jeff Goodwin, "Why We Were Surprised (Again) by the Arab Spring," *Swiss Political Science Review*, Vol. 17, No. 4, 2011, pp. 452 – 456.

[2] 在使用"革命"一词时我们打上引号，以示使用该词时可能存在的争议。在英文文献中，人们认为发生"中东变局"的国家均出现程度不一的革命，然而在某些学者看来，现在将"中东变局"称为"革命"还为时尚早。因为"革命，归根结底，不是根据其推翻什么来判断，而是根据其带来了什么来定义。仅仅改变执政者个人，而没有对既有的政治结构进行彻底的重构，那么只能称之为叛乱或政变，而不能称之为革命（引言见 Jon B. Alterman, "The Revolution Will Not Be Tweeted," *The Washington Quarterly*, Vol. 34, No. 4, 2011, p. 103）。

两个问题具有内在的联系。鉴于埃及从1月28日延续到2月11日的埃及变局在"中东变局"中的重要性，以及国内外关于埃及变局的成果最为丰富，我们将以埃及变局为例来说明这两个问题。①

一 问题的提出

"中东变局"的产生是研究者们和国际媒体远未预料到的。在"中东变局"发生以前，国际问题研究者——尤其是中东问题研究专家——一致认为，相对于其他地区先后被民主化浪潮所波及，包括中东在内的阿拉伯地区至少能保持相当长时期的稳定。有的研究者指出了阻止埃及等阿拉伯国家出现大规模抗议活动的具体障碍。如马里诺·迪安尼（Mario Diani）根据社会运动理论中的三种主流范式——政治过程模型（Political Process Model）、资源动员理论（Resources Mobilization Theory）与架构视角（Frame Perspective），②提炼出了对应于这三种范式的不利于中东地区发生社会运动的三类不利条件。③这三类不利条件分别是（1）对应于政治过程模式的政治机会结构（political opportunity structure）不利于社会运动的出现。这主要是因为政府对社会抗议活动的高压态势给社会运动参与者带来了高额成本，这不仅威慑人们不敢采取一般性的抗议活动，而且严重压缩了人们为协调进行社会运动所必需的公开话语和公开沟通空间。（2）对应于资源动员理论的动员资源不利于社会运动的出现，它主要体现在反政府力量的内部分裂上。这种分裂不仅仅体现在左派力量与伊斯兰势力之间，④而且还出现在部落、部族、各政治势力内部。反政府力量之

---

① 将埃及政局变化称为埃及变局的成果，可参考 Jeremy M. Sharp, *Egypt: The January 25 Revolution and Implications for U. S. Foreign Policy*, Washington, D. C.: Congressional Research Service Report for Congress, Report 33003, February 11, 2011.

② 社会运动理论的发展过程及理论流派可参考裴宜理、阎小骏《社会运动理论的发展》，载《当代世界社会主义问题》2006年第4期；赵鼎新：《社会与政治运动理论：框架与反思》，载《学海》2006年第2期；赵鼎新：《社会与政治运动讲义》，北京：社会科学文献出版社2006年版。

③ 可参考 Mario Diani, "Social Movement Theory and Grassroots Coalition in the Middle East", Paper for the 2008 ASA Meeting, Boston, August 1 – 4, 2008, pp. 15 – 16.

④ 关于此问题的研究，可参考 Maha Abdelrahman, "'With the Islamists? Sometimes. With the State? Never!' Cooperation Between the Left and Islamists in Egypt," *British Journal of Middle Eastern Studies*, Vol. 36, No. 1, 2009, pp. 37 – 54.

间的分裂,使得即使出现了社会运动也很难取得成功。(3)对应于"架构视角"的架构工作很难凝聚起反政府力量和普罗大众参与社会运动的热情。长期以来,中东地区的社会运动主要围绕伊斯兰信仰进行动员,很少注意将它们与"民主"、"人权"、"自由"等话语联系起来,喊出的口号主要是"伊斯兰就是解决方案",基于此出现的社会运动也被称为"伊斯兰行动主义"(Islamic Activism)。[1]不仅如此,各种反政府力量还围绕架构主导权展开激烈的争斗,严重的内耗削弱了这些社会运动的号召力及其内部团结。这些不利于中东地区出现社会运动的一般性条件的存在,让人很容易忽视有助于"中东变局"出现的各种深层因素。

不难理解,当中东变局出现时,人们的典型反应是错愕与震惊。玛瑞·迪克森(Marion Dicon)形象地指出:"对于阿拉伯地区出现的事件,绝大多数西方观察家和该地区的人们持震惊与疑惑的态度。"甚至在突尼斯"革命"发生以后,西方学术界和主流媒体仍然认为埃及不会发生突尼斯一样的社会抗议浪潮,因为"埃及人的特征就是容易相处、温顺和逆来顺受的"。[2]即使抗议者们也未预料到"革命"能动员起超过100万人的抗议规模并取得成功。因此,中东变局产生之后,认为学术界、政界、西方情报界等均未能预测到其发生,已是人们的共识。[3]在此背景下,西方中东问题专家开始反思他们的研究为什么未能对"中东变局"的发生

---

[1] 相关研究成果可参考 Asef Bayat, "Islamism and Social Movement Theory," *Third World Quarterly*, Vol. 26, No. 6, 2005, pp. 891 – 908; Ziad Munson, "Islamic Mobilization: Social Movement Theory and the Egyptian Muslim Brotherhood," *Sociological Quarterly*, Vol. 42, No. 4, 2001, pp. 487 – 510; Carrie R. Wickham, *Mobilizing Islam: Religion, Activism, and Political Change in Egypt*, New York: Columbia University Press, 2002; Quintan Wiktorowicz, ed., *Islamic Activism: A Social Movement Theory Approach*, Bloomington: Indiana University Press, 2004; 倪云鸽、胡雨:《试析当代政治伊斯兰的生成机制——一种社会运动理论的视角》,载《宁夏社会科学》2009 年第 4 期;胡雨:《社会运动理论视角下的政治伊斯兰生成机制》,载《国际论坛》2009 年第 3 期等。

[2] Marion Dixon, "An Arab Spring," *Review of African Political Economy*, Vol. 38, No. 128, 2011, p. 311.

[3] 可见 Angela Joya, "The Egyptian Revolution: Crisis of Neoliberalism and the Potential for Democratic Politics," *Review of African Political Economy*, Vol. 38, No. 129, 2011, p. 368; Erin A. Snider and David M. Faris, "The Arab Spring: U. S. Democracy Promotion in Egypt," *Middle East Policy*, Vol. 18, No. 3, 2011, p. 49; William A. Gamson, "Arab Spring, Israeli Summer, and the Process of Cognitive Liberation," *Swiss Political Science Review*, Vol. 17, No. 4, 2011, p. 463; etc.

予以准确的预测。①本章将以埃及变局为例来回答以下两个问题：首先，在外部观察家、埃及政府与抗议者们都未准备好面对一场大规模社会抗议的情况下，如何解释埃及变局的突然爆发？与此相关的另一个问题是：Facebook等虚拟社交网络在埃及变局中到底扮演了一种什么样的角色及其与埃及变局的突发性有没有关系？本章尝试通过借鉴社会运动理论来回答上述两个主要问题。本章的结构安排如下，我们在第二部分回答第一个问题，然后在第三部分回答第二个问题，最后对本章的发现进行总结。

二 埃及变局的突发性：信息瀑布的形成及其运作机制

克服迪安尼所列举的在中东地区进行社会运动的三个方面的障碍，是埃及变局能够出现和取得成功的前提条件。就政治机会结构而言，2011年埃及面临的政治形势，如物价高涨、人们生活水平普遍下降、年轻人高居不下的失业率造成的民怨，同一领导人的长期执政、警察与安全机构执法过程中的横行无忌与滥用职权、统治阶层的贪污腐化与裙带关系带来的政府合法性危机等内部因素；以及美国向穆巴拉克政府施加的进行改革的压力、突尼斯"茉莉花革命"带来的示范效应等外部因素，都对埃及变局的出现起到了推波助澜的作用。②就动员资源而言，网民们在虚拟社交网络表达怨恨、进行信息交流与沟通，而且最早走上街头进行抗议，进而吸引了政治反对派和劳工们的参与。更重要的是，反政府力量有效克服了彼此间的分裂，体现了较大的动员能力。就架构建构而言，社会运动的领导者与参与者都明确将运动的诉求集中在要求穆巴拉克下台这一问题上，响亮地喊出了"下台、下台"的口号。尽管抗议者们在埃及变局中也提出了别的政治诉求，如呼吁出台新的宪法、解散民族民主党、审判穆巴拉

---

① F. Gregory Gause III, "Why Middle East Studies Missed the Arab Spring," *Foreign Affairs*, Vol. 90, No. 4, 2011, pp. 81-90.

② 可参考《外交评论》2011年第2期；《现代国际关系》2011年第3期；《西亚非洲》2011年第6期；*Survival*, Vol. 53, No. 2, 2011；*Foreign Affairs*, Vol. 90, No. 3, 2011上的专题文章。此外还可参考贺文萍：《民生凋敝是中东动荡的主因》，载《社会观察》2011年第3期；张维为：《浪漫"革命"之后：埃及困局如何破解》，载《社会观察》2011年第3期；秦天：《突尼斯"茉莉花革命"的前因后果》，载《国际资料信息》2011年第2期，等等。

克及其下属等;但"下台"无疑是抗议者发出的最明确的政治信息和压倒性的呼声。①也就是说,"下台"构成了埃及变局的"主框架"(main frame)。②架构工作的集中,避免了反政府力量与抗议群众在意识形态上的斗争。从社会运动理论的角度来看埃及变局,可以发现埃及政治机会结构的变化、运动中抗议者有效克服了彼此间的分裂、社会运动参与者就运动目标达成了基本共识,共同促使了埃及变局的出现与成功。不过这些因素仍无法解释埃及变局为什么会突然出现这一问题。

社会运动中的"信息瀑布"模型有助于回答埃及变局出现的突然性。为了解释苏联解体、南斯拉夫分裂等突发事件,学术界提供了一种富有解释力的分析框架——"信息瀑布"(informational cascades)模型。③"信息瀑布"是指"当某个人在观察到他之前许多人的行为后,不管自身的信息而追随那些人的行为,且这种追随是最优选择的时候,就意味着出现了信息瀑布"。④在"信息瀑布"的形成过程中,信息的获得极为关键,而这种信息是指其他行为体是否参与社会运动的偏好。在"信息瀑布"形成之前,观察者往往察觉不到社会运动潜在参与者的偏好,而他们明确表达

---

① "Mubarak won't Run again, but Stays; Obama Urges a Faster Shift of Power," *The New York Times*, February 2, 2011, p. 1; "A Million Voices, One Message," *Inter Press Service*, February 1, 2011.

② "主框架"的概念,可参考 David A. Snow, et al., "Frame Alignment Processes, Micromobilization, and Movement Participation," *American Sociological Review*, Vol. 51, No. 4, 1986, pp. 464 – 481; 戴维·A. 斯诺、罗伯特·D. 本福德:《"主框架"和抗议周期》,载〔美〕艾尔东·莫里斯、卡洛尔·麦克拉吉·缪勒主编《社会运动理论的前沿领域》,刘能译,北京:北京大学出版社 2002 年,第 151—176 页,等等。

③ 有关"信息瀑布"模型的较早研究成果,可参考 Timur Kuran, "Now Out of Never: The Element of Surprise in the East European Revolution of 1989," *World Politics*, Vol. 44, No. 1, 1991; Sushil Bikhchandani, David Hirshleifer, and Ivo Welch, "A Theory of Fads, Fashion, Custom and Cultural Change as Informational Cascades," *Journal of Political Economy*, Vol. 100, No. 5, 1992, pp. 992 – 1026; Abhijit Banerjee, "A Simple Model of Herd Behavior," *Quarterly Journal of Economics*, Vol. 107, No. 3, 1992, pp. 797 – 818. 关于"信息瀑布"模型比较全面的介绍,可参考 Susanne Lohmann, "The Dynamics of Informational Cascades: The Monday Demonstrations in Leizig, East Germany, 1989 – 91," *World Politics*, Vol. 47, No. 1, 1994, pp. 45 – 48; David Faris, *Revolutions without Revolutionaries? Social Media Networks and Regime Response in Egypt*, Ph. D. Dissertation, University of Pennsylvania, 2010, pp. 35 – 52.

④ Sushil Bikhchandani, David Hirshleifer, and Ivo Welch, "Learning from the Behavior of Others: Conformity, Fads, and Informational Cascades," *The Journal of Economic Perspectives*, Vol. 12, No. 3, 1998, p. 992.

第七章　埃及变局中的信息瀑布与虚拟社交网络　/　179

或通过行为得以体现的信息可能是不真实的。也就是说，行为体的真实偏好是"私有偏好"（private preference），而通过行为或声明表达出来、外人无法判断真伪的偏好是"公开偏好"（public preference）。在高压环境下，私有偏好与公开偏好往往不一致。这种现象，被蒂穆尔·库兰（Jimur Kuran）称为"偏好隐瞒"（preference falsification）。[1]而当行为体得知其他人参与社会运动的偏好信息或直接观察到他们的集体行为后，原本不敢或不愿参与社会运动的行为体有可能改变自己的偏好，尾随这些人参与或协商进行社会运动，从而实现社会运动规模的急剧扩大。这是因为动员人数的增多，使个人参与运动的成本降低，从而有助于潜在参与者跨越参与集体行为的"门槛"（threshold），[2]进而激励更多的潜在参与者转化为实际参与者。值得指出的是，与勒庞所说的由非理性行为体组成的"乌合之众"[3]相比，尽管"瀑布效应"或"门槛"效应也体现出了社会运动参加者的从众心理，但它仍是理性的。[4]简而言之，"信息瀑布"通过两种运作机制让那些突发性的重大社会运动变得可以理解：一是打破了信息霸权对信息的掌控，让自下而上的信息流通、传播、扩散变得可能；二是社会运动组织可以让社会运动的潜在参与者跨越参与社会运动的门槛，从而实现更高程度的动员。[5]这两种机制带来了一种结果，那就是通过信息的流通，不仅让那些本来就享有共同偏好的行为体汇聚在一起，而且还改变了那些社会运动潜在参与者的偏好，让他们走出沉默，通过话语或行动表达诉求。[6]

---

[1]　Kuran, "Now Out of Never", p. 17.

[2]　Mark Granovetter, "Threshold Models of Collective Behavior," *American Journal of Sociology*, Vol. 83, No. 6, 1978, pp. 1420 – 1443.

[3]　古斯塔夫·勒庞：《乌合之众：大众心理研究》，戴光年译，北京：新世界出版社 2010 年版。

[4]　"瀑布效应"之所以是理性的，是因为在高风险、不完全信息与非可靠信息的条件下——库兰称"不完全可观察性"（imperfect observability）——参加集体行为，可能出现错误认知，但瀑布效应是根据对其他显示出的偏好而理性地对自己的态度进行调整而做出的决策。可参考 Kuran, "Now Out of Never," p. 47; Timur Kuran and Cass R. Sunstein, "Availability Cascades and Risk Regulation," *Stanford Law Review*, Vol. 51, No. 4, 1999, pp. 683 – 768.

[5]　Faris, *Revolutions without Revolutionaries?* pp. 22 – 23; Deva Woodly, "New Competencies in Democratic Communication? Blogs, Agenda Setting and Political Participation," *Public Choice*, Vol. 134, No. 1 – 2, 2008, pp. 111 – 112.

[6]　Faris, *Revolutions without Revolutionaries?* p. 46.

埃及变局中出现了"信息瀑布"。对于这一点,《卫报》2011年2月12日的报道对埃及变局动员过程作了比较精炼的概括:"归根结底,穆巴拉克政府垮台的主要原因是经济方面,而不是政治方面的。最先掀起抗议的年轻、世俗、都市中产阶级积极分子本身不足以制造一场革命;然而当大批入不敷出的贫穷工人、失业与遭到政府排斥的大军加入到抗议人潮中,然后再促成穆斯林兄弟会的参与,最终也是决定性的——普通军人替下了警察,而且拒绝遵守镇压抗议者的命令,革命也就瓜熟蒂落了。"[1]这一过程与苏珊·劳曼(Susanne Lohmann)对"信息瀑布"形成机制——"形式化的信号模型"(formal signaling model)所做的描述相吻合。劳曼强调的不是传统信息瀑布模型所重视的社会运动参与者数量本身,而是群众对于参与社会运动的预期累计人数与实际参与人数之间出入的观察。劳曼区分了四类人群,一类是"坚定的反现状分子",即使面临高额的参与成本也会参加的那些人群;一类是"温和的行动主义者",他们依据自己对政府态度的私有信息来采取政治行动;一类是"冷漠的温和分子",这类人群支持政治变革但不会主动掀起政治抗议活动;最后一类就是"坚定的现政府支持者",他们出于各种考虑不希望政府垮台,更不会参与反政府的社会运动。[2]在"信息瀑布"的形成过程中,最关键的人群不是"坚定的反现状分子"而是"温和的行动主义者",因为前者相对于一个国家的人口来说只能是少数,而"温和的行动主义者"因为没有强烈的政治动机,所以这类人群是否参与社会运动往往影响到社会运动的成败。当社会运动是由一群温和行动主义者而非坚定的反现状分子发起,而且吸引了超乎人们意料之外的众多行为体参加时,社会运动将对社会舆论和人们参与社会运动的偏好产生显著的影响。[3]在埃及变局中,首先发起抗议活动的并非穆斯林兄弟会、埃及国民党与阿曼·努尔领导的明日党(Al Ghad)等政治倾向明显的反政府力量,而是"年轻、世俗、都市中产阶级积极分子"等温和的行动主义分子,它们比穆斯林兄弟会等坚定的反政府力量更有利于吸引其他社会阶层的埃及民众参加"革命",这是埃及

---

[1] "The Brutal Rule, and Sudden Fall, of The Man Who would be Pharaoh," *The Guardian* (*London*), February 12, 2011, p. 6.

[2] Lohmann, "The Dynamics of Informational Cascades," p. 51.

[3] Ibid., pp. 53 – 54.

变局出现了"信息瀑布"的重要前提。

  问题在于形成"信息瀑布"的"信息",即社会抗议潜在参与者的私有偏好如何才能揭示出来?在发生"中东变局"等国的集权主义环境下,人们即使持有反政府或对政府不满的私有偏好,但因为担心这种偏好一旦被公开会遭到迫害或压制,所以才会通过言辞或行动掩饰这种私有偏好,而表现出拥护政府的公开偏好。这种偏好隐瞒的现象是东欧社会主义国家和中东地区国家在相当长时间里维持了一种虚假社会稳定的重要机制。①在"信息瀑布"研究者看来,私有偏好往往是通过观察其他行为体的抗议行为而得以揭示的,所谓"行动比言辞的声音更大"。②当原本处于温顺状态的行为体奋起反抗政府时,对政府统治同样具有负面感受的其他行为体会产生共鸣,在一定条件下会参与到反政府的抗议活动中去。③除了观察其他行为体的大众抗议行为,大众私有偏好的获得还有其他的渠道,如小圈子的信息共享,社会网络中信息的流通,通过对其他行为体社会困难的感同身受,等等。"信息瀑布"研究者对社会网络揭示私有偏好作用的强调,与创新技术扩散和信息经济学的最新研究成果相符合,这些成果认为"口口相传的学习过程能够显著地影响技术扩散进程。通过运用计算机和其他沟通网络,信息产业投资者能极大地加速常规学习进程"。④社会网络,无论是人际社会网络还是虚拟社交网络,都属于典型的口口相传的信息传递机制。由此可见,在信息瀑布形成过程中,无论是"行动"还是"言辞",都是极为重要的信息形成、流通和揭示的渠道。这两种主要的信息流通渠道,在埃及社会抗议活动中均发挥了重要作用。就"行动"而言,2000年至2010年间,埃及发生了一系列的社会抗议活动,其中规模较大者就包括2005年一直持续到2007年的"受够了"运动、2005年的反对政府冷漠对待苏丹难民的抗议活动和法官抗议活动、2006年的反对警察迫害面包车司机艾穆德·埃尔-卡比尔(Emad El-Kebir)和反对

---

  ① 关于东欧社会主义国家的情况,可参考 Kuran, "Now Out of Never," pp. 25-33.
  ② Bikhchandani, Hirshleifer, and Welch, "A Theory of Fads, Fashion, Custom and Cultural Change as Informational Cascades," p. 996; Bikhchandani, Hirshleifer, and Welch, "Learning from the Behavior of Others," p. 163.
  ③ Kuran, "Now Out of Never," p. 30.
  ④ Xiaotong Li, "Informational Cascades in IT Adoption," *Communication of the ACM*, Vol. 47, No. 4, 2004, p. 96.

性侵犯的抗议活动、2008年与2009年的"4·6"大罢工、2010年反安全机构迫害"哈利德·赛伊德"的抗议。①这些社会抗议活动尽管没有实现政府改组和垮台的目标,但让民众意识到埃及民间反政府情绪的存在情况。至于"言辞",埃及有三种社会网络在社会运动中发挥了重要的作用,它们分别是反政府力量联盟、反政府力量联盟的社会支持网络,以及由博客、Facebook、Twitter、Myspace等社交网站构成的虚拟社交网络。这些社会网络的功能在于:既能招募人员,还能通过"信息瀑布"改变行为者的私人偏好,它们都有助于社会运动中"信息瀑布"的形成。接下来我们集中研究虚拟社交网络在埃及变局"信息瀑布"形成中的具体作用。

三 虚拟社交网络在埃及变局"信息瀑布"形成中的作用

虚拟社交网络在社会动员与政治参与中的作用日益受到人们的关注。②虚

---

① 埃及1998年至2008年抗议活动次数及劳工抗议次数,见 Amr Ismail Ahmed Adly, "When Cheap is Costly: Rent Decline, Regime Survival and State Reform in Mubarak's Egypt (1990 - 2009)," *Middle Eastern Studies*, Vol. 47, No. 2, 2011, p. 309; 上述除2010年外的社会抗议活动的具体情况,可参考 Faris, *Revolutions without Revolutionaries*? Chapter 2 and 3. 法官抗议活动也可参考 Sarah Wolff, "Constraints on the Promotion of the Rule of Law in Egypt: Insights from the 2005 Judges' Revolt," *Democratization*, Vol. 16, No. 1, 2009, pp. 100 - 118; 埃及近年来的劳工抗议活动,可参考 Joel Beinin, "Worker's Protest in Egypt: Neo - Liberalism and Class Struggle in 21st Century," *Social Movements Studies*, Vol. 8, No. 4, 2009, pp. 449 - 454.

② Kate Raynes - Goldie and Walker L. Bennett, "Our Space: Online Civic Engagement Tools for Youth", In Walker L. Bennett, ed., *Civic Life Online: Learning How Digital Media can Engage Youth*, Cambridge, MA: MIT Press, 2008, pp. 161 - 188; Sarah Lai Stirland, "'Open - Source Politics' Taps Facebook for Myanmar Protests," http://www.wired.com/politics/onlinerights/news/2007/10/myanmarfacebook, August 14, 2011; Julia K. Woolley, Anthony M. Limperos, and Mary Beth Oliver, "The 2008 Presidential Election, 2.0: A Content Analysis of User - Generated Political Facebook Groups," *Mass Communication & Society*, Vol. 13, No. 5, 2010, pp. 631 - 652; Scott P. Robertson and Ravi K. Vatrapu, "Off the Wall Political Discourse: Facebook Use in the 2008 U. S. Presidential Election," *Information Polity: The International Journal of Government & Democracy in the Information Age*, Vol. 15, No. 1 - 2, 2010, pp. 11 - 31; Svetlana V. Kulikova and David D. Permutter, "Blogging Down the Dictator? The Kyrgyz Revolution and Samizdat Websites," *The International Communication Gazette*, Vol. 69, No. 1, 2007, pp. 29 - 50; James Jay Carafano, "All a Twitter: How Social Networking Shaped Iran's Election Protests," *Backgrounder*, No. 2300, July 20, 2009; etc.

拟社交网络是指博客、Facebook、Twitter、Myspace、Flickr、MSN、LinkedIn 等通过网络进行信息交流和共享的平台。这些网络平台本身具有即时性、进入门槛低、使用便捷、费用低廉或免费、多对多、可参与互动、跨越国界等特征。从技术来看，虚拟社交网络作为一种中性的技术工具，不是富人阶层的专利，而是一种以水平为特征的自我表达或互相交流的媒体，它为每个参与者提供的机会与限制是均等的。相对于传统社会网络，作为"替代性沟通网络"的虚拟社交网络"并非一种有机组织的结构，没有一位核心领导或决策者，没有一个中央指挥或等级制。所有人都是网络，所有人都在诉说和倾听"。[1]虚拟社交网络发挥作用的相关机制，如第六章所示，主要包括：提供和分享信息、记录不公平的社会事件激发人们的愤怒情绪，就动员事件进行沟通，在网络上就抗议方式、时间、地点、口号等进行协商，降低动员与抗议的风险，突破政府对信息的封锁，等等。根据戴维·法里斯的研究，虚拟社交网络能影响到促使社会运动形成的几个核心机制：通过降低交易成本和快速传播信息，影响到社会运动领导者对动员资源的估算；通过对相关含义和象征的传播，有助于社会运动领导者、支持者、潜在参与者就运动的意义形成共识；扩大社会支持网络，强化强度不够的联系纽带，有助于激励潜在的社会运动参与者重新权衡举行社会抗议的可行性、成功的可能性。[2]不仅如此，虚拟社交网站有助于在社交网络用户之间形成以团结和信任为特征的社会资本。这些社会资本既维持了处于不同社会位置的人们之间的弱关系——如分享信息、提供相关生活机遇，同样有助于增强那些为网民们提供情感支持并维持彼此间团结的强关系，如维系原本可能因为距离等原因而产生疏远的社会关系。[3]更重要的是，用户的发帖或转帖有助于信息的扩散，从而在虚拟网

---

[1] Marion Hamm, "Reclaiming Virtual and Physical Spaces: Indymedia London at the Halloween Critical Mass," in *Hybrid Space – How Wireless Media Mobilize Public Space – Open*, Rotterdam: NAi Publishers, 2006, p. 106.

[2] Faris, *Revolutions without Revolutionaries*? p. 35. 从法里斯的论述来看，虚拟社交网络发挥作用的核心机制明显对应社会运动研究三种主流范式的解释机制。

[3] 相关研究成果众多，可参考 Dmitri Williams, "On and off the Net: Scales for Social Capital in an Online Era," *Journal of Computer – Mediated Communication*, Vol. 11, No. 2, 2006, pp. 593 – 628.

络空间中组织和协调抗议活动,并有可能形成信息瀑布。[1]据此,研究者们认为,无论是在威权主义国家还是民主国家中,虚拟社交网络都能形成相对独立的公共空间,具有重要的民主化效应。[2]

然而,虚拟社交网络在2011年之前埃及社会运动中的作用并不令人感到乐观。不可否认,在埃及这样的威权主义国家中,虚拟社交网络对于社会运动组织者和参加者的确具有重要的赋权效应。[3]比如在兴起于2004年一直持续到2007年的埃及"受够了"运动期间,通过利用博客这种当时主要的虚拟社交网络(Facebook出现于2004年、Twitter出现于2006年),"受够了"运动成功地组织了多次抗议活动,并引起了西方媒体的关注。[4]这种通过虚拟社交网络进行动员的"网上动员"(cyberactivism)方式,极大地放大"受够了"运动的力量。[5]而当Facebook、Twitter等新的虚拟社交网络出现以后,虚拟社交网络在埃及社会运动中发挥的作用就更为重要了。如通过利用这些新出现的虚拟社交网络,埃及的民权主义分子和反政府力量不仅开创了新的政治议程,而且通过与报纸、电视等传统媒体形成合作关系,从而有效地促进了信息更深入、更广泛的传播,因此也产生了更大的政治影响。[6]其中比较典型的是2008年埃及发生的"4·6"大罢工。为了对埃及马哈拉(mahalla el‐Kubra)工业城国有纺织厂纺织工人的罢工活动进行声援,埃及的博主们与Facebook、Twitter等社交网站用户们积极在网络上进行政治动员,宣布要在埃及进行全国范围的大

---

[1] 可参考 Kristina Lerman and Rumi Ghosh, "Information Contagion: An Empirical Study of the Spread of News on Digg and Twitter Social Networks," Proceedings of the Fourth International AAAI Conference on Weblogs and Social Media, 2010, pp. 90 - 97.

[2] Lenhart A, "The Democratization of Online Social Networks", Pew Internet, Washington, DC http://www.pewinternet.org; Deborah L. Wheeler, *Empowering Publics: Information Technology and Democratization in the Arab World — Lessons from Internet Cafes and Beyond*, Oxford Internet Institute Research Report No. 11, July, 2006; etc.

[3] 虚拟社交网络影响社会运动的具体机制,可参考 Woodly, "New Competencies in Democratic Communication?" pp. 118 - 121; Faris, *Revolutions without Revolutionaries?* p. 35.

[4] Nadia Oweidat, et al., *The Kefaya Movement: A Case Study of a Grassroots Reform Initiative*, Pittsburgh: Rand Corporation, 2008, pp. 20 - 24.

[5] Marc Lynch, "Blogging the New Arab Public," *Arab Media and Society*, No. 1, February 2007, p. 5.

[6] 可参考 Al Ezzi, et al., "Cyber Activism in Egypt Through Facebook," A Paper Presented to IAMCR 2008 - JRE Section, pp. 1 - 25.

罢工，以抗议飙升的物价和官方发表虚假的经济统计数据。自 2009 年 3 月 Facebook 用户创建声援纺织工人的 Facebook 群以后，不到两个星期该群就吸引了 7 万 Facebook 用户，而当时埃及的 Facebook 用户总共才 79 万。这些 Facebook 用户也被称为"Facebook 党"或"4·6 青年运动"。[①] 尽管"4·6 青年运动"的确组织了一些实际的抗议活动，并通过与一些传统媒体的结盟而吸引了埃及国内与国外媒体的广泛关注，然而，该运动却以失败告终。正如一份报告对其表现所做的评论："Facebook 可以把成千上万的上线同情者联合起来，但一旦下线却无法将他们组织起来。在召集民众方面，Facebook 是一种有用的沟通工具，但是把民众召集起来之后去做什么呢？4·6 运动的领导者并不知道这个问题的答案。"[②]事实上，在 2000 年至 2010 年间，埃及各种社会抗议活动都或多或少地借用了虚拟社交网络的动员作用，然而这些社会运动并未产生"信息瀑布"，这实际上反映了虚拟社交网络在社会抗议活动中的作用是有限的。[③]

然而，在埃及变局中，埃及的 Facebook、Twitter 用户却再次动员了起来，而且"革命"还取得了成功。那么，埃及变局中的"信息瀑布"是虚拟社交网络带来的吗？毫无疑问，虚拟社交网络在埃及变局中的确发挥了重要的动员作用：它通过组织自发的抗议活动，揭示和激发埃及民众表达自己反对穆巴拉克统治的私有偏好。21 世纪以来，埃及曾经发生过多次社会抗议活动，而且 2005 年之后的抗议活动越来越具有政治性、越来越以推进埃及的政治改革为目标。如"受够了"运动的兴起，显然有助于展示埃及民众反对穆巴拉克政府的私有偏好，其他社会运动同样具有这样的功能；然而，在埃及变局产生之前，人们并不清楚这种私有偏好的广泛性及其具体分布。诚如美国国会在埃及变局后发布的一份研究报告指出

[①] 相关情况可参考 Courtney Radsch, "Core to Commonplace: The Revolution of Egypt's Blogosphere," *Arab Media and Society*, September 2008, pp. 9 – 10; Faris, *Revolutions without Revolutionaries*, pp. 115 – 127.

[②] Tina Rosenberg, "Revolution," in Marc Lynch, Susan B. Glasser, and Blake Hounshell, eds., *Revolution in the Arab World: Tunisia, Egypt, and the Unmaking of an Era*, Washington, D. C.: Slate Group, 2011, p. 127.

[③] 当然，强调虚拟社交网络自身的限制，并非否认埃及政府的镇压措施对社会运动失败带来的影响。埃及对待网络动员的反制措施，可参考 Melissa Y. Lerner, "Connecting the Actual with the Virtual: The Internet and Social Movement Theory in the Muslim World—The Cases of Iran and Egypt," *Journal of Muslim Minority Affairs*, Vol. 30, No. 4, 2010, pp. 568 – 570.

的:"许多埃及人,无论是青年人还是老年人,无论是受过教育者还是文盲,无论是城市居民还是农村居民,无论是世俗人口还是宗教信徒,都对家族继承持普遍的反对态度。然而,直到2011年1月,几乎没有什么渠道去验证这种反对的程度,或者去评估积极分子抗议穆巴拉克政府的意愿,以及这种反对是否会出现。现在一切都清楚了。许多埃及人都希望穆巴拉克辞职,希望他的儿子不要继承权力。"①也就是说,在埃及变局之前,埃及民众反穆巴拉克政府的私有信息的具体分布并未得到揭示,因此此前的各类社会抗议活动也未能真正形成"信息瀑布"。

Facebook用户在埃及变局中率先发起的社会抗议活动,启动了"信息瀑布"的形成过程。这一过程,可以通过Facebook、Twitter等虚拟社交网络在埃及变局前后扮演的角色展示出来。埃及变局毫无疑问受到了突尼斯"革命"成功的激励,但事实上它早在2010年就启动了动员过程,其中作用最突出的是两个基于Facebook网络的群体——"4·6青年运动"与"我们都是哈利德·赛伊德"(Khaled Said)群体。2010年,"4·6青年运动"从2009年6月伊朗总统选举后Twitter用户通过虚拟社交网络进行抗议活动的经历中受到启发,曾计划围绕2010年11月埃及议会选举展开抗议活动。尽管该组织在社会抗议方式方面进行了一系列革新——如从伊朗抗议者那里学习如何避免网络服务器遭政府禁止的经验,如何在骚动的环境中使用各种新的媒体工具快速、准确地报道抗议事件,向抗议者传授如何躲避警察追捕和殴打的技巧等,然而,"4·6青年运动"组织的这次抗议活动是以小规模和零零星星为特征的,并未吸引许多埃及人参加。②"我们都是哈利德·赛伊德"Facebook群体是2010年才出现的。2010年6月6日,一名叫哈利德·萨伊德的埃及青年摊贩在亚历山大港的一家网吧外遭到两名便衣警察殴打致死。警察部门宣称萨伊德携带毒品,在他们对其进行搜查时自杀身亡。萨伊德死后五天即2010年6月11日,谷歌公司北非与中东执行官瓦伊勒·加尼姆(Wael Ghonim)用Elshaheed(即"我们都是哈利德·萨伊德")的名字申请了一个Facebook账号。至2010年6月中旬,已有13万网民点击了该网站;到了6月底,

---

① Sharp, *Egypt: Background and U. S. Relations*, p. 8.
② Maryam Ishani, "The Hopeful Network," in Lynch, Glasser, and Hounshell, eds., *Revolution in the Arab World*, pp. 143 – 148.

该网页已有50万的点击率。①埃及警察与安全机构滥用暴力的事件时有发生，但"萨伊德事件"的相关视频被上传到Facebook后，随即引起了网民们的广泛关注和热烈讨论，构成了埃及变局爆发的"远程"导火线。

利用"萨伊德事件"，"我们都是哈利德·萨伊德"Facebook群与"4·6青年运动"启动了埃及变局的"信息瀑布"形成过程。加尼姆通过在"我们都是哈利德·萨伊德"Facebook网页上不断上传与此事件相关的照片、视频、新闻，而且构建出富有情感煽动性、互动方式良好但又不具备明显政治性的页面，吸引了广泛的Facebook用户的关注。尽管为了敦促埃及政府正确地处理这一事件以及扭转埃及警察滥用暴力的现象，Facebook用户也组织了一些抗议活动，但这些抗议活动并未产生显而易见的影响。然而当突尼斯"革命"于2011年1月14日取得成功后，这些都发生了改变。为了复制突尼斯"革命"成功的经验，加尼姆向"我们都是哈利德·萨伊德"Facebook用户的35万名粉丝发出于1月25日在埃及进行抗议活动的邀请。之所以选择1月25日，是因为这一天是埃及的"警察日"，其寓意是指出穆巴拉克政府的腐败和警察、安全机构的滥用暴力。对于这一倡议，粉丝们可以选择点击"会"、"不会"、"也许会"这三个选项。结果，三天之后，共有5万名粉丝点击了"会"。②面对这一数字，加尼姆等人只表示谨慎的乐观，因为按照埃及以往社会抗议运动的规模，很少有超过数万人参与的社会运动。而且，对于选择"会"参与1月25日抗议的Facebook用户是否真的会走上街头，加尼姆等人并无把握，他们预计参与人数将会在5000至7000人之间。③尽管之前协调者们宣称1月25日将在埃及内务部大楼前进行集结，但这只不过是他们哄骗严阵以待的警察们所使用的一个花招。实际上，通过Facebook与Twitter等网站，一系列新的抗议集结地点已经通知到潜在参与者那里。④在1月25日这一天，在没有政治组织直接组织和领导的情况下，"我们都是哈利德·萨伊德"Facebook用户与"4·6青年运动"的成员开始走上开罗街

---

① 关于这次事件在Facebook上引发的讨论及其引发的动员活动，可参考"Movement Began with Outrage and A Facebook Page that Gave it an Outlet,"*Associated Press*, February 5, 2011.
② Mike Giglio, "The Facebook Freedom Fighter," *Newsweek*, February 21, 2011, pp. 23–24.
③ Hazem Kandil, "Revolt in Egypt," *New Left Review*, No. 68, March–April 2011, p. 20.
④ Ashraf Khalil, "January 25: Tear Gas on the Day of Rage," in Lynch, Glasser, and Hounshell, eds., *Revolution in the Arab World*, p. 74.

头进行抗议，加尼姆也从其迪拜家中飞往开罗。当天有 2 万左右的民众参与了抗议活动。①受到这一抗议规模的鼓舞，25 日之后的抗议人数持续增多，到 1 月 28 日，抗议人数达到约 10 万之众。参与人群除了虚拟社交网络用户——"我们都是哈利德·萨伊德"Facebook 用户与"4·6 青年运动"的成员，另外还有四支反对派力量参与到抗议活动中来，包括已经与穆斯林兄弟会分道扬镳的"穆斯林兄弟会青年团"、主要由年轻人和中产阶级左派分子组成的埃及"新左派"、由 1 月 27 日回到埃及的国际原子能机构前总干事巴拉迪领衔的"埃及变革协会"，以及由在大赦国际、人权观察组织以及其他国际机构工作的人权分子组成的群体。②然而，也正是在这一天，埃及政府切断了手机服务和因特网接入服务。尽管手机短信服务第二天就得到了恢复，但因特网接入一直到 2 月 2 日才得到恢复。埃及在这段时间抗议规模的大小，为我们判断埃及变局是否是一场"Facebook 革命"提供了依据。如果 Facebook 等虚拟社交网络是促使埃及变局形成"信息瀑布"的唯一决定因素，我们将会发现 1 月 28 日后的抗议人群会急剧减小；如果情况并非如此，我们可以判断出埃及变局并不足以称为一场"Facebook 革命"。

事实到底如何呢？尽管 1 月 28 日后埃及的因特网服务被切断，但社会抗议活动的规模并未因此受到影响，反而呈急剧扩大之势。到 2 月 1 日，抗议规模达到 100 余万人。正是迫于社会规模的扩大，在 1 月 29 日至 2 月 1 日之间，穆巴拉克政府被迫向抗议者做出一系列的让步。1 月 29 日，穆巴拉克自抗议活动爆发以来第一次露面，虽然拒绝辞职，但宣布解散内阁，任命情报机构负责人苏雷曼为副总统（此职位 30 年来一直空缺）。1 月 30 日，抗议者重新涌进解放广场，由于抗议活动在埃及全国蔓延，埃及也因此陷入完全的无秩序状态；1 月 28 日奉命调往解放广场的埃及军队是唯一的权威机构，它们保卫着中央银行、信息部、博物馆等重要机构与建筑。1 月 31 日，迫于压力，穆巴拉克不得不再次任命新的内阁，军队总司令坦塔维被任命为副总理；军队拒绝向抗议者开枪，认为使用和平手段表达观点是得到法律保障的。2 月 1 日，100 万埃及民众涌向解放广场，要求穆巴拉克辞职，包括亚力山大城、苏伊士城等地也爆发了

---

① Kandil, "Revolt in Egypt", p. 20.
② Ibid., pp. 21–23.

大规模的抗议活动；穆巴拉克虽然仍然拒绝辞职，但宣布不再参加于9月举行的总统选举。由此可见，尽管在1月29日至2月2日这段时间因为埃及政府切断了因特网接入服务，使得在线的虚拟社交网络已不可用，但社会抗议活动的规模非但没有缩小，反而急剧扩大了。可以认为，到1月28日或2月1日埃及变局已经形成了"信息瀑布"。虽然虚拟社交网络对于促使"信息瀑布"出现的使命已经完成，但是还有许多别的渠道促使"信息瀑布"的最终形成和出现。如另外两种社会网络（反对派联盟及其社会支持网络）之间的口口相传、得到恢复的手机通信服务、卡塔尔的半岛电视台等传统媒体的新闻报道、固定电话等，发挥了更为重要的信息交流与沟通作用。[①]事实上，当1月27日加尼姆被埃及安全机构带走并遭到拘禁后（2月7日获释），为了维持"我们都是哈利德·萨伊德"Facebook账号的正常运行，加尼姆预先通过信件而不是因特网将该账户的用户名、密码、其他关键信息邮寄给其朋友。[②]这充分说明了传统信息沟通渠道在埃及变局中所具有的重要作用。正如某位媒体记者所评论的：当穆巴拉克政府最终切断因特网服务后，"运动的积极分子已经下线并走上了街头。在那里，运动被那些一生之中从未见识过 Facebook 网页或从未发过一条 tweet 信息的人们所推动。此时再去遏制为时已晚"。[③]"为时已晚"的原因就在于"信息瀑布"已经形成，在埃及政府公信力破产而军队又不愿意对抗议人群进行镇压的背景下，穆巴拉克下台已经是唯一的选择。

由此我们可以得出结论，Facebook、Twitter等虚拟社交网络在埃及变局中发挥了重要的作用，这种作用主要体现在"革命"初期激发"信息瀑布"的形成上。通过1月25日发起组织抗议活动并成功吸引约2万人参加，"我们都是哈利德·萨伊德"Facebook用户与"4·6青年运动"等网络积极分子成功地启动了"信息瀑布"的形成过程。当这些抗议活

[①] Alexander Kazamias, "The 'Anger Revolutions' in the Middle East: An Answer to Decades of Failed Reform," *Journal of Balkan and Near Eastern Studies*, Vol. 13, No. 2, 2011, pp. 146 – 147.

[②] Giglio, "The Facebook Freedom Fighter," p. 25; Jon B. Alterman, "The Revolution Will Not Be Tweeted," pp. 103 – 116; Mohamed Nanabhay and Roxane Farmanfarmaian, "From Spectacle to Spectacular: How Physical Space, Social Media and Mainstream Broadcast Amplified the Public Sphere in Egypt's 'Revolution'," *The Journal of North African Studies*, Vol. 16, No. 4, 2011, pp. 573 – 603; etc.

[③] Ishani, "The Hopeful Network," p. 148.

动传递出即使是"温和的行动主义者"也持反穆巴拉克政府的私有偏好时,那些"坚定的反现状分子"毫无悬念地加入到抗议队伍中来,正如"穆斯林兄弟会青年团"、巴拉迪领导的"埃及变革协会"的行为所表明的。当反政府力量联盟动员其社会支持网络以及普通的埃及民众参与到社会运动中来时,偏好隐瞒的机制被打破,"信息瀑布"真正形成。这是因特网服务自1月28日被切断之后抗议规模于2月1日达到100余万人的内在原因。而当"信息瀑布"得以形成,原本隐藏在幕后、只允许其成员以个人身份参与抗议的埃及最大的反政府力量——穆斯林兄弟会也趁势于2月3日宣布参加社会抗议。此时,"革命"发生之前那些无法准确预测的问题——如埃及反穆巴拉克政府私有偏好的分布及其深度——就以一种显而易见的方式展现出来。据此我们可以判断,虚拟社交网络虽然启动了"信息瀑布"的形成过程,但它并不是导致"信息瀑布"形成的唯一甚至是主导性的因素,传统社会媒体、反对派联盟及其社会支持网络之间的口口相传,即使不是更重要的信息传递和流通渠道,也具有同等重要的意义。因此,在承认Facebook、Twitter等虚拟社交网络在埃及变局中的作用的同时,我们不能过分夸大它们所扮演的角色,以致持一种技术决定论的观点。

四 结语与讨论

埃及变局形成了"信息瀑布",这是其出现让人们始料未及的重要原因。在埃及变局形成"信息瀑布"之前,有多少人反对政府统治、有多少人愿意为推翻这种统治而参加社会抗议活动,都属于人们的私有偏好。在埃及长期以来压制性的政治环境下,人们往往掩饰这种私有偏好,而通过言辞和行动表现出来的公开偏好,则是经过了偏好隐瞒的政治观点。在变局前,埃及维持了高度稳定的政治假象,许多中东问题研究专家正是据此认为埃及能维持相当长一段时间的稳定。然而,如果社会不满是由偏好隐瞒而得以掩饰,那么维系的社会稳定无疑是非常脆弱的。正如埃及变局所表明的,当原本属于温和的政治力量冒着遭到政府镇压的风险而进行抗议活动时,"信息瀑布"的形成机制就可能启动,持观望态度但同样心存不满的民众就有可能走上街头。无论是通过其他人参与社会抗议产生的示范效应,还是通过各种社会网络和传统媒体等渠道交流私有偏好,"信息瀑布"一旦启动,除非通过强力手段将其镇压,否则"信息瀑布"很难被遏制。在埃及变局中,由于丧失了合法性与公信力,埃及政府发布的信息无人采信,穆巴拉克当局在抗议浪潮声中撑了不到18天就垮台了。

在导致埃及变局的"信息瀑布"形成的过程中,Facebook、Twitter等虚拟社交网络无疑具有重要作用,但这次变局本身并非一场"Facebook革命"。虚拟社交网络用户率先走上街头,从而启动了"信息瀑布"的形成,但随着穆巴拉克政府1月28日切断因特网接入服务,其他社会网络和传统媒体接过了促使"信息瀑布"形成的任务,它们对"信息瀑布"的形成具有更为重要的意义。将埃及变局塑造成为一场"Facebook革命",高估了虚拟社交网络在社会动员方面的意义。事实上,埃及2011年以前的多次社会抗议活动都借用了虚拟社交网络,然而它们并未形成"信息瀑布",由此可见虚拟社交网络在社会运动中的作用是有限的。其中的核心问题在于虚拟空间的网络动员并不一定转化为现实空间的政治行动,这也是虚拟社交网络动员最致命的问题。①一旦脱离现实行动,网络上即使民声鼎沸也无济于事。如威尔·S.法哈米(Wael Salah Fahmi)通过对博客在"受够了"运动中的表现进行研究后发现:在社会运动空间中,"博主们的替代性新闻网页也许是最为重要的地点,通过它们,持批判观点与掌握信息的成员得以形成;然而,这些新出现的虚拟抗争空间的范围与效率是有限的。街头,仍然是让集体身份变得为人所知的最为重要的场所,这就好比年轻的活动分子与博主们需要在城市中的咖啡馆、工会与联合会天天见面一样"。②集中研究了虚拟社交网络在埃及自2003年至2008年间社会运动中的作用的戴维·法里斯得出了同样的结论。他明确指出,没有实际的具体行动予以支撑,虚拟社交网络对社会运动的最终结果产生不了决定性的影响。③这里的关键在于,尽管虚拟社交网络可以形成虚拟的集体身份或虚拟社区,但它具有重要的"破碎化"(fragmentation)特征。虚拟社交网络上的信息千差万别,既有支持动员的信息,同

---

① 见娄成武、刘力锐《论网络政治动员:一种非对称态势》,载《政治学研究》2010年第2期,第74—86页。

② Wael Salah Fahmi, "Bloggers' Street Movement and the Right to the City. (Re) claiming Cairo's Real and Virtual 'Spaces of Freedom'," *Environment and Urbanization*, Vol. 21, No. 1, 2009, p. 97.

③ Faris, *Revolutions without Revolutionaries*? especially chapter 6.

时还有反动员的信息。信息的混乱与众多，再加上缺乏有效或等级制的筛选机制，使虚拟社交网络面临无法形成集体身份、难以达成共识、难以做出决策等难题。①即使行为体就即将举行的社会运动达成了共识，然而谁也无法保证网民们不是停留在纸上谈兵的阶段。正如经验研究成果表明的：Facebook、Myspace等在线社交网站，即使能在网民之间形成信任和信息共享的意愿，这种信任和意愿也并不足以保证和自动引导他们进行实际生活中的社会互动。②因此，在重视和注意研究虚拟社交网络在中东变局的作用及其作用机制的同时，③应该对那种技术决定论和"网络乌托邦主义"持一种谨慎的态度。④

最后值得指出的是，"信息瀑布"的形成与"革命"成败之间没有必然的联系。截至目前，在受到中东变局抗议浪潮波及的国家中，只有埃及、突尼斯、叙利亚、利比亚、巴林与也门等几个国家形成了"信息瀑布"，而约旦、黎巴嫩、沙特阿拉伯、阿曼等国家则没有形成"信息瀑布"。没有形成"信息瀑布"的国家"革命"没有成功可以理解，但为什么同样形成了"信息瀑布"的国家只有埃及、突尼斯、也门相对和平地实现了权力的转移，而巴林和叙利亚爆发了严重的暴力冲突，利比亚则演变成了内战？坦白说，"信息瀑布"机制无法解释这样的问题。这是因为："信息瀑布"强调的是社会运动的动员能力达到了一定的规模，这一规模足以打破人们是否会参与反对现政权的偏好隐瞒机制。然而，信息瀑布形成时抗议规模具体指多少抗议者？它又具体在什么时候出现？是无法予以准确衡量和量化的问题。也就是说，"信息瀑布"与"革命"成功之间没有必然的关系，它仅仅能解释"革命"爆发的突然性和表征"革命"的动员能力。如果要解释受到中东变局波及的国家之所以产生不同的结果，我们必须寻求别的解释变量，如抗议活动是否实现了跨阶层的动员、

---

① Natalie Fenton, "Mediating Solidarity," *Global Media and Communication*, Vol. 4, No. 1, 2008, pp. 45 – 48.

② Katia Passerini, "Trust and Privacy within Social Networking Sites: A Comparison of Facebook and Myspace," Proceedings of the Thirteenth Americas Conferences on Information System, Keystone, Colorado, August 9 – 12 2007.

③ 有人指出了关于这一问题可以展开进一步研究的方向，见 Simon Cottle, "Media and the Arab Uprisings of 2011: Research Notes," *Journalism*, Vol. 12, No. 5, 2011, pp. 647 – 659.

④ 对"网络乌托邦主义"的批评，见 Evgeny Morozov, "Technology's Role in Revolution: Internet Freedom and Political Oppression," *Futurist*, July – August 2011, pp. 18 – 21.

军队在社会运动产生后对待抗议者的态度、不同国家政治制度和应对策略的差异等。①我们认为,在承认目前不可能准确预测革命的发生时间和演变轨迹的同时,学者们仍有必要理解这些突发性的非暴力革命是如何突然产生的,从而避免将它们的出现简单地断言为"历史的必然"。事实上,无论是东欧剧变与苏联解体,还是2003年至2005年发生在前苏联地区的"颜色革命",以及最近的中东变局事件,都一再以它们的始料未及提醒人们在预测此类重大国际政治事件时,社会科学显得无能为力。②然而,即使我们只是在事后对它们的突发性做出一定的解释,那么社会科学的研究仍然是有其意义的。相对于虚拟社交网络等在中东变局中发挥了重要作用,原本被外界视为在中东政治生活中具有重要影响的政治伊斯兰力量,却并未成为中东变局的主要参与者或推动者。故下章仍将以埃及变局为例,探讨在中东变局发展过程中出现这一反常现象的主要原因。

---

① 可参考《族群性与民族主义》与《瑞士政治科学评论》上的相关论文,这些成果能部分回答以上提到的问题。见 Studies in Ethnicity and Nationalism, Vol. 11, No. 3, 2011, pp. 509 – 578; Swiss Political Science Review, Vol. 17, No. 4, pp. 447 – 491. 用单一的理论框架解释不同国家抗议活动带来不同后果的研究,可参考 George Joffé, "The Arab Spring in North Africa: Origins and Prospects," The Journal of North African Studies, Vol. 16, No. 4, 2011, pp. 507 – 532.

② 明确承认这种局限而不致力于提出一种全面性解释框架的成果是 Mehdi Mabrouk, "A Revolution for Dignity and Freedom: Preliminary Observations on the Social and Cultural Background to the Tunisian Revolution," The Journal of North African Studies, Vol. 16, No. 4, 2011, pp. 625 – 635.

第八章

政治伊斯兰力量与中东变局

【本章摘要】中东变局并非一场伊斯兰革命。本章认为，能力的不足和意愿的缺乏，是中东地区政治伊斯兰力量未在中东变局中发挥突出作用的两个基本原因。能力的不足，主要体现在这些政治力量与低收入阶层相脱离，而意愿的缺乏是指这些政治力量长期非暴力政治参与的经验使它们对参与对抗性非暴力抗争行为持消极态度。尽管各种政治伊斯兰力量在剧变后的中东会发挥极为重要的作用，然而不解决脱离下层民众的问题和不能消除西方国家对它们政治意图的疑惑，政治伊斯兰力量的发展将会受到极大的限制。

尽管西方学术界往往将中东变局与1979年伊朗的伊斯兰革命进行比拟，但通过对中东变局发展过程的回顾可以发现，伊斯兰力量在这种政治剧变浪潮中并未发挥显著作用，中东变局也不足以称之为一场伊斯兰革命。因此，学界有待回答如下问题：为什么伊斯兰力量在中东变局中未发挥主导性作用，这一现象对于政治伊斯兰在中东地区的发展有何启示。这些问题的回答，有助于我们把握中东地区政局的发展趋势和各国内外政策的发展方向。这也是本章致力于回答的问题。

一 问题的提出及现有成果评估

中东变局并非一场伊斯兰革命。不可否认，在中东变局中，政治伊斯兰力量的确发挥了一定的作用，但这种作用往往淹没在年轻人和各社会阶层的政治热情之中。如在突尼斯的政治剧变中，发挥了重要作用的是律师团体、失业的年轻人、抗议者的家属、部落等,但包括伊斯兰复兴党在内的政治伊斯兰力量对政治剧变的参与很少被人们提及。① 又如在埃及的政治剧变中,穆斯林兄弟会(下称"穆兄会")等政治伊斯兰力量同样未扮演一种积极的角色。对于埃及剧变于 2011 年 1 月 25 日始料未及的发生,穆兄会最初与其他埃及传统政治政党一样(如纳赛尔主义、Wafd 党、左派的 Tagammu 党等)表现出犹疑和谨慎,拒绝年轻人要求穆兄会参与抗议活动的号召。② 在观察到抗议规模开始扩大而穆巴拉克政权显示出可能被抗议活动推翻的迹象后,穆兄会才于 1 月 28 日参与抗议活动。穆兄会在埃及剧变中的作用具体体现在以下两个方面:其一是与埃及其他政治力量组建了"反对派指导委员会",并与埃及当局进行了不成功的谈判;其二是表态服从国际原子能机构前干事巴拉迪领导的埃及变革联合会的指导,支持巴拉迪的"宪政改革七点请愿书"。③ 对于穆兄会迟迟不发表声明支持和参与抗议活动,较早参与抗议活动的穆兄会青年团成员曾表示强烈的不满;即使迫于压力和察觉到机会来临而参与进来,穆兄会依然采取了低调、谨慎的立场,没有发挥强大的动员作用。可以认为,除了在巴林等教派冲突严重的国家,政治伊斯兰力量在中东变局中,更多的只是作为一种与腐败的政府相对立的参照系和替代物而存在,而实际的动员作用极为有限。④ 正因为如此,穆兄会驻伦敦首任代表凯玛尔·赫尔巴维(Kamal El‐Helbawy)明确指出,"埃及的条件与伊朗的截然不同",埃及变局"不是一场伊斯兰革命"。⑤

对于伊斯兰力量为什么在中东变局中未发挥重要作用的原因,现有研究成果虽然提出了一些初步的解释,但这些观点要么失之简单,要么未注

---

① 可参考 Mehdi Mabrouk, "A Revolution for Dignity and Freedom: Preliminary Observations on the Social and Cultural Background to the Tunisian Revolution," *The Journal of North African Studies*, Vol. 16, No. 4, 2011, pp. 631 – 632.

② Yusery Ahmed Ezbawy, "The Role of the Youth's New Protest Movements in the January 25th Revolutions," *IDS Bulletin*, Vol. 43, No. 1, 2012, p. 30.

③ 赵建明:《穆斯林兄弟会与埃及政治变局》,载《现代国际关系》2011 年第 6 期,第 12 页。

④ Abbas Amanat, "The Spring of Hope and Winter of Despair," *International Journal of Middle East Studies*, Vol. 44, No. 1, 2012, p. 149.

⑤ Charles Kurzman, "The Arab Spring: Ideals of the Iranian Green Movement, Methods of the Iranian Revolution," *International Journal of Middle East Studies*, Vol. 44, No. 1, 2012, p. 163.

意到中东地区政治伊斯兰力量的最新发展状况。有学者指出,政治剧变的始料未及,是政治伊斯兰力量未能发挥有效作用的重要原因。如中东研究者撒贝塔（Firoozen Kashani - Sabeta）认为,与伊朗伊斯兰革命具有强烈的伊斯兰意识形态色彩不同,因为未能预见到政治剧变的突然发生,"阿拉伯世界的抗议并未共享一种随处可见的伊斯兰情绪,而是由另外一种理想凝聚起来：自由","也许伊斯兰情绪会在未来一段时间里浮现出来,但至少就目前而言,伊斯兰言语和图景尚未占据晚间新闻。中东变局是一场更像伊朗 2009 年绿色运动①的草根运动"。② 这种用突发性来解释伊斯兰力量未在剧变中发挥重要作用的观点,同样体现在学者们对突尼斯剧变中政治伊斯兰力量未发挥重要作用的解释中。如有学者指出,突尼斯剧变带来的"创造性的犹疑和混乱氛围",即使参与者们自己也对剧变的发展过程目瞪口呆,以致"作为政治阶级的革命者虽然参与其中,但在突尼斯革命文献中却不见铭记"。③ 突发性解释存在的最大问题是：它无法充分解释为什么在见证了突尼斯、埃及发生了政治剧变的情况下,其他国家的政治伊斯兰力量同样未发挥显著作用。除了突发性的解释,也有学者提出了别的解释机制。如赵建明在研究穆兄会在埃及政治变局中的作用时,指出有三个方面的原因导致穆兄会未能强力参与埃及的政治剧变：首先是穆兄会在与埃及政府互动过程中形成的"改良派本性",导致其在政治剧变中不敢进行充分动员；其次,是穆兄会"一贯的谨慎和实用主义"导致穆兄会丧失了政治洞察力,无法抢占先机；最后,是穆兄会僵化的决策体制导致其难以有效应对局势变化并作出坚定的参与决定。④ 赵建明的解释是比较全面的,也富有启发,指出了穆兄会在政治传统、应对战略、决策体制等方面的缺陷。然而,将关注的目光仅仅放在中东国家伊斯兰力量对政治剧变的具体应对方式,而忽视它们在长时段内的发展动力和过程,

---

① 具体情况可参考 Hamid Dabashi, *Iran, the Green Movement and the USA: The Fox and the Paradox*, New York: Palgrave Macmillan, 2010; Hamid Dabashi, *The Green Movement in Iran*, New Jersey: Transaction Publishers, 2011.

② Firoozen Kashani - Sabeta, "Freedom Springs Eternal", *International Journal of Middle East Studies*, Vol. 44, No. 1, 2012, pp. 156 - 157.

③ Mehdi Mabrouk, "A Revolution for Dignity and Freedom: Preliminary Observations on the Social and Cultural Background to the Tunisian Revolution", p. 634.

④ 请参考赵建明《穆斯林兄弟会与埃及政治变局》,载《现代国际关系》2011 年第 6 期,第 12—13 页。

同样不能对政治伊斯兰力量在中东变局的有限参与做出充分的说明。

事实上，该地区政治伊斯兰力量面临的严重发展困境，才是它们不能与不敢在中东变局中发挥重要作用的根本原因。这些困境包括：首先是它们的动员能力有限，尤其是动员底层民众的能力严重不足；其次，在艰难的生存困境中造成的保守心态，导致政治伊斯兰力量缺乏参与改革运动的勇气和意愿。本章以埃及穆斯林兄弟会为例，兼论其他中东国家政治伊斯兰的发展状况，来回答为什么中东变局不是一场伊斯兰革命。

二 原因之一：动员能力的限制

政治伊斯兰力量在中东变局中未发挥突出作用，与人们对于政治伊斯兰力量拥有强大实力和雄厚支持基础的认知存在偏差。人们对中东地区政治伊斯兰力量能力的认知有多重来源。其中最直观的认识是其发动恐怖袭击的能力。"9·11"事件给美国带来的重大人员伤亡和财产损失，以及随后发生的一系列恐怖袭击，让西方见证了伊斯兰极端主义的暴力行动能力。其次，是政治伊斯兰力量在政治参与过程中显示出的强大动员能力。即使面临来自世俗政府的阻挠和破坏，政治伊斯兰力量依然在选举中取得了不俗的选举成绩。比如2005年哈马斯在巴勒斯坦举行的四个阶段地方选举中胜出，首次成为巴勒斯坦地区执政党，黎巴嫩真主党在2005年5月底举行的黎巴嫩议会选举中获得14个议席，埃及的穆斯林兄弟会在2005年埃及议会选举中获得88个席位（共444个议席，约占总数的20%），等，强化了人们有关政治伊斯兰力量实力雄厚的认识。观察家们认为，中东地区的世俗政权一旦崩溃，那么唯一可能的替代性政治统治力量就是伊斯兰政党或组织。关于政治伊斯兰的相关舆论调查结果，进一步证实了政治伊斯兰力量坚实的群众支持基础。如在2007年皮尤中心关于中东地区伊斯兰政治倾向的民意调查结果显示：几乎所有的男性（98%）和女性（99%）都坦承宗教在他们的生活中发挥了重要的作用，而且约有64%的埃及男性和女性认为沙里亚法应该是国家法律的唯一来源；另外，约有84%的受访民众认为应该对转宗的穆斯林实施死刑。[1]中东国家民众浓厚的宗教情结和对沙里亚法的认同，很自然让观察家尤其是西方对

---

[1] "Iranians, Egyptians, Turks: Contrasting Views on Sharia," *Gallip Poll*, July 10, 2008,

迎合民众伊斯兰诉求的政治伊斯兰力量心存警惕，担心中东地区一旦全面启动民主改革，将带来中东伊斯兰力量的全面和普遍复兴。最后，学者们的研究也同样认为，穆兄会等政治伊斯兰力量在中东地区的政治影响非常突出。如以埃及穆兄会为例，人们一般认为穆兄会拥有坚实的群众基础，得到了埃及广大社会阶层的支持和认同。不仅如此，在埃及政府对穆兄会进行镇压的背景下，许多穆兄会成员流亡海外，积极在国外开展宣传和组织活动，组建金融机构，资助海外伊斯兰研究机构，进而将影响扩展到伊朗、卡塔尔、约旦、巴勒斯坦等中东国家与美国、英国等西方世界。① 然而，这种对中东地区政治伊斯兰力量影响力的评估，忽视对它们具体活动过程和动员对象的深入考察，因此并不十分准确，且具有夸大它们影响力的倾向。

事实上，中东地区的政治伊斯兰力量并不像人们想象的那样强大。毫无疑问，政治伊斯兰力量在中东国家政治生活中发挥了重要的作用，也的确具有一定程度的国内与国际政治影响力，然而它们的群众基础并不全面。这一点很少得到国内外研究者们的注意。研究者们关注的往往是穆兄会等政治伊斯兰力量通过建立伊斯兰慈善机构，向中东民众提供慈善服务扩大影响力的方式，认为这种政治参与方式是穆兄会扩大政治影响力、赢得政治支持的重要渠道，进而为其实现跨阶层动员的能力奠定了基础。如赵建民认为，穆兄会"通过开设平民医院、失业培训学校、贫民救济窗口等满足草根阶层的基本需求，赢得了基层民众的支持"；② 王凤同样注意到，"除上层已经西方化的政治精英和文化精英外，在埃及中等阶层和下层民众中，穆兄会都具有强大的影响力"。③ 丁隆则直截了当指出："穆兄会通过社会服务和伊斯兰金融等途径，吸引底层民众，争取中产阶级、青年学生和专业人士的支持，影响力和民意基础不断扩大，成为一个阶级属性模糊的民粹主义组织"。④ 这里的观察富有启发，尤其指出了穆兄会

---

① 更详细的讨论可参考 Rachel Ehrenfeld, "The Muslim Brotherhood Evolution: An Overview," American Foreign Policy Interests, Vol. 33, 2011, pp. 69 – 85.
② 赵建明：《穆斯林兄弟会与埃及政治变局》，载《现代国际关系》2011 年第 6 期，第 9 页。
③ 王凤：《中东剧变与伊斯兰发展趋势初探——以埃及穆斯林兄弟会和突尼斯伊斯兰复兴党为例》，载《国际政治研究》2011 年第 4 期，第 44 页。
④ 丁隆：《后穆巴拉克时代的埃及穆斯林兄弟会》，载《阿拉伯世界研究》2012 年第 1 期，第 39 页。

拓展自身影响力的主要途径。然而，他们有关穆兄会政治支持基础的见解，却与中东变局的发展事实不相吻合。如果说穆兄会等政治伊斯兰力量在青年学生与草根阶层那里拥有强烈的认同和强大的基层影响力，那么很难想象当青年学生拉开中东政治剧变的序幕时，穆兄会会拒绝他们要求其参与的呼吁和邀请，而持一种观望、摇摆的态度。

中东政治伊斯兰力量最严重的问题，是与下层民众的疏离。20世纪80年代以来，埃及、约旦、摩洛哥、阿尔及利亚等中东国家在美国的压力下执行自由化经济改革，国家取消或削减了许多公共产品的供给（包括食品、失业补助、食用油、汽油、交通、医疗和教育等），顿时让各国民众和家庭陷入经济困境中。在此背景下，这些国家中包括穆兄会在内的各种反政府力量，不仅竭力吸收正式成员，而且还通过组建数量庞大的伊斯兰社会机构（Islamic social institutes）或伊斯兰福利组织（Islamic welfare organizations）来增强自身的影响力。在埃及各反政府力量当中，穆兄会建立的伊斯兰服务机构最多、分布最广泛、产生的影响也最大。[1] 这是穆兄会赢得社会支持的基本途径。[2] 穆兄会建立的伊斯兰社会机构提供的服务涉及许多方面，如建立诊所、清真寺、文化中心、讲经学校，兴建学校、孤儿院、幼儿园、计算机培训中心，开展救灾活动和进行住房租赁，提供社区服务和其他福利项目，甚至向人们提供婚丧嫁娶等方面的服务，等等。因为深入社区，而且无论是参与提供服务还是接受服务，都不要求受惠者必须是兄弟会的成员，因此它在城市社区具有强大的影响（也可见第六章）。[3] 不过，反政府力量建立的伊斯兰社会机构主要面对的是中产阶级而非穷人。反政府力量建立的伊斯兰社会机构可以分为两类：一类

---

[1] 据统计，在20世纪90年代早期，穆斯林兄弟会拥有的伊斯兰社会机构大约有5000个，笔者尚未获得21世纪以来的相关数据。见 Asef Bayat：Assef Bayat, "Revolution without Movement, Movement without Revolution: Comparing Islamic activism in Iran and Egypt," *Comparative Studies in Society and History*, Vol. 40, No. 1, 1998, p. 164.

[2] 对穆斯林兄弟会建立的这些机构学者有不同的称谓，有的使用"伊斯兰非政府组织"、"伊斯兰自愿协会"、"私人资源协会"，等等。可参考 Jannier A. Clark, *Islam, Charity, and Activism: Middle - Class Welfare in Egypt, Jordan, and Yemen*, Bloomington: Indiana University Press, 2004, p. 163.

[3] Asef Bayat, *Social Movements, Activism and Social Development in the Middle East*, Civil Society and Social Movements Programme Paper Number 3, New York: United Nations Research Institute for Social Development, 2000, pp. 14 – 19.

是伊斯兰商业机构,另一类是伊斯兰福利机构。[1] 这两类伊斯兰社会机构的服务对象有所不同。伊斯兰商业机构面对的是中产阶级,尤其是具有较高知识水平的中产阶级,如医生、律师、大学教授、管理人员、大学生等专业人士。这类机构虽然提供的服务比较优良,但费用颇高,穷人无力问津。只有后一类机构才是面对穷人的,比如向他们提供比较价格低廉的医疗服务,兴建孤儿院以收养孤儿等。但穆斯林兄弟会主要着眼的是伊斯兰商业机构而非伊斯兰福利机构,所以中产阶级而非穷人才是伊斯兰服务机构所提供服务的最大受益者。[2]

政治伊斯兰力量之所以脱离下层民众,主要是由其政治目标在于提供一种有别于现有统治方式的替代性秩序方案决定的。政治伊斯兰力量组建伊斯兰服务机构的目的,在于通过向在国家经济结构调整过程中被边缘化的中产阶级提供必要的公共产品,以拓展其政治影响力。在各种政治伊斯兰力量的议程中,获取政治地位和宣传以沙里亚法为基础的伊斯兰政治秩序方案,仍是它们首要的目标;至于动员穷人、失业者、妇女、失业年轻人等社会下层民众,并不是它们的工作重点,而仅仅是实现其政治目标的手段。因此,穆兄会等政治伊斯兰势力对服务和动员下层民众并不热心,也没有将下层民众视为政治动员的关键对象。如在埃及,温和的穆兄会和激进的伊斯兰组织(Al - Gama'a al - Islamiyya,即 Islamic Group,简称 IG)等政治伊斯兰力量都拥有自己的伊斯兰社会机构,然而这些机构主要活动于中产阶级区域,以及律师、工程师、医生、大学等专业协会,而在穷人聚集的区域它们很少开设分支机构。此外,政治伊斯兰力量建立的学校并不是免费的,它们主要面对的是城市中产阶级,一般很少招收穷人学生。这种情况在土耳其、黎巴嫩、阿尔及利亚等国同样存在。如在黎巴嫩,无论是真主党还是黎巴嫩最大的教派——阿迈勒运动(Harakah Al - Amal),虽然都提供伊斯兰慈善和人道主义服务,但这些服务往往都是需

---

[1] 这种分类可参考 Clark, *Islam, Charity, and Activism*, pp. 35 - 36.

[2] 这一现象受到许多研究者的关注,可参考 Carrie R. Wickham, *Mobilizing Islam: Religion, Activism, and Political Change in Egypt*, New York: Columbia University Press, 2002, pp. 16 - 17; Oden Haklai, "Authoritarianism and Islamic Movements in the Middle East: Research and Theory - Building in the Twenty - first Century," *International Studies Review*, Vol. 11, No. 1, 2009, p. 38.

要收费的,而对待穷人的态度则具有强烈的"父权主义"特征。① 政治伊斯兰力量对城市中的穷人和农村相对冷漠的态度,使得这些阶层虽然乐于接受它们提供的慈善服务和公共产品,但对它们的政治意图则有颇多疑惑。更严重的是,即使穆兄会等政治伊斯兰力量偶尔对下层民众表示出热情,但这种情况往往只在选举前夕才会出现。为了在地方和国家的议会选举中获得更多的议席,在选举开展之际各种政治伊斯兰力量一般会向下层阶层支付一定的酬金,要求其投票给自己。对于这种购买选票的行为,下层民众虽然愿意以此获取物质利益,但不可避免影响到他们对政治伊斯兰力量的认知,加剧对后者的不信任,进而损害到政治伊斯兰力量的政治信誉和民众基础。② 因此,中东地区的下层民众虽然有浓厚的伊斯兰信仰,但并不意味着它们认同和支持本国的政治伊斯兰力量。

政治伊斯兰力量提供社会公共服务时的财政缺口,进一步削弱其在穷人中的影响。开展伊斯兰社会服务以赢取政治支持,需要付出巨大的经济成本。穆兄会等政治伊斯兰力量开展这些活动的财政来源,主要来自于伊斯兰国家,尤其是海湾国家的捐赠,这些捐赠既有政府和个人的,也有各种慈善机构和国际组织的。国家层面财政捐赠的主要有卡塔尔、沙特阿拉伯、科威特等能源资源丰富、致力于扩大伊斯兰信仰影响的国家,个人层面包括本·拉登等人;组织层面的捐赠来源包括国际伊斯兰慈善组织、科威特伊斯兰复兴基金、艾尔纳贾慈善协会(Al Najaa)、科威特贝特爱尔天课基金(Beit al Zakat)等;至于国际组织的捐赠,主要包括伊斯兰会议组织及其确立的伊斯兰发展银行。举例来说,在20世纪90年代,具有萨拉菲主义性质的科威特伊斯兰复兴基金大约捐赠了约5亿埃及镑给支持政治伊斯兰运动的各类伊斯兰社会服务机构;而伊斯兰发展银行仅在2001年就向巴勒斯坦抵抗运动及发动自杀性恐怖袭击的"烈士"家属支付了约5.38亿美元的资助。③ 尽管捐款再加上向中产阶级家庭提供社会服务时收取的费用,足以保障穆兄会等力量开展日常政治活动;然而,埃

---

① 相关情况可参考 Asef Bayt, *Life as Politics: How Ordinary People Change the Middle East*, Amsterdam: Amsterdam University Press, 2010, pp. 81–83.

② 可参考 Emad Siam, "The Islamist vs the Islamic in Welfare Outreach", *IDS Bulletin*, Vol. 43, No. 1, 2012, pp. 88, 90.

③ Siam, "The Islamist vs the Islamic in Welfare Outreach," p. 88; Ehrenfeld, "The Muslin Brotherhood Evolution: An Overview," p. 75.

及等中东国家因经济结构调整政策带来的日益扩大的社会公共产品缺口，让这些组织在提供社会慈善服务时感到愈加力不从心。近年越来越明显的趋势是：为了节省开支，穆兄会等不得不降低所提供社会服务的规模和质量，以将这些资源投入到购买选票和赢取中产阶级的支持上，忽视穷人的趋势也因此愈加明显。服务于穷人的伊斯兰社会服务，原本就在穆兄会等力量的政治议程中处于边缘地位，当为了节省开支不得不进一步削减对下层民众的服务时，这些人群就几乎消失在政治伊斯兰力量的视域中。因此不难理解，为什么在埃及政治剧变中，穷人对于穆兄会没有好感。如28岁的穆斯林侯赛因·吉尔德（Hussein Jad）在参加埃及剧变时表示："我们不需要穆兄会，它只会把生活弄得更糟。它做事极不公道。"[1]

中东政治伊斯兰力量在动员基层民众上的能力不足，是它们未能在中东变局中发挥明显作用的首要原因。低收入阶层并非穆兄会的坚定支持者，在剧变后埃及的民意调查中也有所体现。在皮尤中心2011年4月在埃及展开的一项调查中，有关不同社会阶层对穆兄会等"激进主义"政治态度的调查结果是：只有20%多的低收入阶层对其表示支持，其他的70%多来自于高收入阶层。具体而言，穆兄会在低收入阶层中的支持率仅为26%，而对其持支持态度的中等收入阶层为41%，在高收入阶层中这一比例为33%。[2] 就此而言，将突尼斯和埃及的政治剧变视为一场"青年人的革命"是恰如其分的。[3] 脱离下层民众，一方面令穆兄会等伊斯兰力量无法准确把握国内政治的发展动向，以致在剧变等突发事件中陷入被动；另一方面也令穆兄会的动员能力存在严重的局限性，当只有中产阶级参与穆兄会领导的政治抗争而下层民众拒绝参与时，这种抗争很少能取得明显的政治效果。正如埃及"受够了"运动的失败，就说明了这一点。这是一场中产阶级主导的运动，然而因未能实现跨阶层动员最终导致其衰

---

[1] "Mubarak Leaves Egypt on Edge between Promise and Peril," *USA Today*, Feb 11, 2011, p. 8A.

[2] 钱雪梅：《试析政治伊斯兰对中东北非剧变的解读》，载《国际政治研究》2012年第1期，第13—14页。

[3] 更详细的讨论见戴晓琪《中产阶级与埃及政局变化》，载《阿拉伯世界研究》2012年第1期，第52—63页。

落下去。①

三 原因之二：缺乏参与非暴力抗争活动的意愿

　　中东国家对待政治伊斯兰压制性的政治措施和西方国家对政治伊斯兰力量的警惕，迫使中东地区的大部分政治伊斯兰力量不得不选择体制内政治参与的途径。中东国家的世俗统治者，为了巩固自己的统治和维持自己的合法性，一般均会对政治伊斯兰力量采取压制性的措施。而西方国家对政治伊斯兰的警惕和猜忌，进一步为中东国家的压制性政策提供了政治支持。尤其是在"9·11"事件之后，随着美国在全球范围发动起反恐战争，中东国家的统治者往往以反对恐怖主义为由对本国的政治伊斯兰力量进行镇压。为生存计，各种政治伊斯兰力量选择的战略，并非进行政治动员从事暴力反抗，而是采取了非暴力，甚至是非对抗性的非暴力抗争方式。以埃及穆兄会为例，自1984年开始，穆兄会便宣布放弃与政府进行公开激烈的对抗，转而采取参与政府组织的议会选举等温和的抗争方式。这一事件，标志着穆兄会意识形态的急剧转变，意味着"基于意识形态的理由，穆兄会公开对民主表示支持，并且愿意为此全力以赴"。1987年在参加埃及议会选举时，穆兄会首次提出"伊斯兰就是解决方案"的口号，并尝试筹建以实施沙里亚法的政治平台，以维持自身的伊斯兰政治身份。② 穆兄会政治战略目标在于：改变当局的专制性质以实现民主，以建立一个以沙里亚法为指导的伊斯兰社会，并试图实现两者之间的结合。为了赢得政府对其民主承诺的信任，并避免成为政府镇压暴力反叛运动的牺牲品，穆兄会在与伊斯兰圣战组织、伊斯兰集团等暴力反抗组织拉开距离的同时，还持续参与了埃及历届议会选举（对1990年的议会选举进行了抵制）。③ 即使遭到政府的严厉镇压，穆兄会依然坚持了非暴力的政治参与方式。举例来说，在2005年议会选举期间，因为担心穆兄会取得重大突破，埃及

---

① 关于跨阶层动员的重要性，见 Jack A. Goldstone, "Cross-class Coalitions and the Making of the Arab Revolts of 2011," *Swiss Political Science Review*, Vol. 17, No. 4, 2011, pp. 457-462.

② Chris Harnisch and Quinn Mecham, "Democratic Ideology in Islamist Opposition? The Muslim Brotherhood's 'Civil State'," *Middle Eastern Studies*, Vol. 45, No. 2, 2009, pp. 190-191.

③ 穆兄会历次参与埃及议会选举的情况，可参考赵建明《穆斯林兄弟会与埃及政治变局》，第12页。

当局在第二、第三轮选举之前，逮捕了超过 1300 名穆兄会成员;[①] 2006 年下半年，埃及政府又没收了穆兄会数百万美元的资产，并逮捕了数名穆兄会的资助者，理由是他们具有非法政党成员身份和散发非法出版物。在 2008 年埃及市政选举期间，埃及当局又逮捕了 800 多名穆兄会成员。更为严重的限制措施出现在 2007 年，该年 3 月，埃及通过了一项宪法修正案，禁止在埃及成立任何具有宗教倾向的政党。[②] 这项宪法修正案严重压缩了穆兄会的生存和活动空间，进一步增加了其成员被政府拘捕和审判的风险。即使面临上述反制性措施，穆兄会仍然坚持其非暴力政治参与的战略，未转变为暴力抗争组织。值得追问的是，穆兄会为何愿意在付出巨大代价的情况下依然遵循这一战略？

中东主流伊斯兰力量之所以不惜代价坚持非暴力抗争战略，主要是出于维持自身生存的需要。在压制性的环境下坚持非暴力抗争战略，甚至是非对抗的妥协、退让战略，看起来似乎是一种悖论。然而，考虑到其独特的政治身份和地位，穆兄会坚持争取非暴力抗争战略就变得容易理解了。穆兄会尽管看似是一个政党，包括拥有正式政党的组织纪律、领导结构、成员招募程序等，但它仍然不是一个政党，更非合法政党（在参加历次议会选举时，穆兄会推出的候选人都是以独立候选人的身份参与竞选）。更确切地说，穆兄会是一种宗教性的社会运动、一个自足的社会。如前所述，穆兄会的政治影响渗透到大学和各种专业协会中，而且拥有自己的医院、诊所、清真寺、银行、商店、学校、俱乐部、基金会等基础设施，再加上拥有自己的成员和坚实的中产阶级支持基础，埃及、约旦、科威特、摩洛哥、也门等国的穆兄会相当于各自国家中的"国中之国"。[③] 穆兄会等政治伊斯兰力量拥有的这种社会公共设施和所提供的各种社会公共产品，无疑只有在政府默许甚至同意的情况下才能存在。如此一来，政治伊斯兰力量始终面临政府取缔这些设施和服务的威胁。可以想象，当政治伊斯兰力量严重触犯当局的利益，以致撤销这些设施和服务成为切实可行

[①] Chris Harnisch and Quinn Mecham, "Democratic Ideology in Islamist Opposition? The Muslim Brotherhood's 'Civil State'," p. 193.

[②] 埃及政府针对穆兄会的这些应对措施，见 Shadi Hamid, "Islamists and Nonviolent Action," in Maria J. Stephan (ed.), *Civil Jihad: Nonviolent Struggle, Democratization, and Governance in the Middle East.* New York: Palgrave Macmillan, 2009, p. 67.

[③] Shadi Hamid, "Islamists and Nonviolent Action," p. 69.

时，穆兄会的政治影响力甚至其本身都有可能灰飞烟灭。因此，为避免自身的伊斯兰服务机构被政府连根拔起，政治伊斯兰力量选择非暴力抗争战略，甚至很少参与对抗性非暴力抗战活动，无疑是一种理性的选择。当然，将政治伊斯兰力量的伊斯兰社会服务机构连根拔起，是政府想做却不敢做的决定。因为采取这样的政策，政府也会付出相当大的代价。其中包括绝望的政治伊斯兰力量可能奋起反抗，甚至掀起武装斗争，将不可避免地造成国家政治动荡和大量人员伤亡；另外，大规模社会公共产品提供的终止，可能带来社会秩序的不可持续，同时让政府无力承担相应的财政负担，等等。正是在这样一种背景下，政治伊斯兰力量只能通过有限的渠道开展政治活动，以实现政府对自身的包容乃至政党地位的合法化。

为了扩大其支持基础，尤其是增强国际国内合法性，中东主流伊斯兰力量也不得不选择非暴力抗争的战略。在保障了自身生存的条件下，穆兄会还可以运用非暴力抗争战略扩大自身政治影响。首先，非暴力抗争战略有助于赢得西方对其非暴力政治组织地位的承认，至少可以缓解西方对他们扩大政治影响的恐惧。[1] 基于对政治伊斯兰力量的恐惧，西方国家支持中东各国政府限制政治伊斯兰生存和发展空间，这无疑是对政治伊斯兰力量发展的重要威胁。因此，向西方表明本身对非暴力参与战略的坚持和对民主的支持，尝试改变西方有关政治伊斯兰力量就是激进主义分子或恐怖分子的印象，构成近年来政治伊斯兰力量的一项重要工作。以穆兄会为例，为向西方表明自身的立场，穆兄会在中东变局前针对西方发起了许多魅力攻势。比如开设英文网站发布相关信息，与西方官员、研究者、非政府组织的代表建立非正式联系，在西方媒体发表专栏文章，由组织领导人出面澄清穆兄会关于以色列的立场，表示将承认已有的国际条约，等等。这些措施，很大程度上归因于穆兄会 2006 年发起的"将穆兄会介绍给西方"的倡议。[2] 中东变局之前，穆兄会的这些魅力攻势并未在西方政府层面取得突破性的进展。克林顿政府时期虽然与穆兄会保持了低层次的接触，将其视为暴力抗争群体和腐败的穆巴拉克的替代性选择，但当穆巴拉

---

[1] 包括西方国家在内的大量外部行为体对中东地区非暴力抗争的影响，可参考 Stephen Zunes and Saad Eddin Ibrahim, "External Actors and Nonviolent Struggles in the Middle East"; Maria J. Stephan (ed.), *Civil Jihad: Nonviolent Struggle, Democratization, and Governance in the Middle East*. pp. 91 – 104.

[2] Shadi Hamid, "Islamists and Nonviolent Action," pp. 68 – 69.

克发现这种接触并表示抗议后,克林顿政府不得不取消了这种接触。到了小布什政府时期,尽管西方有过一段时间致力在中东推广民主,但出于反恐战争的需要,西方将保障穆巴拉克政府对反恐支持列为首要任务,而与穆兄会接触则有违这一目标的实现。因此,2006年6月美国国务卿康多莉扎·赖斯在开罗表示:"我们与穆兄会没有过接触,而且也不会与其进行接触"。① 西方政府在处理中东地区政治伊斯兰问题时,虽然持一种极其谨慎的立场,拒绝公开与它们进行接触或承认它们的合法的地位。然而,西方偶尔的民主支持姿态,仍为穆兄会等政治伊斯兰力量维持有限的生存空间甚或改善生存处境,提供了一定的机遇。如2004年小布什政府"大中东计划"提出后,美国不时向埃及施加的要求推进民主的压力,客观上使穆兄会在国内政治中收获了不少的益处,如穆兄会一名总训导师明确承认:"众所周知……我们(在美国的压力下)获益了、每个人都获益了,埃及人民同样获益了"。②

通过坚持非暴力抗争战略,中东地区的政治伊斯兰力量收获了比较明显的政治效果。包括埃及穆兄会、黎巴嫩真主党、突尼斯伊斯兰复兴党、摩洛哥正义与发展党、约旦伊斯兰行动阵线等在内的中东政治伊斯兰力量,基于维持自身生存和发展、赢得国内与国际合法性的需要,在相当长一段时间内都坚持了非暴力的政治参与战略。即使面临极为严峻的生存环境,只要仍有一定的获益前景,它们在坚持这一战略上的立场都比较明确。经验研究成果证明,坚持非暴力抗争战略有助于增强抗争行为体的国内与国际合法性。就国内而言,如果抗争行为体采取武装抗争的方式,那么政府很有可能对其采取强烈的镇压措施,最后严重损害它们的行动能力甚至使其衰落下去;而当抗争行为体将非暴力参与拟定为自身的参与战略,政府大规模、不加区别地使用暴力,将为非暴力抗争行为体赢得广泛的舆论支持。这两种情况,在20世纪90年代的埃及有比较鲜明的体现。当时,伊斯兰集团军与穆兄会通过提供伊斯兰社会服务,影响力都有所扩大。针对这种现象,埃及政府对激进的伊斯兰集团军采取的是暴力镇压的

---

① Remarks of Secretary of State Condoleezza Rice At the American University of Cairo, Monday, June 20, 2005, http://www.arabist.net/blog/2005/6/20/condoleezza-rices-remarks-from-her-cairo-speech-at-auc.html.

② Shadi Hamid, "Islamists and Nonviolent Action," p. 68.

方式；而对温和、采取体制内政治参与途径的穆兄会，限制措施则要温和得多。① 来自政府的不同反应，在很大程度上影响了它们后来不同的发展轨迹和政治影响力。

就国际层面而言，针对采取非暴力抗争方式的政治行为体施加大规模的暴力行为，将严重损害所在国政府的国际合法性，甚至可能引发国际社会强烈的制裁措施。就像有学者研究指出的，在1900年至2006年间发生的323场武装斗争和非暴力抗争行为中，51%的非暴力抗争实现了预期目标，而武装斗争只有26%实现了预期目标。其中，国际社会的干预是一个非常重要的影响因素，因为"与镇压暴力行为相比，国际社会更有可能谴责和制裁这些镇压非暴力行为体的国家"。② 中东各国政府之所以没有将穆兄会等政治伊斯兰力量连根拔起，除了无法有效填补政治伊斯兰力量崩溃带来的社会公共服务体系出现的巨大缺口外，镇压政治伊斯兰力量带来的国际合法性损失构成另外一个极为重要的因素。

截至目前，采取非暴力抗争战略的中东政治伊斯兰力量已取得可观的政治效应。具体来说，这种政治收益体现在以下几个方面：③ 其一，通过参与国家选举，为穆兄会等力量宣传自身的政治立场、政治观点提供了一种有限但明确的渠道，同时还可以借此表达对政府某些政策的异议或抗议；其二，对民主的承诺和即使面临压制仍对非暴力政治参与方式的坚持，有助于增强其国内可信性和国际合法性；其三，在平常时期和选举期间政府针对政治伊斯兰力量采取的限制措施，为政治伊斯兰力量赢得了广泛的社会同情；其四，推荐候选人参选议会选举，一旦取得成功，可以对国家具体政策展开讨论和提出异议，同时还可以在国家层面引发对是否需要贯彻沙里亚法等敏感问题的讨论，有效地拓展了其政治和社会影响力。

长期参与体制内的政治活动，影响到穆兄会等政治伊斯兰力量对待对抗性非暴力抗争的意愿。以温和的方式参与国家的政治活动带来的众多政

---

① 更详细的讨论，可参考 Mohammed M. Hafez and Quintan Wiktorowicz, "Violence as Contention in the Egyptian Islamic Movement," in Quintan Wiktorowicz (ed.), *Islamic Activism: A Social Movement Theory Approach*. Bloomington: Indiana University Press, 2004, pp. 61 – 88.

② Maria J. Stephan and Erica Chenoweth 2008, "Why Civil Resistance Works: The Strategic Logic of Nonviolent Conflict," *International Security*, Vol. 33, No. 1, 2008, p. 12.

③ 见 Chris Harnisch and Quinn Mecham, "Democratic Ideology in Islamist Opposition? The Muslim Brotherhood's 'Civil State'," p. 194.

治收益，再加上长期的政治实践，使穆兄会等政治伊斯兰力量形成了坚持以非暴力方式参与政治活动的习惯。这种习惯也就是赵建明所说的穆兄会的"改良本性"；而萨迪·哈米迪（Shadi Hamid）则指出，中东地区的政治伊斯兰力量"已经明确无误地试图通过非暴力方式推动变革（unequivocally wedded themselves to a nonviolent program for change），即使这些条件看似会引发它们的奋起抗争"。① 穆兄会等政治伊斯兰力量对非暴力抗争战略的坚持，几乎到了一种令人费解的地步。它们对于暴力抗争方式敬而远之，即使是对于对抗性的非暴力抗争行为，也尽量避免参与。在中东变局之前，因为不愿发起和领导可能导致各自国家社会与政治结构发生严重变迁的抗争行为，它们几乎可被视为是现存国家秩序和政治统治的维护者。如摩洛哥的正义与发展党，不仅反对各类追求社会正义的公民的不服从行为，甚至认为各种政治行为均应在维护君主统治和王室利益的框架内进行；埃及穆兄会虽然没有走得这么远，但是埃及剧变之前，它在很大程度上已经中立化。② 举例来说，当2005年埃及进行议会选举时，穆兄会拒绝响应社会劳动党、纳赛尔党等政党要求抵制选举的号召，在极为严峻的条件下依然参选，这在一定程度上削弱了其可信性；另外，在2008年埃及马哈拉（El‑Mahalla el‑Kubra）工业城国有纺织厂工人掀起大规模的劳工抗议——也被称之为"4·6"大罢工——期间，穆兄会非但不予以支持，反而对其进行谴责。③ 前者体现了穆兄会对体制内参与途径的偏爱和以此拓展自身实力的偏执，而后者则反映了穆兄会与劳工等低收入阶层之间的隔阂。即便穆兄会参与了"受够了"运动，但它的参与并不热心，它对于伊斯兰妇女问题的保守态度和对民主、人权等概念有别于世俗参与者的另类解读，导致该运动发生内讧，最终衰落下去。④ 穆兄会、突尼斯伊斯兰复兴党等力量并非中东变局的发起者，很大程度上是由其保守本性决定了的。虽然穆兄会中有许多青年成员比较早地参与了埃及剧变中的抗议活动，但当他们请求穆兄会作出让整个组织参与抗议活动的决定

---

① Shadi Hamid, "Islamists and Nonviolent Action," p. 67.

② Ibid., p. 71.

③ 可参考 Benoit Cehalland, "The Counter‑Power of Civil Society and the Emergence of a New Political Imaginary in the Arab World," *Constellations*, Vol. 18, No. 3, 2011, p. 277.

④ 可参考 Nadia Oweidat, etc., *The Kefaya Movement: A Case Study of a Grassroots Reform Initiative*, Pittsburgh: Rand Corporation, 2008.

时，同样被予以否定。① 由此可见，政治伊斯兰力量未在中东变局发挥突出作用，除了能力的限制，对于参与对抗性非暴力抗争行为体的消极态度，构成另一个同等重要的因素。

四 结论与展望

经过考察发现，能力的限制和意愿的缺乏，才是穆兄会等政治伊斯兰力量未在中东变局中发挥突出作用的基本原因。就能力而言，中东政治伊斯兰力量的政治基础具有偏狭性，它们的支持者主要来自于医生、律师、工程师、青年大学生等中产阶层，而失业者、城市穷人、妇女、少数族群、信仰非伊斯兰教宗教的人群、国际移民等低收入群体，并非它们重点关注的对象和政治支持基础。正是因为脱离失业青年等阶层，导致穆兄会在埃及剧变中显得犹疑：首先穆兄会等伊斯兰力量未能把握到中东政局的发展状态；其次不敢贸然做出是否参与抗议活动的决定。即使年轻人邀请穆兄会参与，刚开始的立场是予以拒绝，这充分反映了穆兄会对年轻人的不信任。除了能力的有限，参与对抗性政治行动意愿的缺乏，构成穆兄会等政治伊斯兰力量在中东变局中没有发挥显著作用的又一重要原因。中东地区压制性的政治环境和寻求西方对其合法政治地位的承认，使得该地区的政治伊斯兰不得不寻求通过非暴力的政治参与方式来实现其政治目标。经过长时期的实践，再加上非暴力政治参与为它们带来了极为可观的政治效益，这种战略已经沉淀为政治伊斯兰力量的政治参与习惯。比较恶劣的政治生活环境下形成的保守政治心态和僵化的决策体制，进一步加剧了政治伊斯兰力量改变政治参与战略的难度。以穆兄会为例，近三十年的非暴力政治参与方式，使其规避暴力抗争，即使对抗性的非暴力抗争方式也很少采用。埃及变局中穆兄会的低调和犹疑，不过是这种保守政治心态的反应而已。

基于本章的分析来展望政治伊斯兰力量在中东地区的未来发展前景，可以大致判断它们的前景并非一片光明。毫无疑问，因为拥有强大的组织能力、丰富的斗争经验以及比较牢固的中产阶级支持基础，中东各国的政

---

① 可参考 Yusery Ahmed Ezbawy, "The Role of the Youth's New Protest Movements in the January 25 th Revolutions," *IDS Bulletin*, Vol. 43, No. 1, 2012, p. 29.

治伊斯兰力量将在变局后中东国家的政治发展中发挥重要影响。随着各国政治开放程度的提高，这种影响力无疑会进一步扩大，正如突尼斯与埃及的议会选举结果所表明的。然而，穆兄会脱离下层民众的趋势，可能会随其政治地位的巩固而进一步加剧。尽管在埃及变局中，穆兄会与突尼斯伊斯兰复兴党同下层民众形成了跨阶层动员，但这种联盟在变局后的埃及和突尼斯已经破裂。在缺乏地区战略和强烈外来威胁的情况下，享有合法政治地位甚至执政党地位的政治伊斯兰力量，再也不能仅以作为腐败政府的参照物这一方式来赢得民众的支持，更不能像在伊朗一样建立一个神学统治的国家。如果不能有效地解决政治自由和社会公正问题，或提出有效的解决方案，尤其是不能有效地解决各国严峻的经济发展困境时，那么穆兄会等政治伊斯兰力量的崛起，很有可能不会持久。另外，尽管中东政治伊斯兰力量长期采取了非暴力抗争的政治参与战略，并尝试实现民主统治与沙里亚法治理之间的结合，然而，这种战略的模糊之处导致美国等西方国家对它们政治意图的疑惑在短期内不可能消除。随着中东某些国家实现了政权更迭，西方虽然不得不与政治伊斯兰力量进行接触，但这种疑惑将影响到美国等西方国家对其的态度。不仅如此，为了顾及国内的反美反以情绪，通过公开选举程序上台的政治伊斯兰力量不得不在一定程度上调整前任的对美政策，以更好地反映民意。这种转向，不可避免会影响到美国在该地区的战略利益，从而激发美国的反弹，甚至不排除美国采取各种手段防止政治伊斯兰力量影响的扩大。因此，后来的埃及局势已证实了本章的判断。

本书第二部分对涉及中东变局发展过程的一些问题作了初步探讨。包括中东变局的主要发展过程、动力与机制，2011年的中东变局展示出比此前社会运动更为强大的动员能力，此前似乎高度稳定的中东为何会突然之间爆发蔓延至多个国家的大规模社会抗议现象，虚拟社交网络在中东变局中是否扮演了一种对变局成败具有决定性影响的角色，以及政治伊斯兰力量为何在中东变局中未发挥突出作用。尝试对以上几个问题进行解答，有助于我们深化对中东变局的认识。当然，中东变局的发展过程非常复杂，本部分也只是就其中一些问题作了一些初步探索。随着研究的深入以及有关中东变局发展过程的更多资料的出现，人们可以对其中涉及的许多其他问题进行探索，情感在中东变局中发挥了何种作用，中东变局在不同国家抗议活动中所具有的不同发展机制、政府应对措施的差异与变局发展动力之间的关系等。囿于资料与能力，本书不对这些问题进行研究。本书第三部分将对外部行为体对中东变局的应对方式及其动机进行研究，其中，重点考察了美国、英国、法国与俄罗斯等在中东地区具有战略利益的行为体针对中东变局所作的反应。

第三部分

中东变局的外部维度

第九章

架构视角与美国对埃及变局的应对

【本章摘要】作为世界上唯一的超级大国和埃及穆巴拉克政府的长期盟友,美国对2011年埃及变局的应对方式及其效果值得关注。而现有研究成果对这一问题关注不够,或对美国应对措施及效果的评估相互矛盾。为了对美国应对埃及"一·二五"的政策措施及其效果做出逻辑连贯的解释,可以从社会科学研究中的架构视角对这一问题进行考察。从架构视角考察可以发现,针对始料未及的埃及变局,美国政府建构了一种"改革"架构,以此来理解和应对埃及的政治剧变。然而,在影响架构产生积极效果的六个因素——架构的持续性、经验可信性、架构提出者的可信性、描述的精确性、架构的集中性、经验可通约性——中,"改革"架构仅仅具有持续性,在其他五个方面"改革"架构都存在或多或少的问题,这些问题导致美国的"改革"架构无法在架构受众那里产生广泛共鸣。

一 问题的提出

对于外界力量如何应对中东变局,学术界尚未展开深入、细致的考察。以极为关心"中东变局"发展演变的外部行为体——美国——为例,它是如何应对这波始料不及的政治剧变,以及应对措施的效果如何等问题,就较少得到人们的关注。现有关于美国与"中东变局"之间关系的研究成果,根据研究对象的不同大致可以分为三类:一类是探讨美国此前的中东政策——尤其是其援助政策——对"中东变局"产生所具有的影响;① 一类是分析"中东变局"对美国中东政策及其在该地区利益带来的可能影响;② 还有一类是研究美国应对"中东变局"的具体措施及分析这种措施所产生的效果。在这三类研究中，前两类成果颇为丰富，而且还在不断涌现，但第三类研究成果不仅数量极少，而且研究深度有待加强。

以美国对埃及变局的政策反应为例，关于美国的具体应对过程与措施、政策后果等问题，学术界的研究尚未充分展开。首先是美国应对埃及变局的具体措施，学术界的研究仅仅指出美国面对埃及变局时的震惊和措手不及，以及随后在支持穆巴拉克还是支持抗议者之间所做的取舍，这种判断建立在未对美国的反应过程和应对措施进行深入考察的基础上，未免失之简单。对于美国应对措施的特征，学术界的认识则截然不同。有人指出，在面对包括埃及变局在内的"中东变局"时，"美国政策前后矛盾、首鼠两端，是对瞬息万变的事态的灵活反应"，而且具有"两面性、矛盾性、多重标准非常突出"等特点;③ 也有观点主张，美国对埃及变局的应对做到了"有条不紊，有的放矢"，"至少显示出特有的危机反应和战略调整能力";④ 还有观点认为，欧美对于突尼斯与埃及政治剧变的应对是"极为温和的"，因为受制于局势的迅猛发展和内外环境的不利，欧美国家仅仅在话语上对这些国家的抗议者表示支持，而更为具体的应对措施则

---

① 仝品生:《浅析美国对中东的援助及其影响》，载《西亚非洲》2011 年第 2 期;[加] 马耀邦:《中东剧变与美国＼新自由主义》，载《国外理论动态》2011 年第 6 期; Erin A. Snider and David M. Faris, "The Arab Spring: U.S. Democracy Promotion in Egypt," *Middle East Policy*, Vol. XVII, No. 3, 2011, pp. 49 - 62, etc.

② 高祖贵:《中东大变局对美国战略的影响》，载《国际问题研究》2011 年第 3 期; Marc Lynch, "America and Egypt after the Uprisings," *Survival*, Vol. 53, No. 2, 2011, pp. 31 - 42; Shmuel Bar, "America's Fading Middle East Influence," *Policy Review*, No. 166, April - May 2011, pp. 41 - 52; Emma Sky, "Arab Spring…American Fall: Learning the Right Lessons From Iraq and Afghanistan"; Anthony H. Cordesman, Barak Barfi, Bassam Haddad, Karim Mezran, "The Arab Uprisings and U. S. Policy: What Is the American National Interest," *Middle East Policy*, Vol. XVII, No. 2, 2011, pp. 1 - 28, etc.

③ 牛新春:《美国中东政策: 矛盾与困境》，载《外交评论》2011 年第 2 期，第 15 页。

④ 袁鹏:《中东变局、美国应对、中国启示》，载《现代国际关系》2011 年第 3 期，第 20 页。

付之阙如。① 至于美国应对埃及变局措施的效果，学术界的基本观点是：美国对埃及变局的应对是失败的，美国因为采取了一种在抗议者与各国政府之间左右逢源的"机会主义"政策，既疏远了抗议者们对美国政策的支持，也未能有效安抚美国中东盟友的惶恐与愤怒情绪，结果导致美国在埃及的影响力下降。② 如中东问题研究专家马克·林奇（Marc Lynch）指出，对于美国的应对政策，"埃及政府及美国的阿拉伯盟友谴责美国抛弃盟友，埃及抗议者及阿拉伯公众舆论抱怨美国冷漠，美国国内的批评者敦促美国提供更有力的领导"。③

现有关于美国应对埃及变局的措施、效果及其原因的研究存在缺陷。首先是对于美国应对措施的观察。现有研究成果仅仅指出美国在支持穆巴拉克还是支持抗议者这一问题上面临的困境，但观察者对于美国何时在支持穆巴拉克，何时又在支持抗议者，这种支持对象的转变又是何时发生等问题，往往语焉不详，或许只是从直观出发——潜意识中的理性选择理论——做出判断。其次是对于美国应对措施特征的认识。为什么同样是对美国应对埃及变局措施的总结，不同学者的观点如此迥然不同？要知道，"前后矛盾、首鼠两端"，"有条不紊，有的放矢"与"极为温和"等形容美国应对政策的词汇，彼此间是相互矛盾的。值得追问的是，这种对美国应对措施的不同认识为什么能够产生。最后是对于美国应对埃及政局变化措施效果的评估。研究者们大体认为其失败源自于美国在支持对象上的摇摆不定、犹豫不决。这种解释忽视了美国在应对此类问题上形成的历史经验，以及奥巴马政府在应对埃及变局时所体现的政策持续性；再者，即使美国的确采取了一种机会主义政策，可如果美国在埃及变局期间最终将支持对象转移到了抗议者身上，我们很难理解为什么"埃及抗议者及阿拉伯公众舆论抱怨美国冷漠"。为了克服现有研究的上述缺陷，我们有必要引入社会科学中的架构视角（framing perspective or framing approach）进

---

① Uri Dadush and Michele Dunne, "American and European Responses to the Arab Spring: What's the Big Ideas," *The Washington Quarterly*, Vol. 34, No. 4, 2011, p. 133. 与此相似的观点见 Philippe Droz-Vincent, "Authoritarianism, Revolutions, Armies and Arab Regime Transitions," *The International Spectator*, Vol. 46, No. 2, 2011, p. 17.

② 可参考 Alanoud Al Sharekh, "Reform and Rebirth in the Middle East," *Survival*, Vol. 53, No. 2, 2011, p. 55.

③ Marc Lynch, "America and Egypt after the Uprisings," p. 32.

行研究，一方面对美国应对埃及变局的过程和具体措施进行深入分析，另一方面对导致相应政策后果的原因做出逻辑连贯的解释。本章结构安排如下：首先介绍社会科学研究中的架构视角，其次分析美国对埃及变局的具体架构及其效应，再次分析导致架构出现相应结果的原因，最后总结本章的研究发现。

二 社会科学研究中的架构视角

在近年来的社会科学研究中，架构视角越来越受到人们的重视。架构视角很早以前就出现在社会心理学和人类学的研究之中，[①] 20 世纪 70 年代由美国著名社会学家欧文·戈夫曼（Erving Goffman）将其运用到组织行为的研究中，随后它作为一种新的研究视角开始在社会科学的研究中得到广泛运用。[②] 各个学科虽然在架构视角的运用方式上有所差异，但它们对架构概念的理解却大同小异。所谓"架构"（framing），是指人们对世界中的人、事、物进行组织的一种方式，这种组织方式往往突出人、物、事的某一方面而有意无意地忽视其他方面。架构往往是政治家、社会运动组织者、规范创导者、媒体等行为体出于某种目的——为了操纵舆论或主动帮助人们理解世界某种事物——而经常采取的一种方式。用著名媒体研究专家罗伯特·M. 艾特曼（Robert M. Entman）的话来说，"进行架构，就是选择某一认知事实的某些方面，使其变得突出"。[③] 著名社会运动研究者威廉·甘姆森（William A. Gamson）及同事指出，架构是"一种核心组织观念或故事主线，它向那些即将展开的事件赋予意义，并将它们编织在一起。架构告诉人们事件围绕什么争议而展开，问题的实质在何处"。[④]

[①] 社会心理学的研究成果见 Frederic C. Barklett, *Remembering: A Study in Experimental and Social Psychology*, Cambridge: Cambridge University Press, 1932；人类学的研究成果见 Gregory Bateson, *Steps to an Ecology of Mind*, New York: Ballantine Books, 1972. 该书最早出版于 1955 年。

[②] Erving Goffman, *Frame Analysis: An Essay on the Organization of Experience*, Cambridge: Harvard University Press, 1974.

[③] Robert M. Entman, "Contestable Categories and Public Opinion," *Political Communication*, Vol. 10, No. 3 1993, p. 52.

[④] William Gamson and Antonio Modigliani, "The Changing Culture of Affirmative Action," in Richard G. Braungart and Margaret M. Braungart eds., *Research in Political Sociology*, Vol. 3, Greenwich, CT: JAI Press, 1987, p. 143.

通过提供某些信息、强调事物的某些方面,架构可以引导人们以架构提出者的方式进行思考,从而接受和支持"对政治问题的特定界定与诠释"。[1] 架构可以"将那些凌乱不堪的事件或七零八落的谈话变为清晰可辨的事件。没有架构,它们本来是……不可理喻的声音"。[2] 因此,无论是在日常生活中,抑或在政治斗争或媒体信息中,还是在社会动员的过程中,架构的作用都是非常重要的。

架构具有多方面的功能。架构是自成体系的话语,它们并不仅仅将事件或对事件的理解串联起来,更重要的是通过这些话语将事件有机联系在一起。如社会运动研究者戴维·A. 斯诺(David A. Snow)与罗伯特·D. 本福德(Richard D. Benford)指出,社会运动中的架构"是由社会运动的拥护者就某些成问题的条件或情势协商出一些共有的理解建构而成的,这些条件或情势被界定为需要改变的,而且需要归因是谁或什么来对问题负责,同时阐明一些替代性的安排,以说服人们协调行动以促进改变"。[3] 也就是说,在社会运动中,架构必须具备确定问题、问题归因、提供处方等方面的内容,它们均是架构的内在组成要素。艾特曼进一步指出,架构具有界定问题、诊断原因、做出道德判断、建议修补方案四个方面的功能。这些功能的具体内容在于:"界定问题(defining problems),即确定某种原因带来什么样的成本与收益,这些成本与收益往往依据共同的文化价值观来加以权衡;诊断原因(diagnose causes),即确认造成这些问题的力量;作出道德判断(make moral judgments),即评估它们因果主体(causal agents)及其效应;建议修补方案(suggest remedies),提供并论证解决问题的方法并预测它们的效果"。[4] 在架构的各种功能中,尤以进行诊断与开列处方最为重要。架构的这两个方面的功能被本福德与斯诺分别称之为"诊断式架构"(diagnostic framing)与"处方式架构"(prog-

---

[1] Dhavan V. Shah, et. al., "News Framing and Cueing of Issue Regimes: Explaining Clinton's Public Approval in Spite of Scandal," *Public Opinion Quarterly*. Vol. 66, No. 3, 2002, p. 343.

[2] Gaye Tuchman, *Making News: A Study in the Construction of Reality*, New York: Free Press, 1978, p. 192.

[3] Robert D. Benford and David A. Snow, "Framing Processes and Social Movements: An Overview and Assessment," *Annual Review of Sociology*, Vol. 26, 2000, p. 613.

[4] Robert M. Entman, "Framing: Toward Clarification of a Fractured Paradigm," *Journal of Communication*, Vol. 43, No. 4, 1993, pp. 51–58.

nostic frame）。① 无论是在媒体报道中，还是在政府决策中，诊断式架构与处方式架构是某种架构赢得支持的两种最基本要素。至于架构的另外两种功能——界定问题与道德判断——的重要性，随着具体形势的不同而有所变化。

架构竞争是政治生活中非常重要的内容。既然架构是对社会生活中某一或某些事件进行解释、呈现（representation）、赋予意义而组织起来的话语框架，毫无疑问，处于不同立场的人们会对同一事件建构起不同的架构；而同一种架构同样可以用来解释不同的事件。比较典型的就是新闻媒体对某个具体事件的架构。② 对于某一国际事件，因为国家利益、意识形态等方面的差异，不同国家媒体对同一事件的架构会有所不同，甚至截然对立。比如对于 1999 年北约对南斯拉夫进行轰炸这一事件，中美两国主流媒体的架构就截然不同。美国媒体渲染的是阿尔巴尼亚人遭受的人道主义灾难以及南斯拉夫的难民问题，从而为西方在南斯拉夫的军事行动赋予合法性；而中国的主流媒体强调的是西方对南斯拉夫的轰炸违反了有关国际行为体需要遵守主权国家的主权和不得干涉别国内政的国际法原则，从而认为北约的干涉和轰炸不具有合法性。③ 由此可见，架构可以通过引导人们的认知，为相应的政治行动或政策赋予合法性。这种通过建构出相应的架构塑造大众舆论，从而带来不同政治后果的现象，被研究者们称之为

---

① 这里的引言和讨论见戴维·A. 斯诺与罗伯特·D. 本福德《"主框架"和抗议周期》，艾尔东·莫里斯、卡洛尔·麦克拉吉·缪勒主编：《社会运动理论的前沿领域》，刘能译，北京：北京大学出版社 2002 年版，第 156—157 页。在后来的研究中，本福德增加一种架构类型，即"动机架构"（motivational framing）。见 Robert D. Benford, "'You Could be the Hundredth Monkey': Collective Action Frames and Vocabularies of Motive within the Nuclear Disarmament Movement," *The Sociological Quarterly*, Vol. 34, No. 2, 1993, pp. 195 – 216.

② 关于这一问题已有非常丰富的研究成果，有兴趣的读者可参考 Donald R. Kinder and Lynn Sanders, "Mimicking Political Debate with Survey Questions: The Case of White Opinion on Affirmative Action for Blacks," *Social Cognition*, Vol. 8, No. 1, 1990, pp. 73 – 103; Robert M. Entman, "Framing US Coverage of International News: Contrasts in Narrative of the KAL and Iran Air Incidents," *Journal of Communication*, Vol. 41, No. 4, 1991, pp. 6 – 27; Entman, "Framing: Toward Clarification of a Fractured Paradigm," pp. 51 – 58, etc.

③ Jin Yang, "Framing the NATO Air Strikes on Kosovo across Countries: Comparison of Chinese and US Newspaper Coverage," *Gazette: The International Journal for Communication Studies*, Vol. 65, No. 3, 2003, pp. 231 – 249.

"架构效应"(framing effect)。① 为了争夺"架构效应",不同的行为体自然会提出不同的架构,从而在"架构场域"(frame field)中出现"架构竞争"(frame contest)。② 在架构竞争中,那些掌握了更多信息、拥有更多权力的人往往能够胜出,它们提出的架构也就成为一种主导性的架构;而那些对主导性架构进行挑战的架构,则是"反架构"(counter frame)。③ 当然,架构之间除了彼此间的竞争,不同行为体提出的架构也有可能实现"架构结盟"(frame align),从而在社会与政治运动、媒体话语中形成一种"主架构"(main frame),使得相应的政治行动或政府决策赢得较广泛的支持。④

架构能否赢得支持,虽然受到权力等因素的影响,但架构本身的优劣是首当其冲的影响因素。对于某种架构能否以及如何才能产生架构效应,研究者们作了许多研究。他们指出,权力分配、⑤ 信息的可获得性、受众的既定观念与倾向、架构出现的文化价值背景等,都是影响架构效应的因素。⑥ 不过总体而言,对于架构效应的研究,"我们对有关不同问题的替代性架构说服力如何,已形成一系列的详细菜单,但缺乏一种一般化的理论来预测何种架构在解释特定问题时最为适用"。⑦ 就此而言,本福德与斯诺的研究能提供重要的启发。对于架构所能产生的政治效应,他们称之为"架构共鸣"(frame resonance)。架构共鸣就是某种架构在受众中产生

---

① 可参考 Shanto Iyengar, *Is Anyone Responsible?: How Television Frames Political Issues*, Chicago: University of Chicago Press, 1991; John Zaller, *The Nature and Origins of Mass Opinion*, New York: Cambridge University Press, 1992, etc.

② 可参考 Zhondang Pan and Gerald M. Kosicki, "Framing Analysis: An Approach to News Discourse," *Political Communication*, Vol. 10, No. 1, 1993, pp. 55 – 75; David S. Meyer, "Framing National Security: Elite Public Discourse on Nuclear Weapons During the Cold War," *Political Communication*, Vol. 12, No. 2, 1995, pp. 173 – 192; etc.

③ 可参考 Benford and Snow, "Framing Processes and Social Movements," pp. 537 – 538.

④ 架构联盟与主架构的概念见 David A. Snow, E. Burke Rochford, Jr., Steven K. Worden, Robert D. Benford, "Frame Alignment Processes, Micromobilization, and Movement Participation," *American Sociological Review*, Vol. 51, No. 4, 1986, pp. 464 – 481; 斯诺与罗伯特·D. 本福德:《"主框架"和抗议周期》,等等。

⑤ 可参考 Rodger A. Payne, "Persuasion, Frames and Norm Construction," pp. 363 – 382; etc.

⑥ 相关观点参参考 Dennis Chong and James N. Druckman, "Framing Theory," *Annual Review of Political Science*, Vol. 10, 2007, pp. 103 – 126.

⑦ Chong and Druckman, "Framing Theory," p. 117.

的认同和支持的程度,它"关系到提出的架构的有效性或动员能力,进而关系到为什么某些架构看上去更为有效或产生'共鸣',而其他的架构则不能产生相应效果"。①

在斯诺与本福德看来,影响构架共鸣的因素有两组:一组是架构的可信性;一组是架构的相对显著性。② 架构可信性包括三个因素:架构持续性(frame consistency)、经验可信性(empirical credibility)与架构提出者本身的可信性(credibility of the frame articulator)。架构持续性是指架构提出的信念、要求之间是否存在内在矛盾,以及信念与受众的相应信念之间是否相符。经验可信性主要不是指诊断式架构或处方式架构是否真实或有效,而是指架构提出的话语体系是否与世界的发展趋势相契合。而架构提出者本身的可信性比较容易理解,因为言说者的地位、知识水平、人品、合法性等特征,都能对他们言说的内容或提出的架构产生显而易见的影响。架构显著性同样由三个方面的因素构成:架构的集中性(centrality)、经验可通约性(experience commensurability)以及描述的精确性(narrative fidelity)。集中性是指架构提出的信念、价值与观念与受众的价值等级存在多大程度上的相符性。经验可通约性是指架构的内涵、观点、意义是否与受众的生活经验相吻合。描述的精确性是所提出的架构是否注意到了受众所处的文化背景,是否顾及受众特殊的文化价值观与世界观。

到目前为止,架构视角已被引入到包括国际关系学在内的一系列社会科学的研究之中,反映出较强的学术潜力。③ 在国际关系的研究中,架构视角越来越得到学者们的关注与运用。无论是在国际关系前景理论的研究中,④

---

① Benford and Snow, "Framing Processes and Social Movements," p. 530.

② 更详细的讨论可参考 Benford and Snow, "Framing Processes and Social Movements," pp. 530 – 533.

③ 可参考 Baldwin Van Gorp, "The Constructionist Approach to Framing: Bring Culture Back In," *Journal of Communication*, Vol. 57, No. 1, 2007, p. 60.

④ 相关成果可参考 Zeev Maoz, "Framing the National Interest: The Manipulation of Foreign Policy Decision in Group Setting," *World Politics*, Vol. 43, No. 1, 1990, pp. 77 – 110; Jack S. Levy, "Prospect Theory, Rational Choice, and International Relations," *International Studies Quarterly*, 1997, Vol. 41, 1997, pp. 87 – 112. etc.

还是在建构主义有关规范扩散与国家社会化的分析中,① 架构视角都得到了广泛的运用。总体而言,国际关系学者主要运用架构视角来分析国家或决策者的外交决策过程,用以探讨不同决策者在不同国际与国内背景,并且在面临竞争性架构的条件下,如何利用所获得的信息,针对不同的问题做出能赢得更多目标群体支持的决策。研究者们认为,架构拟定的过程充满政治操纵的技巧,其目的在于取得预期中的架构效应。至于何谓预期中的架构效应,往往取决于决策者所设定的参照点以及面对的形势被界定为是风险还是机遇。这种思考方式与国际关系中的前景理论思路颇为相似,很自然,架构概念构成前景理论中的一个核心概念。为了对国际关系中的架构现象进行分析,研究者提出了一系列新颖的概念,如目的性架构、主题架构与评估性架构、生产性架构与反生产性架构、损失架构与收益架构,等等。

然而,尽管架构概念与架构视角在国际关系中的使用日益普遍,但是仍有一些问题未得到解决。其一,架构概念仍未受到应有的重视,即使在经常使用这一概念的前景理论中也是如此。诚如米特兹与瑞德(Alex Mintz and Steven B. Redd)指出的:"架构也许是前景理论中发展最不成熟的概念","这使得社会科学中架构概念的使用面临严重的方法论进口问题(a methodological issue of serious import)。"② 至于在国内学术界,即使使用架构视角来分析外交政策的研究成果也不多见,更遑论提出一种具有吸引力、内在连贯的架构概念。其二,国际关系学者对于架构效应的评估尚缺乏明确、连贯的标准。尽管国际关系学者提出了评估性架构的概念,但这一概念主要用来描述决策者在建构架构时所选取的参考点,它无涉对架构效应的具体评估。本章无意提出一种新的架构概念,而是使用社会科学研究中对架构的通用理解;至于评价架构的效应,我们则选择本福德与

---

① 可参考 Rodger A. Payne, "Persuasion, Frames and Norm Construction," *European Journal of International Relations*, Vol. 7, No. 1, 2001, pp. 37 – 61; Michael Ryan, "Framing the War against Terrorism: U. S. Newspaper Editorials and Military Action in Afghanistan," *Gazette: International Journal for Communication Studies*, Vol. 66, No. 5, 2004, pp. 363 – 382; Cédric Jourde, "The International Relations of Small Neoauthoritarian States: Islamism, Warlordism, and the Framing of Stability," *International Studies Quarterly*, Vol. 51, No. 2, 2007, pp. 481 – 503.

② Alex Mintz and Steven B. Redd, "Framing Effects in International Relations," *Synthese*, Vol. 135, No. 2, 2003, p. 194.

斯诺的架构共鸣分析框架，来对美国针对埃及变局提出的架构及其效应进行剖析。

三　美国针对埃及变局提出的"改革"架构

美国对埃及变局的突然发生并无准备。正如东欧剧变、苏联解体让人始料未及一样，包括突尼斯与埃及政局变化在内的"中东变局"同样让人难以预料。导致这种现象产生的原因，关键在于在政局突变之前，研究者们很难准确判断普通民众对政府不满的程度以及他们走上街头进行抗议的意愿。以埃及变局为例，当2011年1月25日——埃及的"警察日"——埃及民众效仿突尼斯抗议者走上街头并掀起大规模的抗议活动前，人们并不知晓埃及民众反对穆巴拉克情绪的真实情况；而当抗议活动真正发生，它带给人们的就是震惊与困惑。[①] 因此，面对埃及突如其来的政局变化，毫无准备的美国立即面临一个如何对其进行恰当应对的难题。众所周知，穆巴拉克是美国在中东地区的重要盟友，而埃及是美国介入中东事务和保障该地区和平的重要力量。[②] 鉴于埃及在美国全球战略中的这种重要地位，美国无疑会权衡抛弃穆巴拉克可能带来的影响。此外，该地区其他美国盟友的态度，也是美国在应对埃及变局时必须仔细考虑的因素。美国一旦抛弃穆巴拉克，将会在其他盟友那里引起恐慌，导致它们重新思考与美国的结盟政策。然而，美国又以人权捍卫者和民主推进者自居，当埃及抗议者打着要求穆巴拉克进行改革以实现民主、自由与人权的旗号时，美国不能公开对这些诉求表示反对。如此一来，美国的确陷入一种是维护其盟友还是推进民主的困境之中。尽管优先推进民主与优先维护稳定之间的权衡，自1979年伊朗革命以来就是美国中东政策面临的一对矛盾，然而当中东局势以一种迅雷不及掩耳之势得以发展时，美国需要在极短时间里就如何恰当处理这对矛盾做出决定。而历史经验警戒美国决策者，这对矛盾一旦处理不当，美国将一无所获。诚如美国前国务卿康多莉扎·赖斯于2005年承认的："60年来，我的国家——美国，在中东地区

[①] Marion Dixon, "An Arab Spring," *Review of African Political Economy*, Vol. 38, No. 128, 2011, p. 311.

[②] Marc Lynch, "America and Egypt after the Uprisings," p. 35.

第九章　架构视角与美国对埃及变局的应对　/　225

以民主为代价来追求稳定,结果却是两者都落空"。①

美国为应对埃及局势的变化,提出了一种"改革"架构。这种架构主要在美国总统奥巴马及其他政府高官的讲话中体现出来,这些话语共同编织出一幅美国政府如何界定"中东变局"的原因及其解决途径的话语体系。在埃及变局期间,奥巴马共发表过四次讲话,它们分别出现在1月28日、2月1日、2月10日、2月11日。② 除了奥巴马总统本人的讲话,美国政府的其他高官也曾对埃及变局发表过评论。如在埃及出现抗议活动的1月25日,美国国务卿希拉里·克林顿认为:"我们对埃及政府的评估是:埃及是稳定的,而且正在寻找回应埃及民众诉求与利益的方式";在抗议活动已进行到如火如荼的1月27日,美国副总统拜登仍然认为穆巴拉克是一名"非常负责任"的政治家,"是美国实现中东和平的盟友","我们(美国)并不认为他是一名独裁者"。③ 不过考虑到美国总统在美国政治生活中的地位,我们主要依据奥巴马四次讲话的内容,来对美国应对埃及政治剧变建构出来的架构作一个大致的分析。

在1月28日的讲话中,奥巴马比较系统地阐述了美国应对埃及局势的"改革"架构。问题的界定很容易理解,那就是埃及出现了"和平抗议"活动;出现这些问题的原因在于"没有这些改革,从而经年累月积累起来的怨恨"。至于道德判断,包含积极与消极的两个方面。积极的方面是埃及政府必须尊重"埃及人民拥有普适的权利",这些权利包括集会自由与结社自由、言论自由,以及决定他们(即抗议者)命运的能力和接入因特网与社交网站的权利。消极的方面包括美国呼吁"埃及政府对于和平抗议应该保持自我克制",要求抗议者"有责任以和平的方式表达诉求"。至于处方,奥巴马认为,为了消除导致和平抗议的怨恨,埃及政

---

① 转引自 Shashank Joshi, "Reflections on the Arab Revolutions: Order, Democracy and Western Policy," *Rusi Journal*, Vol. 156, No. 2, 2011, p. 62。

② 见 http://www.whitehouse.gov/the-press-office/2011/01/28/remarks-president-situation-egypt(1月28日);http://www.whitehouse.gov/the-press-office/2011/02/01/remarks-president-situation-egypt(2月1日);http://www.whitehouse.gov/the-press-office/2011/02/10/statement-president-barack-obama-egypt(2月10日);http://www.whitehouse.gov/the-press-office/2011/02/11/remarks-president-egypt(2月11日)。下面关于奥巴马讲话的引文不再标注。

③ 见 "Those Nearest the Top Eat their Own; Fragmented Elite Likely Led to Capitulation," *National Post (Canada)*, February 12, 2011, p. A4.

府有必要"进行改革,包括那些能满足埃及人民愿望的政治、社会与经济改革",另外"埃及政府与其公民有必要进行有意义的对话";而美国在其中的作用是"捍卫埃及人民的权利,与他们的政府一道为追求一个更加公平、更加自由和更具希望的未来而奋斗"。在随后的三次讲话中,奥巴马政府针对埃及变局的"改革"架构大体得到延续,仅在执行处方的紧要性上有些许差异。

美国针对埃及变局态度的关键变化出现在2月1日。在当天的讲话中,奥巴马强调,反对埃及使用武力应对抗议事件,敦促埃及政府立即进行和平、有效的转型;至于埃及政府与抗议者之间的谈判,美国强调这一过程必须将各种政治力量包括反对派纳入进来。要求埃及立即进行改革的要求,反映了美国对穆巴拉克迟迟未能解决抗议事件的失望。到了2月10日,奥巴马认为"许许多多的埃及人怀疑政府是否严肃对待真正的民主转型",为此他要求埃及政府提出一条"可信的、具体的与明确的"转型道路,而且必须显示出这种转型是"不可扭转的"。不仅如此,奥巴马还强调,埃及政府应该明确描画出埃及实现"民主和代表制政府"的具体过程。这种要求埃及政府立即进行改革和提出具体改革路径的意见,反映了美国对埃及局势久久不能解决的不耐。在2011年2月11日,也就是穆巴拉克下台的当天,奥巴马再一次发表了讲话,与埃及抗议者共同庆祝穆巴拉克的下台。奥巴马认为,抗议活动的成功"是人类尊严力量"带来的胜利,"是非暴力道德威力"的展示;而穆巴拉克的辞职不过是对"埃及人民渴望变革"的反应,"不是埃及转型的终结,而是其开端"。由此可见,对于穆巴拉克的下台,奥巴马有如释重负的轻松。

在埃及政局迅速变化的18天中,美国提出的"改革"架构虽然保持了持续,但在处方架构内容上的细微变化,反映出美国应对埃及变局的"机会主义"策略。面对埃及迅猛发展的形势,美国本意寄希望于穆巴拉克政府通过一定的让步争取事态的平息;然而,美国又不能支持穆巴拉克镇压抗议者,以免给人留下在民主与人权问题上执行双重标准的口实。因此,美国只能呼吁埃及政府进行改革,采取一种既不明确抛弃穆巴拉克又不愿得罪抗议者的策略。至少在形势不明朗之际,美国是以维护穆巴拉克的统治为优先目标的。这可以从奥巴马1月28日、2月1日的两次讲话中并未要求穆巴拉克辞职可以看出来,另外希拉里1月25日与拜登1月27日对埃及局势的判断,也为美国优先维护穆巴拉克做了注脚。此外,虽然临时考虑过以取消对埃及的15亿美元军事援助来向穆巴拉克施压，但美国决策者最终还是否决了这一建议。这本身仍是一种不愿抛弃穆巴拉克的姿态。不仅如此，自2月1日就被派往埃及的美国特使、美国驻埃及前大使弗兰克·威斯纳（Frank Wisner）于2月5日发表评论，认为"穆巴拉克总统将一直留任，以监督埃及政局的变化"。尽管威斯纳的观点因为与美国希望躲在幕后、以模棱两可的"改革"架构来应对局势的策略有所差异，导致白宫急忙与这种观点拉开距离，但有消息灵通人士认为，威斯纳的话不过是反映了美国高层的观点。[①]

尽管美国不希望穆巴拉克下台，但为了保障埃及抗议活动不至于失控，并为穆巴拉克一旦下台后维持美国在埃及的影响，美国也积极为抗议活动取胜的前景做准备。为此，美国一方面呼吁穆巴拉克保持克制，并要求埃及政府尊重人权；另一方面美国又积极与埃及各种势力进行接触，主要是埃及反对派与军方。鉴于军方在埃及政治中的重要地位，以及与美国长期合作而建立起来的密切关系，美国极为重视与埃及军方的联系。[②] 美国政府动员一切渠道与埃及军方的各个层级展开沟通，光美国国防部长罗伯特·盖茨（Robert Gates）在埃及变局期间就与埃及军方最高层至少通过六次电话。[③] 对于穆巴拉克态度的急剧转变来自于2011年2月10日。当天，通过情报机构获取的信息，已有传言说穆巴拉克将于当日辞职。如美国中央情报局局长里昂·帕内塔（Leon Panetta）在众议院情报委员会作证时说："穆巴拉克很有可能于今晚辞职"。这一判断导致奥巴马于下午两点在参加北密歇根大学的会议时满怀信心地表示："我们正在见证历史"。然而，就在两个小时之后——开罗时间晚上10点——发表的讲话中，穆巴拉克非但没有宣布辞职，而是强调他无论如何将留在埃及。[④] 可想而知，穆巴拉克的上述表态不仅让美国的情报机构无地自容，也让奥巴马恼羞成怒，促使美国政府彻底站到了抗议者一边，结果也就有了2月

---

① International Crisis Group, *Popular Protest in North Africa and The Middle East (I): Egypt Victorious?*, Middle Easy/ North Africa Report N°101, 24 February 2011, p. 26, footnote 229.

② Ibrahim A. Karawan, "Politics and the Army in Egypt," *Survival*, Vol. 53, No. 2, 2011, pp. 43-50; Hazem Kandil, "Revolt in Egypt," *New Left Review*, Vol. 68, 2011, pp. 30-37, etc.

③ Lynch, "America and Egypt after the Uprisings", pp. 36-37.

④ "Defiance Surprises White House, Threat Chaos," *The Washington Post*, February 12, 2011, p. A01.

10 日奥巴马的那篇要求埃及政府立即采取不可逆转的步骤推进改革的讲话。① 尽管奥巴马 2 月 10 日的讲话对于促使穆巴拉克于第二天辞职发挥了多大的作用仍不得而知，不过通过对美国应对埃及政局的简要回顾，我们可以发现美国应对这一事件的确采取了一种"机会主义"策略。美国之所以能在应对埃及变局时采取一种"机会主义策略"，与"改革"架构具有的灵活性息息相关。

在报道和理解埃及变局的过程中，埃及国内与西方出现了多种架构，从而形成一种架构竞争的态势。竞争的架构除美国提出的"改革"架构外，还包括穆巴拉克政府及其支持者提出的三种反架构，以及美国主流媒体与埃及抗议者提出的"革命"架构。穆巴拉克政府及其支持者提出的三种反架构包括：第一类反架构认为，穆巴拉克才是实现埃及稳定与安全的保障，而穆巴拉克的下台则意味着埃及将步入骚乱的深渊，带来的只会是"骚乱与烈火"。② 第二类反架构认为抗议者受到外部力量的支持，贯彻的是外部势力——潜台词是西方尤其是美国——的命令。第三类反架构的主要观点同样是一种"改革"架构，不过与美国提出的"改革"架构不同，它强调的是民主制度的建设需要顾及埃及的实际情况，而不能通过发动抗议、示威等方式来激进地推进民主，因为这种方式会带来严重的负面后果，比如劫掠活动的产生、穆斯林兄弟会等伊斯兰力量劫持胜利果实等。③ 在埃及政局迅速变化的 18 天中，埃及政府及其支持者提出的三类反架构并未产生广泛共鸣。

与美国官方提出的"改革"架构不同，美国主流媒体提出了一种对其构成挑战的"革命"架构。美国主流媒体在描述埃及所发生的抗议活动时，使用的往往是"革命"、"起义"、"抗议"等术语，将其建构为一场与苏联解体、东欧剧变相似的革命。而且，在报道中，西方主流媒体一

---

① 对美国与以色列情报结果在"中东变局"中失败的批评，可参考 James Petras, "Washington Face the Arab Revolts: Sacrificing Dictotors to Save the State," *Journal of Contemporary Asia*, Vol. 41, No. 3, 2011, pp. 488 – 490.

② "Leaders Backer, Rich and Poor, see Much to Lose," *The Washington Post*, February 3, 2011, p. A01; "Egyptians Battle for Heart of Cairo," *The Toronto Star*, February 3, 2011, p. A1; "Ben – Eliezer: Mubarak Regime, Peace will Endure," *Jerusalem Post*, January 28, 2011, p. 23.

③ 虽然并未采用"架构"概念，但对埃及变局中存在的这些话语的简要讨论，可参考 International Crisis Group, *Popular Protest in North Africa and The Middle East (I): Egypt Victorious?*, pp. 22 – 23.

反以往将阿拉伯民众塑造为粗野的、宗教上狂热的、无知的、愚蠢的、暴力的人群这一惯例,[1] 强调抗议者如何在抗议中变得文明和成熟,如何热爱民主、人权、自由与尊严。尽管西方主流媒体对埃及抗议活动的"革命"架构具有强烈的片面性,[2] 以致遭到某些专家的强烈质疑和批评;[3] 然而,在埃及变局期间,西方主流媒体的"革命"架构在西方社会中引发了广泛的共鸣,进而影响到美国政府对待埃及抗议事件的态度。美国政府虽然没有因此而放弃"改革"架构,但基于美国国内对抗议群众表示同情和认同的强大舆论,美国政府不得不拉开与穆巴拉克政府的距离,进一步向抗议者的诉求靠拢。

美国针对埃及变局的"改革"架构并未得到其架构目标——美国民众、埃及民众以及其中东盟友——的广泛认可。首先来看美国民众对奥巴马政府"改革"架构的认可与支持程度。在埃及抗议活动进行到第二周的时候,盖洛普民意调查公司发布了一项关于美国国民对埃及局势认知的调查结果。结果显示,82%的美国成年人"对埃及要求政府下台的抗议活动表示同情";而在那些表示自己密切跟踪埃及局势发展的美国民众中,表达这种同情的比率高达87%;即使是在没有密切跟踪局势的美国民众中,这一比例也达到了71%。[4] 在这种国内舆论背景下,美国政府虽然在埃及变局中贯彻了"改革"架构,但将支持对象从穆巴拉克转向支持抗议者是顺理成章的。其次是来看埃及民众。2011年4月25日,美国皮尤研究公司发布了一项关于埃及民众对美国认知的民意调查结果。调查结果显示,对于美国在埃及革命中的表现,52%的埃及人表示不满意,而对美国持一种负面看法的埃及人高达79%。对于埃美关系未来的发展,

---

[1] Jack G. Shaheen, *Reel Bad Arabs: How Hollywood Vilifies a People*, New York: Olive Branch, 2001.

[2] 关于西方媒体的架构偏见(framing bias)及其原因的研究,可参考 Robert M. Entman, "Framing Bias: Media in the Distribution of Power," *Journal of Communication*, Vol. 57, No. 1, 2007, pp. 163 – 173.

[3] 对于西方媒体所扮演的这种角色的尖锐批评,可参考 Ben Hartman, "From Pro - Tahrir Square to Deep Ambivalence: The Media's Failure and the Disenchantment of An Israeli Observer," *Jerusalem Post*, February 6, 2011, p. 6.

[4] 可参考 Frank Newport, "Americans sympathetic to Egyptian protesters," GALLUP, 7 February 2011, http://www.gallup.com/poll/145979/Americans - Sympathetic - Egyptian - Protesters.aspx.

43%的埃及人不希望埃及新政府与美国保持一种紧密的关系，只有15%的埃及人希望保持这样一种关系。[1] 这显示出埃及民众关于奥巴马应对埃及局势措施的认知是极为负面的。至于美国在中东地区的盟友，对于美国未能在埃及变局期间采取有效措施支持穆巴拉克表示严重的失望，因为美国抛弃穆巴拉克意味着"超级大国并不可信"。[2] 沙特阿拉伯对穆巴拉克的坚定支持、不惜派兵至也门以帮助萨利赫应对抗议者等举动，充分显示出美国的中东盟友对美国"改革"架构的拒斥和对美国的疏远。[3] 既然美国的"改革"架构在国内外均未得到充分接受，原因何在呢？我们以美国"改革"架构最关键的受众——埃及民众——为例，来对其未能产生积极架构效应的原因进行分析。

四 美国的"改革"架构为什么不能引起广泛共鸣

本福德与斯诺提出的架构共鸣分析框架，可以有效分析为什么美国提出的"改革"架构未能产生预期的架构效应。在本福德与斯诺的架构共鸣分析框架中，影响某种架构共鸣程度的因素有六个：架构持续性、架构的经验可信性、架构提出者的可信性、架构描述的精确性、架构的集中性以及架构的经验可通约性。美国针对埃及变局提出的"改革"架构，具有一定的持续性，因为在这段时间里，美国不断呼吁穆巴拉克政府进行改革，以"满足埃及人民的期待"。至于这一架构的经验可通约性，并不是影响埃及社会抗议活动发展的重要因素，这主要是美国作为一个外部行为体的身份决定了的。美国是世界上唯一的超级大国，而且是穆巴拉克执政时期埃及重要的外部盟友，因此美国对穆巴拉克政府在处理埃及内部的抗议运动（包括起义、骚乱、暴动等政治行为）时的态度和政策，能极大

---

[1] 数据见 Sky, "Arab Spring … American fall? Learning the Right Lessons from Iraq and Afghanistan," p. 27.

[2] Alanoud Al Sharekh, "Reform and Rebirth in the Middle East," p. 55.

[3] 美国中东盟友对其抛弃穆巴拉克的反应，可参考 Lynch, "America and Egypt after the Uprisings," p. 35; Chas W. Freeman, Jr., "The Arab Reawakening: Strategic Implications," *Middle East Policy*, Vol. 18, No. 2, 2011, p. 36; Michael Singh, "Change in the Middle East: Its Implications for US Policy," *Harvard International Review*, Spring 2011, p. 19.

地影响到埃及社会运动的发展动力。① 用社会运动的术语来说,作为外部行为体的美国对埃及社会运动的政策和态度,构成影响社会运动能否产生、具有何种发展动力乃至产生何种后果的"政治机会结构"(political opportunity structure)② 的重要组成部分。③ 然而,至少在"一·二五革命"期间,因为始料未及,美国在其发展过程中的作用并不明显,"无论美国还是以色列都不是吹遍中东地区变革之风的幕后黑手"。④ 因此,美国提出的"改革"架构,并不能直接影响到埃及民众、抗议活动参与者对抗议活动的认知。事实上,美国在埃及社会抗议活动期间有关埃及命运应该由埃及人民自己决定的不断喊话,充分说明美国政府并没有分享埃及民众对穆巴拉克统治的感受,因此美国的"改革"架构只具有较低程度的经验可通约性。

至于架构提出者的可信性,则需要评估埃及民众对美国在埃及变局期间表现的认知。2011年埃及的政治剧变,具有一个有别于以往埃及社会抗议活动的重要特征,那就是它缺乏明显的反以、反美口号。⑤ 在抗议过程中,抗议者"旗帜上没有出现任何支持巴勒斯坦或反以色列的口号;抗议者们没有在以色列驻开罗大使馆外举行游行,也没有人到离解放广场

---

① 国际关系中存在大量有关外部行为体的干预最终导致某个国家政局发展方向发生改变的例子,但通过运用社会运动理论来研究美国的政策影响到中东国家某项改革运动成败的成果不多见,最近的此类研究成果可参考 Stephen C. Poulson,"Nested Institutions, Political Opportunity, and the Decline of the Iranian Reform Movement Post 9/11," *American Behavioral Scientist*, Vol. 53, No. 1, 2009, pp. 27 – 43.

② 可参考社会运动理论家道格·麦克亚当(Doug McAdam)关于"政治机遇机构"的经典研究,Doug MaAdam,"Political Opportunity: Conceptual Origins, Current Problems, Future Direction," in MacAdam etc. eds.,*Comparative Perspectives on Social Movements*, Cambridge: Cambridge University Press,1996.

③ 强调外部行为体对某国社会运动影响的成果,可参考玛格丽特·E. 凯克、凯瑟琳·辛金克《超越国界的活动家 国际政治中的倡议网络》,韩召颖、孙英丽译,北京:北京大学出版社2005年版;Sidney Tarrow,*The New Transnational Activism*, Cambridge: Cambridge University Press, 2005.

④ Daniel Byman,"Israel's Pessimistic View of the Arab Spring," p. 124.

⑤ 可参考 K. El – Din Haseeb,"On the Arab 'Democratic Spring': Lessons Derived," *Contemporary Arab Affairs*, Vol. 4, No. 2, 2011, pp. 116、117; Joshi, "Reflections on the Arab Revolutions," p. 65; "Mubarak Refuses to Heed the Call," *Sunday Telegraph*(Australia), February 6, 2011, p. 41; "The people against the police. Egyptians fight to get to Tahrir Square," *Jerusalem Post*, February 3, 2011, p. 9.

仅一街之隔的美国使馆前进行示威"。① 反美、反以口号在此次埃及政治剧变过程中的缺失，至少舒缓了美国担心其影响力可能会遭到埃及变局严重削弱的担忧，这也是美国之所以采用"改革"架构而非"稳定"架构的部分原因。埃及抗议活动将主要目标放在迫使穆巴拉克下台这一问题上，为美国选择支持穆巴拉克或向其施压提供了一定的操纵余地。因此，当美国一方面公开呼吁"改革"而另一方面又不愿意长期盟友下台时，这种策略会严重损害架构提出者的可信性；而其应对措施导致"埃及政府及美国的阿拉伯盟友谴责美国抛弃盟友、埃及抗议者及阿拉伯公众舆论抱怨美国冷漠、美国国内的批评者敦促美国提供更有力的领导"，也就变得可以理解了。

接下来我们来分析"改革"架构的描述精确性。需要追问的是，美国"改革"架构提供的"改革"处方要求进行的是什么样的"改革"？有学者认为，在应对埃及政治局势的变化时，美国提出要求穆巴拉克政府进行"改革"的话语"首先是一种反讽，他们（突尼斯本·阿里与埃及穆巴拉克——引者注）的统治，正是因为推进政治与经济改革才得到西方的支持。因此，将中东'愤怒的冬天'呈现为仅仅是这些改革的延伸，不过是反映了美国对这一具有突破性的事件强加了一种连续性的话语"。② 事实上，无论是埃及变局期间，抑或是以往鼓励这些国家进行政策调整；无论是这些国家的政府，抑或是其反对派，甚至是美国本身；改革都是政治家们挂在嘴边的词汇。这种无论出于什么目的在任何时候无论什么人都可以使用的话语，反映了它们具有模糊不清与模棱两可的特征，从而为人们操纵这种话语牟取自身利益提供了机会。作为架构的"改革"，正因为理解上的这种多样性和灵活性，才受到美国政府的青睐。尽管美国政府在埃及变局期间一直坚持使用"改革"架构，但到底何谓"改革"、改革的方向如何、改革的具体措施如何，包括奥巴马总统在内的高级官员语焉不详，他们只是泛泛地要求埃及进行改革，这充分说明了"改革"架构的精确性是非常差的。

---

① "Egypt: Is the Party Over?" *The Middle East*, March 2011, p. 14.
② Kazamias, "The 'Anger Revolutions' in the Middle East," p. 143.

就架构的集中性而言，除了改革话语，美国政府还使用了诸如"转型"、①"变革"、"政治变革"等同样饱受争议或含混不清的概念。② 尽管"改革"与"转型"、"变革"、"政治变革"在某种意义上是相似的，然而它们之间毕竟有所差异。如"转型"的含义相对明确一些，意指政治、经济或社会体制方面的改弦更张，而"改革"或许并不要求这种方向上的根本改变，而仅仅是在原来的方向上作些许修补；至于"变革"或"政治变革"，相对于"改革"来说含义更加含混，方向更不明确。由此可见，因为使用了"转型"、"变革"、"政治变革"之类的概念，美国针对埃及局势提出的架构同样不具有集中性。"改革"架构的不集中与不明确，再加上这一架构只具有很低程度的经验可通约性，严重削弱了美国"改革"话语在埃及变局中的相对显著性，相反却突出了"革命"话语的流行。

真正决定美国"改革"架构成败的因素，是这一架构的经验可信性，这也是下文将集中分析的内容。尽管奥巴马等美国政府领导人并未明确指出医治埃及民众"怨恨"这一病症的"改革"处方其具体内容如何，但我们可以根据奥巴马总统关于埃及局势的讲话以及美国对后穆巴拉克时代埃及提供的帮助，③ 推断出这种"改革"的具体方向和内容就是经济领域的自由化改革和政治领域的民主改革。政治上的民主改革处方比较明显，因为在埃及变局期间发表的四次讲话中，奥巴马都提到了希望埃及通过举行自由与公正的选举，希望埃及实现民主；对于经济领域的改革方向，奥巴马并未明确呼吁埃及进行自由化改革，但在 2 月 11 日祝贺埃及社会抗议活动取得成功的讲话中，他隐晦地提到了这一问题。在希望埃及开展一种"趋向民主的可信的转型"之后，奥巴马透露了他建议埃及进行经济改革时需要遵循的基本方向。他指出："我相信，埃及年轻人在这些日子中展现出来的创造性和企业家精神，将能创造出新的机会——工作与那些有助于青年才俊兴旺发达的企业。"将埃及抗议者的抗议技巧和动员能力

---

① 对于"转型"概念的模糊性的批评，见 International Crisis Group, *Popular Protest in North Africa and The Middle East（I）: Egypt Victorious?* p. 27. "转型"话语同样出现在美国应对埃及政治剧变的话语体系中，不过其显著性不如"改革"的概念，因此不足以成为一种架构。

② 在奥巴马总统关于埃及局势的四次讲话中，"转型"一词才出现了 9 次；"变革"出现了 9 次、"政治变革"出现了 2 次。

③ Uri Dadush and Michele Dunne, "American and European Responses to the Arab Spring".

与"企业家精神"联系起来,如果不将其纳入到美国等西方国家信奉的"市场原教旨主义(market fundamentalism)"中进行思考,多少显得有些荒诞。① 如果说美国提出的"改革"架构,其具体方向就是新自由主义经济改革和自由民主的政治改革,那么要衡量这一架构的经验可信性,就需要评估埃及如果真的执行这些改革,能否消除埃及民众的怨恨、能否缓解埃及民众面临的生活艰辛。因为民生问题,正是构成埃及变局的直接原因:"归根结底,穆巴拉克政府垮台的主要原因是经济方面,而不是政治方面的。"②

事实上,新自由主义的经济改革政策非但没能实现埃及繁荣的目标,反而导致了埃及变局的发生。埃及自20世纪90年代开始的新自由主义经济改革,曾经一度缓解了埃及的债务危机,矫正了埃及国民经济的极度失衡;然而,西方的"援助"与国际货币基金组织指导下的"改革",却让埃及付出了沉重的社会、经济与政治代价。例如,尽管在1990—2009年间埃及的年均经济增长率达到4.5%,然而,埃及的经济状况却是以贫富两极分化为特征的:埃及的财富集中在少数上层阶层手中,而中产阶级和下层民众却未能收获到经济发展的成果。③ 据统计,2010年埃及的失业率为9.7%,处于贫困线下的人口数量占埃及总人口的20%。④ 与此同时,在埃及8000多万人口中,有40%的人口年龄在10-29岁之间,30岁以下失业人口占到埃及总失业人口的90%以上。⑤ 大量年轻人失业与2004年以来急速推进的新自由主义经济改革,再加上2008年以来全球金融危机爆发带来的经济衰退和物价飙升,⑥ 使得埃及的稳定变得极为脆弱。事实上,尽管埃及保持着字面上的经济增长,但自1995年埃及加入世界贸易组织以来,其宏观经济形势处于不断恶化的状态中。埃及执行贸易自

---

① Dixon, "An Arab Spring," pp. 311 – 312.

② "The Brutal Rule, and Sudden Fall, of The Man Who would be Pharaoh," *The Guardian* (*London*), February 12, 2011, p. 6. 也可参考贺文萍《民生凋敝是中东动荡的主因》,载《社会观察》2011年第3期,第44—46页。

③ Amal A. Kandeel, "Egypt at a Crossroads," *Middle East Policy*, Vol. 18, No. 2, 2011, p. 37.

④ 见 Alanoud Al Sharekh, "Reform and Rebirth in the Middle East," p. 53.

⑤ Kandeel, "Egypt at a Crossroads," p. 40.

⑥ 可参考 Sarah Johnstone and Jeffrey Mazo, "Global Warming and the Arab Spring," *Survival*, Vol. 53, No. 2, 2011, pp. 11 – 17.

主义的政策，使得货币埃及镑不断贬值。到 2008 年，埃及的通货膨胀率上升到 18％，到 2009 年仍然停留在 12％的水平上。[1] 到 2011 年，埃及的"革命"形势已经酝酿成熟。

尽管埃及在执行自由主义改革政策的过程中，缺乏明确连贯的战略是带来这种后果的原因之一，但新自由主义政策本身存在的内在缺陷，却是催生突尼斯、埃及等中东国家"革命"因素的重要原因。事实上，"中东变局"发生以后，国外学术界已经出现了对新自由主义政策在其中扮演角色的反思。如沃尔特·阿姆布拉斯特（Walter Armbrust）就在突尼斯与埃及"革命"和自由主义经济改革之间建立起直接联系，认为这些"革命"是"针对新自由主义的革命"，"新自由主义在向大多数埃及人提供'人类福利'方面的全面失败，是革命发生的首要原因"。他告诫人们，"革命"的产生并不仅仅在于某些腐败的个人或家族，而在于通过执行新自由主义经济政策，上层精英与掌权人士可以通过法律手段以私有化的名义掠夺国家财产而不会受到惩罚，正如美国发生的情况一样。[2] 事实上，新自由主义经济政策不过是西方维持其全球霸权的重要手段，并在第三世界国家生产和再生产出贫困，这一政策并不是实现社会正义与社会平等的有效办法。[3] 因此，不难理解为什么在新自由经济政策的氛围下，许多埃及人怀念纳赛尔与萨达特时期具有社会主义性质的经济政策。如果说埃及"革命"是因为穆巴拉克政府执行新自由主义经济改革政策带来的结果，那么美国希望埃及通过深化这一改革以缔造一个新埃及的"改革"架构，无疑是对牛弹琴，"改革"架构自然也就没有任何经验可信性可言了。因为"改革"架构不仅被证明是无效的，而且与世界的发展趋势不相契合——2008 年以来的全球金融危机的产生，让世界出现了不少对新自由主义经济政策进行反思的声音。

西方的自由民主政治改革方案，同样不是一剂足以保证埃及政局走向清明的良方。这里的问题在于，以自由选举为核心的西方民主制有助于埃

---

[1] Kandeel, "Egypt at a Crossroads," p. 41.

[2] Walter Armbrust, "The Revolution against Neoliberalism," *Jadaliyya*, February 23, 2011; 也可参考 Sky, "Arab Spring … American fall?" p. 26.

[3] 可参考 Ray Bush, *Poverty & Neoliberalism: Persistence and Reproduction in the Global South*, London: Pluto Press, 2007; Richard Westra, ed., *Confronting Global Neoliberalism: Third World Resistance and Development Strategies*, Atlanta: Clarity Press, 2010, etc.

及实现政治稳定吗？这一问题与前述新自由主义经济政策密切相关。新自由主义经济政策不仅重构了埃及的经济体系，而且还对埃及的国家与社会关系产生了重大影响。自 20 年代 90 年代开始执行新自由主义改革以后，埃及在国家与社会之间存在的那种前者供应公共产品、后者输送国民忠诚的心照不宣的"契约"关系已经不复存在。国家开始从福利供给领域退出，但为了确保国家的稳定和国民的忠诚，警察与安全机构等力量日益渗透到埃及民众生活当中，只有依靠这些力量，埃及的国家机构才能运转。① 在社会与经济日益市场化的趋势下，穆巴拉克政府制造了一种民主的假象，实际上遵循的却是"灵活的威权主义"② 或"升级版威权主义"③ 的发展路径，衍生出被称为"裙带资本主义"（crony capitalist）的政治体制。④ 而这正是埃及执行新自由主义经济政策带来的政治后果。新自由主义经济改革从内部削弱了埃及等中东国家的合法性，而全球化带来的冲击则从外部削弱了这些国家的执政能力，两者共同为埃及"革命"的产生做出了贡献。⑤

除了新自由主义经济改革政策并未带来政治民主化外，以选举程序和间接代表制为核心特征的西方自由民主模式是否适合中东北非国家，也已受到了很多质疑。⑥ 在中东地区，人们考虑民主问题时，往往将民生问题与民主改革联系在一起。在他们看来，只有那些能有效提供就业机会、缓解贫困、提高人民生活水平的民主形式，才是真正有效、值得接受的民主。这种可能的民主模式，被学者们称之为"社会民主"、"经济民主"、

---

① 可参考 Salwa Ismail, "Authoritarian Government, Neoliberalism and Everyday Civilities in Egypt," *Third World Quarterly*, Vol. 32, No. 5, 2011, pp. 845 – 862; Mariz Tadros, "The Securitisation of Civil Society: A Case Study of NGOs – State Security Investigations (SSI) Relations in Egypt," *Conflict, Security & Development*, Vol. 11, No. 1, 2011, pp. 79 – 103, etc.

② 可见 Rabab El – Mahdi, "Enough! Egypt's Quest for Democracy," *Comparative Political Studies*, Vol. 42, No. 8, 2009, pp. 1029 – 1030.

③ 参考 Steven Heydemann, *Upgrading Authoritarianism in the Arab World*, Washington, D. C.: Saban Center at Brookings Institution, October 2007.

④ Droz – Vincent, "Authoritarianism, Revolutions, Armies and Arab Regime Transitions," p. 10.

⑤ 可参考田文林《对当前阿拉伯国家变局的深度解读》，载《现代国际关系》2011 年第 3 期，第 32—34 页。

⑥ 见 Meria Hatina, "Arab Liberal Discourse: Old Dilemmas, New Visions," *Middle East Critique*, Vol. 20, No. 1, 2011, pp. 3 – 20.

"可持续民主"或"民生民主"。① 对有助于缓解和消除民生困境的政体模式的渴望,正是埃及穆斯林兄弟会等政治力量通过组建众多的伊斯兰社会服务机构提供社会福利,从而赢得了民众广泛支持的重要原因。② 由此可见,以选举和自由主义为核心精神的民主制度,能否使埃及实现政治稳定,仍然是一个有待观察的问题。但从目前看来,美国为埃及民主提供的自由民主处方,至少与埃及民众迫切需要解决的民生问题有一定的差距。

上文我们已经对美国应对埃及变局提出的"改革"架构的特征作了简要的讨论。可以发现,在影响这一架构在受众中产生架构共鸣的六个因素——架构的持续性、经验可信性、架构提出者的可信性、描述的精确性、架构的集中性、经验可通约性——中,除了架构的持续性外,美国的"改革"架构在其他五个方面都具有重大的缺陷或问题。因此,我们不难理解,为什么在埃及变局期间,美国的架构并未在其国内、其盟友以及埃及民众中产生广泛的架构共鸣。事实上,不仅没有产生构架共鸣,相反,"改革"的话语因为反映了美国试图在埃及政府与埃及抗议者之间左右逢源的企图,最终落到左右不讨好的结局,甚至在国内遭遇到主流媒体和普通民众的拒斥。由此可见,美国提出的"改革"架构,并没有为美国政府赢得埃及民众的好感加分,而且这一架构的有效性将会在后穆巴拉克时代遭受严峻的挑战。因为美国建议埃及执行的新自由主义改革政策以及提出的以西式自由民主模式为蓝本的政治改革建议,一旦得到执行,很有可能会导致埃及再次发生动荡。如此一来,美国很有可能成为埃及民众发泄不满的替罪羊。

五 讨论与展望

本章以埃及变局为例,回答了美国作为世界上唯一的超级大国和穆巴

---

① 可参考 Peter Burnell, *Democracy Assistance: International Co-operation for Democratization*, London: Frank Casss, 2000; Michelle Pace, "Liberal or Social Democracy? Aspect Dawning in the EU's Democracy Promotion Agenda in the Middle East," *The International Journal of Human Rights*, Vol. 15, No. 6, 2011, pp. 801–812.

② 关于这方面的文献很多,有兴趣的读者可参考 Carrie R. Wickham, *Mobilizing Islam: Religion, Activism, and Political Change in Egypt*, New York: Columbia University Press, 2002, etc.

拉克政府的长期盟友，其在埃及变局中发挥了什么样的作用，美国是如何应对这种外部突发事件的，为此采取的措施和取得的效果如何，导致这种效果的原因何在等问题。通过运用架构视角对上述问题进行研究，可以发现面对始料未及的埃及变局，美国在既不能轻易抛弃长期盟友穆巴拉克，又不能不对抗议者的诉求表示关切的情况下，建构出一种旨在敦促穆巴拉克进行改革的"改革"架构。"改革"架构构成美国应对埃及变局的方式，它对埃及发生"革命"的原因、解决办法、进行改革的必要性等问题作了界定。尽管从表面看来，美国政府提出的"改革"架构给人一种强烈的机会主义的印象；[1] 然而，这种架构提供的灵活性，让美国在应对埃及变局时可以左右逢源，这也是研究者们对美国的政策反应产生截然不同印象的根本原因。[2] 因为缺乏描述的精确性、集中性、经济可通约和经验可信性，导致"改革"架构不能在其受众——埃及抗议者、美国选民、美国的中东盟友——中引起广泛的共鸣。其中，最有可能带来深远后果的是"改革"架构的经验可信性，它很可能将影响到埃美关系的未来发展状况。针对埃及变局发生的原因——埃及社会中存在的怨恨情绪，美国希望在埃及深入新自由主义经济改革并在政治领域推进自由民主的改革，以消除埃及民众的不满。然而，埃及过去二十多年的发展历程证明，新自由主义的经济改革正是导致埃及变局发生的重要原因。至于自由民主的政治改革，目前并不适应于中东地区的政治状况，因为该地区民众希望的是能有效解决民生问题的政治体制，而非以选举程序为核心的自由民主模式。

  美国针对埃及政治剧变建构的"改革"架构并非特例，而是应对第三世界国家制度变迁的典型方式。通过回顾美国对受到"中东变局"波及的各个国家（除了利比亚与叙利亚），以及此前对其第三世界盟友国家发生的叛乱、起义或革命等突发事件的应对策略，可以发现美国遵循着一种特定的模式。这一模式，被玛瑞·迪克森（Marion Dixon）称之为"预定草案"（prescribed protocol），被詹麦斯·皮特斯（James Petras）称之为

---

[1] 这种观点可参考 Anthony H. Cordesman, Barak Barfi, Bassam Haddad, Karim Kezran, "The Arab Uprisings and U. S. Policy: What is the American National Interests?" *Middle East Policy*, Vol. 18, No. 2, 2011, p. 1.

[2] Shmuel Bar, "America's Fading Middle East Influence," *Policy Review*, April & May 2011, p. 44.

"三管齐下的政策"。"预定草案"的具体运作机制是这样的:"美国以舵手的面貌出现,政府高官敦促'双方保持克制';当反叛显示出不会被轻易平息的迹象,美国开始要求进行改革;当紧张升级、国际舆论日益对事件表示关注时,要求进行改革的呼吁随即转向要求成立一个新政府"。[1]而"三管齐下"的政策是指:第一"管":公开批评独裁政权侵犯人权,并呼吁推进民主改革;第二"管":通过某些渠道私下里向统治者表达美国的支持;第三"管":物色能够替代当局并愿意保留原有国家机器、经济制度、能支持美国战略利益的精英。[2] 尽管迪克森与皮特斯关于美国应对第三世界国家制度变迁的步骤或策略有所差异——前者强调的是这种策略的历时性,而后者突出的是这种策略的共时性,但他们的总结并不矛盾。尤其是在政局变化迅速的时候,"分三步走"的策略与"三管齐下"的策略是相并而行、大同小异的。而美国对埃及变局的应对过程和方式,正是按照"预定草案"和"三管齐下的政策"规定的步骤进行处理的,而"改革"架构则为这种处理方式内在具有的断裂性和多面性提供了最好的掩护。

最后,我们简要探讨一下运用架构视角分析美国应对埃及变局政策反应所具有的理论与政策建议方面的意义。就理论方面的意义而言,它体现在以下四个方面:其一,虽然国内外学术界对"中东变局"出现了不少研究成果,但现有成果的理论程度不是很高,而从架构视角对美国应对措施进行研究,可以提高国内学术界对"中东变局"等突发事件的理论研究水平。其二,相较于国外国际关系学界已经发表了大量运用架构视角来分析国家外交决策的研究成果——其中比较突出的是前景理论,国内学术界对该概念及其意义很少进行探讨,而本章的研究至少展示了该研究途径对于分析国家外交政策的意义,这也是本章在第二部分对架构视角作了比较详细介绍的原因。其三,虽然已有许多国际关系学者运用架构视角来分析某些国家的外交决策,但现有的研究往往只关注具体的决策过程和方式,而对决策者建构出来的架构其效应如何,仍未提供行之有效的衡量标准。而社会运动研究者斯诺与本福德的架构共鸣分析框架,虽然源自于对

---

[1] Marion Dixon, "An Arab Spring," *Review of African Political Economy*, Vol. 38, No. 128, 2011, p. 310.

[2] Petras, "Washington Face the Arab Revolts," pp. 483 – 484.

社会运动的研究，但它同样适用于对外交决策效果的分析。其四，尽管斯诺与本福德为分析架构效应提出了一种系统连贯的分析框架，认为六种因素能影响架构效应的大小，然而他们只是定性地提出了这些假设，既未对这些因素如何影响架构共鸣的具体机制做出充分阐释，也未明确各种因素的相对重要程度。而本章的分析则指出，就国家对突发事件的应对政策而言，影响政策效应最重要的因素是政策的经验可信性。这是因为：人们面对突发事件时，最快速和最常见的反应是寻找历史上对类似事件的处理经验——也就是前景理论所说的参考点，以应对迅速发展的局势。即使这种应对方式可能是盲目的，但在不确定性极大和风险极高的环境下，这种应对方式仍然不失为一种聪明的策略。正是如此，在同样的环境下，人们往往也会据此来对某项政策的成效进行判断。因此，可以认为，在变动不居的环境下，尤其是在面对突发事件的情况下，经验可信性往往是衡量一种架构是否有效或可信的最为重要的因素。①

就政策方面的意义而言，"中东变局"与美国之间的关系，本身是一个非常重要的问题，需要学术界予以重视。学术界追问以下一系列问题：在"中东变局"中美国扮演了什么角色？美国是如何理解和呈现这种政治剧变的？美国针对"中东变局"采取的应对措施与中国、欧盟、俄罗斯等其他主要行为体的应对措施有何不同？这类应对措施的效果如何？如果应对措施不能取得预料中的结果，原因何在？"中东变局"如何影响到美国在中东地区的战略利益？美国的中东政策如何变化？等等。对这些问题的回答，在一般性的层面上，有助于理解美国应对第三世界国家制度变迁的策略和美国外交政策的决策过程；而具体到中东北非地区，则有助于把握美国为应对"中东变局"所作的努力以及展望美国在该地区影响力的变化趋势。尽管学术界有关"中东变局"的成果越来越多，但上述问题尚没有引起学术界的充分关注。至少从美国对埃及变局的应对来看，美国似乎并不是埃及变局的直接煽动者和操纵者，它同其他国家一样对于埃及变局感到震惊。尽管在埃及变局期间，美国的应对政策并未引发广泛的共鸣，但美国的立场依旧产生了一定的影响，比如对抗议者产生了一定的激励作用、导致沙特对美国抛弃

---

① 当然，这不是说影响架构共鸣的其他五个因素不重要，这里仅仅指出，在外交决策过程中，架构或政策的经验可信性往往是决定其成败的关键性因素。

其长期盟友的批评等。至于其他因素如何影响美埃关系及美国中东政策的变化，限于篇幅，本书不予讨论。下章将对西方国家为何以"保护的责任"为名军事干预利比亚危机却未以这种方式应对叙利亚危机的原因进行分析。

第十章

西方国家对"保护的责任"的选择性适用

【本章提要】对于利比亚与叙利亚内战,以美英法为首的西方国家的反应有所不同。针对利比亚内战,西方国家以"保护的责任"的名义对利比亚进行了武装干涉;然而,对于叙利亚,西方国家并未对其适用"保护的责任"。为什么西方国家将保护的责任适用于利比亚而没有适用于叙利亚?本章认为,西方国家是否对发生内战的国家适用"保护的责任"取决于两个因素:预期干预成本与收益的比较以及干预能否获得国际社会的支持。前者涉及西方国家进行军事干预前的内部决策,后者涉及干预能否获得安理会的授权。只有在干预成本低于干预收益时,西方国家才会有干涉的意愿;在有了干预的意愿之后,如果干预还能获得支持,西方国家对内战发生国适用"保护的责任"就获得了正当性。大体而言,西方国家针对他国适用"保护的责任",主要基于各国对预期干预成本与预期收益的权衡,而与推进"保护的责任"这一国际规范并无太大关联。

作为一种新兴的国际规范,"保护的责任"(Responsibility to Protect,简称 R2P)的提出及其适用在国际社会饱受争议。《2005 年世界首脑会议成果》以及 2009 年联合国秘书长关于履行保护责任的报告明确阐述了"保护的责任"这一基本原则,即国家有责任保护其人民免遭灭绝种族、战争罪、族裔清洗和危害人类罪之害,若一国没有能力保护其人民,则国际社会可以使用适当的手段,采取集体行动保护其国人民。① 不过,这一规范的实践仍是一种新近的现象。2010 年始于突尼斯的中东变局,为"保护的责任"原则的实践提供了机会。然而,对于不同的国家,国际社会实施"保护的责任"的条件及采取的"适当手段"却大相径庭,如针对分别于 2011 年 2 月、3 月升级为内战的利比亚与叙利亚局势,国际社会就是否适用"保护的责任"持有两种截然不同的态度。利比亚受到西方国家以"保护的责任"名义实施的国际干预,而叙利亚至今未遭受这种命运。西方国家对利比亚与叙利亚采取的不同行动衍生出以下问题:为什么针对利比亚和叙利亚几乎同时出现的"大规模暴行",西方国家的应对方式却明显不同,即为何西方将"保护的责任"适用于利比亚却没有适用于叙利亚?本章尝试建立一种分析框架对这一问题进行解释。

一 现有文献回顾

中东变局发生后,国内外许多学者密切关注受到"革命"波及国家的发展态势,并对利比亚、叙利亚内战进行了研究。其中,中国学者集中探讨了利比亚、叙利亚内战爆发的原因及其未来走向、② 西方国家以"保护的责任"为名干预利比亚的合法性、西方国家对利比亚内战进行干涉的原因等问题,③ 针对以美国为首的西方国家的对外军事干预的特征,有

---

① 2005 World Summit Outcome, A/RES/60/1, 2005, available at http://www.un.org/womenwatch/ods/A - RES - 60 - 1 - E. pdf, last accessed on 5 May 2014; Implementing the responsibility to protect, Report of the Secretary - General, UN General Assembly Document A/63/677, 2009, available at http://responsibilitytoprotect.org/implementing%20the%20rtop.pdf, last accessed on 5 May 2014.

② 田文林:《对利比亚战争的战略解读》,载《现代国际关系》2011 年第 12 期,第 30—60 页;方金英:《叙利亚内战的根源及其前景》,载《现代国际关系》2013 年第 6 期,第 14—20 页。

③ 冯绍雷:《"地中海计划"与利比亚危机》,载《欧洲研究》2011 年第 3 期,第 8—9 页;阎学通:《奥巴马发动利比亚战争的动因》,载《欧洲研究》2011 年第 3 期,第 3—5 页;丁一凡:《法国为何要积极推翻卡扎菲政权?》,载《欧洲研究》2011 年第 3 期,第 5—8 页;闫瑾:《德国利比亚危机政策分析》,载《欧洲研究》2011 年第 3 期,第 10—13 页;吴弦:《欧盟国家利比亚军事干预解析》,载《欧洲研究》2012 年第 2 期,第 108—121 页;田德文:《西方意识形态霸权与利比亚战争》,载《欧洲研究》2011 年第 3 期,第 26—28 页;程卫东:《对利比亚使用武力的合法性分析》,载《欧洲研究》2011 年第 3 期,第 24—16 页;杨烨、陆婧:《欧盟的对外干预行动及其对软实力的影响》,载《欧洲研究》2013 年第 6 期,第 66—77 页;杨永红:《从利比亚到叙利亚:保护的责任走到尽头了?》,载《世界经济与政治论坛》2012 年第 3 期,第 69—81 页。

的学者也进行了分析。① 然而，对于为什么西方国家将"保护的责任"适用于利比亚而没有适用于叙利亚这一问题，国内学者还没有展开集中分析。在英语世界，虽有部分学者注意到了这一现象，也出现了一些研究成果，不过这些成果提供的解释存在问题。大体而言，国内外学者对西方这种行为差异的解释主要有以下两种视角。

（一）基于利益的解释

许多学者根据国家利益或者政治利益对西方国家干预利比亚而没有干预叙利亚的行为进行了解释。这种观点认为，"规范性的讨论在国际政治中评价过高，它实际上被国家利益主导。对于西方国家来说，民主规范的理由在理论上是重要的，并且那也是西方国家自我意识的一部分，但在现实政治中，这一理由的影响微乎其微"。② 不是高尚的道德声称和规范理由，而是传统利益如石油、叙利亚的战略地位、军事能力的考量以及各国国内政治因素导致了西方针对利比亚和叙利亚局势采取了不同的对策。③

部分学者认为对欧洲国家石油利益的支持，是美国选择干涉利比亚而未干预叙利亚的主要原因。如有学者认为："由于靠近欧洲大陆，利比亚已经成为欧洲的第三大石油供应方，欧洲国家如英国、德国和法国就是利比亚石油的大宗进口国。在中东变局之前，欧盟国家10%的原油进口来自于利比亚。相对而言，叙利亚也有进入地中海的通道并且离欧洲大陆比

---

① 唐世平、龙世瑞、郎平：《美国军事干预主义——一个社会进化的诠释》，载《世界经济与政治》2011年第9期，第84—111页。

② James Pattison, "Introduction to Roundtable: Libya, RtoP, and Humanitarian Intervention," *Ethics & International Affairs*, Vol. 25, No. 3, Fall 2011, pp. 251 - 254.

③ Daniel Byman, "Explaining the Western Response to the Arab Spring," *Journal of Strategic Studies*, Vol. 36, No. 2, 2013, pp. 289 - 320; Neomi Rao, "The Choice to Protect: Rethinking Responsibility for Humanitarian Intervention," *Columbia Human Rights Law Review*, Vol. 44, No. 3, Spring 2013, pp. 697 - 751; Ronen, Yehudit, "Britain's Return to Libya: From the Battle of al - Alamein in the Western Libyan Desert to the Military Intervention in the 'Arab Spring' Upheaval," *Middle Eastern Studies*, Vol. 49, No. 5, 2013, pp. 675 - 695; Graham Cronogue, "Responsibility to Protect: Syria The Law, Politics, and Future of Humanitarian Intervention Post - Libya," *Journal of International Humanitarian Legal Studies*, Vol. 3, No. 1, 2012, pp. 124 - 159.

较近，但它输入到欧盟国家的石油少于1%，是欧盟第十四大原油供应国"。① 为保障利比亚的石油输出，欧盟选择干涉利比亚，而美国为支持盟友的利益也选择干预。另外，对于法国而言，利比亚卡扎菲政权对阿尔及利亚和其他非洲国家的影响还波及法国在非洲的利益。如以乍得为例，"法国在乍得设有一个大型军事基地，军事基地关系到法国的荣耀及其在非洲大陆的影响力，此外，乍得丰富的能源资源也使得法国欲罢不能。所以，法国一直致力于巩固其在乍得的地位"。② 卡扎菲对乍得的影响和控制，使法国担忧其在乍得的影响会遭到削弱，这种利益冲突被认为是法国决定干涉利比亚的重要原因。然而，以传统的石油利益解释欧洲国家干涉利比亚有其局限性。因为随着卡扎菲与西方关系的改善，西方可以通过与利比亚政府签署合同以保障石油的稳定供给，不一定非得采取武装干预的方式来影响利政局的变化。如丹尼尔·海曼（Daniel Byman）指出："欧洲两大石油公司壳牌（Shell）与英国石油公司（BP）都在卡扎菲的授意下与利比亚签订了合同，这表明获取石油并不是欧洲国家对其进行干涉的动机。"③

也有观点认为西方国家对叙利亚战略地位的评估以及对其政府与反对派军事能力对比的权衡导致了其没有对叙利亚进行干涉。这种观点主要强调利比亚与叙利亚不同的战略地位。根据此观点，相对于利比亚，叙利亚的地缘战略地位更为重要。叙利亚连接亚、欧、非，其周边聚集着伊朗、黎巴嫩、伊拉克等国家，中东敏感问题均集中于此，再加上美、俄两大国在此对峙，牵一发而动全身，即使西方对叙利亚进行武装干涉，西方国家在战争结束之后也很难顺利脱身。然而，这种观点忽略了西方国家干涉叙利亚所带来的利益。对于欧美来说，干预叙利亚可以切断伊朗与地中海的联系，而欧盟一旦打通绕过霍尔木兹海峡、始于伊拉克基尔库克油田止于叙利亚地中海港口巴尼亚斯的输油管道，就能够改善欧盟的能源安全形势。此外，从地缘政治角度考虑，叙利亚也可以成为西方削弱伊朗和俄罗

---

① Lieutenant Colonel David N. Wilson, "The Arab Spring: Comparing US Reactions in Libya and Syria," A Strategy Research Project, 2012, available at http://oai.dtic.mil/oai/oai? verb = getRecord&metadataPrefix = html&identifier = ADA562112, last accessed on 10 April, 2014.

② Tatyana Zvereva, "Sarkozy vs. Qaddafi," *International Affairs*, Vol. 57, No. 4, 2011, p. 81.

③ Daniel Byman, "Explaining the Western Response to the Arab Spring," *Journal of Strategic Studies*, Vol. 36, No. 2, 2013, p. 294.

斯影响力的战略之地，而这些优势对于欧美来说显然更具吸引力。

就西方国家对两国政府及反对派之间军事实力对比的不同评估这一因素而言，很多学者认为，西方国家之所以没有干预叙利亚是因为与利比亚相比，叙利亚的反对派没有足够的力量战胜政府军，这在一定程度上降低了西方军事干预叙利亚的意愿。如格拉汉·克罗奎（Graham Cronogue）指出："相对而言，干预利比亚会有较高的成功率。第一，由于害怕军事政变，卡扎菲故意减弱了自己军队的力量，而且主要依靠现已分裂的部落网络。第二，利比亚反对派不仅组织良好、装备精良，而且事实上在联合国干预之前就已经取得很大进展，使得有限的空袭能产生较大的效果。第三，从逻辑上来看，利比亚在某种意义上成为更为容易的目标，利比亚大约七百万的人口集中在一个很小的区域，且反对派已经占领了一些地域，则发生激战的区域相对较少。第四，卡扎菲并没有可以为他介入战争的有力的盟友，这种缺乏外部支持的现实使得其他国家介入的可能性显著降低。"① 相对于利比亚，叙利亚反对派的组织更为涣散，而叙利亚政府军和安全部门的命运则与他们的政权紧紧联系在一起，这使得叙利亚政府军不容易脱离政治领导，② 可以全力以赴地与反对派进行战斗。西方国家既然不能选择一个可以足够信任并且能够驾驭的反对组织进行支持，那么就只能选择已经足够了解的巴沙尔。这种将对敌对双方军事力量的评估作为西方国家干涉利比亚而没有干涉叙利亚的因素的观点，虽然注意到了西方国家在决策过程中所做的一些权衡，但是由于只考虑到军事干预的军事成本而没有考虑到经济成本，因此这种观点并不全面。

最后，一些学者将国内政治因素视为"利比亚成为例外"的重要因素。这一类学者的观点主要包括以下几点：对于美国而言，奥巴马从开始的反对介入到之后的扬言介入，一直受到美国高级顾问的影响，而美国高级顾问提供的建议又在很大程度上出于对国内选举的考虑。而对于法国来说，一方面非洲和中东的劳动力是其主要移民来源，如何使这些民众融入法国社会，是法国面临的一个重要问题。因此，法国选民认为萨科齐有责

---

① Graham Cronogue, "Responsibility to Protect: Syria The Law, Politics, and Future of Humanitarian Intervention Post – Libya," *Journal of International Humanitarian Legal Studies*, Vol. 3, No. 1, 2012, pp. 143 – 144.

② David W. Lesch, "The Arab Spring and Winter in Syria," *Global Change, Peace & Security*, Vol. 23, No. 3, 2011, pp. 421 – 426.

任解决这些问题并处理好与阿拉伯国家的关系。另一方面，2009年4月，法国重返北约军事一体化机构激发了法国政治、军事与外交精英的野心，并且自2008年通过《国家防务与安全白皮书》后，法国进行了军事改革，致力于通过干预利比亚以推进这种改革。就英国而言，位于利比亚东部昔兰尼加（Cyrenaica）地区的班加（Benghazi），是二战时期英国战胜德意联军的地区，它象征着英国的胜利与荣耀，"阿莱曼（al-Alamein）战役的胜利以及这场战役在英国集体记忆中的凸显，使得人们有理由推测英国在二战时期于北非地区开展的军事历史遗产影响了2011年英国政府决定干预利比亚内战"。[1]

然而，国内政治因素真的是西方国家干涉利比亚而没有干涉叙利亚的原因吗？事实上，对于美国而言，国内支持以色列的团体似乎可以影响到美国的中东政策，然而，至少在利比亚与叙利亚问题上事实并非如此。如有学者注意到："内塔尼亚胡政府一开始对中东变局持怀疑态度，并与实施独裁统治的邻国缔结了有效的伙伴关系，然而叙利亚并不是以色列的盟友。同样的，国内的石油巨头以及来自消费者的压力也没有对美国干涉利比亚的外交反应造成影响。"[2] 换言之，美国在处理叙利亚问题时，所面临的国内压力很小。对于法国而言，根据法国知名民调机构法国公共舆论研究所（Institut français d'opinion publique）于2011年6月所做的有关英法联合武装干涉利比亚的支持度的调查结果，约有54%的英国人和49%的法国人支持英法美联合武装干涉利比亚，[3] 而该机构在2012年6月所做的有关武装干涉叙利亚的支持度调查中，42%的法国人支持法国武装干涉叙利亚。[4] 两次民调的结果显示，法国选民对本国干涉利比亚或者叙利亚的态度相差并不是很大。如果再考虑到法国国内军事及外交精英的野心，法国也应该积极干涉叙利亚，但是对于军事干预问题，法国并没有展

---

[1] Ronen, Yehudit, "Britain's Return to Libya: From the Battle of al-Alamein in the Western Libyan Desert to the Military Intervention in the 'Arab Spring' Upheaval," *Middle Eastern Studies*, Vol. 49, No. 5, 2013, p. 691.

[2] Daniel Byman, "Explaining the Western Response to the Arab Spring," p. 305.

[3] Institut Français D'opinion Publique, available at http://www.ifop.fr/media/poll/1558-2-study_file.pdf, last accessed on 16 April, 2014.

[4] Institut Français D'opinion Publique, available at http://www.ifop.fr/media/poll/1920-2-study_file.pdf, last accessed on 16 April, 2014.

现出太多的热情。这说明,国内政治因素并不能作为法国干涉利比亚或者不干涉叙利亚的原因。而就英国来说,历史因素或许会影响到国内选民的情绪,但是这一观点忽略了战争花费的经济或政治成本,因此并不能完全解释英国未干涉叙利亚的行为。

(二) 国际规范所扮演的角色

西方学者对"保护的责任"这一国际规范的作用往往持较高的评价,认为"保护的责任"为西方进行军事干涉提供了充分的理由与合法性。[1]这些观点强调,"保护的责任"为国际社会保护一国居民免受大规模暴行提供了新的准则。规范对于国家行为的产生具有一些影响,至少在以"保护的责任"名义下干预他国冲突的问题上,国际规范的扩散可以确保干预的合法化。如在利比亚问题上,部分安理会成员国对利比亚政府的谴责,为西方国家的干预行动提供了部分支持。联合国安理会通过的1973号决议,进一步为"保护的责任"的适用提供了合法性与正当性。在一定程度上,"保护的责任"这一规范的提出与扩散,便利了西方国家在极短时间内对利比亚采取行动。西方国家的干预企图,加上地区行为体阿拉伯联盟以及伊斯兰会议组织、海湾国家联合理事会有关要求联合国对利比亚局势进行干涉的呼吁,为西方国家在联合国安理会提议设立禁飞区提供了可能,而后者也对俄罗斯与中国在安理会投票时使用否决权进行了牵制。然而,在西方国家以"保护的责任"之名干涉利比亚后,国际上各种批评的声音接踵而来,很多国家对规范本身的正当性或者合理性进行了反思。而对"保护的责任"可能遭到滥用的担心,也使得俄罗斯与中国不愿意看到西方再以此为理由军事干涉叙利亚。

---

[1] Justin Morris, "Libya and Syria: R2P and the Spectre of the Swinging Pendulum," *International Affairs*, Vol. 89, No. 5, 2013, pp. 1265 – 1283; Paul D. Williams, "Briefing: The Road to Humanitarian War in Libya," *Global Responsibility to Protect*, Vol. 3, No. 2, 2011, pp. 248 – 259; Alex J. Bellamy, "Libya and the Responsibility to Protect: the Exception and the Norm," *Ethics and international affairs*, Vol. 25, No. 3, Fall 2011, pp. 263 – 269; Jolyon Howorth, "Humanitarian Intervention and Post – conflict Reconstruction in the Post – Cold War Era: A Provisional Balance – Sheet," *Cambridge Review of International Affairs*, Vol. 26, No. 2, 2013, pp. 288 – 309; Gareth Evans, "Ending Mass Atrocity Crimes: The Responsibility to Protect Balance Sheet After Libya," Transcript, Lecture, 2011, available at http://www.gevans.org/speeches/speech443.html, last accessed on 22 April, 2014.

事实上,认为西方国家是基于对"保护的责任"的信仰而做出干预利比亚决定的观点可能太过天真。诚如贾斯汀·莫里斯(Justin Morris)指出的:"英国国防委员会提交的有关质询英国在利比亚行动的审议中,'保护的责任'这一概念很少被提及,只是在最后反思中提到了。同样有趣的是,在美国的案例中,对奥巴马政府干涉利比亚的强烈争论也被描述成内部管理的胜利……英国和美国的例子使我们相信,'保护的责任'并未成为西方国家的行动依据,这可能是因为该概念在决策者心中并未被激化,也有可能是因为被其他考虑所超越。如果事实真是如此,即使这个概念已被接受,该概念的内化也远未完成。"① 换言之,"保护的责任"由最初的激励国家行为,到后来由于规范本身受到怀疑最终抑制了国家行为。叙利亚案例表明,"保护的责任"是一种薄弱的共识,因为该概念本身并没有一个清楚的定义,参与干预的国家只能自行评估干预的条件与标准,每个国家可以从自己的角度出发定义"保护的责任"的适用范围及干预时机,这极大地削弱了这一规范本身及其适用时的合法性与正当性。而在实际的政治运行过程中,俄罗斯与中国的否决权,决定了"保护的责任"无法适用于叙利亚,从而也为西方国家干预叙利亚施加了强有力的桎梏。毫无疑问,俄罗斯与中国的反对,自然会决定西方不能以"保护的责任"为名军事干预叙利亚。然而,需要追问的是,西方就叙利亚问题在联合国安理会上提出的议案,是否包含其试图以"保护的责任"干预该国局势的内容。然而,国外学者在讨论这一问题时,很大程度上忽视了这两者之间的差别。

综上所述,对于为什么西方国家将"保护的责任"适用于利比亚而没有适用于叙利亚这一问题,国内学术界主要提供了两种分析途径,一种是基于利益的解释,另一种是基于规范的解释,不过,这两种解释都具有局限性。第一,基于利益角度的既有研究大都只是简单地罗列导致西方国家干预行为差异的因素,主要停留在描述的层面,不能算是对上述问题的真正解释。第二,基于国际规范的研究忽视了权力政治因素在西方决策过程中所扮演的重要角色,未注意到"保护的责任"在很大程度上仅仅起到了一种工具性的作用。用中俄在安理会上的否决权来解释西方军事干预

---

① Justin Morris, "Libya and Syria: R2P and the Spectre of the Swinging Pendulum," pp. 1273 – 1274.

利比亚而未能干预叙利亚也具有明显的局限性，首先，这只是一种基于可能性的愿望性解释，其次，这种解释忽略了西方国家是否在安理会上提出过以"保护的责任"之名干预叙利亚的相关提案。当然，需要指出，尽管既有的研究存在一定的缺陷，不过两种解释路径均注意到了西方国家对成本的考虑以及中俄可能使用否决权这一因素在西方干预决策过程中具有的作用。本章将在结合这两种解释因素的基础上，提出一种新的解释框架，尝试对西方国家为什么将"保护的责任"适用于利比亚而没有适用于叙利亚这一问题做出替代性的解释。

二 本章的分析框架与假设

在讨论本章的假设之前，需要区分西方作出是否以"保护的责任"之名针对特定国家进行军事干预这一决策所历经的两个过程，即内部决策过程与寻求国际社会支持的过程。其中，俄罗斯与中国等的反对主要在第二个过程中才能发挥作用。学者们强调安理会是否通过决议是"保护的责任"能否实施的决定性因素，从而忽略了西方国家进行决策的阶段性。在作出以上说明之后，接下来对本章的假设和分析框架做一简要介绍。

（一）本章假设

本章讨论的核心问题是为什么西方国家将"保护的责任"适用于利比亚而没有适用于叙利亚？针对这一问题，本章提出的基本假设为：西方国家是否对他国适用"保护的责任"，取决于西方国家对干预成本与收益的比较以及国际社会的支持程度。本章认为，这又包括两个过程：第一个过程为各国各自进行内部决策，而在内部决策中，西方国家是否对他国适用"保护的责任"，取决于西方国家对干预成本与干预收益的权衡。如果预期干预成本小于收益，西方国家便会有对对象国进行武装干涉的意愿；预期干预成本大于收益，西方国家便不具备对他国进行干涉的意愿。在具备了军事干涉的意愿后，西方国家能否将军事干涉套上"保护的责任"的外衣，还需要得到国际社会的支持以获得合法性与正当性。根据2005年联合国世界首脑会议成果文件的规定，如果在和平手段不能解决或者国家明显无力保护其居民免受种族灭绝、战争罪、族裔清洗以及危害人类罪的危害时，国际社会可以要求安理会逐案进行处理，及时、果断地采取集体行动。① 安理会是否通过有关干涉的决议，成为西方国家能否对他国实施"保护的责任"的决定性因素。如果任一安理会常任理事国成员对此规范的适用使用否决权，则"保护的责任"便无法实施，西方国家不会也无法以"保护的责任"的名义对他国进行武装干涉。

显然，西方国家对对象国实施"保护的责任"的第二个过程，是在西方国家内部决定对对象国进行武装干涉之后。如果一个或者几个意愿国寻求国际社会的支持，向安理会提出决议草案，并且安理会成员一致通过决议草案，意愿国才能成功实施"保护的责任"名义下的行动；如果安理会常任理事国中有一国或多国使用否决权而导致决定不能通过，则西方国家便不能对对象国适用"保护的责任"。基于上文的分析，可以得出西方国家对他国能否适用"保护的责任"的解释框架，见图 10-1：

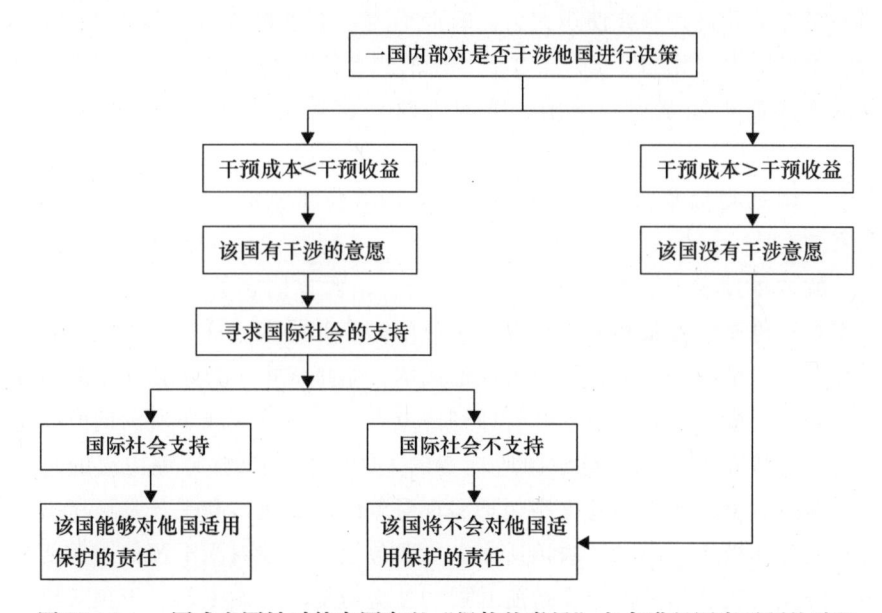

图 10-1　一国或多国针对特定国家以"保护的责任"之名进行军事干预的过程

注：图由作者自制。

---

① 2005 World Summit Outcome, A/RES/60/1, 2005, available at http：//www. un. org/womenwatch/ods/A‐RES‐60‐1‐E. pdf, last accessed on 5 May 2014 And Implementing the responsibility to protect, Report of the Secretary‐General, UN General Assembly Document A/63/677, 2009, available at http：//responsibilitytoprotect. org/implementing% 20the% 20rtop. pdf, last accessed on 5 May 2014.

(二) 概念的界定

为了检验本章提出的假设，需要将相关概念进行定义并使其可操作化。在本章中，我们所涉及的几个核心概念为"西方国家"、"保护的责任"、"对外干预成本与收益"、"国际社会的支持"。根据联合国世界首脑会议成果文件的规定，适用于"保护的责任"的干预条件为一个国家明显无能力保护其居民免受种族灭绝、战争罪、族裔清洗以及危害人类罪的危害，而这些罪行的出现往往是由于该国内部发生较大规模的暴行或权力遭到了滥用现象。其中，一个国家发生内战，会极大地提高发生这些罪行的概率。为了扭转这种局面，往往需要外部行为体或国际社会制止冲突方使用暴力。如此一来，干预的形式通常会以武装干涉的方式体现出来，否则冲突方不会自动放弃使用武力。就此而言，本章将适用"保护的责任"的方式界定为"军事干预"。由于"保护的责任"这一国际规范的扩散过程主要依赖于加拿大、美国、英国等西方国家的推动，而且积极推动"保护的责任"在国际社会中实践的也是这些国家，因此，本章将"西方国家"限定为加拿大、美国、英国、法国等位于欧洲——大西洋地区的国家。

就"干预成本"与"干预收益"而言，西方国家的干预成本为西方国家对利比亚或者叙利亚进行军事干涉所需要的成本。这种成本主要包括两类，一类是经济成本，一类是政治成本。军事成本主要包括从事战争需要投入的资金与战后重建的开支即经济成本。其中投入战争所需的开支主要包括：西方国家干预对象国所耗费的人力、物力、财力等构成的总开支，而战后重建所需的开支则包括实现对象国的稳定、和平与发展所需要进行的各项投入。第二，政治成本，主要包括一国政府为干预他国需要支出的资源及获得相关国家支持所开展的外交斡旋与协调工作、干预所导致的人员伤亡等与国际政治成本（包括国际形象的改变、由此带来的大国关系的变化、在干预地区及国际社会影响力的改变等）。与对干预成本的概念操作化类似，我们同样可以将干预收益区分为经济收益（干预后在干预对象国获得的经济利益）、政治收益（巩固国际地位、改善国家形象、提高政府支持率、削弱其他大国的影响力）等。然而，因为无论是经济成本还是政治成本都很难以数字的方式加以表征，因此，本章对于干预成本和收益之间的比较，主要采取的是定性评估的方法。

最后为"国际社会的支持"。尽管各国决定是否对一国进行军事干预受到国际社会舆论的影响，但是这种舆论压力并不是影响一国是否进行军事干涉的决定性因素。然而，由于用非和平手段对他国适用"保护的责任"需要得到联合国安理会的支持，因此，安理会是一国能否对他国适用"保护的责任"的最高权威。在本章中，我们把国际社会的支持程度定义为有关军事干预的提案能否得到安理会投票的授权。因此，国际社会的支持度可以这样测量：如果决议得到安理会通过，即意味着国际社会的支持度较高；如果决议没有通过或者事先已经遭到主要大国的反对，则意味着提议得到的国际社会支持度低。下文我们运用比较案例分析的方法，对利比亚与叙利亚内战中西方的决策行为进行比较，对本章提出的假设进行检验。

三 为什么西方国家将"保护的责任"适用于利比亚

2011年2月17日，针对利比亚政府军与反政府军发生的武装冲突，西方国家迅速做出反应。2月26日，联合国安理会通过1970号决议，一致谴责利比亚政府对民众的暴行，并提出对利比亚民众提供人道主义援助。3月17日，在美、英、法等国推动下，联合国安理会通过1973号决议，在利比亚设立禁飞区。之后，为落实1973号决议，西方决定在利比亚履行"保护的责任"，法、英、美为首的西方国家对利比亚进行空袭，开始进行军事干预。随后，北约部队接管指挥权，直至利比亚反对派政府军取得战争的胜利。在利比亚内战中，"保护的责任"首次得到适用，并为"适当的手段"赋予了新的内容，即国际社会在必要时可以运用军事力量对大规模暴行进行人道主义干涉。下文我们将分别分析美国以及英法两国在第一个阶段对军事干预利比亚的成本与收益的权衡以及在第二个阶段中获得的国际支持度。

（一）美国对军事干预利比亚内战的权衡

对于如何应对利比亚内战，奥巴马政府的态度经历了反复。利比亚内战发生时，美国由于受到经济危机的冲击，导致国内经济形势并不乐观，因此，奥巴马政府最初对军事干预利比亚并不积极。再加上美国近年来一直大力推进重返亚太计划，为了对中国的崛起进行预防以及应对国际安全援助部队撤出阿富汗可能带来的各种问题,美国政府的财政已出现了严重的赤字。在利比亚内战初期,华盛顿智库"战略与预算评估中心"(Center for Strategic and Budgetary Assessments)曾对美军干预利比亚将要耗费的开支进行过评估,指出如果联军在利比亚建立禁飞区,则美军平均每周耗资约为1亿至3亿美元,而一次性地摧毁利比亚防空系统进行的空袭需耗资5亿至10亿美元,具体耗费数量取决于地面目标的数量。[1] 在此背景下,美国对军事干预利比亚显得迟疑。然而,在其高级顾问的劝说下,奥巴马政府最终选择了坚定支持利比亚反对派。奥巴马在利比亚问题上态度的反复,反映了美国在是否干预利比亚问题上对干预成本与干预收益所做的权衡。

美国最后决定以"保护的责任"之名军事干预利比亚,主要出于以下几个方面的考虑。首先,经过权衡,美国认为军事干预利比亚的经济成本能够承受。从美国近年来的国防预算看,2011财年国防预算5489亿美元,海外紧急行动预算1593亿美元。[2] 据美方估计,截至2011年9月,美国军事干预利比亚耗资为11亿美元,这仅占美2011财年国防预算的0.20%。[3] 与此同时,美宣布将把卡扎菲已冻结的330亿美元的资产用于支持利比亚的战后重建,这又降低了美为重建利比亚需要支出的费用。[4] 其次,鉴于美国的盟友——英法——等在军事干预利比亚问题上非常积极,美国认为可以由其盟国分担大部分的经济成本。如奥巴马在就利比亚局势向全美进行的电视讲话中提到,美国不会动用地面部队,美国的领导力更多展现在动员国际社会进行集体行动上,同时要求美国的盟友分担成

---

[1] Todd Harrison and Zack Cooper, "Selected Options and Costs for a No-Fly Zone Over Libya," March 9, 2011. http://www.csbaonline.org/publications/2011/03/selected-options-and-costs-for-a-no-fly-zone-over-libya/.

[2] The U. S. Government Printing Office, Budget of the U. S. Government, Fiscal Year 2011, available at http://www.gpo.gov/fdsys/pkg/BUDGET-2011-BUD/pdf/BUDGET-2011-BUD.pdf, last accessed on 16 May 2014.

[3] Jessica Rettig, "End of NATO's Libya Intervention Means Financial Relief for Allies," The U. S. News, October 31, 2011, available at http://www.usnews.com/news/articles/2011/10/31/end-of-natos-libya-intervention-means-financial-relief-for-allies, last accessed on 16 May 2014.

[4] President Obama's Speech on Libya, March 28, 2011, available at http://www.whitehouse.gov/photos-and-video/video/2011/03/28/president-obama-s-speech-libya, last accessed on 16 May 2014.

本。最后，利比亚军事力量薄弱，西方对战胜利比亚政府军有较大的把握，再加上西方可以有效掌控利反对派，如此一来美国预计为军事干预利比亚需要付出的经济成本会减少。总之，美国预计干涉利比亚的成本，无论是军事开支还是利比亚战后重建的开支，都将低于美国军事干预叙利亚所付出的代价。

在收益方面，美国预计军事干涉利比亚能够收获较多经济收益。第一，可以增强其欧盟盟友的能源安全。2010 年，利比亚出口至意大利的石油占意大利石油消费量的 24.9% 左右；出口至法国的石油占法国石油消费量的 11.7%；出口至德国的石油占德国石油消费量的 5.6%；出口至西班牙的石油占西班牙石油消费量的 9.0%。[1] 就此而言，利比亚的石油供应对欧洲——尤其是对意大利和法国——的能源市场至关重要。利比亚的石油资源丰富且生产方式成熟，内战结束后亟须恢复石油生产，这对于美国的石油巨头而言是极富前景的市场。如果美国不参与对利比亚的军事行动，那么法英两国将抢占先机，一旦控制利比亚的石油资源，将使美国失去恢复和开发利比亚石油所带来的经济利益。第二，中国在利比亚进行了大量的石油项目与基建投资，"中国在利比亚承包的大型项目一共有 50 个，涉及合同的金额是 188 亿美元，按照当前汇率换算，计人民币 1233.28 亿元。"[2] 对于美国来说，干涉利比亚不仅可以有机会削弱中国在非洲和地中海的影响力，而且可以增加本国在利比亚的投资比重，进而获得一定经济利益。由此分析，如果美国干涉利比亚，其干涉的经济成本将低于经济收益。

就美国干涉利比亚的政治成本来说，美国干涉利比亚遭受了国内民众的反对，并且可能影响到国内大选。然而奥巴马政府多次表示，有关费用将从已有国防预算中支出，暂时不会向国会伸手要钱，这样勉强顶住了国内的压力。而在国际上，因为利比亚内战发生之时，阿拉伯国家曾呼吁国际社会的干涉，因此，一旦干预，美国不会遭受来自阿拉伯世界的指责和反对。此外，美国军事干预利比亚还能获得其他的政治收益：第一，美国

---

[1] 数据来源：管清友、李君臣：《利比亚：一个被石油改变的国家——利比亚》，21 世纪网，2011 年 9 月 3 日，http://www.21cbh.com/HTML/2011-9-3/0NMDY5XzM2MjM0Ng.html，最后登录时间 2014 年 5 月 16 日。

[2] 冷新宇：《利比亚危机，中国损失怎么办？》，载《中国经济周刊》2011 年第 20 期，第 18 页。

干涉利比亚，推翻卡扎菲这一长期反对美国的政权，可有效维护美国的全球领导地位。在法国首先发动打击之后，如果美国不能作出有效、快速地应对，则会对其国际地位产生影响，进而影响到盟友对其维护西方秩序的信心。第二，美将军事干预利比亚的领导角色移交给英法两国，自己置身幕后，可以改变美国在阿拉伯世界的形象，改善与阿拉伯世界的关系。[①]第三，美国将利比亚看作恐怖主义政权国家，推翻卡扎菲政权可以推行美国的价值观，符合美国的政治利益。第四，利比亚地处地中海，身在非洲大陆，靠近欧洲以及亚洲大陆，具有重要的战略位置，通过推翻卡扎菲政权，美国可以扩大在该地区的影响，对美国乃至北约的战略部署影响重大。第五，如上所述，可以削弱中国在非洲和地中海的影响力。

表 10-1　　　　　　美国干涉利比亚的预期成本与收益比较

领域	干涉成本	干涉收益	成本与收益比较
经济方面	1. 军事开支（部分由盟友分担） 2. 战后重建的开支（部分由卡扎菲被冻结的财产替代）	1. 增加在利比亚的投资 2. 石油带来的经济利益	收益大于成本
政治方面	国内舆论压力不利于干预，可能影响奥巴马政府的支持率	1. 维持其全球领导地位 2. 缓解美国与阿拉伯世界的关系 3. 推行美国的价值观 4. 控制重要的战略位置 5. 削弱中国在非洲和地中海的影响力	收益大于成本

综上所述，美国军事干预利比亚的收益大于成本（如表 10-1 所示）。因此，美国最终做出了以"保护的责任"之名"干涉利比亚"的决定，并联合英法向联合国安理会提交议案。

[①] Randa Slim, "U. S. Intervention in Libya: Shifting the Narrative in U. S. - Arab relationst," The World Post, March 23, 2011, available at http://www.huffingtonpost.com/randa-slim/us-intervention-in-libya-_b_839581.html, last accessed on 23 May 2014.

(二) 英、法两国对军事干预利比亚内战的权衡

法国是在利比亚问题上最先发动军事打击的国家，是什么原因使法国对干涉利比亚热情高涨？在干预的经济成本上，从法国的军事开支来看，截至 2011 年 9 月底，法国用于利比亚军事行动的花费大概在 3 亿至 3.5 亿欧元。[①] 不过，这笔开支对于国防预算高达 400 亿欧元的法国而言，比较容易接受。[②] 就干涉所涉及的政治成本而言，法国于 2009 年重返北约军事一体化机构，时隔两年后参与战争，会让周边国家认为法国政府背叛了戴高乐的思想，不利于良好国际形象的塑造。

而从经济收益来看，首先，干涉利比亚可以使法国的石油公司更容易进入利比亚。有资料显示，截至 2010 年 10 月，在利比亚经营的法国公司已从 2008 年的 18 家增至 32 家，主要投资于能源领域。美国《时代周刊》网站的报道称，法国的石油企业在利比亚拥有数十亿美元的投资。[③] 如果能在利比亚石油领域获得一定的份额，将带给法国巨大的收益。其次，在利比亚战争中的出色表现不仅可以重塑法国的大国地位，而且可以展示法国先进的军工业，促进其军工业的发展。就政治收益来讲，从国内政治来看，选择用一场战争展现法国的能力，可以挽回萨科齐国内支持率下降的颓势。从国际层面讲，第一，法国急于在北约获得认可来进入决策层，通过积极参与军事干预利比亚，可以快速达到其目的。第二，地缘政治上，干涉利比亚可以巩固法国在地中海的领导能力，提高法国在非洲的影响力。第三，积极干涉利比亚可以提高法国的国际地位，并改善其在阿拉伯世界的形象。[④]

与美国和法国相比，英国在利比亚问题上所承担的风险更小。2010 年在墨西哥湾发生了漏油事故，造成了大量原油的泄漏，给美国沿海的渔

[①] Jessica Rettig, " End of NATO's Libya Intervention Means Financial Relief for Allies," The U. S. News , October31, 2011, available at http：//www. usnews. com/news/articles/2011/10/31/end – of – natos – libya – intervention – means – financial – relief – for – allies, last accessed on16 May 2014.

[②] 应强：《法国为利比亚军事行动花费达 1.6 亿欧元》，2011 年 07 月 10 日，http：//news. xinhuanet. com/world/2011 – 07/10/c_ 121647335. htm，最后登录时间 2014 年 5 月 16 日。

[③] 王婧、张媛、曾德金：《多国押注利比亚为能源利益大打出手，法国争当旗手风险最大》，载《经济参考报》2011 年 3 月 21 日。

[④] 法国的决策过程可见本书第十一章。

民以及一些居民的生活带来了影响，美国为此开出了巨额的罚单，受罚的石油公司即为英国石油公司，美英关系也因此受到了一定程度的影响。英国预期干预利比亚一旦成功，英国能在战后利比亚的石油领域获得丰厚的经济利益。不仅如此，英国的石油进口依赖程度低，利比亚紧张的局势不会对其工业造成大的影响。再加上英国参与干预利比亚所支付的经济成本较少，进一步增强了英国介入战争的兴趣。截至 2011 年 8 月份，英国为军事干预利比亚所支付的军事开支仅为 2.6 亿英镑，这一数字对英国而言并不算大。[①] 法国在利比亚问题上的积极态度，也给英国带来了积极跟进的压力。2010 年 11 月 2 日，英国首相卡梅隆与法国总统萨科齐签订了军事合作协议，旨在在两国国防预算削减的情况下分担成本，保持两国的军事实力。这一协议的签订也表明了沦落为美国尾随者的英法努力促进欧盟军事一体化进程的意图，以及通过联合与美国进行竞争的决心。利比亚战争，为英法军事联合创造了实践机会，并且可以提高欧盟在国际社会的地位。英国一方面受法国积极干涉态度的影响，另一方面又急于摆脱美国追随者的印象，加强欧盟在国际社会中的作用，因此选择主动干涉利比亚。

表 10 - 2　　　　法国干涉利比亚的预期成本与收益比较

领域	干涉成本	干涉收益	成本与收益比较
经济方面	1. 军事开支（远低于军事预算） 2. 战后重建的开支（法国预期重建利比亚不会由本国主导）	1. 巨大的石油利益 2. 带动军工业发展	收益大于成本
政治方面	1. 参与战争，不利于法国坚守戴高乐思想的形象	1. 展现国家实力，增加萨科齐国内竞选资本 2. 获得北约认可 3. 巩固在地中海领导力以及北非影响力 4. 改善国际形象 5. 增强英法军事合作	收益大于成本

① 朱盈库：《英国在利比亚战事中花费 2.6 亿英镑》，2011 年 8 月 22 日，http://world.huanqiu.com/roll/2011 - 08/1935316.htm，最后登陆时间 2014 年 5 月 20 日。

表 10 – 3　　　　　英国干涉利比亚的预期成本与收益比较

领域	干涉成本	干涉收益	成本与收益比较
经济方面	1. 军事开支（仅为2.6亿英镑） 2. 战后重建的开支较低（预期不会主要由本国重建利比亚）	1. 石油带来的经济利益 2. 利比亚石油状况对国内经济影响很小	收益大于成本
政治方面	无	1. 摆脱依附美国的形象 2. 增强国际地位 3. 增强英法军事合作	收益大于成本

综上所述，在第一个阶段，英法预期军事干预利比亚的收益大于干预成本（如表10-2、表10-3所示），因此英国与法国具备干涉利比亚的意愿，并积极在国际社会寻求支持。

（三）国际社会支持度较高

2011 年 3 月 10 日，法国率先承认利比亚反对派成立的"全国委员会"为利比亚合法政府。为了进一步对卡扎菲的"暴行"进行反击，法国、黎巴嫩、英国、美国联合向联合国提出关于应对利比亚局势的决议草案。3 月 17 日，联合国安理会召开第 6498 次会议对草案进行了审议。之后，安理会十五个成员国（波斯尼亚和黑塞哥维那，巴西，哥伦比亚，中国，法国，加蓬，德国，印度，黎巴嫩，尼日利亚，葡萄牙，俄罗斯联邦，南非，英国以及美国）对草案进行表决，并以 10 票赞成、0 票反对、5 票弃权的结果通过决议草案，即安理会第 1973（2011）号决议。① 该决议认为"目前在阿拉伯利比亚民众国发生的针对平民人口的大规模、有系统的攻击可构成危害人类罪"，为了遏制这种局面的发展，联合国有必要通过采取设立禁飞区、强制执行武器禁运、针对特定的利比亚政府人员执行资产冻结等措施来迫使卡扎菲政府停止侵犯人权。由于安理会成员国多数同意以及安理会常任理事国中没有国家使用否决权，西方国家得以成功将"保护的责任"适用于利比亚。两天之后，为落实 1973 号决议，法

---

① 《安全理事会第六四九八次会议》，http://www.un.org/zh/documents/view_doc.asp?symbol=S/PV.6498，最后登录时间 2014 年 6 月 1 日。

国率先空袭卡扎菲政权，紧接着多国部队对利比亚采取了措施，西方国家干涉利比亚成为事实。

需要指出，尽管西方国家基于安理会第1973（2011）号决议对利比亚所开展的军事干预普遍被认为是"保护的责任"第一次得到适用，不过该案例与"保护的责任"实质上并无多大关系。① 安理会第1973（2011）号决议本身并未赋予国际社会以"保护的责任"为名军事干预利比亚的权利，相反，该决议强调利比亚政府才是保护其平民权利的行为主体。如该决议表示："重申利比亚当局有责任保护利比亚民众，重申武装冲突各方负有采取一切可行步骤确保平民受到保护的首要责任"。在做此陈述外，安理会并未强调当利比亚政府未能履行这一职责时，这一职责自然转移给了国际社会。实际上，西方国家军事干预利比亚的法律基础是《联合国宪章》第七章"对于和平之威胁、和平之破坏及侵略行为之应付办法"的相关条款。即使是在安理会就该决议草案进行讨论的过程中，包括主要西方国家代表在内的安理会成员国根本就未提及"保护的责任"这一规范。西方国家在论证干预利比亚的合法性时，主要援引的是《联合国宪章》第七章。不过，安理会第1973（2011）号决议的措辞的确符合适用"保护的责任"的精神，如该决议针对卡扎菲政府对其平民犯下了"危害人类罪"的界定，就构成适用"保护的责任"的条件。正因如此，国内外研究者均认为西方军事干预利比亚构成"保护的责任"的第一次适用。需要指出的是，西方国家之所以能够以《联合国宪章》为由军事干预利比亚，主要是因为安理会投票过程中没有常任理事国投反对票，这说明了西方国家干预利比亚获得了较高的国际支持度。

四 为什么西方国家没有将"保护的责任"适用于叙利亚

2011年3月，始于2011年初的叙利亚内部反政府示威活动逐渐升级，随后爆发内战。截至2014年4月底，叙利亚的人员伤亡人数已经达

---

① 对此所作的详细分析可参考 Aiden Hehir, "The Permanence of Inconsistency: Libya, the Security Council, and the Responsibility to Protect," *International Security*, Vol. 38, No. 1, 2013.

到94911人。① 尽管叙利亚内战持续了五年多的时间,而且据传叙利亚政府在冲突中针对平民使用了化学武器,然而西方国家至今没有使用军事力量对叙利亚实施以"保护的责任"为名的干预。2012年3月,对于叙利亚内战,奥巴马在白宫的记者招待会上明确表态叙利亚局势更为复杂,美国不会单方面军事介入叙利亚。② 除此以外,美国以外的西方国家也都没有以"保护的责任"为名对叙利亚进行武装干涉。随之而来的问题是,美国、英国、法国为何没有仿照干预利比亚的先例对叙利亚进行军事干涉?

(一) 美国对军事干预叙利亚内战的权衡

自2011年3月叙利亚内战爆发,奥巴马便立场明确地谴责叙利亚政府对平民实施的暴行。由于国际社会对之前西方在"保护的责任"旗帜下打击卡扎菲政权而忽略反对派对民众的暴行受到国际社会的批评,奥巴马在叙利亚内战爆发后,在谴责政府军对平民施暴的同时也对反对派的暴行进行批评。不过,美国迟迟没有决定对叙利亚进行军事干涉,只是对叙利亚进行了制裁。2013年8月21日,叙利亚发生化武袭击事件,该事件为美国改变对叙利亚的政策提供了契机,甚至为美国军事干涉叙利亚提供了理由。然而,令人惊异的是,美国并没有采取军事行动,只是要求巴沙尔政权结束这一行为并在最后期限内销毁化学武器。

针对叙利亚局势,美国始终未明确针对巴沙尔政权使用武力。2013年9月10日,针对叙利亚化武危机,奥巴马发表了全国讲话。他指出:"如今,我明白伊拉克和阿富汗战争阴影犹存,无论军事行动规模如何被限制,都会不受欢迎。无论如何,我已花了4年半的时间来结束战争,而不是发动战争。我们的部队已从伊拉克撤回,并即将从阿富汗回家。"③ 在叙利亚问题上,他表示不会允许美国士兵踏入叙利亚的国土。9月13

---

① Violation Documentation Center in Syria, "The Monthly Statistical Report on the Dignity Revolution's Martyrs," March 2014, available at http：//www.vdc - sy.info/index.php/en/reports/1399312678#.U28WflWSxBo, last accessed on 10 August 2014.

② "Obama calls unilateral military action against Syria 'mistake'," Xinhua, March 7, 2012, available at http：//news.xinhuanet.com/english/world/2012 - 03/07/c_131450769.htm, last accessed on 10 August 2014.

③ 《奥巴马就叙利亚问题发表全国电视讲话》,http：//news.ifeng.com/world/special/xuliya/content - 3/detail_2013_09/11/29517643_0.shtml,最后登录时间2014年8月10日。

日,联合国与阿盟联合特别代表卜拉希米在日内瓦同美国国务卿克里、俄罗斯外长拉夫罗夫就叙利亚问题举行会晤,美国国务卿克里表示奥巴马坚定地致力于通过谈判手段解决叙利亚问题。[①] 2014年3月30日,奥巴马在电视采访中表示之所以没有干涉叙利亚内战的计划,因为"经过十年战争后,美国存在极限。如果美国对叙利亚的军事干涉不长期化,就无法对局势产生足够大影响。而一旦向叙利亚派出地面部队,这一承诺可能需要持续'另一个十年',而美国将为兑现这一承诺而经历'艰难时期'"。[②] 这说明美国的确在仔细权衡干预叙利亚的成本与收益,并在此基础上决定是否对叙利亚用兵。学者丹尼尔·海曼(Daniel Byman)曾写道:"相对于利比亚,叙利亚是更为难啃的骨头。叙利亚的军事力量虽然较于北约的标准很弱,但是至少在名义上叙利亚的军事力量要比利比亚强很多,相比于利比亚的7.6万军人,利比亚有40万名士兵,并且在坦克数量上超过利比亚的五倍。"[③] 另外,叙利亚反对派组织涣散,一方面不易取胜,另一方面也使得美国不清楚扶持这些力量可能带来的后果。对美国来说,干预叙利亚并没有很大的胜算。

叙利亚的战略地位,使该国局势从内战爆发伊始即成为各方关注的焦点。叙利亚军事实力相比利比亚要强得多,如果美国介入,则需投入更多的军事开支;另外,诚如奥巴马所说,如果美国要对叙利亚局势演变产生足够大的影响,那么外部干涉需要长期化,这意味着就算取得胜利,美国在战后也需投入更多的资金帮助叙利亚进行战后重建。"根据邓普西(Martin Dempsey)给D-米奇(Carl Levin D-Mich)信的估算,若在叙利亚建立禁飞区,至少需要支付5亿美元,随着任务的展开,每月开支将超过10亿美元,而在2014财年,受到'财政悬崖'强制削减开支的影响,美国军费将削减高达520亿美元,用俄克拉荷马州共和党参议员英霍

---

① 《叙拟签署〈禁止化学武器条约〉,联合国及美俄表示致力政治解决冲突》,2013年9月13日,http://www.un.org/zh/focus/northafrica/newsdetails.asp?newsID = 20508&criteria = syria,最后登录时间2014年8月10日。

② 《"不打叙利亚"有原因,奥巴马称美已到极限》,2014年3月30日,http://epaper.ynet.com/html/2014 - 03/30/content_49222.htm? div = - 1,最后登录时间2014年8月10日。

③ Daniel Byman, "Explaining the Western Response to the Arab Spring," p. 311.

夫（James Inhofe）的话来说，美国已经没有能力干涉叙利亚了。"① 此外，叙利亚作为中东的心脏，是俄罗斯与美国试图扩大自身影响之战略要地，美国干预叙利亚，势必导致俄罗斯对叙利亚进行军事援助。如果再加上伊朗的介入，美国将需投入更多的资源以对抗俄、伊的影响。就算美国取得了最后的胜利，叙利亚的战后重建问题也会将美国拖入另一个战争的泥淖。鉴于伊拉克与阿富汗战争已经对美国的经济发展造成了沉重的负担，美国自然不愿意介入另一场成本高昂的海外战争。

当然，对美国而言，军事干预叙利亚也能带来一定的收益。这些预期收益包括：第一，颠覆巴沙尔政权，推行美国价值观。第二，削弱伊朗与俄罗斯在叙利亚的利益；第三，保证美国中东盟友的利益，如改善以色列、沙特的安全形势，同时巩固美在中东的军事基地。尽管存在上述收益，俄罗斯与伊朗对叙利亚的支持以及同样可能对政权的军事支持，导致美国不仅很难实现推翻巴沙尔政权的目标，而且可能造成整个中东的紊乱，进而危及其军事基地的安全，影响其中东盟友的安全形势。

综上所述，在第一个阶段，经过对军事干预叙利亚的成本与收益对比（表10-4所示），美国认为，干涉叙利亚的预期成本超过预期收益。在此背景下，美国缺乏军事干预叙利亚的意愿。

表10-4 美国干涉叙利亚的预期成本与收益比较

领域	干涉成本	干涉收益	成本与收益比较
经济方面	1. 军事开支（开支巨大且没有短期取胜的把握） 2. 战后重建压力大	无	成本大于收益
政治方面	1. 国内反对声音较大 2. 国际舆论压力大，受到阿拉伯世界指责 3. 遭到俄罗斯对抗、中国的反对，干涉获得合法性的可能性小，不利于国际形象 4. 中东秩序紊乱，难以把握局势，后果难以估量	1. 颠覆巴沙尔政权，推行美国价值观 2. 削弱伊朗与俄罗斯在此的利益 3. 确保叙利亚周围美国盟友以及军事基地的安全	成本大于收益

① 张旭东：《环球瞭望：美国军事干涉叙利亚面临五大难题》，2013年9月4日，http://roll.sohu.com/20130904/n385883766.shtml，最后登录时间2014年8月10日。

(二) 英、法两国对军事干预叙利亚内战的权衡

2012年5月15日,奥朗德接替萨科齐成为法兰西共和国(法兰西第五共和国)第24任总统。自叙利亚内战以来,法国积极对叙利亚政府进行谴责并参与对其的制裁行动。不过,对于奥朗德政府来说,对叙利亚进行军事干预是一个没有纳入考虑的选项。一方面,叙利亚局势并未触及法国的核心利益,另一方面,美国缺乏军事干预叙利亚局势的意愿,从而给法国积极介入叙局势施加了限制。此外,对马里的军事干涉以及欧债危机的后遗症,已经使法国疲惫不堪,而军事干涉叙利亚,则会进一步导致法国军事开支的增加,对于经济形势本就不妙的奥朗德政府而言将是一个极大负担。在叙利亚问题上,法国面临着同样的收益风险,即俄罗斯与伊朗的加入很有可能使中东更加混乱,而法国在黎巴嫩的驻扎军队也会受到威胁。这样,预期成本远大于预期收益,法国自然对干涉叙利亚表现消极。

针对叙利亚的内战尤其是之后的化学武器袭击事件,英国的"鹰派"首相卡梅伦一直持强硬态度。2013年8月29日,卡梅伦召开议会紧急会议,希望议会同意英国对叙利亚进行军事干预,不过英国议会最终以13票之差否决政府军事干预叙利亚的议案。在国会就叙利亚问题的辩论会上,议员曾质疑"仅有11%的英国人同意英国对叙利亚进行军事干涉",并表示"没有足够的证据证明巴沙尔是使用化学武器的凶手",同时"人们也看到了反对派的恶行"。[①] 英国军事干预叙利亚的企图因为缺乏国内支持基础而遭遇挫折。最为重要的是,英国与美国一样,并不清楚自己投入的金钱与武器扶持的到底是什么力量,因为有证据表明叙利亚反政府军有许多激进分子和恐怖分子参与,这进一步降低了英国军事干预的意愿。在此背景下,英国也转变了干预叙利亚问题上的立场,最终未作出军事干预叙利亚的决策。

根据以上的分析可以发现,经过对军事干预成本与收益的权衡,英法美三国均没有作出军事干预叙利亚局势的决策。

---

① 《英国国会就叙利亚问题的辩论视频》,http://v.youku.com/v_show/id_XNjA4MDExNTUy.html,最后登录时间2014年8月10日。

表 10-5　　　　　法国干涉叙利亚的预期成本与收益比较

领域	干涉成本	干涉收益	成本与收益比较
经济方面	1. 军事开支较大 2. 战后重建的开支较大	无	成本大于收益
政治方面	1. 得不到美国的支持 2. 阿拉伯世界的舆论压力 3. 俄罗斯与中国的反对 4. 在黎巴嫩的驻军受到威胁	1. 削弱俄罗斯的影响 2. 提高在北约的地位和国际地位	成本大于收益

表 10-6　　　　　英国干涉叙利亚的预期成本与收益比较

领域	干涉成本	干涉收益	成本与收益比较
经济方面	1. 军事开支大 2. 战后重建的开支大	无	成本大于收益
政治方面	1. 国内反对声音较大 2. 阿拉伯世界的舆论压力 3. 俄罗斯与中国的反对	1. 摆脱依附美国的形象 2. 增强国际地位	成本大于收益

（三）西方国家在安理会上提出的议案并无适用"保护的责任"之意

在叙利亚内战问题上，西方国家虽然有意以《联合国宪章》第七章为依据尝试对叙利亚进行制裁，不过因为预期军事干预叙利亚的成本超过收益，主要的西方国家缺乏军事干预叙利亚的意愿。这一现象的一种体现是就叙利亚问题在联合国安理会进行讨论或试图通过相关决议草案时，西方各国并未试图将叙利亚的人权形势界定为危害人类罪、种族灭绝、战争罪、族裔清洗罪，而这四种罪行是 2005 年《世界首脑会议成果》严格界定为适用"保护的责任"的条件，这意味着西方国家排除了仿照干预利比亚的例子对叙利亚进行军事干预的可能。

当然，这并不意味着西方国家不试图影响叙利亚政局的发展方向。随着叙利亚危机愈演愈烈，2011 年 10 月 4 日，安理会就中东局势问题召开会议，并就由法国、德国、葡萄牙和英国共同起草提交的一份有关谴责叙利亚的决议草案进行表决，该项议案要求叙利亚当局停止侵犯人权，甚至表示"打算在 30 天内审查叙利亚执行本决议的情况并考虑各种选择，包括按照《联合国宪章》第七章第四十一条采取措施"。① 根据《联合国宪章》第七章第四十一条有关"安全理事会的决定所应采武力以外之办法,以实施其决议"的规定,这个时期的西方国家主要希望通过对叙利亚进行制裁的方式以迫使叙利亚停止侵犯人权,它们并未构想以军事干预的方式干预叙利亚局势。因俄罗斯、中国的反对,该决议案遭到否决。② 另外也能说明西方国家并不试图复制利比亚经验的一个现象在于,在此次决议草案的讨论与投票过程中,美、英、法等国代表对叙当局侵犯人权现象的描述,始终未使用"危害人类罪"这一词汇,而这一定性本可以构成美英法复制利比亚案例的依据。如安理会 2011 年 10 月 4 日通过的 S/2011/612 决议在描述叙利亚政府侵犯人权的行为时,使用的表述是"强烈谴责叙利亚当局不断严重和系统地侵犯人权以及对平民使用暴力",督促叙政府"停止对平民使用武力",该草案并未使用"危害人类罪"这一词汇。

2012 年 2 月 4 日,英法德等 18 个国家再次就叙利亚问题联合向安理会提出决议草案,该草案再次谴责叙利亚当局严重侵犯人权和基本自由,支持阿拉伯联盟对叙利亚做出的决定,并要求叙利亚政府和反对派认真进行对话,然而,该草案同样未包括支持西方武力干涉利比亚的内容。③ 在讨论该决议草案的过程中,美国驻联合国代表苏珊·赖斯表示,美国期待的是"对阿萨德政权施加强硬、定向制裁和武器禁运"等措施,而这些措施主要属于《联合国宪章》第四十一条的内容。不过与 2011 年 10 月 4 日通过的决议案不同,赖斯提及到了"危害人类罪",如她指出:"自安理会同意这两个成员(即俄罗斯与中国——引者注)否决上一份关于叙利亚的决议草案以来,我们已听到人权事务高级专员报告说,叙利亚政权可能正在犯下危害人类罪"。然而,对于是否赞同人权事务高级专员的这

---

① 《法国、德国、葡萄牙和大不列颠及北爱尔兰联合王国:决议草案》,http://daccess-dds-ny.un.org/doc/UNDOC/GEN/N11/531/30/PDF/N1153130.pdf?OpenElement,最后登录时间 2014 年 8 月 10 日。

② 《安理会第六六二七次会议》,http://www.un.org/zh/documents/view_doc.asp?symbol=S/PV.6627,最后登录时间 2014 年 8 月 10 日。

③ 《巴林、哥伦比亚、埃及、法国、德国、约旦、科威特、利比亚、摩洛哥、阿曼、葡萄牙、卡塔尔、沙特阿拉伯、多哥、突尼斯、土耳其、阿拉伯联合酋长国、大不列颠及北爱尔兰联合王国和美利坚合众国:决议草案》,http://www.un.org/ga/search/view_doc.asp?symbol=S/2012/77&referer=http://daccess-dds-ny.un.org/doc/UNDOC/PRO/N12/223/55/PDF/N1222355.pdf?OpenElement&Lang=C,最后登录时间 2014 年 8 月 15 日。

一判断，赖斯未置可否。她使用的词汇是叙政府对平民实行"拘押和实施酷刑"，叙政府军"用火炮、坦克和其他不分青红皂白地暴力杀害数百人，包括妇女和儿童"等。如果说使用"危害人类罪"是构成适用"保护的责任"的先决条件之一，而美国又缺乏军事干预叙利亚的意愿，那么就容易理解为什么美国不将叙政府针对平民的"暴行"定性为"危害人类罪"了，因为如此一来美国将不得不仿照利比亚的例子干预叙利亚。事实上，除了美国，其他主要西方国家也无意军事干预叙利亚。如同样在此次会议上，法国驻联合国代表热拉尔·阿罗德表示："在过去10个月里，有人指控我们谋求政权更迭和准备进行军事干预。这显然是错误的……不存在把一个政权强加给叙利亚的问题。"英国代表也表示，决议草案既不意味着西方寻求政权更迭，也不寻求军事干预。这充分说明了西方国家并不寻求在叙利亚再次适用"保护的责任"。

2012年7月19日，在叙利亚内战发生一年零四个多月后，安理会又一次就叙利亚问题的决议草案进行了表决，而这次决议草案的提出者为英国、法国、美国、德国和葡萄牙。该决议草案除了谴责叙利亚政府的暴行外，还要求叙政府在规定期限内停止使用重型武器，并督促叙利亚立即执行联合国与阿盟特使安南提出的六点和平计划。决议草案建议，如果当事方没有执行决议，联合国安理会可以根据《联合国宪章》第七章第四十一条的规定采取相关措施（即武力以外的办法）。[①] 对于此项决议草案，中俄都投了反对票，导致决议没有通过。[②] 与前几次决议草案一样，2012年7月19日的决议草案依旧没有使用"危害人类罪"的词汇来界定叙利亚政权的"暴行"。不仅如此，西方国家还注意到了叙反对派武装犯下了类似的暴行并明确予以谴责，如草案"谴责叙利亚当局继续广泛侵犯人权的行为以及反对派武装团体违反人权的行为"。这与西方国家对在利比

[①] 《法国、德国、葡萄牙、大不列颠及北爱尔兰联合王国和美利坚合众国：决议草案》，http://www.un.org/zh/documents/view_doc.asp?symbol=S/2012/538，最后登录时间2014年8月15日。

[②] 《安理会第六八一〇次会议》，http://www.un.org/zh/documents/view_doc.asp?symbol=S/PV.6810，最后登录时间2014年8月15日。

亚发生的反政府武装大规模侵犯人权现象视而不见截然不同。① 这也构成西方不愿意军事干预叙利亚的一个原因。不仅如此，英、法、美的代表还明确表示，即使按照《联合国宪章》第七章第四十一条的规定对叙利亚政府采取行动，并不意味着对其进行军事干预。如英国驻联合国代表马克·莱尔·格兰特表示："今天的决议草案……不是根据《联合国宪章》第七章第42条提出的，因此不应被理解为是军事干预的先兆"。法国代表阿罗德则进一步表示："我们的决议草案只不过是威胁实行制裁"，"以期停止对居民区的狂轰滥炸"。美国代表赖斯也表示，决议草案"还威胁对拥有重型武器的唯一一方——叙利亚政权——实施制裁，如果该政权继续对本国城市和公民粗暴使用这些武器的话"。从英法美的这些官方表述以及未使用"危害人类罪"来描述叙利亚政府针对"平民"的行为来看，主要的西方国家无意将"保护的责任"适用于叙利亚。至于中俄多次对西方主导提出的议案的反对，决定了即使西方有意针对叙利亚适用于"保护的责任"也无法得逞。

总之，西方三次在安理会上就叙利亚问题提出的草案，均未试图以"保护的责任"之名对叙利亚进行军事干预。因为在这三次就叙利亚问题提交联合国安理会的决议草案中，西方国家都没有认定叙利亚政府针对"平民"采取的行为构成"危害人类罪"，而"危害人类罪"的认定，将为西方国家在叙利亚适用"保护的责任"铺平道路。不仅如此，在叙利亚局势上，主要的西方国家还承认叙反政府武装也存在侵犯人权的问题。这两个方面的原因，决定了西方国家针对叙利亚局势提出的决议草案时，主要希望以《联合国宪章》第七章第四十一条的规定对叙利亚进行制裁，而不是对叙进行军事干预。即使这些决议草案最终得以通过，根据《联合国宪章》第七章第四十一条的规定，西方国家也只能以非武力的方式影响叙政局的发展，而无法以此为由对叙展开军事行动。这也是主要西方国家驻联合国代表反复予以强调的一个事实。就此而言，西方国家在应对利比亚与叙利亚局势的一个重大差别在于：卡扎菲政府的行为被西方认定为"危害人类罪"，而阿萨德政府的行为则未被如此认定，这为西方军事

---

① 对利比亚内战中的反政府武装暴行的分析可参考 Alan J. Kiperman, "A Model Humanitarian Intervention? Reassessing NATO's Libya Campaign," *International Security*, Vol. 38, No. 1, 2013, pp. 105 – 136.

干预利比亚而不对叙利亚军事干预提供了理由。至于美、英、法等国出于成本与收益的权衡带来的军事干预意愿不高,导致各国无意将"保护的责任"适用于叙利亚。

五　结论

本章旨在研究影响西方国家军事干预利比亚战争而没有干预叙利亚战争的因素。本章分析了利比亚与叙利亚两个案例,意在证明西方将"保护的责任"适用于利比亚而没有适用于叙利亚,主要是西方国家预期军事干预叙利亚的成本超过收益以及无法在安理会获得其他成员国对其干预议案的支持;而利比亚的情况刚好相反。通过本章的考察可以发现,针对内部出现了大规模暴行的特定国家,西方是否以"保护的责任"之名的干预,其决策过程分为两个阶段,第一个阶段为内部决策过程,这一过程的主要内容在于权衡军事干预特定国家的预期成本与收益。只有在预期干预的收益超过成本,西方国家才会具有军事干预的意愿,并协同相关国家向安理会寻求通过相关议案;如果干预的成本超过收益,西方会不具备以"保护的责任"之名干预特定国家的意愿,自然也不会向安理会提交相关议案。至于第二个阶段,则是具有干预意愿的国家联合盟国,寻求安理会通过以"保护的责任"之名干预特定国家的议案。在本章考察的两个案例中,由于美、英、法等西方国家具有干涉利比亚的意愿,而且以"保护的责任"之名干预利比亚的议案获得联合国安理会的通过,所以西方才得以对利比亚适用"保护的责任";而在叙利亚的案例中,西方国家因预期军事干预叙利亚的成本大于收益,所以各国首先没有干涉叙利亚的意愿,进而导致西方国家在安理会就叙利亚问题提出的草案中未将"保护的责任"适用于叙利亚纳入考虑之中,自然也就导致西方国家未将其适用于叙利亚。

在西方选择性地适用"保护的责任"这一现象中,对外干预成本与干预收益的比较是影响西方国家是否对他国进行以"保护的责任"之名军事干涉的决定性因素,而联合国安理会能否通过议案则最终决定了干涉能否进行。事实上,"保护的责任"在西方干预利比亚的过程中最多扮演了一种工具性的作用,即为西方的干预提供了理由。如果西方国家已经就针对特定国家进行军事干涉做出了决定,一旦遭遇挫折,那么它们有可能会放弃"保护的责任"带来的合法性,转而寻求其他国际法条例的支持。以2003年美英为首的多国部队发动的伊拉克战争为例,尽管当时美国违背了联合国宪章,但最终还是以萨达姆政权拥有大规模杀伤性武器以及伊拉克人权问题为由,在未经联合国授权的情况下发动了伊拉克战争。就此而言,"保护的责任"的规范价值是非常有限的,往往会被权力政治的考虑所凌驾。正如乔里恩·豪沃思(Jolyon Howorth)认为的:"人道主义干涉一般与政治权力的平衡没有关系……人道主义任务经常被匆忙地执行,对长期目标甚至理想的结果往往没有深思熟虑的评估,于是原本由人道主义关怀激发的干涉常常会摇身变为推翻一个既定的政权。干涉的政治结果有时,甚至经常,与国家的信念以及任务目标本身背道而驰……干预本身有严重的被滥用的可能。"[①] 通过本章的考察可以发现,一国对他国适用"保护的责任"无非就是西方国家对战争干预的外衣,预期干预成本与预期收益的比较与获得安理会的授权,很有可能是西方是否针对特定国家适用"保护的责任"的主要决定因素。这对于我们把握西方国家是否针对特定国家实施以"保护的责任"为名的干预具有启发意义。

尽管美国、英国与法国在决定以"保护的责任"之名干预利比亚与未以此干预叙利亚的决策过程,大体遵循本章的决策路径。不过,具体到不同的国家,其内部决策过程要比本章的讨论更为复杂。再者,即使决定干预,尚未解释为何这些西方国家决定主要采取空袭这种军事干预方式。为此,第十一章以法国决定干预利比亚的决策过程为例,尝试展示不同国家在决定是否干预特定国家的过程中所做的复杂考虑,以及法国为何会选择空袭而不是其他类型的干预方式。通过运用相关国际关系理论的视角对法国的决策过程进行研究,有助于进一步理解西方式民主国家在进行外部军事干预时的战略动机,并为理解中东变局的外部维度提供一种具有启发的解释视角。

[①] Jolyon Howorth, "Humanitarian Intervention and Post–conflict Reconstruction in the Post–Cold War Era: A Provisional Balance–sheet," p. 305.

第十一章

法国空袭利比亚的决策过程

【本章提要】 利比亚危机爆发后,萨科齐政府在很短时间内就做出了对利比亚进行空袭的决策,这与以往法国对战争的谨慎态度形成了强烈对比。本章从多元启发理论视角解释萨科齐政府对利比亚危机的决策过程。在如何应对利比亚危机的决策过程中,萨科齐优先考虑的是国内政治,他排除了任何会损害他政治前途的方案。但对国内政治的考虑并不贯穿决策的始终,当剩余方案都能通过国内政治维度的检验时,萨科齐从理性分析的角度对这些方案进行详细评估,力求从中选出总体表现最优的方案。对利比亚进行空袭,正是萨科齐政府通过双阶段的筛选过程后被确定为应对利比亚危机的最终方案的。

2011年2月15日,利比亚危机爆发并很快发展为一场内战。法国迅速改变了对利比亚的外交政策,它不再中立或是支持已存政权,而是积极谋求推翻卡扎菲政权。萨科齐总统要求欧盟采取措施,对利比亚实施制裁,并要求卡扎菲下台。他在公开声明中说道,"正在进行的对利比亚公民的残忍、血腥的镇压是骇人听闻的,法国以及法国人民对这些事件表示震惊和同情,这种把枪口指向本国民众的行为是卑劣的"。[①] 3月10日,法国正式承认"全国过渡委员会"为利比亚的合法政府,成为第一个采取此类外交行为的国家。3月17日,联合国通过了1973号决议,对利比

[①] France at the United Nations, "Statements by the French Authorities on the Station on Libya," URL: http://www.franceonu.org/france-at-the-united-nations/un-express-922/article/statements-by-the-french.

亚实施制裁并设立"禁飞区",法国是其积极推动者。3月19日,法国率先对利比亚展开空袭,历时7个多月的利比亚战争正式爆发。共有4200余名法国士兵、27艘舰艇、60多架飞机参与了这次军事行动,法国战机的出动次数超过5600架次——占盟军战机出动总架次的25%。[①] 同时,法国还向利比亚反对派提供大量资金、武器。10月20日,卡扎菲被击毙,北约也于10月31日结束了在利比亚的军事行动,法国同利比亚的关系自此进入了新的阶段。如何解释萨科齐在利比亚危机中所采取的外交政策?为什么他要用一场空袭战争推翻卡扎菲政权?本章将在第十章的基础上,更为详细地考察法国干预利比亚危机的决策过程。

一 多元启发理论及在本章案例中的适用性

多元启发理论是对外政策分析的理论流派之一,它假定了一个双阶段的决策过程——决策者们首先通过认知途径对问题进行简化(第一阶段),接着通过分析计算来评估剩余的选择(第二阶段)。[②] 具体来说,在第一阶段,决策者们用非补偿性原则,对最初入选的可行方案进行筛选,排除那些不满足关键维度最低标准的方案;在第二阶段,他们运用传统的理性选择模式,对剩余方案进行整体分析,力求实现最终决策的收益最大化和风险最小化。通过把外交决策划分为具有不同筛选机制的两个阶段,多元启发理论结合了认知心理模式和理性选择模式。明茨(Alex Mintz)认为,这种对认知心理模式和理性选择模式的结合,使得多元启发理论能够同时关注外交决策的过程和结果。[③]

与多数外交决策理论一样,多元启发理论将决策者假定为外交决

[①] French Defence Ministry, "Libye point de situation n° 50 – bilan de l'opération Unified Protector," 11 Août, 2011, URL: http://www.defense.gouv.fr/operations/autres-operations/operations-achevees/harmattan/actualites/libye-point-de-situation-n-50-bilan-de-l-operation-unified-protector.

[②] Alex Mintz, "Applied Decision Analysis: Utilizing Polihueristic Theory to Explain and Predict Foreign Policy and National Security Decisions," *International Studies Perspectives*, Vol. 6, No. 1, February 2005, p. 94.

[③] Alex Mintz, "How Do Leaders Make Decisions? A Polihueristic Perspective," *Journal of Conflict Resolution*, Vol. 48, No. 1, February 2004, p. 4.

策的主体。决策者不但是国家利益的代表,同时也是活生生的个人。他在进行外交决策的过程中,总会受到个人能力和个人利益的限制,不可能做到完全理性。一些领域由于被决策者所熟悉,并且对决策者个人利益关系重大,会被重点考虑。因此,决策者格外关注国内政治,并拒绝任何可能在政治上损害他们的方案,他们把国内政治维度(Domestic Political Dimension)作为关键维度,排除那些在关键维度上不合格的方案。[①]

由于将决策者作为外交决策的主体,并将国内政治维度作为关键维度,多元启发理论在进行方案选择的时候,不可避免地具有"基于维度"、非补偿性、非整体性、采用满意原则、有限理性等特征,特别是在第一阶段更是如此。"基于维度"是指,决策者在特定时间内只关注一个维度,从该维度出发就能对所有方案进行评估,这一评估结束后,决策者会以同样的方法对下个维度进行评估。[②] 例如,决策者只需从国内政治维度出发,就可以完成对大部分方案的决定性筛选,而无须评估各方案的总效用。非补偿性是指,决策者不会对一个方案内部的各维度进行权衡(trade‑offs),如果一个方案在关键维度上的效用很低,那么其他维度的高效用也不能弥补这一缺陷。[③] 非整体性是指,决策者在双阶段的决策过程中,每个阶段都只考虑一部分维度——在第一阶段,只有国内政治维度被考虑,在第二阶段,其他非关键维度被考虑。满意原则和有限理性是指,决策者最终选择的方案,由于掺杂了个人认知因素,往往并不是最优方案,而只是令他满意的方案。

多元启发理论最早出现于 1993 年。在对海湾战争的研究中,明茨首次运用了这个理论。经过 20 年的发展,该理论已经被学界广泛关注,成为西方学者进行对外政策分析时的热门理论,该理论也在研究方法、研究

[①] Alex Mintz, "The Decision to Attack Iraq: A Noncompensatory Theory of Decision Making," *Journal of Conflict Resolution*, Vol. 37, No. 4, December 1993, p. 599.

[②] Kai Oppermann, "Delineating the Scope Conditions of the Poliheuristic Theory of Foreign Policy Decision Making: The Noncompensatory Principle and the Domestic Salience of Foreign Policy," *Foreign Policy Analysis*, Vol. 10, No. 1, January 2014, pp. 24 – 25.

[③] Ibid., p. 24.

范围、研究目的等方面实现了巨大拓展。① 因此明茨认为，多元启发理论是"通用的"，它适用于国家安全决策、对外政策制定、对外经济决策、国内政治决策以及其他多种决策。② 然而，作为外交决策理论，多元启发理论也有其适用范围。

第一，在短期、具体的外交决策中，多元启发理论具有明显的优势。这类外交决策留给决策者的时间太短、包含的信息太复杂，决策者往往面临着时间和信息不足的问题，难以进行理性、详细、准确的判断。而多元启发理论坚持非补偿性原则，它通过排除不满足关键维度最低标准的方

---

① 这一理论的代表作品包括：Alex Mintz, "The Decision to Attack Iraq: A Noncompensatory Theory of Decision Making," *Journal of Conflict Resolution*, Vol. 37, No. 4, December 1993, pp. 595 – 618; Alex Mintz, "The 'Noncompensatory Principle' of Coalition Formation," *Journal of Theoretical Politics*, Vol. 7, No. 3, July 1995, pp. 335 – 349; Alex Mintz and Nehemia Geva, "The Poliheuristic Theory of Foreign Policy Decision Making," In *Decision Making on War and Peace: The Cognitive - Rational Debate*, edited by N. Geva and A. Mintz, 1997, pp. 81 – 101, Boulder: Lynne Rienner; Allison Astorino - Courtois and Brittani Trusty, "Degrees of Difficulty: The Effect of Israeli Policy Shifts on Syrian Peace Decisions," *Journal of Conflict Resolution*, Vol. 44, No. 3, June 2000, pp. 359 – 377; Alex Mintz, "How Do Leaders Make Decisions? A Poliheuristic Perspective," *Journal of Conflict Resolution*, Vol. 48, No. 1, February 2004, pp. 3 – 13; Gary Goertz, "Constraints, Compromises, and Decision Making," *Journal of Conflict Resolution*, Vol. 48, No. 1, February 2004, pp. 14 – 37; Raymond Dacey, "Traditional Decision Analysis and the Poliheuristic Theory of Foreign Policy Decision Making," *Journal of Conflict Resolution*, Vol. 48, No. 1, February 2004, pp. 38 – 55; Karl DeRouen Jr. and Christopher Sprecher, "Initial Crisis Reaction and Poliheuristic Theory," *Journal of Conflict Resolution*, Vol. 48, No. 1, February 2004, pp. 56 – 68; David J. Brule, "Explaining and Forecasting Leaders' Decisions: A Poliheuristic Analysis of the Iran Hostage Rescue Decision," *International Studies Perspectives*, Vol. 6, No. 1, February 2005, pp. 99 – 113; Brandon J. Kinne, "Decision Making in Autocratic Regimes: A Poliheuristic Perspective," *International Studies Perspectives*, Vol. 6, No. 1, February 2005, pp. 114 – 128; Patrick James and Enyu Zhang, "Chinese Choices: A Poliheuristic Analysis of Foreign Policy Crises, 1950 – 1996," *Foreign Policy Analysis*, Vol. 1, No. 1, March 2005, pp. 31 – 54; Min Ye, "Poliheuristic Theory, Bargaining, and Crisis Decision Making," *Foreign Policy Analysis*, Vol. 3, No. 4, October 2007, pp. 317 – 344; Jonathan W. Keller and Yi Edward Yang, "Leadership Style, Decision Context, and the Poliheuristic Theory of Decision Making: An Experimental Analysis," *Journal of Conflict Resolution*, Vol. 52, No. 5, October 2008, pp. 687 – 712; Kai Oppermann, "Delineating the Scope Conditions of the Poliheuristic Theory of Foreign Policy Decision Making: The Noncompensatory Principle and the Domestic Salience of Foreign Policy," *Foreign Policy Analysis*, Vol. 10, No. 1, January 2014, pp. 23 – 41. 等等。

② Alex Mintz, "Applied Decision Analysis: Utilizing Poliheuristic Theory to Explain and Predict Foreign Policy and National Security Decisions," *International Studies Perspectives*, Vol. 6, No. 1, February 2005, p. 95.

案，实现了决策研究过程的简化，它恰好适用于更复杂的决策环境。[①] 决策者在第一阶段完成对方案的简化后，又可以集中精力对剩余的方案进行更明智的选择。[②] 这样，多元启发理论既简化了决策分析过程，解决了时间和信息不足的问题，又保证了分析方案的质量，这是多元启发理论的优势。已有的多元启发理论的案例研究，多数都针对短期、具体的外交决策。

第二，根据欧普曼（Kai Oppermann）的研究，问题特性也影响着多元启发理论的解释力。如果外交问题的国内政治特性很低，决策者就不能基于国内政治维度对方案进行"非补偿性的"筛选，这降低了理论的解释力；只有在国内政治特性较高的外交决策中，决策者才能基于国内政治维度排除一部分方案，在这类外交决策当中，多元启发理论的解释力较高。[③] 外交决策的国内政治特性是高还是低，其关键在于它有没有引起国内政治主体（包括舆论、选民、政客等）的广泛关注。

本章所研究的是萨科齐对利比亚危机的决策，从萨科齐在这次决策中面临的具体情况来看，本章案例符合多元启发理论的解释范围：

首先，利比亚危机发展迅速、形势急迫。从2010年12月"中东变局"爆发，到次年2月15日利比亚爆发反政府运动，中间只有两个月的时间。在此后一个月的时间里，利比亚的国内局势发生了两次大的转折。起初是反对派节节胜利，他们成立了"全国过渡委员会"，并占据了东部一些城市，但经过2月末至3月中旬的战斗，卡扎菲重新夺回了战场优势，政府军一度逼近班加西。[④] 在危急局势面前，利比亚反对派迫切要求国际社会进行干预。利比亚危机暴风雨般的发展态势，让萨科齐来不及对它进行详细、理性、准确的判断。

[①] Karl DeRouen Jr. and Christopher Sprecher, "Initial Crisis Reaction and Polihuristic Theory," *Journal of Conflict Resolution*, Vol. 48, No. 1, February 2004, p. 58.

[②] David J. Brule, "Explaining and Forecasting Leaders' Decisions: A Polihuristic Analysis of the Iran Hostage Rescue Decision," *International Studies Perspectives*, Vol. 6, No. 1, February 2005, p. 100.

[③] Kai Oppermann, "Delineating the Scope Conditions of the Polihuristic Theory of Foreign Policy Decision Making: The Noncompensatory Principle and the Domestic Salience of Foreign Policy," *Foreign Policy Analysis*, Vol. 10, No. 1, January 2014, pp. 37 – 38.

[④] Luke Glanville, "Intervention in Libya: From Sovereign Consent to Regional Consent," *International Studies Perspectives*, Vol. 14, No. 3, August 2013, p. 333.

其次,利比亚危机与法国的安全密切相关。利比亚危机爆发后,其国内秩序已无法维持,暴乱频频发生,威胁着在其境内的法国公民的人身安全。法国在利比亚拥有广泛的经济利益,利比亚危机必然会威胁到这些经济利益。法国最担心的是难民问题,因为这个问题与国内政治的重要议题——移民问题密切相关。法国的欧洲事务部长在3月2日警告,如果不采取有效措施,2011年将有20万到30万非法移民从北非进入欧洲。① 这些难民如果大量涌入法国,会给法国带来社会治安的压力以及认同危机。

最后,利比亚危机引起了法国国内政治的广泛关注。利比亚危机爆发后,法国官方对利比亚危机很重视,总统、外交部长、外交部发言人等对该事件发表了大量声明和宣言。② 国内媒体也对利比亚危机进行了大量报道,并且经常讨论军事干预利比亚的问题。以《巴黎人报》和《世界报》为例,在2月13日至4月2日之间,两家报纸刊登了192篇关于利比亚危机的文章。③ 一些著名的公众人物对利比亚危机发表看法,将民众的目光吸引到利比亚危机上面。这其中,法国哲学家、新闻评论员雷维(Bernhard Henri Levy)起到了很大作用,他强烈谴责卡扎菲的屠杀,称其"玷污了法国国旗",并积极促成了萨科齐和利比亚反对派的接触。④ 由于国内政治的注意力都集中在利比亚危机上,萨科齐在制定决策的时候,必须考虑到决策对国内政治的影响。

二 萨科齐政府应对利比亚危机可供选择的方案

在确定用多元启发理论解释萨科齐的外交决策后,还需要确定预选方

---

① "Wauquiez qualifie de 'risque pour l'Europe' l'afflux de migrants en provenance de Libye", Le Monde, 2 Mars, 2011, URL: http://www.lemonde.fr/afrique/article/2011/03/02/wauquiez-qualifie-de-risque-pour-l-europe-l-afflux-de-migrants-en-provenance-de-libye_1487117_3212.html.

② France at the United Nations, "Statements by the French Authorities on the Station on Libya", URL: http://www.franceonu.org/france-at-the-united-nations/un-express-922/article/statements-by-the-french.

③ Jessica Buchera, Lena Engelb, Stephanie Harfenstellerc, Hylke Dijkstrad, "Domestic Politics, News Media and Humanitarian Intervention: Why France and Germany Diverged over Libya," European Security, Vol. 22, No. 4, 2013, p. 529.

④ Stefan Hasler, "Explaining Humanitarian Intervention in Libya and Non-Intervention in Syria," Master's Thesis, Naval Postgraduate School, Monterey, June 2012, p. 126.

案的范围。金融危机以后，美国的实力相对下降，它已不愿在利比亚危机中发挥霸权国的角色，因此类似于"追随美国"的方案是不存在的。同时，法国依然是世界强国和地中海地区霸权国，这为萨科齐主导本次危机的解决提供了机会。围绕对待卡扎菲政权的态度，萨科齐可以做出的外交选择有以下几个预选方案。

方案1：支持卡扎菲政权。在"中东变局"爆发以前，法国和利比亚一直维持着表面的友好关系，这得益于前总统希拉克对两国关系的推动。这种友好关系在2007年达到了顶峰，那一年，卡扎菲受邀访问法国，两国签订了价值10亿欧元的合同。① 作为历史上存在过的外交政策，方案1可以视为对过往外交政策的回溯。即使看上去最不可能被采用，该方案也有其独特优势。法国可以通过该方案同卡扎菲达成交易，从中获取巨大的经济利益和安全保障，所以，该方案在经济维度和安全维度的得分都非常高。如果不考虑个人认知、意识形态、历史积怨等因素，方案1反而会是最佳选项。

方案2：保持中立。"中东变局"爆发后，法国在突尼斯和埃及问题上采取的外交立场正是保持中立。并且，直到利比亚危机爆发前，法国的中立政策都没有发生大的改变。因此，这个方案可以视为一种"维持现状"的选择。这个方案可以划分成更详细的情况，法国可以继续保持模棱两可的态度，还可以对利比亚内战双方进行积极调停，也可以选择严格遵守联合国对"利比亚禁飞区"的规定，只要以上任何一种情况出现，都会被视为选择了方案2。

方案3：仅以经济、外交手段支持反对派。在对利比亚进行空袭之前，法国已经从经济、外交上支持了反对派。法国是第一个承认"全国过渡委员会"合法地位的国家，也积极推动了对利比亚的经济制裁。然而，法国的外交政策包括了方案3的内容，并不意味着方案3就是最终方案。由于经济、外交手段所处的层面较低，当与军事有关的方案被选择后，前者就只能沦为后者的"辅助手段"，而不能成为最终方案。只有当法国不再采取更强硬的手段，而仅以经济、外交手段支持反对派的时候，方案3才可以被视为最终方案。

---

① Stefan Hasler, "Explaining Humanitarian Intervention in Libya and Non‑Intervention in Syria," Master's Thesis, Naval Postgraduate School, Monterey, June 2012, p. 59.

方案4：仅对反对派提供武器援助。这正是反对派在利比亚内战初期所提的主要要求。[①] 实际上，法国也曾对反对派提供过武器援助。法国军方发言人布克哈德（Colonel Thierry Burkhard）在6月29日承认，法国曾向利比亚反对派提供过一些轻武器。[②] 与方案3一样，当更强硬的方案被选择时，"仅对反对派提供武器援助"的做法也会沦为"辅助手段"。只有在法国不采取更进一步军事行动的情况下，方案4才能被视为萨科齐所选的最终方案。

方案5：对利比亚进行空袭。该方案在法国国内呼声最高，当时的总理菲永和外交部长朱佩都是该方案的支持者。朱佩甚至指出了军事干预所必备的几个条件，包括联合国安理会的有关决议、不以北约为军事行动框架、阿拉伯国家象征性的军事参与以及阿拉伯国家对军事行动的明确支持。[③] 这说明，在联合国决定在利比亚建立禁飞区之前，法国就已经做了对利比亚进行军事干预的准备。萨科齐对该方案的入选起到了最重要的作用，在萨科齐的支持下，方案5成为最终方案。

方案6：对利比亚进行地面战争。虽然萨科齐和朱佩一再否认地面战争的可能性，但舆论一直将地面战争视为热门方案。法国的外交事务委员会主席波尼亚托夫斯基（Axel Poniatowski）是这个方案的支持者，他认为非地面战争具有局限性，"没有地面的信息支持，盟军的飞机将是盲目的，并很有可能造成友军伤害"，他建议派遣少量特种部队用于引导、配合空军作战。[④] 然而，这种派遣地面部队的想法遭到一些国家的强烈抵制，该方案最终也没有被采用。

以上便是萨科齐在利比亚危机中的基本预选方案。需要注意的是，对于本问题的研究者和其他国家的决策者而言，单纯地关注法国采用过哪些决策并没有意义，法国最终采取何种行动才是他们关注的焦点。因此，本章关注的是最终方案，而最终方案不可能有多个解。本章通过增加对方

[①] Peter Spiegel in Brussels, "Libyan rebels call for advanced weaponry," Financial Times, April 28, 2011.

[②] Richard Spencer, "France Supplying Weapons to Libyan Rebels," The Daily Telegraph, June 29, 2011.

[③] "The Welcome Return of French diplomacy," The Economist, March 20, 2011.

[④] "French Lawmaker Calls For Deployment of Ground Troops in Libya," RTT News, April 19, 2011.

的描述，让各预选方案在内容上具有排他性，从而使方案选择指向唯一的结果。比如，为了把方案3同其他军事选项区别开，本章对它的描述是"仅以经济、外交手段支持反对派"。当两个方案的内容都被采用的时候，在执行方式上相对平缓的方案会自动成为另一个方案的"辅助手段"。这样，即使法国的外交行为涉及多个方案的内容，也不会在最终方案的问题上产生混乱。

三　第一阶段的选择：政治标准的优先性

多元启发理论认为决策者都是政治人物，保证自己的政治利益是最重要的，该理论将国内政治看做"决策的本质"，并首先评估国内政治维度。[①] 如果一个方案不能满足国内政治维度的最低标准，决策者将立即排除这一方案，并再也不会从其他维度考虑该方案，即使该方案在其他维度效用很高。[②] 只有当决策者所关注的国内政治维度得到满足的时候，他们才会将注意力转移到其他维度——经济的或者外交的。[③] 根据多元启发理论的这些论述，萨科齐在第一阶段将利用国内政治维度，排除那些不满足该维度最低标准的方案。

那么，何为国内政治维度的最低标准呢？金尼（Brandon J. Kinne）认为，国内政治维度的最低标准，是保证领导人继续掌握权力，但他同时指出，由于政体不同，这种标准会有具体的区别，独裁国家领导人评判政治利益的方式就有别于民主国家领导人。[④] 比如，一个方案如果威胁到民主国家领导人的选举前景，或者威胁到非民主国家的政权生存，都会被决

[①] Alex Mintz, "How Do Leaders Make Decisions? A Poliheuristic Perspective," *Journal of Conflict Resolution*, Vol. 48, No. 1, February 2004, p. 7.

[②] Kai Oppermann, "Delineating the Scope Conditions of the Poliheuristic Theory of Foreign Policy Decision Making: The Noncompensatory Principle and the Domestic Salience of Foreign Policy," *Foreign Policy Analysis*, Vol. 10, No. 1, January 2014, pp. 24–25.

[③] Brandon J. Kinne, "Decision Making in Autocratic Regimes: A Poliheuristic Perspective," *International Studies Perspectives*, Vol. 6, No. 1, February 2005, p. 115.

[④] Ibid..

策者排除。① 明茨则总结了十几种情况，用来判定哪些情况意味着领导人丧失权力，领导人为维持权力，必须保证这些情况都不会发生。② 粗看起来，即使只用领导人能否继续掌握权力作为标准，也难以对国内政治维度进行简单明了的评估。但上述对领导人权力的威胁并不总是存在，在多数情况下，民主国家领导人丧失权力只有一种可能，那就是在谋求连任的选举中失利。利比亚危机爆发时，距离2012年4月的法国总统大选只有一年的时间，如果不能连任，萨科齐就会失去权力。因此，在衡量国内政治维度的时候，萨科齐将能否实现连任作为最重要的标准。前外交部长伯纳德·库什内（Bernard Kouchner）曾提到过萨科齐的这种心态，"萨科齐的确希望阻止在班加西的屠杀……（但）萨科齐是个政治人物，他希望赢得大选，这是法国外交政策路线变更的原因"。③

然而，萨科齐谋求连任的前景并不乐观。由于在任期间法国经济不振、退休制度也得不到民众认可，萨科齐的民意支持率持续下降。《解放报》在2010年6月的调查显示，有34%的被调查者对萨科齐持正面看法，比5月份下降了4个百分点。④ 在中东变局爆发前夕，《费加罗报》对1000多名法国选民做了调查，结果显示萨科齐的支持率已经跌至24%。⑤ 突尼斯危机爆发后，当时的外交部长玛丽举措不当，引起了民众和政界的不满，迫于压力，萨科齐在2月27日罢免了她。⑥ 受这次风波的影响，萨科齐的民意支持率进一步下降。《巴黎人报》在2011年3月8日的调查显示，勒庞（Jean - Marie Le Pen）的支持率有23%，成为萨科

---

① David J. Brule, "Explaining and Forecasting Leaders' Decisions: A Polihuristic Analysis of the Iran Hostage Rescue Decision," *International Studies Perspectives*, Vol. 6, No. 1, February 2005, p. 102.

② Alex Mintz, "How Do Leaders Make Decisions? A Polihuristic Perspective," *Journal of Conflict Resolution*, Vol. 48, No. 1, February 2004, p. 9.

③ "French Foreign Policy: Sarkozy's Wars," The Economist, May 12, 2011, URL: http://www.economist.com/node/18683145.

④ Sudip Kar - Gupta, "Sarkozy's Ratings down Again in New French Poll," Reuters, Jun 6, 2010.

⑤ "Sarkozy Popularity Falls to Record After Government Reshuffle, Poll Shows," Industry Securities, December 3, 2010.

⑥ Edward Cody, "Sarkozy Fires Foreign Minister over Vacation at Tunisian Resort," The Washington Post, February 27, 2011, URL: http://www.washingtonpost.com/wp-dyn/content/article/2011/02/27/AR2011022702972.html.

齐的最有力竞争者，奥布里（Martine Aubry）与萨科齐的支持率并列第二，都是21%。①

萨科齐很早就意识到，外交政策的成功可以带来国内政治收益。早在2008年俄、格冲突中，他就因为调解了两国冲突而获得了更多的民众支持。② 面对不利的国内选情，萨科齐同样希望能取得外交成果，以此重获选民支持。要想让自己的外交决策转化为国内政治收益，萨科齐必须认真听取选民和政界的意见。法国民众对卡扎菲的暴行普遍感到反感，一份调查显示，66%的被调查民众支持对利比亚进行干预。③ 法国政界也表现出相同的倾向。2月17日，反对党派宣布支持建立"禁飞区"，3月17日，社会党的第一书记奥布里对法国在军事上的迟缓行动表示"不安"。④ 法国议会的讨论显示，无论是右翼的执政党，还是主要的反对党派社会党，在军事干预问题上几乎不存在争议。⑤ 即使是萨科齐的政敌之一，前总理德维尔潘，也称军事干预"不辜负法国的理想"。⑥ 总结起来，法国选民、政界对利比亚危机有两个要求：在立场上，他们反对卡扎菲、同情"革命"；在手段上，他们要求法国政府采取实质性的举措，乃至运用军事手段。萨科齐在处理利比亚危机的过程中，将选民和政界的这些要求与自己的连任联系起来，作为衡量国内政治维度的具体标准。

根据"谋求连任"的国内政治目标，以及选民和政界对利比亚危机的看法，萨科齐很容易从国内政治维度对预备方案进行筛选。方案1"支

---

① "Sondage: Marine Le Pen arrive devant Sarkozy, DSK et Hollande," Le Parisien, 8 Mars, 2011, URL: http://www.leparisien.fr/election-presidentielle-2012/sondage-marine-le-pen-devance-dsk-sarkozy-et-hollande-08-03-2011-1348346.php.

② Brinton Rowdybush and Patrick Chamorel, "Aspirations and Reality: French Foreign Policy and the 2012 Elections," *The Washington Quarterly*, Vol. 35, No. 1, Winter 2012, p. 175.

③ "Libye: 66% des Français soutiennent Sarkozy," France Soir, 23 Mars, 2011, URL: http://www.francesoir.fr/actualite/international/libye-66-des-francais-soutienent-sarkozy-84544.html.

④ Jason W Davidson, "France, Britain and the Intervention in Libya: an Integrated Analysis," *Cambridge Review of International Affairs*, Vol. 26, No. 2, 2013, p. 320.

⑤ "French Parliament Debates Libyan Military Mission," France 24, March 22, 2011, URL: http://www.france24.com/en/20110322-french-parliament-debates-libyan-military-mission-sarkozy-opposition-parties/.

⑥ "The Welcome Return of French Diplomacy," The Economist, March 20, 2011, URL: http://www.economist.com/blogs/newsbook/2011/03/frances_role_libya.

持卡扎菲",以及方案2"保持中立",在立场上就不符合国内政治的要求,并且类似的做法已经给萨科齐带来了政治损失,萨科齐无疑会拒绝这两个方案。方案3"仅以经济、外交手段支持反对派",其执行力度不能满足国内政治的预期,即使能起到作用,也会超过2012年法国大选的期限,故也被排除。这样,萨科齐通过第一阶段的筛选,将那些不利于实现自己国内政治目标——谋求连任的外交方案都排除了。预选方案里只剩下了三个方案:方案4"仅对反对派提供武器援助"、方案5"对利比亚进行空袭"、方案6"对利比亚进行地面战争"。这三个方案都满足了国内政治维度的最低标准,它们将进入下一阶段的方案选择。

四 第二阶段的选择:综合评估剩余方案的总效用

根据多元启发理论,决策者在第二阶段将利用其他维度,对剩余方案进行详细的分析和计算。萨科齐将对以下三个方案进行更详细的评估:方案4"仅对反对派提供武器援助"、方案5"对利比亚进行空袭"、方案6"对利比亚进行地面战争"。本章从四个维度来评估剩余方案的效用:军事维度、安全维度、战略维度和外交维度。

1. 军事维度。在第二阶段,军事维度必须被重点考虑,因为剩余的三个方案都是军事选项。评估其得分,既要考虑军事上的成本、收益,也要考虑军事上的可行性。各方案的成本、收益,以方案5最优,方案4最差。方案4可以节省大量军费开支,并能避免士兵伤亡问题;但该方案不能满足法国军事收益上的要求,所有的军事成果都会被反对派和法国盟友获得。方案6能对战局产生立竿见影的效果,其代价是要消耗大量军费,并很可能产生较多的士兵伤亡。方案5是对方案4、6的优点的综合,它既可以取得和方案6差不多的军事成果,又可以把士兵伤亡的概率降到很低,该方案的缺点在于仍需要大量军费开支。

各方案在军事上的可行性,仍是方案5最大,方案4最小,该结果受到三个因素的影响。首先,是利比亚的地理条件。利比亚大多是荒无人烟的沙漠,地面部队不方便在此作战,空军却能获得开阔的视野。法国与利比亚隔海相望,向利比亚派遣地面部队并非易事;但地中海很狭窄,从意大利起飞的战机只需20分钟就能横跨地中海,这恰恰有利于法国依托航母、陆上基地对利比亚进行空袭。上述地理条件增加了空袭的可行性。其次，是法国、利比亚及有关势力之间的力量对比。利比亚内战初期，卡扎菲的军队占据绝对优势，单凭反对派的力量很难抵挡政府军的进攻。在这种情况下，单纯的武器援助难以挽救战局。而法国作为大国，其国力比利比亚强得多，无论是空袭还是地面战争，法国都有很大的胜算。从这方面看，直接的军事干预要优于间接的军事援助。最后，在1986年，美国就曾经空袭过利比亚，并取得了巨大成功。在此之后，法国及其他西方大国也多次发动空袭，一些著名的空袭战如海湾战争、科索沃战争都取得了辉煌的胜利。通过这些类似的成功先例，法国对以空军为主力的作战方式已经驾轻就熟，美国也能为其提供空袭利比亚的技术支持、军事信息以及成功经验，这增强了萨科齐用空袭推翻卡扎菲政权的信心。

综合军事上的成本、收益以及可行性来看，方案5在军事维度的得分远高于其他两个方案，方案6次之，方案4最低。方案5在军事维度的高得分，得益于其"不着陆作战"（boots off the ground）的特性。伊兹奥尼（Amitai Etzioni）认为这种"不着陆作战"已经成为西方国家进行军事干预的高效模式，他总结了"不着陆作战"的四个优点：低成本、低伤亡、减少当地民众的怨恨、能够快速从战场脱身。[①] 与方案5相比，其他两个方案在军事上都有明显的缺陷。方案4的缺点是收益太少，并且很难改变战局。方案6的缺点是可能产生大量的士兵伤亡，风险也较大，这对法国来说还是很难接受的。

2. 安全维度。前文已经提到，利比亚危机给法国安全带来了巨大压力。这些问题产生的原因，主要在于政权更迭带来了巨大的权力真空，进而导致利比亚的秩序无力维持。因此，各方案在安全维度的得分，取决于它们解决政权更迭问题的速度、效果。

如采用方案4，利比亚战争就将变成一场长期的拉锯战，并很可能以卡扎菲胜利而结束。这显然无益于安全问题的解决，所以，方案4在安全维度的得分是最低的。剩余的两个方案都能解决政权更迭问题，并且从短期来看，方案6更优。与空袭相比，地面战争能更快地解决利比亚内战，法军的存在也能在短期内让利比亚更安全。但方案6对地区安全的维持并不会长久，原因是它不利于新政权的巩固。外国军队对利比亚地面的占领

---

① Amitai Etzioni, "The Lessons of Libya," *Military Review*, Vol. 92, No. 1, January/February 2012, pp. 46 - 47.

（即使这种占领非常短暂），会降低"全国过渡委员会"的威望和统治能力。当法军开始撤出利比亚的时候，由于要与过渡政府的武装进行交接，又会产生新的安全问题。历史上的阿富汗战争、伊拉克战争已经多少预示了上述问题。方案5则可以避免这些麻烦——以反对派武装为地面战场的主力，法国等国负责帮其扫清障碍，可以尽快地巩固反对派在全国的威望和统治。这样，法国政府预期，当战争结束时，利比亚就能顺利实现政权过渡，回到有秩序的状态。综合考虑，在安全维度，方案5有着微弱的优势。

3. 战略维度。能否实现萨科齐的战略目标，是评估各方案在战略维度上得分的关键。萨科齐在2007年竞选总统时，就提出了"地中海联盟"的构想，2014年大选，又将"强大的法国"作为竞选口号。由此可见，重塑法国的大国形象、增强对南部邻国的影响力才是萨科齐追求的战略目标。方案4无法帮助萨科齐实现其战略目标，反而会使法国在地中海南岸无所事事，损害法国的大国声望。能够帮助萨科齐实现这一战略目标的只有方案5和方案6，这两个方案都有助于扩大法国在北非地区的权力，彰显法国的国力。因此，在战略维度上，方案5和方案6的得分同为最高，方案4的得分最低。

4. 外交维度。评估外交维度的得分，应主要考虑法国同利比亚在未来的关系，同时，对国际制度和国际社会普遍价值的遵守也很重要。利比亚危机爆发后，国际上有一股很强的反对对利比亚动武的舆论。联合国出台的两个关于利比亚的决议，也都只是谴责卡扎菲的暴行，同意建立禁飞区，但同时也规定对利比亚实施武器禁运，更不主张对利比亚动武。此外，利比亚"全国过渡委员会"在3月5日曾明确宣布，请求国际社会"对利比亚人民进行保护"，但前提是"不在利比亚国土上进行直接的军事干预"。[①] 总体来看，剩余的三个方案在外交维度上的得分都不高，它们或多或少地违反了联合国决议的相关规定。但方案4至少迎合了国际上的反战舆论，故而在外交维度上得分最高。方案5表面上遵循了联合国相关决议，实际上是对后者的歪曲和越界，这会损害法国的国际形象。方案6在外交维度上得分最低，它不但犯了和方案5相同的错误，还无视了利

[①] Stefan Hasler, "Explaining Humanitarian Intervention in Libya and Non-Intervention in Syria," Master's Thesis, Naval Postgraduate School, Monterey, June 2012, p. 63.

比亚反对派的要求，在挑战国际舆论的同时，也会给未来法国和"全国过渡委员会"的关系带来障碍。

与第一阶段不同，决策者在第二阶段看重的是方案的总效用。单个维度的高得分不足以产生最佳方案，最佳方案需要在大多数维度都有高得分。方案4在军事维度、安全维度、战略维度的得分都是最低的，它首先被排除。方案6在战略维度的得分最高，但方案5在该维度拥有同样的最高得分。而在军事维度和外交维度，方案6都有明显的劣势。方案5除了外交维度，在其他维度的得分都是最高的，并且方案5在相对重要的军事维度优势明显。在剩余的三个方案中，方案5是最优方案。综合各维度的效用，萨科齐最终选择了方案5"对利比亚进行空袭"。

五 结论

面对利比亚危机，萨科齐最终选择了"对利比亚进行空袭"，本章利用多元启发理论解释了萨科齐这一决策。根据多元启发理论，这一外交决策实际上是不断排除方案的过程：萨科齐首先利用国内政治维度进行总筛选，那些不满足国内政治要求的方案将被排除；然后，萨科齐利用其他维度，对剩余的方案进行理性分析，从中选择出最优解。在这个过程当中，国内政治维度对方案的取舍起到了决定性作用，其他维度则起补充作用。本章在二、三部分从这个解释机制出发，对萨科齐的外交决策进行了详细分析，最终的结果支持了多元启发理论的解释：即使一个方案在其他维度的效用很高，只要它不符合国内政治维度的要求，就会被立即排除，并不会被再次考虑；而最终方案不但在国内政治维度有高效用，也是所有剩余选项中的最优解。

在国外对外交决策的研究中，多元启发理论已经成为很流行的解释框架。这得益于多元启发理论对现实问题的重视，它力求在不损失理论简约性的前提下，实现对现实最精确的概括。西蒙（Herbert A. Simon）认为，完全理性是不现实的，由于决策机构受到自身知识和计算能力的限制，它无法做出客观的最优选择。[1] 多元启发理论针对这种"认知障碍"设计了

---

[1] Herbert A. Simon, "Human Nature in Politics: The Dialogue of Psychology with Political Science," *The American Political Science Review*, Vol. 79, No. 2, June 1985, pp. 293–304.

双阶段的决策过程，并坚持满意原则和有限理性，用这个模型分析外交决策，至少可以避免"分析过程远长于实际执行过程"的窘境。欧普曼的研究指出，决策者通常是"认知吝啬鬼"，他们在做决策的时候总是尝试建立"认知捷径"，那些最容易被认知的和对决策者最重要的问题会被首先考虑。[1] 针对这一实际情况，多元启发理论准确把握了决策者的身份，将国内政治维度作为关键维度。其原理是，在外交决策中，决策者绝大多数是政治人物，对他们来说，国内政治既是最重要的问题，也是最容易被准确认知的问题。以上理论设计表明，多元启发理论非常注重对现实的把握，这使多元启发理论具有很强的解释力。虽然多元启发理论的批评者们认为，该理论的分析过程过于复杂，它的理论机制也不够纯粹。但是从多元启发理论自身的开拓性和对现实的准确把握来看，它仍不失为一个成功的理论。下一章我们将对在中东政治中具有重要影响的另一个大国——俄罗斯——军事干叙利亚危机的动机、方式等问题进行研究。

---

[1] Kai Oppermann, "Delineating the Scope Conditions of the Poliheuristic Theory of Foreign Policy Decision Making: The Noncompensatory Principle and the Domestic Salience of Foreign Policy," *Foreign Policy Analysis*, Vol. 10, No. 1, January 2014, p. 26.

第十二章

俄罗斯军事干预叙利亚危机的动机及方式选择

【本章提要】国际关系中存在着大量的地位信号传递过程，然而这一现象并未得到广泛关注。国家的地位信号包括"高地位"和"低地位"，可供选择的释放策略有"炫耀性消费"、"分享性给予"、"倾向性解释"和"寻求性斗争"，具体的地位信号及策略选择会受本国的自我认知与国际社会认知之间差距的影响。本章以俄罗斯在较短的时间里以强势姿态军事干预叙利亚危机这一反常行动为案例展开研究后发现，俄罗斯军事干预叙利亚的行动，虽然的确有各种战略考虑，但最主要的目的似乎是通过这种行动向不同的目标观众发出一系列的地位信号，以巩固和重塑俄罗斯的大国地位。在此过程中，俄罗斯的信号传递行动大致实现了预期的目标，其中最突出的成效是初步获得了西方国家对其大国地位的尊重。通过地位信号这一分析框架对俄罗斯军事干预叙利亚的动机予以分析，不仅提供了一种理解国家行为逻辑的理论视角，也能为推动叙利亚问题的解决和推动中俄合作提供一定启发。

在中东变局中，俄罗斯扮演了一种较为积极的角色。这种角色尤其体现在俄罗斯军事干预叙利亚危机的过程中。叙利亚危机爆发后，弗拉基米尔·弗拉基米罗维奇·普京（Владимир Владимирович Путин）军事干预叙利亚的行动让国际社会尤其是西方国家为之震惊。普遍认为，俄罗斯的军事干预行动不仅影响了叙利亚危机及中东局势的演变，而且还对俄罗斯与西方之间的关系产生了多重影响。对于俄罗斯为何干预叙利亚危机，国内外学术界给出了各种解释。不过,现有研究不能充分说明俄罗斯军事干预叙利亚问题的时机、干预方式、在此期间的立场变化等问题。本章将通过地位信号释放理论对此进行分析,以明晰俄罗斯在叙利亚危机中的行为逻辑。如此不仅可以从理论层面弥补已有研究成果的不足,如过分关注国家对权力、安全等工具性利益的追求,而忽视一国对其在国际社会中象征性利益的获取。也可以在现实层面提供启发,其一,能够对叙利亚问题的和平解决提供建议;其二,对于促进中国"丝绸之路经济带"与俄罗斯"欧亚经济联盟"的对接具有启示意义。

一 问题的提出

俄罗斯自 2015 年 9 月 30 日开始军事干预叙利亚危机。此举产生了深远影响,不仅改变了叙利亚危机的发展轨迹,而且也影响了俄罗斯与西方自俄罗斯吞并克里米亚后形成的双边关系的演变。通过军事干预,俄罗斯不仅在很大程度上巩固了叙利亚巴沙尔·阿萨德(Bashar Assad)政府的统治,而且也改善了克里米亚危机之后俄罗斯与西方之间日益冷却的关系。不过,这些均为后见之明。在开展军事干预之初无法预料由此带来的后果的情况下,俄罗斯此举极富冒险性。根据当时的情势,俄罗斯开展的干预面临成本高于收益的风险。如自俄罗斯吞并克里米亚之后,西方不仅在重大国际事务上避开与俄罗斯的接触,同时对俄罗斯实施经济制裁,致使俄罗斯国内经济形势变得日益严峻。俄罗斯再次强势干预叙利亚,面临的一种非常现实的风险是,西方可能会进一步加强针对俄罗斯的制裁。鉴于此,衍生出一个值得追问的问题,即俄罗斯军事干预叙利亚的动机究竟为何?对这一问题的回答不仅能够解释俄罗斯对外行为动机,而且有助于理解俄罗斯在中东地区所追求的战略目标。

分析 2015 年 9 月以来至今(2016 年 3 月)俄罗斯在中东地区的行动,对于理解俄罗斯军事干预叙利亚的动机具有重要意义。在对学界已有研究成果进行分析之前,有必要对俄罗斯在叙利亚的具体行动作一具体梳理。本章旨在分析俄罗斯的干预动机和干预策略等问题,因此仅关注一些有助于理解俄罗斯行为逻辑的关键事件,具体可见下表 12 - 1:

表 12 - 1　　俄罗斯军事干预叙利亚过程中的关键事件

时间	事件
2015 年 9 月 30 日	俄罗斯空袭叙利亚
2015 年 10 月 21 日	阿萨德秘密访俄
2015 年 11 月 13 日	法国巴黎暴恐事件
2016 年 1 月 18 日	俄罗斯与叙利亚签署驻军协议
2016 年 2 月 22 日	叙利亚停火协议达成
2016 年 3 月 15 日	俄军事力量开始撤出

正如西方学者所评论的："俄罗斯是一个重视合法性的国家。"[1] 无论是吞并克里米亚，还是军事干预叙利亚，俄罗斯都希望自己的行动具有名义上的"合法性"，至少设法构建出相关行动的合法性。在干预叙利亚问题上，俄罗斯给出的"合法性"是源自叙利亚总统的邀请。据俄罗斯表述，2015 年 9 月 30 日俄罗斯在叙利亚境内展开的空袭行动，是在叙利亚合法政权——巴沙尔·阿萨德政府的正式请求下、经俄罗斯议会授权之后才进行的。这一合法化过程，不仅为俄罗斯在叙境内采取军事行动减少了阻力，也说明俄罗斯愿意在打击恐怖主义事务上承担责任。

2015 年 10 月 21 日，叙利亚总统巴沙尔·阿萨德秘密访俄具有多重含义：其一是对俄罗斯作为盟友在叙利亚内战之际不离不弃的感谢；其二彰显了俄罗斯空袭的效果，阿萨德有闲暇、有能力在面临反对派攻击的情况下抽身离开，这也是叙利亚内战以来阿萨德首次外访；其三也为俄罗斯的长期干预提供了合理性。

2015 年 11 月 13 日法国巴黎发生的暴恐事件，在给欧洲造成巨大冲击的同时，客观上缓解了俄罗斯在干预叙利亚问题上面临的压力。难民危机的日益严重，加之俄罗斯自空袭以来在打击"伊斯兰国"方面取得的明显成绩，一方面加速了欧洲国家与俄罗斯联合反恐的步伐，另一方面也增加了美国的紧迫感，因为能否有效帮助欧洲解决难民危机和应对"伊斯兰国"可能在欧洲发动更多的恐怖袭击，关系到美国在欧洲的影响力。

---

[1] Derek Averre and Lance Davies, "Russia, Humanitarian Intervention and the Responsibility to Protect: the Case of Syria," *International Affairs*, Vol. 91, No. 4, 2015, p. 813.

巴黎恐怖袭击事件发生之后，国际反恐的呼声不断高涨，西方与俄罗斯在叙利亚问题上的分歧有所减少。如安理会成员国关于帮助叙利亚结束政治危机的协议的达成，为此后停火协议的签署奠定了基础。

2016年1月18日，俄罗斯与叙利亚签署军事协议，从而获得俄在中东地区唯一的军事基地——塔尔图斯港——的长期驻军权限。该协议的达成关乎俄罗斯在该地区的重要关切，这与俄罗斯在中东地区的战略目标有关。这一点下文将有具体阐述，在此不赘述。

自2016年1月下旬开始，有关叙利亚问题的政治和谈被再次提上日程，然而由于叙利亚国内反对派之间的分歧，致使和谈不断被延期。在美俄反复斡旋下，叙利亚内战各方最终在此前安理会达成的协议基础之上签署了叙利亚停火协议。停火协议的达成，既表明美俄双方做出了一定妥协，也意味着美俄双方在国际反恐上将展开进一步合作。此后，叙利亚境内的停火大体得到实现。

2016年3月14日，普京总统下令，撤出俄罗斯在叙利亚境内的主要军事力量，这标志着俄罗斯在叙利亚军事干预的使命暂时宣告结束。

通过上述梳理，可以发现俄罗斯在军事干预叙利亚问题上存在以下反常之处：

首先，俄罗斯军事干预叙利亚危机的时机选择需要关注。俄罗斯为何选择在2015年9月30日开始军事干预叙利亚？2015年9月30日正值美国奥马巴总统与普京总统自2014年11月亚太经合会议之后的首次会面，且在此次会见时双方就叙利亚问题展开了激烈争辩，普京总统态度极为强硬。选择这个时间点军事干预叙利亚，是否与普奥会上双方的争执有关？

其次，俄罗斯的干预方式——主要采取空袭行动——值得注意。俄罗斯为何改变此前对叙利亚政府提供军事武器或技术援助行动的策略，转而以空袭的方式介入叙利亚危机？或者俄罗斯为何没有选择更为有效的方式，如派遣地面部队进入叙利亚境内作战？

最后，俄罗斯官方对其军事干预叙利亚的目的表述并不连贯，即由2015年9月初的以打击"伊斯兰国"为目标，到采取干预行动后强调以支持叙利亚合法政权为目标。与此同时，俄罗斯对巴沙尔政权的态度也发生过明显变化，即俄罗斯由在即使面临西方的压力时亦公开支持巴沙尔政权到达成停火协议时在巴沙尔政权的去留问题上做出妥协，从而为政治解决叙利亚危机提供了条件。俄罗斯在上述问题上立场的变化，或许与俄罗斯军事干预叙利亚的动机有关。如在2016年2月，俄罗斯在叙利亚国内政权问题上同西方国家达成了基本共识，双方不再坚持巴沙尔·阿萨德的去留是解决叙利亚问题的前提，并最终签署了停火协议。

根据上述分析可知，本章需要回答以下问题：第一，俄罗斯为何选择在遭遇西方制裁之际对叙利亚进行军事干预，即为何选择在2015年9月30日开始对叙利亚进行空袭？这一时间点的选择对俄罗斯是否具有特殊意义？第二，俄罗斯在干预叙利亚的方式选择上为何选择空袭而不是选择派遣地面部队或继续之前的军事武器援助？第三，俄罗斯对巴沙尔·阿萨德政权的态度为何发生变化？通过对上述问题的回答，可以明晰俄罗斯干预叙利亚的动机，同时能够解释俄罗斯在叙利亚问题上的根本立场，这对于理解俄罗斯的中东政策具有重要意义。

二 现有解释及其不足

目前，国内外学界在解释俄罗斯为何军事干预叙利亚的问题上，主要持有三种视角：非正式政治网络视角（informal political networks perspective）、[①] 地缘安全视角和转移注意力视角。下文对反映了上述三种视角的基本观点及其不足进行简要讨论。

（一）非正式政治网络视角

非正式政治网络是西方学术界解释普京执政时期俄罗斯国内政治的一种视角。不过，也有学者认为该视角能够较好地分析普京时期俄罗斯的对

[①] 有关这一视角的研究成果可参考：Stephen Blank, "The Putin Succession and Its Implications for Russian Politics," *Post-Soviet Affairs*, Vol. 24, No. 3, 2008, pp. 231–262; Kimberly Marten, "Informal Political Networks and Putin's Foreign Policy: The Examples of Iran and Syria," *Problem of Post-Communism*, Vol. 62, No. 2, 2015, pp. 71–87. 金伯利·马滕并未对俄罗斯军事干预叙利亚的行动进行研究，仅就俄罗斯在叙利亚化学武器这一问题上的态度及其转变进行了解释。马腾探讨了俄罗斯在与伊朗关系、克里米亚问题上的对外行为动机，对非正式政治在其决策中的作用进行了总结，这对于理解俄罗斯军事干预叙利亚具有一定启示。

外政策，而且能避免现实主义从国家利益角度对此进行分析存在的缺陷。[1] 非正式政治网络视角并非对正式政治网络解释的否认，而是强调非正式机制在俄罗斯对外政策中所发挥的重要作用。[2] 非正式政治网络作为理解对外政策行为的一种视角，通常持有以下假定：领导人在网络系统中居于首要地位，代表国家及其国民的利益，一般会通过竞争的方式来确立自身的优势；领导者的基本目标是维持权力和财富；强调领导者须提供公共物品，同时应不断显示其竞争力的持续性，以稳定其领导地位。[3] 此外，该视角讨论了非正式政治系统中对外政策蕴涵的意义：第一，领导者会关注所有的竞争者，且存在"镜像"（mirror image）[4]；第二，领导者在非正式政治中会表现出其富有进攻性，但会避免采取高风险的对外行动；第三，特定的对外政策往往会有长时间的停滞（stasis），一般会在未经公开讨论的情况下发生不可预知的转变，即对外政策不会遵循一致的战略趋向；第四，非正式政治网络中关键成员的经济利益对外交政策具有引导作用。[5]

虽然尚未形成专门基于该视角对俄罗斯军事干预叙利亚集中进行研究的理论成果，但基于俄罗斯以往外交行为的分析能提供一定的启示。如金

---

[1] Kimberly Marten, "Informal Political Networks and Putin's Foreign Policy: The Examples of Iran and Syria,"作者并不否认现实主义对俄罗斯对外政策的解释，仅认为非正式政治能够弥补现实主义解释的不完整，如现实主义难以有效解释个人利益在国家对外决策中的影响，而非正式政治视角却能够较好地解释个人关系网络，尤其是领导者之间的关系的影响。

[2] Ora John Reuter and Graeme B. Roberston, "Subnational Appointments in Authoritarian Regimes: Evidence from Russian Gubernatorial Appointments," Journal of Politics, Vol. 74, No. 4, 2012, pp. 1023 - 1037.

[3] Kimberly Marten, "Informal Political Networks and Putin's Foreign Policy: The Examples of Iran and Syria".

[4] "镜像"或"镜面自我"，一般指彼此的认知形成类似于对镜自视所获的观念，如有学者认为双胞胎彼此之间就存在"镜像"，且曾有人以该概念解释冷战时期苏联与美国对彼此的描述，即面临某种相似情境时，俄罗斯会以自身的处理方式假想美国亦会如此为之。这一观念的形成与我们对他者的认知有关。相关解释可参考 Bronfenbrenner Urie, "The Mirror Image in Soviet - American Relations: A Social Psychologist's Report," Journal of Social Issues, Vol. 17, No. 3, 1961, pp. 45 - 46; Hanuš Papoušek and Mechthild Papoušek, "Mirror Image and Self - Recognition in Young Human Infants: I. A New Method Of Experimental Analysis," Developmental Psychobiology, Vol. 7, No. 2, 1974, pp. 149 - 157.

[5] Kimberly Marten, "Informal Political Networks and Putin's Foreign Policy: The Examples of Iran and Syria".

第十二章　俄罗斯军事干预叙利亚危机的动机及方式选择　/　293

伯利·马滕（Kimberly Marten）认为，以俄罗斯在处理与伊朗、叙利亚关系及乌克兰危机问题上的分析为例，可以揭示俄罗斯对外政策的大致逻辑。该视角对上述问题的解释更多地考虑普京的个人因素，包括其强势的个性、对国家权力的集中控制在某种程度上是为了服务于其个人利益。这里所谈及的个人利益指的是普京通过对外政策来获得国民的信任与支持，在国内以民众支持率的形式呈现，在国外则表现为通过强硬的外交举措寻求西方国家对俄罗斯国际影响力的承认。因此，俄罗斯军事干预叙利亚与普京个人追求较高的民众支持率相关。事实也证明，普京的行动确实取得了一定成效。此外，对阿萨德政权的支持，既能巩固俄罗斯与叙利亚的盟友关系，又能彰显俄罗斯作为大国维护地区稳定的形象。

　　根据这一视角，普京军事干预叙利亚的行动，很大程度上取决于国内非正式政治网络为其提供的便利。俄罗斯联邦上院迅速授权国防部进行空袭，使普京能以最快的速度打出组合拳。这一行动，不仅取决于普京的个人领导能力，也与其国内非正式政治网络的高效运转有关系。如有观点指出，俄罗斯做出军事干预叙利亚的决策与三个关键人物有关：俄罗斯总统办公厅主任谢尔盖·伊万诺夫、国防部长谢尔盖·绍伊古及俄罗斯联邦安全会议秘书尼古拉·帕特鲁舍夫。[①] 与此同时，该视角亦认为普京对于阿萨德政权的政策并非深思熟虑的战略，而是短期的战术考虑，可以随时转变。[②] 持这一视角的成果虽能解释俄罗斯在叙利亚问题上的政策为何突然发生转变，但并未回答俄罗斯为何选择空袭的方式。因为俄罗斯有能力派出地面部队然而却未选择这一方式。此外，一国的对外行动往往是国内与国际政治的双层博弈，仅将目光聚焦在国内政治层面，难免会存在不足。

（二）地缘安全视角

　　地缘安全的解释主要基于现实主义的基本观点。如认为在无政府状态下，安全和生存是国家追求的首要目标。持该视角的成果在解释俄罗斯军事干预叙利亚危机时认为：叙利亚乃至整个中东地区都是关系俄罗斯大国

[①] Amy Knight, "Why Russia Needs Syria?" New York Review of Books, http://www.nybooks.com/daily/2015/10/08/why-russia-syria/, last accessed on 23 March 2016.

[②] Kimberly Marten, "Informal Political Networks and Putin's Foreign Policy: The Examples of Iran and Syria," p. 81.

地位的关键区域，该地区的安全状况关系到俄罗斯的国家安全，尤其是"伊斯兰国"的不断壮大，会对北高加索地区及俄罗斯境内的穆斯林群体产生重要影响。

地缘安全视角认为，叙利亚是以美国为首的西方大国与俄罗斯展开博弈的角斗场，双方都在谋求地缘政治影响，以保证各自的势力范围。面对美国不断将其势力推进至俄罗斯的后院，俄罗斯有必要采取自卫行动，以保证国家安全。[1] 该视角对俄罗斯干预叙利亚问题的解释更多的是从地缘政治因素考虑，尤其是强调俄罗斯保存塔尔图斯港的意义。然而，学术界在关于该港口对俄罗斯而言具有何种具体功能的问题上存在争议。之前学界认为该军港属于俄罗斯已废弃的港口，基本没有特殊地缘意义，但自从俄罗斯于2014年8月在该地区加大军事投入之后，这一基地的作用发生了改变，其功能转变为主要为俄罗斯在叙利亚的军事行动提供便利。此外，也有学者认为俄罗斯是出于对其南部地区的安全考虑而采取军事行动，该地区穆斯林人数较多，且奔赴叙利亚参加伊斯兰圣战的人口不断增加，这在一定程度威胁到俄罗斯的安全。尤其是出于对部分圣战分子的回流可能带来的威胁的恐惧，俄罗斯加快了打击"伊斯兰国"的步伐。[2]

根据地缘安全的观点，促使俄罗斯采取军事行动的原因主要有：第一，保证俄罗斯在叙利亚的军事基地——塔尔图斯港的安全；第二，打击"伊斯兰国"以保证俄罗斯后院的安全。显然，上述考虑的确是俄罗斯采取行动的原因。不过，根据前景理论（prospect theory）的观点，人们在面临既有利益的损失时更倾向于采取冒险行动。[3] 既然如此，俄罗斯为何不以更强有力的方式介入，以更好地维护本国的安全利益？另外关于塔尔

---

[1] Blessing Simura, "USA and Russia in Syria and Ukraine: The Irony of Geo-Political Interventions," *Turkish Journal of International Relations*, Vol. 14, No. 1, 2015, pp. 68–75.

[2] 从地缘安全视角理解俄罗斯的叙利亚政策的成果可见：Angela Stent, "Putin's Power Play in Syria, How to Respond to Russia's Intervention," *Foreign Affairs*, Vol. 95, No. 1, 2016, pp. 106–113; Nikolay Kozhanov, "Russian Support for Assad's Regime: Is There a Red Line?" *The International Spectator*, Vol. 48, No. 2, 2013, pp. 25–31; Roy Allison, "Russia and Syria: Explaining Alignment with a Regime in Crisis," *International Affairs*, Vol. 89, No. 4, 2013, pp. 795–823; 田文林：《俄罗斯为何军事介入叙利亚》，《大众日报》2015年9月16日，http://paper.dzwww.com/dzrb/content/20150916/Articel06003MT.htm, last accessed on 26 March 2016.

[3] Jack S. Levy, "Prospect Theory and International Relations: Theoretical Applications and Analytical Problems," *Political Psychology*, Vol. 13, No. 2, 1992, pp. 283–310.

图斯港对俄罗斯的重要性有不同的看法。若俄罗斯的主要考虑是其军事基地的安全，那么在俄罗斯于 2016 年 1 月 18 日与叙利亚签署军事协议获得在塔港驻军无限期的特权之后，为何没有停止军事行动？或许可以推测，俄罗斯的军事行动的确涉及对塔尔图斯港驻军的考虑，但这并非推动俄罗斯采取行动的主要因素，即塔尔图斯港并不代表俄罗斯在叙利亚乃至中东的核心利益。

此外，俄罗斯可能夸大了"伊斯兰国"对其带来的威胁程度。[1] 首先，参加圣战的俄籍人士回流可能性较低，且由于地理距离、资源缺乏与动力不足等因素，俄罗斯境内爆发大规模暴恐行动的可能性较低。[2] 其次，"伊斯兰国"的强势在客观上加速了俄罗斯在叙利亚开展军事行动。"伊斯兰国"的优先目标在于巩固其建立的"哈里发国家"，且"伊斯兰国"对俄罗斯带来的威胁不及欧洲所面临的威胁，俄罗斯在中东对"伊斯兰国"予以打击，能够减弱欧洲所面临的威胁，有助于改善与欧洲国家的关系。[3] 暂且不讨论"伊斯兰国"对俄带来的地缘安全威胁，仅就这一视角对俄罗斯军事干预叙利亚这一行动的解释力仍有欠缺之处。同非正式政治网络视角相似，持该视角的成果不能够较好地回答俄罗斯军事干预叙利亚的干预时机与方式。

（三）转移注意力视角

用转移注意力视角解释俄罗斯军事干预叙利亚成果的较前两种视角多。[4] 这些成果大都关注到乌克兰危机对俄罗斯外交政策产生的影响，包

---

[1] Huseyn Aliyev, "Conflict - related Violence Decreases in the North Caucasus as Fighters Go to Syria", *Central Asia - Caucasus Analyst*, April 1, 2015, http://www.cacianalyst.org/publications/analytical - articles/item/13171 - conflict - related - violence - decreases - in - the - north - caucasus - as - fighters - go - to - syria.html, last accessed on 27 March 2016.

[2] Emil Aslan Souleimanov and Katarina Petrtylova, "Russia's Policy toward the Islamic State," *Middle East Policy*, Vol. 22, No. 3, 2015, pp. 70 - 71.

[3] Ibid., pp. 72 - 73.

[4] 代表性的研究成果可参考：Angela Stent, "Putin's Power Play in Syria, How to Respond to Russia's Intervention," pp. 106 - 113；毕洪业：《叙利亚危机、新地区战争与俄罗斯的中东战略》，载《外交评论》2016 年第 1 期，第 65—67 页；高飞：《俄罗斯介入叙利亚会如何影响中东局势的变化》，载《当代世界》2016 年第 2 期，第 18—19 页。

括遭遇西方的制裁使俄罗斯处于孤立地位、经济发展严重受挫等。① 乌克兰危机加剧了美俄两国在叙利亚的地缘政治博弈，而俄罗斯寄希望于转换角色，即由冲突的制造者转变为全球反恐的责任承担者。② 基于此，持该视角的成果认为，俄罗斯军事干预叙利亚的目的在于通过打击"伊斯兰国"，以寻求打破严峻的外部局面。通过与美国等西方国家联合打击"伊斯兰国"，俄罗斯希望借此扭转这种不利局面，进而达到改善国际形象、缓解国际国内压力的效果。

转移注意力的解释强调俄罗斯采取这一行动能够为其带来的预期收益。如通过影响中东局势，促进国际原油价格的上涨，改善与西方的关系以缓和后者的制裁，使西方弱化对乌克兰的支持并使俄罗斯的立场得到更多的谅解，等等。如俄叙经济合作委员会负责人罗戈津在自己的脸书（Face book）中写道："我们的人正在叙利亚平息一场针对俄罗斯的战争。不明白这一点的人，要么是傻子，要么是敌人。"③ 然而这些情况截至目前并未取得较大改观，尤其是国际原油价格及西方的制裁均未呈现明显变化，因而转移注意力视角的解释存在因果颠倒的问题，即俄罗斯采取军事行动即使取得上述效果，那也是采取行动后产生的结果，并不是其采取行动的原因。另外，俄罗斯在叙利亚的一系列行动获得了与美国一定程度的合作，尤其是在2016年2月停火协议的达成，反映了双方都做出了一定程度的让步。

较之于前两种视角的解释，转移注意力能够回答俄罗斯为何选择空袭这一干预方式的问题。根据该视角，俄罗斯在乌克兰危机中的行动使其与西方间的关系恶化，若继续在叙利亚地区采取更为强烈的军事行动，可能引发西方更为强硬的政策回应；而且，俄罗斯国内经济形势的严峻及乌克兰危机牵制了俄罗斯诸多外交和军事资源，形势不允许俄罗斯采取派遣地面部队介入叙利亚危机这种更富进攻性的行动。但是，该视角对于俄罗斯强调其支持叙利亚合法政权——巴沙尔·阿萨德——这一立场无法给出合

---

① 根据世界银行的数据，俄罗斯2015年经济活动下降3.8%，2016年预计将出现进一步的收缩（约0.7%）。http://www.worldbank.org/content/dam/Worldbank/GEP/GEP2016a/Global - Economic - Prospects - January - 2016 - Europe - and - Central - Asia - analysis.pdf, last accessed on 26 March 2016。

② Angela Stent, "Putin's Power Play in Syria, How to Respond to Russia's Intervention," p. 110.

③ 引文来自高飞《俄罗斯介入叙利亚会如何影响中东局势的变化》，第19页。

理解释。阿萨德的去留问题一直是美俄在叙利亚问题上的主要分歧,① 倘若俄罗斯旨在转移西方在乌克兰危机上的注意力,则应以更为友好的态度寻求西方的谅解;而选择支持阿萨德政权,无疑使美俄之间的分歧加大,甚至于难以在打击"伊斯兰国"的问题上达成共识。

通过对三种视角的相关成果予以梳理,可以发现:首先,对于俄罗斯打击"伊斯兰国"的立场,三种视角均能提供较为有效的解释。如非正式政治网络视角认为普京总统的强势个性为了获得较高的支持率,加之国内非正式政治网络的高效性,为俄罗斯的军事干预提供了条件和便利;地缘安全视角则强调"伊斯兰国"对南俄及高加索地区的安全所产生的威胁迫使俄罗斯军事干预叙利亚;转移注意力视角认为俄罗斯是为了转移西方国家对乌克兰危机的关注,希望通过打击"伊斯兰国"缓解俄罗斯面临的压力。其次,对于俄罗斯为何声称支持叙利亚合法政权这一态度,转移注意力视角虽难以做出解释,但能够回答俄罗斯缘何选择空袭的方式。最后,关于俄罗斯干预叙利亚的时机选择,三种视角均没有给出合理的解释,但时机选择能够反映俄罗斯采取行动之前所处的国际国内环境,对于理解其干预动机具有重要意义。简而言之,要理解俄罗斯在叙利亚采取军事行动的动机,必须对其干预时机、干预方式及其态度选择做出回答。鉴于此,有必要寻找一种更为完善、更有说服力的解释路径。

表 12-2　各视角对俄罗斯干预叙利亚的解释

能否解释	研究视角	非正式政治网络	地缘安全	转移注意力
干预时机（2015.9.30）		X		
干预方式（空袭）		X	X	缓和西方的强硬态度
干预态度	打击"伊斯兰国"	普京强势外交	保证北高加索地区安全	寻求西方态度的转变
	支持叙合法政权	稳定俄叙同盟关系	保证安全,维持军事基地	X

---

① Angela Stent, "Putin's Power Play in Syria, How to Respond to Russia's Intervention," pp. 113-114.

三　本章的分析框架

国内外学术界关于俄罗斯军事干预叙利亚的动机的解释，大都遵循现实主义国际关系理论的基本假定，即认为俄罗斯的行动主要受到追求权力和安全的驱动。然而，新古典现实主义同样注意到了国家对于荣誉（honor）、威望（prestige）与声誉（reputation）等无形资产（intangibles）的追求。俄罗斯对叙利亚所采取的军事行动，的确有安全方面的考虑。如一方面"伊斯兰国"恐怖主义日趋猖獗，俄罗斯国内参加圣战的分子日益增多；另一方面乌克兰问题尚未完全解决，因此，俄罗斯迫切需要打开外交困境。在此背景下，普京虽然在国内获得了较高的支持率，但上述状况使普京无法保证国内民众对其军事干预叙利亚的持久支持。此外，在军事干预叙利亚之初，俄罗斯明显面临干预成本大于收益的风险。既然如此，俄罗斯为何仍然做出了强势干预的决定，这一问题值得做更深入探究：除了国家安全或国内政治方面的考虑，俄罗斯是否同样在寻求象征性价值？自现代国际体系出现以来，大国一直在寻求维护地位、控制地位的规则和方式，以便决定哪些国家可以竞争地位、如何对国家的地位进行排序等问题。在此过程中，军事力量的大小以及对它的成功使用，始终是赢得大国地位和认可的主要方式。[1] 既然如此，俄罗斯在叙利亚的军事行动是否是其寻求大国地位的一种方式？[2] 我们可通过"地位信号"这一分析框架对俄罗斯的干预行动予以解释。

国家对其相对地位的关切被当前主流的国际关系理论流派——新现实主义和新自由主义所忽视。新现实主义更强调权力的物质层面，而新自由主义则以规范、制度和相互依存为导向。[3] 然而，国家对自己国家地位和

---

[1] ［美］理查德·内德·勒博：《国家为何而战？过去与未来的战争动机》，陈定定等译，上海：上海人民出版社2014年版，第19页。

[2] 也有观点认为俄罗斯旨在通过军事干预叙利亚重塑其全球大国地位，但并未进行具体论述，可参考：Matthias Schepp, "Putin Plan: The Russian President's Strategy for Syria," *Der Spiegel*, November 13, 2015, http://www.spiegel.de/international/world/vladimir-putin-and-his-secret-strategy-for-syria-a-1062726.html, last accessed on 29 March 2016.

[3] William C. Wohlforth, "Unipolarity, Status Competition, and Great Power War," *World Politics*, Vol. 61, No. 1, 2009, pp. 28–57.

国际声望的重视已得到广泛认可。国家地位不仅是社会学的一个核心概念，也是行为经济学和社会心理学家关注的重要内容。[1] 因此，在当前的国际竞争中有必要对国家的地位予以研究。地位信号作为一种信息传递机制，不同于传统的信息传递，其不仅传达着一国的地位信号，更反映了一国对自身国际地位的自我认知（self-understanding）。[2] 基于自我认知与国际社会对其地位的认知之间存在的差异，各国往往会采取不同的信号释放策略来传递本国偏好的地位，这一地位信号有时会具有虚拟性。[3] 国家在国际社会中的地位信号一般包括：高地位信号（higher status）、低地位信号（lower status）。大体而言，一国在释放地位信号时可以选择的策略类型主要有四种："炫耀性消费"（conspicuous consumption）、"分享性给予"（communal sharing）、"倾向性解释"（spinning）和"寻求性斗争"（fighting）。至于具体选择何种释放策略，主要取决于国家所面临的目标观众和试图释放的地位信号。

（一）国家的地位信号类型

地位信号（status signaling）与地位寻求（status seeker）存在一定的重合，但二者存在明显的区别。地位寻求有一个重要的前提假设，即一国不满足于现有的国际地位，寻求改变现状，如日本寻求联合国常任理事国的地位。[4] 而地位信号则是指一个国家为了试图塑造和凸显自我在国际社

---

[1] Xiaoyu Pu, *Limited Rebranding: Status Signaling, Multiple Audiences, and the Incoherence of China's Grand Strategy*, PhD Dissertation, The Ohio State University, 2012, p. 29.

[2] 已有学者从寻求身份认同的角度对一国的自我认知和国际社会认知进行了研究，具体可参考：Michelle Murray, "Identity, Insecurity, and Great Power Politics: The Tragedy of German Naval Ambition Before the First World War," *Security Studies*, Vol. 19, No. 4, 2010, pp. 660 – 661.

[3] 大量证据表明，由于国内决策者的不同动机，国家所选择释放的地位信号具有一定的虚拟性。Xiaoyu Pu, *Limited Rebranding: Status Signaling, Multiple Audiences, and the Incoherence of China's Grand Strategy*, PhD Dissertation, The Ohio State University, 2012, p. 38.

[4] 关于地位信号与地位寻求之间的差别，目前学界尚有争议，如有学者认为地位寻求亦是一种象征性的，旨在改变它国看法的行动。可参考：Deborah Welch Larson and Alexei Shevchenko, "Status Seekers: Chinese and Russia Responses to U. S. Primacy," *International Security*, Vol. 34, No. 4, 2010, pp. 70 – 71；另外有学者指出地位寻求所具有的改变现有地位的意图，可参考：Tajfel and Tuner, "An Integrative Theory of Intergroup Conflict," *The Social Psychology of Intergroup Relations*, Vol. 33, No. 47, 1979, pp. 40 – 43. 本章认为，地位寻求与地位信号存在差异性，因此予以区分。

会中的地位，故做出各种努力向国际观众传导一些涉及自我认定的身份信息并对此予以强调。① 二者之间的差别就在于：地位寻求欲实现本国的真实地位与他国认知的双重改变，而地位信号则只需实现别国对本国地位的认知发生改变。释放地位信号的主要目的不是寻求改变现有的国际地位分配格局，而只是塑造或捍卫行为体自认为恰当的身份地位。一国可根据不同情况对不同观众传递不同的地位信号，同时在释放地位信号的过程中还可以带来合作的可能。如中国倡导与美国建立"新型大国关系"，旨在表明中国是和平崛起的大国，并不以挑战现有的国际秩序为目标，如此既明确了自身的身份，又希望以此缓解其他国家尤其是西方对中国可能挑战现存国际秩序的担忧。

一般而言，国家对两种地位信号类型的选择取决于其面临的国内外观众对其地位的认知。当国家对其国际地位的自我认知高于国际社会认知时，会倾向于选择"高地位"信号，以证明本国有能力以与特定国际地位相符的方式发挥作用；当国家的自我认知低于国际社会的认知时，则倾向于选择"低地位"信号，选择以国际合作的方式实现身份归属，以避免承担不必要的国际责任。② "高地位"信号的选择更具进攻性（offensive），而"低地位"信号更具防御性（defensive）。"高地位"信号通常表现为一国对自身强大实力的显示，在国内能够获得较高的支持率，以巩固执政党的合法性，在国际社会则能够帮助本国在国际机构维持或获得一定的特殊权利（special rights），但有可能面临国际社会谴责或孤立的风险。"低地位"信号则表现为一国与国际社会的一致行动，同时致力于国内社会福利的提升，但往往具有在国际社会搭便车（free-ride）的倾向，在一定程度会被解读为一种"逃避战略"（shirking strategy），即规避本国不愿承担的责任。③

---

① Xiaoyu Pu, *Limited Rebranding: Status Signaling, Multiple Audiences, and the Incoherence of China's Grand Strategy*, PhD Dissertation, The Ohio State University, 2012, pp. 20-21.
② 有必要说明：一国对国际地位的自我认知往往受到内外部环境的影响，这里仅对自我认知与国际社会认知不相符的情况进行分析，原因在于，当一国对其国际地位的自我认知与国际社会认知相符时，该国一般不会选择"地位信号"释放来向国际和国内观众传递信息，或者仅选择与地位相符的方式证明本国的能力，维持国际社会对本国地位所持的认知，而不再追求"高地位"或"低地位"信号的释放，以证明自身是可靠的合作伙伴。
③ Xiaoyu Pu, *Limited Rebranding: Status Signaling, Multiple Audiences, and the Incoherence of China's Grand Strategy*, PhD Dissertation, The Ohio State University, 2012, p. 30.

表 12-3　　　　国家的地位信号类型、表现形式及实施效果

信号类型	性质	刺激因素	表现形式	实施效果	
				国内观众	国际观众
高地位	进攻性	自我认知高于国际社会认知	显示实力	获得较高的支持率	获得/维持特权；谴责/被孤立
低地位	防御性	自我认知低于国际社会认知	规避责任、国际合作	国内社会福利得到提升	规避责任、国际合作

（本表为作者自制，参考了 Xiaoyu Pu, *Limited Rebranding: Status Signaling, Multiple Audiences, and the Incoherence of China's Grand Strategy*。）

由于一国的物质实力难以自动帮助该国获得国际地位，国家的物质力量与公认的国际地位之间便会存在差距，因此，国家为了追求地位甚至不惜以物质资源的损失为代价。[1] 那么，为何地位会在国际社会中如此重要？首先，地位是一种社会属性，通常是指一国在别国视域中的位置，是在与别国的关系互动过程中获得的来自于别国对本国地位的认知。因此，获得别国对其地位的承认是获得国际社会地位合法性的重要构成。[2] 英国学派曾指出，大国要获得在国际社会中的某些特定权利和义务，必须获得其他大国和国家的认可。[3] 其次，地位不仅有助于国家获得工具性利益，同时也有利于获得象征性利益。主流的国际关系理论仅强调一国对能够影响本国安全和物质利益的地位的重视。[4] 如罗伯特·吉尔平（Robert Gilpin）将一国在国际社会中的地位等级视为是基于军事力量而获得的。[5] 但现实政治中，一国不仅会追求物质安全等工具性利益，也会关注象征性利益的获得，尤其是获得国际社会的认可。在国际政治中，地位与荣誉、信誉和声誉等相类似，对一国的国家形象建设具有重要意义。综上所述，

---

[1] Xiaoyu Pu, *Limited Rebranding: Status Signaling, Multiple Audiences, and the Incoherence of China's Grand Strategy*, PhD Dissertation, The Ohio State University, 2012, pp. 40-41.

[2] Michelle Murray, "Identity, Insecurity, and Great Power Politics: The Tragedy of German Naval Ambition Before the First World War," *Security Studies*, Vol. 19, No. 4, 2010, p. 660.

[3] Hedley Bull, *The Anarchical Society: A Study of Order in World Politics*, New York: Columbia University Press, 1977, p. 202.

[4] William C. Wohlforth, "Unipolarity, Status Competition, and Great Power War," pp. 34-35.

[5] Robert Gilpin, *War and Change in World Politics*, Cambridge: Cambridge University Press, 1981, pp. 30-33.

一国之所以重视其在国际体系中的地位，是因为：第一，工具性利益（instrumental interest），如在国际规则制定中是否享有特权。第二，国际社会中的威望满足，包括对国内声望的追求。① 此外，一国获得其欲达到的国际地位，有助于其在国际事务中扮演更重要的角色，同时能够享有一定的话语权，以便于更好地实现本国的国家利益。

（二）释放信号的策略选择及其影响因素

地位信号释放理论采取一种兼顾象征性与理性的立场，并且从策略的意义上来解释象征性因素。② 工具性的地位信号致力于国家现实利益的争取与维护，象征性的地位信号为了满足一国的心理需求，往往需要付出一定的物质代价，以使观众接受其想要传递的地位。根据已有研究，一国可以采取的地位信号策略主要有四种："炫耀性消费"、"分享性给予"、"倾向性解释"和"寻求性斗争"。"炫耀性消费"是指一国在国际政治中拥有显赫的军事力量，能够采取具体的军事部署与规划，如俄罗斯2015年9月在中央军区进行的军事演习。"分享性给予"则强调一国对自身的身份认知与归属，与个人在团体中会寻求自身的团体身份类似，国家也会寻求其在国际社会中的地位，并通过主动承担国际责任以寻求归属感。"倾向性解释"是指"当一个人在叙述某件事时，着重强调某些事实并将其以对自己有利的方式贯穿起来，同时对于那些于己不利的事实轻描淡写或者视而不见"。③ 类似于理查德·内德·勒博（Richard Ned Lebow）所描述的"社会和行为体在现代最明显的（特征）就是行为体在对一种动机做出反应的时候却在利用另一种动机来解释和论证它们的行为。政府官员总是引用安全来证明（实际上）由激情或利益因素引发的政策是正当的，因为他们相信这样公众更加容易接受"。④ "寻求性斗争"往往是指一国在

---

① Xiaoyu Pu, *Limited Rebranding: Status Signaling, Multiple Audiences, and the Incoherence of China's Grand Strategy*, p. 29.

② 蒲晓宇：《地位信号、多重观众与中国外交再定位》，载《外交评论》2014年第2期，第25页。

③ John J. Mearsheimer, *Why Leaders Lie: The Truth about Lying in International Politics*, New York: Oxford University Press, 2011, pp. 16-17, 转引自蒲晓宇《霸权的印象管理——地位信号、地位困境与美国的亚太再平衡战略》，载《世界经济与政治》2014年第9期，第45页。

④ ［美］理查德·内德·勒博：《国家为何而战？过去与未来的战争动机》，第90页。

国际体系中对地位的争夺，或者是获取有价值的物质资源，是国际社会中释放地位信号的惯用手法。[1] 通常以信号发出国所具有的"好斗性"（aggressive）为特征，包括威慑、战争等诸多富有进攻性的行为。简而言之，在地位信号释放机制中，一国会视具体情况对目标观众采取恰当的释放策略进行信号传递，以使观众接受其欲传达的信号，这是一种利己性的选择。

地位信号作为一种信息传递机制，旨在改变或维持在相关政治行为体之间的"地位信念"（status belief）。[2] 根据已有的解释，国家采取同一策略，既可以寻求工具性利益，也可以寻求象征性利益。其具体追求的利益需要视现实情境加以判断。一国的国际地位是在国际社会互动中实现的，通常取决于别国的不可预测的态度。因此，国家作为信号发出方在进行信息传递的过程中，需要对信号接收方——特定国家的国内政治及国际环境有较为准确的了解，从而结合实际进行策略选择。一般而言，国家的信号释放策略选择取决于以下因素：

第一，信号发出国的物质实力是影响其策略选择的重要因素。一国的国家权力和地位通常决定或受限于国际社会的整体认知。国家的物质实力一方面决定了该国在国际社会中的地位，也就是决定了该国所能够释放的地位信号，另一方面则限制了国家的信号释放策略选择。因此，一国欲获得较高的国际地位，则需要向目标观众甚至于整个国际社会释放"高地位"信号。正如作为个体的人会通过奢侈品的消费来证明自身具有物质能力来获得相应的社会地位类似，[3] 国家亦会通过对特殊物质资源的炫耀性消费来证明自己的国际地位，这些资源的获取则依赖于国家的物质实力，如核武器的拥有、军事力量的强弱及国家的军费开支，等等。因此，一国的物质实力是其采取相应策略的制约因素。同样是释放"高地位"

---

[1] Xiaoyu Pu, *Limited Rebranding: Status Signaling, Multiple Audiences, and the Incoherence of China's Grand Strategy*, p. 36.

[2] 所谓的"地位信念"指一国对本国相对地位的自我认知，即关于本国在国际社会中应处的地位的信念。Xiaoyu Pu, *Limited Rebranding: Status Signaling, Multiple Audiences, and the Incoherence of China's Grand Strategy*, p. 46.

[3] Fernando Jaramillo, Hubert Kempf and Fabien Moizeau, "Conspicuous Consumption, Social status and Clubs," July 2000, pp. 7 – 9, http：//papers. ssrn. com/sol3/papers. cfm? abstract_ id = 237455, last accessed on 13 April 2016.

信号，有些国家会选择"炫耀性消费"来取得"威慑"（deterrence）效果，但有些国家则会选择"寻求性斗争"的挑衅行为（provocative behavior），采取直接的军事行动，亦有可能仅仅停留于话语层面的"分享性给予"进行一系列谴责。

第二，国家传递的地位信号类型是进行策略选择的前提。在地位信号释放之前，信号发出国需要对本国的国际地位进行具体判断，形成较为明确的自我认知，同时要对国际社会所持的关于本国地位的认知进行感知，判断两种认知之间是否存在差异，以进行信号类型的选择。具体地，一国在传递"高地位"信号时，更偏爱"炫耀性消费"策略和"寻求性斗争"策略，通常是以展示实力的强硬方式证明其获得"高地位"的合理性。在传递"低地位"信号时，国家会选择相对温和的策略，而不是采取传递"高地位"信号时所使用的强硬策略，如"倾向性解释"策略便是一国释放"低地位"信号的惯用手法。由于信号发出国在该策略的使用中掌握更多话语权，因此作为一种利己性选择，一国享有较多的解释权，往往成为信号发出国规避责任的策略选择。此外，由于"分享性给予"策略强调信号发出国的身份认知与归属，因而该策略所传达的地位信号需要参考信号发出国的自我认知与身份归属，类似于戴维·莱克（David A. Lake）所言的"群体确认"（community confirming）作用。[①] "分享性给予"既能够作为一国积极承担国际责任，采取军事行动所释放的"高地位"信号的策略，也是一国不贸然采取单边行动以实现"低地位"身份归属的常用选项。因此，"分享性给予"策略既可以传递"高地位"信号，又可以传递"低地位"信号（如图12-1），然而其目的都是对自身身份类型进行归属，其所传递的具体信息需要结合信号发出国的自我身份认知加以判断。

[①] 戴维·莱克在强调"群体确认"时，亦认为"象征性臣服"这一行动既能够确认单个国家对权威的遵从，又向附属国群体释放出其他国家尊重权威的信号。这一行为在某种意义上也类似于"分享性给予"策略所传递的身份归属，即遵从国际权威，采取合作态度。具体可参考［美］戴维·莱克：《国际关系中的等级制》，高婉妮译，上海：上海人民出版社2013年版，第10—13页。

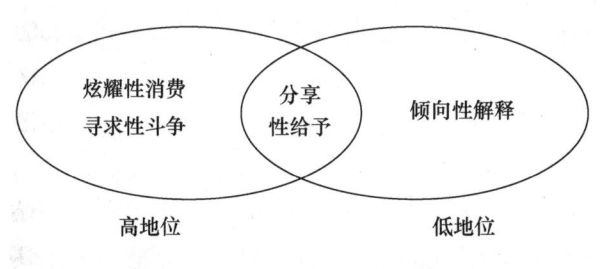

图 12 - 1　地位信号类型与策略选择

（三）基本假定与假设

地位信号传递旨在改变或维持目标观众对其国际地位所持有的认知。由于国际社会的无政府状态，一国的地位信号释放并不必然是一种良性的意图，通常传递的是信号发出国所偏好的国际地位。[①] 在具体的国际实践中，国家的地位信号传递往往会面临诸多复杂情况，尤其是信号传递所面对的目标观众，作为信号试图传达或影响的对象，主要涉及国内观众和国际观众。就国内观众而言，在进行对外交往中可以将其视为具有内在统一性的群体，即对国内观众成本的考虑进行必要的简化。[②] 就国际观众而言，则相对复杂，不仅要妥善处理与主导大国的关系，同时需要考虑其他地区国家尤其是与本国具有特殊利益的国家，如中国在国际社会中所面临的国际观众主要有：超级大国——美国、周边国家、广大的发展中国家以及特殊的国际组织或政治团体，等等。这也反映了国家在地位信息传递过程中面临着多重观众（multiple audience），必须对目标观众予以明确界定，并考虑可能的观众成本，包括：国内观众的合作、国际观众的合作及

[①] Xiaoyu Pu, *Limited Rebranding: Status Signaling, Multiple Audiences, and the Incoherence of China's Grand Strategy*, p. 50. 可以简单地理解为：一国所传递的地位信号可能会与其真实的国际地位之间存在差距，地位信号的信度依赖于信号接收方的解读。

[②] 这里所说的简化并非是对国内观众的忽视，而是为了决策方便，仅对多数观众的立场进行分析，如一国对外发展经贸，对国内观众的考虑就在于顾及大多数人的利益与福祉，而不是对本国内各阶层进行具体分析。值得注意的是，一国的精英集团或利益集团较之于普通民众可能会对国家的对外决策产生更为显著的影响。因此，国家对国内观众的具体考虑需结合实际进行分析。

可能面临的威胁。① 总之，一国在面临地位困境时，如何保证信息的正确传递，需要对上述两类观众进行具体分析，同时要注意避免信息传递过程中可能存在的误传、漏传等情况。

在提出具体的假设之前，有必要对本章的基本假定进行说明，主要包括：

第一，理性行为体（rational actor）假定。根据亚历山大·温特对理性行为体的界定，国家作为理性行为体需包括四方面内容：（1）能够持续较长时间的单一性身份；（2）对外界环境持有信念；（3）传递信息的欲望是其采取行动的动机；（4）能够根据期望效用最大化做出理性选择。② 因此，在地位信号传递过程中，国家这一理性行为体具有单一性，持有改变目标观众对自身地位认知的信念，同时能够进行成本收益的衡量，以此对目标观众进行信息传递。

第二，信息不完全与不对称（incomplete & asymmetric information）假定。信息不完全原指市场经济的参与者不拥有经济环境的全部知识。本章认为，在信号传递机制中，信号发出方与信号接收方都不具备关于整个传递过程的完全信息，信号发出方不能掌握关于信号传递过程及信号接收方的所有信息，这也是存在信息误判的原因。信息不对称也是经济学概念，原指市场中交易双方所持有的信息的不对称，指一方拥有对方不拥有的信息，这一现象会产生"逆向选择"（adverse selection）。③ 在地位信号释放中，同样存在着信息不对称，信号发出方与信号接收方之间所拥有的信息存在差异性，因此在地位信号传递过程会存在虚假信息，尤其是一国为规避责任而故意采取的"低地位"信号。如在国际公共物品的提供方面会存在"搭便车"行为，这在某种意义上可以理解为是信息不对称引起的。

第三，国家同时追求工具性利益与象征性利益。由于国家地位具有社

---

① 这里所涉及的成本是根据学界已有的国内观众成本总结出来的，有关国内观众成本的解释可参考：Jessica Weeks, "Autocratic Audience Costs: Regime Types and Signaling Resolve," Vol. 62, No. 1, 2008, pp. 35 - 64.

② Alexander Wendt, "The State as Person in International Theory," *Review of International Studies*, Vol. 30, No. 2, 2004, p. 295.

③ 逆向选择在经济学中是指由于信息的不对称带来的市场无效，存在劣质品追赶优质品的现象，如"柠檬市场"的存在。在国际关系中，逆向选择同样存在，尤其是经济相互依存的条件下，主导国与附属国之间存在的信息不对称，主导国虽能在一定程度限制附属国的机会主义行为，但亦有可能刺激附属国采取更为危险的行为。

会属性，国家更关注其在国际社会中能够获得的合法性、声望、荣誉等象征性利益，因为这些利益的获得是难以通过强制性力量实现或维持的。[1] 正如罗伯特·吉尔平（Robert·Gilpin）所描述的"声望不同于权力，这是国际关系的日常货币"。[2] 但不可否认，工具性利益是一国获得象征性利益的基本前提，国家所能够实现的象征性利益是建立在该国所拥有的国家实力（综合国力）基础之上。因此，一国在追求其国际地位时，并非只是对安全、权力的追求，而是对有形资产与无形资产的兼顾。

此外，在具体的信息传递过程中，本章仍遵循现实主义对国际社会处于无政府状态的基本假定。有必要说明的是，由于国家追求其在国际社会中的国际地位，因此国际体系的无政府状态并不意味着国家之间不存在等级，这里的等级制"仅仅是指建立在相对能力基础上的国家等级"，[3] 通常被作为能力分配的代名词。[4] 如伊恩·克拉克（Iran Clark）所定义的："一种以分层化为特征的政制安排，其中有着能力与荣誉的不同次序；而且社会按照次序分为不同的从属等级"。"作为分层化的能力，等级制与国际政治是一种自助体系的观点完全一致"。[5]

结合上述基本假定及地位信号理论的相关研究，本章提出以下假设：

当某国对其国际地位的自我认知高于国际社会的认知时，该国会释放"高地位"信号，通常会根据现实情境采取"炫耀性消费"、"分享性给予"或"寻求性斗争"策略。

当某国对其国际地位的自我认知低于国际社会的认知时，该国会释放"低地位"信号，通常会选择"分享性给予"或"倾向性解释"策略。

---

[1] Xiaoyu Pu, *Limited Rebranding: Status Signaling, Multiple Audiences, and the Incoherence of China's Grand Strategy*, p. 55.

[2] Robert Gilpin, *War and Change in World Politics*, Princeton: Princeton University Press, 1981, p. 31.

[3] ［美］戴维·莱克：《国际关系中的等级制》，高婉妮译，上海：上海人民出版社2013年版，第61页。

[4] David Kang, "Hierarchy and Stability in Asian International Relations," in John Ikenberry and Micheal Mastanduno, eds., *International Relations Theory And the Asia-Pacific*, New York: Columbia University Press, 2003, pp. 163-190. 转引自［美］戴维·莱克《国际关系中的等级制》，第61页。

[5] Iran Clark, *The Hierarchy of Status: Reform and Resistance in the international Order*, New York: Cambridge University Press, 1989, pp. 2, 3. 转引自［美］戴维·莱克《国际关系中的等级制》，第60—61页。

上述假设中，国际社会的认知可理解为主要大国对其地位的普遍认知，但不排除特定情况下对特殊目标观众所持有的认知的关注。另外，信号释放策略的选择并不意味着国家传递信号时会只采用某一单项策略，更为普遍的情况是，一国会灵活使用多种策略，以更好地传递地位信号。结合已有研究成果，本章选取俄罗斯——复兴大国（resurgent power）作为分析对象，并对其军事干预叙利亚这一异常行动作为"强案例"进行研究，① 以证明"地位信号释放"作为一种分析框架所具有的信度和效度。

四　地位信号：俄罗斯军事干预叙利亚的动机

通过回顾俄罗斯军事干预叙利亚至撤军的过程可以发现，要解释俄罗斯干预叙利亚的动机，必须回答以下问题：第一，阿萨德的去留是否是俄罗斯在叙利亚问题上的底线？第二，"伊斯兰国"中的战斗人员尤其是俄籍"圣战"分子是否已严重威胁俄罗斯国家安全（俄罗斯采取干预行动之前）？第三，叙利亚停火协议缘何能够实现？俄罗斯已开始从叙利亚撤军，这是否意味着俄已初步实现了军事干预叙利亚的目的？因此，本章将对上述问题予以回答，并结合地位信号释放理论对俄罗斯军事干预叙利亚的动机进行具体分析。

在叙利亚问题上，俄罗斯与西方国家的最主要分歧就在于巴沙尔·阿萨德的去留问题。以美国为首的西方国家一直坚持阿萨德的下台是解决叙利亚危机的关键，而俄罗斯则认为叙利亚危机的解决必须依靠叙利亚合法政权（阿萨德政府）。因此，叙利亚问题一直难以解决的症结就在于双方没有达成共识，加之叙利亚境内反政府派别内部的复杂关系，使得叙利亚成为以美俄为首的大国展开博弈的重要阵地。如今，叙利亚停火协议的最终达成在带来关于叙利亚问题和平解决的希望时，仍有一个核心问题悬而未决，即阿萨德的去留是否是俄罗斯在叙利亚问题上的底线？学术界有较

---

① "强案例指的是社会科学研究中按照常规理论和不容易发生的案例，如果在这些案例中发现相关理论机制，有利于说明这些理论机制的有效性。"参考蒲晓宇《地位信号、多重观众与中国外交再定位》，第26页。

多的研究成果认为：俄罗斯坚定地支持阿萨德政权。[①] 但最终美俄能够在这一问题上妥协并达成协议对该说法构成挑战。[②] 已有的研究关注俄罗斯在中东的物质获益即工具性利益，因而强调俄支持阿萨德政权具有必然性，然而面对中东地区可能获得的物质利益，包括：能源贸易、军备出售及在塔尔图斯港的军事利益，摆在俄罗斯面前的选择只有两种：要么维护巴沙尔·阿萨德的统治地位，以保证既得利益；要么与叙利亚其他派别建立关系，以保证阿萨德政权倒台后仍可继续获益。很显然，俄罗斯并没有选择单一路径，而是选择同时实施这两种方案，即对阿萨德政权保持一种暧昧的态度，在面临西方对其打击叙境内反对派行动产生的质疑时，俄罗斯既不承认也不否认。这也是俄罗斯在打击恐怖主义时态度发生变化的原因。

对于俄罗斯为何会做出这样的选择，地位信号释放也许能够提供较有说服力的解释。俄罗斯在空袭时所面对的目标观众有：阿萨德合法政权、叙利亚反对派、恐怖组织及西方国家。面对多重观众，俄罗斯会选择释放出不同的地位信号，以期实现不同的目标。然而这些信号的传递与接受容易产生重叠，进而使得目标观众对信号发出方欲传达的地位信号存在接收偏差。对俄罗斯在干预过程中的信号传导进行简单梳理，如表12－4所示：

表12－4　　俄罗斯在干预叙利亚过程中的信号释放

目标观众	信号释放	策略选择	目标	具体表现
阿萨德政权	高地位	炫耀性消费、分享性给予	保护盟友	采取有效空袭
	低地位	倾向性解释	规避风险、寻求合法性	签署停火协议、撤军

---

① Blessing Simura, "USA and Russia in Syria and Ukraine: The Irony of Geo‐Political Interventions"; Derek Averre and Lance Davies, "Russia, Humanitarian Intervention and the Responsibility to Protect: the Case of Syria".

② 有学者认为俄罗斯对阿萨德政权的去留并不是底线，如 Nikolay Kozhanov, "Russian Support for Assad's Regime: Is There a Red Line?"; Mark N. Katz, "Russia and the Conflict in Syria: Four Myths," *Middle East Policy*, Vol. 20, No. 2, 2013, pp. 38－46; 亦有学者认为俄罗斯对于阿萨德政权并没有长远的战略考虑，可以随时发生改变，参考 Kimberly Marten, "Informal Political Networks and Putin's Foreign Policy: The Examples of Iran and Syria," p. 81.

续表

目标观众	信号释放	策略选择	目标	具体表现
叙反对派	高地位	寻求性斗争	支持盟友	不否认西方对其打击反对派的质疑
	低地位	分享性给予	促进和谈	敦促反对派参与和谈、撤军
恐怖组织	高地位	炫耀性消费、寻求性斗争	国际反恐	采取有效空袭
西方国家	高地位	炫耀性消费、分享性给予	证明其大国地位，寻求承认	采取有效空袭
	低地位	分享性给予、倾向性解释	地位信号而非地位寻求	仅限于空袭、签署停火协议、共同打击"伊斯兰国"、撤军

可以发现，面对同一目标观众，俄罗斯根据现实情境所释放的地位信号并不具备一致性和连续性。但是，面对恐怖组织，俄罗斯一直以"高地位"的信号对其施以强制性措施，如"炫耀性消费"和"寻求性斗争"。这一举措证明了俄罗斯在叙利亚境内的反恐目标，也说明俄罗斯的确在释放一种地位信号，而非谋求改变国际社会中的地位等级制。此外，面对盟友——阿萨德政权，俄罗斯一方面以"高地位"的信号对其采取保护行动，包括："炫耀性消费"——向叙利亚提供直接的军事援助、空袭"伊斯兰国"和反对派；"分享性给予"——强调支持叙利亚合法政权、打击恐怖主义离不开阿萨德政权，等等。然而在美国对俄罗斯所取得的反恐成效有所承认并在阿萨德政权问题上做出让步时，俄罗斯则向盟友释放出一种规避责任的"低地位"信号，这一信号不仅使其反恐行动名副其实，也传达了其在叙利亚问题上的底线并非阿萨德的去留问题。[①]

俄罗斯在采取军事行动时冠以打击恐怖主义、解决欧洲难民危机之名，是否恐怖组织真正已殃及俄罗斯的本土安全？若"伊斯兰国"着实对俄境内安全构成威胁，俄罗斯为何没有采取更为有效的方式进行打击？若没有直接威胁到俄罗斯的国家安全，俄罗斯为何改变了以往的提供军事援助而采取直接空袭？这一问题的回答不仅能够厘清俄罗斯的行动逻辑，

---

① "Putin: Russia helps Syria Destroy 'Terrorists', Does Not Interfere into its Affairs," January 25, 2016, http://www.dailystar.com.lb/News/Middle-East/2016/Jan-25/333840-putin-russia-helps-syria-destroy-terrorists-does-not-interfere-into-its-affairs.ashx, last accessed on 30 March 2016.

也有助于理解俄罗斯的战略目标。从地位信号的角度出发，俄罗斯以反恐之由在叙利亚进行空袭，是运用"炫耀性消费"策略向恐怖组织释放"高地位"信号，这一行动在给俄罗斯带来较高的国内支持率和国际声望的同时，也使俄面临可能来自于恐怖势力的打击报复，如导致俄罗斯客机被恐怖分子所击落。对俄罗斯的安全考虑进行考察后可以发现，虽然俄籍"圣战"分子人数较多，但这并不必然构成对俄罗斯本土安全的威胁。这是因为：首先，俄籍穆斯林在叙利亚参加"圣战"降低了俄境内发生恐怖活动的可能；其次，俄籍"圣战"分子的回流数量并不确定，目前并未出现明显回流的趋势，而且普京之前明确表示"伊斯兰国"并不是俄罗斯的直接威胁来源。[①]

那么，促使俄罗斯采取行动的原因到底是什么？俄罗斯对于空袭行动做出的解释存在明显矛盾，一方面强调其打击恐怖组织的正义性，另一方面又指称保护叙利亚合法政权。虽然两种说法存在分歧，但并没有对俄罗斯在叙利亚的具体行动产生影响，即俄罗斯坚持空袭。有学者认为俄罗斯是通过利用打击恐怖主义赋予其介入叙利亚的合法性，借机赢得外交优势，寻求西方对其大国地位的承认。[②] 诚然，这种说法说明了俄罗斯对其大国地位的寻求，但是无法解释行动为何仅限于空袭？地位信号释放理论则可以对该解释予以补充。俄罗斯在叙利亚问题上的根本诉求是释放地位信号，即俄罗斯是全球性大国。其释放的地位信号并不具备一致性，首先，俄罗斯以高调介入叙利亚局势向西方传递其高地位信号，通过打击"伊斯兰国"的战绩，证实其是国际反恐的可靠盟友；其次，军事行动仅限于空袭，这是俄罗斯对"分享性给予"策略的巧妙运用，既证明了自身在国际反恐事务中的重要作用，又对其国际社会一员的身份进行归属；向国际目标观众证明俄罗斯愿意同以美国为首的西方国家共同打击"伊斯兰国"，而不是盲目地采取单边行动；最后，在多次和谈过程中，俄罗斯以积极的角色推动了停火协议的达成，再一次表明俄罗斯并非仅着眼于对工具性利益的追求，而是寻求西方国家对其全球大国地位的认可与

---

① Emil Aslan Souleimanov and Katarina Petrtylova, "Russia's Policy Toward the Islamic State," *Middle East Policy*, Vol. 22, No. 3, 2015, pp. 69–70.

② Emil Aslan Souleimanov and Katarina Petrtylova, "Russia's Policy toward the Islamic State," pp. 66–78.

尊重。

如今，叙利亚停火协议的达成使该地区迎来了短暂的和平，伴随着俄罗斯开始撤军，关于俄罗斯的干预目标是否实现已引发争论。[①] 停火协议的最终达成与美俄双方对阿萨德政权的态度变化有关，正是双方不再坚持"阿萨德的去留"是解决叙利亚危机的前提，才使得双方具有了谈判与合作的空间。结合上述分析可以发现，俄罗斯在叙利亚问题上的根本目标是通过地位信号的释放，使目标观众接受其塑造的国际地位。其中，俄罗斯非常重视以美国为首的西方国家这一国际观众。因此，俄罗斯综合使用多种信号传递策略，结合具体情境塑造了俄罗斯是负责任的全球大国的形象，在中东尤其是叙利亚问题的和平解决中发挥着重要作用。且通过澄清俄罗斯不是阿萨德政权的代理人，而是叙利亚地区安全的维护者，积极推动反对派参与叙利亚和谈，并在阿萨德政权问题上与西方达成共识，主张由叙利亚人民决定其国内政局的发展前途，这也是俄罗斯在其所释放的高地位信号被西方国家所接受之后而采取的"分享性给予"策略，试图以此证明其与国际社会共同打击恐怖势力的立场，而且这一立场是一以贯之的。俄罗斯当前展开的撤军行动，既意味着俄罗斯在叙利亚打击恐怖主义任务暂告结束，也标示着俄罗斯释放的地位信号初步获得了西方国家的尊重与认可。

五 目标观众与俄罗斯干预叙利亚的策略选择

根据地位信号释放理论所涉及的一套完整的地位信号传递机制所必需的要素，本节将围绕以下问题进行具体解释：第一，俄罗斯为何要通过信号传递其欲维护的地位？第二，俄罗斯的地位信号所面临的观众包括哪些行为体？第三，俄罗斯的地位信号传导方式有哪些？第四，地位信号传导

[①] Alexander Baunov, "A Well-Timed Retreat: Russia Pulls Back From Syria," Carnegie Moscow Center, March 15, 2016, http://carnegie.ru/commentary/?fa=63044; Jim Muir, "Russia's Syria Pullback: A Catalyst for Peace?" March 16, 2016, http://www.bbc.com/news/world-middle-east-35815064; Anatolii Baronin and Da Vinci AG, "Russian pullback from Syria: Varying Interest of Moscow and Damascus," March 17, 2016, http://www.unian.info/world/1292312-russian-pullback-from-syria-varying-interests-of-moscow-and-damascus.html; last accessed on 29 March 2016.

的背后有怎样的政治意图?①

权力与地位的转变关系到国家利益的形成以及相应的战略调整。② 大国关注他们在国际体系尤其是转型时期的权力和地位,一般会通过信号传递的方式向其国内或国际观众展示其偏爱的地位。俄罗斯作为复兴中的大国,尤其重视其在国际体系中的地位。因而,俄罗斯的地位信号传递一方面是基于其对本国国际地位的自我认同(self-identification),即强调在中东地区俄罗斯是具有重要影响的大国,叙利亚问题的解决离不开俄罗斯的参与,俄罗斯有能力也有意愿在中东事务的解决中扮演重要角色。③ 另一方面也是俄罗斯寻求他者(首先是以美国为首的西方国家)认同的一种表现,即获得其应得的尊重。乌克兰危机后西方对俄罗斯的制裁行为,在很大程度上被俄罗斯解读为对其大国地位的蔑视(disrespect 或 misrecognition),④ 俄对此严重不满,因此积极寻求西方国家对其在中东地位的承认与尊重以作为补偿。

就俄罗斯在叙利亚问题上主要面临的目标观众而言,主要包括俄罗斯的国内观众、俄罗斯在中东的盟友、以美国为首的西方国家、以"伊斯兰国"为主的恐怖主义。一国在信号传递过程中由于面临多重观众的困境,很难只向目标观众传递信号,因而容易使不同观众对其信号产生误解。在俄罗斯干预叙利亚问题上,俄罗斯传递的信号主要是俄罗斯官方对其干预动机的表述:即打击"伊斯兰国"和支持叙利亚合法政权。首先,面对国内观众,由于国内经济局势较为糟糕,俄罗斯领导层尤其是普京总统需要较高的国内支持率,因此希望以打击"伊斯兰国"为由占据国际反恐的道德高地,以期获得较高的国内支持率。其次,中东盟友,主要是俄罗斯的盟友叙利亚及与其合作的伊朗。面对这些国际观众,俄罗斯力主塑造一种支持叙利亚合法政权的形象,与伊朗联手避免其他外部力量推翻

---

① Xiaoyu Pu, *Limited Rebranding*: *Status Signaling*, *Multiple Audiences*, *and the Incoherence of China's Grand Strategy*, p. 27.

② Paul K. MacDonald and Joseph M. Parent, "Graceful Decline?" *International Security*, Vol. 35, No. 4, 2011, pp. 7–44.

③ 有关俄罗斯意愿和能力的分析可参考:Stephen Blank, "The Putin Succession and Its Implications for Russian Politics," pp. 231–262.

④ 有关国际关系中的蔑视的讨论,可参考曾向红《国际关系中的蔑视与反抗——国家身份类型与承认策略》,载《世界经济与政治》2015 年第 5 期,第 125—155 页。

巴沙尔·阿萨德政权。如俄罗斯通过向叙政府军提供培训与支援，传递其对保护叙利亚合法政权的信心，这也为之后能够接受叙利亚请求并快速实施空袭创造了条件。最后，俄罗斯军事干预叙利亚的另一重要目标群体是以美国为首的西方国家。乌克兰危机之后，西方国家对俄罗斯吞并克里米亚的行为严重不满，认为这是对国际法的违反，并基于此对俄罗斯进行多轮经济制裁。在此背景下，俄罗斯高度重视军事干预叙利亚的合法性，并宣称为了彻底打击恐怖主义需要加强国际合作，甚至于倡议建立国际反恐联盟。这一系列"善意的"信号，在一定程度上缓和了欧洲国家对俄罗斯军事干预行动的担心，也有助于避免美国对俄罗斯的行动做出激烈回应。总之，在复杂的国际国内局势下，俄罗斯针对不同的观众群体发出了不同的信号，力图缓解俄罗斯军事干预叙利亚的压力，同时致力于塑造并维护其"在中东地区具有重要影响力的负责任大国"的形象和地位。

回顾俄罗斯在干预叙利亚过程中的地位信号释放行为可以发现，俄罗斯并没有采用某种单一的信号释放策略，而是对四种策略的综合运用。俄罗斯的策略选择是其国内政治与国际政治双向互动影响的，理解这一选择需要对俄罗斯的地位信号释放策略予以具体分析。首先，"炫耀性消费"策略。俄罗斯在2015年8—9月在叙利亚的塔尔图斯港开始军事部署，包括举行军事演习等活动，这无疑是在向国际社会宣示其国际地位，即通过自身拥有的军事资源，向目标观众展示俄罗斯有能力在叙利亚问题的解决中发挥作用。之后，空袭行动的快速展开及取得的有效战绩都是俄罗斯对其国际地位的自我确定，俄试图通过一系列的军事"炫耀"，寻求以美国为首的西方国家对其大国地位的接受。

其次，"分享性给予"策略。至少从俄罗斯的角度看，其在叙利亚的军事行动并不是一意孤行的或是贸然挑衅国际法。俄的行动遵循从"阿萨德的请求——俄罗斯议会授权——正式空袭"的过程，这不仅赋予其行动以合法性，也是俄罗斯为塑造自身作为国际社会负责任大国形象的一种策略，试图以此表明俄罗斯并非是现有国际秩序的挑战者，而是国际秩序的维护者。同时，在打击恐怖组织的过程中，俄罗斯强调建立国际联盟的重要性，并致力于同其他国家共同采取反恐行动，这也为叙利亚停火协议的最终达成提供可能。

再次，"倾向性解释"策略。这一策略对于理解俄罗斯为何仅仅采取空袭而没有派地面部队进驻叙利亚具有重要意义。俄将干预形式限于空袭，而不是采取出动地面部队等行动，其含义在于表明俄无法独立完成打击"伊斯兰国"的任务，希望与西方国家合作合力加以应对。此外，俄罗斯在停火协议达成之后的撤军行动，也是其"倾向性解释"策略的具体表现，一方面撤军能够缓解俄罗斯的国内压力，避免国内观众担心俄罗斯重陷类似于苏联入侵阿富汗似的长期消耗战中；另一方面也是履行停火协议，推动叙利亚问题解决的举措，这一行动能够改变西方国家所持的有关"俄罗斯在叙利亚旨在保护阿萨德政权"的偏见，证实其打击"伊斯兰国"的真实意图。

最后，"寻求性斗争"策略。面临干预成本大于干预收益的情况下，俄罗斯依然决定采取军事行动打击"伊斯兰国"，无疑会使观众认为其采取军事行动并非一种理性行为。然而事实上，俄罗斯的斗争策略已不再局限于对工具性利益的寻求，而更多的是追求象征性利益——国际社会中的荣誉与声望。由于外部荣誉必须被其他人授予，并且只能通过采取被认为是荣耀的行动才能取得。[1] 俄罗斯便通过其打击恐怖主义的"荣耀"行动，采取与前景理论相悖的冒险行为——战斗。即为了释放其在国际社会中的地位信号，并寻求与之相关联的荣誉。就像修昔底德和霍布斯所理解的，对荣誉的渴求以及愿意为了赢得或提高荣誉而面对死亡使得荣誉社会更有可能进行战争。[2]

显而易见，俄罗斯通过军事干预叙利亚以释放地位信号时综合使用了多种手段，且对于同一目标观众所传递的地位信号并不是一以贯之的。需要追问，影响俄罗斯地位信号释放过程的因素有哪些？俄罗斯释放的地位信号是由什么决定的？有必要对上述问题予以澄清，以便于理解俄罗斯的地位信号释放过程。大体而言，作为一种信号释放机制，其释放的信号既与信号发出方本身有关，也与信号接收方相关，且信号传递所面临的内外部环境亦是影响因素之一。由于尚未有成果分析地位信号释放呈现差异性这一现象，本章从俄罗斯干预叙利亚这一案例出发，提炼出以下两个主要的影响因素：

其一，信号释放过程所面临的内外部环境是制约国家信号类型及释放

---

[1] [美]理查德·内德·勒博：《国家为何而战？过去与未来的战争动机》，陈定定等译，第73页。

[2] 同上书，第76页。

策略选择的因素。国家在传递信号时所面临的现实情境对其释放的信号类型做出了要求,信号的释放与传递面临着成本—收益的衡量,这一衡量不仅受信号发出国的实力影响,也与信号接收国的实力相关。如俄罗斯将军事干预叙利亚的行动仅限于空袭,一定程度是考虑本国的经济状况,另外也是对阿萨德政权实力的顾及。此外,对成本收益进行判断,必须考虑整个信号传递过程,尤其是可能面临的"动力传递损耗"①,即信号传输过程中可能存在的干扰因素会影响信号的有效传递。如当前新媒体的发展,部分媒体热衷于捕风捉影的信息传递,不利于信号发出方与信号接收方之间的沟通。如2016年1月有媒体称普京要求巴沙尔·阿萨德下台,此后该消息被俄罗斯官方予以否认。② 当前国际社会中类似情况不胜枚举,这一现象无疑会影响国家间的认知,从而使得信号发出方与信号接收方之间产生误解,甚至于激化矛盾。因此,国家在进行信号释放和策略选择时会具体考虑所面临的国际环境,以保证信息传递的完整性和准确性。

其二,目标观众的优先级也是影响一国释放"高地位"或"低地位"信号的因素。一国信号传递所面临的目标观众具有多重性,因此其地位信号的释放会呈现出差异。简而言之,一国会对其面临的目标观众进行优先级排序,从而根据目标观众的优先次序释放不同的地位信号。如在俄罗斯采取空袭行动前,其关注的目标观众更多是国内民众和阿萨德政权,对上述观众采取了"高地位"的信号释放,以证明自身有能力对叙利亚的安全负责。而在磋商停火协议的过程中,俄罗斯则更为关注以美国为首的西方国家,故采取了对西方国家释放"低地位"信号,将自己归属为国际社会的一员,树立一种自身优先考虑实现叙利亚的安全与稳定的形象。因此,俄罗斯对同一目标观众在不同时期释放了不同的地位信号。虽然上述因素对俄罗斯的地位信号释放有明显影响,但是一国具体的信号释放也会

---

① 原指代议制国家中,立法机关与选民之间存在的损耗,本章认为信号发出方与信号接收方之间亦存在这种损耗。相关解释可参考[美]埃尔斯坦、卡斯·森斯坦《宪政与民主——理性与社会变迁研究》,潘勒、谢鹏程译,北京:生活·读书·新知三联书店1997年版,第380页。

② 关于普京总统要求巴沙尔·阿萨德下台的消息最早由《金融时报》报道:Sam Jones, Erika Solomon and Kathrin Hille, "Vladimir Putin asked Bashar al‐Assad to Step Down," January 22, 2016;之后俄罗斯的官方表态:"Russia's Lavrov Denies Putin Asking Assad to Step Down," January 27, 2016, https://www.middleeastmonitor.com/news/europe/23583‐russias‐lavrov‐denies‐putin‐asking‐assad‐to‐step‐down, last accessed on 13 April 2016.

受到一些偶然因素的影响，如信号传递过程中的突发事件、一国的国内政治变革，等等，这些都可能对该国的信号释放或接收产生影响。

此外，本章还需回答俄罗斯为何选择在 2015 年 9 月 30 日进行空袭这一问题。从地位信号视角出发，答案或许在于，时机选择一方面受到叙利亚政府提出请求的时间限制，[①] 另一方面也与此前联合国大会上俄罗斯释放的地位信号有关。普京总统在联合国大会的发言中曾对美国进行指责，控诉美国是"处在金字塔顶峰的国家，产生了幻觉，认为自己既然如此强大和特别，那么肯定比所有人都更加明了该怎么做"，并对这些"中东的搅局者"提出了质疑与指责。[②] 普京针对美国等西方国家提出的一系列批评，无疑是在释放一种高地位信号，同时也为俄罗斯随即军事干预叙利亚危机做了铺垫。普京试图通过这种行动传递一种信息，即俄罗斯有意愿在中东事务的处理中发挥作用，也有能力组建反恐联盟以对"伊斯兰国"进行有效打击。而美国对这一信号做出的回应也增强了俄罗斯释放地位信号的信心，奥巴马并没有对普京的质疑与指责予以直面回应，而是将矛头指向了阿萨德政权。虽然俄美双方在如何解决叙利亚问题上难掩分歧，但美国并没有借机指责俄罗斯在乌克兰问题上的举动，这也表明美国并未完全排斥与俄罗斯在叙利亚问题上进行合作的可能。由此可见，联大会议上的"普奥会"与俄罗斯空袭行动的时机选择具有一定的内在关联，只不过这种关联未得到应有的关注。

六 结论

尽管目前学界从非正式政治网络、地缘安全及转移注意力视角对理解俄罗斯军事干预叙利亚的动机做了探索，但并不能对俄罗斯军事干预叙利

[①] 有关巴沙尔·阿萨德具体提出请求的时间尚未有明确表述，但可以确定，时间较为接近 2015 年 9 月 30 日，可参考："Assad Requests Military Aid, Russia Agrees," 30 September 2015, http://mirajnews.com/assad-requests-military-aid-russia-agrees/67216/; Bill Chappell, "Russia Begins Airstrikes In Syria After Assad's Request," 30 September 2015, http://nepr.net/news/2015/09/30/russia-begins-airstrikes-in-syria-after-assads-request/, last accessed on 31 March 2016.

[②] "Speech of Russian President Vladimir Putin to the UN 70th General Assembly," September 28, 2015, http://thesaker.is/un-70th-general-assembly-live-vladimir-putin-speech/, last accessed on 30 March 2016.

亚的具体时机、干预方式及立场变化做出有说服力的解释。本章从地位信号释放理论对俄罗斯在叙利亚的行动逻辑与政策目标予以分析，认为俄罗斯干预叙利亚的军事行动是在其自视为享有战略利益的地区，通过强势行动向不同目标观众发出一系列信号，以巩固和重塑其大国地位。通过对"炫耀性消费"、"分享性给予"、"倾向性解释"和"寻求性斗争"四种信号传导策略的综合使用，俄罗斯试图利用军事干预叙利亚塑造一种"俄罗斯是负责任的全球大国"的形象和地位，并通过"分享性给予"和"倾向性解释"向以美国为首的西方国家传递该地位信号。就效果而言，俄罗斯从叙利亚撤军意味着其干预目标的实现，即通过这一行动，俄罗斯获得西方国家对其作为一个负责任大国地位的初步承认，尽管这种承认并不是一劳永逸的，且是具有脆弱性的。

本章的研究具有一定的理论意义和现实意义。就理论意义而言，主要表现在：第一，地位信号作为一种分析框架，能够弥补已有研究成果的不足。如现有成果主要关注国家对权力、安全等工具性利益的追求，而忽视一国对其在国际社会中象征性利益的获取。然而现实政治中，国家（尤其是大国）同样关注该国在国际社会中的声望、荣誉、信誉等象征性利益。本章通过对一国追求象征性利益的关注，提出了关于国家信号类型的基本假设，即国家会为修正关于其地位的"自我认知"与"国际认知"之间的差距，选择释放"高地位"或"低地位"信号。这一假设有助于较为全面地考察和分析国家所追求的目标及其与对外行为之间的关系。第二，本章对地位信号、释放策略的选择之间的关系做了初步考察，并提出了一种理解两者之间关系的分析框架。为了追求所预期的地位，国家往往会采取"炫耀性消费"、"分享性给予"、"倾向性解释"和"寻求性斗争"等策略。尽管某种具体的策略（如分享性给予）有时可以传达高地位或低地位信号，但它们的整体趋势是比较明确的："炫耀性消费"和"寻求性斗争"往往表达了该国所欲传递的高地位信号；而"分享性给予"与"倾向性解释"更多的时候是传达低地位信号的常见策略。此外，分析框架还初步提炼了影响国家采取不同地位释放策略的因素，如释放国所面临的内外部环境、不同目标观众的优先级等。大体而言，这一分析框架有助于深化国家对地位的追求及其对外行为之间关系的理解。

就现实意义而言，研究俄罗斯军事干预叙利亚的动机、方式等问题，至少能为我们带来以下两点启发。第一，本章对俄罗斯地位信号的释放过程的分析，能够对实现叙利亚问题的和平解决提供启示。俄罗斯基于对其全球大国地位的自我认知并寻求西方国家对该地位的尊重与认可，这构成俄罗斯军事干预叙利亚的首要动机。在此过程中，俄罗斯并不排斥甚至希望西方国家能主动加强与俄罗斯在国际反恐领域的合作。在俄罗斯与美国等西方国家的斡旋下，叙利亚内战各方暂时达成了停火协议，此后俄罗斯也开始主动撤军。这表明，俄罗斯试图传递自己并非是现有国际秩序的挑战者的信号，而是希望其大国地位得到西方的认可与尊重。一旦实现这一目标，俄罗斯愿意在叙利亚等问题做出一定让步。鉴于此，大致可以预料，俄罗斯能否得到西方对其大国地位的承认以及程度如何，将在很大程度上决定俄罗斯在叙利亚内战问题上立场的演变。第二，分析俄罗斯干预叙利亚的动机，有助于理解俄罗斯在其自视为核心战略区域内的政策目标及其行动逻辑。当前中国积极推行"一带一路"倡议，且与俄罗斯就"欧亚联盟"与"丝绸之路经济带"的对接达成协议，然而这一协议的具体落实面临诸多现实挑战，因此要更好地实现中俄两国的合作，必须了解俄罗斯的战略目标与国家利益。尤其是在中亚地区，中国应当对俄罗斯的地位有较为清晰的认知，并在现实政治活动中予以尊重，进而推动两国的合作。

不过，仍需指出本章的研究需要改进的地方。首先，案例的选择可以更为多元化。本章仅就俄罗斯在叙利亚采取军事行动这一反常行为进行研究，虽然能够提供诸多启示，但在一定程度会影响案例检验的信度。事实上，国际社会中存在着诸多地位信号传递的案例，但是对于一国在同一事件中面对多重观众，综合采取多种策略进行不同信号传递的现象则较为罕见。且俄罗斯作为复兴中的大国，对自身国际地位的自我认知与国际认知之间的差异涵盖了本章所述的两种情况，这些条件在一定意义缓解了案例单一可能对理论解释有效性带来的影响。其次，信号类型与策略选择之间的关系虽具有一定的解释力，但不否认"异例"的存在，尤其是面临多重观众困境时可能出现的信息的误判、传递与接收的时滞、认知偏差等意外情况。而如何降低这些意外发生的概率，本章并没有具体谈及。如何进行更为有效且准确的信号传递，有待于学界开展进一步的研究。不过，通过对俄罗斯军事干预叙利亚危机的时机、动机、干预方式等问题的研究，本章有助于深化人们对俄罗斯对中东地区，尤其是叙利亚所持有的认知的了解，并能为掌握叙利亚局势的发展方向提供一定的启示。

与本书第二部分集中关注"中东变局"的发展过程不同,本部分主要研究了外部行为体对"中东变局"的应对方式及其动机。诚如社会运动理论中的政治过程模式注意到的,外部行为体对社会运动能产生程度不一的影响,这种影响既有可能是推动性的,也有可能是阻碍性的,故它构成社会运动政治机会机构的重要组成部分。虽然有的国家的变局发展过程中,因为其发生始料未及,而且发展速度极为迅速,如突尼斯、埃及的变局,故导致大国无法准确地把握变局的发展方向,进而对变局进行及时的干预;但那些陷入内部冲突或拉锯战中的变局,为外部行为体的介入提供了机会,如利比亚、叙利亚危机。对于前一类,外部行为体的影响有限,至少无法左右变局的发展方向;但后一类变局,赋予了在中东地区具有战略利益的大国干预的机会。尽管是否进行干预、进行何种干预是一个涉及诸多国内政治和外交政策考虑的复杂问题,但一旦进行干预,将对被干预国变局的发展方向产生显而易见的影响。当前利比亚与叙利亚局势的危机和脆弱,充分说明了这一点。这也是本书第三部分之所以集中讨论主要大国应对"中东变局"的方式及其动机的主要原因。至于"中东变局"这一重大事件对受到变局影响的各国以及国际局势产生了何种影响,本书第四部分将选择四个议题——社会运动在什么样的情况下会演变为内战、变局后的突尼斯为何能相对平稳地实现政治过渡及对其他"中东变局"具有什么样的启示、"中东变局"对发生在美国等一系列国家或地区的系列"占领"运动产生了什么样的影响、世界各国对西方国家第一次适用"保护的责任"的理念为何反应截然不同——进行研究。这四个方面的议题涉及国家、地区、国际体系等多个研究层次,借此可以初步管窥"中东变局"所产生的复杂和深远的影响。

第四部分

中东变局带来的复杂影响

第十三章

影响中东变局从社会运动演变为内战的因素

【**本章提要**】受到中东变局波及的中东国家,尽管结构背景大同小异,但各国爆发的社会运动带来的国内影响却截然不同。如突尼斯和埃及发生了较为平和的变革,而利比亚、叙利亚却爆发了内战。社会运动在不同的国家之所以产生不同的结果,原因在于抗议者能否形成跨阶层动员与军队的立场选择。抗议者形成跨阶层动员,是社会运动得以持续并实现规模扩大的前提;在大规模社会运动面前,军队内部是否发生分裂,则决定该国是否爆发内战。就此而言,社会运动演变为内战需要满足两个条件,一个是形成跨阶层动员,一个是部分军队支持抗议活动或在抗议活动中保持中立。这一分析模式有助于研究者对社会运动是否会演变内战进行预测。

本章主要讨论中东变局对变局发生国所产生的影响。中东变局在不同国家产生了不同后果。如突尼斯、埃及在民众"独裁者下台"的抗议声中迎来了较为平缓的政治变革;利比亚陷入了外部势力干预下的内战;叙利亚政府与反对派的武装冲突在国内与国际因素的双重影响下持续了五年之久。在此次中东变局中,不同国家政治动荡发生的背景类似:单一经济结构与全球金融危机造成的民生问题,[①] 政治上领导人长期执政带来的腐

[①] 贺文萍:《民生凋敝是中东动荡的主因》,载《社会观察》2011年第3期,第44—46页。

败与合法性危机,[1] 高比重的年轻人口、发展模式的弊端使其陷入"全球化陷阱",亲西方的外交政策等。[2] 为什么发生政治变局的各国共享上述原因,却在各自的变局过程中产生了不同的结果?本章尝试通过提出一种分析途径对此进行研究,以期寻找出社会运动演变成内战的一般性机制。具体回答的问题为:为什么突尼斯和埃及发生的抗议最终导致了较为平和的变革,而利比亚和叙利亚的变局却演变为内战?

一 现有研究成果回顾

在讨论本章的分析框架之前,我们需要对国内外相关研究成果进行简要的回顾。事实上,中东变局这场"让我们再次震惊"[3]的大规模政治变局,在国内外学术界中引起了广泛的研究兴趣,涌现了很多成果。对于中东变局为何在不同国家带来了不同结果这一问题,国内外学术界也开展了一些研究,并提出了一些具体的答案。尤其是在关于利比亚的抗议活动为什么会演变为内战方面,国内外学者做了不少研究,这也与本章所研究的问题最为相关。然而,现有研究成果提供的答案,往往只是指出了利比亚或其他国家内战爆发的背景或结构性因素,并未提供内战爆发的确切原因。下文将以国内外学界关于利比亚内战的研究成果为重点,对既有成果进行简要梳理,以指出现有研究的不足和本章努力的方向。

1. 基于结构性因素与国家政权性质的解释

国内学界涉及利比亚内战的研究,主要出自几份重要学术期刊举行的笔谈与专题学术研讨。例如,《现代国际关系》杂志社举办的"当前北非、中东变局及其影响"学术研讨会、《欧洲研究》在 2011 年第 3 期发表的"利比亚危机"笔谈系列文章。通过汇聚学界的相关学者,这两个刊物探讨了利比亚内战中的人道主义干预、干涉背后体现的大国对外政策

---

[1] Jack A. Goldston, "Understanding the Revolutions of 2011: Weakness and Resilience in Middle Eastern Autocracies," *Foreign Affairs*, Vol. 90, No. 3, 2011, pp. 8–16.

[2] 田文林:《对当前阿拉伯国家变局的深度解读》,载《现代国际关系》2011 年第 3 期,第 30—36 页。

[3] Jeff Goodwin, "Why We Were Surprised (Again) by the Arab Spring," *Swiss Political Science Review*, Vol. 17, No. 4, 2011, pp. 452—456.

调整，以及对西方国家进行军事干预的原因等问题。① 上述问题虽在利比亚危机发生之初即已引起了学界的广泛讨论，但有学者认为，中东变局反映了国内学界在中东研究中存在的不足。如较少关注具体问题的研究、分国别的研究以及对各国内政问题的研究等。② 具体到利比亚内战的成因，国内学者主要形成了以下几种主要观点：原始国家体制导致的政治矛盾、③ 部落之争引发内战、④ 石油经济的影响、⑤ 等等。

国外学术界对于利比亚为何会爆发内战同样进行了不少研究。如有的研究成果通过将利比亚与其邻国进行比较，尝试解释为何利比亚的动荡会演变为内战以及利比亚的抗议为何会持久和暴力。通过比较，有学者认为原因在于利比亚与其邻国存在的三个区别：卡扎菲长期的个人统治、部落主义、反对派与政府控制的区域存在地理上的隔离。⑥ 这说明国外与国内学者相似，均注意到了利比亚的部落传统与地区差异对利比亚内战的影响。除此之外，也有研究成果认为是突尼斯、埃及与利比亚在政治体制上的区别，导致各国的抗议衍生了不同结果。如埃及、突尼斯实现了相对平稳的政权更迭，而利比亚则陷入了内战。根据这种观点，埃及、突尼斯与利比亚的区别在于：前两个国家实施的是"自由化的独裁"（liberalised autocracies），部分的自由化使两国统治者在社会和政治运动面前拥有承担压力的空间；而利比亚完全拒绝一切政治参与和竞争的独裁，最终导致制度崩溃。⑦

整体而言，在解释中东变局在不同国家带来的国内后果时，国内外学

---

① 可参考赵晨《"干涉的义务"与利比亚危机》，载《欧洲研究》2011年第3期；叶江：《北约接管并实施对利比亚军事行动与美欧跨大西洋联盟走势》，载《欧洲研究》2011年第3期；唐永胜：《全球政治视野下的中东变局》，载《现代国际关系》2011年第3期；阎学通：《奥巴马发动利比亚战争的动因》，载《欧洲研究》2011年第3期，等等。

② 李永辉：《北非变局的几点冷思考》，载《现代国际关系》2011年第3期，第13—14页。

③ 殷罡：《北非中东政局动荡归类分析》，载《现代国际关系》2011年第3期，第7—9页。

④ 李伟：《中东地区动荡的开放式结局》，载《现代国际关系》2011年第3期，第27—28页。

⑤ 戚颖璞：《石油的诅咒：石油经济与内战爆发的原因——基于利比亚内战的分析》，载《中国市场》2012年第32期，第71—73页。

⑥ Alia Brahimi, "Libya's Revolution," *The Journal of North African Studies*, Vol. 16, No. 4, 2011, pp. 605–624.

⑦ George Joffé, "The Arab Spring in North Africa: Origins and Prospects," *The Journal of North African Studies*, Vol. 16, No. 4, 2011, pp. 507–532.

者大多关注的是结构性因素，较少对各国社会运动演变成或没有演变成内战的具体过程以及从中体现出来的机制展开深入分析。然而，结构性的解释因素既不能确切说明中东变局爆发的真正原因，也不能解释不同国家的变局带来了不同后果这一事实。换言之，结构性的解释路径，仅仅提供了事件发生的背景，而非事件发生的动因。例如，利比亚的部落主义与地理上的分离是利内战持续进行的条件，但不能据此认为利比亚内战就是部落战争。[1] 地理的分离与部落矛盾，的确使利比亚反对派武装能够与卡扎菲的军队作战6个月。但这两个因素之前就存在，但内战并未爆发。因此，忽视对利比亚变局从大规模抗议活动演变为内战的具体过程的分析，可能误将维持内战的条件视为导致内战爆发的原因。

而将石油等因素视为内战爆发的主要诱因，并未注意到石油是一个常量而非变量。正如地理的分离与部落矛盾并没有在以往导致利比亚发生内战一样，石油长期以来就构成一些中东国家财政收入的重要内源。然而，此前石油并未导致内战的爆发。而且利比亚并不是唯一发生抗议与动荡的石油国家，如巴林也爆发了抗议。然而，巴林的社会运动却被镇压，并未演变为内战。[2] 因此，将"资源型内战"的分析模式用于此次中东变局的内战研究，并不十分适合。此外，石油虽是反对派在政府军的进攻下维持生存的重要条件，但并不是石油使抗议者群众拿起武器加入反对派。

基于政权体制的分析途径，有研究者认为，利比亚"非自由化的独裁"这一政权性质，构成内战爆发的原因。而卡扎菲的长期个人统治将民众政治参与的途径完全封闭，导致内战成为解决"参与危机"的极端手段也是唯一手段。然而，其他受到中东变局波及的中东国家之所以爆发抗议活动，似乎都是长期的独裁引起的。此外，从这些国家抗议群众的政治诉求中，也很难区分出对"自由化独裁"和对"其他的独裁"的抗议有什么实质性的差异。而且，根据这种分析框架，中东变局中只有"抗议者"与"独裁者"两种主体互动，其中决定变局走向的是"独裁"的性质。事实上，中东变局是多股政治势力——独裁者、参与抗议的大众、

---

[1] Wolfram Lacher, "Families Tribes and Cities in The Libyan Revolution," *Middle East Policy*, Vol. 18, No. 4, 2011, pp. 140 – 154.

[2] Danile L. Byman, "States in Civil War: Challenges for the United States," in Kenneth M. Pollack, et al., *The Arab Awakening: America and the Transformation of the Middle East*, Washington, D. C.: Brookings Institution Press, 2011, p. 214.

各阶层的精英、军队、政治伊斯兰势力、教派、部落，等等——共同作用的结果。

因此，基于政权性质对是否爆发内战的解释，并未确切地说明社会运动演变为内战的真正原因。另外一个需要追问的问题是，如果政权性质与内战之间存在因果关系，那么如何理解东欧剧变中的罗马尼亚未爆发内战？事实上，"第三波"政治民主化浪潮之前的罗马尼亚与中东变局爆发前的利比亚非常相似：长期执政的克里斯马型独裁者、家族化的国民经济、石油作为经济支柱的产油国、体制弊端导致的民生凋敝。[1] 尽管在东欧剧变中，罗马尼亚产生了相较于其他苏东国家剧变而言更多的暴力，[2] 然而却并未发生内战（暴力出现在镇压抗议者与对齐奥塞斯库夫妇的清算上）。由此可见，现有研究成果所归纳的因素只是指出了抗议发生的背景和条件，但未能提供利比亚为何发生了内战而其他国家没有的直接原因，同样的问题也出现在对叙利亚问题的研究上。[3]

2. 内战与外部干涉的关系

很多国内学者在进行研究时将中东变局中在利比亚发生的战争称为利比亚战争，而且不少学者在其研究中提到"西方（美国与欧洲的部分国家）发动的利比亚战争"。[4] 这些说法在媒体与公众的认知之中形成了一个误区：在利比亚发生的战争是在西方的干预下发动的。尽管学者们很清楚"利比亚内战"与"利比亚战争"有着本质的区别，但是在大众话语中，二者经常被有意或无意地混淆，所以就产生了这样一种观点——"利比亚内战是因为西方大国军事干预而爆发的"。暂且不论造成这种误区的原因，"西方发动利比亚内战"的观念无疑是错误的。无论是从时间

---

[1] Richard Andrew Hall, "Theories of Collective Action and Revolution: Evidence from the Romanian Transition of December 1989," *Europe - Asia Studies*, Vol. 52, No. 6, 2000, pp. 1069 - 1093.

[2] [美] 塞缪尔·亨廷顿：《第三波——20世纪后期的民主化浪潮》，刘军宁译，上海：上海三联书店1998年版，第239—248页。

[3] Michel Kilo, "Syria.. The Road to Where?" *Contemporary Arab Affairs*, Vol. 4, No. 4, 2011, pp. 431 - 444.

[4] 可见周弘《利比亚危机笔谈的代前言》，载《欧洲研究》2011年第3期；阎学通：《奥巴马发动利比亚战争的动因》，载《欧洲研究》2011年第3期，等等。

或是逻辑上来看，都是内战爆发在前，西方干预在后。① 西方之所以发起打击卡扎菲政权的"利比亚战争"，起因是由于卡扎菲与国内反对派武装爆发了大规模武装冲突，并造成了人道主义危机，从而为西方进行干预提供了借口和机会。尽管"利比亚战争"可以被看作在外部势力干预下进行的国内战争，但是把西方的干预作为"利比亚内战"的起因，是犯了因果倒置的错误。当然，需要强调，尽管不能将外部势力的干预视为内战爆发的直接原因，不过内战一旦爆发，外部势力的介入的确构成内战演变方向和发展动力的关键因素之一。鉴于本章着重考察的是社会运动演变为内战的机制，所以本章并不对外部势力在中东变局的作用进行专门分析。

二 跨阶层动员与军队立场对社会运动发展前景的影响

与已有研究不同，本章主要通过考察中东变局的发展过程与后果，以分析为什么中东变局在不同国家带来了不同结果这一现象。具体回答的问题是：为什么变局中的利比亚和叙利亚发生了内战而突尼斯、埃及没有？本章的基本观点是：变局发生国家的抗议能否形成跨阶层动员，是抗议能否继续与扩大的基础；大规模抗议形成之后，该国军队的立场统一或者分裂，将决定该国是否会发生内战。

内战本身是一种国内政治危机的解决途径，也是一种破坏甚巨、影响较广的人类灾难。② 内战是指发生在一国内部政府和一个或多个国内反对

---

① 利比亚的反卡扎菲政府抗议始于2011年2月15日，之后遭到卡扎菲动用军队和封锁消息的镇压。在2月17日利比亚爆发"愤怒日"大规模抗议后，全国范围内有大批政府军变节加入反对派武装。2月27日，利反对派在第二大城市班加西成立了利比亚"全国过渡委员会"。3月初，又有部分军队高级军官与政府高层官员加入到"全国过渡委员会"领导下的"利比亚人民军"与临时政府，部分利比亚驻外国与国际组织的外交官宣布辞职或不再效忠卡扎菲政权。以利比亚"全国过渡委员会"建立为起点，利比亚出现了两个政权对峙的事态。从2月23日开始，卡扎菲与反对派武装开始对对方控制的城市展开进攻。2月底，卡扎菲已经失去了对全国许多地区的控制。而多国组成的联军开始干预利比亚战事发生在3月19日。由此可见，早在联军干预之前的2月底，利比亚国内发生的武装冲突已经演变为内战。以上可参考 Landen Garland, *2011 Libyan Civil War*, Delhi: White Word Publications, 2012.

② Edward Miguel, "Economic Shocks and Civil Conflict: An Instrumental Variables Approach," *Journal of Political Economy*, Vol. 112, No. 4, 2004, pp. 725 – 753.

团体之间的、给每一方都造成重大死亡的暴力冲突。[1] 内战的前提之一是在一国国内形成一个或多个有组织且有足够影响力的反政府团体。在此次中东变局中，现有的反政府团体如埃及穆斯林兄弟会，政府长期的压制使其习惯于在体制内进行政治活动，形成了一种"改良本性"，[2] 事实上已经近乎中立化。[3] 更关键的是，穆斯林兄弟会这样的政治伊斯兰势力动员能力不足，[4] 无法广泛地发动下层民众。发生抗议的国家几乎都是威权主义国家，非政府组织的能力有限，市民社会的发育并不成熟。因此，在发生变局的国家中，之前存在的反政府力量几乎都没有与政府直接对抗所需的资源与能力，而其他民间组织也缺乏足够的整合能力，是社会运动动员起来的各阶层民众组成了能够与政府对抗的反对派团体。

埃及 2005 年爆发的同样旨在推翻穆巴拉克政权的"受够了"运动，由于架构的分化导致了运动的分裂，而未能广泛动员起普通民众，大大限制了抗议的规模。而抗议的规模是决定运动走向与结果的关键因素，内战能否发生也取决于能否形成大规模的反政府力量，而抗议能否实现大规模的关键，在于是否能形成跨阶层动员。[5] 现有的研究已经解释了形成跨阶层动员的条件：抗议者之间的水平网络（horizontal networks）是实现跨阶层动员的基础，各个反对派力量之间的"想象团结"（imagined solidarity）的形成是其发生的直接原因。在埃及的变局中，虚拟社交网络、反政府力量联盟以及反对派的社会支持网络这三种水平网络是埃及反政府抗议的动

---

[1] M. Marshall, T. Gurr, B. Harff, "State failure Problem Set: Internal Wars and Failures of Governance, 1955 – 2008," http://globalpolicy.gmu.edu/political – instability – task – force – home/pitf – problem – set – codebook/.

[2] 赵建明：《穆斯林兄弟会与埃及政治变局》，载《现代国际关系》2011 年第 6 期，第 9—14 页。

[3] Shadi Hamid, "Islamists and Nonviolent Action," in Maria J. Stephan ed., *Civil Jihad: Nonviolent Struggle, Democratization, and Governance in the Middle East.* New York: Palgrave Macmillan, 2009, p. 71.

[4] 政治伊斯兰力量提供的各种福利与社会服务的最大受益者是中产阶级而非下层民众，因此在运动中其对下层民众的影响力有限，可参考 Oden Haklai, "Authoritarianism and Islamic Movements in the Middle East: Research and Theory – Building in the Twenty – first Century," *International Studies Review*, Vol. 11, No. 1, 2009, p. 38; Carrie R. Wickham, *Mobilizing Islam: Religion, Activism, and Political Change in Egypt*, New York: Columbia University Press, 2002, pp. 16 – 17.

[5] 关于跨阶层动员，可参考 Jack A. Goldstone, "Cross – class Coalitions and the Making of the Arab Revolts of 2011," *Swiss Political Science Review*, Vol. 17, No. 4, 2011, pp. 457 – 462.

员基础；不同阶层、族群和派别的抗议者通过"共享的利益"、共同命运、相互依存以及自我克制在彼此之间形成了"想象团结"，克服了水平网络的异质性与破碎化，从而实现了跨阶层动员。[1] 跨阶层动员虽然有助于实现抗议规模的急剧扩大，但是仅有跨阶层动员不一定能够演变为内战，因为即使是数量众多的抗议者，也有可能无法对抗所在国暴力机器的镇压而趋于消失。因此，社会运动是否演变为内战，还需考察军队等暴力机器等的态度。

内战发生的另一前提在于双方拥有足够的能力进行内战。内战的能力涉及人员、装备、资源等诸多方面，中东北非国家国内变局前有能力发动战争的组织只有军队，在变局中唯一能在无政府状态中维持秩序的力量也只有军队，这就需要把抗议发生国的军队作为一种独立的政治势力进行研究。很多研究发现，军队在此次中东变局中发挥了关键作用，其立场决定了抗议的结果走向。[2] 不过，在中东变局中，军队的立场往往未能保持一致。如在利比亚，士兵与高级军官的大面积倒戈与忠于卡扎菲的现象同时存在。[3] 此时，政府与反政府均拥有了部分军队的忠诚，各自都拥有了一定的战争能力。在此情况下，双方拒绝妥协就会发生内战。

对于在中东变局中各国军队持不同立场的原因，有学者做过专门的研究。如《战略研究》(Journal of Strategic Studies) 2013年第2期专门刊发了一组文章，题为"阿拉伯骚乱中军队的角色"(The Role of the Military in the Arab Tumult)，分别对埃及、突尼斯、利比亚、也门军队为什么在

---

[1] 参考曾向红《埃及变局中的跨阶层动员》，载《现代国际关系》2012年第4期，第46—50页。

[2] 相关研究可参考 Sharon Erickson Nepstad, "Nonviolent Resistance in the Arab Spring: The Critical Role of Military - Opposition Alliances," *Swiss Political Science Review*, Vol. 17, No. 4, 2011, pp. 485 - 491; Anne Alexander. "Brothers - in - Arms？ The Egyptian Military, the *Ikhwan* and the Revolutions of 1952 and 2011," *The Journal of North African Studies*, Vol. 16 No. 4, 2011, pp. 533 - 554; Yezid Sayigh, etc. "Rethinking the Study of Middle East Militaries," *International Journal of Middle East Studies*, Vol. 43, No. 3, 2011, pp. 391 - 407; Kenneth M Pollack, "The Arab Militaries: The Double - Edged Swords," in Kenneth M. Pollack, et al. , *The Arab Awakening: America and the Transformation of the Middle East*, Washington, D. C. : Brookings Institution Press, 2011, pp. 58 - 65.

[3] Landen Garland, *2011 Libyan Civil War*, pp. 33 - 40.

抗议活动中采取不同立场的原因做出专门的分析。① 沙农·E. 内佩斯塔德（Sharon Erickson Nepstad）则以埃及、巴林与叙利亚三国军队在中东变局中的立场为例，对军队在抗议活动中的立场作了一般性的解释。内佩斯塔德指出，威权政权维护统治的强制手段，往往是依靠警察和军队镇压反对者，因此军人是否忠诚就决定了现政权的命运。至于为何有的国家的军队叛变，而有的对政权表示忠诚，则取决于军人能否在现有体制中获得经济或政治上的收益以及军队对国际社会可能反应的预期。②

尽管《战略研究》上的专题文章与内佩斯塔德的研究，均证明了军队立场是影响社会运动发展方向的重要影响因素，不过它们均忽视了跨阶层动员对社会运动演变方向的重要影响。无论是中东变局的抗议活动浪潮，还是其他非暴力抗议活动的发展轨迹，均说明只有当抗议活动形成了跨阶层动员时，才会影响到军队基于自身利益和国际社会反应的考虑，进而影响到军队对抗议活动的具体立场。换言之，跨阶层动员与军队的立场作为两个变量，彼此之间存在一定的相互作用关系。如不能形成跨阶层动员，军队根本就不会面临是对现政权维持忠诚还是支持抗议者这一问题。因此，在研究社会运动到内战的演变轨迹时，需要同时将这两个因素纳入考虑。

本章希望将抗议活动是否形成跨阶层动员和军队的立场两个因素综合起来予以考察，以分析社会运动演变为内战的一般性原因。本章通过建立一个社会运动的发展过程模型，希望提炼出社会运动演变为内战的一般性机制。通过考察社会运动是否形成跨阶层动员与军队的立场，可以发现社会运动具有以下几种发展前景：（1）抗议没有能够形成跨阶层动员，如同"受够了"运动一样呈现出破碎化与异质性，结果是小规模的抗议逐

---

① 可参考 Hillel Frisch, "The Role of Armies in the Arab Uprisings – An Introduction," *Journal of Strategic Studies*, Vol. 36, No. 2, 2013, pp. 177 – 179; Hillel Frisch, "The Egyptian Army and Egypt's 'Spring'," *Journal of Strategic Studies*, Vol. 36, No. 2, 2013, pp. 180 – 204; Risa Brooks, "Abandoned at the Palace: Why the Tunisian Military Defected from the Ben Ali Regime in January 2011," *Journal of Strategic Studies*, Vol. 36, No. 2, 2011, pp. 205 – 220; Michael Knights, "The Military Role in Yemen's Protests: Civil – Military Relations in the Tribal Republic," *Journal of Strategic Studies*, Vol. 36, No. 2, 2013, pp. 261 – 288; Florence Gaub, "The Libyan Armed Forces between Coup – proofing and Repression," *Journal of Strategic Studies*, Vol. 36, No. 2, 2013, pp. 221 – 244.

② Sharon Erickson Nepstad, "Mutiny and Nonviolence in the Arab Spring: Exploring Military Defections and Loyalty in Egypt, Bahrain, and Syria," *Journal of Peace Research*, Vol. 50, No. 3, 2013, pp. 337 – 349.

渐被平息（就如阿曼和约旦等国）；（2）抗议形成了跨阶层动员，但大规模的抗议并未引发军队内部的分裂，军队一致支持现政府，那么抗议则很可能会被军队和其他安全势力镇压（只要政权有足够决心镇压而不顾及平民的伤亡，则抗议很难在没有国外势力支持的情况下成功，① 这种情况也是穆巴拉克最初动用军队平息抗议时期望看到的）；（3）抗议通过跨阶层动员演变为大规模的抗议，而军队选择站在抗议的民众一边或者保持中立（例如埃及和突尼斯的军队），这时抗议往往能取得成功；（4）抗议经过跨阶层动员形成了较大规模的反对派，但是军队内部出现了分裂，一部分支持现政府，而另一部分站在抗议民众一边，这种情况下政府与反对派都拥有进行战争的能力，则内战极有可能爆发，利比亚与叙利亚就属于这种情况。

通过以上的分析，本章认为：抗议中跨阶层动员的形成是抗议得以持续和扩大的前提，大规模的抗议加上军队的立场分裂则是内战爆发的直接原因。因果关系由图13-1所示：

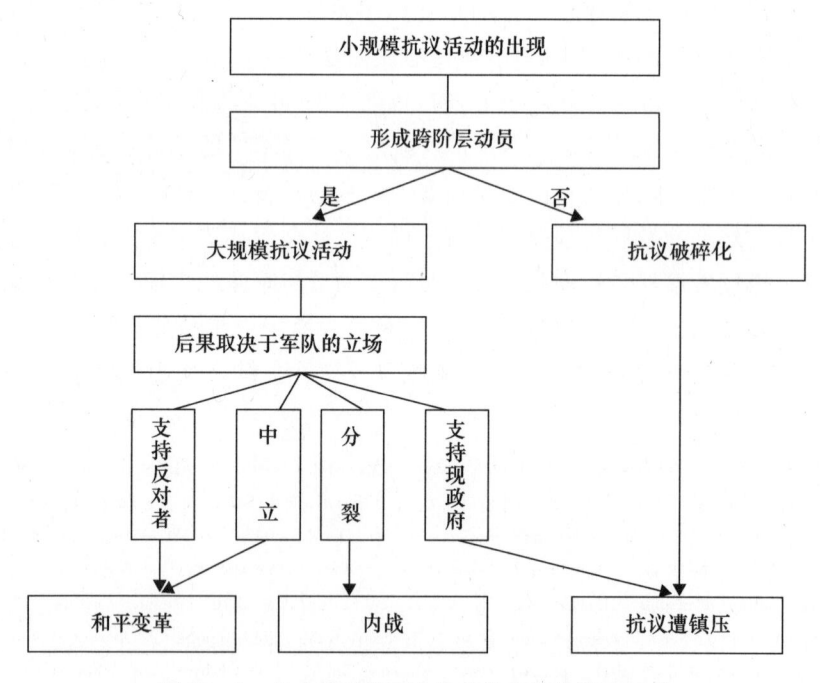

图13-1 社会运动是否会演变为内战的影响因素

---

① Danile L. Byman, "States in Civil War: Challenges for the United States," p. 215.

在验证上述分析模式的有效性时,本章将采取案例分析的研究方法。至于案例选择,将选择突尼斯、埃及与利比亚、叙利亚四个国家。在中东变局中,突尼斯是第一个实现成功过渡的国家,本·阿里在短短一个月内就在抗议声中流亡海外。埃及发生的埃及变局,同样以一种较为平稳的方式达成了抗议的目的,即迫使穆巴拉克下台。而利比亚在此次被称为中东变局的变局中发生了内战,并引发了外部势力的干预。[①] 叙利亚的抗议活动同样引发了政府与反对派之间的流血冲突,其结果至今尚不明确。本章将会分析的这四个案例可以分为两类国家:一类是社会运动演变为内战的国家,如利比亚与叙利亚;一类是社会运动没有演变为内战的国家,如突尼斯与埃及。通过对这两类国家的社会运动演变过程进行比较研究,我们可以发现上述分析模式的有效性。

三 突尼斯和埃及完成和平变革的原因

突尼斯与埃及的变局是以和平方式实现的,这是由两国的抗议活动形成了跨阶层动员和军队在抗议活动中采取中立立场共同导致的。与"颜色革命"由民众对政府操纵选举的不满引发不同,[②] 中东变局在突尼斯与埃及的出现,则是由偶发的悲剧性事件引发的。通过将偶发的悲剧性事件与本国存在的诸多结构性问题联系在一起,抗议者成功地动员了许多原本对现政权的无能、腐败表示沉默的群众参与抗议活动,从而使抗议活动形成了跨阶层动员,进而导致军队不得不权衡镇压民众可能带来的严重后果。在抗议活动形成了跨阶层动员而军队又不愿继续对现政权保持忠诚的情况下,突尼斯与埃及的抗议活动较为顺利地实现了推翻现政府的目标。下文对突尼斯与埃及变局中跨阶层动员的形成过程与两国军队在变局中态度的变化进行简要分析。

---

① 其他国家如也门和巴林虽发生了流血冲突但并未达到内战的标准。

② Ryan Kennedy, "A Colorless Election The 2005 Presidential Election in Kazakhstan, and What It Means for the Future of the Opposition," *Problems of Post-Communism*, Vol. 53, No. 6, 2006, pp. 46-58; Bohdan Klid, "Rock, Pop and Politics in Ukraine's 2004 Presidential Campaign and Orange Revolution," *Journal of Communist Studies and Transition Politics*, Vol. 23, No. 1, 2007, pp. 118-137; Taras Kuzio, "State-led violence in Ukraine's 2004 Elections and Orange Revolution," *Communist and Post-Communist Studies*, Vol. 43, No. 4, 2010, pp. 383-395.

1. 突尼斯与埃及变局中的跨阶层动员

突尼斯变局的出现是此次中东变局抗议浪潮的起点，而这是由一起偶发的悲剧性事件引发的。2010年12月17日上午，突尼斯中部城市西迪布吉德（Sidi Bouzid）的小贩穆罕默德·布瓦吉吉（Mohamed Bouazizi）在售卖其小商品时，其商品再一次被警察没收，期间还遭受了警察的羞辱。愤怒的布瓦吉吉在去当地政府投诉未果后，在政府大楼前将汽油淋在自己身上，点火自焚。布瓦吉吉的遭遇引起了当地民众的强烈共鸣。政府腐败、失业、警察的暴力与不公使得积怨已久的西迪布吉德市民走上街头，宣泄对布瓦吉吉的同情与对政府的不满。但这场抗议的影响力较为有限，因为突尼斯对媒体的严格管制，使该事件不为突尼斯其他地区的民众所知，而且当地警察和安全部门迅速用催泪弹驱散了城内的抗议。此后，抗议活动转入农村地区，没有在突尼斯各大城市产生较大影响。

然而，布瓦吉吉的悲剧和西迪布吉德发生的抗议，几天后通过在线社交网络（Facebook、Twitter和博客）的传播迅速获得全国的关注，引起了强烈反响。尽管因布瓦吉吉事件引发的动员面临衰落，但随着更多的抗议者效仿布瓦吉吉的极端抗争方式，从而在突尼斯引发了更大规模的抗议浪潮，不同地区、职业、阶层的人开始动员起来。12月27日，独立工会的活动家在突尼斯首都发动了超过千人的集会，12月28日抗议蔓延至首都突尼斯，在政府官邸附近出现了小规模的律师团体抗议，紧接着突尼斯全国律师团开展全国范围的抗议。而突尼斯工会联盟于12月31日在突尼斯中部城市加夫萨（Gafsa）举行了集会。面对在全国蔓延开来的抗议浪潮，本·阿里政府试图采取措施加以平息。除了依靠警察和安全部队对抗议人群进行压制外，政府也作出了回应民众诉求的姿态。本·阿里三次发表电视讲话，承诺改善就业、阻止暴力，并把一些地区抗议者和警察的伤亡归咎于未指明的外国敌人。还有报道称，突尼斯政府向互联网运营商施压，允许其进入个人账户以获取信息。

2011年1月初，突尼斯社会运动形成了跨阶层动员。1月6日，突尼斯全国的律师在律师协会的动员下发动罢工。次日，教师也加入到全国罢工的行列中，同时学生也开始举行示威。1月8日至9日，抗议中不断出现暴力引发的伤亡，官方称暴乱是少数暴力极端主义者所为，反对派领导要求本·阿里命令警察停止使用武器。10日，政府命令所有的学校和大学关闭，以阻止抗议的进一步蔓延。但这些做法无济于事，第二天全国记者发起静坐示威。13日，本·阿里发表动乱以来的第三次电视讲话，承诺民主改革和更多的自由，并表示他不会在2014年谋求连任，同时宣布解除内政部长、政治顾问和总统发言人的职务。1月14日，抗议活动在全国范围内扩散，伊斯兰团体开始通过清真寺召集抗议，有团体甚至前往"四月九日"监狱呼吁释放政治犯。① 当天本·阿里将政府交予总理，流亡海外，结束了他自1987年以来23年的统治。

在突尼斯抗议的发展过程中，可以看到，布瓦吉吉自焚事件带来的情感共鸣是突尼斯抗议实现扩大和蔓延的重要途径，虚拟社交网络是这一过程中最重要的动员资源。在突尼斯参与抗议的人群，不仅包括工人和学生这样有运动传统的群体，还包括律师、教师、记者和伊斯兰团体，形成了跨越阶层的动员。正是跨阶层动员的形成，保证了突尼斯的抗议形成了足够大的规模，为促成政治变革奠定了基础。

因受到突尼斯抗议活动的影响，埃及民众试图通过采取极端行为掀起反穆巴拉克政府的活动。如2011年1月17日，一名50岁的男子在议会外自焚；1月18日，一名25岁的失业男子在埃及北部的亚历山大港自焚身亡，一名40岁的律师在开罗政府总部外自焚。这些极端的抗议行为，明显受到突尼斯布瓦吉吉事件的影响。1月24日，反对派领导人巴拉迪（Mohamed El Baradei）呼吁，埃及反对派应该学习突尼斯终结长期统治的技巧和策略。从1月25日开始，埃及抗议活动开始形成一定规模。当天，反政府抗议在全埃及引发数千人上街示威，2名苏伊士抗议者在与警察的对抗中丧生，开罗一名警官被抗议者殴打后死亡。次日，数万人不顾政府禁止游行、示威的禁令，在埃及各大城市展开抗议。

1月28日，埃及的抗议规模达到第一个高峰。同一天，埃及政府切断了互联网服务。这并没有影响到抗议的规模进一步扩大。1月30日，埃及几百名法官也加入到抗议活动中来，呼吁制定新宪法和成立临时政府。2月1日，走上开罗街头的抗议人数达到一百万人，类似的抗议活动

---

① 以上可参考 Shadi Hamid, "Tunisa: Birth place of the Revolulition," in Kenneth M. Pollack, et al., *The Arab Awakening: America and the Transformation of the Middle East*, Washington, D. C.: Brookings Institution Press, 2011, pp. 111 - 116; Jack A. Goldstone, "Cross - class Coalitions and the Making of the Arab Revolts of 2011", pp. 457 - 458; S Laajus, "North Africa Tunisia's 'Jasmine Revolution'," *African Research Bulletin Political Social and Cultural series*, Vol. 48, No. 1, 2011, pp. 675 - 741.

也在埃及的其他地区发生，当天晚些时候，穆巴拉克宣布不再参加下一次总统选举，但同时拒绝辞职，从而导致解放广场上的抗议者依然高呼"穆巴拉克下台"的口号，不愿离去。大规模的抗议活动一直持续到2月11日穆巴拉克下台，

埃及变局形成跨阶层动员依靠三种动员资源：水平网络、架构共鸣、想象团结。从过往的研究可以看到，此次埃及变局与2005年发生的"受够了"运动在政治机会结构（Political Opportunity Structure）与动员资源上都未出现显著的区别，导致两次运动结果不同的原因在于动员能力的差异（详见第六章）。"受够了"运动动员起来的抗议者总数仅为一万人左右，而埃及变局动员起来的抗议者超过百万，聚集在开罗解放广场的抗议者也高达10万人，抗议的规模成为了影响运动结果的决定性因素。不同于严重脱离底层群众需要的"受够了"运动，① 埃及变局的抗议者将政治诉求集中于要求穆巴拉克下台这一点上，虽然仍然是中产阶级领导，但抗议者的身份跨越了财产、性别、阶级和宗教的界限。抗议者来自如此宽泛的群体，虽然无法形成"拥有共同特征与具体团结"的集体身份，即使认为抗议者形成了集体身份，这种身份也仅仅是"穆巴拉克的反对者"，这种"稀薄的"集体身份维系在依靠共同命运、相互依存、异质性和自我克制建立起来的"想象团结"（imagined solidarity）之上。正是想象团结的形成，使埃及变局中的抗议者形成了跨阶层动员。②

参与埃及变局的阶层，包括中产阶级、工人、学生、妇女、农民以及部分上层人士。而就地理范围而言，抗议活动在开罗以外的亚历山大港、苏伊士等其他城市蔓延开来。而且，当政府有意将警察和安全机构从发生抗议的城市撤离以加深抗议地区的无政府状态时，抗议者们并未因此使整个国家陷入无政府状态，而是通过建立自治组织以维护当地的基本秩序。另外令人诧异的场景包括：穆斯林与科普特基督教徒出现了相互合作和支

---

① "受够了"运动把斗争的焦点扩展到了对民主、自由、人权等抽象概念的讨论和对埃及外交政策、宗教问题的争议上，表达了中产阶级渴望政治参与的目标，但这一层次的话语严重脱离了底层民众认知能力。可参考 El‑Mahdi, "Enough! Egypt's Quest for Democracy," *Comparative Political Studies*, Vol. 42, No. 8, 2009, pp. 1031‑1032；考 Nadia Oweidat, et al.., *The Kefaya Movement: A Case Study of a Grassroots Reform Initiative*, Pittsburgh: Rand Corporation, 2008, pp. 38‑39.

② 曾向红：《埃及变局中的跨阶层动员》，第50页。

持的现象。因为宗教信仰、现实利益与历史因素等方面的原因,这两个群体之间的关系原本比较紧张。① 穆斯林兄弟会在抗议过程中的低调,则表现了伊斯兰力量在运动中的自我克制,使得穆巴拉克期望的伊斯兰势力与世俗抗议者内讧的情况没有出现。此外。在抗议活动中听不到太多反对美国或者反对以色列的声音,所有的诉求都集中于一个要求上,即"穆巴拉克下台"。抗议群众诉求的明确和集中,为各阶层的抗议者形成一种"想象团结"提供了条件。正是依靠这种"想象团结",埃及的抗议实现了跨阶层动员,使运动实现了规模的急剧扩大。

2. 突尼斯与埃及军队在抗议活动中的中立

面临社会运动跨阶层动员的形成,军队的态度就成为突尼斯和埃及政局走向的决定因素。在突尼斯变局中,突尼斯军队保持中立。事实上,早在本·阿里流亡之前,抗议者欣喜地发现突尼斯军队从突尼斯城中的防区撤出。本·阿里飞离突尼斯一天后,有报纸报道说军队的统帅——参谋长理查德·阿马尔将军(Rachid Ammar)——拒绝执行向平民开枪的命令,这最终促成了本·阿里的流亡。1 月 24 日,抗议总理穆罕默德·加努西(Mohamed Ghannouchi)主持的临时政府的示威仍在继续,阿马尔将军走上街头向示威群众表示,军队将作为"革命"的保护者站在抗议者一边:"你们的革命就是我们的革命"。②

本·阿里流亡后,国际社会的注意力很快被吸引到埃及发生的动荡局势以及之后在利比亚等国发生的暴力冲突中,但是在突尼斯进行的抗议活动并没有因为本·阿里的出走而结束。总理加努西表示在开展选举之前他拒绝辞职,这刺激了抗议者进一步提出特赦政治犯和合法化政党的要求。没有本·阿里的突尼斯,暴力冲突和抢劫仍在继续,此时军队开始对平民抢劫者和忠于本·阿里的安全部队采取措施,并开始与警察调解以保护处在暴力威胁下的抗议者。1 月 16 日,在总统官邸附近发生了军队与忠于本·阿里的安全部队之间的枪战,总统安全负责人阿里·赛利亚蒂(Ali Seriati)被逮捕并被指控以煽动暴力危害国家安全。③ 之后的一周虽然枪

---

① 李福泉:《埃及科普特人问题探析》,载《世界民族》2007 年第 5 期,第 18—27 页。

② David. Kirkpatrick, "Chief of Tunisian Army Pledges Support for the Revolution," *The New York Times*, January 24 2011.

③ "Tunis gun battles erupt after Ben Ali aide arrested," BBC News. 16 January 2011. Accessed on 26 Novernber, 2013.

声不断,但局势在突尼斯军队的控制下逐渐恢复平静。尽管有着对军队首脑决策动机的怀疑,但突尼斯军队的立场无疑是站在抗议民众一边的:从拒绝执行本·阿里的命令迫使其下台,到之后充当抗议者和临时政府的调停者。突尼斯军队所选择的立场,最终决定了突尼斯变革的走向。

突尼斯军队之所以在变局中采取中立立场,既有道义的考虑也有理性方面的考虑。前者是指对抗议者存在一定的同情,后者是希望避免在变局后的政治生活中面临政治和经济地位下降的局面。突尼斯军队是突尼斯政治舞台上的重要角色,有猜测认为参谋长阿马尔之所以在突尼斯变局中采取中立立场,是为了在变革之后的政治安排中获得政治资本。这也恰恰说明了影响军队选择的因素不一定是结构性的,也可能是个人层面的。

埃及军队同样在抗议中保持了中立。埃及抗议活动开始时,军队的立场并不明确。随着抗议规模的扩大,穆巴拉克政府宣布在1月28日开始施行宵禁。不过,对于这一命令,军队并未强制执行,抗议者也未遵守。不过在苏伊士,据半岛电视台报道,部署在该地的军队希望避免镇压抗议者。同样的情况也发生在亚历山大港。[①] 1月29日夜间,军队和装甲车开始部署在开罗市区的重要地段,次日政府下令军队"可以使用真枪实弹",但军方以军队的职责在于保护人民为由加以拒绝。军队参谋长告诉半岛电视台,军队不会向示威者开枪。军队的直升机飞临解放广场"监测抗议活动",战斗机多次低空飞临广场,但抗议人群并未因此而表示恐惧,反而对飞机的到来表示欢呼。同时,埃及国防部长兼武装部队总司令穆罕默德·侯赛因·坦塔维(Mohamed Hussein Tantawi)也出现在解放广场的抗议人群中。[②] 穆巴拉克动用军队原本是为了平息抗议,但出乎他意料的是,抗议者欢迎军队的出现;更令穆巴拉克震惊的是,军队拒绝向抗议者开枪,并且在此后宣布民众使用和平手段表达其观点的做法是受到法

[①] "Military out in Cairo: Army seen on the streets of Cairo and other Egyptian cities," Al Jazeera, 28 January, 2011. http://www.aljazeera.com/news/middleeast/2011/01/2011128151048463975.html, Accessed on 21 October 2013.

[②] 以上综合天空新闻、半岛电视台、《今日美国》和《埃及独立报》2011年1月30日的报道。http://news.sky.com/story/832803/egypt-protests-vice-president-sworn-in; http://www.aljazeera.com/news/middleeast/2011/01/201113033817859936.html; http://usatoday30.usatoday.com/news/world/2011-01-30-egypt-protests_N.htm; http://www.egyptindependent.com/news/egypts-minister-defense-joins-protesters-tahrir-square.

律保障的。

回到军队后,坦塔维表示,军队了解"伟大的埃及人民"的合法权利,将不使用暴力对付示威者,并希望埃及能够走上民主式过渡道路。之后,军队发表声明,表示"武装部队将不会诉诸武力以对付我们伟大的人民。你的军队知道你的要求的合法性,并热衷于承担自己的责任,以保护国家与公民,申明保证透过和平手段保障每一个人的言论自由"。① 军队对抗议活动的立场,更鲜明地体现在 2 月 2 日的埃及大规模抗议活动中。当天,抗议者与穆巴拉克的支持者发生激烈冲突,不过军队采取了一种观望的态度,既没有介入,但也没有制止。2 月 2 日的事件说明,并非像倾向抗议者的西方媒体所认为的那样,不存在穆巴拉克的支持者或者只有被收买的支持者。该事件说明,埃及民众并非一边倒地都成为穆巴拉克的反对者,因为穆巴拉克的支持者并非是极少数人,埃及变局的过程中存在爆发大规模暴力冲突的可能。

有观察家认为军队是与抗议民众站在同一战线,② 而事实上将埃及军队的立场视为中立更为恰当。这是因为,埃及军队并未主动迫使穆巴拉克下台,只是没有执行政府下达的镇压抗议民众的命令,"以保护一个已经失去合法性的总统"。③ 不过从运动带来的结果来看,军队中立地"不服从"与主动推翻穆巴拉克政权之间并无实质性的区别。埃及变局之后,武装部队最高委员会宣布对国家实行 6 个月的过渡军管。尽管姗姗来迟,但埃及军方最终履行了不干预政府内部事务的承诺。2011 年 11 月,埃及举行了穆巴拉克下台后的第一次议会选举,之后军方依照过渡程序向新议会逐步移交权力。埃及军队在此次埃及变局中的中立立场,使得通过跨阶层动员引发的大规模社会抗议达成了抗议的最初目的,即迫使穆巴拉克下台。

相对突尼斯军队,埃及军队在变局中的立场,不是由单一的工具理性

---

① "Egypt army: will not use violence against citizens," Reuters, January 31, 2011. http://www.reuters.com/article/2011/01/31/egypt-army-idAFLDE70U2JC20110131. viewed on 21 October 2013.

② 这一看法事实上是从具体的埃及士兵与抗议者在接触过程中表现出的态度而得来的,但这说明不了整个埃及军队的态度。

③ Shadi Hamid, "Egypt: The Prize," in Kenneth M. Pollack, et al., *The Arab Awakening: America and the Transformation of the Middle East*, p. 104.

和利益权衡所决定,它受到各种因素的影响。① 首先是理性的考虑。埃及军队在变局中虽然表面保持中立,但事实上基于穆巴拉克已经失去大众支持的判断,预期只有及时抛弃穆巴拉克才能够在变革后的政治安排中巩固自身的地位。② 其次,不同于装备差、薪水低的突尼斯军队,埃及军队有自己独立的经济产业与特殊利益。③ 再次,埃及军队采取中立的立场,也许还受到了军队应在国内政局中保持中立的社会化规范的影响。埃及新一代的军官受到新的社会化内涵的塑造,而且美国军队对其的训练给其带来了职业军队的观念,两方面的影响使埃及青年军官意识到民主的益处,同时也易受到民众诉求的影响。④ 出于共同的身份认同,军队不愿杀害平民。⑤ 最后还存在一种可能,即埃及局势发展之速,导致军队不知该如何反应,最终导致了其在变局中的中立。不管埃及军队在变局中采取中立立场的原因为何,可以肯定的是,埃及军方如果执行了镇压抗议者的命令,将会造成一场血腥的屠杀,⑥ 变局期间的埃及局势很有可能呈现另一番景象。

四 利比亚与叙利亚变局演变为内战的原因

与突尼斯和埃及的变局实现了政权相对平稳的过渡不同,利比亚与叙利亚的社会运动引发了持续时间不同的内战。此外,利比亚与叙利亚等国

---

① Ibrahim A. Karawan, "Politics and the Army in Egypt," Survival, Vol. 53, No. 2, 2011, p. 46.

② Ellis Goldberg, "Mubarakism Without Mubarak: Why Egypt's Military Will Not Embrace Democracy," in Council on Foreign Relations/Foreign Affairs, The New Arab Revolt: What Happened, What It Means, and What Comes Next, 2011, pp. 110 – 114.

③ Clement M. Henry and Robert Springborg, "A Tunisian Solution for Egypt's Military: Why Egypt's Military Will Not Be Able to Govern," in Council on Foreign Relations/Foreign Affairs, The New Arab Revolt: What Happened, What It Means, and What Comes Next, 2011, pp. 132 – 136.

④ Philippe Droz - Vincent, "From Fighting Formal Wars to Maintaining Civil Peace?" International Journal of Middle East Studies, Vol. 43, 2011, p. 394.

⑤ Danile L. Byman, "States in Civil War: Challenges for the United States," in Kenneth M. Pollack, et al., The Arab Awakening: America and the Transformation of the Middle East, p. 215. 不过,变局后的埃及军队对抗议群众的镇压,似乎有悖于这一推测。

⑥ Philippe Droz - Vincent, "Authoritarianism, Revolutions, Armies and Arab Regime Transitions," The International Spectator, Vol. 46, No. 2, 2011, p. 19.

抗议活动的出现，虽然也有偶发性悲剧事件的作用，但突尼斯与埃及变局的成功也产生了重大的示范效应。如受到穆巴拉克黯然下台的激励，利比亚人在穆巴拉克下台的四天后也开始了要求结束卡扎菲长期执政的抗议活动；而叙利亚直到穆巴拉克下台一个月后的3月中旬，叙民众才开始举行较大规模的抗议活动。然而，这两个国家的抗议活动同样形成了跨阶层动员。与突尼斯和埃及的变局不同的是，利比亚与叙利亚的军队在面对大规模抗议活动时，发生了内部分裂，一部分军队保持对现政权的忠诚，有一部分军队支持反对派，从而为社会运动演变为内战赋予了动力，并导致了外部势力的积极介入（叙利亚变局）甚至直接军事干预（利比亚）。[①]

1. 利比亚与叙利亚变局中形成的跨阶层动员

与突尼斯一样，利比亚抗议最初由一个职业群体——律师积极主导，逐渐扩散到各个阶层和各个地区。利比亚的抗议民众效仿突尼斯与埃及的抗议者，试图用非暴力的大规模抗议达到让卡扎菲下台的目的，但却遭到卡扎菲政府的围捕、殴打与逮捕。2月15日夜，数百名抗议者聚集在班加西的警察总部前，声援被逮捕的一名知名人权律师。抗议人群被警察暴力驱散，但引发了更大规模的抗议，贝达和津坦的抗议者纵火点燃了警察局。2月17日爆发了由新成立的利比亚全国反对派大会策划的"愤怒日"抗议，抗议群众不仅在班加西点燃了数幢政府建筑，甚至在首都的黎波里的安全部门大楼与人民宫纵火。参与抗议的群众，很快从最初的律师，扩大到包括教师、学生、石油工人等在内的各阶层人员。而且，伊斯兰势力也加入到了反对派阵营中，甚至曾在阿富汗参与过反苏抗战的老兵也加入其中。[②]

虽然利比亚与埃及的国情存在差异，如青年人运用信息技术的能力低于其邻国的同龄人，但利比亚在抗议运动中同样形成了跨阶层动员，而且其形成机制与突尼斯和埃及的变局并无显著区别。利比亚跨阶层动员的基础，同样建立在"水平网络"——青年人与中产阶级的虚拟社交网络、世俗力量与伊斯兰势力组成的反对派联盟以及反对派的社会支持网络——

[①] Akram Al‐Turk, "Libya: From Revolt to State‐Buliding," in Kenneth M. Pollack, et al., *The Arab Awakening: America and the Transformation of the Middle East*, p. 117.

[②] Jack A. Goldstone, "Cross‐class Coalitions and the Making of the Arab Revolts of 2011," p. 459.

之上，而"阿布萨利姆屠杀事件"在抗议人群中构建了情感共鸣。"阿布萨利姆屠杀事件"是指1996年6月29日，利比亚阿布萨利姆监狱的1000多名政治犯因抗议狱中不人道条件而哗变，尔后遭到卡扎菲政权杀害。在利比亚变局发生前，YouTube网站上出现有关该事件的视频。利政府预料其很可能会引发民众抗议，所以关闭了该网站。不过，该事件反而引发大量的利民众进行抗议。依靠"独裁者卡扎菲下台"的简单政治诉求，抗议者建构起高度集中的架构，并维系了反对派阵营的团结。

不过，利比亚变局中的跨阶层动员与埃及也有一定差异。首先，利比亚发生的跨阶层动员是在卡扎菲政府与反对派的冲突中逐渐发展起来的（部分原因是利比亚的冲突持续时间较突尼斯与埃及更长），利比亚政府的高官与军队高级军官是分批、逐渐地投靠反对派的（最早从东北部的城镇开始），反对派的部落联盟也是在内战中逐步壮大的。另外，部落联盟的存在，使利比亚变局中的动员资源不仅限于"水平网络"，[1] 突出的例子是利比亚西南的柏柏尔人（Berbers）部落在2011年6月加入反对派联盟，从而改变了4月以来僵持不下的战局。[2] 但是前文已经说明，并不能因为部落在内战中发挥了重要作用，就把利比亚内战定性为部落战争，因为参与战争的主力仍是城市的失业青年和前政府军士兵。[3] 尽管利比亚的跨阶层动员与埃及存在一定的不同，但可以肯定，跨阶层动员的形成是利比亚爆发全国规模抗议活动的必要条件。

而叙利亚的变局同样出现了跨阶层动员。2011年3月初，在靠近约旦边境的南部城市达拉（Dara'a），15名10岁到15岁的少年受到突尼斯和埃及抗议群众的启发，在公共建筑的墙上进行反政府的涂鸦，受到叙利亚总统巴萨尔表兄阿特夫·纳贾布（Atef Najeeb）派出的秘密警察的逮捕并受到刑讯。达拉的市民为此进行抗议，由此拉开叙利亚变局的序幕。一

---

[1] 社会运动动员资源中的水平网络以水平组织和协调作为构成原则，而非垂直和等级制，部落的动员资源显然不属于水平网络。关于水平网络，可参考 Diane Singerman, "The Networked World of Islamist Social Movements," in Quintan Wiktorowicz, ed., *Islamic Activism: A Social Movement Theory Approach*, Bloomington: Indiana University Press, 2004, pp. 143 – 163.

[2] Jack A. Goldstone, "Cross – class Coalitions and the Making of the Arab Revolts of 2011," p. 460.

[3] Wolfram Lacher, "Families, Tribes and Cities in The Libyan Revolution," *Middle East Policy*, Vol. 18, No. 4 2011, p. 144.

周时间内，始自于达拉的抗议迅速遍及全国。3月18日，穆斯林做完星期五的祷告涌出清真寺，掀起被称为"尊严星期五"（Friday of dignity）的全国抗议活动。受此影响，一周后，上万人走上全国各地的街头抗议示威者高呼"真主，叙利亚，自由"以及其他反腐败的口号，YouTube和Twitter等网站中的视频显示抗议遍及大马士革、达拉、霍姆斯（Homs）、巴尼亚斯（Baniyas）等城市。4月1日，以"烈士星期五"为名的抗议动员了25万人，全国多个城市的民众在祷告后走上街头抗议。在之后的抗议中，抗议组织者频频在公历星期五的主麻日组织抗议（并以各种"星期五"作为抗议主题），在清真寺集体礼拜结束后的人群中进行动员，这种方式在穆斯林人口占大多数的叙利亚是提高抗议动员能力的有效手段，并且使被动员的人群超越了阶层之间的分隔。在之后的抗议中，库尔德人和信仰基督教的亚述人也加入到抗议中来。

4月底，巴萨尔政府包围了达拉，试图用强力结束不断扩大的抗议活动。在此期间，叙安全部队射杀了一名13岁的男孩，当5月25日该男孩的尸体被运回家里后，立刻引发更大规模的抗议活动。不同于埃及军队的节制，巴萨尔为了保住大马士革和阿勒波（Aleppo），动用了军队试图平息动荡。尽管叙军队针对抗议者和其他平民进行了无差别的攻击，但还是有一些省份——如叙第三大城市霍姆斯（Homs）和第四大城市哈马（Hama）——有脱离大马士革控制的趋势。到了9月，据称叙境内至少2600个平民被杀，上万人失踪（部分观察者认为实际人数是这些数字的几倍）。在用强力镇压抗议的同时，巴萨尔政府也作出了改革的姿态，特赦了政治犯，签发新的《政党法》，但这并未阻止抗议的不断发生，罢工也在除大马士革以外的其他地区爆发，学生也加入到抗议阵营中来。9月，哈马的总检察长巴库尔（Bakkour）因不满巴萨尔政权辞职，3名在霍姆斯的阿拉维教派（巴萨尔家族所属的教派）俄主要神职人员谴责叙利亚当局针对抗议者的暴力。由此可见，此时抗议叙利亚当局的力量不仅超越了民族、教派的界限，而且渗透到了政府内部。

尽管在叙利亚变局中出现了跨阶层动员，但因为叙局势的僵持不下，叙变局逐渐出现了明显的地区化特征。这种特征体现在：随着叙利亚部分地区宣布拒绝巴萨尔政权的合法性，导致大马士革不能有效地控制该国的某些地区；同时，脱离大马士革控制的地区，并未在地区之间形成统一的组织和联合，从而陷入各自为政的状况。9月15日，致力于推翻巴萨尔政府统治的"叙利亚全国委员会"宣布成立,并得到了大部分反政府力量的支持。11月,该委员会与其他组织合作组建了叙利亚反对派和革命力量全国联盟。自此,叙利亚的反政府力量才有一个相对统一的组织。通过期望结束巴萨尔政权的统治这一目标,反对派才维持了一定程度的团结。跨阶层动员的形成,使反对派能够集结起挑战巴萨尔政权的力量,而叙利亚军队内部产生的分裂,则为内战的爆发提供了条件。

2. 利比亚与叙利亚军队在变局中的分裂

利比亚与叙利亚的街头抗议通过跨阶层动员发展成为全国范围内的动荡时,军队就成为了秩序的唯一保障。如果军队对卡扎菲和巴萨尔足够忠诚并且能够承担屠杀所带来的后果,那么,抗议者试图推翻本国政权的尝试将面临严峻障碍;如果两国军队像突尼斯和埃及军队一样采取中立的立场,或者选择站在抗议者一边,卡扎菲和巴萨尔则很可能走上本·阿里或者穆巴拉克相似的道路。然而,以上两种情况都要求军队在有效的指挥下统一行动,而利比亚和叙利亚政府军在面对抗议活动时却发生了分裂,从而导致利比亚和叙利亚走上了与突尼斯、埃及相异的发展道路。

首先来看利比亚军队的分裂情况。统治利比亚长达42年的卡扎菲希望通过军队镇压抗议,但是利比亚的政府军却未能采取一致的行动。如除卡扎菲禁卫军外的士兵与军官,在抗议刚爆发时就大量变节,加入到反卡扎菲的阵营中。东北部的利比亚政府军甚至整建制地变节,与反对派和志愿者一起迅速组织一支能够抵抗卡扎菲军队进攻的武装。不仅如此,大量高级军官带着自己的部队加入了反对派的武装。如内务部长阿都法塔尤尼斯成为了反对派武装的最高军事统帅;少将苏雷曼·穆罕默德(Suleiman Mahmoud)称卡扎菲为"暴君",并带着托布鲁克的政府军加入了反对派的队伍;班加西海军基地的指挥官努雷厅·胡拉纳(Nuretin Hurala)上校也变节加入反对派武装。一起加入反对派的不只是变节的政府军,还有他们的武器。还有许多职业军人既没有加入反对派也没有留在军营里,例如两名空军飞行员拒绝执行轰炸班加西抗议者的命令,将战机降落在马耳他。

不过,卡扎菲仍保有部分政府军的忠诚和支持。如部分职业军人与保卫卡扎菲和的黎波里的雇佣兵特种部队,以及卡扎菲儿子们领导的禁卫军和忠于卡扎菲家族的部落武装。有报道称,卡扎菲的雇佣兵来自民主刚果、马里、苏丹、突尼斯、肯尼亚,可能还有的来自亚洲和东欧国家。津巴布韦国防部长在面对国会有关津巴布韦是否介入到了叙利亚内战质询时的含糊其辞，使猜测者认为津巴布韦国防军也参与了利比亚内战。国际人权联合会声称，数千移民被强制加入军队作为前线士兵，或在巷战中被政府军充当人体盾牌。① 所以尽管有许多政府军变节，仍有部分利比亚军队忠于卡扎菲，执行消灭叛乱者的命令。

2011年2月27日，利比亚"全国过渡委员会"在班加西成立，标志着利比亚出现了两个政权对峙的局面。大量变节的军人和他们带来的武器装备，② 加上相互隔离的地理环境，使得反对派能够实现"武装割据"。而利比亚的第二大石油公司——阿拉伯海湾石油公司——对反卡扎菲武装提供的资金支持，则为后者的运作提供了财政资源。③ 至此，利比亚反对派拥有了与卡扎菲政权对抗的能力，利比亚的抗议从小规模的暴力事件演变为内战。部落、地理、石油等诸多条件，加上北约国家的空袭干预，最终使反对派攻下首都的黎波里，建立起全国范围的政权。综上分析，大量政府军的变节，是反对派能够获得与卡扎菲政府进行武装对抗的决定性因素。至于利比亚军队的立场分裂，则是导致利比亚的街头抗议演变为内战的直接因素。

在理解利比亚军队在变局中的立场方面，结构层面的因素具有一定的解释力。如沃尔夫兰·雷彻（Wolfram Lacher）在《利比亚革命中的家族、部落与城市》一文中指出，利比亚与其邻国的显著区别就在于：利比亚缺少能够应对危机的国家制度。卡扎菲为了强化他的个人统治，有意

---

① 人权观察组织声称没有明显证据证明利比亚使用了雇佣兵。然而，有关利比亚政府使用雇佣兵的传言，使反对派控制区的黑人移民遭到暴徒的无端袭击。之所以如此，是因为在利比亚人口中占一定比重的黑人移民有部分人在正规军中服役，由此被认为是雇佣兵。甚至其中部分士兵因为为卡扎菲效力而被授予了利比亚国籍（如乍得士兵）。除了黑人参与利比亚政府军的事实，在无线电通讯中使用法语的战机时常从临近非洲国家（如乍得和尼日尔）飞来，也被视为利比亚使用雇佣兵的证据。

② 尽管反对派的武装较为简陋，而且缺乏重武器，但是在3月19日联军开始通过空袭干预利比亚内战之后，卡扎菲军队的重武器如飞机、坦克、火炮等，都难逃被联军精确打击摧毁的命运，即便幸存也不敢出战。而且由于利比亚之前遭到长期的武器禁运制裁，武器装备的先进程度与后勤保障都很成问题，所以在战争的大部分时间里，作战双方在武器装备的质量上，并无太大差距。总的来说，利比亚内战与其他非洲内战一样，如用皮卡货车搭配废旧武器上拆下来的部件（如直升机的火箭发射器）改装成的五花八门的武器平台。这种自制武器在利比亚内战中发挥了突出的作用。鉴于此，有人把利比亚内战称为"皮卡上的战争"。

③ 以上利比亚的冲突与细节参考 Landen Garland, *2011 Libyan Civil War*.

削弱各种国家制度,在家族、部落等非正式制度的基础上实施统治,从而导致正式的国家制度在治理国家和维持秩序方面作用有限。利比亚国内正式制度与非正式制度之间的关系,决定了政府几乎是为了执行那些非正式权力机构制定的政策而存在的。① 这种状况同样存在于军队建制上。为了防止军事政变,卡扎菲有意削弱正规军,建立起一个由各种安全机构、准军事组织与特种部队互相监视与制约的复杂体系,② 由此导致利比亚的武装力量在抗议发生之前就难以做到统一与相互协调的行动。事实上,卡扎菲维护自身统治依赖的并非正规军,而是各种前现代意义上的"禁卫军"。利比亚政府与正规军队在变革前的边缘化地位,成为变局中发生大量政府官员与军队投入反对派阵营的重要原因。

叙利亚的社会运动演变为内战,直接原因同样在于军队内部的分裂。尽管巴萨尔政府的军队在运动开始时就执行了镇压抗议的命令,并依据军法对拒绝执行的士兵进行严厉处罚,但叙利亚军队内部仍不断发生军人变节的行为。早在 2011 年 4 月 25 日,被派到德拉的两个营的部队就因为其中一个营拒绝向示威者开枪而互相开火。③ 7 月底,变节的军人成立了"叙利亚自由军",利雅得·巴萨尔上校(Colonel Riyad al – Asad)自称"叙利亚自由军"的首领。他宣布该组织将和平民站在一起,与镇压抗议的政府军作战,并把推翻现政府作为目标。④ 同年 9 月,自由军与自由军官组织合并,并成为反对派最主要的军事力量。⑤

此后,叙利亚自由军不断壮大。不断有变节的政府军军官和士兵加入自由军,他们往往通过非法渠道进入土耳其境内。一开始,连自由军的指挥系统也设在叙利亚境外,直到 2012 年 9 月才转移到叙利亚境内。其中,穆斯塔法·谢克(Mustapha Ahmed el Sheick)将军是变节军人中军衔最高的。由于缺乏重武器,自由军在初期只能采取游击战的策略与政府军周

---

① Alia Brahimi,"Libya's Revolution,"p. 607.
② Wolfram Lacher,"Families Tribes and Cities in The Libyan Revolution,"pp. 141 – 142.
③ 以上来自半岛电视台 2011 年 4 月 28 的报道:"Syrian Army Units 'Clash over Crackdown'", http://www.aljazeera.com/news/middleeast/2011/04/2011428182333234775.html.
④ 以上来自《中东日报》2011 年 8 月 1 日的报道:Syrian Army Colonel Defects forms Free Syrian Armym, http://www.aawsat.net/2011/08/article55245595.
⑤ 以上来自《华尔街日报》2011 年 10 月 5 日的报道:"Turkey Is Adding to Pressure on Damascus", http://online.wsj.com/news/articles/SB10001424052970204524604576610781937462842.

旋。毫无疑问，如果没有军队的大量变节，叙利亚的抗议不可能在政府高压下持续进行，反对派仅依靠民间反政府武装力量不可能支持2年之久。随着叙利亚反对派武装的成立，叙利亚的抗议活动演变为内战，而军队的立场分裂则是导致内战爆发的关键因素。

此后，叙利亚的局势继续恶化，内战双方都以违反战争法的方式进行内战，而叙利亚人民经历了长时间的痛苦。巴萨尔家族的上台，曾给叙利亚带来了稳定，但这种稳定却花费了巨大的代价。1982年，老巴萨尔用军事手段镇压了穆斯林兄弟会在哈马的叛乱，造成了现代阿拉伯历史上最可怕的暴行之一。哈马屠杀表现了叙利亚政治最突出的特征：暴力。[1] 在此次中东变局中，叙利亚的政局发展从初始阶段就跳出了此次中东变局变革浪潮的非暴力运动模式。叙利亚的抗议者从一开始就面对子弹的威胁，而非突尼斯和埃及政府相对节制的催泪瓦斯和高压水枪。

叙利亚抗议活动的发展轨迹，即使与利比亚的抗议进行对比也存在明显区别。卡扎菲对抗议造成的压力做出的反应，虽然的确使用了武力，但期间经历了一个与抗议者互动的过程。抗议者继续抗议，导致卡扎菲拿起武器加以应对。在此过程中，抗议者与政府这两种主要行为体的策略选择有一个清晰可辨的过程：一方行动的升级，导致另一方做出更为激烈的回应。至于军队作为重要的第三方，往往是根据形势的发展而采取相应的立场。但这种互动模式在叙利亚变局中并不存在。无论是基于哈马屠杀带来的成功记忆，还是基于对中东变局中突尼斯、埃及、利比亚政局的反思，暴力就成为叙利亚政治中一种应对大规模抗议活动的常态化解决手段。

五 结论与讨论

本章尝试回答这样一个困惑，即在中东变局中，为什么结构背景相似的中东各国爆发的大规模抗议活动带来了不同的国内后果。本章的基本观点是，在变局中是否形成了跨阶层动员，是抗议活动能否实现规模扩大的前提；在实现了跨阶层动员的情况下，军队的立场是决定内战是否发生的决定性因素。根据中东变局的经验可以发现，非暴力社会运动成功推翻现

---

[1] Michael S. Doran and Salman Shaikh, "Syria: The Ghost of Hama," in Kenneth M. Pollack, et al., *The Arab Awakening: America and the Transformation of the Middle East*, pp. 230-239.

政权需要满足两个条件，一个是形成跨阶层动员，一个是军队支持抗议活动或在抗议活动中保持中立；如果抗议活动形成了跨阶层动员但军队却产生了分裂，那么社会运动将导致内战的发生。这一分析模式，或许有助于研究者对社会运动是否会演变内战进行预测。

突尼斯、埃及、利比亚和叙利亚四国政府在中东变局中的发展轨迹，展示了这一模式的有效性。在中东变局波及的这四个国家中，尽管抗议者均形成了跨阶层动员，不过，因为军队立场差异，最终导致变局演变为不同的结果。如在突尼斯与埃及，反政府力量通过跨阶层动员实现了抗议规模的急剧扩大，但军队在抗议活动中的立场，使得本·阿里和穆巴拉克丧失了统治的基础和保障，最终只能下台，从而使突尼斯和埃及的变局避免演变为大规模的暴力冲突乃至内战。而在利比亚与叙利亚的变局中，当抗议者形成了跨阶层动员且双方均获得部分军事力量的支持时，利比亚与叙利亚的社会运动就被拖入到了内战的漩涡中。

此外，还需对本章提出的分析模式研究作三点说明。首先，与通常对分析内战原因时只将政府与反对者作为互动双方不同，本章将军队的立场作为第三个变量加以考虑。当把军队的立场作为一个独立变量纳入考虑时，可以发现它能对政府和反对者之间的互动产生重要影响。如在中东变局中，军队则遵循着一种一般性的模式，即先在抗议活动中予以观望，然后根据抗议规模的大小对自身的立场进行调整。军队针对抗议活动采取的立场以及军队能否作为一个一致的整体做出选择，将最后决定变局的结果。不过，因为不同国家的国情有一定程度的差异，所以各国军队在变局中采取不同态度的深层次原因需要进行具体分析。鉴于本章的主要目的旨在分析受到中东变局波及的中东国家社会运动的发展轨迹，所以本章将考察重点放在了社会运动是否演变为内战的原因上，而未对各国军队立场差异的具体原因展开详细讨论。

其次，需要强调，外部干预虽然不是导致内战是否会爆发的直接原因，但却是影响内战发展轨迹与持续时间的重要因素。对于受到中东变局影响的中东国家而言，西方国家的态度与干预一直都是影响各国政局发展的重要因素，在社会运动演变到内战的过程中也同样如此。没有发生内战的国家特别是埃及，长期以来不仅是西方（特别是美国）的盟友，也是其中东政策推行的关键，西方国家对军方的影响力巨大（美国每年对埃及进行的大部分援助都落入军方手中），这种影响同样可以从2013年埃及军队解除穆尔西职务时美国的暧昧态度①中可以发现。而利比亚和叙利亚长期以来的反美立场，使得军队与西方的关系并不密切，西方强调的军队职业化精神也未渗透到这些国家的军队之中。因此不难看出，西方对于这些国家军队的影响力的差异是影响军队是否执行镇压命令的重要因素，不过这种差异与军队立场是否分裂的关系还需进一步讨论，但可以肯定的是外部干预的介入大大加剧了国内冲突的激烈程度。

最后，本章主要关注的是受到中东变局波及的西亚北非各国变局期间的政治演变动力与过程，所以将考察的时间范围主要集中在变局发生期间，而较少涉及变局后的情势。尽管突尼斯与埃及在变局中并未出现内战，但是两国在政权更迭之后的政治发展进程却具有明显差异。突尼斯的政治过程进程较为平稳，尽管政治民主并未完全成为现实，但权力交接并未出现大规模的暴力和冲突现象；而埃及的政权过程则颇为曲折，至今其发展前景依旧不明朗。② 相似的，发生内战的利比亚与叙利亚局势面临诸多不确定性。通过本章的研究可以发现，政治变革中的具体过程及其结果，是不同行为体之间复杂互动带来的结果。结构上的相似性，需要通过各个行为体之间的具体互动才能体现出来，③ 所以社会运动或国际问题研究者需要对受到中东变局影响的各国国内政治中的具体过程予以更多的关注。这对变局后各国不同的政治走向等问题是有所启发的。

本章虽然揭示了社会运动之所以演变为或未演变为内战的机制，但为何变局后的国家即使未发生内战，也不能保障该国的政局过渡会以一种平稳的方式展开。诚如埃及变局发生了"二次革命"，出现了埃及军方罢黜民选的穆尔西总统所展示的。在埃及的"二次革命"中，军方与以穆斯林兄弟会为首的政治伊斯兰力量之间出现了众多的矛盾与冲突，甚至是一定程度的流血冲突。即使没有演变为内战，其转型过程也是较为惨烈的。

---

① 中新网：《美国终于明确表态 称埃及军方罢黜总统不是政变》，2013 年 7 月 26 日，http://news.china.com.cn/world/2013-07/26/content_29539902.htm.

② 关于突尼斯与埃及变局后不同的发展轨迹及导致这种差异的原因分析，参见 Laura K. Landolt and Paul Kubicek, "Oportunities and Constraints: Comparing Tunisia and Egypt to the Coloured Revolutions," *Democratizatio*, 2013, pp. 1 - 23. http://dx.doi.org/10.1080/13510347.2013.777703.

③ 例如在 1989 年的罗马尼亚剧变中，该国国防部长米利亚拒绝执行开枪镇压抗议者的命令。但其意外死亡，直接导致了罗马尼亚军队的倒戈。这说明偶然事件对变局结果有不可预测的影响，这也说明注意考察各国变局具体过程的重要性。

为何埃及变局未出现流血冲突而"二次革命"却出现了流血冲突，主要原因是变局中与变局后军方的态度出现急剧的转变，埃及军队从中立者变成了政治参与者，为了捍卫其利益，埃及军方已成为政治转型过程中的权利与利益追求方，从而改变了变局后政治转型的动力与路径。换言之，用以解释变局发展过程的机制——军队的态度与跨阶层动员——在变局后的不复存在，故这两个因素也就无法再用来解释政治转型的发展轨迹。为了进一步揭示影响政治转型平稳的机制或因素，第十四章将以突尼斯变局后的政治转型为例进行研究，并分析其对其他受到变局影响的中东国家具有的启示。

第十四章

"伊斯兰复兴运动"与突尼斯的和平政治过渡

【本章提要】2015年10月9日，挪威诺贝尔委员会宣布将2015年诺贝尔和平奖授予"突尼斯全国对话大会"，以表彰其在突尼斯政治和解进程中做出的重要贡献。本章基于对突尼斯政治伊斯兰力量"伊斯兰复兴运动"的考察，探讨了为何中东变局后突尼斯的政治过渡能够和平实现这一问题。通过考察发现，"伊斯兰复兴运动"的政治妥协是突尼斯政治过渡和平实现的重要原因。政治妥协不仅使"伊斯兰复兴运动"维持了其作为突尼斯政治舞台上一支重要政治力量的角色，而且避免了突尼斯国内爆发剧烈冲突甚至内战的可能。在中东其他国家政治和解进程普遍受挫的背景下，突尼斯以政治妥协作为政治冲突调节机制所形成的民主共识道路，对中东政治伊斯兰力量的发展以及受中东变局波及的其他国家均具有一定的启示意义。

自2010年年底以来，在受中东变局波及的国家中，突尼斯是首个也是唯一相对平稳完成政治过渡的国家。2014年12月22日，突尼斯"呼声党"候选人贝吉·卡伊德·埃塞卜西当选总统，成为"革命"后突尼斯首位民选总统。随后，埃塞卜西提名哈比卜·绥德负责筹建新政府。至2015年2月6日，由41位内阁成员组成的新政府成立。突尼斯新政府吸纳了世俗政党、伊斯兰政党和无党派人士等突尼斯国内重要的政治力量，一定程度上缓解了突尼斯国内政治派别之间的矛盾与冲突，为突尼斯多元民主政治的发展奠定了基础。总统选举以及新政府的成立，标志着中东变局以来突尼斯历时四年的政治过渡进程基本完成。国际社会也对此予以积极肯定，2015年10月9日，挪威诺贝尔委员会将2015年诺贝尔和平奖授予"突尼斯全国对话大会"，以表彰其在突尼斯政治和解进程中做出的重要贡献，并号召其他西亚北非国家以突尼斯为榜样，加快国内转型。与突尼斯相比，受中东变局波及的其他西亚北非国家的安全形势不容乐观，利比亚深陷多个政治派别混战的无政府状态，叙利亚、也门也内战频仍并引发大国介入。同样是受到中东变局的影响，为何突尼斯能以和平方式完成政治过渡，这个问题值得深入研究。

突尼斯政治过渡尽管并未发生不同政治派别间严重的暴力冲突，但过程充满曲折。实际上，突尼斯政治过渡的和平实现并非突尼斯某个单一政治力量造就的，而是各种政治力量共同作用的结果。不过，在这一过程中，相比其他政治力量，突尼斯温和政治伊斯兰力量"伊斯兰复兴运动"发挥了关键作用。这始于"革命"后"伊斯兰复兴运动"政治主导地位的确立。"革命"突然爆发为突尼斯国内长期遭到压制的伊斯兰主义情绪提供了合理的宣泄机会。在此背景下，"伊斯兰复兴运动"顺势迎合了民众高涨的宗教热情，将其成功转化为赢得选举的民意基础。[1] 不仅如此，"伊斯兰复兴运动"提出的符合国内中产阶级利益偏好的政治主张，也得到突尼斯"贫困的中产阶级"的拥护。[2] 此外，"伊斯兰复兴运动"及其代表的伊斯兰主义因其一以贯之的鲜明反政府角色，被民众视为追求自由、民主和尊严的新希望。[3] 基于上述原因，在2011年10月突尼斯制宪议会选举中，"伊斯兰复兴运动"总共获得议会217个席位中的89席，远高于位居其后的世俗政党"共和议会党"的29席和"劳动自由民主阵线"的21席。凭借相对多数选票，"伊斯兰复兴运动"一跃成为突尼斯第一大党。

"伊斯兰复兴运动"成为突尼斯第一大党，且确立了其在突尼斯政治

---

[1] Shadi Hamid, "Ennahda and the Islamic Project in Tunisia", July 29, 2014, http://muftah.org/tunisias-battles/#.VIuPbPRIo-1.

[2] Ewan Stein, Frédéric Volpi, Fabio Merone, Kawther Alfasi and Larissa Alles, "Islamism and the Arab Uprisings," The Centre for the Advanced Study of the Arab World, June 2014, p.12; Hamadi Redissi, "The Decline of Political Islam's Legitimacy: The Tunisian Case", Philosophy and Social Criticism, Vol.40, No.4-5, 2014, p.384; "Event Summary: A View from Tunisia: Elections after the Arab Spring," Chatham House, November 2011, p.4.

[3] Ahmad Najib Burhani, "The Reformasi' 98 and the Arab Spring: A Comparative Study of Popular Uprisings in Indonesia and Tunisia," Asian Politics & Policy, Vol.6, No.2, 2014, p.206.

过渡中的主导性地位。因此，"伊斯兰复兴运动"政治立场的变化，直接影响突尼斯政治过渡的推进速度与发展方向。在与其他政治势力互动的过程中，"伊斯兰复兴运动"根据过渡期内突尼斯国内外形势的变化调整自己的政治策略，并对其他政治力量的诉求予以一定的关切与尊重。特别是在政治过渡后期，"伊斯兰复兴运动"不惜做出重大政治妥协，在很大程度上促使突尼斯各政治力量达成共识，并最终帮助突尼斯和平结束了政治过渡。"伊斯兰复兴运动"的政治妥协对突尼斯政治过渡的和平实现具有重要作用，不仅维持了其作为突尼斯政治舞台上一支重要政治力量的角色，而且避免了突尼斯国内发生剧烈冲突甚至爆发内战的可能。从突尼斯政治过渡的进程来看，"伊斯兰复兴运动"的政治妥协，是突尼斯与其他受中东变局波及的国家随后走上不同政治发展道路的重要原因。

鉴于"伊斯兰复兴运动"的政治妥协对和平实现突尼斯政治过渡的重要意义，针对中东变局后突尼斯政治过渡为何能和平实现这一问题，本章在阐述政治妥协及其对政治转型作用的基础上，考察了政治过渡期内"伊斯兰复兴运动"政治立场的变化，以及其最终做出政治妥协的原因与条件。进而，通过与其他国家政治伊斯兰力量在中东变局后的发展作对比，以说明政治妥协对"伊斯兰复兴运动"的影响，以及对中东其他国家政治过渡的启示，从中也能揭示中东政治伊斯兰运动的发展趋势。

一 政治妥协及其在政治转型中的作用

政治妥协是解决政治冲突的一种基本方式。政治冲突是各政治行为体为争夺政治利益、政治权力与政治资源等产生的一系列对抗性政治行为，包括战争、政变、恐怖主义、宗派政治对抗等不同烈度的政治冲突。[1] 为缓解与消除政治冲突，冲突各方与国际社会往往运用战争、威慑、斡旋、调停、妥协等诸多方式。[2] 大体而言，政治冲突的解决方式可分为三种类型："斗争式"、"协商式"与"妥协式"。"斗争式"主要以使用或威胁

---

[1] 胡锐军：《政治冲突、政治整合与政治秩序论纲》，载《晋阳学刊》2004年第5期，第11页。

[2] 胡元梓：《当代西方政治冲突解决理论研究评述》，载《中国人民大学学报》2009年第2期。

使用武力等强制性措施为手段，其结果或一胜一负，或两败俱伤。"协商式"在确保占主导地位一方根本利益的同时，能够对另一方的利益给予一定程度的"照顾"。"妥协式"主要是指在政治斗争双方势均力敌的情况下，出于各自的政治利益和目的，为"双赢"或避免两败俱伤，以不损害双方的根本利益为前提，双方通过政治谈判、协商或默契，互相做出让步，从而缓解矛盾的局面或过程。①

通过对上述三种冲突解决方式的比较可以发现，"斗争式"产生的冲突解决结果相对比较牢固，但通常需要付出较高的斗争成本与社会成本。"协商式"实质上是在既有制度框架内的利益微调，在短期内能够有效化解政治冲突，但不能从根本上完善现有制度。政治妥协（"妥协式"）的实现比较困难，往往需要冲突各方具备妥协的意愿和一系列有利的条件和政治环境，也正是因为如此，政治妥协通常被视为一种权宜之计，当一方的实力增长打破冲突各方所能维持的均势局面时，政治妥协的结果很可能被实力强的一方推翻。② 不过，政治妥协的优点在于，其在避免最坏结果出现的同时也能使冲突各方有所收益。这三种冲突解决方式本身并无优劣之分，需要根据具体的政治冲突及其性质进行取舍。

不过，政治妥协具有非对抗性、利益追求的开放性、次优性与利益的外部性等特征，③ 这对处于政治冲突中的国家来说不失为一种值得尝试的解决方式。首先，政治妥协是在尊重各政治行为体平等地位的基础上，遵循相对公平的原则，通过谈判、对话、和解等和平方式寻找共识、化解分歧的过程；其次，政治妥协不以任何冲突一方的最大利益为目标，而是以冲突各方的"次优"目标为着眼点，以保障各方的根本利益得到一定程度的尊重；再次，政治妥协能够创造外部效益。除了保证冲突各方各自的根本利益，政治妥协也可带来外部效益，表现在降低政治冲突成本、最大限度地减轻社会创伤等方面。在受到剧烈冲突的冲击后内部政治派别多元化、各政治力量实力大体平衡、政治冲突复杂的国家，"斗争式"解决方

---

① 王邦佐等：《政治学辞典》，上海：上海辞书出版社 2009 年版。关于"政治妥协"这一词条的解释，请见中国知网，http://mall.cnki.net/Reference/ref_readerItem.aspx?bid=R201106023&recid=R2011060230000025。

② 孙景姗：《政治冲突与政治妥协》，载《云南社会科学》2007 年第 2 期，第 20 页。

③ 龙太江：《论政治妥协——以价值为中心的分析》，湖北：华中科技大学出版社 2004 年版，第 24—25 页。

第十四章 "伊斯兰复兴运动"与突尼斯的和平政治过渡 / 355

式已不能完全解决政治冲突，且会延缓国内和平进程。"协商式"有可能因不能有效平衡冲突各方的利益而面临引发新一轮政治对抗的风险。在此情况下，政治妥协能为冲突各方提供一定的讨价还价机会，可在一定程度上维护冲突各方利益的基础上，通过平等对话找到一条让各方基本满意的冲突解决途径。

政治妥协自身的属性表明，其对一国国内政治过渡的和平实现具有积极作用，这在英国、美国、法国等西方国家民主化进程中均有体现。[①]（1）政治妥协是对冲突各方独立政治行为主体身份及其利益的一种承认。国家内部各政治行为体之间存在类似于国际关系中大量存在的蔑视体验以及为此而追求承认的现象。[②] 对一国国内新兴政治力量与长期遭到政府压制的政治力量而言，政治妥协是对它们个体身份与合法政治地位及其利益的一种认可与尊重，因而一定程度上能缓解这些政治派别的政治抗争。[③]（2）政治妥协能够培育冲突各方相互尊重与开放包容的民主精神。[④] 政治妥协是不同政治行为主体对彼此多元利益的尊重，这是民主精神的体现。（3）政治妥协有助于民主制度的建立，"民主制度能够促成不同政治主张之间的妥协"，[⑤] 反之亦然。政治妥协过程所体现出的政治权力相互制约等现代民主精神十分可贵。同时，政治妥协的达成需要各方遵守共同的行为规范，也需要各方尔后认真履行协议内容，这在客观上有助于政策、法律、制度等形成并得到广泛的遵守。（4）政治妥协可促进政治系统的合法性，有效化解政权合法性危机。即使一些新兴阶层或利益集团伴随经济结构调整而发展壮大，并对政治系统提出新的要求，在政治妥协的基础上，政治系统也能够吸纳新兴力量的加入，以化解合法性危机、维护系统

---

① 龙太江：《政治妥协与西方政治发展》，载《广州大学学报》（社会科学版）2007年第3期；李小园：《多元政治角逐与妥协：英国内生型政治演进模式》，上海：学林出版社2013年版。
② 相关研究综述请参考曾向红《国际关系中的蔑视与反抗——国家身份类型与承认斗争策略》，载《世界经济与政治》2015年第5期。
③ 承认要求是否得到满足与社会运动发展之间的关系，可参见 Barbara Hobson, *Recognition Struggles and Social Movements: Contested Identities, Agency and Power*, Cambridge University Press, 2003.
④ 万斌、罗维：《论政治妥协》，载《浙江学刊》2005年第1期，第66—67页。
⑤ Anke Gerber, Ignacio Ortuno-Ortin, "Political Compromise and Endogenous Formation of Coalitions," *Social Choice and Welfare*, Vol. 15, No. 3, 1998, p. 2.

本身的持续运行。① 综上所述，政治妥协是一种解决政治冲突、引导不同政治主体多元共存的基本策略和理性选择。②

不过，达成政治妥协往往比较困难，一般受到政治冲突各方互动历史、当下政治力量对比和外部政治环境等因素的制约。特别是在出现政治极化的国内政治环境中，因受到各方"不妥协思维"的影响，出于对自身政治原则的捍卫和对其他政治派别的不信任，各政治派别易于陷入循环竞争与持续冲突之中。③ 因此，政治妥协的实现不仅需要冲突各方具备妥协的意愿，而且需要一系列有利条件的支持。

冲突各方妥协意愿的强弱主要取决于两个因素：其一，对妥协成本与收益的权衡。政治冲突各方所能做出的妥协程度，取决于它们各自对妥协成本与妥协收益的比较。如果一方为政治妥协付出的成本小于预期收益，则其往往显示出较强的妥协愿意。反之，则政治妥协可能性较低。④ 如果冲突各方的力量尚存差距，对在政治冲突中占主导地位的一方而言，如果政治妥协能够使其在未来重获政治权力以补偿所付成本，那么其选择主动妥协的意愿就更明显。⑤ 其二，冲突各方在排他性利益之外对居于各自利益之上的共同利益具有共同认知，并且愿意为此做出必要的让步。⑥ 在这里，共同利益更多体现为维护国家利益的道德责任感，是冲突各方对民族和平、人民福祉、国家未来发展前途的由衷关切。在对自身妥协成本与收益权衡的基础上，对维护共同利益的共识能够增加各方的妥协意愿。

政治妥协的达成一般需要以下有利条件的支持：其一，政治冲突及其博弈过程是政治妥协发生的前提条件。政治冲突具有促使冲突各方明确自身利益及其边界的功能，各方认识到冲突的根本症结所在，是政治妥协发生的前提条件。第二，冲突各方实力相当或实力差距保持在一定范围内。

---

① 李海涛：《论政治妥协的功能》，载《南京政治学院学报》2005年第6期，第53—54页。

② 刘勇：《政治妥协：社会冲突视阈中的公共理性》，载《国家行政学院学报》2010年第2期，第55—56页。

③ Amy Gutmann and Dennis Thompson, "The Mindsets of Political Compromise," *Perspective on Politics*, Vol. 8, No. 4, 2010.

④ 李海涛：《论政治妥协的功能》，第53—54页。

⑤ Avinash Dixit, Gene M. Grossman and Faruk Gul, "The Dynamics of Political Compromise," *Journal of Political Economy*, Vol. 108, No. 3, June 2000, p. 533.

⑥ 李海涛：《论政治妥协的功能》，第52—53页。

如果各方实力大体相当，出于"斗则俱伤，和则两利"与"两害相权取其轻"的策略考虑，冲突各方有可能选择政治妥协；如果各方实力存在一定差距，则实力较弱的一方部分出于对冲突结果不确定的考虑，也有可能主动做出妥协姿态。不过在此情况下，实力相对较强一方主动妥协，有益于扩大妥协盈余。① 第三，需要冲突各方进行及时有效的沟通或具备进行沟通的有效渠道，这对缓解冲突、达成妥协具有建设性作用。此外，国内军队保持相对客观中立的政治立场、冲突双方的自我克制、外部行为体的施压等，均对实现政治妥协与和解具有促进作用。

不过，政治妥协同样面临风险。政治妥协成果来之不易，但随着政治形势与各政治派别力量的消长，倘若缺失巩固政治妥协的有效措施，则政治妥协转弱，成果很可能流失，国内政治派别之间很可能出现反复性紧张局势，这是政治妥协面临的最主要风险。在此情况下，各方原有的互信会降低，冲突各方更倾向于孤注一掷，而非再次选择妥协。冲突各方采取更为强硬的手段，则进一步加剧各政治行为体之间的冲突与对抗，致使冲突愈加频繁和强烈。② 因此，为了避免各政治行为体在政治妥协后采取机会主义行为，需要以规则、法律和制度安排切实巩固政治妥协的成果。此外，国内安全、经济、社会等层面的其他不稳定因素也有可能对政治妥协进程造成负面影响。

就目前中东各国的国内政治过渡而言，整体上以"斗争式"为主、"协商式"与"妥协式"为辅。前者以埃及的对抗式演变道路和利比亚、叙利亚的内战道路为代表，后者以突尼斯的共识民主道路为代表。③ 与埃及、叙利亚等政治过渡道路相比，突尼斯由各政治派别政治妥协产生的共识民主道路似乎更具良好的发展前景，这主要是由中东当前的政治形势与政治妥协自身的特征决定的。中东变局后，中东各国通过修改政党法，放

---

① 罗维：《政治妥协的若干模型——以博弈论为分析方法》，载《浙江学刊》2009 年第 1 期，第 133 页。
② 庄嘉颖、郝拓德：《反复性紧张局势的后果研究——以东亚双边争端为例》，载《世界经济与政治》2014 年第 9 期，第 56—62 页。
③ 若木、唐志超、牛新春、吴晓芳：《对阿拉伯世界，要多一分耐心——"中东变局"四周年的思考》，载《世界知识》2015 年第 3 期，第 20 页。

宽了成立政党的条件,由此在这些国家形成多党竞争的局面。① 尽管如此,由于不同政党在意识形态、政治立场、参政水平等方面的差异,这些国家出现了政党竞争激烈化、政党共存意识淡薄等消极现象。② 更严重的是,政党多元化提高了达成政治共识的难度。此外,中东变局后,中东政治冲突表现出地缘争夺、教派冲突、政党对抗、政治派别林立等特征,导致中东国家政治转型举步维艰,国家治理模式前景黯淡以及国家政治版图碎片化。③ 可以看出,冲突解决方式的选择对政治转型进程与后续政治发展具有直接且重要的影响。而突尼斯的例子,则可充分说明政治妥协对于政治过渡和平实现的关键性作用。

二 "伊斯兰复兴运动"与世俗党派的政治冲突

"伊斯兰复兴运动"确立政治主导地位后与世俗党派之间的政治冲突,是双方政治妥协的前提。2011年底,"伊斯兰复兴运动"与"共和议会党"、"劳动自由民主阵线"两个世俗政党共同组建了联合过渡政府。在过渡政府成立初期,伊斯兰主义与世俗主义政党彼此都展现出合作意愿,双方甚至将合作范围延伸至清除前政权势力等各方面。然而不久,突尼斯各党派之间围绕一系列政治议题产生争议。随着争议与分歧的逐渐扩大,"伊斯兰复兴运动"与世俗党派之间短暂的合作局面很快消失,双方之间的矛盾不断加剧,突尼斯政治过渡进程被双方之间的政治"极化"现象困扰与阻断。

"伊斯兰复兴运动"与世俗党派之间的分歧,体现在权力配置、宗教地位、公民权利等方面。具体而言,第一,在制度设计上,对选择何种政体出现了两种相互对峙的观点。"伊斯兰复兴运动"支持议会体制,而世

---

① Daniel L. Tavana, "Party Proliferation and Electoral Transition in Post‐Mubarak Egypt," *North African Studies*, Vol. 16, No. 4, 2011;李艳枝:《中东剧变与穆斯林民主政党的兴起》,载《国际论坛》2013年第2期,第74页;刘中民、李志强:《中东变局与伊斯兰政党的新发展》,载《阿拉伯世界研究》2013年第6期,第96—98页。

② 易小明:《中东社会转型中的政党政治》,载《阿拉伯世界研究》2014年第3期,第99—101页。

③ 田文林:《新一轮中东动荡期形势评估》,载《阿拉伯世界研究》2015年第3期,第27—29页。

俗党派则偏爱法国式的半总统制。① 双方争论的本质是国家权力如何在各党派之间重新进行分配。第二，在有关伊斯兰教问题上，双方争论的焦点集中在宗教与国家关系、宗教与政治关系、宗教与社会生活的关系、宗教与政治改革和社会变迁的关系等方面。"伊斯兰复兴运动"认为，国家法律应该反映突尼斯人的宗教属性、伊斯兰原则与规范、生活方式等。激进的伊斯兰政治团体甚至主张建立伊斯兰国家。② 第三，在公民权利上，主要体现为女性权利之争。突尼斯"革命"后，许多女性积极分子和女权主义者呼吁国家法律应该体现现代女性价值，赋予女性与男性平等的公民权利。而"伊斯兰复兴运动"并无将性别平等纳入宪法的意愿，认为赋予女性与男性同等的权利与伊斯兰教原则和阿拉伯文化传统相悖。

这些分歧加深了世俗党派对"伊斯兰复兴运动"的疑虑，并延缓了突尼斯政治转型进程。为了消除世俗派的疑虑，防止彼此间的分歧进一步扩大，"伊斯兰复兴运动"取消了宪法条款中强化伊斯兰教法的内容，曾明确表示反对实施伊斯兰教法的提议。在"伊斯兰复兴运动"的退让下，2012年8月突尼斯制宪议会颁布了新宪法草案，但因其中很多条款仍存在较大争议，草案被搁置，颁布新宪法一再延期，新一轮议会选举也因此被迫推迟至2013年7月举行。然而，就在此间，两起针对反对派政党领导人的政治暗杀事件让"伊斯兰复兴运动"的处境更加不利。2013年2月6日，世俗政党"统一民主爱国党"领导人肖克里·贝莱德遇袭身亡，同年7月，世俗反对党"人民阵线党"的领导人穆罕默德·布拉米也遭暗杀。民众认为两起事件如出一辙，都受到"伊斯兰复兴运动"的指使，因而均引发了包括突尼斯劳工组织在内的全国大规模示威游行，特别是布拉米遇刺后，部分民众要求"伊斯兰复兴运动"下台与现政府辞职，重新组建一个新的技术官僚政府。而世俗党派也担忧"伊斯兰复兴运动"采取暴力手段，不惜一切手段谋求完全控制政府。

在与萨拉菲派的关系方面，"伊斯兰复兴运动"因态度暧昧而备受世俗党派的指摘。萨拉菲派是突尼斯国内政治伊斯兰力量中的激进派，中东变局后，其实施暴力活动的频度呈上升趋势。然而在较长一段时间内，

---

① Laura K. Landolt and Paul Kubicek, "Opportunities and Constraints: Comparing Tunisia and Egypt to the Coloured Revolutions," *Democratization*, Vol. 21, No. 6, 2014, p. 11.
② Hamadi Redissi, "The Decline of Political Islam's Legitimacy: The Tunisian Case," p. 393.

"伊斯兰复兴运动"对此摇摆不定。2011年10月制宪议会选举之后，为了争取萨拉菲派的政治支持，"伊斯兰复兴运动"承诺法律应该反映伊斯兰教属性，但这种提议立即遭到世俗派的反对。为调和不同意见，"伊斯兰复兴运动"领导人拉希德·加努希于2012年3月25日发表声明，重申了突尼斯1956年宪法第一款的内容，即突尼斯是一个自由、独立的主权国家，以伊斯兰教为国教、阿拉伯语为母语、共和制为政体。但到2012年5月，"伊斯兰复兴运动"领导下的政府却同意赋予萨拉菲派"温和觉醒与改革协会"以合法宗教团体地位，而这是一个主张推行严格伊斯兰教法的公民社会组织。此举被民众视为"伊斯兰复兴运动"激进化的一种表现。10月，加努希与萨拉菲主义者会面的一段视频曝光，在这段视频中，加努希表达了对世俗党派仍然控制经济、媒体和行政机构的不满，他认为突尼斯人依然忽视伊斯兰教，并建议萨拉菲派领导人利用广泛的协会力量建立宗教学校等。这更加剧了外界对"伊斯兰复兴运动"与萨拉菲派关系的猜测。尽管加努希等人一再辩称该视频的可信度极低，但已经不能说服愤怒的世俗派和民众。① "伊斯兰复兴运动"在民众中间的信任度因此大打折扣。据2013年9月的一份民意调查结果显示，仍对"伊斯兰复兴运动"持信任态度的民众仅占28%。②

在促进经济发展方面，受国内不稳定局势和各派政治力量之间重重矛盾的影响，"伊斯兰复兴运动"缺乏恢复经济发展的能力，未能采取行之有效的措施。在其选举宣言中，"伊斯兰复兴运动"列举了365项旨在促进经济发展的宏大提议，但因缺乏具体的可操作化的实施计划，这些提议出台后不久便被束之高阁。伴随经济持续低迷而来的是突尼斯失业率居高不下，物价节节攀升，民众生活始终处于较低水平。受通货膨胀影响，燃油、汽车以及公共和私营交通服务价格均大幅上涨，一般生活消费品如食品、餐饮、服装、家具、医疗和教育服务的价格也都出现不同程度的上涨。③ 经济不景气导致突尼斯民众对"伊斯兰复兴运动"的期望值一降

---

① Amel Grami, "The Debate on Religion, Law and Gender in Post – Revolution Tunisia," *Philosophy and Social Criticism*, Vol. 40, No. 4 – 5, 2014, pp. 393 – 394.

② James Zogby and et al., "Tunisia: Divided & Dissatisfied with Ennahda," *Zogby Research Services*, September 2013, p. 6.

③ 中华人民共和国驻突尼斯共和国大使馆经济商务参赞处，2015年10月12日，http://tn.mofcom.gov.cn/article/jmxw/201310/20131000336533.shtml。

再降。

"伊斯兰复兴运动"与世俗党派之间的对立、与萨拉菲派关系暧昧不清和缺乏恢复经济的能力,导致其政治主导地位遭到一定程度的削弱。而受此影响,突尼斯政治过渡进程放缓,新宪法的制定更是步履维艰。然而在此过程中,"伊斯兰复兴运动"并未因其合法性的流失而表现出真正的妥协意愿。与此相反,它试图借助政治优势采取强硬方式以巩固其政治主导地位。正如奥利弗·罗伊观察到的:"在突尼斯就如在埃及一样,通过选举获得权力的伊斯兰主义者正在见证其受欢迎程度的减弱,但'伊斯兰复兴运动'正在诉诸新权威主义措施以弥补其自身合法性的流失。"[1]罗伊所谓的"新权威主义措施",主要是指"伊斯兰复兴运动"试图扩大自身的权力。

"伊斯兰复兴运动"开始在国家、地区、地方和国有公司等各级政府部门之中安插其成员。突尼斯24位省长中的19位、324名地方代表中的229名均被更换为"伊斯兰复兴运动"的成员。据"突尼斯政府和公共服务中立联盟"的统计,由"伊斯兰复兴运动"委任的公职人员占其总数的83%。为了防止此种行为招致外界批评,消除新闻媒体报道带来的不利影响,"伊斯兰复兴运动"试图控制媒体,甚至出动军人驱逐记者和反对者。此外,它还利用民兵组织"保护革命联盟"攻击反对派。2012年11月,突尼斯内政部长阿里·拉哈耶德下令警察朝希里亚奈省民众开枪射击,造成264人严重受伤、19人失明的严重后果。[2]迫于民众压力,时任突尼斯总理的"伊斯兰复兴运动"领导人哈马迪·杰巴里引咎辞职。然而,这些政治举措和暴力行为,尤其是2013年的两起政治暗杀事件均表明,尽管其政治地位出现明显下降,在社会压力面前也作出了一些让步,但"伊斯兰复兴运动"事实上并无与反对派进行妥协的明确意愿。

"伊斯兰复兴运动"政治主导地位的确立,深刻影响了突尼斯政治过渡进程的速度和方向。然而,"伊斯兰复兴运动"从2012年制宪议会到2013年上半年的政治表现,并未满足大多数普通民众的期望。其与萨拉菲派的暧昧关系,竭力扩大自身权力的举动,更加深了民众的种种不满与

---

[1] Olivier Roy, "The Myth of the Islamist Winter," *New Statesman*, December 2012. 转引自 Hamadi Redissi, "The Decline of Political Islam's Legitimacy: The Tunisian Case", p. 385。

[2] Hamadi Redissi, "The Decline of Political Islam's Legitimacy: The Tunisian Case", p. 385。

疑虑。其间，为了缓解与世俗党派之间的关系，"伊斯兰复兴运动"也曾做出退让，但鉴于与世俗党派之间的意识形态差异和政治极化现象，并没有妥协的真正意愿。"伊斯兰复兴运动"与世俗党派之间、各党派与社会各界之间也缺乏良性沟通与合作，难以形成相互信任的民主政治环境，民众对临时政府施政的耐心也有限，造成政令不通，罢工此起彼伏。① 一时间，突尼斯陷入了"革命"后最严重的政治危机，政治过渡进程岌岌可危。

三 "伊斯兰复兴运动"与世俗党派的政治妥协

在与世俗党派之间的关系降到冰点之际，"伊斯兰复兴运动"面临艰难的抉择：是一味坚持强硬态度以强化政治主导权，还是与世俗党派谋求政治妥协？如果选择前者，"伊斯兰复兴运动"有可能完全控制政府，但也可能面临与世俗党派决裂、爆发严重冲突甚至内战的风险。在当时局势非常紧张的情况下，"伊斯兰复兴运动"谋求完全控制政府成功的可能性较小，且必然与世俗反对派发生剧烈冲突，甚至局势逆转、功败垂成。在此情况下，"伊斯兰复兴运动"有可能再次被逐出突尼斯政治舞台，重蹈覆辙。② 而如果寻求妥协，那也将面临两种后果：其一，妥协的结果限于自身不被排除于政治舞台之外，但在未来并无再次执掌国家政权的可能，而政治前途的无望有可能促使"伊斯兰复兴运动"孤注一掷，铤而走险。其二，暂时退出政府，放弃政治主导权，但获得在未来重获政治主导地位的制度性保障。

最终，"伊斯兰复兴运动"选择了妥协策略。其政治妥协意愿的产生，与其面临的内外部因素密切相关。内部因素主要是指突尼斯政治伊斯

---

① 若木：《回到"革命"始发的地方——从突尼斯新宪法颁布说开去》，载《世界知识》2014年第14期，第39页。

② 1989年，"伊斯兰复兴运动"在议会选举中赢得约17%的选票，接了世俗政党留下的约3%的议会席位，并因此被本·阿里政权赋予合法政党的地位。不过，由于在选举后再次诉诸暴力，且发表极端主义观点，"伊斯兰复兴运动"遭到本·阿里政权驱逐，致其远离突尼斯国内政治长达20余年。参见冯璐璐《当代突尼斯的伊斯兰复兴运动》，载《阿拉伯世界研究》1999年第3期；李竞强：《论突尼斯政治伊斯兰的历史演进和政治影响》，载《国际论坛》2013年第4期。

兰力量内部出现了明显的分裂趋势。其一是突尼斯国内政治伊斯兰力量温和派与激进派的分裂。长期以来，这股重要政治力量就并非铁板一块。在本·阿里统治时期，突尼斯国内存在80多个伊斯兰运动组织。[①] 目前，突尼斯伊斯兰复兴运动主要由"达瓦党"、"伊斯兰倾向运动"（现在的"伊斯兰复兴运动"）、"进步伊斯兰主义组织"与萨拉菲派构成。其中，前三种组织的社会变革理念较为温和，或为"改革"（"达瓦党"与"进步伊斯兰主义组织"）或为"复兴"（"伊斯兰复兴运动"）。[②] 中东变局后，尽管萨拉菲派也通过组建政党的方式积极谋求政治合法性，然而如前文所述，萨拉菲派频繁使用暴力，并不断散播圣战思想，导致"伊斯兰复兴运动"在2013年与萨拉菲派逐渐疏远。与萨拉菲派之间的分裂，一定程度上削弱了"伊斯兰复兴运动"在政府中的支持力量。

其二是"伊斯兰复兴运动"国内派与海外派之间的分裂。20世纪90年代初，迫于本·阿里政权的压力，"伊斯兰复兴运动"分裂为海外派与国内派两大阵营。在1990年至2010年间，其海外派的主要活动远离突尼斯本土，对国内政治的影响力非常有限。与此同时，其国内派的骨干成员要么被囚禁，要么受到严密监视，一直处于被压制状态。借助中东变局，两派进行了快速整合，共同致力于重构"伊斯兰复兴运动"的组织框架。但迅速发展的国内局势并未留给他们充足的时间，以消除他们在过去二十多年间的不同经历所带来的政策立场差异。整体而言，海外派政治议程更倾向于迎合本国民众与阿拉伯世界的民众，而国内派的政治行为则更多被伊斯兰主义核心意识形态所驱使。[③] 彼此了解较为有限，两派成员甚至在某些政治议题上互相竞争较量。而且，对"伊斯兰复兴运动"的主要目标与未来发展方向，双方也无法达成有效共识。加努希2013年在接受采访时曾坦率谈到"伊斯兰复兴运动"的处境："毋庸置疑，我们的发展速度非常快。我们的成员来自50个国家、27所监狱，我们在9个多月的时间内重新组建了我们的组织……我们在没有实质性准备的时刻接管了国家

[①] 冯璐璐：《当代突尼斯的伊斯兰复兴运动》，第37页。
[②] 李竞强：《突尼斯伊斯兰复兴运动简析》，第27—29页。
[③] Hardin Lang, Mokhtar Awad, Peter Juul, and Brian Katulis, "Tunisia's Struggle for Political Pluralism after Ennahda," The Center for American Progress, April 2014, p. 11.

权力。同时我们也犯了错误,因此我们需要时间调整与反思。"①

外部因素主要是指埃及发生的"二次革命"。埃及"二次革命"深刻影响了突尼斯政坛的权力结构走向。埃及"穆兄会"的组织能力、政治经验、民众基础等均强于"伊斯兰复兴运动",但即便这样仍未逃脱被罢黜的惨烈结局。这使"伊斯兰复兴运动"领导层认识到了政治伊斯兰力量在国家权力竞争中的脆弱性,进而意识到自身所处的危险境遇,对自身的政治命运产生了极度担忧。迄今关于埃及"二次革命"对突尼斯影响的专门研究成果并不多,但从媒体报道与"伊斯兰复兴运动"部分领导人的讲话中仍可管窥证实。自穆尔西遭军方罢黜以来,突尼斯国内媒体围绕此事做了大量报道与评论,并就突尼斯是否有可能成为第二个埃及展开了热烈讨论。"二次革命"后,"伊斯兰复兴运动"高级领导人阿卜杜勒·马吉德·尼葛尔在一次接受采访时直言不讳地说:"在埃及发生的事件深刻影响到了突尼斯……并使我们变得脆弱","开罗军事政变迫使我们通过协商做出妥协"。②无独有偶,"伊斯兰复兴运动"舒拉委员会成员洛夫蒂·扎图尼也坦言:埃及军事政变使我们确信,应尽快找到和解之道以化解突尼斯不断加剧的政治僵局。③

埃及"二次革命"发生后,"伊斯兰复兴运动"的处境更加艰难。一方面,世俗反对派乘机提出他们的政治诉求,并一再宣称要效仿埃及推翻突尼斯制宪议会,"伊斯兰复兴运动"对此深感忧虑。为了防止埃及式的抗议活动在突尼斯出现,加努希2013年7月1日在接受《中东日报》采访时谴责反对派的诉求是一种谬论,并一再强调突尼斯国内部分人忽视了埃及与突尼斯境遇的差异。④另一方面,突尼斯国内呼吁"伊斯兰复兴运动"下台的民众抗议活动不断高涨。2013年8月6日,突尼斯世俗反对派组织了大规模民众抗议运动,约4万名示威者在制宪大会大楼前广场上集会,要求"伊斯兰复兴运动"领导的现政府下台,解散制宪议会。8月

---

① Hardin Lang, Mokhtar Awad, Peter Juul, and Brian Katulis, "Tunisia's Struggle for Political Pluralism after Ennahda," pp. 11 – 12.

② Ibid., p. 10.

③ Ibid..

④ Nadia Al – Turki, "Ghannouchi Says Tunisia Is Not Egypt," *Asharq Al – Awsat*, July 4, 2013, http://www.aawsat.net/2013/07/article55308455/ghannouchi – says – tunisia – is – not – egypt.

24日，突尼斯爆发上万人的大游行，同样要求政府下台。受政治危机的影响，制定新宪法、筹备大选等工作基本陷入停滞状态。

在此紧张情势下，"伊斯兰复兴运动"与世俗党派彼此都没有使突尼斯成为伊斯兰国家或世俗国家的力量。趋利避害是人类行为的重要动机，而对预期收益的权衡则能够导致行为体偏好的转变。"伊斯兰复兴运动"既要避免重蹈覆辙，又需要在自愿妥协之后提高对未来获胜的预期。基于上述考虑，在2013年底至2014年初，经过反复权衡，在与世俗反对派达成共识后，加努西2014年2月表示，愿意在没有选举失利或发生政变的情况下让出"伊斯兰复兴运动"在突尼斯的政治主导地位，并言辞恳切地表达了避免国内发生政治危机的强烈意愿。他说："我们意识到，我们因为选举的胜利获得了权力，但没有我们的妥协，突尼斯人民就不会得到新宪法"，"我们想要权力，但我们也衷心认为，民主宪法比获得权力更重要"。①"伊斯兰复兴运动"选择放弃政治主导权，支持成立中立政府。对于未来如何分配国家权力，"伊斯兰复兴运动"偏向于议会体制，而世俗派则主张效仿法国式的政府模式。双方妥协的结果是，将行政权力分别配置给总统和总理。对此加努希解释道："我们必须避免零和博弈。在一个民主体制中，参与各方均有获胜的可能。即使某一方在一次选举中失利，而在下次选举中同样有机会获胜……为了避免内战，我们必须寻找共识。我们牺牲我们的政府以避免内战发生。我们确信，只要我们拥有民众的信任，我们将还有机会重获权力。"② 综合考虑惨痛的历史教训、自身组织的处境、未来重获政治主导地位的预期，以及对突尼斯滑向内战的担忧，在有制度性保障其未来重获政治主导地位的前提下，"伊斯兰复兴运动"最终选择进行妥协。

同时，在萨拉菲派的政治地位、经济发展、公民社会、言论自由等问题上，"伊斯兰复兴运动"的基本主张已明显向世俗党派的立场靠拢。在有关萨拉菲派的立场上，"伊斯兰复兴运动"承认，萨拉菲主义作为一种长期存在的意识形态与国际运动由来已久。国家的主要职责在于制定法律，而非干涉民众的思想和生活方式。但它同时认为，萨拉菲主义者对伊

---

① "Ghannouchi: Tunisia's New Political Order," February 26, 2014, https://www.wilson-center.org/article/ghannouchi-tunisias-new-political-order.

② Ibid..

斯兰教的理解是错误的，伊斯兰教崇尚正义、仁慈与和平，而非暴力与仇恨，并建议萨拉菲主义者在法律范围内活动，鼓励他们以建立政党的方式合法参与国家政治生活。对于萨拉菲派"安萨尔伊斯兰教义组织"，鉴于其坚持使用暴力以及从事走私武器等犯罪活动，"伊斯兰复兴运动"坚决把它认定为恐怖主义组织，并应予以打击。在经济方面，"伊斯兰复兴运动"对突尼斯高达15%的失业率表示同情，承诺改善旅游业和鼓励投资。在公民社会与公民权利方面，"伊斯兰复兴运动"表示尊重言论自由，对批评持开放的态度，对"突尼斯劳工总联合会"、"商会"、"人权联盟"、"律师协会"等公民社会组织在各政治派别间所起的积极作用表示欢迎。其原则是寻求伊斯兰与民主之间的兼容，人权和性别平等。[1] 这些基本主张得到了世俗党派与民众的认可。

"伊斯兰复兴运动"与世俗党派政治妥协的重要成果，以突尼斯根本大法的形式得以确认与巩固。经过各政治派别的讨论与协商，2014年1月26日，突尼斯国民议会通过了突尼斯新宪法，标志着历时两年的修宪进程结束。新宪法凝聚了突尼斯各政治派别的广泛共识，确定突尼斯实行共和制，伊斯兰教为国教，总统由直选产生。新宪法对突尼斯的政治制度、宗教地位等作了较为严格的规定。整体上，在教俗关系方面，新宪法淡化了突尼斯政治的宗教属性，突出国家的世俗属性；在政体方面，突尼斯效仿西方三权分立的政治体制，将国家权力分别配置给总统、总理和议会；在政党制度方面，突尼斯开放党禁，实行多党制。目前，突尼斯共有110余个合法政党。[2] 此外，新宪法强化了对公民基本权利的维护与保障。[3] 特别需要强调的是，在突尼斯政治过渡进程中，制宪议会被各政治派别视为国家唯一的权力机构，保证了在历经五届过渡政府的同时，却仍能保持政府的合法性与连续性。[4] 新宪法进一步扩大和加强了议会在国家政治生活中的作用，保证了各政治派别参与国家政治事务的权利，这也是"伊斯兰复兴运动"政治妥协意愿产生的一个重要原因。

"伊斯兰复兴运动"的政治妥协是突尼斯政治过渡期得以和平结束的

---

[1] "Ghannouchi: Tunisia's New Political Order".

[2] 《突尼斯国家概况》，中华人民共和国外交部网站，http://www.fmprc.gov.cn/web/gjhdq_676201/gj_676203/fz_677316/1206_678598/1206x0_678600/.

[3] 若木：《回到"革命"始发的地方——从突尼斯新宪法颁布说开去》，第38页。

[4] 同上书，第39页。

关键因素，但并非全部原因。政治妥协无疑是突尼斯世俗力量与伊斯兰力量就如何推进国家政治转型路径达成共识的主要原因。除此之外，"伊斯兰复兴运动"的自我克制、军队保持客观中立的立场、公民社会组织的斡旋等，均对两者政治妥协的达成起到了积极的促进作用。首先，对"伊斯兰复兴运动"而言，在自身合法性遭到侵蚀的情况下，仍然保持了自我克制并实施了相对包容性的政策，在很大程度上避免了重蹈"穆兄会"覆辙的命运。其次，军方在政治转型进程中扮演了至关重要的角色。在突尼斯政治过渡期，军方保持了其一贯的态度，即在政治上保持中立，保障法律的正常实施，坚决制止任何政治冒险行为。这不仅有助于将"伊斯兰复兴运动"与世俗党派之间的冲突烈度控制在较低水平，而且也为突尼斯政治妥协的实现提供了安全保障。最后，公民社会组织在伊斯兰力量与世俗力量之间的博弈过程中发挥了重要的桥梁作用。公民社会力量的发展壮大，充当了伊斯兰主义与世俗主义之间冲突的缓冲区，一定程度上降低了二者爆发激烈冲突的可能性。尤其是在2013年下半年，当时世俗党派与"伊斯兰复兴运动"之间的紧张关系一触即发，"突尼斯劳工总联合会"联合"突尼斯工商联盟"、"突尼斯人权联盟"和"突尼斯律师联合会"共同组建了"突尼斯全国对话大会"，成功促成了世俗力量与伊斯兰力量之间的和解，为国家政治和平过渡的早日实现发挥了不可替代的作用。

四 突尼斯政治妥协的影响与启示

"伊斯兰复兴运动"与世俗党派之间的妥协，对"伊斯兰复兴运动"的政治命运以及突尼斯实现和平政治过渡具有直接影响。自2011年10月制宪议会选举以来，在持续四年多的政治过渡时期内，突尼斯历经五届过渡政府、两次暗杀政治领导人事件和多起民众大规模抗议事件，尽管如此，政治过渡进程却并未被阻断割裂，相反，它依然在国内各政治派别的彼此较量中向前逐步推进。自2014年以来，突尼斯政治过渡进程明显加快。2014年10月26日举行正式议会选举；12月29日，"呼声党"领导人埃塞卜西正式当选继本·阿里之后新一任突尼斯总统；2015年2月6日，突尼斯新政府宣誓就职。新政府的成立正式标志着突尼斯过渡期平稳结束。到目前为止，在所有受"中东变局"波及的国家中，突尼斯是首个也是唯一比较顺利完成政治过渡并被外界视为有望实现政治转型的国家。对于相对温和的"伊斯兰复兴运动"而言,在其实际主导突尼斯政治过渡的三年间,虽然与世俗党派的关系曾一度濒临冲突边缘,但双方之间的紧张关系并未导致他们爆发严重的暴力冲突。突尼斯政治妥协对"伊斯兰复兴运动"自身的发展轨迹产生了重要影响,也对中东其他国家的政治过渡具有一定的启示。

政治妥协是"伊斯兰复兴运动"在中东变局后不同于其他国家政治伊斯兰力量发展道路的重要原因。自2010年底中东变局爆发至今,受波及的其他中东国家的政治伊斯兰力量同样经历了先上升后回落的发展轨迹。在中东变局初期,突尼斯、摩洛哥与埃及的政治伊斯兰力量相继通过选举上台执政,成为中东变局中十分引人注目的现象。在也门、利比亚和叙利亚等国,政治伊斯兰力量也曾借助国内动荡局势发展成为一支颇具影响力的政治势力。尽管各自的发展程度受到内部与外部因素的共同制约,但它们均尝试进行自我革新,兼顾自身的伊斯兰属性与现代民主政治精神,采取谨慎而行之有效的策略促进自身的政治发展。[1] 因此,有学者将中东变局后政治伊斯兰力量的复兴称为"第二次阿拉伯觉醒"。[2] 然而,随着中东政治局势的持续发酵,中东各国政治伊斯兰力量的发展整体上遭遇了不同程度的挫折。[3] 其中,受挫最严重的是埃及"穆兄会"所属的"自由与正义党",其执政仅一年后即被军方强行赶下台,并于2013年10月被军方驱散。摩洛哥政治伊斯兰力量"公正与发展党"于2011年上台执政后,新政府的权力却受到国王的限制,政府在某种程度上沦为"傀儡"。[4] 在突尼斯,"伊斯兰复兴运动"在2014年10月26日举行的正式议会选举中失去了议会第一大党地位,继而在2014年12月底的总统选举中错失机遇,这标志着其在中东变局初期的相对优势地位出现了明显下降。这一系列事态表明,随着中东局势的深入演变,与当初政治伊斯兰力

---

[1] 王凤:《中东剧变与伊斯兰主义发展趋势初探——以埃及穆斯林兄弟会和突尼斯伊斯兰复兴党为例》,载《国际政治研究》2011年第4期,第39—40页。

[2] 方金英:《中东政治伊斯兰的发展趋势》,载《现代国际关系》2013年第3期,第16页。

[3] 林海虹、田文林:《中东转型中的政治伊斯兰运动评析》,载《现代国际关系》2013年第8期,第35页。

[4] 李杉:《浅析北非剧变与摩洛哥政治改革》,载《西亚非洲》2013年第2期,第148页。

量强劲的发展势头相比,目前中东政治伊斯兰力量的发展整体上受到了一定程度的遏制与延缓。

然而,尽管中东政治伊斯兰力量出现了较为明显的回落迹象,但就各国政治伊斯兰力量的具体情况而言,其上升与回落的幅度以及这种地位变化对各自国内过渡时期政治进程的影响却不尽相同。在埃及,伴随"穆兄会"力量回落的是"二次革命"的发生。在此期间,"穆兄会"及其支持者与军方发生了严重的暴力冲突,导致"穆兄会"的政治地位急转直下。"穆兄会"在中东变局后大起大落,其回落的方式可谓"硬着陆"。① 就目前的情况来看,鉴于同军方力量对比悬殊,又遭到部分世俗派的激烈反对,"穆兄会"恐难在埃及后续政治进程中发挥突出作用。② 在摩洛哥,鉴于"公正与发展党"的权力"被架空",因此其对国内重大决策的影响力较为有限,这是因为"在现行的政治体制下,王室仍然掌握着国家的绝对权力,摩洛哥政府只能充当皇室决策的执行者角色"。③ 然而,与埃及"穆兄会"的"硬着陆"和摩洛哥"公正与发展党"权力"被架空"形成鲜明对比的是,可用"软着陆"一词来形容突尼斯"伊斯兰复兴运动"在中东变局后上升与回落的发展历程。不论与埃及、摩洛哥等国的政治伊斯兰力量相比,还是与其自身的历史遭遇相比,在中东变局后突尼斯"伊斯兰复兴运动"的表现出乎很多人意料,因此,一些分析人士认为政治伊斯兰力量"劫持了革命",是"革命的最大受益者"。④

突尼斯"伊斯兰复兴运动"的"软着陆",一方面体现在突尼斯2011年制宪议会选举与2014年正式议会选举这两次选举结果的显著差异上。在2014年10月的正式议会选举中,"伊斯兰复兴运动"以69席失去了议会第一大党地位,取代它的是世俗派政党突尼斯"呼声党",后者获得议会217席中的86席。这一结果表明,与2011年制宪议会选举相比,

---

① "硬着陆"原指航天器未经减速装置减速,而以较大的速度直接冲撞着陆。与之对应的"软着陆"是指航天器经专门减速装置减速后,以一定的速度安全着陆。本章借用这两个航天学术语,分别形容埃及"穆兄会"与突尼斯"伊斯兰复兴运动"政治地位的回落方式。

② 廖百智:《埃及"穆兄会"垮台原因及前景分析》,载《现代国际关系》2013年第8期,第34页。

③ 李杉:《浅析北非剧变与摩洛哥政治改革》,第148页。

④ Ahmad Najib Burhani, "The Reformasi' 98 and the Arab Spring: A Comparative Study of Popular Uprisings in Indonesia and Tunisia," p. 204.

"伊斯兰复兴运动"在议会中的相对优势地位显著下降。另一方面,"伊斯兰复兴运动"在中东剧变后的发展轨迹也可用"软着陆"来描述。突尼斯伊斯兰运动起源于20世纪70年代,从1981年起"伊斯兰复兴运动"萌生了谋求积极参与突尼斯国内政治事务的较强意愿。此后,在与突尼斯当局的互动过程中,"伊斯兰复兴运动"经历了与政府的冲突阶段(1981—1983)、冲突缓解并寻求政治参与阶段(1984—1985)、与政府激烈对抗阶段(1986—1987)、获准参与政治阶段(1987—1989)和与突尼斯政治隔离阶段(1990—2011)这五个阶段。[①] 从其历史发展来看,"伊斯兰复兴运动"在"与政府冲突"和"政治参与"之间左右摇摆,而且幅度较大。其代表性事件是1989年"伊斯兰复兴运动"获准参加议会选举,但在选举结果公布后即被本·阿里政权予以否认,进而被彻底逐离突尼斯政治舞台长达20余年。然而,从2011年"茉莉花革命",到2014年底总统选举完成,"伊斯兰复兴运动"似乎不仅摆脱了历史上的"钟摆效应",而且由于其存在,使突尼斯逐渐形成了伊斯兰力量与世俗力量彼此较量但共存于政治舞台的新局面。到目前为止,尽管其返回突尼斯政治舞台才五年,但这次"伊斯兰复兴运动"的参政时间已大大长于以往。

因此,"伊斯兰复兴运动"的政治发展反映了中东变局后政治伊斯兰力量的某些新特征。中东变局重新塑造了政治伊斯兰力量置身其中的政治生态,也导致各国政治伊斯兰力量在斗争策略、意识形态与组织结构等各方面发生了明显变化。特别是在处理伊斯兰主义与世俗主义之间关系的问题上,政治伊斯兰力量基本坚持伊斯兰主义原则与世俗化治国策略相结合;在政治参与方式上,政治伊斯兰力量逐步放弃暴力斗争,而更多地寻求通过建立政党参政议政。[②] 整体而言,中东政治伊斯兰主义从激进转为温和已是事实。中东问题专家阿塞夫·巴亚特将伊斯兰主义发展中出现的此种新特征概括为"后伊斯兰主义"。巴亚特认为:"伊朗'伊斯兰革命'是我们时代的第一场也将成为最后一场伊斯兰革命,中东民主意识和民主

[①] 有关突尼斯伊斯兰运动发展历程的介绍,详见 Alaya Allani, "The Islamists in Tunisia between Confrontation and Participation: 1980 – 2008," *The Journal of North African Studies*, Vol. 14, No. 2, 2009, pp. 261 – 265; 李竞强:《论突尼斯政治伊斯兰的历史演进和政治影响》。

[②] 刘中民、李志强:《中东变局与伊斯兰政党的新发展》。

第十四章 "伊斯兰复兴运动"与突尼斯的和平政治过渡 / 371

运动的增长很有可能促使伊斯兰主义进入'后伊斯兰主义'阶段。"①"后伊斯兰主义"并非反伊斯兰主义或世俗主义,而是在继续秉持伊斯兰教的同时,更强调公民的权利。"后伊斯兰主义"的特征集中体现为:"通过强调民众的权利以求超越伊斯兰主义政治;民众在国家中更多地被视为公民而非臣民;调和宗教虔诚与公民权利、信仰与自由、伊斯兰与民主之间的关系;寻求在创建一个选举民主体制、一个世俗公民国家的同时提升社会的宗教虔诚度。"②

"后伊斯兰主义"这一概念的提出,旨在区分其不同于先前的"伊斯兰主义"。伊斯兰主义当指"那些寻求建立某种伊斯兰秩序——一个宗教国家,在穆斯林社会和群体中施行沙里亚法和道德准则——的意识形态和政治运动"。③ 从其构成来看,伊斯兰主义的一个重要构成要素是伊斯兰运动,旨在通过运动方式矢志不渝地追求国家权力,不仅要确保伊斯兰力量在国家中占据统治地位,更重要的是,其将国家视为在穆斯林社会"扬善惩恶"的强有力工具。这意味着伊斯兰主义的规范和法律更注重强调民众的义务而非权利。因此从广义上而言,"伊斯兰主义"是以义务为中心的宗教政体,而"后伊斯兰主义"则更注重民众的权利而非义务。尽管"后伊斯兰主义"仍是一个值得商榷的概念,但突尼斯"伊斯兰复兴运动"的"软着陆"表明,政治伊斯兰力量虽然并不完全符合"后伊斯兰主义"的特征,但已经显露出"后伊斯兰主义"的某些新特征。

与此同时,中东政治伊斯兰力量也显露出自身的缺陷与不足。在内部,政治伊斯兰力量派系之间的矛盾日益凸显。在外部,政治伊斯兰力量与世俗党派、军方等其他政治力量之间的对抗与冲突一定程度上也有所加剧。埃及"二次革命"及"穆兄会"的悲惨结局,使中东政治伊斯兰力量的发展再次处于十字路口。"穆兄会"的命运一再提醒其他中东国家的政治伊斯兰力量,意识形态并不能保证政治上的成功,伊斯兰主义者需要重新思考其核心理念与战略战术,以适应中东变局后的新局势。尽管政治

---

① Asef Bayat, "The Post - Islamist Revolutions: What the Revolts in the Arab World Mean", *Foreign Affairs*, Vol. 26, April 26, 2011, http://www.foreignaffairs.com/articles/67812/asef-bayat/the-post-islamist-revolutions.

② Asef Bayat, "The Arab Spring and Its Surprises," *Development and Change*, Vol. 44, No. 3, 2013, pp. 592-593.

③ Ibid., p. 592.

伊斯兰力量能够赢得选举，但他们尚未做好治国理政的充分准备。政治伊斯兰力量的回落或许是政治性的而非技术性的。他们将单纯的选举胜利视为对伊斯兰力量政治议程的普遍认可与支持，而其实，民众更希望一个更具包容性的政党领导国家政治转型。政治伊斯兰力量在突尼斯、埃及等中东国家政治地位的回落表明，他们不仅疏远了选举联盟，而且使更广泛的社会民众产生了失落感。不少民众因政治伊斯兰力量长期固守坚定的反政府立场而对其持同情态度，但是更期望其具备管理国家和维持社会公平正义的能力。

然而，在中东其他国家政治和解进程普遍遇冷的背景下，"伊斯兰复兴运动"的政治发展与突尼斯政治和解的和平实现，对受中东变局波及的其他国家及其国内政治伊斯兰力量的发展仍具有重要的启示意义。第一，在路径选择上，要选择一条合适的政治过渡路线。突尼斯政治过渡的和平实现，与其路径的选择不无关系。突尼斯政治过渡基本遵循了"本·阿里下台—制宪议会选举—颁布新宪法—议会选举—总统选举"的路径。与埃及"穆巴拉克下台—总统选举—议会选举"的政治转型路径及其效果相比，突尼斯政治转型的路径对其政治转型过程产生了积极的效应。突尼斯在"革命"后并未如埃及一样立即举行总统选举，有效地避免了国家权力迅速落入一个政党的可能，以及由此带来的各党派之间激烈的对抗与冲突。第二，在制度设计上，需要构建一种能平衡多元政治力量的民主政治制度。政治力量日趋多元化，已成为西亚非洲不少国家国内政治的基本特征。任何一种政治力量都不同程度地受到某些社会群体的支持，均代表一定社会团体的集体利益。中东变局后，政治伊斯兰力量的政治地位有了一定提升，并得到各自国内民众的积极支持，这一事实反映了中东民众深厚的伊斯兰主义属性。鉴于此，在中东变局后，各国在变革政治制度时，需要结合本国的实际情况，构建一种兼顾与平衡各政治力量的较为灵活的多元民主制度。第三，在政治和解中，需要各方发挥协商与妥协精神。在突尼斯，一种具有包容与妥协精神的伊斯兰主义在达成共识过程中发挥了关键性作用。尽管突尼斯政治过渡进程历尽艰难曲折，但仍初步走出了一条独特的转型道路，而这有赖于世俗党派与伊斯兰政党在坚持"共识民主"基础上的相互妥协。以和平对话方式而非暴力手段推进政治转型，能有效地降低政治冲突烈度、减少社会损耗，对政治过渡的和平实现则具有积极意义。① 第四，在社会组织方面，需要为培育健康与充满活力的公民社会创造政治条件。一国公民社会力量的发育程度与各自国内政治转型密切相关，公民社会力量的增长对促进民主转型具有积极作用。② 在突尼斯政治过渡期，以"突尼斯劳工总联合会"为代表的公民社会力量在政治伊斯兰力量与世俗力量之间发挥了不可替代的桥梁作用。由此可见，在政治转型过程中，发育良好的公民社会不仅有利于提高公民的政治参与意识，而且也是成功实现政治转型的重要基础。

不过，应该注意到，突尼斯之所以能够比较顺利地完成政治过渡，还与其自身独特的一些因素有关，如更易受到欧洲民主氛围影响的地理位置、规模较小且民族构成相对单一的人口等，因此，突尼斯政治过渡的经验对其他中东国家具有借鉴意义，但难以复制。③

五 结论

本章基于对"伊斯兰复兴运动"政治立场和政治地位变化的考察，探讨了中东变局后为何突尼斯政治过渡得以和平实现这一问题。通过考察发现，"伊斯兰复兴运动"与世俗党派之间的政治妥协，是突尼斯政治过渡进程有别于中东其他国家的关键原因。"伊斯兰复兴运动"的政治妥协，不仅避免了突尼斯爆发冲突甚至内战的可能，而且也使其作为一支重要的政治力量，在突尼斯后续政治进程中依然发挥着重要作用。与此同时，突尼斯军方、公民社会组织等在促成政治妥协与和解中也发挥了积极作用。突尼斯政治过渡的和平实现启示其他中东国家，在国内和解进程中，应以开放性态度看待各种政治派别发挥自身的建设性作用，同时慎重选择和解路线图，特别是构建一种适应各自国内政治发展趋势、能平衡主要政治力量的多元民主制度。目前，突尼斯已结束政治过渡进入政治转型深化阶段，不过，当前突尼斯仍面临经济恢复与发展、改善民生、边境安全与恐怖主义等各方面难题。此外，尽管政治妥协促使突尼斯平稳实现了

---

① 郭金灿：《"中东变局"四周年下的突尼斯政治转型》，载《当代世界》2015年第3期，第53页。

② 许开轶、李晶：《当代政治转型研究的理论范式评析》，载《当代世界与社会主义》2006年第4期，第96—98页。

③ 郭金灿：《"中东变局"四周年下的突尼斯政治转型》，第53页。

政治过渡，但政治伊斯兰力量与其他政治派别，尤其是与世俗政治力量之间在意识形态、执政理念、利益诉求等方面的分歧仍然存在，因此，突尼斯的政治妥协成果能否有效巩固，政治转型能否最终实现，仍存在不确定性。无论如何，突尼斯的政治转型以相对和平的方式进行的事实，对于其他受中东变局影响的国家的转型具有重要的启示。至于中东变局是否对发生在美国等国家或地区的系列"占领"运动产生了影响、如果有其影响方式为何等问题，第十五章将对此进行专门研究。

第十五章

中东变局对"占领"运动的影响及效果比较

【本章提要】 在国内外学术界,中东变局以及以美国"占领华尔街"运动为代表的系列"占领"运动,被视为构成新一轮全球抗议周期的组成部分。本章从社会运动理论有关主框架和抗议周期之间的关系出发,考察了中东变局和系列"占领"运动之间的联系与异同。中东变局中一个具有创新性的"变革"主框架的出现,构成此轮抗议周期兴起并具备强大动员能力的重要原因;而当系列"占领"运动在借鉴中东变局的话语和象征体系的基础上提出一种"占领"主框架时,抗议周期在主框架上经历了从"变革"到"占领"的转型过程。然而,与"变革"主框架相比,"占领"主框架在经验的可信度、经历的可测量度和观念的重要性上存在明显不足,这是系列"占领"运动的动员能力无法与中东变局相比的重要原因。

一 问题的提出与文献回顾

2010年年底以来发生在西亚北非的中东变局和以美国"占领华尔街"运动为代表的系列"占领"运动在空间上遥相呼应、时间上次第发生,产生了深远的国际影响。鉴于系列"占领"运动爆发于中东变局之后,因此人们对这两场社会运动之间的关系产生了兴趣。就国外学术界而言,有学者认为,"占领"运动"并不必然受到'中东变局'的鼓舞",因为前者植根于旧欧洲和现代的无政府主义运动,尤其是西班牙而不是中东或美国；至于"占领"运动采取的会员大会（general assemblies）、共识模型（models of consensus）等创新性抗争技巧，也被视为直接来自于西班牙的"占领"运动，而不是源自于对中东变局抗议技巧的模仿。[1] 尽管存在这种观点，不过国外学术界的主流观点认为，"占领"运动"很大程度上借用了埃及革命的战略、策略方法"。[2] 在二者具有密切关系这一观点上，国内学术界几乎没有分歧。国内学者大多认为，发生在西亚北非的社会运动为"占领华尔街"运动提供了"刺激和样板"，最终使其演变成"美国之秋"；[3] 而且二者爆发的原因都是自由主义政策和经济危机引发的"全球性社会不满"；[4] 在抗议方式和技巧上，"占领华尔街"运动效仿了西亚北非的抗议运动。[5] 整体而言，国内外学者在"占领"运动受到了中东变局的影响这一问题上已达成基本共识。

西亚北非发生的中东变局和以美国"占领华尔街"运动为代表的系列"占领"运动构成了新一轮全球性"抗议周期"（protest cycles）或"抗争周期"（cycle of contention）的组成部分。所谓"抗议周期"，根据著名社会运动学家西德尼·塔罗（Sidney Tarrow）的界定，是指"与社会体制对立的矛盾深化阶段：集体行动从动员较差的部门迅速扩散；斗争形式上出现快速革新；新的或转变了的集体行动框架被创造出来；有组织和

---

[1] Jenny Pickerill and John Krinsky, "Why Does Occupy Matter?" *Social Movement Studies*, Vol. 11, Nos. 3 – 4, 279 – 287, 2012, p. 279; Wade Rathke, "The Arab Spring and the Occupy Movement," *Social Policy*, Vol. 42, No. 2, 2012, p. 54.

[2] Sarah Kerton, "Tahrir, Here? The Influence of the Arab Uprisings on the Emergence of Occupy," *Social Movement Studies*, Vol. 11, Nos. 3 – 4, 2012, p. 302.

[3] 周琪、沈鹏：《"占领华尔街"运动再思考》，载《世界经济与政治》2012年第9期，第82—83、92页；刘兴波：《"占领华尔街"运动：缘起、特征和意义》，载《当代世界社会主义问题》2012年第2期，第86页。

[4] 关于"占领华尔街"运动产生的原因参见郦菁《美国社会运动兴衰的秘密》，载《社会观察》2011年第11期；全国哲学社会科学规划办公室：《英国骚乱占领华尔街抗议活动及其警示》，载《理论导报》2012年第2期；国外相关成果见 Mervat F. Hatem, "The Arab Spring Meets the Occupy Wall Street Movement: Examples of Changing Definitions of Citizenship in a Global World," *Journal of Civil Society*, Vol. 8, No. 4, 2012, pp. 401 – 415. 关于中东变局爆发的原因，参见金灿荣《中东乱局的成因及其影响》，载《现代国际关系》2011年第3期，第5页；刘中民：《关于中东变局的若干基本问题》，载《阿拉伯世界研究》2012年第2期，第10—12页。

[5] 周琪、沈鹏：《"占领华尔街"运动再思考》，第88页。

第十五章　中东变局对"占领"运动的影响及效果比较　/　377

无组织的社会参与相结合；信息流关系增强；挑战者和当权者相互作用"。① 此外，一个抗议周期的出现，还有以下特征：社会运动在某个时间段内数量急剧增加、范围迅速扩散，在时间上和周期上密集聚合，成群体性爆发之势。② 从中东变局与系列"占领"运动的发展演变过程及其特征来看，它们在时间上颇为接近，而且分别由一系列发生在不同国家的抗议事件组成，抗争诉求和技巧有明显的相似性，因此，将它们视为同属一个抗议周期具有充分依据。③ 事实上，国外学术界已有不少成果从这一角度对此展开了研究。④ 之所以能将它们视为一种全球性的抗议周期，主要是就它们的波及地域和影响而言的。就前者来说，这一轮抗议周期的地域

---

① [美] 西德尼·塔罗：《运动中的力量：社会运动与斗争政治》，吴宏庆译，南京：译林出版社2005年版，第190页。

② Donatella Della Porta and Mario Diani, *Social Movements: An Introduction*, Oxford: Blackwell Publishing Ltd, 2006, pp. 188 - 191; [美] 戴维·A. 斯诺、罗伯特·D. 本福德：《"主框架"和抗议周期》，艾尔东·莫里斯、卡洛尔·麦克拉吉·缪勒主编：《社会运动理论的前沿领域》，刘能译，北京：北京大学出版社2002年版，第163页。

③ 国内外学界也有将它们称之为"抗争浪潮"（protest wave and wave of contention）的观点。这就涉及"抗争浪潮"与"抗议周期"之间的关系问题。在社会运动的文献中，关于两者之间的关系存在不同观点，如塔罗就认为不同的抗争浪潮构成了一个抗议周期；但也有人认为，相对于抗议周期所具有的律则性，抗争浪潮仅仅表达了具有相似性的社会运动之间的兴衰过程，因此建议使用"抗争浪潮"而非"抗议周期"这一术语（Ruud Koopmans, "Protest in Time and Space: The Evolution of Waves of Contention," in David A. Snow, Sarah A. Soule and Hanspeter. Kriesi, eds., *The Blackwell Companion to Social Movements*, Oxford: Blackwell, 2004, pp. 21 - 22.）。因为无法就两者之间的关系达成共识以及两者之间存在密切的关系，在目前社会运动的研究中，抗议周期与抗争浪潮这两个概念往往可以互换。本书采取了这种立场。

④ Adam Ramadan, "From Tahrir to the World: The Camp as a Political Public Space," *European Urban and Regional Studies*, Vol. 20, No. 1, 2013, pp. 145 - 149; Kostis Kornetis, "1968, 1989, 2011: Reconsidering Social Movements, 'Moments of Change' and Theoretical Framing over Time," *Historein*, Vol. 13, 2013, pp. 57 - 70; Michael D. Kennedy, "Arab Spring, Occupy Wall Street, and Historical Frames: 2011, 1989, 1968," *Jadaliyya*, October 11, 2011 (http://www.jadaliyya.com/pages/index/2853/arab - spring - occupy - wall - street - and - historical - fram); Chiara Bottici and Benoit Challand, "Civil Society in Revolt: From the Arab Spring to Occupy Wall Street," *Jadaliyya*, October, 30 2012 (http://www.jadaliyya.com/pages/index/8073/civil - society - in - revolt_from - the - arab - spring - to - oc); Donatella della Porta, "Mobilizing against the Crisis, Mobilizing for 'Another Democracy': Comparing two Global Waves of Protest," *Interface: A Journal for and about Social Movements*, Vol. 4, No. 1, 2012, pp. 274 - 277; 尤见 Magid Shihade, Cristina Flesher Fominaya, Laurence Cox, "The Season of Revolution: the Arab Spring and European Mobilizations," *Interface: A Journal for and about Social Movements*, Vol. 4, No. 1, 2012, pp. 1 - 16; etc.

涵盖美洲、欧洲、亚洲、非洲和大洋洲；就影响而言，尽管受中东变局波及的地域主要集中在西亚北非地区，但其造成的后果远超该地区，甚至推动了国际体系的转型；[1] 而系列"占领"运动则影响到世界多个大洲。

对于中东变局与系列"占领"运动之间的关系，尽管国内外的主流观点承认中东变局和系列"占领"运动存在着密切联系，然而，国内外学术界对于其中的一些问题仍有待做更深入的讨论和研究。比如除了抗议技巧的借鉴，中东变局还对系列"占领"运动产生了哪些具体的影响，或者说，"占领"运动从中东变局直接或间接地借鉴了哪些内容，又做了一些什么样的修正或超越。此外，为什么"占领"运动波及范围虽广但却很快衰落，而中东变局至今依旧延绵不绝？对于上述问题，国内外学者的研究仍存在盲点。以中东变局和"占领华尔街"运动之间的关系为例，国内学者对"占领华尔街"运动的关注多集中在其过程、特征、影响和意义上，对中东变局与"占领华尔街"运动的研究几乎是相对独立的，较少有成果就两者之间的联系展开深入的研究。[2] 至于后一问题，国外学界也未展开分析。

本章将从社会运动的话语和象征体系的角度对中东变局和系列"占领"运动之间的联系及其异同展开研究。借助"框架"这一概念工具对此展开讨论，可以实现两个方面的目标：其一，辨析出同属一个抗议周期内的两场社会运动之间相互影响的具体机制，同时将以往研究成果未予充分注意的抗议者的集体能动性纳入研究中；其二，通过比较，对中东变局持续发展而"占领"运动悄然结束的原因做出合乎逻辑的解释。为此，文章的结构安排如下：首先，提出本章的分析框架，对社会运动理论中的主框架及其与抗议周期的关系进行简要讨论；其次，考察这一轮抗议周期

---

[1] 参见李伟建《从中东变局透视国际秩序的演变》，载《西亚非洲》2011年第9期；骆明婷、刘杰：《中东变局的人道干预悖论与国际体系的碎片化》，载《国际观察》2012年第3期；Hamid Dabashi, *The Arab Spring: The End of Postcolonialism*, New York: Zed Books 2012.

[2] 这方面的研究成果有：胡文涛：《"占领华尔街"运动的特征、动因及影响》，载《现代国际关系》2011年第11期；金灿荣：《"占领华尔街"运动与美国中产阶级困境》，载《经济研究参考》2012年第1期；周琪、沈鹏：《"占领华尔街"运动再思考》；刘兴波：《"占领华尔街"运动：缘起、特征和意义》；杨斌：《从占领华尔街抗议运动看美国民主模式的弊端》，载《国外理论动态》2011年第12期；Tan Yangfang, "A review of the 'Occupy Wall Street' Movement and Its Global Influence," *International Critical Thought*, Vol. 2, No. 2, 2012, pp. 247 – 254. 国内学者关于中东变局的研究成果很丰富，故在此不一一列举。

的兴起和从中东变局到"占领"运动的演变过程，说明中东变局的主框架与这轮抗议周期的关系，以及它如何通过抗议活动组织者的能动建构完成了向"占领"运动主框架的转型；再次，通过对中东变局的主框架与"占领"运动的主框架的异同及其动员能力进行比较，分析中东变局和"占领"运动分别建构的主框架在效果方面为何存在显著差异。最后，对本章的观点进行总结，并展望此次抗议周期的前景。

需要强调的是，中东变局与"占领"运动在政治性质上虽有一定区别，但并不妨碍我们对它们进行比较研究。两者之间存在明显差异。大体而言，西亚北非之所以爆发大规模社会运动，主要源于这些国家不断累积的国内矛盾。抗议者针对的是各国政府，目标是推翻政府统治或实现政权更迭；而系列"占领"运动主要针对国内贫富不均等问题，矛头所指的主要是新自由主义意识形态和经济全球化，目标主要追求财富更为公平的分配和重构公民精神。显然，相比较而言，前者政治性质更为明确，目标更为激进。尽管存在诸如此类的差异，但两者仍能纳入一个框架中进行分析。除了它们可被视为社会运动并同属一个抗议周期已是学术界的共识外，关键还在于前者对后者产生了明确的影响，因此可从动态的角度对两者之间的联系及其异同展开研究。不过，从架构视角讨论两者的联系及区别，并不排斥从其他层面对这两场社会运动进行比较分析，也不意味着否认其他层面的因素对两者效果产生的影响，比如政治体制、经济发展水平、国家实力的大小、国家与社会的关系等。本章从社会运动理论中的架构视角出发考察中东变局与"占领"运动的联系与差异，仅仅意味着从话语和象征体系的角度研究社会运动，这或许能提供其他视角所不能提供的启发。

二 主框架与抗议周期之间的关系

社会运动之间的传播与影响往往不在于它们质的区别上，而是体现在一场社会运动对它之前发生的社会运动的话语、象征、意义等的借鉴与挪用上。属于同一抗议周期内的社会运动之间，话语、象征等的转移则更是普遍现象。同一轮抗议周期内部不同社会运动的发展轨迹，除了受到特定国家的地理位置、经济发展水平、国家政治文化、公民社会发展程度等结构性因素的影响外，社会运动组织者与参与者的能动性，尤其是它们对社会运动意义、话语、象征性的建构,同样发挥了重要作用。社会运动之间相互影响,社会运动主体结合本国、本地区的现实情况,对现实生活进行新的诊断与提出新的应对方案。这是处于同一抗议周期内不同社会运动具有相似性但又拥有自身独特性的重要原因。塔罗认为"抗议周期"的一个重要特征在于"新的或转变了的集体行动框架被创造出来"。① 在同一个抗议周期内,先前的社会运动的框架往往成为之后社会运动模仿和改造的对象,而新框架的产生又会催生新社会运动的发生。

"主框架"是兴起于20世纪80年代中后期社会运动理论架构视角中的一个重要概念。社会运动架构视角是对20世纪70、80年代占主导地位的资源动员理论的补充与挑战,其提出的初衷在于对社会运动及其行为体创造、运用意义的方式给予更多的关心。在架构视角看来,架构活动"通过选择性地突出人们过去和现在所处环境中的某些客体、情境、事件、体验和一系列的行动并对其加以编码,从而对'人们面前的那个世界'进行简化和压缩"。② 社会运动研究中,主框架与一般框架相比,其涵盖的社会运动规模更大,但是和一般框架一样,是有目的的行为体通过对发生在现实世界中的一组事件进行合理"剪裁"和重新组合,使其更加符合人们的生活体验和主观感受,以引导人们按照架构者的意图进行思考和行动的一种组织方式。在中东变局中,中东民众集体构建了一个"变革"主框架;在"占领"运动中,社会运动组织者通过改造和转型,构建了一个"占领"主框架。这些框架都是社会运动组织者或参与者对复杂现实的选择性提炼和概括,通过突出当前政治生活中存在的问题或提出解决方案("变革"、"占领"),以帮助社会运动组织者、参与者和潜在参与者用简明、清晰的方式把握和认识国家的政治发展,也能有效地动员民众支持和参与社会运动。

主框架与抗议周期之间存在着内在的联系。这是本章从主框架的角度讨论新一轮抗议周期内两场社会运动关系的理论基础。戴维·斯诺(David A. Snow)和罗伯特·D. 本福德(Richard D. Benford)在塔罗有关抗议周期研究成果的基础上,拓展了架构的研究范围,认为抗议周期和有机

---

① 〔美〕西德尼·塔罗:《运动中的力量:社会运动与斗争政治》,第190页。
② David A. Snow, et al. , "Framing the French Riots: A Comparative Study of Frame Variation," *Social Forces*, Vol. 86, No. 2, 2007, p. 385.

体一样，会经历产生、发展、高潮和衰退等阶段。在《"主框架"和抗议周期》一文中，本福德和斯诺就主框架与抗议周期之间的关系做了创新性的论述：首先，抗议周期的形成和衰落与主框架密切相关。在结构性条件看起来成熟时，大众动员的失败是由于缺乏一个能引起广泛反响的主框架。相反地，抗议周期的衰退或萎缩，部分是由于占统治地位的文化氛围出现了变化，部分是因为竞争框架的出现削弱了主框架的共鸣能力。其次，在抗议周期内，早期出现的社会运动很可能充当主框架的前身，为后续运动提供思想和解释的落脚点；后期发生的社会运动，一般受到了先前阐明了的主框架的限制。再次，主框架的出现可能带来战术创新。社会运动的战术手段并非仅是环境的因变量，它们也受到主框架定位的制约。最后，主框架影响抗议周期的形状（抗议周期的形状指抗议周期内社会运动的持续时间和地域跨度）。抗议周期的形状，既是主框架动员能力的一个函数，又是该周期内早期社会运动以富有想象力且能引起共鸣的方式详细阐述并扩张主框架能力的一个函数。[①] 斯诺和本福德有关抗议周期与主框架之间关系的上述论述，能为我们探讨中东变局与"占领"运动兴起的原因提供启发。

此外，作为同一抗议周期内各自社会运动主框架的"变革"与"占领"是否存在联系，取决于它们是否存在框架联合的情形。社会运动研究者注意到，作为组织现实世界中人、事、物的一种方式，主框架和同一时期内其他社会运动的框架既相互联系，又存在差异。斯诺和本福德提出并详细阐述了框架联合的四种类型，揭示了不同框架之间相互作用的模式。第一类为框架搭桥（Frame Bridging），即两个或更多的涉及相同议题或问题、意识形态接近但结构相异的框架之间的结合。第二类为框架扩大（Frame Amplification），它由价值的扩大和信念的扩大两部分组成。社会运动组织通过强调价值、信念和目标等的重要性以动员潜在的行为体投身社会运动。第三类为框架延伸（Frame Extension），即指通过放大、修改包括价值、信念等意识形态因素，明确个人或团体的利益与社会运动的联系，以此吸引潜在的支持者。第四类为框架转型（Frame Transformation），当社会运动组织提出的方案、价值、信念等不能引起共鸣或没有吸引力的

[①] [美] 戴维·A. 斯诺、罗伯特·D. 本福德：《"主框架"和抗议周期》，载艾尔东·莫里斯、卡洛尔·麦克拉吉·缪勒主编《社会运动理论的前沿领域》，第163—174页。

时候,需要寻求和培育新的价值和信念,重新进行架构活动。① "占领"主框架与"变革"主框架之间存在框架转型的情形,因为前者对后者进行了借鉴和修正。

然而,"变革"和"占领"两种主框架的区别需要从两个主框架的功能上作出判断。主框架与一般性框架相似,同样具有归因、表达和动员三个基本功能:第一,归因功能。本福德和斯诺将归因功能的架构分为"诊断式架构"(diagnostic framing)和"处方式架构"(prognostic framing)。② 前者致力于找出现实生活中人们普遍不满的原因,并指出"谁"应受到指责,或谁构成罪魁祸首。这里的"谁"不仅仅指代个人、团体、机构等,也可以是环境等结构性因素。后者提出解决问题的"处方"、目标、抗争的计划和实施计划的战略。③ 简而言之,"诊断式架构"解释了问题的原因,"处方式架构"提出了解决问题的办法。显然,"变革"与"占领"均属于处方式架构。

第二,表达功能。主框架在架构意义和社会结构的活动时,总会精心挑选表达其诉求的言语。有些主框架用清晰、明确和排外的言语表达其架构意图,它们的话语体系不允许被轻易改动;有些主框架的语言则比较模糊、灵活和包容,允许其他行为体使用。根据表达架构活动的话语体系的不同,主框架可分为"有限性主框架"(the restricted master frame)和"周全性主框架"(the elaborated master frame)。④ 以上讨论的两种情形是主框架表达功能的典型表现,但并非所有的主框架都非此即彼,而是处于"有限—周全"连续谱中的某一特定位置。大体而言,"变革"主框架与

---

① David A. Snow et al., "Frame Alignment Processes, Micromobilization, and Movement Participation," *American Sociological Review*, Vol. 51, No. 4, 1986. 除了以上四种框架联合的类型外,赵鼎新还提出了另一种类型——框架借用。他认为一个群体"有可能会去借用一个与他们的怨恨感或被剥夺感不相符甚至是截然相反的意识形态或话语来作为他们所发起运动的话语",以此作为抗争的"理论武器"(赵鼎新:《社会与政治运动讲义》,北京:社会文献出版社 2012 年版,第 213 页)。笔者认为,"框架借用"只是对某一既存框架的重复使用,并非不同框架之间的相互作用或有新框架的产生。即使存在所谓的"框架借用",但为了实现架构目标,任何所谓的借用的框架都会受到架构者不同程度的修改,因此不存在纯粹的框架借用。所以说,框架借用并非一种独立的或明确的框架联合类型。

② Robert D. Benford and David A. Snow, "Framing Processes and Social Movements: An Overview and Assessment," *Annual Review of Sociology*, Vol. 26, 2000, p. 615.

③ Ibid., p. 616.

④ [美]戴维·A. 斯诺、罗伯特·D. 本福德:《"主框架"和抗议周期》,第 159—160 页。

"占领"主框架都属于周全性主框架。我们将在下文详细论述,这里不再解释。

第三,动员功能。它是主框架自身周全潜力和共鸣程度的函数。根据本福德和斯诺的观点,主框架越是周全,则动员能力越强。共鸣程度涉及经验的可信度、经历的可测量度和观念的重要性。对潜在的动员对象而言,如果归因功能展现的因果关系能够得到足够多的经验证据的支持,那么架构活动就有了经验的可信度;经历上的可测量度指目标群体在现实生活中是否经历过架构活动所指向的问题,这些问题与人们的日常生活联系越紧密,可测量度就越高,就更能吸引人们投身社会运动之中以改变不公正的境况;此外,观念和意义的架构与人们头脑中现存思想观念的吻合程度,同样影响主框架的共鸣程度。以上三者中必须至少有一个因素起作用,如果起作用的因素越多、程度越深,那么框架产生的共鸣就越高,主框架的动员能力也就越强。① 我们将会看到,在共鸣程度方面,"占领"主框架不如"变革"主框架,两者在动员能力上的差异直接体现在社会运动产生的效果上。

三 "变革"主框架的形成与新一轮抗议周期的兴起

中东变局的"变革"主框架,既是抗议者集体构建的结果,也是本地区民众对其抗争历史反思的产物。中东变局发生前,中东地区发生的一系列社会运动为"变革"主框架的提出作了必要准备。中东民众在中东变局发生前对自身所处的社会环境的认知形成了一种集体信仰:大量青年无法找到工作、妇女角色得不到肯定、宗教派别相互猜忌、家族政治独裁腐败等。这种认知实质上是一种所谓的"偏好隐瞒"。② 尽管"偏好隐瞒"机制导致中东变局前的社会运动未能实现动员规模的扩大,但它揭露了中东地区民众对现政权的不满。这种不满在中东变局发生前通过一系

---

① [美]戴维·A. 斯诺、罗伯特·D. 本福德:《"主框架"和抗议周期》,第160—162页。
② "偏好隐瞒"是指在社会运动和革命发生之前,人们对其政府的真实态度和是否会参与反政府抗议活动的意愿属于"个人偏好",他们往往不会公开表达出来;而通过行为或声明表达出来、外人无法判断真伪的"公开偏好",则可能不是真实的(Timur Kuran,"Now Out of Never: The Element of Surprise in the East European Revolution of 1989," *World Politics*, Vol. 44, No. 1, 1991, p. 17)。

列明显的社会（非）运动表现出来：2003年埃及反对伊拉克战争的抗议活动、2005年黎巴嫩的"雪松革命"（Cedar Revolution）、2005—2007年埃及"受够了"（阿拉伯语"Kifaya"或"Kefaya"，英文为"Enough"）运动、2008年4月突尼斯加夫萨省（Gafsa）的抗议游行和2009年伊朗的"绿色运动"（Green Movement）等。① 除了以上可见的社会运动，该地区还存在着许多反抗政府权威的社会非运动（social nonmovement）。所谓"社会非运动"，是城市边缘民众介于合法与非法地带的日常行为，涉及底层民众为生计所进行的抗争、青年人涉猎西方文化、妇女挑战传统社会规范等社会生活的各个具体方面。② 社会运动与社会非运动构成中东民众集体信仰的重要方式。尽管它们未能实现抗议规模的扩大，但为中东变局的出现提供了反思和创新的空间（详见第五章）。

中东民众对其所处环境的共同认知或集体信仰可视为对现状不满的一种"架构"，因为集体信仰与创新性主框架之间存在着内在的联系。从社会建构的角度看，集体信仰与塞尔日·莫斯科维奇（Serge Moscovici）的"社会表征"概念相关，可以被理解为社会性地决定了的、关于物质和社会环境的观点或信仰的总和。③ 安东尼·奥伯肖尔（Anthony Oberschall）的"思想世界"概念表达了与之相似的意思，他认为"一个思想世界包括了一个分类的区分的结构，通过这一结构，为思想和行动所准备的信息，将以组织起来的意义束的形式得到架构、储存和更改……一个思想世界创造出了一个普遍接受的框架"。④ 这种对现状不满的架构以潜在的方式得以存在，但一旦架构得以明晰化，这种集体信仰就成了现实社会的一

---

① 需要澄清的是，埃及2003年反对伊拉克战争的抗议活动从其发生的直接原因来看，无疑是阿拉伯民众在中东安全形势遭遇外部威胁的情况下作出的应激性反应。但是，90年代以来中东社会运动的抗争议题整体上经历了从"争权利——反占领——反政府"的演变，从此种意义上而言，特别是在中东权威主义盛行的背景下，以争取社会经济权利和以反对占领为中心的社会运动也暗含着民众对政府的普遍不满，因此具有某种程度的政治含义。民众在这两种类型的社会抗议活动中通过锤炼抗议技巧，与政府互动中积累经验和争取政治空间等，以在有利的政治机会结构下发起反对政府的抗议活动。而2010年年底以来中东变局始料未及的发生似乎印证了这一判断。

② Asef Bayat, *Life as Politics: How Ordinary People Change the Middle East*, Amsterdam: Amsterdam University Press, 2010, pp. 14 – 26.

③ ［美］贝尔特·克兰德尔曼斯：《抗议的社会建构和多组织场域》，艾尔东·莫里斯、卡洛尔·麦克拉吉·缪勒主编：《社会运动理论的前沿领域》，第97页。

④ 同上。

部分。此外，集体信仰的共享性意味着架构从潜在到现实的转变，往往不是孤立的个人创造的，而是处于社会运动和社会非运动中的无数个人创造的，并且是在对现实世界中发生的事件讨论、阐释和评判中形成的。因此，经历这种过程得以形成的框架，一开始就与民众的生活体验紧密相连，并获得了民众的认可和信任（经验上的可信度）。然而，这种架构仅仅是一种"诊断式架构"，它只描述和界定了问题，但对如何解决这些问题未形成清晰、明确的认识，即"处方式架构"尚处于潜在状态，未得到明确表达。

中东变局中创新性主框架的架构完成于中东变局的首次大规模抗议——突尼斯"茉莉花革命"——的过程之中。穆罕默德·布瓦吉吉（Mohamed Bouazizi）自焚的悲情色彩触发了突尼斯民众的抗议，但最初的抗议并不是针对政权的，这可以从突尼斯抗议运动的发展过程可知。从2010年12月27日起，大量突尼斯记者、律师和工会组织在首都开始举行大规模罢工示威活动。尽管此次抗议活动标志着突尼斯全国性抗议活动的开始，但是抗议所针对的是警察的暴行和新闻封锁措施而非直指本·阿里政权的合法性。然而，在后来政府与抗议者的互动中，本·阿里政权的合法性受到质疑，民众明确以推翻该政权作为运动目标，这也反映在抗议发生后本·阿里发表的三次公开讲话上。12月28日，突总统本·阿里（Ben Ali）第一次讲话，称示威者为暴徒，扬言要使用严厉的方式对他们进行制裁，随即突尼斯政府采取相关措施封锁消息。2011年1月10日，本·阿里第二次讲话，承诺将新增30多万个就业岗位，但强调突尼斯抗议活动受到一种不知名的力量的操纵，他们的目的不是为了实现社会公正而是要动摇突尼斯的社会秩序。这次讲话激起了民众更大的不满，突尼斯工会宣布于2011年1月12日举行全国罢工。作为回应，突内政和地方发展部12日晚发表公报，宣布对首都突尼斯及周边地区（大突尼斯地区）实行宵禁。2011年1月13日，本·阿里在第三次讲话中许诺不当"终身总统"，并承诺进行政治变革、取消媒体与网络封锁、保障个人的表达自由。但是此时他已经完全失去了人民的信任。2011年1月14日，超过15万的示威者在突内政部前进行突尼斯历史上罕见的示威，要求政府变革，一致呼喊"本·阿里滚出去"。① 以总统"下台"为导向的"变革",被抗议者视为解决突尼斯政治、经济、社会各领域问题的办法。突抗议者建构了一种与以前中东社会运动不同的"处方式架构",即"变革"。埃及的抗议运动仿效了这种架构,并在运动发展过程中与突尼斯抗议者共同增加了"下台"之外的其他诸多变革诉求,使这一架构不断得到完善。最终,一个创新性的主框架——以"下台"为导向的包括诸多诉求的"变革"框架——最终成型并得到广泛采用。"变革"框架是根据中东变局的处方式架构加以界定的。处方式架构的完成离不开大规模民众的参与,从而使"变革"主框架在其形成过程中逐渐具备了经历上的可测量度。

将这一时期中东民众集体架构活动的结果提炼为"变革"框架是有据可循的。"变革"框架从潜伏到被激活经历了相当长的时期,其内涵符合既有的历史与现实。通过考察可以发现,首先,"变革"话语在早期中东的民众抗争活动中即已出现。以埃及为例,埃及"受够了"运动的核心就是"埃及变革运动"(Egypt Campaign for Change)。实际上,早在2000年,声援巴勒斯坦民族解放战争的政治抗议,也是一个叫"全民变革运动"(Popular Campaign for Change)的组织领导的。社会运动组织的名称本身就是一个象征符号,在社会运动的意义建构中扮演者着重要的角色。这些象征性符号通常取材于社会,反映了社会整体的思想状况,② 并经过社会运动组织的传播成为大众的共享观念,这为中东变局做了思想准备。其次,"变革"是中东变局的主题。无论是突尼斯的街头抗议、埃及的广场示威、巴林的政治僵局、利比亚内战、叙利亚危机等,都"没有统一的政治纲领,也没有强有力的政治组织,更没有一呼百应的人物,但却有一个明确的斗争目标,那就是要求现任领导人下台或政府改组,即所

---

① [突尼斯]伊美娜:《2010 – 2011年突尼斯变革:起因与现状》,载《阿拉伯世界研究》2012年第2期,第52页;Zouheir A. Maalej, "The 'Jasmine Revolt' has made the 'Arab Spring': A Critical Discourse Analysis of the Last Three Political Speeches of the Ousted President of Tunisia," *Discourse & Society*, Vol. 23, No. 6, 2012; Mehdi Mabrouk, "A Revolution for Dignity and Freedom: Preliminary Observations on the Social and Cultural Background to the Tunisian Revolution," *The Journal of North African Studies*, Vol. 16, No. 4, 2011; Habib Ayeb, "Social and Political Geography of the Tunisian Revolution: The Alfa Grass Revolution," *Review of African Political Economy*, Vol. 38, No. 129, 2011.

② [美]西德尼·塔罗:《心智、政治文化和集体行动框架:通过行动建构意义》,载艾尔东·莫里斯、卡洛尔·麦克拉吉·缪勒主编《社会运动理论的前沿领域》,第214页。

谓的'变革'"。① "变革"无疑是对民众诉求最简洁的概括。在中东变局的学术研究成果中,"变革"一词经常被用来描述民众的多种诉求,这似乎已被学者们广泛接受。再次,美国应对埃及变局的话语体系尤其是奥巴马关于埃及局势的四次讲话,"变革"一词总共出现了九次,"政治变革"出现两次,② 这在一定程度呼应了中东民众的"变革"诉求。

总之,将"变革"视为中东变局的主框架是有充分依据的。"变革"符合中东变局前整个社会的心理状态,与中东民众要求改变现状的诉求和预期高度一致,同时也是中东变局的主题。有观察家注意到,"这种对于变革的一致描述,一种新的反对旧政权的新泛阿拉伯主义情绪的普遍兴起,或许是中东变局中最出乎意料的后果"。③ 因此,我们将这一架构活动的结果提炼为"变革"主框架。就这一主框架的动员功能而言,它在形成之初就与民众的生活体验紧密相连,因为"变革"是中东民众蓄积已久的夙愿;不仅如此,规模庞大的民众还直接或间接参与了"处方式架构"的建构。所以,"变革"主框架具有经验的可信度、经历的可测量度和观念上的重要性。

"变革"主框架为此轮抗议周期的兴起提供了一种合理的解释视角。"变革"框架形成前中东发生的社会运动与中东变局后发生的社会运动面临相同的政治机会结构,但结果大相径庭,这种前后差异在埃及表现得最明显。以埃及"受够了"运动和2011年埃及变局为例,两者面临的政治体系的开放程度、精英内部的团结程度、跨国环境与外部行为体的角色、政府的镇压意愿等政治机会结构以及由反对派联盟、社会支持网络、虚拟社交网络等构成的动员资源等并无明显区别。④ "受够了"运动的结构条件看起来成熟,但运动的失败主要是由于缺乏一个能引起广泛共鸣的主框架。最重要的,"受够了"运动未能建构一种有效的"处方式架构",而

---

① 王联:《论当前中东剧变的国内因素及其国际影响》,载《阿拉伯世界研究》2011年第4期,第18页。

② 曾向红:《美国对埃及变局的应对及其效应——基于架构视角的考察》,载《国际安全研究》2013年第3期,第67页。

③ Marc Lynch, "The Big Think behind the Arab Spring——Do the Middle East's Revolutions have a Unifying Ideology?" *Foreign Policy*, 2011.

④ 关于"受够了"运动和"一·二五"革命之间的详细比较,见周明、曾向红《埃及社会运动中的机会结构、水平网络与架构共鸣》,第12—14页。

"只有……超越了诊断式的判断,而把具有创意的预见式判断以及明白无误的对行动的召唤包括在内",① 才能进行有效的动员。"受够了"运动和埃及变局的"诊断式架构"相同,即穆巴拉克的统治是问题的根源。但两者的"处方式架构"不同,前者反对穆巴拉克计划将总统职位传给其儿子,后者是"穆巴拉克必须下台"。尽管口号简单,但它提出了解决现实问题的办法,这是以前的社会运动未能也不敢提出的,是埃及民众"敢怒不敢言"、深藏已久的呼唤。因此它一经提出就显示出强大的动员能力和巨大的能量。由于埃及在整个阿拉伯世界拥有重要地位,"变革"框架在埃及产生了明显的示范效应,得到最大限度的放大并迅速向外传播,成为该地区其他国家甚至其他地区的社会运动模仿与改造的对象。

"变革"主框架缺乏明确的领导组织这一特征,也为抗议周期后期的社会运动者提供了建立更包容、开放与模糊的主框架留下了空间。对"变革"框架而言,潜在的参与者可以根据自身的意愿进行解读,只要愿意反对现任政府的统治即可参与到运动中来,可以暂时忽略他们在意识形态、政治立场等方面的差别。在中东变局中,抗议者致力于打破旧的政治势力,"至于未来会怎样并不重要,反正都已经'变革'了"。② 尽管框架扩大并不能保障各国抗议活动的成功(这有赖于引入别的解释变量,如军队的立场、是否形成跨阶层动员等),但中东变局能够动员起数量众多的抗议群众,说明中东变局的"变革"主框架是成功的,其蕴含的巨大能动性对之后的社会运动具有巨大的吸引力。

四 从中东变局到系列"占领"运动的框架转型

2011 年 9 月 17 日,美国爆发了大规模群众抗议运动——"占领华尔街"运动。该运动由加拿大社会活动组织广告克星媒体基金会(Adbusters Media Foundation)发起。2011 年 7 月 13 日,该组织在其杂志《广告克星》上刊登海报,指责华尔街为"美国金融的罪恶之都",号召人们"支起帐篷,搭建厨房,设置和平路障,占领华尔街",以逼迫美国政府"在民众的意愿和公司的利润之间公开地做出选择"。"占领华尔街"

---

① 〔美〕戴维·A. 斯诺、罗伯特·D. 本福德:《"主框架"和抗议周期》,第 165 页。
② 王联:《论当前中东剧变的国内因素及其国际影响》,第 18 页。

第十五章　中东变局对"占领"运动的影响及效果比较　/　389

运动爆发后，冠名"占领"的抗议运动迅速蔓延至南美洲、欧洲、亚洲、非洲、大洋洲，波及德国、英国、澳大利亚、日本、中国台湾等在内的多个国家和地区。"占领"运动波及北美、西欧等国，意味着新一轮抗议周期已经从发展中国家蔓延到了西方发达国家，新一轮抗议周期实现了地域上的扩大。

"占领"运动受到了中东变局的直接影响。[①]"占领"运动发生在中东变局如火如荼发展之际，中东变局产生的巨大能动性，鼓舞美国的社会运动参与者利用它的话语体系来推进本国的社会运动事业。这主要体现在"占领"运动对中东变局的"变革"主框架的改造上。其中最引人注目的自然是"占领华尔街"运动（见下文）。而"占领华尔街"运动又对其他"占领"运动产生了明显影响，包括以色列"帐篷抗议"[②]在内的一系列其他冠名为"占领"运动的社会运动，皆从"占领华尔街"运动中受到直接启发。其他国家或地区的"占领"运动在形式、诉求等上与"占领华尔街"类似，它们所使用的框架与"占领华尔街"运动的框架大同小异。换言之，从框架联合类型来看，不同国家的"占领"运动之间存在"框架扩大"，这有别于从中东变局发展到系列"占领"运动的过程中在话语体系上出现的"框架转型"。鉴于此，下文以系列"占领"运动中的"占领华尔街"为例，从框架转型的基础、建构者及其实施建构活动的手段、推广新框架等方面，讨论"占领"运动是如何对"变革"主框架进行借鉴和改造的。

[①] 在"占领华尔街"运动爆发前的 2009 年，美国发生了"茶党运动"（Tea Party Movement）。"茶党运动"和"占领华尔街"是分属美国左、右两翼的社会运动，两者的发生具有共同的内部背景，即"美国国内政治经济与社会矛盾日益加深"，共同的特点是"危机驱动、反精英、反体制"。（杨悦：《"占领华尔街运动"与茶党运动的对比分析——政治过程理论视角》，载《美国研究》2014 年第 3 期，第 64 页）由此而来的问题是，"茶党运动"和中东变局哪个对"占领华尔街"运动的影响较大？笔者认为，从时间来看，"茶党运动"早于"占领华尔街"运动发生，其原因在于"20 世纪 70 年代以来美国社会政治经济变迁相对有利于右翼社会运动的发展"（杨悦：《"占领华尔街运动"与茶党运动的对比分析——政治过程理论视角》，第 64 页）。不可否认，"茶党运动"对"占领华尔街"运动有影响，但"茶党运动"的影响相对较小。而"占领华尔街"运动发生较晚，这与美国 70 年代以来左翼运动相对弱势有关，而更重要的是它的发生受到中东变局底层民众抗争运动的鼓舞，因为中东变局与"占领华尔街"运动明显与左翼民粹色彩相契合。"占领华尔街"是对中东变局精神的继承与发扬。

[②] Eitan Y. Alimi, "'Occupy Israel': A Tale of Startling Success and Hopeful Failure," *Social Movement Studies*, Vol. 11, No. 3-4, 2012.

首先，两场社会运动之间要顺利实现框架转型需具备一定的基础。后起的社会运动要实现对先前社会运动框架的改变，"需要寻求和培育新的价值和信念"。不过，要使框架转型能够成功，这两场社会运动需具备一些共同的诱发因素，或者至少让潜在的社会运动参与者意识到，他们自身的处境与之前发生的社会运动的参与者处境相似，他们也应该这么做以改善对自身不利的处境。具体而言，中东变局"变革"框架向"占领"运动"占领"框架转型具有以下四个基础。

第一，中东和美国民众在时代特征上共同表现为公民身份的改变。就中东各国而言，国家主导的发展模式向市场经济模式的艰难转型，导致了公民身份在经济社会中的边缘化和排外性。20世纪80年代，阿拉伯各国为了筹措工业化和战争所需资金，不得不接受进行国内经济结构调整的条件，以向国际货币基金组织和世界银行寻求支持。结果是导致中东青年（15—24岁）的平均失业率高达20%—25%，女性失业率更高，再加上各国人口结构的变化（青年的人数从80年代的27%上升到90年代的30%），衍生了家庭负担加重、社会保障羸弱不堪等问题。同时，年轻男性的结婚成本上升致使婚姻被推迟。[1] 就美国国内而言，始于20世纪80年代的新自由主义经济政策，导致全国性金融精英取代了地方性产业精英、金融家们与执政党结成联盟对政府的决策施加影响并加剧了华尔街金融家的贪婪；与此同时，中产阶级和底层大众的经济、政治地位却明显下降，[2] 民众对此的不满情绪不断加大。金融危机使中东和欧美的经济状况趋于恶化是两场抗议活动爆发共同的社会基础。

第二，西亚北非中东变局的发生引发了美国民众普遍的心理共鸣。中东变局发生后，美国媒体和民众对此大体持同情态度。"9·11"事件之后，美国媒体对阿拉伯世界的认知状况以负面报道为主，但对于始料未及的中东变局，"西方主流媒体一反以往将阿拉伯民众塑造为粗野的、宗教上狂热的、无知的、愚蠢的、暴力的人群这一惯例，强调抗议者如何在抗议中变得文明和成熟，如何热爱民主、人权、自由与尊严"。[3] 据统计，

---

[1] Mervat F. Hatem, "The Arab Spring Meets the Occupy Wall Street Movement: Examples of Changing Definitions of Citizenship in a Global World," *Civil Society*, Vol. 8, No. 4, 2012, pp. 404 – 406.

[2] 郦菁：《美国社会运动兴衰的秘密》，载《社会观察》2011年第11期。

[3] 曾向红：《美国对埃及变局的应对及其效应——基于架构视角的考察》，第67页。

82%的美国民众对埃及抗议者要求政府变革的诉求持同情态度（其中42%的美国民众持非常同情的态度），而且66%的美国民众认为发生在埃及的政治变革对埃及有利，60%的美国民众认为这种变革同样也对美国有利。部分美国民众在同情和赞赏阿拉伯民众的努力的同时，也尝试将中东变局的"变革"呼声和行动引入国内。尽管奥巴马政府扛着"变革"的大旗登上了总统宝座，但身处金融危机梦魇下的美国民众，并未感受到政府"变革"带来的切实利益。因此，和中东民众一样，部分美国民众同样期望改变不公状况，实现社会公平正义。这种"惺惺相惜"的态度，为"变革"框架向"占领"框架的转变提供了心理和情感基础。

第三，实现框架转型事实上需要一个承担框架转型和创建新的社会运动主框架的建构者。中东变局"变革"框架的建构者是集体身份，即广大普通民众。而在"占领华尔街"运动中，广告克星在凸现和架构"占领华尔街"运动的意识形态取向上扮演了积极的"建构者"角色。"占领华尔街"运动缺乏明确的领导中心，但不能忽视运动的发起者——广告克星——对运动的推动作用，尤其不能忽视其对中东变局象征意义的借鉴和改造。广告克星全称为"广告克星媒体基金会"，是加拿大一个宣传环保主义和反消费主义的社会活动组织，曾发起过多起国际性社会运动。该组织在网站上宣称："我们是一个传播和创造文化的全球网络，旨在改变信息的流动方式、公司权力的行使方式和社会意义的产生方式。"[1] 由此可以看出，广告克星本身就是一个意义的生产者，建构社会运动的话语或框架是其主要活动之一。在中东变局运动高涨之际，广告克星就开始着手在美国推动有助于实现社会公正的社会运动。2011年7月13日，广告克星在其网站张贴海报，号召人们在9月17日（美国宪法日）占领华尔街，这激发了美国民众的参与热情。从7月13日张贴海报进行动员至"占领华尔街"运动爆发的两个多月时间里，人们利用社交网络进行了充分的交流和讨论，为运动的爆发聚集了必要的"势能"。就海报自身的内容而言，他们明确地声称要用相同的策略形式复制埃及解放广场（Tahrir Square）的成功。广告克星的组织者们认为——事实上也确实如此——解放广场上的成功，很大程度上依赖一个简明有力的诉求——穆巴拉克必须下台，因此"占领华尔街"运动也应提出自己的简明、有力的口号。而

---

[1] Https://Www. Adbusters. Org/ （上网时间：2013年8月18日）。

"我们是 99% 的人,不能再忍受那些 1% 的人的贪婪和腐败",也就成为"占领华尔街"运动中最突出的口号。

为此,广告克星基金会将"占领华尔街"运动以一种审美的形式加以组织,从而有意地完成了对中东变局"变革"主框架的转型。广告克星及其他"占领"运动的组织者,将解放广场的胜利视为瓦尔特·本杰明(Walter Benjamin)所谓的"韵"(aurar)的出现,即认为中东变局是具有美学意义的事物。本杰明所谓的"韵",是独一无二存在于世的事物产生的真实性,以及这种真实性与大众的距离感使人产生的膜拜感。在人类学意义上,本杰明"韵"的概念突出了某一历史事件的当前性和特殊性,使人产生"震惊"的心理效应。同时唤醒大众批判性地看待现实。此外,他还"强烈地呼吁瓦解与打破韵的王国的封闭性",让人类在对更高的理想生活的向往中、在对自己的真实需要与真实愿望有了更深刻的认识之后,"获得在现实中重建合理生活的希望与信心"。[①] 广告克星希望实现的,正是美国公众打破对政治习以为常的认识,通过创建新的象征符号唤醒民众对社会不公的重新认识,并呼吁他们通过自己的积极抗争以扭转这种状况。

为了"打破韵的王国的封闭性",广告克星巧妙地运用"奇幻思维"(magical thinking)和"模仿的魔法"(imitative magic)等象征技巧。首先,它仿照中东变局的以下台为导向的"变革"诉求,创造性地提出了一个改变政策的要求:奥巴马需任命一个总统委员会,它的职责是结束金钱对华盛顿的影响。其次,广告克星运用博客、海报、杂志、主流出版社等"战术简报"(tactical briefing)控制运动的发展方向。该组织的创建者卡勒·拉森(Kalle Lasn)在一次采访中坦言:"所有这些战术中,最有感召力的是美的哲学。"[②] 在广告克星建构的运动形象中,有一幅画被认为最为充分地体现了"占领"运动的诉求:一位身着阿拉伯式花纹的女芭蕾舞者右脚尖落在威风凛凛的华尔街铜牛上,身体保持着优美的平衡,她的身后是向铜牛涌来的一大批人群,他们着黑色衣服、戴防毒面具,笼罩

[①] 莫梅清:《瓦尔特·本杰明的韵论研究》,载《广西师范大学学报》(哲学社会科学版) 2002 年第 2 期,第 42—43 页。

[②] Sarah Kerton, "Tahrir, Here? The Influence of the Arab Uprisings on the Emergence of Occupy," *Social Movement Studies*, Vol. 11, No. 3-4, 2012, p. 305.

在催泪瓦斯的烟雾中。这一幅画通过对"沉着镇定"的巴雷舞者和混乱愤怒的人群进行架构与呈现,从而以讽刺的笔调揭示了1%的富人与99%的穷人在金融危机中的不同境遇。图画的上下分别写着"我们的一个要求是什么?"——"带上帐篷,9月17日,占领华尔街"。美的哲学是"占领华尔街"运动吸引注意力和扩大影响的重要艺术形式,而博客、海报、杂志、主流出版社等媒介,则是理解"占领华尔街"运动的关键"煽动者"和"发起人"。① 这些媒介,同样是中东变局的参与者广泛使用的动员资源。广告克星在"华尔街运动"兴起过程中所扮演的角色,说明了"占领"运动对中东变局架构的改造。

第四,当新的框架建构完成后,还需要对其进行有效的宣传与推广,除了广告克星自身的推广努力外,新框架还借助在线社会运动网络使其成为"占领"框架迅速传播的有力工具。广告克星7月13日的号召,得到了从黑客组织"匿名者"(Anonymous)到社区劳工组织"纽约人反对消减预算"(New Yorkers Against Budget Cuts)等在内的各种团体的响应,"占领"框架迅速扩展到全球数千个地方,超过1500个脸书(Facebook)网页建立起来。8月2日,"纽约人反对消减预算"成立了"占领华尔街"运动的组织——会员大会(general assembly,简称GA)。8月8日,关于"占领华尔街"运动的第一个脸书网页建立。在诸多与"占领华尔街"运动相关的社交网站中,脸书网是最引人注目的。其中,该网站上传有图片、以公告形式发布的状态更新、视频、民意测验和新闻故事等内容的帖子在动员民众和信息交换方面最为成功。据统计,最有吸引力的前100个帖子根据内容可分为六大类:对抗性的、表现精英支持的、非正式的民意调查的、个人叙述的、媒体报道不准确的、号召团结的。② 学者将社会运动参加者创造、传播的一系列工具、技巧、社会实践和规范等统称为"社会运动媒体文化"(social movement media cultures),③ 而社会媒体

---

① Sarah Kerton, "Tahrir, Here? The Influence of the Arab Uprisings on the Emergence of Occupy," *Social Movement Studies*, Vol. 11, No. 3 - 4, 2012, p. 307.

② Sarah Gaby and Neal Caren, "Occupy Online: How Cute Old Men and Malcolm X Recruited 400,000 US Users to OWS on Facebook," *Social Movement Studies*, Vol. 11, No. 3 - 4, 2012, pp. 367 - 371.

③ Sasha Costanza - Chock, "Mic Check! Media Cultures and the Occupy Movement," *Social Movement Studies*, Vol. 11, No. 3 - 4, 2012, p. 375.

文化扩大了"占领"框架的影响范围。

由此可见,"变革"框架向"占领"框架的转型同时具备了转型的基础、积极的建构者和强有力的推手这三个必备条件。首先,中东和美国公民身份的改变和由此产生的心理公民是框架转型的社会和心理基础;其次,广告克星在框架转型中扮演了积极的"建构者"角色;再次,在线社会运动网络是"占领"框架迅速传播的有力工具。也正因为如此,"变革"框架最终成功实现了向"占领"框架的转变。

五 "变革"主框架与"占领"主框架 间的异同及其效果差异

实现了框架转换后的"占领"框架与"变革"框架既有相似性又有自身的独特性,体现在"占领"框架对"变革"框架的借鉴与改造两个方面。本部分首先具体考察框架转型的过程中"改造"与"借鉴"两个方面的具体内容,并进一步在对两者的比较中分析"占领"框架与"变革"框架的动员能力,以此回答文章开篇提出的疑问。

"变革"框架实现了向"占领"框架的转型,主要指后者对前者进行了较为成功的改造。这突出体现为"占领"框架与"变革"框架在政治目标上的差异和前者对后者的社会运动具体方案作出的修正。第一,在社会运动的信念与价值上,从中东变局到系列"占领"运动的主框架由激进的革命性的诉求转变为要求对现有体制进行一定的改良。发达国家的政治制度、经济发展水平、文化传统等方面与中东国家存在明显差异,"占领华尔街"运动的发起者与参与者清醒地意识到,以"下台"为导向的"变革"主框架在美国无法产生有效的共鸣。尽管2007年以来的金融危机暴露了美国经济发展模式的许多重大缺陷,然而,经济表现并未对美国民主制度和现任政府的合法性构成致命冲击。如果只是简单地挪用该框架,"占领华尔街"运动可能从一开始就会失去合法性与吸引力。这使得"占领"运动的组织者和参与者根据实际情况对其进行修正,以符合本国社会运动追求的价值。这种修正集中体现为"占领"运动调整了以国家领导人"下台"为导向的"变革"框架的政治解决方案,以使"占领"框架聚焦于各国贫富分化导致的社会不公和其他政治问题。并根据美国政治、经济生活的现实进行调整,以表达对"1%对抗99%"这一美国现实的不满。这些问题无疑具有政治性质，然而"占领"运动并不以推翻既有政治体制、促使政权更迭为目的。

第二，在社会运动的具体方案上，"占领"框架重新进行了"诊断式架构"与"处方式架构"。"占领"框架对问题的界定较为简单，认为"华尔街是民主最大的腐蚀者，是美国金融的罪恶之都"。① 为了解决这一问题，它开的处方是"要求奥巴马任命一个总统委员会，它的职责是结束金钱对华盛顿的影响"。虽然"占领"运动在发展过程中增加了诸多的抗议议题，例如反对战争、环境保护等诉求等，以致超出了这一"处方式架构"，但并未动摇结束华尔街金融大亨对美国政治的影响这一诉求的核心地位。为了实现此处方所要求的内容，"占领"运动号召人们"鼓起勇气、带上帐篷，9月17日占领华尔街"，并模仿中东变局的抗争方式，通过和平方式占领具有重大政治象征意义的场所（如埃及开罗解放广场、巴林的麦纳麦珍珠广场、也门的解放广场等）、建构简明和清晰的口号来推进动员规模的扩大等方式鼓励民众的参与等抗争技巧。这也部分的体现在"占领"运动对中东变局的借鉴上。

在借鉴方面，主要表现在意义建构和策略选择两个方面。第一，"占领"框架在意义建构上借鉴了"变革"框架的架构方式。② 首先，"占领华尔街"运动将空间置于其议程的核心。利用游行、在未被允许的地方露营等破坏性空间战略，以表达对特定空间象征意义的挑战和对城市私有化的公开藐视，同时希望重新激起国家和社会对城市权（right to the city）的讨论；抗议者的目的在于通过"挑战金融帝国的地理范围"，要求将资本的积累控制在一定的地域内。③ 例如，"占领华尔街"运动的象征——祖科蒂公园——在未被"9·11"事件破坏前叫自由广场公园（Liberty Plaza Park），20世纪60年代末美国在由重工业转向房地产、金融、保险等产业的过程中，这些领域的建筑高度超过了当地建筑物最高高度限制，祖科

---

① "Occupy Wall Street: On September 17, Flood Into Lower Manhattan, Set Up Tents, Kitchens, Peaceful Barricades And Occupy Wall Street," *Adbusters*, 13 July 2011. 见 Https://Www. Adbusters. Org/Blogs/Adbusters – Blog/OccupywallStreet. Html.

② Donatella della Porta and Alice Mattoni, "The transnational dimension of protest: From the Arab Spring to Occupy Wall Street", http://ecpr. eu/filestore/workshopoutline/20. pdf.

③ Jenny Pickerill and John Krinsky, "Why Does Occupy Matter?" *Social Movement Studies*, Vol. 11, No. 3 – 4, 2012, p. 280.

蒂公园是作为对这些建筑给当地居民带来负面影响的补偿而建立的,它是转包给私人的公共空间。① 这被"占领"运动的参与者视为资本侵占公共空间的典型,而他们的目标是重新夺回这些公共空间。其次,意义建构的另一种方式是通过话语实现的,这些话语包括运动的名称、不断重复的标语、口号等。抗议者将他们的静坐或帐篷抗议运动称为"占领"(occupy or occupation)运动,其目的之一是要从公司的贪婪之口中收回被占领的空间;目的之二是提醒已被逐出的当地民众,他们仍然一无所获,他们的空间被这些"入侵者"占领。与此相似,抗议者提出"我们是99%"的口号,旨在扩大"占领"运动的感召力,以吸引更多的民众参加。

第二,策略选择上,"占领"运动的和平与非暴力抗争方式受到主框架的规定。"占领华尔街"运动"利用阿拉伯革命的策略——非暴力策略——实现他们的目标并使参加者的安全最大化"。② 尽管许多社会抗争运动都将非暴力作为其抗争策略,但依然不能否认中东变局对"占领运动"的直接影响。"占领华尔街"运动发起者在其官方声称:"我们利用革命的'阿拉伯之春'的策略实现我们的目的,并鼓励非暴力手段的使用以使参与者的安全最大化。"③ "占领华尔街"运动采用露营抗议的形式占领一定的城市空间,在具体操作中则采用直接民主制或所谓的"共识模式"。④ 实际上,"占领"并不是目的,而是达成目的的手段。"占领"运动的组织者和参与者认为,"在运动成气候之前,提出具体目标是没有意义的。所以,开始的目标就是占领本身","抗议青年意欲透过'占领'本身形成一场对体制反思的运动"。⑤ 此外,"占领华尔街"运动除经济诉求之外,还控诉对外战争、环境污染等。这使"占领华尔街"运动的诉求看起来包罗万象,声势浩大,"占领"是能有效将各种诉求纳入进来的

---

① Stuart Schrader and David Wachsmuth, "Reflections on Occupy Wall Street, the State and Space," *City*, Vol. 16, No. 1-2, 2012, p. 243.

② Tan Yangfang, "A Review of the 'Occupy Wall Street' Movement and Its Global influence," p. 247.

③ "Is This What Democracy Looks Like?" p. 1, http://what-democracy-looks-like.com/their-fight-is-our-fight/.

④ Jackie Smith and Glidden, "Occupy Pittsburgh and the Challenges of Participatory Democracy," *Social Movement Studies*, Vol. 11, No. 3-4, 2012.

⑤ 张铁志:《"占领华尔街"激活美国民主体制》,西陆网,2011年,http://junshi.xilu.com/2011/1017/news_343_198138.html。

话语"海绵"。"占领"而非"进攻",事实上也限制了"占领"运动抗争手段的选择。

尽管"占领"主框架与"变革"主框架具有相似性,但两者在动员能力上具有重大差别,这是导致"占领华尔街"等"占领"运动趋于式微的重要原因。尽管不能将中东变局抗议活动的结果全归因于主框架的成功,同样也不能将"占领"运动的式微归结为框架转型的失败。但是,框架转型与中东变局、"占领"运动之间的兴衰仍然存在着清晰的联系。这是因为社会运动的发展状况与运动的动员能力密切相关,动员能力又是周全性和共鸣程度的函数。这主要体现为社会运动支持者与潜在支持者克服了参与社会运动的恐惧和担忧,就可能转变为社会运动的参与者,从而影响社会运动的规模。其间的逻辑是社会运动的"主框架"影响到社会运动的动员能力,而动员能力则对社会运动的发展轨迹和方向产生影响。为了对中东变局与"占领"运动之间动员效果的差异做出合乎逻辑的解释,下文将对"变革"框架与"占领"框架之间的异同及其不同的效果展开分析。其实在前文的论述中已经不同程度地涉及两者的异同,可以发现,"变革"框架和"占领"框架除了周全性上的大体相似外,在共鸣程度各要素上均存在较大差异。

在框架的"有限—周全"连续体中,"变革"框架和"占领"框架所处的位置相当,均为"周全式主框架"。"变革"的基本含义是对本质的改变,多指抛弃原有的、建立新生的价值和意义。只要原有的事物包括旧政权、旧体制、前任领导人等还存在,民众就会起来抗议。任何让人不满的现状都可以被要求"变革",然而至于"变革"的方向、"变革"的具体措施等语焉不详。因此,"变革"本身就是一种模糊的表达,也正是因为"变革"框架的不精确性,使其成为"占领华尔街"运动等其他社会运动模仿和改造的对象。"占领"框架指向的目标,同样不是很明确,主要表现为运动诉求与参与者身份的多元性。除了反对金融家的贪婪和市场缺乏监督、贫富差距扩大等,也包括反对战争、环境保护等诉求。此外,参与者的成分复杂,有失业工人、学生、艺术家、家庭妇女、无家可归者等等。没有集中的目标和特定的参与群体,使"占领"框架成为一种"周全式主框架"。"主框架越是得到详细阐释,它的感染力和影响力越大",但"动员能力并不是由一个高度周全的框架来保证的"。① 因此，对于"变革"与"占领"主框架动员能力的比较还需考察它们的共鸣程度，共鸣程度涉及经验的可信度、经历的可测量度和观念的重要性。

在经验的可信度上，如果主框架表达的因果关系得到人们经验上足够多的证据支持，那么架构活动就有了经验上的可信度。正如上文指出的，"变革"框架与中东民众在日常生活中的切身体验是一致的，因此，在经验上具有较高的可信度；而"占领华尔街"运动将对现状不满的矛头指向华尔街金融家的贪婪，尽管此举具有一定的合理性，但却遭到主流舆论的抵制、共和党的反对，甚至民主党也刻意与其保持一定距离。首先，美国主流媒体一开始并不十分关注"占领华尔街"运动，随着"占领华尔街"运动影响力的扩大，美国官方和媒体迅速构建了一种"反框架"。他们声称："占领者、扎营占领和占领政治卑鄙、肮脏、有碍健康"。② 如就美国四大主流媒体对"占领华尔街"报道而言，除了《纽约时报》的报道"较为温和"外，CNN网站随着抗议规模的扩大，态度由赞扬转向反对或抨击；《华尔街日报》直接采取"消极抵制态度"；《时代周刊》在2011年10月24日刊登文章指责该运动是"流氓、无政府主义者、社会主义者、黑客、自由主义者和艺术家发起的运动"。③ 其次，共和党对"占领华尔街"持强烈的反对态度。共和党人反对"妖魔化华尔街"，纽约市长也猛烈抨击"占领华尔街"示威者，他称示威者"占领华尔街"的诉求是"不现实"的，示威本身"没有建设性"，对纽约经济有害。④ 再次，对民主党而言，尽管美国总统奥巴马在接受美国广播公司（ABC）采访时说："我们现在能做的最重要的事，是使民众知道我们理解他们的处境，我们站在他们一边。"⑤ 但这只是奥巴马安抚民众情绪的措辞，其意在争取中间选民，获得华尔街在某些政策上的支持。由此可见，民主

---

① ［美］戴维·A. 斯诺、罗伯特·D. 本福德：《"主框架"和抗议周期》，第160—161页。
② Max Liboiron, "Tactics of Waste, Dirt and Discard in the Occupy Movement," *Social Movement Studies*, Vol. 11, No. 3-4, 2012, p. 395.
③ 何兰：《评美国主流媒体对"占领华尔街"的报道》，载《现代国际关系》，2011年第11期，第47—49页。
④ 《美共和党领袖称占领华尔街运动示威者是"暴徒"》，中国新闻网，2011年10月8日，http://www.chinanews.com/gj/2011/10-08/3370959.shtml。
⑤ Obama, "Occupy Wall Street 'Not That Different' From Tea Party Protests," ABC, October 18, 2011.

党、奥巴马政府与"占领华尔街"运动保持了一定的距离。而且美国当局采取了一种被称为"战略无能"（Strategic Incapacitation）的应对措施，[1] 警察甚至强行驱赶了祖科蒂公园的示威者。最后，在"占领"运动达到高潮的 10 月，美国失业业率为 8.9%，比 2010 年 10 月失业率最高时的 10.0% 下降了 1.1%，且此时从 2011 年年初一直高居 9.0% 以上的失业率开始下降，到 2012 年 1 月，失业率已经下降到 8.3%。[2] 失业率的下降以及全球危机的缓解，给民众的感受是经济情势正在经历好转，从而削弱了他们继续参与"占领"运动的意愿。总之，主流媒体的"反框架"、民主党的"暧昧"态度、经济情势的回升等，均使民众切身感受到"占领华尔街"并非解决问题的最佳方式，这在很大程度上削弱了"占领"框架的经验可信度。

经历的可测量，即目标群体在现实生活中是否经历过架构所指向的问题。这些问题与人们的日常生活联系越紧密，可测量度就越高，就更能吸引人们投身社会运动之中以改变不公正的境况。中东变局的"变革"框架与日常生活的联系无疑是紧密的，因为统治者的长期在位，被抗议者视为社会不公正的直接来源。而对于"占领"框架，人们只是普遍地感到生活水平的下降，但这种不满往往随经济状况的变动而消长，并不对针对现存的政治制度。此外，虽然"占领华尔街"运动执行"共识模型"的决策机制，但在实际运行过程中，这种机制无形之中却将深受现存社会结构之害的人群排除在外。"占领华尔街"运动的支持者声称他们想建立一种没有等级的、所有人都平等的网络结构。会员大会是"占领华尔街"运动唯一的集体决策机制，但是未能反映大多数运动积极分子的意愿。在帐篷营地停留时间较长者，通常在决策群体中拥有较高的地位。因此，会员大会召开时间和地点的确定，反映了在营地花费时间较长的少数人的偏好。随着时间的推移，很少有营地之外的活动积极分子能够参加决策。匹兹堡等地的"占领"运动的动力，始终停留在运动最初占领公共空间的热情上，而占领空间并非长久之计，很容易遭到警察的驱逐。此外，频繁

---

[1] Patrick F. Gillham et al., "Strategic Incapacitation and the Policing of Occupy Wall Street Protests in New York City, 2011," *Policing & Society*, Vol. 23, No. 1, 2013.

[2] United Department Of Labor, Labor Force Statistics From The Current Population Survey, Http://Data.Bls.Gov/Timeseries/LNS14000000.

的动员大会分散了活动积极分子的注意力。将大量的精力和注意力耗费在达成共识的过程中,既分散了运动建设的精力,又疏远了不同经历和背景的参与者。①《今日美国》和盖洛普公司 2011 年 10 月 15-16 日进行的一次民意调查显示,有超过一半的民众并不清楚"占领华尔街"运动的目标。而 10 月 19—20 日的调查显示,53% 的民众既不支持也不反对,同时,反对者却由此前的 20% 上升到了 31%。② 在此背景下,随着物资的减少、寒冷冬天的到来,"占领华尔街"运动的势头逐渐减弱。

观念的重要性则需要衡量框架所体现的思想观念与人们头脑中现存思想观念之间的吻合程度。在中东研究中,"阿拉伯例外主义"盛行,中东各国民众普遍被认为缺乏对民主的追求。但 21 世纪以来,由于地区内外局势的变化,各国民众通过开展一系列的社会运动与社会非运动希望促进国家政治与社会状况的变化。换言之,至少在中东变局出现之前,国家需要变革已成为中东民众的一种集体信仰,而当中东变局中正式出现"改革"主框架之后,中东民众顺理成章地加以接受,并通过积极参与抗议从而实现了参与规模的扩大。而"占领"框架在策略选择上并非长久之计。"占领"运动的参与者与抗议者对于"占领"之后怎么办以及如何有效地维持参与者的热情等重大问题上,均缺乏明确的思路和行之有效的措施。尽管中东变局的抗议者同样面临不知运动未来发展方向的问题,然而突尼斯"革命"的成功,很大程度上为别国抗议者争取在本国复制其成功提供了指引和动力。而效仿中东变局的"占领"运动,因其政治性质与中东变局有别,再加上"占领"运动并无成功的榜样可以遵循和模仿,故组织者和参与者在遭遇挫折的情况下,很难找到继续"占领"的动力。更为重要的是,中东变局的"变革"框架一开始就具有追求政权更迭的高度政治性,而"占领"运动则更多地涉及经济问题,当"占领"运动的组织者将社会运动的诉求更多地以一种美学而非政治性的形式加以呈现时,尽管削弱了当局对其的敌意,但同时也削弱了其政治吸引力。

总而言之,中东变局之中提出的"改革"主框架与系列占领运动中

---

① Jackie Smith and Bob Glidden, "Occupy Pittsburgh and the Challenges of Participatory Democracy," *Social Movement Studies*, Vol. 11, No. 3-4, 2012, pp. 288-291.

② Lydia Saad, "Support for 'Occupy' Unchanged, But More Criticize Approach," *Gallup*, November 21, 2011.

建构的"占领"主框架在经验的可信度、经历的可测量度以及观念的契合度上存在显著差距。"改革"主框架在上述三个层面均比"占领"主框架表现优越,这是中东变局的动员能力整体而言优于系列"占领"运动的重要原因。主框架带来的动员能力的扩大,影响到社会运动的发展方向,甚至在一定程度上影响其结果,如埃及、突尼斯的抗议之所以能带来政权更迭的后果,与抗议活动实现了跨阶层动员密不可分,而这很大程度上是主框架带来的结果。不过,主框架的动员能力并不是决定社会运动结果的唯一因素,甚至不是最重要的因素,抗议活动能否实现政权更迭,或许更多地取决于政府的应对、军队的立场、外部力量的态度等因素。[①] 不过,至少就系列"占领"运动而言,"主框架"在经验的可信度、经历的可测量度以及观念的契合度等方面存在的缺陷,是构成其未能产生深远政治影响的因素。

六 结论

自 2011 年年底以来,国际社会见证了新一轮抗议周期的兴起。在这一波周期中,发生在中东地区的中东变局与一系列发达国家的"占领"运动最受人瞩目,产生了明显的影响,甚至对国际体系的转型带来了冲击。对于中东变局与系列"占领"运动之间的内在联系,国内外学术界大都予以承认。不过,对于两者之间具体的联系机制,国内外学术界却较少予以深入讨论。本章从一个特定的角度,即社会运动之间话语和意义的借鉴和改造,对中东变局影响系列"占领"运动的具体方式及其效果进行了分析。我们发现,除了采用了中东抗议者的一些抗议技巧,并受到中东抗议者反抗社会不公正的勇气的鼓舞,系列"占领"运动还借鉴和改造了中东变局抗议者建构的主框架。不过,在借鉴中东变局建构的话语体系的过程中,系列"占领"运动的组织者和参与者也对前者进行了改造,实现了社会运动主框架的转型,即将"变革"主框架改造为"占领"主

---

① 关于这一问题的讨论,可参考 Seyed Amir Niakooee, "Contemporary Arab Uprisings: Different Processes and Outcomes," *Japanese Journal of Political Science*, Vol. 14, No. 3, 2013, pp. 421 – 445;曾向红、楼千舟:《从社会运动到内战的演变机制:基于中东变局的考察》,载《国际安全研究》2014 年第 3 期,第 52—74 页。

框架。然而,"占领"主框架在经验的可信度、经历的可测量度和观念的重要性上均不及"变革"主框架,进而影响到"占领"运动的动员能力。鉴于发达国家对"占领"运动的参与者并未采取明显和系统的暴力应对措施,因此,系列"占领"运动的最终式微,在很大程度上构成系列"占领"未能对发达国家的政府治理能力构成严峻挑战的原因。而中东变局中"变革"主框架则有所不同,其产生的强大动员能力,赋予中东变局以强劲的发展动力,使其持续了更长时间。

既然中东变局与系列"占领"运动属于一个抗议周期,由此衍生的一个问题在于:这一波抗议周期的前景如何,即系列"占领"运动的式微是否意味着新的抗议周期已经终结?对于这一问题,不可立即给出答案。1979年伊朗伊斯兰革命、20世纪80年代的东欧剧变以及此次中东变局等大规模社会运动一再以始料未及的方式发生启示人们,预言社会运动或"革命"的发生或展望其前景是一项极具冒险性的事业。因为社会运动及抗议周期的发展前景取决于一系列难以预知的因素,如具体国家社会运动与政府之间的互动、国际环境的变化、世界经济形势的发展等。不过,就本章采取的视角即社会运动的周期与抗议主框架之间的关系而言,我们或许可以就此次抗议周期的前景做出一个大致判断。鉴于从中东变局到系列"占领"运动之间的意义和象征体系的转型并不成功,大致可以预料,除非新社会运动的组织者或参与者对社会运动的话语体系进行创造性的改造,使之契合本国或本地区的政治、社会发展形势,进而使其建构的主框架在经验的可信度、经历的可测量度和观念的重要性等方面取得突破,否则,这一波社会运动抗议周期将有可能趋于式微。

另外,截至目前,中东变局追求的目标在一些中东国家并未实现。这或许意味着中东变局在较短的时间内并不会完全消退,此轮抗议周期也未完全结束。当然,即使此次抗议周期正处于衰落或结束的过程中,也并不意味着个别或局部的社会运动不会再发生。鉴于社会运动的主框架对抗议周期有较大的诱导作用,因此,零星或个别的社会运动仍将出现,只是它们在数量、规模和影响范围等方面相对有限,无法与波及特定地区或某类国家的社会运动相比而已。在此背景下,对于地区或一国个别的社会运动而言,它们爆发的原因可能是具体问题导向的,而不能归属于特定的抗议周期之内。正如2013年6月于巴西和5月于土耳其爆发的大规模抗议活动,尽管对这两个国家带来明显的政治影响,但并未因此波及更多的国家

第十五章　中东变局对"占领"运动的影响及效果比较 / 403

和更广泛的地域。当然，如果这些在特定国家内发生的抗议运动试图与同属于一个抗议周期内的社会运动建立起联系（如借鉴和改造其他社会运动的主框架），并对其他国家或地区产生明显的示范效应，那么它们不仅可以被视为此次抗议周期的延续和组成部分，而且还可能改变此次抗议周期的演变轨迹。

本书第四部分前三章分别讨论了中东变局所产生的直接影响，包括社会运动为什么会演变为导致百姓流离失所的内战，为什么只有突尼斯的政治转型是以相对平稳的方式完成过渡的，中东变局对系列运动在策略和话语上具有的启示以及它们在效果为何存在明显差异；而在接下来的第十六章将讨论中东变局带来的一种间接影响，即西方国家以"保护的责任"为名干预利比亚问题为何在国际社会引发了截然不同的反应。

第十六章

国际社会对"保护的责任"适用的立场

【本章提要】2005年9月《世界首脑会议成果》文件的签署,标志着"保护的责任"这一理念得到了世界上大多数国家的认可。但是在具体实践中,各国对"保护的责任"立场并不相同。世界各国对于"保护的责任"适用时的立场,主要受到各国与美国的战略互信程度和美国对该国人权状况的认定两个因素的影响。基于此,世界各国对"保护的责任"的适用可区分为四种态度:支持、选择性支持、警惕、反对。通过运用案例分析和比较研究方法,作者在检验世界各国应对西方将"保护的责任"适用于利比亚的过程中确证了上述观点。明确世界各国对"保护的责任"的适用做出不同反应的深层原因,可为人们把握"保护的责任"适用的可能提供一些启示,如国际社会对"保护的责任"这一理念的接受并不意味着对该理念适用的支持;目前"保护的责任"仍未上升为一种正式的国际规范;地区性国际组织所持的立场对国际社会如何应对"保护的责任"的适用有一定影响,等等。

第十章我们分析了西方国家以"保护的责任"军事干预利比亚而未干预叙利亚的动机,本章将讨论这次适用在国际社会中所产生的影响。国内外学术界普遍认为,以"保护的责任"军事干预利比亚是西方国家对该理念的首次适用,但该理念的出现已有一段时间,它在21世纪初既已出现。截至目前,"保护的责任"的理念虽然已被国际社会大多数国家所接受，然而，在实践过程中，这一国际理念面临重重阻力。[①]"保护的责任"要想获得生命力并得到国际社会的普遍接受，不仅需要考虑到该概念本身的合法性与正义性等内容，还必须考虑现有国际权力分配和利益格局导致的对其适用造成的影响。[②] 事实上，"保护的责任"的适用在世界各国产生了分化严重的反应，引发了众多的争议。对导致世界各国对"保护的责任"的适应做出不同反应的深层原因进行研究，一方面有助于展望"保护的责任"适用时的可能前景，另一方面也有助于分析导致该国际理念不能顺利适用的原因。

一 问题的提出与文献回顾

"保护的责任"这一理念具有理念与实践两个维度。就理念维度而言，"保护的责任"的提出及其初步机制化，意味着一种具有成为国际规范潜力的国际理念（international concept）的出现。目前，对于这一理念所具有的内涵及其适用条件，国际社会已经达成了大致的共识。就内涵而言，"保护的责任"这一理念主要包括两个方面：第一，主权国家负有责任保护其国民的生命和安全，使其避免遭受种族灭绝、战争罪、族裔清洗、危害人类罪的伤害。第二，在主权国家没有及时或没有能力履行这一责任的时候，国际社会应该承担这一责任，具体而言是由联合国安理会授权相关国家或地区性国际组织履行这一职责。与"人道主义干预"和"新干涉主义"话语相比，"保护的责任"至少具有两个新的特点：其一，"保护的责任"的提出基点是主权，即承认主权国家在履行保护该国平民安全中的主体地位，而国际社会只有在该国无法或不愿履行这一职责时才

[①] 黄瑶：《从使用武力法看保护的责任理论》，载《法学研究》2012年第3期，第195—208页。

[②] 事实上，既有的大多数国际法均与西方在国际权力格局中占有的优势地位有密切的关系，尤其是近代国际法，可参见 Antony Anghie, *Imperialism, Sovereignty and the Making of International Law*, Cambridge: Cambridge University Press, 2007; Paul Keal, *European Conquest and the Rights of Indigenous Peoples*, Cambridge: Cambridge University Press, 2003; Gerry Simpson, *Great Powers and Outlaw States: Unequal Sovereigns in the International Legal Order*, Cambridge: Cambridge University Press, 2004; Antony Anghie, "Finding the Peripheries: Sovereignty and Colonialism in Nineteenth-Century International Law," *Harvard International Law Journal*, Vol. 40, No. 1, 1999, pp. 1–80.

介入承担这一职责的过程。这与西方之前单纯从人权角度赋予外部干预以合法性有重大区别。其二,"保护的责任"在法理上加强了联合国安理会授权的权威性。例如,2005年9月第六十届联合国大会通过的《2005年世界首脑会议成果》第139段明确规定,以"保护的责任"为名进行的干预只能经由联合国安理会的授权才能进行,而且这种干预必须"逐案"(on a case - by - case basis) 考察且须"与适当的地区性组织开展合作"。① 鉴于"保护的责任"试图在融合尊重国家主权原则和履行保护平民人权的责任之间采取一种均衡立场,因此该理念得到了国际社会中大多数国家的认可。如《2005年世界首脑会议成果》得到了150多个国家的签署,而且2/3以上的联合国成员代表对2009年的《保护的责任执行报告》表示肯定;至2010年6月,已有114个国家正式批准了执行"保护责任"的《国际刑事法院规约》(简称《罗马规约》)。②

"保护的责任"的实践维度即倡导国将"保护的责任"这一理念付诸实践,以此应对特定国家发生的人道主义形势恶化的情势。"保护的责任"的实践维度与理念既有区别又有联系。两者之间的联系主要体现在:"保护的责任"的理念维度是"保护的责任"实践的基础,而"保护的责任"的实践是对其理念的适用。两者之间的区别主要体现在以下两点:其一,理念一般都规定了比较严格的适用条件和范围,而在实践之中,现实情况往往与理念规定的适用条件并不一定契合。其二,国际理念的提出一般旨在对现存的世界性问题提出解决方法,以实现国际秩序的稳定和正义,然而在理念的实践过程中经常会遭到滥用。正因如此,对于"保护的责任"这一理念的接受——如《2005年世界首脑会议成果》的签字国的150多个国家,并不意味着这些国家对"保护的责任"的适用都持支持的立场。③ 然而,对于"保护的责任"的适用,已签署《2005年世界首脑会议成果》文件的世界各国的态度就大相

---

① United Nations General Assembly, "2005 World Summit Outcome," New York: United Nations, 2005, http://www.un - ngls.org/orf/un - summit - FINAL - DOC.pdf.
② 邱美荣、周清:《"保护的责任":冷战后西方人道主义介入的理论研究》,载《欧洲研究》2012年第2期,第135页。
③ 有学者明确指出了这种区分,参见 Aidan Hehir, "The Responsibility to Protect in International Political Discourse: Encouraging Statement of Intent or Illusory Platitudes?" The International Journal of Human Rights, Vol. 15, No. 8, 2011, p. 1343.

径庭。

如国际社会对北约空袭利比亚这一被广泛视为"保护的责任"第一次适用时的反应就是如此。针对利比亚内战带来的人道主义危机，联合国安理会于2011年3月17日就第1973号决议进行表决，该决议由法国、黎巴嫩、英国和美国共同提交，旨在讨论国际社会如何应对利比亚局势。投票时，法国、美国、英国、南非、葡萄牙、尼日利亚、黎巴嫩、加蓬、波斯尼亚和黑塞哥维那投了赞成票，而中国、俄罗斯、巴西、德国、印度则投了弃权票。尽管这些国家都签署了《2005年世界首脑会议成果》，但为何各国对"保护的责任"的适用反应截然不同？这正是本章尝试回答的问题。回答这一问题有助于我们明晰世界各国针对"保护的责任"适用时所持立场背后的深层次考虑。此外，尽管西方军事干预利比亚是"保护的责任"第一次在实践中加以运用，但这次运用开了先例，相关国家很有可能会将这一理念运用到其他国家。因此，回答这一问题既有助于我们据此预测各国在"保护的责任"再次适用时的态度，也有助于中国对"保护的责任"的再次实践采取相应的预防性措施。

针对为何国际社会对"保护的责任"的适用持截然不同的立场这一问题，国内外学术界并未展开深入的分析。"保护的责任"理念的实践是一个新近现象。直到该理念的第一次适用——利比亚案例——后，国内外学术界才开始积极探讨该理念适用所衍生的各种问题。[①] 针对"保护的责任"在利比亚的适用，研究者主要关注的问题包括利比亚为何会遭到西方国家以"保护的责任"之名的干预、[②] 干预的具体过程及其效果、[③] 干

[①] 较早的成果参见 Julia Hoffmann, André Nollkaemper and Isabelle Swerissen, eds., *Responsibility to Protect: From Principle to Practice*, Amsterdam: Amsterdam University Press, 2012.

[②] Daniel Byman, "Explaining the Western Response to the Arab Spring," *Journal of Strategic Studies*, Vol. 36, No. 2, 2013, pp. 289–320; Stefan Hasler, *Explaining Humanitarian Intervention in Libya and Non-Intervention in Syria*, Monterey: Master's Thesis, Naval Postgraduate School, June 2012.

[③] Alan J. Kiperman, "A Model Humanitarian Intervention? Reassessing NATO's Libya Campaign," *International Security*, Vol. 38, No. 1, 2013, pp. 105–136; Taylor Claire, "Military Operations in Libya," *House of Commons Standard Notes*, SN/IA/5909 24, 2011.

预的法律和伦理基础、[1] 西方国家干预利比亚对"保护的责任"扩散造成的影响,[2] 等等。而对于世界各国对"保护的责任"适用的反应,研究者们集中探讨的是西方国家干预利比亚的决策过程。这部分成果不仅考察了作为整体的西方是如何应对利比亚危机的,[3] 而且还针对某个或某几个特定的西方国家(美国、法国、英国、德国)为何支持军事干预或拒绝军事干预利比亚的具体原因进行了分析。[4] 除了关注西方国家对利比亚危机的应对,也有少量成果讨论了其他联合国安理会常任理事国(即俄罗斯与中国)在就 1973 号决策投票过程中所做的考虑。[5] 然而,对于其他国

---

[1] Aiden Hehir, "The Permanence of Inconsistency: Libya, the Security Council, and the Responsibility to Protect," *International Security*, Vol. 38, No. 1, 2013, pp. 137 – 158; Luke Glanville, "Intervention in Libya: From Sovereign Consent to Regional Consent," *International Studies Perspectives*, Vol. 14, No. 3, 2013, pp. 325 – 342; Monica Naime, "Libya and Resolution 1973: The Law of Politics," *Journal of Strategic Security*, Vol. 5, No. 2, 2012, pp. 103 – 122; Alex J. Bellamy, "Libya and the Responsibility to Protect: The Exception and the Norm," *Ethics & International Affairs*, Vol. 25, No. 3, 2011, pp. 263 – 269; James Pattison, "The Ethics of Humanitarian Intervention in Libya," *Ethics & International Affairs*, Vol. 25, No. 3, 2011, pp. 271 – 277.

[2] Christopher S. Chivvis, "Libya and the Future of Liberal Intervention," *Survival*, Vol. 54, No. 6, 2012, pp. 69 – 92; Ayça Çubukçu, "The Responsibility to Protect: Libya and the Problem of Transnational Solidarity," *Journal of Human Rights*, Vol. 12, No. 1, 2013, pp. 40 – 58; Thomas G. Weiss, "RtoP Alive and Well after Libya," *Ethics & International Affairs*, Vol. 25, No. 3, 2011, pp. 287 – 292; Jeremy Moses, "Sovereignty as irresponsibility? A Realist Critique of the Responsibility to Protect," *Review of International Studies*, Vol. 39, No. 1, 2013, pp. 113 – 135.

[3] 对西方作为一个整体的分析,可参见 Adrian Johnson and Saqeb Mueen, eds., *Short War, Long Shadow: The Political and Military Legacies of the 2011 Libya Campaign*, Royal United Services Institute, 2012; Daniel Byman, "Explaining the Western Response to the Arab Spring," *Journal of Strategic Studies*, Vol. 36, No. 2, 2013, pp. 289 – 320.

[4] 对英、法、德等欧盟成员国立场及原因的分析,参见 Yehudit Ronen, "Britain's Return to Libya: From the Battle of al – Alamein in the Western Libyan Desert to the Military Intervention in the 'Arab Spring' Upheaval," *Middle Eastern Studies*, Vol. 49, No. 5, 2013, pp. 675 – 695; Jessica Buchera, Lena Engelb, Stephanie Harfenstellerc, Hylke Dijkstrad, "Domestic Politics, News Media and Humanitarian Intervention: Why France and Germany Diverged over Libya," *European Security*, Vol. 22, No. 4, 2013, pp. 524 – 539; Alister Miskimmon, "German Foreign Policy and the Libya Crisis," *German Politics*, Vol. 21, No. 4, 2012, pp. 392 – 410; Nicole Koenig, "The EU and the Libyan Crisis: In Quest of Coherence?" *The International Spectator*, Vol. 46, No. 4, 2011, pp. 11 – 30.

[5] Daniel Silander, "R2P – Principle and Practice? The UNSC on Libya," *Journal of Applied Security Research*, Vol. 8, No. 2, 2013, pp. 262 – 284; Mehrdad Payandeh, "United Nations, Military Intervention, and Regime Change in Libya," *Virginia Journal of International Law*, Vol. 52, No. 2, 2011, pp. 355 – 403.

家对"保护的责任"适用时的反应,国内外学术界的相关研究尚未充分展开。[①] 由于现有研究成果集中关注的是大国对"保护的责任"适用时的反应,而且仅仅讨论了各国做出不同反应的具体原因,所以,人们不仅无法从整体上把握导致世界各国之所以对"保护的责任"适用持不同立场的深层原因,而且难以明确"保护的责任"适用的前景及面临的障碍。基于现有研究的不足,本章将以世界各国对西方军事干预利比亚采取的立场为例,尝试考察导致各国立场相异的深层原因。

在提出本章的分析框架之前,还须就何谓世界各国的"立场"做一说明。本章在分析西方干预利比亚这一案例时,主要着眼的是世界各国对"保护的责任"第一次适用时的原则性立场而非具体态度。具体态度是指各国在安理会上就对利比亚危机采取措施的1973号决策进行表决时的投票记录及所做的相关声明,而原则性立场则是指各国对于"保护的责任"适用这一普遍现象所持的立场。这种区分之所以必要,正如有学者所指出的,犹如中国和俄罗斯在安理会上就1973号决议进行表决时表明的,"它们的关切不仅是基于或限于(将'保护的责任'的适用——引者注)从利比亚移植到叙利亚,而且延伸为对西方干预实践这一更广泛问题的考虑。争论不再局限于具体案例,而是它们可能产生的关联。这涉及更为广泛的规范议程"。[②] 中俄两国的这种关切同样适用于对其他国家就"保护的责任"第一次适用时所采取的立场。与之相对应,本章对导致各国采取相应立场的原因的讨论,主要涉及的也是各国的深层考虑而非具体原因。为了对上述问题进行论证,本章结构安排如下:首先提出本章的分析框架与假设,然后以利比亚战争为例考察各国针对西方适用"保护的责任"采取不同立场的原因,最后总结本章的发现。

[①] 有极少的例外,如 Kai Michael Kenkel, "Brazil and R2P: Does Taking Responsibility Mean Using Force?" *Global Responsibility to Protect*, Vol. 4, No. 1, 2012, pp. 5 - 32; Thorsten Benner, "Brazil as a Norm Entrepreneur: The 'Responsibility While Protecting' Initiative," Global Public Policy Institute Working Paper, 2013; Jun Honna, "Japan and the Responsible to Protect: Coping With Human Security Diplomacy," *The Pacific Review*, Vol. 25, No. 1, 2012, pp. 95 - 112; Lina Alexandra, "Indonesia and the Responsible to Protect," *The Pacific Review*, Vol. 25, No. 1, 2012, pp. 51 - 74.

[②] Justin Morris, "Libya and Syria: R2P and the Spectre of the Swinging Pendulum," *International Affairs*, Vol. 89, No. 5, 2013, p. 1276.

二 分析框架与假设

本章认为,各国对于"保护的责任"之实践采取的立场,主要取决于该国与美国的战略互信程度与美国对该国人权状况的认定两个因素。这两个因素都与美国相关。之所以如此,虽然美国并非"保护的责任"的提出者,而且在该理念的扩散初期持犹疑态度,然而,自2010年以来,美国逐渐成为"保护的责任"理念的规范主导国(normal leader)。2010年,美国将"保护的责任"理念纳入到了《国家安全战略》之中;2011年8月4日,奥巴马签署了一项总统研究指令(Presidential Study Directive),指出:"防止大规模暴行与种族灭绝构成美国的核心国家利益与核心道德责任。"[1] 规范主导国是与规范倡导者(norm entrepreneurs)相对应的。规范倡导者是指针对特定领域率先提出或框定某种规范的主体。主体可以是个人、国内利益集团、国家或国家集团。"规范不是凭空产生的东西。规范是行动者积极创造的。这些行动者对于自己社区中什么行为是适当或良好行为这一问题有着强烈的意识。"[2] 而规范主导国是指主导规范扩散的关键国家,这类关键国家一般在两个方面体现出主导作用:其一,它们一般是规范倡导者需要劝服的对象,因为它们能够通过社会化过程,使其他国家变成规范追随国,从而促进规范的普及。其二,规范主导国并非是规范的被动接受者,它们往往能够根据自身的理念,对规范的原有框架进行有利于自身的修正。[3] 在规范的扩散与普及过程中,虽然规范倡导者对规范的提出至关重要,但规范主导国根据国际形势的变化在诠释和适用国际规范的过程中对国际规范所做的修正、更改、细化等工作同样

---

[1] The White House, "Presidential Study Directive on Mass Atrocities," Office of the Press Secretary, PSD – 10, August 4, 2011, http://www.whitehouse.gov/the – press – office/2011/08/04/presidential – study – directive – mass – atrocities.

[2] 马莎·芬尼莫尔和凯瑟琳·斯克金在《国际规范与政治变革》一文中提出了"规范倡导者"和"规范主导国"的概念,不过,她们虽然对"规范倡导者"做了清晰的界定,但是未对"规范主导国"的内涵进行深入分析。参见马莎·芬尼莫尔、凯瑟琳·斯克金:《国际规范的动力与政治变革》,载彼得·卡赞斯坦、罗伯特·基欧汉、斯蒂芬·克拉斯纳编《世界政治理论的探索与争鸣》,秦亚青等译,上海:上海人民出版社2006年版,第305页。

[3] 陈拯:《框定竞争与"保护的责任"的演进》,载《世界经济与政治》2014年第2期,第115页。

重要，甚至可能改变原有规范的内涵或发展方向。就此而言，规范倡导者只是提出一些新的议题或建构了新的规范话语体系，至于这些议题能否得到关注和普及，则有赖于规范主导国对其所做的阐释和运用。

规范主导国往往是国际规范扩散和适用过程中的"关键国家"（critical state）。所谓国际规范扩散中的"关键国家"，是指"那些重要规范目标舍其则无法完全实现的国家"。[①] 不过，并非任何一个国家都有资格成为关键国家。大体而言，规范主导国必须具有以下两方面的能力：第一，不仅需要具有雄厚的硬实力，更需要具有强大的软实力，它能够通过自身的示范作用，吸引其他国家成为规范追随者。第二，规范主导国必须同时是规范实践者，并且有能力对该规范进行多次适用。在"保护的责任"兴起与扩散的过程中，加拿大等国最早提出了"保护的责任"这一概念，它们可被称为"规范倡导者"；而美国虽然没有参与这一概念的提出，但它却是"保护的责任"当之无愧的主导国和关键国家。因为美国刚好满足使其成为规范主导者的两个条件：其一，美国仍是当前世界中唯一的超级大国，拥有领先世界上其他国家的硬实力和软实力。其二，美国不仅有能力将"保护的责任"适用于国际事务中，而且的确以此为由对利比亚内战进行过干预。基于这两个条件，美国被视为"唯一一个有实力和可信性去贯彻'保护的责任'这一理念的国家"。[②] 既然"保护的责任"的适用很大程度上由美国所掌控，因此考察该理念的适用时，无法回避对规范接受者、参与者、旁观者与作为规范主导国——美国——之间的关系进行具体分析。下文将从理论上考察对象国与美国的战略互信程度、美国对该国人权状况的认定这两个变量对世界各国关于"保护的责任"适用时态度的影响，在此基础上建立本章的分析框架并提出相关假设。

首先，对象国对"保护的责任"及其适用时的态度，主要受到其与美国战略互信程度的影响。战略互信（strategic trust）主要是指"国家和国家之间或国家与国际组织等主要非国家行为体间为了减少因彼此战略意

[①] 马莎·芬尼莫尔、凯瑟琳·斯克金：《国际规范的动力与政治变革》，载彼得·卡赞斯坦、罗伯特·基欧汉、斯蒂芬·克拉斯纳编《世界政治理论的探索与争鸣》，秦亚青等译，第310页。

[②] Stewart Patrick, "Libya and the Future of Humanitarian Intervention: How Qaddafi's Fall Vindicated Obama and RtoP," http://www.foreignaffairs.com/articles/68233/stewart‑patrick/libya‑and‑the‑future‑of‑humanitarian‑intervention.

图、战略能力和重要行为产生的错误判断,降低双方在重大利益上的冲突风险,而在双边关系关键领域采取的共同持久努力以及由此形成的关于对方的积极预期"。① 从上述定义中可以看出,战略互信具有相当大的主观性,它在很大程度上取决于对彼此意图的判定。在现实的国家交往中,战略互信的判断具有风险性,因为它要求本国根据他国以前和现在的行为判断其在未来的行为。因此,战略互信的形成需要一定的物质和心理基础。这里的物质基础主要是指双方对彼此有战略需求,而这种战略需求主要指涉安全和经济领域;心理基础则是指两国在制度设置、政治文化上具有一定的相似性。尽管该定义中的"关键领域"可指涉安全、政治、经济等诸领域,但安全领域在其中具有基础性的地位。对于国家而言,核心安全利益包括维护本国主权与领土完整。当国家间共享对方不会使用武力损害自己的安全利益时,也就意味着具有较高程度的战略互信。如果将战略互信主要指涉国家间在安全领域的信任状况,那么我们可以用相对简单的方式对其进行衡量,即将战略互信分为高、中、低三种不同的程度。战略互信程度较高的双方往往具有军事同盟的关系。战略互信程度一般的国家间既非军事盟友但也非军事敌对的关系,双方既可以展开和平的竞争,也可以是一般性的合作伙伴关系。而战略互信程度较低的双方,往往处于军事敌对的状态。一般而言,对象国与美国之间的战略互信程度与该国对于"保护的责任"的接受程度呈现正相关的关系:某国与美国战略互信的程度越高,那么该国对于"保护的责任"的接受程度就越高;反之,则接受程度会下降。

与美国战略互信的程度之所以影响到某一国家对"保护的责任"的接受程度,主要是源于以下两点:第一,如前所述,美国是全球范围内最有能力也是最有可能利用"保护的责任"实施人道主义干预的国家。有以下三个事实可以佐证这一观点:首先,美国曾利用传统的人道主义干预理念发动了科索沃战争和伊拉克战争。其次,在对安理会第1973号决议进行表决时,美国投了赞成票。最后,美国在以"保护的责任"之名军事干预利比亚的过程中发挥了不可或缺的作用。虽然在这次干涉行为中,美国的角色渐渐由"台前"转向"幕后",即让自己的欧洲盟友充当先

---

① 刘庆:《战略互信概念辨析》,载《国际论坛》2008年第1期,第42页。

锋，但是北约的指挥棒仍掌握在美国的手中。① 如果没有美国对其干预的支持，很难想象美国的盟友军事干预特定国家会迅速取得成功。由此可见，在适用"保护的责任"干预特定国家的过程中，美国的立场依旧举足轻重。鉴于此，如果对象国与美国战略互信程度高，意味着美国利用"保护的责任"对其进行军事干预的可能性低，也即该国不具备被外部军事干预的现实基础。如果对象国的国内政局稳定，且该国与美国战略互信程度较高，美国将缺乏运用"保护的责任"进行干预的可能性，该国也将在一系列重大问题——包括对哪个国家以"保护的责任"名义干预其他国家的问题——上与美国保持一致。而与美国战略互信程度较低的国家，不论其国内人权状况如何，美国都具有实施干预的现实动机。在此背景下，"保护的责任"很有可能仅是干预的借口。显然，这类国家无疑会对"保护的责任"持消极的态度。

而美国认定的对象国的人权状况，是影响对象国对"保护的责任"接受程度的另一个因素。一个国家的人权状况，是指在一个国家内部其公民人权被保障或被侵犯的状况与程度。至于如何衡量各国的人权状况，国内外学界存在不同的标准，从而导致该问题极富争议。大体而言，当前对世界各国人权状况的认定大致有四种类型：第一类是联合国人权委员会（2006年由联合国人权理事会取代）发布的对各国人权状况进行评估的报告以及一些政府间组织所发表的白皮书认定的人权状况评估；第二类是区域性人权机构审议和评估特定地区的人权状况；第三类是某国政府（如美国）发布的人权状况白皮书；第四类是非政府组织（如大赦国际）所

---

① 如有学者指出："对于华盛顿而言，利比亚是一场恰逢其时的战争：盟国响应了美国要求它们为维护自身周边地区的安全承担更多责任的呼吁；美国享受着退居幕后指挥战争的奢侈，而欧洲国家则承担着（干预利比亚的）绝大多数成本与风险。"（Tomas Valasek, *What Libya Says about the Future of the Transatlantic Alliance*, London: Centre for European Reform, 2011, p. 3.）不过，美国退居幕后并不意味着美国无动于衷，除了赞同英法军事干预利比亚的行动外，美国还为这种干预提供了重要的支持。在干预利比亚的过程中，美国与其英、法等西方盟国之间实现了高度的分工合作，"美军主要担负战役开始时的压制与摧毁敌方防空系统的任务，以及此后的作战支援任务，而战役中后期的打击任务主要由盟国承担"。（李晨：《利比亚战争中美国与欧洲军事力量的运用》，载《国际政治研究》2014年第1期，第112页）而美国提供的支持对于欧洲国家的干预取得成功发挥了不可或缺的作用。

发表的世界各国人权状况报告。① 在这四类人权状况评估报告中，联合国人权委员会或人权理事会每年发表的评估报告得到了世界各国较多的认可，而来自特定国家政府所发布的人权状况报告，因为不具有广泛的国际代表性和不排除该国在评估其他国家人权状况时受到战略考虑的影响，因此广受争议。不过，在本章讨论世界各国的人权状况时，我们将选取美国认定的人权状况——即美国国务院发表的《世界各国人权状况报告》（Country Reports on Human Rights Practice）——作为衡量标准。这主要是基于以下两个原因：其一，"保护的责任"规定只有在以下四种现象（灭绝种族、战争罪、族裔清洗和危害人类罪）出现时，国际社会方可进行干预。因此，美国对对象国人权状况的认定，是该国是否会面临基于"保护的责任"之干预的现实基础。其二，以"保护的责任"为名实施外部军事干预的主体，主要是以美国为首的北约国家，而美国对特定国家人权状况的认定，往往构成美国实施干预的理论基础。需要指出，本章将美国国务院的《世界各国人权状况报告》作为衡量特定国家人权状况的依据，并非认可该报告的合法性，而仅指出这一报告对其他国家是否支持"保护的责任"的适用产生了影响。

美国对对象国人权状况的认定可区分为两种类型：一种是美国认定人权状况较好的国家，另一种是美国认定的人权状况糟糕的国家。美国对对象国人权状况所认定的好与坏，与对象国对于"保护的责任"的接受程度呈现正相关关系。即美国所认定的国家人权状况越好，那么该国对于"保护的责任"的接受程度就越高；反之，对于"保护的责任"的接受程度就越低。国内人权状况较好的国家之所以倾向于接受"保护的责任"，主要原因在于尽管"保护的责任"背后存在着西方国家的战略考虑，但西方在运用"保护的责任"干预其他国家时，需要为这种干预赋予合法性或披上道德外衣，故往往寻求获得联合国的授权。因此，从法理上来看，美国认定对象国国内人权状况糟糕，构成基于"保护的责任"进行干预的前提。而对象国国内人权状况较好，美国以"保护的责任"对其进行人道主义干预的法理基础就不存在或者很难获得支持。客观而言，无论是科索沃战争、伊拉克战争还是利比亚内战，国内政局混乱导致大规模

---

① 可参见黎尔平《世界人权状况评估报告之评价》，载《法商研究》2004年第6期，第3页。

侵犯人权现象的确存在，这也是西方进行干预的事实基础。可以进行一个反事实推理：如果利比亚国内政局稳定，没有发生导致大量人员流离失所的暴力事件，即使美国政府与利比亚政府交恶，美国不会也无法以"保护的责任"为名进行军事干预。

对象国与美国之间的战略互信程度以及美国认定的对象国人权状况构成影响各国对"保护的责任"接受程度有异的两个主要因素。将上述两个变量进行组合，可以得到世界各国对于"保护的责任"适用时所持的六种不同态度（如表16–1所示）。第一类国家与美国具有高度的战略互信，同时美国认定该国人权状况较好，这类国家对于"保护的责任"的适用将持支持的态度；第四类国家与美国的战略互信程度较高，但是美国认定该国人权状况较差，那么这类国家对于"保护的责任"的适用将持选择性支持的态度；第五类国家与美国的战略互信程度居中，而且美国认定该国的人权状况糟糕，那么这些国家对"保护的责任"的适用将持警惕的态度；第六类国家与美国的战略互信程度低，同时美国认定其人权状况糟糕，毫无疑问，这类国家将对"保护的责任"的适用持反对态度。

那些持"支持"和"反对"立场的国家的做法比较容易理解，即只要美国提议在某种情势下适用"保护的责任"，即分别予以赞同或反对。至于对"保护的责任"的适用持"选择性支持"与"警惕"态度的主要差别在于：选择性支持是指这类国家对于"保护的责任"的适用持实用主义观点，即当以"保护的责任"为名的实践符合自己的国家利益时，这类国家持支持的态度；反之，则可能转而持不介入或反对的态度。而警惕则是指这类国家对"保护的责任"理念并不明确予以反对甚至表示赞同，但是在以"保护的责任"为名而对其他国家进行干涉这一问题上至少不会予以支持。之所以如此，原因在于以下两点：首先，它们认为国际社会应该对一个国家是否愿意或能否履行主权责任设立一个统一的评价标准，以防止"保护的责任"遭到滥用。其次，为了避免"保护的责任"的适用带来更多的伤害，它们主张优先通过政治对话和外交斡旋等方式解决问题。体现在行动上，如就适用"保护的责任"进行投票时，持选择性支持的国家的投票行为更为多元化，即可以投赞同票，也可以投反对票，还可以投弃权票；但持警惕立场的国家只有两个选项，即投反对票或弃权票。

表 16–1　影响世界各国对"保护的责任"态度的因素

第二个变量 \ 第一个变量		与美国战略互信的程度		
		高	中	低
美国认定的人权状况	好	支持（第一类）	——（第二类）	——（第三类）
	差	选择性支持（第四类）	警惕（第五类）	反对（第六类）

需要指出的是，根据上述变量的组合，在理论上还存在对"保护的责任"适用持其他态度的第二类与第三类国家，但在现实中并不存在这两类国家。首先来看第二类国家。根据变量之间的组合，这类国家与美国具有中等程度的战略互信而国内的人权状况被美国认为较好。就理论上而言，尽管这类国家与美国的互信程度达不到美国盟友的水平，但是由于这类国家被美认为不存在爆发大规模人道主义危机的前景，因此这些国家对"保护的责任"及其实践表现得冷漠，认为其是否被实践以及实践的成败与它们没有太大的关系。然而，在现实的国际关系中，没有国家一方面与美国具有中等程度的战略互信，另一方面人权状况又被认定较好。至于第三类国家，一方面，它们与美国的战略互信程度比较低；另一方面，这类国家经美国认定其国内的人权状况又较好。对于这类国家而言，上述现象带来了两个后果：其一，由于本国被美国认定人权状况较好，故美国对其进行军事干预缺乏事实和法理基础，因此这类国家并不担心本国的主权与独立性会受到侵害。其二，由于这类国家与美国的战略互信程度低，美国很有可能在其他方面（如政治、经济、军售等）对这类国家施加影响。因此这类国家对西方提出和推广的理念均会持保留态度。以上情况只是就逻辑推理而言，在现实世界中，我们同样无法找到契合上述特征的国家。事实上，与美国战略互信程度很低的国家，几乎全被认定为人权状况糟糕，这些国家始终面临美国以人权为借口实行外部军事干涉的现实可能性。既然在现实的政治生活中不存在第二类与第三类国家，在下文的分析中，我们只需对持"支持"、"选择性支持"、"警惕"与"反对"的四类国家在利比亚案例上采取不同立场的原因进行考察，同时对上述假设进行验证。

美国及其盟国以"保护的责任"为名对利比亚内战的干预是该理念第一次得到适用。在此案例中，可以发现各国对于"保护的责任"适用时的立场有明显不同。如英国、法国、加拿大等国持支持的态度，巴西、中国、俄罗斯等国持警惕的态度，而委内瑞拉、朝鲜等国则持反对态度，沙特、卡塔尔等国则展示出一种选择性支持的立场。下文我们将通过运用世界各国对利比亚内战为例对本章提出的假设进行检验。在分析过程中，本章将分别从总体上概述各种不同类型国家所采取的相应立场，其后选取一个代表性国家进行深入分析。

表16-2 世界各国对西方以"保护的责任"干预利比亚内战的态度

第二个变量	第一个变量	与美国战略互信的程度		
		高	中	低
美国认定的人权状况	好	支持——大多数西方国家	无	无
	差	选择性支持——包括海湾合作委员会成员国在内的部分发展中国家	警惕——新兴大国、包括巴基斯坦在内的多数发展中国家	反对——委内瑞拉、朝鲜、叙利亚等部分发展中国家

三 采取支持立场的国家：以英国为例

第一种类型的国家大多数为欧盟成员国与北美国家，它们是"保护的责任"适用的支持者。持这一立场的国家，尽管支持在利比亚适用"保护的责任"的理由有明显不同，不过，它们都认为卡扎菲政府对平民大规模地使用了暴力，已经犯下了反人类罪，而且构成了对国际安全与和平的挑战。基于"人道主义"考虑，它们认为有必要由"国际社会"进行干预，以终止这种状况的延续。在这类国家的支持下，联合国安理会于2011年2月26日一致通过了第1970号决议。① 2013年3月17日，法国、黎巴嫩、英国和美国共同提交了一个决议草案，该决议草案要求利比亚当局"立即停火"，并授权国际社会在利比亚设立禁飞区，允许使用除外国占领外的其他措施保护平民。该决议获得通过后即为联合国安理会第

---

① 该决议认为在利比亚发生的针对平民人口的大规模、有系统的攻击可构成危害人类罪，并要追究那些袭击平民事件的负责者的责任，同时对利比亚实施武器禁运和旅行禁令，对卡扎菲及相关人员的资产进行冻结。第1970（2011）号决议的全文参见 http://www.un.org/chinese/aboutun/prinorgs/sc/sres/2011/s1970.htm。

1973 号决议,① 其意义在于为西方国家军事干预利比亚打开了大门。就原则性立场而言,投票支持第 1973 号决议的国家并非全是对"保护的责任"适用持支持立场的国家。如黎巴嫩、尼日利亚等国等就属于选择性支持立场的国家。不过,支持第 1973 号决议的西方国家均属于对"保护的责任"的适用持支持立场的国家。

除了投票支持第 1973 号决议的通过,对"保护的责任"适用持支持态度的国家也积极参与了对利比亚的空袭。2011 年 3 月 19 日,在法国巴黎召开了如何贯彻第 1973 号决议的峰会,在该峰会上,比利时、加拿大、丹麦、法国、意大利、挪威、卡塔尔、西班牙、英国、美国就如何在利比亚设置禁飞区达成了共识。② 同一天,法国率先对利比亚展开空袭,西方历时 5 个多月军事干预利比亚的行动正式开始。从 2011 年 3 月 31 日开始,北约全面接管西方国家军事干预利比亚的活动。参与对利比亚空袭行动的北约成员国有 14 个,即比利时、保加利亚、加拿大、丹麦、法国、希腊、意大利、荷兰、挪威、罗马尼亚、西班牙、土耳其、英国、美国。而爱沙尼亚、拉脱维亚、立陶宛、卢森堡和冰岛等其他北约国家之所以未参与空袭行动,主要是因为自身军力有限,无法与其他成员国有效地开展联合行动所致。在北约成员国中,只有德国和波兰没有参加对利比亚军事干预行动的意愿。毫无疑问,积极参与了对利比亚空袭的国家,均可视为对"保护的责任"的适用持支持立场的国家。

这类国家之所以对"保护的责任"的适用持支持立场,满足本章提出第一类国家的两个条件。就第一个条件而言,大多数欧洲国家与美国拥有高度的战略互信。这种高度的战略互信的形成与发展主要源自两个方面:一方面,从历史层面上来看,战后美国对于西欧的经济援助确实在一定程度上造就了西欧的崛起,而与苏联长达半个世纪的对抗造成了美国与西欧国家之间较高的互信程度;另一方面,从思想文化上来看,美国与欧洲具有相同的国家和社会制度,都信奉自由、民主、平等的"普适"价值。政治制度与价值观念的同质性在很大程度上造成了双方具有较高的战略互信。这方面的典型例证便是北约在冷战后的持续和发展。尽管北约是

---

① 第 1973(2011)号决议的全文参见 http://www.un.org/News/Press/docs//2011/sc10200.doc.htm。

② Daniel Silander, "R2P – Principle and Practice? The UNSC on Libya," p. 271.

冷战时期美国和西欧为了应对来自苏联军事入侵的威胁而共同组建的军事同盟,但冷战之后,北约并没有随着苏联的解体而消失,相反,北约的功能却呈现出由军事向其他方面扩大的趋势。这在很大程度上说明了双方战略互信程度较高的事实。就第二个衡量维度而言,尽管欧洲国家内部确实存在着分离主义的倾向,如英国苏格兰的分离主义倾向、加拿大的魁北克分离主义等,但是这些分离主义运动并未导致各国出现严重的人道主义灾难,至少美国如此认为。将以上两个因素综合考虑,可以预料这类国家将对"保护的责任"的适用持坚定的支持态度。事实上,这类国家对于"保护的责任"的接受程度最高,而且它们也是这一规范扩散的主要推动者。

下面以英国为例进一步对导致西方国家追随美国以"保护的责任"为名干预利比亚的深层原因进行分析。英国不仅在官方文件中多次公开表示支持"保护的责任",而且还在以"保护的责任"为名进行的第一次军事干涉——利比亚战争中主动承担了许多责任。[①] 这种主动性主要体现在以下三个方面:第一,英国是首先推动联合国通过在利比亚设立"禁飞区"决议的国家之一。第二,英国和法国率先对利比亚发起空袭。2011年3月20日,法国战机在利比亚对卡扎菲军队的一部军车开火,英国首相卡梅伦确认,英国战机也参与了法国空军对利比亚的第一波打击行动。第三,英国在利比亚战争中耗资较大。"据《伦敦旗帜晚报》2011年8月22日的报道,在西方部队参与利比亚战争的五个月当中,英国军队在这种战争中的耗资高达2.6亿英镑(约合人民币27.4亿元)。"[②] 对于英国政府积极参与军事干预利比亚的原因,有研究者认为,英国参与空袭利比亚主要基于一种威胁认知,即英国决策者有利比亚内战可能威胁到内战后英国在利比亚的经济利益,由此导致大量难民涌入英国,可能加剧恐怖主义的威胁,损害英国在非洲大陆的国际威望等问题的担忧。[③] 也有观点认为,英国对利比亚国内人权状况的忧虑、海湾合作委员会与阿拉伯国家联

[①] Yehudit Ronen, "Britain's Return to Libya: From the Battle of al-Alamein in the Western Libyan Desert to the Military Intervention in the 'Arab Spring' Upheaval," pp. 675-695.

[②] 朱盈库:《英国在利比亚战事中花费2.6亿英镑》,2011年8月22日,http://news.eastday.com/w/20110822/u1a6067264.html。

[③] Jason W. Davidson, "France, Britain and the Intervention in Libya: An Integrated Analysis," *Cambridge Review of International Affairs*, Vol. 26, No. 2, 2013, pp. 320-325.

盟等地区性国际组织对西方干预的支持，以及联合国安理会第 1973 号决议的通过，共同驱使英国积极进行干预。① 毫无疑问，这些原因的确构成英国参与军事干预利比亚的动机或促动因素，不过，英国一贯支持"保护的责任"理念的扩散，说明英国在此问题上还有更深层的考虑。②

首先，英国与美国具有高度的战略互信，而且是美国在欧洲地区乃至世界范围内最可靠的盟友之一，以至于在学术界经常用"美英特殊关系"来描述它们之间的关系。美英特殊关系的形成，除了上文提到的有关因素外，还有两个方面的独特因素：即美国与英国关系发展的特殊历史过程和美英诸多一致的利益诉求。从 1585 年到 1775 年，北美一直为英国的海外拓殖地，这造就了双方之间原本的政治、经济、文化等方面的紧密联系，为美英特殊关系的形成提供了历史背景；两次世界大战之中，美英双方的鼎力合作为后来美英特殊关系的正式形成奠定了基础；二战后，面对国际格局的变化以及自身实力的衰弱，英国选择与美国结盟并和平让渡霸权。因此美国和英国在没有爆发大规模动荡的情况下，平稳地实现了世界领导权的转移，这也标志着美英特殊关系的正式形成。③ 尽管美英特殊关系实质上是一种不对称的相互依赖关系，即英国对美国依赖程度的脆弱性和敏感度要远远大于美国对英国的依赖，并且这种相互依赖的不对称性随着时间的推移而愈加显著。尽管双方相互依赖的不对称性构成美英特殊关系发展的主要障碍，④ 但双方紧密合作的主基调并没有发生改变。发展至今天，美英特殊关系在政治、经济、军事等方面均有所体现。美英之间特殊关系的形成和维持意味着双方具有高度的战略互信。正因如此，无论是在国际规范问题和外交活动中，还是在海外军事干预的问题上，双方都表现出很高程度的一致性。至少在可以预见的未来，这种一致性决定了美国不会以"保护的责任"的名义干预英国。

---

① Daniel Silander, "R2P – Principle and Practice? The UNSC on Libya," p. 276.
② 关于英国军事干预利比亚的决策过程，参见 Michael Clarke, "The Making of Britain's Libya Strategy," in Adrian Johnson and Saqeb Mueen, eds., *Short War, Long Shadow: The Political and Military Legacies of the 2011 Libya Campaign*, pp. 7 – 14.
③ Christopher Hitchens, *Blood, Class and Empire: The Enduring Anglo – American Relationship*, New York: Atlantic Books Ltd., 2013.
④ Alan Dobson and Steve Marsh, "Benign Neglect: America's Threat to the Anglo – American Alliance," *Orbis*, Vol. 58, No. 2, 2014, pp. 266 – 281.

其次，英国不存在出现大规模人道危机等足以导致外部力量以"保护的责任"进行干预的可能。在人权领域，英国的人权状况尽管在某些具体的人权问题上遭到美国的批评，如 2011 年美国国务院发表的《世界各国人权状况报告》中认为："在过去的一年中，英国据称存在严重的性犯罪，其中包括有对儿童的性剥削，且在一些地区仍存在种族歧视的问题。"① 但整体而言，英国被美国视为人权状况良好的国家。显然，美国以"保护的责任"军事干预英国的可能性不存在。尽管英国国内确实存在着民族主义运动，并且这种民族主义运动近期有加强的态势。但这种民族主义运动并未到导致美国认定英国的人权状况糟糕的境地。1707 年苏格兰与英格兰合并以后，苏格兰的行政机构就已经停止了运作，但是苏格兰的民族认同并没有就此消失，"实际上，由于苏格兰的宗教、法律以及教育制度的保留，苏格兰的民族认同仍然存在"。② 尽管自 19 世纪以来苏格兰的民族主义运动从未停歇过，期间屡经变迁，然而，苏格兰的民族运动并没有暴力倾向。有学者指出："一直困扰着其他国家的破坏法律和秩序的行为以及恐怖主义活动，在苏格兰民族主义运动中并没有出现。苏格兰的社会稳定和经济发展没有受到不良影响，这也是民族运动能持续存在的保障。"③ 英国议会制度的成熟保证了各个群体的利益可以在议会的框架范围之内得到合理的权衡和解决，而不至于蜕变成暴力与恐怖活动。此外，苏格兰的民族主义运动所诉求的利益更多是现实的物质利益。这种物质利益主要包括工资、福利水平等与个人生活息息相关的利益，与信仰、信念等观念价值因素不同，它属于比较容易权衡的部分利益，可以通过政策手段予以解决。④

以上两个特性使英国的民族主义势力演变为大规模人道主义灾难的可能性几乎不存在。既然不存在暴力活动的可能，英国也就不存在引发以"保护的责任"为名对其进行外部干预的可能性。

英国支持以"保护的责任"之名干预利比亚的原因同样适用于美国

---

① United State, Department of State Bureau of Democracy, Human Rights and Labor, "United Kingdom 2011 Human Rights Reports, Country Reports on Human Rights Practices for 2011," May 24, 2012, http://www.state.gov/j/drl/rls/hrrpt/2011/eur/186418.htm.
② 王磊：《当代苏格兰民族主义运动探析》，载《当代民族》2011 年第 5 期，第 19 页。
③ 同上书，第 25 页。
④ 2014 年 9 月 18 日的苏格兰独立公投以一种和平和制度化的方式进行就是一种反映。

的其他西方盟友。不过，需要对德国的立场做进一步的说明。德国是唯一在联合国就法国、黎巴嫩、英国和美国共同提交的决议草案进行表决时投弃权票的欧洲国家。然而，德国的立场并不构成对前述假设的否定。德国投弃权票，主要是因为德国坚持认为非军事手段可以解决利比亚危机，而军事干预则可能使西方各国陷入道德困境。显然，德国与其西方盟友对于"保护的责任"的态度与其他美国的欧洲盟友并无区别，差异仅在干预的手段——军事还是非军事手段——上。尽管德国并未直接参与对利比亚内战的军事干预，但基于对"保护的责任"这一国际规范的认同，德国仍旧在其他方面为这种干预提供了支持。如有学者注意到："军事上，德国虽拒绝直接出兵利比亚，但联邦议员已授权联邦国防军向阿富汗增兵200人，参加北约AWACS空中预警大队的飞行任务，以便减轻参加利比亚军事行动的北约盟友的压力，间接支持了军事打击利比亚。"[①] 这说明德国拒绝参与西方对利比亚的军事干预，并不意味着它拒绝"保护的责任"之必要性与合法性；相反，德国依旧是"保护的责任"理念的坚定支持者，它所反对的仅仅是以军事手段贯彻这一理念的道德性。[②]

四　采取选择性支持立场的国家：以沙特阿拉伯为例

对"保护的责任"的适用持选择性支持立场的国家包括部分发展中国家。这类国家的典型代表包括海湾合作委员会的成员（沙特阿拉伯、阿曼、阿联酋、卡塔尔、巴林、科威特）及部分阿拉伯国家联盟、伊斯兰会议组织、非洲联盟等地区性组织的成员。[③] 在军事干预利比亚的过程中，这些国家的支持至关重要。2011年2月2日，非盟和平与安全理事会则发表了一份支持利比亚反政府武装的声明，认为利比亚人民追求民

[①] 李超：《德国缘何拒绝参与对利比亚军事行动》，载《国际资料信息》2011年第4期，第43页。

[②] 对于德国立场更深入的讨论，可参见 Jessica Buchera, et al.，"Domestic Politics, News Media and Humanitarian Intervention," pp. 524 – 539；Alister Miskimmon，"German Foreign Policy and the Libya Crisis," pp. 392 – 410.

[③] 中东变局发生后海湾合作委员会将摩洛哥与约旦吸收为新成员，参见 Samuel Helfont and Tally Helfont，"Jordan: Between the Arab Spring and the Gulf Cooperation Council," *Orbis*, Vol. 56, No. 1, 2012, pp. 82 – 95.

主、政治自由和社会经济发展的愿望是合法的,强烈谴责利比亚政府针对和平抗议者不加区分和过度使用致命性武器的行为。2011年2月22日,在利比亚出现暴力活动仅一个星期之后,阿盟就发表了一份声明,决定将利比亚从该组织中驱逐出去。2011年3月7日,海合会呼吁国际社会采取必要的措施——包括在利比亚设立禁飞区——以保护平民;3月8日,伊斯兰会议组织也提出同样的要求,不过拒绝外国的地面部队进入利比亚;3月10日,非盟继续谴责利比亚当局针对平民使用暴力,但要求外部力量尊重利的主权与领土完整。① 真正起决定性意义的是2011年3月12日阿盟再一次呼吁国际社会在利比亚设置禁飞区,并预先采取措施以保护利比亚平民。这一呼吁为2011年3月17日联合国安理会通过第1973号决议起到了重要的促进作用。② 有观点认为,美国之所以在军事干预利比亚问题上转变此前的迟疑态度,很大程度上是因为得到了上述地区性国际组织的支持。③ 当西方国家开始对利比亚展开军事干预行动后,这些国家又为西方提供了重要支持。如卡塔尔、阿联酋等非北约成员国甚至参加了针对利比亚的空袭行动,而沙特、科威特等海合会成员还向利反政府武装提供了资金和武器装备等。

尽管海合会、非盟、阿盟等地区组织成员国对西方干预利比亚的行动给予了不可或缺的支持,然而,这些国家对"保护的责任"适用的支持并不连贯。如在是否支持国际社会干预叙利亚的问题上,要求西方干预叙的阿盟与对此持谨慎态度的非盟态度有明确的区别,阿盟呼吁国际社会在叙利亚建立维和部队,非盟却不愿意积极介入其中。④ 事实上,海合会等地区性组织在应对中东变局时,采取了一种可称之为"双重标准"的政策。如海合会积极支持利比亚、叙利亚的反政府武装,但却致力于维持埃及、巴林等国在任政府的统治;积极巩固海湾地区的稳定,但却希望西方

---

① 这些地区性国际组织关于利局势的表态,参见 Luke Glanville, "Intervention in Libya: From Sovereign Consent to Regional Consent," pp. 333 – 334; David Chandler, "The Responsibility to Protect? Imposing the 'Liberal Peace'," *International Peacekeeping*, Vol. 11, No. 1, 2004, p. 266.

② Decision of the Council of the League of Arab States on March 12, 2011, http://www.un.org/News/Press/docs/2011/sc10200.doc.htm.

③ Luke Glanville, "Intervention in Libya: From Sovereign Consent to Regional Consent," p. 335.

④ Ibid., p. 340.

干预北非地区的"革命";全力维护君主制国家的稳定,但对实行共和制国家的动乱不太关心。有学者指出,这种"双重标准"体现了中东地区的三重分野,即海湾地区与非海湾地区、君主制国家与共和制国家、逊尼派国家与什叶派国家,而海合会国家致力于巩固海湾地区、君主制国家与逊尼派国家的统治。[1] 这种分野体现了海合会对"保护的责任"的适应所持的选择性支持的立场。

一般而言,第四类国家与美国具有准军事盟友的关系,双方战略互信程度较高,美国不太有以"保护的责任"为名军事干预这类国家的现实可能。然而,与此同时,这类国家又被美国认定为国内人权状况糟糕,甚至具有爆发大规模人道主义危机的可能性。在分析这类国家针对西方以"保护的责任"军事干预第三国内政的态度时,我们还需引入一个干预变量,即此类国家与被干涉国家之间的关系。之所以引入这个干预变量,主要是因为这类国家与美国的政治、经济制度相差甚远,价值观念也有所不同,双方战略互信程度较高主要靠战略利益之间的共同需要所维系。考虑到本国的人权状况被美国视为较差,这类国家对美国干预第三国的态度将很有可能变得摇摆不定,而且往往随干预对象发生改变。只有在西方干预第三国同样也是该国的竞争对手或敌人时,该国才会对美国的军事干预举动表示支持;而如果美国干预的第三国是其友好国家,那么该国将对此表示反对,因为西方的干预违背了其对外利益。再加上该国政府担心本国一旦发生人道主义危机,将很有可能导致美国以"保护的责任"为由对其进行军事干预,因此,这类国家对于"保护的责任"的接受是以有选择的支持为特征的。

接下来以沙特阿拉伯为例进一步说明对"保护的责任"的实践所持的立场。沙特与美国长期以来形成了一种特殊的关系,有国际关系学者将这种关系界定为"准联盟外交"关系。所谓"准联盟外交"关系,是指国际关系行为体之间在非正式安全协定基础上开展的外交领域的合作,它具有隐蔽性、动态性和开放性等特点。[2] 美国与沙特之间的准联盟外交典

---

[1] Silvia Colombo, *The GCC Countries and the Arab Spring: Between Outreach, Patronage and Repression*, IAI Working Papers 1209, March 2012.

[2] 关于准联盟外交关系的相关信息,参见孙德刚《美国与沙特准联盟外交的理论与实证研究》,载《阿拉伯世界研究》2008年第5期,第35页。

型体现在美国虽没有同沙特签订正式的军事同盟条约,但曾多次公开声称保证沙特的主权和国内政局的稳定。这种特殊关系的形成与双方对彼此的战略需求相关。沙特对美国的战略需求更多地表现在安全领域。沙特上层精英始终认为,沙特政权稳定的最大威胁来自国内革命和国内政变。这种认知主要源于沙特政权的国内合法性脆弱这一问题。作为一个主要依靠《古兰经》和圣训等宗教价值以及丰富的石油收入维系的政权,沙特的国家体制建设和经济发展均面临一定的风险,而与美国的准联盟关系有助于保障沙特政权的国际合法性,以此来对国内合法性产生正面反馈。与沙特对美国主要存在安全上的需要不同,美国对沙特的战略需要更多地体现在经济领域。作为世界上首屈一指的产油国,沙特为美国提供了稳定的石油供给来源。尽管美国近年来发现了储量丰富的页岩气,足以在未来保障美国的国内能源消费,但作为一种战略资源,沙特的石油仍将为美国维持与沙特的友好关系提供基础。过去,美国将沙特石油视为自己的生死存亡利益,并致力于将其石油置于美国的控制之下,这样做的目的有两个:一是为了确保美国的石油供应,二是为了阻止沙特石油落入对美国不友好国家之手。在当前和未来,美国的这种战略诉求仍将维持不变。基于双方共同的战略需要,美国与沙特之间维持着较高程度的战略互信并不奇怪。

然而,与此同时,美国又认定沙特的人权状况较差。如2011年美国国务院发表的《世界各国人权状况报告》认为,"在沙特最严重的人权问题是公民缺少权利和合法的方式改变政府,公民的权利受到极大的限制,包括网上言论自由,集会、结社、社会运动和宗教的自由,而且工人、儿童、妇女缺少平等的权利"。[1] 美国对沙特人权状况所做的判断,导致沙特对美国提出并实践"保护的责任"持选择性支持的态度。对沙特而言,即使美国认定沙特的人权状况较差,但因为双方存在相互的战略需要,在沙特没有发生大规模人道主义危机的情况下,沙特也无须担心美国对其进行军事干预,甚至可以预期一旦出现国内动乱,美国会对其维持政权稳定提供帮助。因此,至少在目前,沙特的上层精英并不担心美国以人权为借口对其进行军事干涉。然而,这种基于战略需要而形成的国家间关系并不

---

[1] United State, Department of State Bureau of Democracy, Human Rights and Labor, "Saudi Arabia 2011 Human Rights Report, Country Reports on Human Rights Practices for 2011," May 24, 2012, http://www.state.gov/j/drl/rls/hrrpt/2011/nea/186447.htm.

十分稳定,美国对沙特人权状况糟糕的判断毕竟为美国及其他西方国家干预沙特内政留下了空间。基于这种前景,对于美国等西方国家在国际社会中提出的一系列可能以人权为由削弱国家主权的新理念,沙特一直持选择性支持的态度。这在"保护的责任"上体现得比较明显。当西方试图对与沙特关系不佳的利比亚进行干预时,沙特不仅积极支持"保护的责任"的实践,而且还向西方提供了不少帮助;相反,当西方试图对与沙特具有友好关系的国家进行干预时,沙特则明确拒绝"保护的责任"的实践。沙特积极呼吁西方干预叙利亚局势,同样反映了沙特与可能的或现实的干预对象之间的关系这一干预变量在影响沙特态度上所具有的作用。

我们可以以沙特对西方干预利比亚战争和西方干预也门战争持完全相反的立场,进一步说明第四类国家选择性支持的立场。[①] 利比亚内战和也门内战有诸多相似之处。例如,两者因中东变局导致国内政局发生动荡,两国内部均存在错综复杂的教派、部落、地区等矛盾,两国都发生政府对抗议者的镇压活动等。对于具有如此多相似之处的利比亚与也门,沙特对于外部力量干预两国局势持截然相反的立场。在利比亚事件中,沙特是西方军事行动的支持者并且很可能在战争中应美国的要求,为利比亚的反对派提供了武器援助。而在也门事件中,沙特却全力支持也门现政府,甚至派兵帮助也门政府镇压反对派。如在"2010年3月萨利赫与沙特国王阿卜杜拉就清剿胡塞运动武装一事达成共识,也门政府军与沙特边防军边防部队遂对胡塞运动武装发动南北夹击攻势"。[②] 可见,沙特对"保护的责任"的实践采取的是一种有选择性的态度:一旦美国对第三国的干预符合沙特的战略利益,那么沙特就倾向于支持"保护的责任"的实践;如果美国对第三国的干预不符合沙特的战略利益,那么沙特就倾向于警惕"保护的责任"的实践。

五 采取警惕立场的国家:以俄罗斯为例

对于"保护的责任"的适用,包括中国、印度、俄罗斯、巴西等在

[①] 关于沙特对中东变局应对的更详细的讨论,可参见 Mehran Kamrava, "The Arab Spring and the Saudi‐led Counterrevolution," *Orbis*, Vol. 56, No. 1, 2012, pp. 96 - 104.

[②] 董漫远:《也门变局及其影响研究》,载《阿拉伯世界研究》2011年第6期,第14页。

内的新兴大国以及大部分发展中国家均持警惕的立场。新兴大国虽然签署了《2005年世界首脑会议成果》文件,但它们对"保护的责任"的适用却非常谨慎,而且这一现象得到了决策者与研究者的普遍认可。① 如在第1973号决议的投票过程中,新兴大国与德国均投了弃权票。在非盟、阿盟、海合会均支持国际社会在利比亚设立禁飞区并呼吁"必要的手段"(等同于军事干预)保护利平民的背景下,各国投弃权票的具体理由有所不同。例如,德国与南非质疑采取军事手段的有效性,而且认为外部军事干预很有可能导致利国内局势更加恶化;巴西则认为授权使用武力是一个不成熟的决定且授权具有模糊性;俄罗斯具有与印度类似的关切,认为这一授权很有可能为大规模外部军事干预主权国家大开大门;中国强调自身"一贯反对在国际关系中使用武力……中国对决议的部分内容有严重困难(原文如此——引者注)",② 从而表达了对第1973号决议授权西方进行军事干预的保留。③ 各国在对"保护的责任"适用于利比亚心存疑虑的情况下之所以投弃权票(实际上为军事干预开了绿灯),与阿盟、海合会、伊斯兰会议组织支持在利比亚设立禁飞区有非常密切的关系。此外,据称美国在投票前为说服安理会成员为军事干预利比亚放行所做的沟通工作,也为这些国家投弃权票做了一定的铺垫,这对俄罗斯和巴西最后投弃权票尤为关键。④ 尽管新兴大国的弃权为西方军事干预利比亚获得安理会的授权提供了基础,不过,正如布鲁斯·琼斯(Bruce D. Jones)所指出的,

---

① 对于中国原则性立场的说明,参见 Liu Tiewa, "China And Responsible to Protect: Maintenance and Change of Its Policy for Intervention," *The Pacific Review*, Vol. 25, No. 1, 2012, pp. 153 – 173; Mu Ren, "China's Non – Intervention Policy in UNSC Sanctions in the 21st Century: The Cases of Libya, North Korea, and Zimbabwe," *Ritsumeikan International Affairs*, Vol. 12, 2014, pp. 101 – 134; 罗艳华:《"保护的责任"的发展历程与中国的立场》,载《国际政治研究》2014年第3期,第11—25页。关于俄罗斯的立场,可参见 Samuel Charap, "Russia, Syria and the Doctrine of Intervention," *Survival*, Vol. 55, No. 1, 2013, pp. 35 – 41; 顾炜:《"保护的责任":俄罗斯的立场》,载《国际政治研究》2014年第3期,第50—60页。

② 《安全理事会第六四九八次会议》,http://www.un.org/zh/documents/view_doc.asp?symbol = S/PV. 6498。

③ 对各国态度的分析,参见 Justin Morris, "Libya and Syria: R2P and the Spectre of the Swinging Pendulum," p. 1272; Bruce D. Jones, "Libya and the Responsibilities of Power," *Survival*, Vol. 53, No. 3, 2011, pp. 54 – 55; Monica Naime, "Libya and Resolution 1973: The Law of Politics," p. 109.

④ Bruce D. Jones, "Libya and the Responsibilities of Power," p. 54.

这些国家选择投弃权票而不是赞同票,"反映了一个简单事实,即许多国家并不信任美国使用武力的方式,所以它们无意帮助授权美国使用武力"。[1]

通过对新兴大国的投票记录及其在西方干预利比亚开始后所做的反应进行考察,我们可进一步发现新兴大国对西方适用"保护的责任"持警惕的态度。[2] 回顾起来,新兴大国对第 1973 号决议投弃权票,主要反映了利比亚案例的特殊性,即西方干预利比亚得到地区性国际组织的支持、卡扎菲疏远了大部分国际社会成员、各大国在该国并无突出的核心利益等偶然因素的结合,使西方军事干预利比亚得以实现。换言之,利比亚案例是一个很有可能是无法复制的个案。[3] 当西方对利比亚进行军事干预的行动开始后,新兴国家对"保护的责任"的适用持警惕的态度这一点就开始变得清晰。如新兴国家对西方国家肆意扩大行动范围,试图以"保护的责任"为名干预,实现推翻卡扎菲政府的行为立即提出批评,提醒西方国家不能混淆保护平民和实现政权更迭之间的界限。俄罗斯对北约的行动尤持激烈批评态度,强调指出西方的行动不能"与安理会的决议背道而驰",而且北约干预利比亚绝不能成为"保护的责任"再次适用时的标本。[4] 新兴国家对西方的疑惑同样适用于投票赞同第 1973 号决议的南非。南非之所以授权西方国家干预利比亚,只是为了缓解保护利比亚的平民和确保人道主义物资的投递,然而,随着北约行动的展开,南非对西方利用"保护的责任"来实现自身的战略目标感到不满。[5] 而且,在西方将"保护的责任"适用于利比亚之前,南非一直对该理念的适用持排斥的立场。2007 年,南非与中国、俄罗斯一道在安理会否决了一项制裁缅甸的议案;

---

[1] Bruce D. Jones, "Libya and the Responsibilities of Power," p. 57.

[2] Alex J. Bellamy, "The Responsibility to Protect and the Problem of Military Intervention," *International Affairs*, Vol. 84, No. 4, 2008, p. 616.

[3] 这种观点可参见 Aiden Hehir, "The Permanence of Inconsistency: Libya, the Security Council, and the Responsibility to Protect," pp. 137 – 158; Stewart Patrick, "Libya and the Future of Humanitarian Intervention: How Qaddafi's Fall Vindicated Obama and RtoP," http://www.foreignaffairs.com/articles/68233/stewart – patrick/libya – and – the – future – of – humanitarian – intervention.

[4] Luke Glanville, "Intervention in Libya: From Sovereign Consent to Regional Consent," p. 338.

[5] Chris Keeler, "The End of the Responsibility to Protect?" October 12, 2011, http://www.foreignpolicyjournal.com/2011/10/12/the – end – of – the – responsibility – to – protect/.

2008年，在联合国就一项对赞米比亚的人权形式进行谴责的议案中，南非又与中国、俄罗斯、利比亚投了反对票。① 事实上，除了新兴国家，国际社会中的许多发展中国家（如不结盟国家）对于"保护的责任"的适用同样心存疑虑，只不过它们的立场较少得到西方舆论和学术界的关注。

第五类国家之所以对"保护的责任"的适用持警惕态度，同样离不开一些深层次的考虑。从第一个衡量维度来看，这一类国家与美国之间的战略互信处于中等水平，即彼此之间兼具合作和竞争等多种成分。其战略合作主要是源于多个方面的原因，但其中最突出的原因在于：美国与俄罗斯、中国、巴西、印度等均为国际体系中的大国，诸多全球问题的出现和难以解决，决定了美国需要此类国家的合作。加上美国与这一类型的国家每年都会进行多次高层会晤，这在一定程度上有助于抑制竞争恶化。同时，这类国家在与美国开展合作的同时，也与美国存在一定的竞争关系。尽管俄罗斯、中国等新兴大国目前尚不具备直接挑战超级大国的实力，但世界多极化的趋势确实在加强，而美国的实力相比其全盛时期有一定程度的衰弱。为了维护其全球主导性国家的地位，美国致力于通过各种手段牵制这些国家的崛起。除了新兴国家的崛起，美国与俄罗斯、中国等国在政治制度、价值观念等方面的差异，也使美国对这些国家抱有疑虑。中、俄与美之间这种既合作又竞争的关系，意味着双方的战略互信程度处于中等水平。而从第二个影响因素来衡量，此类国家均被美国认定为人权状况较为糟糕的国家。美国国务院发布的《世界各国人权状况报告》曾多次公开指责俄罗斯、中国等新兴大国的人权状况。与美国的战略互信程度处于中等水平以及美国认定各国人权状况糟糕，共同决定了第五类国家对西方以"保护的责任"为名进行的军事干预持警惕的态度。

我们可以以俄罗斯为例进一步说明第五类国家采取警惕态度的深层原因。就第一个衡量维度而言，俄罗斯与美国之间既有战略合作又有战略竞争，这种复杂的关系可被视为一种"混合型地缘政治"。② 冷战时的记忆使美国在冷战结束后继续追求遏制俄罗斯的战略目标，然而，遏制俄罗斯

---

① Luke Glanville, "Intervention in Libya: From Sovereign Consent to Regional Consent," p. 332.

② Mazen Labban, "The Struggle for the Heartland: Hybrid Geopolitics in the Transcaspian," *Geopolitics*, Vol. 14, No. 1, 2009, pp. 1 – 25.

仅仅是美国对俄政策的一个维度。因为美国在遏制俄罗斯的同时，还追求将俄罗斯整合进西方安全体系中的目标。这种混合型地缘政治与传统地缘政治之间存在两个方面的重要差别：一方面，美俄之间的对抗强度较冷战时期明显减弱。混合型地缘政治时代美国对俄罗斯的遏制受到了"文明冲突论"的影响，而"文明冲突论"基于对异于西方文明的恐惧，希望以西方文明改造他者文明，因此"文明冲突论"预示了通过同化他者文明而拓展西方文明的解决方案。① 在俄罗斯并未彻底放弃融入西方之前，"文明冲突论"让美国决策者意识到俄罗斯的极度削弱对己不利。另一方面，混合型地缘政治融合了遏制俄罗斯与融合俄罗斯双重目的。这虽然降低了美俄之间对抗的烈度，但其内部依然存在不可克服的矛盾。美俄之间既遏制又整合的双重关系，导致双方之间的战略互信程度处于中等水平。自普京再次担任俄罗斯总统以来，俄罗斯外交政策变得更为强硬，奥巴马政府针对俄罗斯实行的"重启"政策非但未产生明显效果，反而见证了双方关系的冷却。随着俄美在叙利亚危机、伊朗核问题、"棱镜门"事件、乌克兰危机引发的争议等一系列问题上出现重大分歧，美俄关系体现出越来越多的战略竞争色彩。鉴于此，俄罗斯不会对"保护的责任"持积极支持的态度；但由于与美国又有许多重要的合作领域和议题，这又排除了俄罗斯对此持一种坚决反对的态度，而且这也与"国际社会"的期望相背离。

此外，俄罗斯对"保护的责任"持警惕的态度还与美国对俄罗斯人权状况的认定有关。俄罗斯国内的人权问题一直受到美国的批评和责难。2011年美国国务院的人权报告指出："尽管俄罗斯的安全部队整体而言做到了对民事机构负责，但在北高加索的某些地区，对安全部队的民事控制存在严重的问题。"该报告还指称，俄罗斯在选举、法治、言论自由等方面存在的问题尤为突出。② 而与"保护的责任"最为相关的问题是俄罗斯

---

① 西方具有消除国际关系中差异的内在冲动，这种冲动可以通过两种途径得以实现：一种是同化他者，另一种是消除他者。参见 Naeem Inayatullah and David L. Blaney, *International Relations and the Problem of Difference*, New York: Routledge, 2004; Tzvetan Todorov, *The Conquest of America: The Question of the Other*, New York: Harper Torch, 1992, p. 42.

② United State, Department of State Bureau of Democracy, Human Rights and Labor, "Russia 2011 Country Reports on Human Rights Practices, Country Reports on Human Rights Practices for 2011," May 24, 2012, http://www.state.gov/j/drl/rls/hrrpt/2011/eur/186397.htm.

面临的车臣分裂主义问题。为打击车臣分裂活动,俄罗斯曾发动过两次车臣战争(1994—1996年、1999—2000年)。美国等西方国家认为,在车臣战争中,俄罗斯存在严重侵犯人权的现象。[1] 面对责难,俄罗斯则一直坚称车臣问题为俄罗斯本国的内政,其他国家无权干涉。正因为俄罗斯国内具有民族分裂主义的危险,而"保护的责任"又直指在此过程可能出现的人道主义灾难,俄罗斯可能担心西方国家以"保护的责任"的名义进行干涉。[2] 有学者明确指出,在就第1973号决议进行投票的过程中,俄罗斯对于国内族群问题(尤其是其北高加索地区)的担心,影响到俄罗斯对该决议的立场。[3] 这是俄罗斯针对"保护的责任"采取警惕立场的重要原因。当然,基于俄罗斯本身的实力以及美国在一系列全球问题上的解决有赖于俄罗斯的配合与支持,很难想象美国等西方国家会以"保护的责任"军事干预俄罗斯内政。然而,一旦本国真正发生可能引发适用"保护的责任"规定的人权危机,俄罗斯将会面临巨大的国际舆论压力,并可能导致国内合法性的削弱。这种前景无疑强化了俄罗斯对西方实践"保护的责任"采取警惕的态度。俄罗斯对美国以"保护的责任"干预利比亚内战问题上的立场验证了上述两个变量的合理性。

六 反对立场的国家:以委内瑞拉为例

对"保护的责任"的适用持反对立场的国家,主要包括朝鲜、委内

---

[1] Svante E. Cornell, "International Reactions to Massive Human Rights Violations: The Case of Chechnya," *Europe – Asia Studies*, Vol. 51, No. 1, 1999, pp. 85 – 100.

[2] 在"保护的责任"适用问题上,俄罗斯在一定程度上也奉行了"双重标准"。如针对2008年的俄格战争,俄认为其参战是在格鲁吉亚适用"保护的责任"。不过,这种观点遭到了质疑。正因如此,"保护的责任"的第一次适用依旧被认为是西方国家军事干预利比亚的行动。对俄罗斯以"保护的责任"为由"干涉"格鲁吉亚的质疑,可参见Gareth Evans, "Russia in Georgia: Not a Case of the 'Responsibility to Protect'," *New Perspectives Quarterly*, Vol. 25, No. 4, 2008, pp. 53 – 55.

[3] Samuel Charap, "Russia, Syria and the Doctrine of Intervention," *Survival: Global Politics and Strategy*, Vol. 55, No. 1, 2013, p. 36; Mark Katz and Va Fairfax, "Russia and the Arab Spring," *Russian Analytical Digest*, No. 98, 2011, p. 5; Jack H. Renner, "The Responsibility to Protect: A Comparative Analysis of UN Security Council Actions in Libya and Syria," Policy Analysis Class of 2015, pp. 21 – 22, http://www.indiana.edu/~spea/pubs/undergrad-honors/Spring%2014/Renner,%20Jack.pdf.

瑞拉、叙利亚、苏丹、伊朗、缅甸、古巴、阿根廷、亚美尼亚、波斯尼亚、黑塞哥维那、智利、克罗地亚、东帝汶、危地马拉、尼泊尔、秘鲁、卢旺达、塞拉利昂、所罗门群岛、乌拉圭等国。这些国家对"保护的责任"这一主要由西方国家倡导并实践的国际理念,无疑有诸多的疑虑。然而,由于这些国家往往国力较为弱小(伊朗也仅被视为一个中等国家或地区大国),未能获得联合国安理会常任理事国的资格,因此,它们无法通过行使否决权来阻止西方国家适用"保护的责任"。在此背景下,这类国家对"保护的责任"适用的反对,主要体现在外交政策声明中以及在联合国大会上的发言与观点争鸣上。具体到西方国家以"保护的责任"为名干预利比亚的问题上,这类国家对西方的干预行为进行谴责,认为这种行为是不能接受的。如委内瑞拉总统查韦斯在北约对利比亚展开空袭后发表电视讲话,指出"已经开始的对利比亚的军事入侵令人遗憾,这将会带来更多的伤亡、更多的战争,美国和欧盟的举动是不负责任的"。在查韦斯看来,西方对利比亚发动大规模军事干预行动,目的是为了掠夺其石油资源。[1] 不仅如此,查韦斯还与伊朗总统艾哈迈迪—内贾德一道对西方的军事行动进行谴责,认为西方对利比亚进行了"帝国主义侵略"。[2]

事实上,委内瑞拉与伊朗等国反对"保护的责任"的适用有迹可循。2009年9月14日,第六十三届联合国大会专门通过《保护的责任执行报告》(A/RES/63/308)这一决议,这意味着"保护的责任"开始进入适用阶段。然而,在此文件的讨论阶段,对"保护的责任"的适用持反对立场的国家就曾经集结起来,试图对关于如何执行该理念的文件进行重新诠释。在联合国大会的讨论中,古巴、尼加拉瓜、苏丹、叙利亚与委内瑞拉对文件草案提出了许多质疑,甚至希望阻止该文件的通过。在玻利维亚、古巴、厄瓜多尔、尼加拉瓜、苏丹、叙利亚和委内瑞拉的反对下,联合国大会最终不得不将草案中的部分文本进行删除,如"评估"(appreciation)一词。[3] 而在2010年12月底就委内瑞拉推出的要求对联合国防

---

[1] 《委内瑞拉总统指责西方国家为石油攻击利比亚》,2011年3月20日,http://news.xinhuanet.com/mil/2011-03/20/c_121208160.htm。

[2] 《各国对利比亚局势的反应》,http://news.163.com/11/0823/01/7C3U29FM00014AED.html。

[3] 相关讨论参见 Mónica Serrano, "The Responsibility to Protect and Its Critics: Explaining the Consensus," *Global Responsibility to Protect*, Vol. 3, 2011, pp. 8–10.

止种族灭绝和促进保护责任联合办公室（UN joint office for genocide prevention and the promotion of R2P）的预算进行重大修正的议案进行表决时，委内瑞拉的提议得到了17张赞同票、51张弃权票、68张反对票，此外，还有56名代表缺席。支持该提案的国家包括阿尔及利亚、古巴、尼加拉瓜、委内瑞拉、玻利维亚、朝鲜、厄瓜多尔、伊朗、老挝、利比亚、毛里塔尼亚、缅甸、卡塔尔、所罗门群岛、苏丹、叙利亚及津巴布韦。[1]尽管并非所有的这些国家都对"保护的责任"的适用持严格的反对立场，如卡塔尔就属于选择性支持立场的国家，不过，其中的大多数国家都对"保护的责任"的适用有明显猜忌。

这些国家对于美国以"保护的责任"为名干预别国内政非常敏感，其原因显而易见。就第一个衡量维度而言，这一类型的国家与美国处于军事敌对或冲突的状态，各国与美国之间的战略互信程度较低。由此导致各国对美国等西方国家以"保护的责任"对其他国家进行军事干预充满警惕，甚至认为这种干预不过是西方为追求自身战略利益所寻找的借口，与实际的人道主义危机毫无关系。就第二个衡量维度而言，这些国家被美国认定为人权状况极为糟糕的国家，甚至让美国视为具有爆发大规模人道主义危机的现实可能。毫无疑问，第六类国家并不认为美国的评估是客观的，而是认为美国在执行双重标准，因为美国并未以人权为由对沙特等准联盟国家进行惩罚。然而，不管第六类国家对美国倡导"保护的责任"及运用到利比亚内战的动机做何种解读，利比亚的干预实践表明，美国认定的人权标准具有重要的政治意义：它为美国选择干预哪个国家提供理由。此外，利比亚的干预实践无疑提醒了第六类国家的统治者，利比亚的场景很可能会于未来某个时期在自己的国家上演。基于以上两个原因，这类国家对"保护的责任"第一次实践持鲜明的反对态度是一种理性的选择。

下面以委内瑞拉为例来说明第六类国家对利比亚干预采取反对立场的原因。美委关系的矛盾具有历史继承性。自1823年《门罗宣言》发表以来，门罗主义一直成为美国政府制定拉美政策的基本依据和指导性方针。从《门罗宣言》所演变出的门罗主义，其实质是将拉美纳入美国的势力

---

[1] Mónica Serrano, "The Responsibility to Protect and Its Critics: Explaining the Consensus," p. 11.

范围，从而将美洲变为"美国人的美洲"而非"美洲人的美洲"。作为门罗主义的实践，美国在拉美地区长期奉行霸权政策，不仅企图控制拉美国家的重要战略资源，而且试图影响拉美国家的政局发展方向。这种霸权政策在拉美国家尚未完全独立或者是独立之初具有一定的效果，但是随着拉美国家经济的发展与自主意识的增强，这种霸权政策受到越来越多拉美国家的抵制。委内瑞拉就是其中的典型。

自 1999 年 2 月查韦斯首次就任委内瑞拉总统以来，美委关系就一直处于停滞状态。美委交恶的原因除了上文提到的"两个美洲"的矛盾，还包括领导人这一独特的因素。查韦斯出身贫寒，深受平民主义革命思想和玻利瓦尔思想的影响。其在上任之初，就实行了一场以和平民主方式进行的"玻利瓦尔革命"。在"玻利瓦尔革命"的基础上，查韦斯进一步提出"21 世纪社会主义"的相关主张，旨在对委内瑞拉国内的政治、经济、文化和社会结构进行一系列调整。与国内整合同步，查韦斯同样在对外战略上进行了相关调整，其外交战略以独立自主为核心，兼具多元化的特征，主要表现为其对美态度愈加强硬，并且与其他拉美国家和国际上的反美国家发展外交关系。① 尽管 2013 年查韦斯的突然离世给委内瑞拉的政坛带来了更多的不确定性，但是他的继任者马杜罗并没有放弃查韦斯实施的对美强硬政策。两国处于冲突状态的典型例证就是布什执政期间，美国暗中支持委内瑞拉反对派策划了一系列政治事件，包括军事政变、全国大罢工、信任公投等，力图通过委内瑞拉国内的政治斗争来推翻查韦斯政权。诸如此类的因素导致美国与委内瑞拉的政治互信程度非常低。

就第二个衡量维度而言，委内瑞拉国内的人权状况被美国认定为非常糟糕。2011 年美国国务院发表的《世界各国人权状况报告》认为，委内瑞拉政府并不尊重司法独立或允许法官在不担心报复的情况下遵照法律进

---

① 关于查韦斯时期委内瑞拉的相关国内、国外政策，可参见 Hugo Chávez Frías, Aleida Guevara and Aleida Guevara March, *Chavez, Venezuela and the New Latin America: An Interview with Hugo Chavez*, New York: Ocean Press, 2005; Iain Bruce, *The Real Venezuela: Making Socialism in the 21st Century*, London: Pluto Press, 2008; Frederic F. Clairmont, *Cuba and Venezuela: The Nemeses of Imperialism*, Pulau Pinang: Citizens International, 2007; Brian A. Nelson, *The Silence and the Scorpion: The Coup against Chávez and the Making of Modern Venezuela*, New York: Nation Book, 2009.

行判决。[1] 2008年9月，委内瑞拉宣布将"人权观察"组织美洲地区的负责人驱逐出境。2013年7月，新任美国常驻联合国大使萨曼莎·鲍威尔（Samantha Power）在美国参议院发言时，公开谴责委内瑞拉政府压制民权，认为是公开犯罪。作为回应，委内瑞拉现任总统宣布中断自2013年6月起美委恢复关系的对话。[2] 鉴于美国认定其国内人权状况糟糕以及与美国处于政治冲突的状况，委内瑞拉对于"保护的责任"持坚决反对的立场非常自然。在对西方干预利比亚战争的过程中，委内瑞拉与朝鲜、伊朗一道对此展开激烈的批判，同样受到上述两种因素的影响。

七 结论

通过对国际社会对"保护的责任"的适用所做的反应及其深层原因进行考察，我们可以得到以下五个方面的启示：

第一，尽管"保护的责任"这一理念被世界上大多数国家所接受，然而，对该理念的接受并不意味着签字国对该理念实践的支持。正如西方国家以"保护的责任"之名军事干预利比亚引发的大量争议以及西方至今未获得联合国安理会的授权以干预叙利亚所说明的，"保护的责任"的实践仍是一个充满争议的问题。西方之所以能在利比亚适用"保护的责任"，主要是各种偶然性因素结合导致的，很难保证这些因素今后仍然会出现。这或许预示着"保护的责任"在将来的适用将面临更严重的障碍。

第二，"保护的责任"虽然已进入适用阶段，然而，很难将其视为一种正式的国际规范。对于"保护的责任"的性质，国内外学术界仍存在争议。有的观点认为它是一种新的国际规范，[3] 有的观点认为它仅仅是一种新的概念框架。[4] 本章认为，"保护的责任"的确已经成为国际社会思

---

[1] United State, Department of State Bureau of Democracy, Human Rights and Labor, "Venezuela 2011 Human Rights Report, Country Reports on Human Rights Practices for 2011," May 24, 2012, http://www.state.gov/j/drl/rls/hrrpt/2011/wha/186550.htm.

[2] 《不满人权被批，委内瑞拉中断与美国恢复关系对话》，2013年7月21日，http://www.chinanews.com/gj/2013/07-21/5065946.shtml.

[3] David Chandler, "The Responsibility to Protect? Imposing the 'Liberal Peace'," pp. 59–81.

[4] Justin Morris, "Libya and Syria: R2P and the Spectre of the Swinging Pendulum," pp. 1265–1283.

考人道主义问题的一种概念框架,不过却未成为一种成熟的国际规范。根据规范"关于行为体适当行为的集体理解"的含义,[①]"保护的责任"在何种情况下可以适用、什么时候适用、主要由哪些行为体执行、如何适用等问题,并未在国际社会形成广泛共识。即使世界多数国家接受了"保护的责任"理念,但一旦进入适用过程,这些国家在上述重大问题上产生的分歧就会暴露无遗。

第三,国际社会中的多数国家不对"保护的责任"的适用持支持的态度,与对以美国为首的西方国家的战略意图心存疑虑有关。在"保护的责任"的适用问题上,美国等西方国家无疑是规范主导国。然而,规范主导国对规范的解释和适用,在很大程度上存在着利用"保护的责任"谋取战略利益的考虑。在利比亚案例上,或许西方国家的确有一定的人道主义考虑,然而不能忽视的是,它们肆意扩大安理会的授权范围,其目的在于为终结卡扎菲政府披上一层"保护的责任"的外衣。对西方战略性地适用"保护的责任"的担心,无疑构成国际社会无意支持西方行动的重要理由。[②] 既然支持"保护的责任"适用的西方国家也未内化这一理念,很难期望担心自身主权遭到侵蚀的广大发展中国家对该理念产生深刻认同。

第四,地区性国际组织对于"保护的责任"适用的支持,构成大国不反对"保护的责任"适用的考虑因素。《2005 年世界首脑会议成果》虽然将适用"保护的责任"时的授权主体授予了安理会,不过,该文件同样规定执行主体需要"与适当的地区性组织开展合作"。在利比亚的案例中,阿盟、海合会等地区性组织不仅向北约空袭利比亚的军事行动提供了支持,事实上,这些地区性组织在此之前的积极呼吁,构成了"保护的责任"之所以能在利比亚适用的重要条件。在就第 1973 号决议进行投票的过程中,对于本国为何投弃权票,中国常驻联合国代表李保东表示:"中方高度重视由 22 个成员组成的阿拉伯联盟关于在利比亚设立禁飞区

[①] Jeffrey W. Legro, "Which Norms Matter? Revisiting the 'Failure' of Internationalism," *International Organization*, Vol. 51, No. 1, 1997, p. 33.

[②] 诚如贾斯廷·莫里斯所指出的:"英国和美国的例子使我们相信,'保护的责任'并未成为西方国家的行动理由,这或许是因为该概念在决策者心中并未被激化,或许是因为被其他考虑所超越。如果真是这样,即使这个概念已被接受,该概念的内化却远未完成。"参见 Justin Morris, "Libya and Syria: R2P and the Spectre of the Swinging Pendulum," p. 1274.

第十六章 国际社会对"保护的责任"适用的立场 / 437

的相关决定,我们也高度重视非洲国家和非盟的立场。鉴此并考虑到利比亚局势的特殊情况,中国对第 1973(2011)号决议投了弃权票。"① 俄罗斯常驻联合国代表丘尔金(Vitaly I. Churkin)也表示:"阿拉伯国家联盟向安全理事会提出请求,要求安理会立即采取措施来确保保护利比亚平民百姓,其中包括在利比亚领空设立禁飞区。我们充分注意到这一请求。"② 可以推测,如果没有阿盟、非盟与海合会的支持,至少俄罗斯、中国、印度、巴西等对"保护的责任"持警惕立场的国家,很有可能不会对第 1973 号决议投弃权票。这一案例说明,在"保护的责任"的适用过程中,地区性组织的舆论和立场能够影响干预的合法性,进而影响到安理会成员国甚至国际社会的战略考虑。因此,在"保护的责任"理念扩散和适用过程中,需要对地区性组织的作用给予更多的关注。③

第五,对各国原则性立场及导致采取这种立场的深层考虑的揭示,并不意味着世界各国在"保护的责任"适用时的具体立场保持不变。如果说各国的原则性立场受到与美国关系及美国对其国内人权状况的认定的影响这一判断具有可信性的话,那么我们大致可以根据这两个因素判断特定国家针对"保护的责任"适用时所持的原则性立场。至于在具体案例中特定国家所展示出来的态度,则还需考察该国在特定形势下所做的战略考虑。在"保护的责任"这一国际理念尚未得到国际社会成员内化的背景下,世界各国在面对其适用时有不同的战略考虑是正常的也是合理的。这也决定了世界各国在面临不同的适用对象时,所采取的具体立场往往会比较灵活,甚至可能有完全相反的表现。无论如何,可以预料,西方国家第一次适用"保护的责任",将给该理念的演变以及国际社会应对该理念的适用产生持久和难以预料的影响。对此,学术界可以进行跟踪研究。

本书第四部分对中东变局带来的三个方面的直接影响(第十三、十四、十五章)和一个方面的间接影响(第十六章)进行了简要的讨论。当然,除了这四个方面的影响,中东变局对受到变局波及的国家、中东地区甚至整个国际体系均带来了许多或直接或间接的后果。对此,本书序言

---

① 《安全理事会第六四九八次会议》,http://www.un.org/zh/documents/view_doc.asp?symbol = S/PV. 6498。

② 同上。

③ 更深入的研究可参见 Luke Glanville, "Intervention in Libya: From Sovereign Consent to Regional Consent," pp. 325 – 342。

部分进行过简要的梳理。总而言之，当人们回顾历史时会发现，中东变局不仅持久地改变了受到波及国家的发展轨迹，而且还将对中东地区的地缘政治版图造成难以预料的冲击。尽管中东国家和地区局势往什么方向发展有待观察，但它已在各国、地区与国际关系史上写下了一笔似乎没有疑问。限于篇幅和能力，本书对有关中东变局的许多重大问题只是做了尝试性的探索；即便如此，我们也能发现中东变局涉及了很多的问题，出现了一系列有待解释的现象。希望学术界继续针对中东变局展开研究，涌现更多的研究成果。

参考文献

一 中文著作

埃尔斯坦、卡斯·森斯坦：《宪政与民主——理性与社会变迁研究》，潘勒、谢鹏程译，生活·读书·新知三联书店1997年版。

艾尔东·莫里斯、[美]卡洛尔·麦克拉吉·缪勒主编：《社会运动理论的前沿领域》，刘能译，北京大学出版社2002年版。

本尼迪克特·安德森：《想像的共同体：民族主义的起源与散布》，吴叡人译，上海人民出版社2005年版。

彼得·卡赞斯坦、罗伯特·基欧汉、斯蒂芬·克拉斯纳编：《世界政治理论的探索与争鸣》，秦亚青等译，上海世纪出版集团2006年版。

彼得·什托姆普卡：《社会变迁的社会学》，林聚任等译，北京大学出版社2011年版。

查尔斯·蒂利、西德尼·塔罗：《抗争政治》，李义中译，译林出版社2010年版。

查尔斯·蒂利：《社会运动，1768—2004》，胡位钧译，上海世纪出版集团2009年版。

陈万里：《阿拉伯社会与文化》，上海外语教育出版社2011年版。

戴维·莱克：《国际关系中的等级制》，高婉妮译，上海人民出版社2013年版。

道格·麦克亚当、西德尼·塔罗、查尔斯·蒂利：《斗争的动力》，李义中、屈平译，译林出版社2006年版。

冯仕政：《西方社会运动理论研究》，中国人民大学出版社2013年版。

古斯塔夫·勒庞：《乌合之众：大众心理研究》，戴光年译，新世界出版社2010年版。

李小园：《多元政治角逐与妥协：英国内生型政治演进模式》，学林出版社2013年版。

理查德·内德·勒博：《国家为何而战？过去与未来的战争动机》，陈定定等译，上海人民出版社2014年版。

刘中民、朱威烈编：《中东地区发展报告：中东变局的多维透视（2012年卷）》，时事出版社2013年版。

龙太江：《论政治妥协——以价值为中心的分析》，华中科技大学出版社2004年版。

马克斯·韦伯：《社会学的基本概念》，顾忠华译，广西师范大学出版社2005年版。

马克斯·韦伯：《经济与社会》，林荣远译，商务印书馆2006年版。

马丽蓉：《中东国家的清真寺社会功能研究》，时事出版社2011年版。

马晓霖主编：《阿拉伯剧变：西亚、北非大动荡深层观察》，新华出版社2012年版。

玛格丽特·E.凯克、凯瑟琳·辛金克：《超越国界的活动家：国际政治中的倡议网络》，韩召颖、孙英丽译，北京大学出版社2005年版。

塞缪尔·亨廷顿：《第三波——20世纪后期的民主化浪潮》，刘军宁译，上海三联书店1998年版。

塞缪尔·菲利普斯·亨廷顿：《变化社会中的政治秩序》，王冠华等译，上海人民出版社2008年版。

王邦佐等：《政治学辞典》，上海辞书出版社2009年版。

王联：《中东政治与社会》，北京大学出版社2009年版。

西德尼·塔罗等著：《社会运动论》，张等文、孔兆政译，吉林人民出版社2002年版。

西德尼·塔罗：《运动中的力量：社会运动与斗争政治》，吴宏庆译，译林出版社2005年版。

亚历山大·温特：《国际政治的社会理论》，秦亚青译，上海人民出版社2000年版。

张翠容：《另一片海：阿拉伯之春、欧债风暴与新自由主义之殇》，广西师范大学出版社2015年版。

张翠容：《中东现场》，广西师范大学出版社2012年版。

赵鼎新：《社会与政治运动讲义》，社会科学文献出版社2006年版。

二 中文论文

毕洪业:《叙利亚危机、新地区战争与俄罗斯的中东战略》,载《外交评论》2016年第1期。

陈拯:《框定竞争与"保护的责任"的演进》,载《世界经济与政治》2014年第2期。

程卫东:《对利比亚使用武力的合法性分析》,载《欧洲研究》2011年第3期。

戴维·A. 斯诺、罗伯特·D. 本福德:《"主框架"和抗议周期》,载莫里斯、缪勒主编《社会运动理论的前沿领域》。

戴晓琦:《中产阶级与埃及政局变化》,载《阿拉伯世界研究》2012年第1期。

戴晓琦:《19世纪以来埃及阶级结构的演变及其对当前社会的影响》,载《西亚非洲》2011年第6期。

戴晓琦:《中产阶级与埃及政局变化》,载《阿拉伯世界研究》2012年第1期。

丁隆:《后穆巴拉克时代的埃及穆斯林兄弟会》,载《阿拉伯世界研究》2012年第1期。

丁一凡:《法国为何要积极推翻卡扎菲政权?》,载《欧洲研究》2011年第3期。

董漫远:《也门变局及其影响研究》,载《阿拉伯世界研究》2011年第6期。

范鸿达:《中东变局背景下中国的中东研究》,载《西亚非洲》2013年第6期。

方金英:《叙利亚内战的根源及其前景》,载《现代国际关系》2013年第6期。

方金英:《中东政治伊斯兰的发展趋势》,载《现代国际关系》2013年第3期。

冯璐璐:《当代突尼斯的伊斯兰复兴运动》,载《阿拉伯世界研究》1999年第3期。

冯绍雷:《"地中海计划"与利比亚危机》,载《欧洲研究》2011年第3期。

傅腾霄、陈定家：《关于全球化与文化认同危机》，载《社会科学战线》2003年第6期。

高飞：《俄罗斯介入叙利亚会如何影响中东局势的变化》，载《当代世界》2016年第2期。

高祖贵：《中东大变局对美国战略的影响》，载《国际问题研究》2011年第3期。

顾炜：《"保护的责任"：俄罗斯的立场》，载《国际政治研究》2014年第3期。

郭金灿：《中东变局四周年下的突尼斯政治转型》，载《当代世界》2015年第3期。

哈全安：《埃及现代政党政治的演变》，载《南开学报》（哲学社会科学版）2007年第4期。

何健宇：《美国霸权的演进与"伊斯兰恐惧症"》，载《世界经济与政治》2013年第4期。

何兰：《评美国主流媒体对"占领华尔街"的报道》，载《现代国际关系》2011年第11期。

何志龙：《美国新保守主义与"大中东计划"》，载《现代国际关系》2006年第6期。

贺文萍：《民生凋敝是中东动荡的主因》，载《社会观察》2011年第3期。

胡锐军：《政治冲突、政治整合与政治秩序论纲》，载《晋阳学刊》2004年第5期。

胡文涛：《"占领华尔街"运动的特征、动因及影响》，载《现代国际关系》2011年第11期。

胡雨：《社会运动理论视角下的政治伊斯兰生成机制》，载《国际论坛》2009年第3期。

胡元梓：《当代西方政治冲突解决理论研究评述》，载《中国人民大学学报》2009年第2期。

黄冬娅：《国家如何塑造抗争政治——关于社会抗争中国家角色的研究评述》，载《社会学研究》2011年第2期。

黄瑶：《从使用武力法看保护的责任理论》，载《法学研究》2012年第3期。

金灿荣:《"占领华尔街"运动与美国中产阶级困境》,载《经济研究参考》2012年第1期。

金灿荣:《中东乱局的成因及其影响》,载《现代国际关系》2011年第3期。

乐颖:《论"埃及事件"的特点及成因》,载《亚非纵横》2011年第2期。

冷新宇:《利比亚危机,中国损失怎么办?》,载《中国经济周刊》2011年第20期。

黎尔平:《世界人权状况评估报告之评价》,载《法商研究》2004年第6期。

李超:《德国缘何拒绝参与对利比亚军事行动》,载《国际资料信息》2011年第4期。

李晨:《利比亚战争中美国与欧洲军事力量的运用》,载《国际政治研究》2014年第1期。

李福泉:《埃及科普特人问题探析》,载《世界民族》2007年第5期。

李竞强:《论突尼斯政治伊斯兰的历史演进和政治影响》,载《国际论坛》2013年第4期。

李开盛:《国际关系理论的价值透视》,载《外交评论》2006年第4期。

李杉:《浅析北非剧变与摩洛哥政治改革》,载《西亚非洲》2013年第2期。

李伟:《中东地区动荡的开放式结局》,载《现代国际关系》2011年第3期。

李伟建:《从中东变局透视国际秩序的演变》,载《西亚非洲》2011年第9期。

李艳枝:《中东剧变与穆斯林民主政党的兴起》,载《国际论坛》2013年第2期。

李意:《阿拉伯国家的抗争政治:动因及结果》,载《外交评论》2012年第4期。

李意:《中东国家抗争政治的特点分析》,载《西亚非洲》2012年第2期。

李永辉:《北非变局的几点冷思考》,载《现代国际关系》2011年第3期。

郦菁：《美国社会运动兴衰的秘密》，载《社会观察》2011年第11期。

廖百智：《埃及"穆兄会"垮台原因及前景分析》，载《现代国际关系》2013年第8期。

林海虹、田文林：《中东转型中的政治伊斯兰运动评析》，载《现代国际关系》2013年第8期。

刘庆：《战略互信概念辨析》，载《国际论坛》2008年第1期。

刘兴波：《"占领华尔街"运动：缘起、特征和意义》，载《当代世界社会主义问题》2012年第2期。

刘中民、李志强：《中东变局与伊斯兰政党的新发展》，载《阿拉伯世界研究》2013年第6期。

刘中民：《关于中东变局的若干基本问题》，载《阿拉伯世界研究》2012年第2期。

龙太江：《政治妥协与西方政治发展》，载《广州大学学报》（社会科学版）2007年第3期。

娄成武、刘力锐：《论网络政治动员：一种非对称态势》，载《政治学研究》2010年第2期。

罗维：《政治妥协的若干模型——以博弈论为分析方法》，载《浙江学刊》2009年第1期。

罗艳华：《"保护的责任"的发展历程与中国的立场》，载《国际政治研究》2014年第3期。

骆明婷、刘杰：《中东变局的人道干预悖论与国际体系的碎片化》，载《国际观察》2012年第3期。

吕耀军：《中东非政府人权组织的特征与挑战》，载《阿拉伯世界研究》2012年第1期。

马耀邦：《中东剧变与美国\新自由主义》，载《国外理论动态》2011年第6期。

莫梅清：《瓦尔特·本杰明的韵论研究》，载《广西师范大学学报》（哲学社会科学版）2002年第2期。

倪云鸽、胡雨：《试析当代政治伊斯兰的生成机制——一种社会运动理论的视角》，载《宁夏社会科学》2009年第4期。

牛新春：《集体性失明：反思中国学界对伊战、阿战的预测》，载《现代国际关系》2014年第4期。

牛新春：《美国中东政策：矛盾与困境》，载《外交评论（外交学院学报）》2011年第2期。

裴宜理、阎小骏：《社会运动理论的发展》，载《当代世界社会主义问题》2006年第4期。

蒲晓宇：《霸权的印象管理——地位信号、地位困境与美国的亚太再平衡战略》，载《世界经济与政治》2014年第9期。

蒲晓宇：《地位信号、多重观众与中国外交再定位》，载《外交评论》2014年第2期。

戚颖璞：《石油的诅咒：石油经济与内战爆发的原因——基于利比亚内战的分析》，载《中国市场》2012年第32期。

钱雪梅：《试析政治伊斯兰对中东北非剧变的解读》，载《国际政治研究》2012年第1期。

秦天：《突尼斯"茉莉花革命"的前因后果》，载《国际资料信息》2011年第2期。

青连斌：《社会学研究的两大主题》，载《学习时报》2006年1月2日，第6版。

邱美荣、周清：《"保护的责任"：冷战后西方人道主义介入的理论研究》，载《欧洲研究》2012年第2期。

全国哲学社会科学规划办公室：《英国骚乱占领华尔街抗议活动及其警示》，载《理论导报》2012年第2期。

若木、唐志超、牛新春、吴晓芳：《对阿拉伯世界，要多一分耐心——中东变局四周年的思考》，载《世界知识》2015年第3期。

若木：《回到"革命"始发的地方——从突尼斯新宪法颁布说开去》，载《世界知识》2014年第14期。

邵峰：《美国"大中东计划"的实质和发展前景》，载《亚非纵横》2004年第4期。

孙德刚：《美国与沙特准联盟外交的理论与实证研究》，载《阿拉伯世界研究》2008年第5期。

孙德刚：《中国的中东研究》，载《西亚非洲》2011年第4期。

孙景姗：《政治冲突与政治妥协》，载《云南社会科学》2007年第2期。

孙溯源：《中东北非变局与西方石油安全的悖论——兼论中国的石油安全》，载《外交评论》2011年第2期。

唐世平、龙世瑞、郎平：《美国军事干预主义——一个社会进化的诠释》，载《世界经济与政治》2011 年第 9 期。

唐永胜：《全球政治视野下的中东变局》，载《现代国际关系》2011 年第 3 期。

田德文：《西方意识形态霸权与利比亚战争》，载《欧洲研究》2011 年第 3 期。

田文林：《对当前阿拉伯国家变局的深度解读》，载《现代国际关系》2011 年第 3 期。

田文林：《对利比亚战争的战略解读》，载《现代国际关系》2011 年第 12 期。

田文林：《新一轮中东动荡期形势评估》，载《阿拉伯世界研究》2015 年第 3 期。

仝品生：《浅析美国对中东的援助及其影响》，载《西亚非洲》2011 年第 2 期。

万斌、罗维：《论政治妥协》，载《浙江学刊》2005 年第 1 期。

王凤：《中东剧变与伊斯兰发展趋势初探——以埃及穆斯林兄弟会和突尼斯伊斯兰复兴党为例》，载《国际政治研究》2011 年第 4 期。

王凤：《中东剧变与伊斯兰主义发展趋势初探——以埃及穆斯林兄弟会和突尼斯伊斯兰复兴党为例》，载《国际政治研究》2011 年第 4 期。

王鸿刚：《美国"大中东计划"简介》，载《国际资料信息》2004 年第 4 期。

王磊：《当代苏格兰民族主义运动探析》，载《当代民族》2011 年第 5 期。

王联：《论当前中东剧变的国内因素及其国际影响》，载《阿拉伯世界研究》2011 年第 4 期。

王锁劳：《有关北非中东剧变的几个问题》，载《外交评论》2011 年第 2 期。

吴弦：《欧盟国家利比亚军事干预解析》，载《欧洲研究》2012 年第 2 期。

许开轶、李晶：《当代政治转型研究的理论范式评析》，载《当代世界与社会主义》2006 年第 4 期。

闫瑾：《德国利比亚危机政策分析》，载《欧洲研究》2011 年第 3 期。

阎学通：《奥巴马发动利比亚战争的动因》，载《欧洲研究》2011年第3期。

杨斌：《从占领华尔街抗议运动看美国民主模式的弊端》，载《国外理论动态》2011年第12期。

杨烨、陆婧：《欧盟的对外干预行动及其对软实力的影响》，载《欧洲研究》2013年第6期。

杨永红：《从利比亚到叙利亚：保护的责任走到尽头了?》，载《世界经济与政治论坛》2012年第3期。

杨悦：《"占领华尔街运动"与茶党运动的对比分析——政治过程理论视角》，载《美国研究》2014年第3期。

叶江：《北约接管并实施对利比亚军事行动与美欧跨大西洋联盟走势》，载《欧洲研究》2011年第3期。

叶青：《美国在中东的民主困境——试析美国的大中东计划》，载《阿拉伯世界》2005年第5期。

伊美娜：《2010—2011年突尼斯变革：起因与现状》，载《阿拉伯世界研究》2012年第2期。

易小明：《中东社会转型中的政党政治》，载《阿拉伯世界研究》2014年第3期。

殷罡：《北非中东政局动荡归类分析》，载《现代国际关系》2011年第3期。

袁鹏：《中东变局、美国应对、中国启示》，载《现代国际关系》2011年第3期。

曾向红：《埃及变局中的跨阶层动员》，载《现代国际关系》2012年第4期。

曾向红：《国际关系中的蔑视与反抗——国家身份类型与承认斗争策略》，载《世界经济与政治》2015年第5期。

张维为：《浪漫"革命"之后：埃及困境如何破解》，载《社会观察》2011年第3期。

赵晨：《"干涉的义务"与利比亚危机》，载《欧洲研究》2011年第3期。

赵鼎新：《社会与政治运动理论：框架与反思》，载《学海》2006年第2期。

赵鼎新：《西方社会运动与革命理论发展之述评——站在中国的角度思

考》，载《社会学研究》2005 年第 1 期。

赵建明：《穆斯林兄弟会与埃及政治变局》，载《现代国际关系》2011 年第 6 期。

周弘：《利比亚危机笔谈的代前言》，载《欧洲研究》2011 年第 3 期。

周琪、沈鹏：《"占领华尔街"运动再思考》，载《世界经济与政治》2012 年第 9 期。

朱海忠：《西方"政治机会结构"理论述评》，载《国外社会科学》2011 年第 6 期。

朱威烈：《伊斯兰文明与世界》，载《世界经济与政治》2007 年第 7 期。

朱永彪、武兵科：《阿富汗和解进程：现状、原因与前景》，载《兰州大学学报》（社会科学版）2015 年第 2 期。

庄嘉颖、郝拓德：《反复性紧张局势的后果研究——以东亚双边争端为例》，载《世界经济与政治》2014 年第 9 期。

三　英文著作

Adrian Johnson and Saqeb Mueen, eds., *Short War, Long Shadow: The Political and Military Legacies of the 2011 Libya Campaign*, Royal United Services Institute, 2012.

Al Ezzi, etc., *Cyber Activism in Egypt Through Facebook*, A Paper Presented to IAMCR 2008 – JRE Section.

Ali Kadri, ed., *Development Challenges and Solutions after the Arab Spring*, Basingstoke: Palgrave Macmillan, 2015.

Amr Yossef and Joseph R. Cerami, *The Arab Spring and the Geopolitics of the Middle East: Emerging Security Threats and Revolutionary Change*, Basingstoke: Palgrave Macmillan, 2015.

Antony Anghie, *Imperialism, Sovereignty and the Making of International Law*, Cambridge: Cambridge University Press, 2007.

Arjun Appadurai, *Modernity at Large: Cultural Dimensions of Globalization*, Minneapolis: University of Minnesota Press, 1996.

Asef Bayat, *Life as Politics: How Ordinary People Change the Middle East*, Amsterdam: Amsterdam University Press, 2010.

Asef Bayat, *Making Islam Democratic: Social Movements and the Post – Islam-

ist Turn, Stanford: Stanford University Press, 2007.

Asef Bayat, *Social Movements, Activism and Social Development in the Middle East*, Civil Society and Social Movements Programme Paper Number 3, New York: United Nations Research Institute for Social Development 2000.

Barbara Hobson, *Recognition Struggles and Social Movements: Contested Identities, Agency and Power*, Cambridge University Press, 2003.

Brian A. Nelson, *The Silence and the Scorpion: The Coup against Chávez and the Making of Modern Venezuela*, New York: Nation Book, 2009.

Carrie R. Wickham, *Mobilizing Islam: Religion, Activism, and Political Change in Egypt*, New York: Columbia University Press, 2002.

Charles Kurzan, *The Unthinkable Revolution in Iran*, Cambridge, Cambridge: Harvard University Press, 2004.

Charles Leadbeater, *The Rise of the Social Entrepreneur*, London: Demos, 1996.

Charles Lindholm, *The Islamic Middle East: Tradition and Change*, Rossendale: Wiley-Blackwell, 2002.

Christopher Hitchens, *Blood, Class and Empire: The Enduring Anglo-American Relationship*, New York: Atlantic Books Ltd., 2013.

Christopher L. Brennan, *Fall of the Arab Spring From Revolution to Destruction*, San Diego: ProgressivePress.com, 2015.

Dale Eickman and Jon Andersen, *New Media in the Muslin World: The Emerging Public Sphere*, Bloomington: Indiana University Press, 2003.

Daniel Ritter, *The Iron Cage of Liberalism: International Politics and Unarmed Revolutions in the Middle East and North Africa*, Oxford: Oxford University Press, 2015.

David Bornstein, *How to Change the World: Social Entrepreneurs and the Power of New Ideas*, New York: Oxford University Press, 2007.

David Faris, *Revolutions without Revolutionaries? Social Media Networks and Regime Response in Egypt*, University of Pennsylvania, Ph. D. Dissertation, 2010.

Deborah L. Wheeler, *Empowering Publics: Information Technology and Democratization in the Arab World—Lessons from Internet Cafes and Beyond*, Oxford

Internet Institute Research Report No. 11, July, 2006.

Donald J Puchala, *Theory and History in International Relations*, New York and London: Routledge, 2003.

Donatella Della Porta and Mario Diani, *Social Movements: An Introduction*, Oxford: Blackwell Publishing Ltd, 2006.

Doug McAdam, *Political and the Development of Black Insurgency 1930 – 1970*, Chicago: the University of Chicago Press, 1982.

Doug MacAdam et al. eds., *Comparative Perspectives on Social Movements*, Cambridge: Cambridge University Press, 1996.

Enrique Larana, et al., *New Social Movements: From Ideology to Identity*, Philadelphia: Temple University Press, 1994.

Erving Goffman, *Frame Analysis: An Essay on the Organization of Experience*, Cambridge: Harvard University Press, 1974.

Flynt Leverett, ed., *The Road Ahead: Middle East Policy in the Bush Administration's Second Term*, Washington, D.C.: Brookings Institution Press, 2005.

Frederic C. Barklett, *Remembering: A Study in Experimental and Social Psychology*, Cambridge: Cambridge University Press, 1932.

Frederic F. Clairmont, *Cuba and Venezuela: The Nemeses of Imperialism*, Pulau Pinang: Citizens International, 2007.

Gaye Tuchman, *Making News: A Study in the Construction of Reality*, New York: Free Press, 1978.

Gerry Simpson, *Great Powers and Outlaw States: Unequal Sovereigns in the International Legal Order*, Cambridge: Cambridge University Press, 2004.

Gregory Bateson, *Steps to An Ecology of Mind: Collected Essays in Anthropology, Psychiatry, Evolution, and Epistemology*, New York: Ballantine Books, 1972.

Hamid Dabashi, *Iran, the Green Movement and the USA: The Fox and the Paradox*, New York: Palgrave Macmillan, 2010.

Hamid Dabashi, *The Green Movement in Iran*, New Jersey: Transaction Publishers, 2011.

Hannah Arendt, *The Human Condition*, 2nd, Chicago: University of Chicago

Press, 1998.

Hedley Bull, *The Anarchical Society: A Study of Order in World Politics*, New York: Columbia University Press, 1977.

Hisham Sharabi, *Neopatriarchy: A Theory of Distorted Change in Arab Society*, New York: Oxford University Press, 1988.

Hugo Chávez Frías, Aleida Guevara and Aleida Guevara March, *Chavez, Venezuela and the New Latin America: An Interview with Hugo Chavez*, New York: Ocean Press, 2005.

Iain Bruce, *The Real Venezuela: Making Socialism in the 21st Century*, London: Pluto Press, 2008.

International Crisis Group, *Popular Protest in North Africa and The Middle East (I): Egypt Victorious?*, Middle Easy/ North Africa Report N°101, 24 February 2011.

Iran Clark, *The Hierarchy of Status: Reform and Resistance in the international Order*, New York: Cambridge University Press, 1989.

Jack A. Gold-stone, ed., *States, Parties, and Social Movements*, Cambridge: Cambridge University Press, 2003.

Jack G. Shaheen, *Reel Bad Arabs: How Hollywood Vilifies a People*, New York: Olive Branch, 2001.

James L. Gelvin, *The Arab Uprisings: What Everyone Needs to Know*, Oxford: Oxford University Press, 2015.

James L. Wood and M. Jackson, *Social Movements: Development, Participation and Dynamics*, Belmont: Wadsworth, 1982.

Jannier A. Clark, *Islam, Charity, and Activism: Middle-Class Welfare in Egypt, Jordan, and Yemen*, Bloomington: Indiana University Press, 2004.

Jeff Goodwin and James M. Jasper, *Rethinking Social Movements: Structure, Meaning, and Emotion*, Lanham: Rowman & Littlefield Publishers, 2003.

Jeffrey Ghannam, *Social Media in the Arab World: Leading up to the Uprising of 2011*, Washington DC: Venter for International Media Assistance, 2011.

Jeremy M. Sharp, *Egypt: The January 25 Revolution and Implications for U. S. Foreign Policy*, Washington, D. C.: Congressional Research Service Report for Congress, Report 33003, February 11, 2011.

Joanna Mair, Jeffrey Robinson, and Kai Hockerts, *Social Entrepreneurship*, New York: Palgrave, 2006.

John Foran, ed., *A Century of Revolution: Social Movements in Iran*, Minneapolis: University of Minnesota Press, 1994.

John J. Mearsheimer, *Why Leaders Lie : The Truth about Lying in International Politics*, New York: Oxford University Press, 2011.

John L. Esposito, Tamara Sonn and John O. Voll, *Islam and Democracy after the Arab Spring*, Oxford: Oxford University Press, 2016.

John Zaller, *The Nature and Origins of Mass Opinion*, New York: Cambridge University Press, 1992.

Julia Hoffmann, André Nollkaemper and Isabelle Swerissen, eds., *Responsibility to Protect: From Principle to Practice*, Amsterdam: Amsterdam University Press, 2012.

Jülide Karakoç, ed., *Authoritarianism in the Middle East: Before and After the Arab Uprisings*, Basingstoke: Palgrave MacMillan, 2015.

Keally D. McBride, *Collective Dreams: Political Imagination & Community*, Pennsylvania: The Pennsylvania State University Press, 2005.

Kristian CoatesUlrichsen, *Qatar and the Arab Spring*, London: C Hurst & Co Publishers Ltd, 2014.

Larbi Sadiki, ed., *Routledge Handbook of the Arab Spring: Rethinking Democratization*, London: Taylor & Francis Ltd, 2015.

Marc Lynch, Susan B. Glasser, and Blake Hounshell, eds., *Revolution in the Arab World: Tunisia, Egypt, and the Unmaking of an Era*, Washington, D. C. : Slate Group, 2011.

Marco Giugni, Doug McAdam, and Charles Filly, eds., *How Social Movements Matter*, Minnesota: the University of Minnesota Press, 1999.

Maria J. Stephan, ed., *Civil Jihad: Nonviolent Struggle, Democratization, and Governance in the Middle East.* New York: Palgrave Macmillan, 2009.

Mario Diani and Doug McAdam (eds.), *Social Movements and Networks: Relational Approaches to Collective Action*, Oxford: Oxford University Press, 2003.

Mohammed M. Hafez, *Why Muslims Rebel: Repression and Resistance in the Islamic World, Boulder, CO: Lynne Rienner, 2003.

Nadia Oweidat, et al., *The Kefaya Movement: A Case Study of a Grassroots Reform Initiative*, Pittsburgh: Rand Corporation, 2008.

Nadine Schnelzer, *Libya in the Arab Spring: The Constitutional Discourse Since the Fall of Gaddafi*, Weisbaden: Springer Fachmedien Wiesbaden, 2015.

Naeem Inayatullah and David L. Blaney, *International Relations and the Problem of Difference*, New York: Routledge, 2004.

Naomi Sakr, ed., *Arab Media and Political Renewal: Community, Legitimacy and Public Life*, London: IB Tauris, 2007.

Neil J. Smelser, *Theory of Collective Behavior*, New York: Free Press, 1962.

Olivier Roy, *Global Islam: The Search for a New Ummah*, London: Hurst, 2004.

Paul Keal, *European Conquest and the Rights of Indigenous Peoples*, Cambridge: Cambridge University Press, 2003.

Peter Burnell, *Democracy Assistance: International Co-operation for Democratization*, London: Frank Casss, 2000.

Quintan Wiktorowicz (ed.), *Islamic activism: A social Movement Theory Approach*, Bloomington: Indiana University Press, 2004.

Quintan Wiktorowicz, *The Management of Islamic Activism: Salafis, the Muslim Brotherhood, and State Power in Jordan*, Albany, New York: State University of New York Press, 2001.

Ray Bush, *Poverty & Neoliberalism: Persistence and Reproduction in the Global South*, London: Pluto Press, 2007.

Reza Jamali, *Online Arab Spring: Social Media and Fundamental Change*, Oxford: Chandos Publishing, 2015.

Richard Westra, ed., *Confronting Global Neoliberalism: Third World Resistance and Development Strategies*, Atlanta: Clarity Press, 2010.

Robert Asen, *Visions of Poverty: Welfare Policy and Political Imagination*, Michigan: Michigan State University Press, 2002.

Robert D. Benford and David A. Snow, "Framing Processes and Social Movements: An Overview and Assessment," *Annual Review of Sociology*, Vol. 26, 2000.

Robert Gilpin, *War and Change in World Politics*, Cambridge: Cambridge University Press, 1981.

Robert M Entman, *Projections of Power: Framing News, Public opinion, and U. S. Foreign policy*. Chicago: University of Chicago Press, 2004.

Samuel Huntington, *The Third Wave: Demcratization in the 20th Century*, Norman: University of Oklahoma, 1991.

Shanto Iyengar, *Is Anyone Responsible?: How Television Frames Political Issues*, Chicago: University of Chicago Press, 1991.

Sidney Tarrow, *The New Transnational Activism*, Cambridge: Cambridge University Press, 2005.

Silvia Colombo, *The GCC Countries and the Arab Spring: Between Outreach, Patronage and Repression*, IAI Working Papers 1209, March 2012.

Stefan Hasler, *Explaining Humanitarian Intervention in Libya and Non – Intervention in Syria*, Monterey: Master's Thesis, Naval Postgraduate School, June 2012.

Steven Heydemann, *Upgrading Authoritarianism in the Arab World*, Washington, D. C. : Saban Center at Brookings Institution, October 2007.

Timur Kuran, *Private Truth, Public Lies: The Social Consequences of Preference alsification*, Cambridge: Harvard University Press, 1997.

Tomas Valasek, *What Libya Says about the Future of the Transatlantic Alliance*, London: Centre for European Reform, 2011.

Tzvetan Todorov, *The Conquest of America: The Question of the Other*, New York: Harper Torch, 1992.

United Nations Population FundEgypt, *Survey of Young People in Egypt: Final Report*, Cairo: The Population Council, Inc. , 2010.

Vera van Hüllen, *EU Democracy Promotion and the Arab Spring International Cooperation and Authoritarianism*, Basingstoke: Palgrave Macmillan, 2015.

Vivian Ibrahim, *The Copts of Egypt: Challenges of Modernisation and Identity*, London: I. B. Tauris Publishers, 2011.

William Gamson, *The Strategy of Social Protest*, Belmont, Galif. : Wadsworth, 1990.

Xiaoyu Pu, *Limited Rebranding: Status Signaling, Multiple Audiences, and the Incoherence of China's Grand Strategy*, PhD Dissertation, The Ohio State University, 2012.

四 英文论文与新闻

Abbas Amanat, "The Spring of Hope and Winter of Despair," *International Journal of Middle East Studies*, Vol. 44, No. 1, 2012.

Abdelrahman, Maha, "'With the Islamists? Sometimes. With the State? Never!' Cooperation Between the Left and Islamists inEgypt," *British Journal of Middle Eastern Studies*, Vol. 36, No. 1, 2009.

Abhijit Banerjee, "A Simple Model of Herd Behavior," *Quarterly Journal of Economics*, Vol. 107, No. 3, 1992.

Adam Ramadan, "From Tahrir to the World: The Camp as a Political Public Space," *European Urban and Regional Studies*, Vol. 20, No. 1, 2013.

Adrian Avenim, "Organizational Linkages and Resource Mobilization: The Significance of Linkage Strength and Breadth," *Sociological Quarterly*, Vol. 19, No. 2, 1978.

Ahmad Najib Burhani, "The Reformasi' 98 and the Arab Spring: A Comparative Study of Popular Uprisings inIndonesia and Tunisia," *Asian Politics & Policy*, Vol. 6, No. 2, 2014.

Ahmed Adly, Amr Ismail, "When Cheap is Costly: Rent Decline, Regime Survival and State Reform in Mubarak'sEgypt (1990 - 2009)," *Middle Eastern Studies*, Vol. 47, No. 2, 2011.

Aidan Hehir, "The Responsibility to Protect in International Political Discourse: Encouraging Statement of Intent or Illusory Platitudes?" *The International Journal of Human Rights*, Vol. 15, No. 8, 2011.

Aiden Hehir, "The Permanence of Inconsistency: Libya, the Security Council, and the Responsibility to Protect," *International Security*, Vol. 38, No. 1, 2013.

Akram Al - Turk, "Libya: From Revolt to State - Buliding," in Kenneth M. Pollack, et al., *The Arab Awakening: America and the Transformation of the Middle East*.

Al Ezzi, et al., "Cyber Activism inEgypt through Facebook," A Paper Presented to IAMCR 2008 - JRE Section.

Alan Dobson and Steve Marsh, "Benign Neglect: America's Threat to the Anglo - American Alliance," *Orbis*, Vol. 58, No. 2, 2014.

Alan J. Kiperman, "A Model Humanitarian Intervention? Reassessing NATO's Libya Campaign," *International Security*, Vol. 38, No. 1, 2013.

Alanoud Al Sharekh, "Reform and Rebirth in theMiddle East," *Survival*, Vol. 53, No. 3, 2011.

Alaya Allani, "The Islamists inTunisia between Confrontation and Participation: 1980 - 2008," The Journal of North African Studies, Vol. 14, No. 2, 2009.

Alex J. Bellamy, "Libya and the Responsibility to Protect: The Exception and the Norm," *Ethics & International Affairs*, Vol. 25, No. 3, 2011.

Alex J. Bellamy, "The Responsibility to Protect and the Problem of Military Intervention," *International Affairs*, Vol. 84, No. 4, 2008.

Alex Mintz and Nehemia Geva, "The Poliheuristic Theory of Foreign Policy Decision Making," In*Decision Making on War and Peace: The Cognitive - Rational Debate*, edited by N. Geva and A. Mintz, 1997.

Alex Mintz and Steven B. Redd, "Framing Effects in International Relations," *Synthese*, Vol. 135, No. 2, 2003.

Alex Mintz, "Applied Decision Analysis: Utilizing Poliheuristic Theory to Explain and Predict Foreign Policy and National Security Decisions," *International Studies Perspectives*, Vol. 6, No. 1, 2005.

Alex Mintz, "How Do Leaders Make Decisions? A Poliheuristic Perspective," *Journal of Conflict Resolution*, Vol. 48, No. 1, 2004.

Alex Mintz, "The 'Noncompensatory Principle' of Coalition Formation," *Journal of Theoretical Politics*, Vol. 7, No. 3, 1995.

Alex Mintz, "The Decision to AttackIraq: A Noncompensatory Theory of Decision Making," *Journal of Conflict Resolution*, Vol. 37, No. 4, 1993.

Alexander Kazamias, "The 'Anger Revolutions' in theMiddle East: An Answer to Decades of Failed Reform," *Journal of Balkan and Near Eastern Studies*, Vol. 13, No. 2, 2011.

Alexander Wendt, "The State as Person in International Theory," *Review of*

International Studies, Vol. 30, No. 2, 2004.

Alia Brahimi, "Libya's Revolution," *The Journal of North African Studies*, Vol. 16, No. 4, 2011.

Alister Miskimmon, "German Foreign Policy and theLibya Crisis," *German Politics*, Vol. 21, No. 4, 2012.

Amal A. Kandeel, "Egypt at a Crossroads," *Middle East Policy*, Vol. 18, No. 2, 2011.

Amel Grami, "The Debate on Religion, Law and Gender in Post-Revolution Tunisia," *Philosophy and Social Criticism*, Vol. 40, No. 4-5, 2014.

Amitai Etzioni, "The Lessons ofLibya," *Military Review*, Vol. 92, No. 1, January/February 2012.

Amr Ismail Ahmed Adly, "When Cheap is Costly: Rent Decline, Regime Survival and State Reform in Mubarak'sEgypt (1990-2009)," *Middle Eastern Studies*, Vol. 47, No. 2, 2011.

Amy Gutmann and Dennis Thompson, "The Mindsets of Political Compromise," *Perspective on Politics*, Vol. 8, No. 4, 2010.

Andrea Teti, "Bridging the Gap: IR, Middle East Studies and the Disciplinary Politics of the Area Studies Controversy," *European Journal of International Relations*, Vol. 13, No. 1, 2007.

Angela Joya, "The Egyptian Revolution: Crisis of Neoliberalism and the Potential for Democratic Politics," *Review of African Political Economy*, Vol. 38, No. 129, 2011.

Angela Stent, "Putin's Power Play inSyria, How to Respond to Russia's Intervention," *Foreign Affairs*, Vol. 95, No. 1, 2016.

Anke Gerber, Ignacio Ortuno-Ortin, "Political Compromise and Endogenous Formation of Coalitions," *Social Choice and Welfare*, Vol. 15, No. 3, 1998.

Anne Alexander, "Brothers-in-arms? The Egyptian Military, the Ikhwan and The Revolutions of 1952 and 2011," *The Journal of North African Studies*, Vol. 16, No. 4, 2011.

Anouar Boukhars, "The Arab Revolutions for Dignity," *American Foreign Policy Interest*, Vol. 33, 2011.

Anthony H. Cordesman, Barak Barfi, Bassam Haddad, Karim Kezran, "The Arab Uprisings and U. S. Policy: What is the American National Interests?" *Middle East Policy*, Vol. 18, No. 2, 2011.

Antony Anghie, "Finding the Peripheries: Sovereignty and Colonialism in Nineteenth Century International Law," *Harvard International Law Journal*, Vol. 40, No. 1, 1999.

Arang Keshavarzian, "Beyond 1979 and 2011: When Comparisons District," *International Journal of Middle East Studies*, Vol. 44, No. 1, 2012.

Asef Bayat, "Arab Revolutions and the Study of Middle Eastern Societies," *International Journal of Middle East Studies*, Vol. 43, No. 3, 2011.

Asef Bayat, "Islamism and Social Movement Theory," *Third World Quarterly*, Vol. 26, No. 6, 2005.

Asef Bayat, "The Arab Spring and Its Surprises," *Development and Change*, Vol. 44, No. 3, 2013.

Asef Bayat: "Revolution without Movement, Movement without Revolution: Comparing Islamic Activism inIran and Egypt," *Comparative Studies in Society and History*, Vol. 40, No. 1, 1998.

Avinash Dixit, Gene M. Grossman and Faruk Gul, "The Dynamics of Political Compromise," *Journal of Political Economy*, Vol. 108, No. 3, 2000.

Ayça Çubukçu, "The Responsibility to Protect: Libya and the Problem of Transnational Solidarity," *Journal of Human Rights*, Vol. 12, No. 1, 2013.

Baldwin Van Gorp, "The Constructionist Approach to Framing: Bring Culture Back In," *Journal of Communication*, Vol. 57, No. 1, 2007.

Ben Hartman, "FromPro - Tahrir Square to Deep Ambivalence: The Media's Failure and the Disenchantment of An Israeli Observer," *Jerusalem Post*, February 6, 2011.

Benford and Snow, "Framing Processes and Social Movements".

Benoit Cehalland, "The Counter - Power of Civil Society and the Emergence of a New Political Imaginary in the Arab World," *Constellations*, Vol. 18, No. 3, 2011.

Blessing Simura, "USA and Russia in Syria and Ukraine: The Irony of Geo - Political Interventions," *Turkish Journal of International Relations*, Vol. 14,

No. 1, 2015.

Bohdan Klid, "Rock, Pop and Politics inUkraine's 2004 Presidential Campaign and Orange Revolution," *Journal of Communist Studies and Transition Politics*, Vol. 23, No. 1, 2007.

Boulder: Lynne Rienner; Allison Astorino – Courtois and Brittani Trusty, "Degrees of Difficulty: The Effect of Israeli Policy Shifts on Syrian Peace Decisions," *Journal of Conflict Resolution*, Vol. 44, No. 3, June 2000.

Brandon J. Kinne, "Decision Making in Autocratic Regimes: A Poliheuristic Perspective," *International Studies Perspectives*, Vol. 6, No. 1, February 2005.

Bronfenbrenner Urie, "The Mirror Image in Soviet – American Relations: A Social Psychologist's Report," *Journal of Social Issues*, Vol. 17, No. 3, 1961.

Bruce D. Jones, "Libya and the Responsibilities of Power," *Survival*, Vol. 53, No. 3, 2011.

C. Daniel Batson, Marina P. Polycarpou, Eddie Harmon – Jones, Heidi J. Imhoff, Erin C. Mitchener, Lori L. Bednar, Tricia R. Klein, and Loft Highberger, "Empathy and Attitudes: Can Feeling for a Member of a Stigmatized Group Improve Feelings Toward the Group?" *Journal of Personality and Social Psychology*, Vol. 72, No. 1, 1997.

Cédric Dupont andFlorence Passy, "The Arab Spring or How to Explain those Revolutionary Episodes?" *Swiss Political Science Review*, Vol. 17, No. 4, 2011.

Cédric Jourde, "The International Relations of Small Neoauthoritarian States: Islamism, Warlordism, and the Framing of Stability," *International Studies Quarterly*, Vol. 51, No. 2, 2007.

Charles Kurzman, "Social Movements and Islamic Studies," in Quintan Wiktorowicz (ed.), *Islamic Activism: A Social Movement Theory Approach*, Indiana: Indiana University Press, 2004.

Charles Kurzman, "Structural Opportunity and PerceivedOpportunity in Social – Movement Theory: The Iranian Revolution of 1979," *American Sociological Review*, Vol. 61, No. 1, 1996.

Charles Kurzman, "The Arab Spring: Ideals of the Iranian Green Movement, Methods of the Iranian Revolution," *International Journal of Middle East Studies*, Vol. 44, No. 1, 2012.

Chas W. Freeman, Jr., "The Arab Reawakening: Strategic Implications," *Middle East Policy*, Vol. 18, No. 2, 2011.

Chris Harnisch and Quinn Mecham, "Democratic Ideology in Islamist Opposition? The Muslim Brotherhood's 'Civil State'," *Middle Eastern Studies*, Vol. 45, No. 2, 2009.

Christopher S. Chivvis, "Libya and the Future of Liberal Intervention," *Survival*, Vol. 54, No. 6, 2012.

Clement M. Henry and Robert Springborg, "A Tunisian Solution forEgypt's Military: Why Egypt's Military Will Not Be Able to Govern," in Council on Foreign Relations/Foreign Affairs, *The New Arab Revolt: What Happened, What It Means, and What Comes Next*, 2011.

Courtney Radsch, "Core to Commonplace: The Evolution of Egypt's Blogosphere," *Arab Media & Society*, September 2008.

Curis R. Ryan, "Identity Politics, Reform, and Protest in Jordan," *Studies in Ethnicity and Nationalism*, Vol. 11, No. 3, 2011.

Daniel Byman, "Explaining the Western Response to the Arab Spring," *Journal of Strategic Studies*, Vol. 36, No. 2, 2013.

Daniel Byman, "Israel's Pessimistic View of the Arab Spring".

Daniel Byman, "Terrorism after the Revolution," *Foreign Affairs*, Vol. 90, No. 3, 2011.

Daniel L. Tavana, "Party proliferation and electoral transition in post–MubarakEgypt," *North African Studies*, Vol. 16, No. 4, 2011.

Daniel Silander, "R2P–Principle and Practice? The UNSC onLibya," *Journal of Applied Security Research*, Vol. 8, No. 2, 2013.

Daniela Caruso, "Autism in theU. S. : Social Movement and Legal Change," *American Journal of Law and Medicine*, Vol. 36, No. 4, 2010.

Danile L. Byman, "States in Civil War: Challenges for theUnited States," in Kenneth M. Pollack, et al., *The Arab Awakening: America and the Transformation of the Middle East*, Washington, D. C. : Brookings Institution

Press, 2011.

David A. Snow, E. Burke Rochford, Jr., Steven K. Worden, Robert D. Benford, "Frame Alignment Processes, Micromobilization, and Movement Participation," *American Sociological Review*, Vol. 51, No. 4, 1986.

David A. Snow, et al., "Framing the French Riots: A Comparative Study of Frame Variation," *Social Forces*, Vol. 86, No. 2, 2007.

David Chandler, "The Responsibility to Protect? Imposing the 'Liberal Peace'," *International Peacekeeping*, Vol. 11, No. 1, 2004.

David J. Brule, "Explaining and Forecasting Leaders' Decisions: A Poliheuristic Analysis of theIran Hostage Rescue Decision," *International Studies Perspectives*, Vol. 6, No. 1, February 2005.

David Kang, "Hierarchy and Stability in Asian International Relations," in John Ikenberry and Micheal Mastanduno, eds., *International Relations Theory And the Asia - Pacific*, New York: Columbia University Press, 2003.

David Lewis, "The Dynamics of Regime Change: Domestic and International Factors in the 'Tulip Revolution'," *Central Asian Survey*, Vol. 27, No. 3 - 4, 2008.

David M. Mednicoff, "Think Locally—Act Globally? Culture Framing and Human Rights Movements in Tuinisia andMorocco," *The International Journal of Human Rights*, Vol. 7, No. 3, 2003.

David S. Meyer, "Framing National Security: Elite Public Discourse on Nuclear Weapons During the Cold War," *Political Communication*, Vol. 12, No. 2, 1995.

David S. Meyer, "Protest and Political Opportunities," *Annual Review of Sociology*, Vol. 30, No. 1, 2004.

David W. Lesch, "The Arab Spring and Winter inSyria," *Global Change, Peace & Security*, Vol. 23, No. 3, 2011.

David. Kirkpatrick, "Chief of Tunisian Army Pledges Support for the Revolution," *The New York Times*, January 24 2011.

Deborah Welch Larson and Alexei Shevchenko, "Status Seekers: Chinese andRussia Responses to U.S. Primacy," *International Security*, Vol. 34, No. 4, 2010.

Dennis Chong and James N. Druckman, "Framing Theory," *Annual Review of Political Science*, Vol. 10, 2007.

Derek Averre and Lance Davies, "Russia, Humanitarian Intervention and the Responsibility to Protect: the Case of Syria," *International Affairs*, Vol. 91, No. 4, 2015.

Dhavan V. Shah, et. al., "News Framing and Cueing of Issue Regimes: Explaining Clinton's Public Approval in Spite of Scandal," *Public Opinion Quarterly*. Vol. 66, No. 3, 2002.

Diane Singerman, "The Networked World of Islamist Social Movements," in Quintan Wiktorowicz, ed., *Islamic Activism: A Social Movement Theory Approach*, Bloomington: Indiana University Press, 2004.

Diani, "Social Movement Theory and Grassroots Coalition in theMiddle East".

Dina Shehata, "The Fall of the Pharaoh," *Foreign Affairs*, Vol. 90, No. 3, 2011.

Dixon, "An Arab Spring".

Dmitri Williams, "On and off the Net: Scales for Social Capital in an Online Era," *Journal of Computer - Mediated Communication*, Vol. 11, No. 2, 2006.

Donald R. Kinder andLynn Sanders, "Mimicking Political Debate with Survey Questions: The Case of White Opinion on Affirmative Action for Blacks," *Social Cognition*, Vol. 8, No. 1, 1990.

Donatella della Porta, "Mobilizing against the Crisis, Mobilizing for 'Another Democracy': Comparing two Global Waves of Protest," *Interface: A Journal for and about Social Movements*, Vol. 4, No. 1, 2012.

Doug McAdam, "Political Process and the Development of Black Insurgency 1930 - 1970," Chicago: The University of Chicago Press, 1982.

Droz - Vincent, "Authoritarianism, Revolutions, Armies and Arab Regime Transitions".

Edward Miguel, "Economic Shocks and Civil Conflict: An Instrumental Variables Approach," *Journal of Political Economy*, Vol. 112, No. 4, 2004.

Edwin Amenta, Neal Caren, Elizabeth Chiarello, and Yang Su, "The Political Consequences of Social Movements," *the Annual Review of Sociology*,

Vol. 36, 2010.

Ehrenfeld, "The Muslin Brotherhood Evolution: An Overview".

Eitan Y. Alimi and David S. Meyer, "Season of Change: Arab Spring and Political Opportunities," *Swiss Political Science Review*, Vol. 17, No. 4, 2011.

Eitan Y. Alimi, " 'OccupyIsrael': A Tale of Startling Success and Hopeful Failure," *Social Movement Studies*, Vol. 11, No. 3 - 4, 2012.

Ellis Goldberg, "Mubarakism Without Mubarak: Why Egypt's Military Will Not Embrace Democracy," in Council on Foreign Relations/Foreign Affairs, *The New Arab Revolt: What Happened, What It Means, and What Comes Next*, 2011.

El - Mahdi, "Enough! Egypt's Quest for Democracy," *Comparative Political Studies*, Vol. 42, No. 8, 2009.

EmadSiam, "The Islamist vs the Islamic in Welfare Outreach," *IDS Bulletin*, Vol. 43, No. 1, 2012.

Emil Aslan Souleimanov and Katarina Petrtylova, "Russia's Policy toward the Islamic State," *Middle East Policy*, Vol. 22, No. 3, 2015.

Emma Sky, "Arab Spring … American Fall: Learning the Right Lessons FromIraq and Afghanistan," *Harvard International Review*, Vol. 33, No. 2, 2011.

Erin A. Snider and David M. Faris, "The Arab Spring: U. S. Democracy Promotion in Egypt," *Middle East Policy*, Vol. 17, No. 3, 2011.

Eva Bellin, "The Robustness of Authoritarianism in theMiddle East: Exceptionalism in Comparative Perspective," *Comparative Politics*, Vol. 36, No. 2, 2004.

Evgeny Morozov, "Technology's Role in Revolution: Internet Freedom and Political Oppression," *Futurist*, July - August 2011.

Ewan Stein, Frédéric Volpi, Fabio Merone, Kawther Alfasi and Larissa Alles, "Islamism and the Arab Uprisings," The Centre for the Advanced Study of the Arab World, June 2014.

F. Gregory Gause III, "WhyMiddle East Studies Missed the Arab Spring," *Foreign Affairs*, Vol. 90, No. 4, 2011.

Fabio Rojas, "Social Movement Tactics, Organizational Change and the Spread of African – American Studies," *Social Forces*, Vol. 84, No. 4, 2006.

Fahmi, "Bloggers' Street Movement and the Right to the City".

Fakhro, Elham and Emile Hokayem, "Waking the Arabs," *Survival*, Vol. 53, No. 2, 2011.

Firoozen Kashani – Sabeta, "Freedom Springs Eternal," *International Journal of Middle East Studies*, Vol. 44, No. 1, 2012.

Florence Gaub, "The Libyan Armed Forces between Coup – proofing and Repression," *Journal of Strategic Studies*, Vol. 36, No. 2, 2013.

Frances Fox Piven and Richard A. Cloward, "Poor People's Movements: Why They Succeed, How They Fail," *American Political Science Review*, Vol. 73, No. 2, 1979.

Fred Brooks and Tatiana Jaunzems, "Community Organizing inEgypt During and After the Revolution," *Social Policy*, Vol. 41, No. 4, 2011.

From the Editor, "Turmoil in theMiddle East," *Commonweal*, March 25, 2011.

Gareth Evans, "Russia in Georgia: Not a Case of the 'Responsibility to Protect'," *New Perspectives Quarterly*, Vol. 25, No. 4, 2008.

Gary Goertz, "Constraints, Compromises, and Decision Making," *Journal of Conflict Resolution*, Vol. 48, No. 1, 2004.

George Joffé, "The Arab Spring inNorth Africa: Origins and Prospects," *The Journal of North African Studies*, Vol. 16, No. 4, 2011.

George Kateb, "On the Adequacy of the Canon," *Political Theory*, Vol. 30, No. 4, 2002.

Graham Cronogue, "Responsibility to Protect: Syria The Law, Politics, and Future of Humanitarian Intervention Post – Libya," *Journal of International Humanitarian Legal Studies*, Vol. 3, No. 1, 2012.

H. A. Hellyer, "The Chance for Change in the Arab World: Egypt's Uprising," *International Affairs*, Vol. 87, No. 6, 2011.

Habib Ayeb, "Social and Political Geography of the Tunisian Revolution: The Alfa Glfa Grass Revolution," *Review of African Political Economy*, Vol. 38, No. 129, 2011.

Hamadi Redissi, "The Decline of Political Islam's Legitimacy: The Tunisian

Case," *Philosophy and Social Criticism*, Vol. 40, No. 4 - 5, 2014.

Hanuš Papoušek and Mechthild Papoušek, "Mirror Image and Self - Recognition in Young Human Infants: I. A New Method Of Experimental Analysis," *Developmental Psychobiology*, Vol. 7, No. 2, 1974.

Hardin Lang, Mokhtar Awad, Peter Juul, and Brian Katulis, "Tunisia's Struggle for Political Pluralism after Ennahda," The Center for American Progress, April 2014.

Hazem Kandil, "Revolt inEgypt," *New Left Review*, Vol. 68, 2011.

Henri Tajfel and John C. Tuner, "An Integrative Theory of Intergroup Conflict," *The Social Psychology of Intergroup Relations*, Vol. 33, No. 47, 1979.

Herbert A. Simon, "Human Nature in Politics: The Dialogue of Psychology with Political Science," *The American Political Science Review*, Vol. 79, No. 2, June 1985.

Hillel Frisch, "The Role of Armies in the Arab Uprisings - An Introduction," *Journal of Strategic Studies*, Vol. 36, No. 2, 2013.

Hillel Frisch, "The Egyptian Army andEgypt's 'Spring'," *Journal of Strategic Studies*, Vol. 36, No. 2, 2013.

Ibrahim A. Karawan, "Politics and the Army inEgypt," *Survival*, Vol. 53, No. 2, 2011.

J. Preston, "Movement Began with Outrage and A Facebook Page that Gave it an Outlet," *Associated Press*, Feb. 5, 2011.

Jack A. Goldston, "Understanding the Revolutions of 2011: Weakness and Resilience in Middle Eastern Autocracies," *Foreign Affairs*, Vol. 90, No. 3, 2011.

Jack A. Goldstone, "Cross - Class Coalitions and the Making of the Arab Revolt of 2011," *Swiss Political Swiss Review*, Vol. 17, No. 4, 2011.

Jack S. Levy, "Prospect Theory and International Relations: Theoretical Applications and Analytical Problems," *Political Psychology*, Vol. 13, No. 2, 1992.

Jack S. Levy, "Prospect Theory, Rational Choice, and International Relations," *International Studies Quarterly*, 1997, Vol. 41, 1997.

Jackie Smith and Bob Glidden, "OccupyPittsburgh and the Challenges of Participatory Democracy," *Social Movement Studies*, Vol. 11, No. 3 – 4, 2012.

Jacob Mwathi Mati, "Social Movements and Socio – Political Change inAfrica: The Ufungamano Initiative and Kenyan Constitutional Reform Struggles (1999 – 2005)," *International Society for Third – Society Research*, Vol. 23, No. 1, 2012.

James A. Kitts, "Not in Our Backyard: Solidarity, Social Networks, and the Ecology of Environmental Mobilization," *Sociological Inquiry*, Vol. 69, No. 4, 1999.

James Jay Carafano, "All a Twitter: How Social Networking Shaped Iran's Election Protests," *Backgrounder*, No. 2300, July 20, 2009.

James Pattison, "Introduction to Roundtable: Libya, RtoP, and Humanitarian Intervention," *Ethics & International Affairs*, Vol. 25, No. 3, 2011.

James Pattison, "The Ethics of Humanitarian Intervention inLibya," *Ethics & International Affairs*, Vol. 25, No. 3, 2011.

James Petras, "Washington Face the Arab Revolts: Sacrificing Dictotors to Save the State," *Journal of Contemporary Asia*, Vol. 41, No. 3, 2011.

James Zogby and et al. , "Tunisia: Divided & Dissatisfied with Ennahda," *Zogby Research Services*, September 2013.

Janine A. Clark, "Social Movement Theory and Patron – Clientalism: Islamic Social Institutions and the Middle Class inEgypt, Jordan, and Yemen," *Comparative Political Studies*, Vol. 37, No. 8, 2004.

Janine Clark, "Social Movement Theory and Patron – Clientelism: Islamic Social Institutions and Middle Class inEgypt, Jordan, and Yemen," *Comparative Political Studies*, Vol. 37, No. 8, 2004.

Jason W. Davidson, "France, Britain and the Intervention in Libya: An Integrated Analysis," *Cambridge Review of International Affairs*, Vol. 26, No. 2, 2013.

Jeff Goodwin, "Why We Were Surprised (Again) by the Arab Spring," *Swiss Political Science Review*, Vol. 17, No. 4, 2011.

Jeffrey W. Legro, "Which Norms Matter? Revisiting the 'Failure' of Internationalism," *International Organization*, Vol. 51, No. 1, 1997.

Jennifer Ann Bremer, "Leadership and Collective Action inEgypt's Popular Committees: Emergence of Authentic Civic Activism," *International Journal of Not - for - Profit Law*, Vol. 13, No. 4, 2011.

Jenny Pickerill and John Krinsky, "Why Does Occupy Matter?" *Social Movement Studies*, Vol. 11, No. 3 - 4, 2012.

Jeremy Moses, "Sovereignty as irresponsibility? A Realist Critique of the Responsibility to Protect," *Review of International Studies*, Vol. 39, No. 1, 2013.

Jessica Buchera, Lena Engelb, Stephanie Harfenstellerc, Hylke Dijkstrad, "Domestic Politics, News Media and Humanitarian Intervention: WhyFrance and Germany Diverged over Libya," *European Security*, Vol. 22, No. 4, 2013.

Jessica Weeks, "Autocratic Audience Costs: Regime Types and Signaling Resolve," Vol. 62, No. 1, 2008.

Jin Yang, "Framing the NATO Air Strikes on Kosovo across Countries: Comparison of Chinese and US Newspaper Coverage," *Gazette: The International Journal for Communication Studies*, Vol. 65, No. 3, 2003.

Joel Beinin and Frédéric Vairel, "The Middle East andNorth Africa: Beyond Classical Social Movement Theory".

Joel Beinin, "Worker's Protest inEgypt: Neo - Liberalism and Class Struggle in 21st Century," *Social Movements Studies*, Vol. 8, No. 4, 2009.

John D. McCarthy and Mayer N. Zald, "Resource Mobilization and Social Movements: A Partial Theory," *American Journal of Sociology*, Vol. 82, No. 6, 1977.

Jolyon Howorth, "Humanitarian Intervention and Post - conflict Reconstruction in the Post - Cold War Era: A Provisional Balance - Sheet," *Cambridge Review of International Affairs*, Vol. 26, No. 2, 2013.

Jon B. Alterman, "The Revolution Will Not Be Tweeted," *The Washington Quarterly*, Vol. 34, No. 4, 2011.

Jonathan W. Keller and Yi Edward Yang, "Leadership Style, Decision Context, and the Poliheuristic Theory of Decision Making: An Experimental Analysis," *Journal of Conflict Resolution*, Vol. 52, No. 5, 2008.

Julia K. Woolley, Anthony M. Limperos, and Mary Beth Oliver, "The 2008 Presidential Election, 2.0: A Content Analysis of User-Generated Political Facebook Groups," *Mass Communication & Society*, Vol. 13, No. 5, 2010.

Jun Honna, "Japan and the Responsible to Protect: Coping With Human Security Diplomacy," *The Pacific Review*, Vol. 25, No. 1, 2012.

Justin Morris, "Libya and Syria: R2P and the Spectre of the Swinging Pendulum," *International Affairs*, Vol. 89, No. 5, 2013.

K. El-Din Haseeb, "On the Arab 'Democratic Spring': Lessons Derived," *Contemporary Arab Affairs*, Vol. 4, No. 2, 2011.

Kai Michael Kenkel, "Brazil and R2P: Does Taking Responsibility Mean Using Force?" *Global Responsibility to Protect*, Vol. 4, No. 1, 2012.

Kai Oppermann, "Delineating the Scope Conditions of the Poliheuristic Theory of Foreign Policy Decision Making: The Noncompensatory Principle and the Domestic Salience of Foreign Policy," *Foreign Policy Analysis*, Vol. 10, No. 1, 2014.

Karl DeRouen Jr. and Christopher Sprecher, "Initial Crisis Reaction and Poliheuristic Theory," *Journal of Conflict Resolution*, Vol. 48, No. 1, 2004.

Kate Raynes-Goldie and Walker L. Bennett, "Our Space: Online Civic Engagement Tools for Youth", In Walker L. Bennett, ed., *Civic Life Online: Learning How Digital Media can Engage Youth*, Cambridge, MA: MIT Press, 2008.

Katerina Dalacoura, "The 2011 Uprising in the ArabMiddle East: Political Change and Geopolitical Implication," *International Affairs*, Vol. 88, No. 1, 2012.

Katia Passerini, "Trust and Privacy within Social Networking Sites: A Comparison of Facebook and Myspace," Proceedings of the ThirteenthAmericas Conferences on Information System, Keystone, Colorado, August 9-12 2007.

Kenneth M Pollack, "The Arab Militaries: The Double-Edged Swords," in Kenneth M. Pollack, et al., *The Arab Awakening: America and the Transformation of the Middle East*, Washington, D.C.: Brookings Institution Press, 2011.

Khaled Fattah and K. M. Fierke, "A Clash of Emotions: The Politics of Humiliation and Political Violence in theMiddle East," *European Journal of International Relations*, Vol. 15, No. 1, 2009.

Khalid Ali, "Precursors of the Egyptian Revolution," *IDS Bulletin*, Vol. 43, No. 1, 2012.

Kimberly Marten, "Informal Political Networks and Putin's Foreign Policy: The Examples of Iran andSyria," *Problem of Post - Communism*, Vol. 62, No. 2, 2015.

Kostis Kornetis, "1968, 1989, 2011: Reconsidering Social Movements, 'Moments of Change' and Theoretical Framing over Time," *Historein*, Vol. 13, 2013.

Kristina Lerman and Rumi Ghosh, "Information Contagion: An Empirical Study of the Spread of News on Digg and Twitter Social Networks," Proceedings of the Fourth International AAAI Conference on Weblogs and Social Media, 2010.

Laura K. Landolt and Paul Kubicek, "Opportunities and Constraints: ComparingTunisia and Egypt to the Coloured Revolutions," *Democratization*, Vol. 21, No. 6, 2014.

Leon Mann, "Protest Movements as a Source of Social Change," *Australian Psychologist*, Vol. 28, No. 2, 1993.

Leor Halevi, "The Consumer Jihad: Boycott Fatwas and Nonviolent Resistance on the World Wide Web," *International Journal of Middle East Studies*, Vol. 44, No. 1, 2012.

Lina Alexandra, "Indonesia and the Responsible to Protect," *The Pacific Review*, Vol. 25, No. 1, 2012.

Lisa Anderson, "Demystifying the Arab Spring," *Foreign Affairs*, Vol. 90, No. 3, 2011.

Liu Tiewa, "China And Responsible to Protect: Maintenance and Change of Its Policy for Intervention," *The Pacific Review*, Vol. 25, No. 1, 2012.

Luke Glanville, "Intervention inLibya: From Sovereign Consent to Regional Consent," *International Studies Perspectives*, Vol. 14, No. 3, 2013.

Lydia Saad, "Support for 'Occupy' Unchanged, But More Criticize Approach," *Gallup*, November 21, 2011.

Magid Shihade, Cristina Flesher Fominaya, Laurence Cox, "The Season of Revolution: the Arab Spring and European Mobilizations," *Interface: A Journal for and about Social Movements*, Vol. 4, No. 1, 2012.

Maha Abdelrahman, "With the Islamists? Sometimes. With the State? Never! Cooperation Between the Left and Islamists inEgypt," *British Journal of Middle Eastern Studies*, Vol. 36, No. 1, 2009.

Maksym Zherebkin, "In Search of A Theoretical Approach to the Analysis of the 'Color Revolutions': Transition Studies and Discourse Theory," *Communist and Post - Communist Studies*, Vol. 42, No. 2, 2009.

Manar Shorbagy, "Understanding Kefaya: The New politics inEgypt," *Arab Studies Quarterly*, Vol. 29, No. 1, 2007.

Manar Shourbagy, "The Egyptian Movement for Change — Kefaya: Redefining Politics inEgypt," *Public Culture*, Vol. 19, No. 1, 2007.

Marc Lynch, "America and Egypt after the Uprisings," *Survival*, Vol. 53, No. 2, 2011.

Marc Lynch, "Young Brothers in Cyberspace," *Middle East Report*, MER. 245, 2007.

Marc Lynch, "The Big Think behind the Arab Spring——Do the Middle East's Revolutions have a Unifying Ideology?" *Foreign Policy*, 2011.

Marcelo Lopes de Souzaq and Barbara Lipietz, "The 'Arab Spring' and the City: Hopes, Contradictions and Spatiality," *City*, Vol. 15, No. 6, 2011.

Marco G. Giugni, "Was It Worth the Effort? The Outcomes and Consequences of Social Movements," *Annual Review of Sociology*, Vol. 24, 1998.

Marco Giugni andFlorence Passy, "Social Movements and Policy Change: Direct, Mediated, or Joint Effect?" *Working Paper*, Vol. 1, No. 5, 1998.

Maria J. Stephan and Erica Chenoweth 2008, "Why Civil Resistance Works: The Strategic Logic of Nonviolent Conflict," *International Security*, Vol. 33, No. 1, 2008.

Mario Diani, "Social Movement Theory and Grassroots Coalition in the Middle East," Paper for the 2008 ASA Meeting, Boston, August 1 - 4, 2008.

Marion Dixon, "An Arab Spring," *Review of African Political Economy*,

Vol. 38, No. 128, 2011.

Marion Hamm, "Reclaiming Virtual and Physical Spaces: Indymedia London at the Halloween Critical Mass," in Jorinde Seijdel, ed., *Hybrid Space – How Wireless Media Mobilize Public Space – Open*, Rotterdam: NAi Publishers, 2006.

Mariz Tadros, "Introduction: The Pulse of the Arab Revolt," *IDS Bulletin*, Vol. 43, No. 1, 2012.

Mariz Tadros, "The Securitisation of Civil Society: A Case Study of NGOs – State Security Investigations (SSI) Relations inEgypt," *Conflict, Security & Development*, Vol. 11, No. 1, 2011.

Mark Granovetter, "Threshold Models of Collective Behavior," *American Journal of Sociology*, Vol. 83, No. 6, 1978.

Mark Katz and Va Fairfax, "Russia and the Arab Spring," *Russian Analytical Digest*, No. 98, 2011.

Mark N. Katz, "Russia and the Conflict in Syria: Four Myths," *Middle East Policy*, Vol. 20, No. 2, 2013.

Mark R. Beissinger, "Structure and Example in Modular Political Phenomena: The Diffusion of Bulldozer/Rose/Orange/Tulip Revolution," *Perspective on Politics*, Vol. 5, No. 2, 2007.

Martin Peretz, "The NewMiddle East," *The New Republic*, March 3, 2011.

Max Liboiron, "Tactics of Waste, Dirt and Discard in the Occupy Movement," *Social Movement Studies*, Vol. 11, No. 3 – 4, 2012.

Mayer N. Zald and Roberta Ash, "Social Movement Organizations: Growth, Decay and Change," *Social Forces*, Vol. 44, No. 3, 1966.

Mazen Labban, "The Struggle for the Heartland: Hybrid Geopolitics in the Transcaspian," *Geopolitics*, Vol. 14, No. 1, 2009.

Mehdi Mabrouk, "A Revolution for Dignity and Freedom: Preliminary Observations on the Social and Cultural Background to the Tunisian Revolution," *The Journal of North African Studies*, Vol. 16, No. 4, 2011.

Mehran Kamrava, "The Arab Spring and the Saudi – led Counterrevolution," *Orbis*, Vol. 56, No. 1, 2012.

Mehrdad Payandeh, "United Nations, Military Intervention, and Regime

Change inLibya," *Virginia Journal of International Law*, Vol. 52, No. 2, 2011.

Melissa Y. Lerner, "Connecting the Actual with the Virtual: The Internet and Social Movement Theory in the Muslim World—The Cases ofIran and Egypt," *Journal of Muslim Minority Affairs*, Vol. 30, No. 4, 2010.

Meria Hatina, "Arab Liberal Discourse: Old Dilemmas, New Visions," *Middle East Critique*, Vol. 20, No. 1, 2011.

Mervat F. Hatem, "The Arab Spring Meets the Occupy Wall Street Movement: Examples of Changing Definitions of Citizenship in a Global World," *Journal of Civil Society*, Vol. 8, No. 4, 2012.

Michael Clarke, "The Making of Britain's Libya Strategy," in Adrian Johnson and Saqeb Mueen, eds., *Short War, Long Shadow: The Political and Military Legacies of the 2011 Libya Campaign.*

Michael Knights, "The Military Role inYemen's Protests: Civil – Military Relations in the Tribal Republic," *Journal of Strategic Studies*, Vol. 36, No. 2, 2013.

Michael Ryan, "Framing the War against Terrorism: U. S. Newspaper Editorials and Military Action in Afghanistan," *Gazette: International Journal for Communication Studies*, Vol. 66, No. 5, 2004.

Michael S. Doran and Salman Shaikh, "Syria: The Ghost of Hama," in Kenneth M. Pollack, et al., *The Arab Awakening: America and the Transformation of the Middle East.*

Michael S. Doran, "The Heirs ofNasser," *Foreign Affairs*, Vol. 90, No. 3, 2011.

Michael Singh, "Change in theMiddle East: Its Implications for US Policy," *Harvard International Review*, Vol. 33, No. 1, 2011.

Michel Kilo, "Syria...The Road to Where?" *Contemporary Arab Affairs*, Vol. 4, No. 4, 2011.

Michelle Murray, "Identity, Insecurity, and Great Power Politics: The Tragedy of German Naval Ambition Before the First World War," *Security Studies*, Vol. 19, No. 4, 2010.

Michelle Pace, "Liberal or Social Democracy? Aspect dawning in the EU's Democracy Promotion Agenda in the Middle East," *The International Journal of Human Rights*, Vol. 15, No. 6, 2011.

Mike Giglio, "The Facebook Freedom Fighter," *Newsweek*, February 21, 2011.

Min Ye, "Poliheuristic Theory, Bargaining, and Crisis Decision Making," *Foreign Policy Analysis*, Vol. 3, No. 4, October 2007.

Mohamed Nanabhay and Roxane Farmanfarmaian, "From Spectacle to Spectacular: How Physical Space, Social Media and Mainstream Broadcast Amplified the Public Sphere in Egypt's 'Revolution'," *The Journal of North African Studies*, Vol. 16, No. 4, 2011.

Mohammed M. Hafez, *Why Muslims Rebel: Repression and Resistance in the Islamic World*.

Monica Naime, "Libya and Resolution 1973: The Law of Politics," *Journal of Strategic Security*, Vol. 5, No. 2, 2012.

Mónica Serrano, "The Responsibility to Protect and Its Critics: Explaining the Consensus," *Global Responsibility to Protect*, Vol. 3, 2011.

Mu Ren, "China's Non-Intervention Policy in UNSC Sanctions in the 21st Century: The Cases of Libya, North Korea, and Zimbabwe," *Ritsumeikan International Affairs*, Vol. 12, 2014.

Nassim N. Taleb and Mark Blyth, "The Black Swan ofCairo," *Foreign Affairs*, Vol. 90, No. 3, 2011.

Nassim Nicholas Taleb and Mark Blyth, "The Black Swan ofCairo: How Suppressing Volatility Makes the World Less Predictable and More Dangerous," *Foreign Affairs*, Vol. 90, No. 3, 2011.

Natalie Fenton, "Mediating Solidarity," *Global Media and Communication*, Vol. 4, No. 1, 2008.

Neomi Rao, "The Choice to Protect: Rethinking Responsibility for Humanitarian Intervention," *Columbia Human Rights Law Review*, Vol. 44, No. 3, 2013.

Nicole Koenig, "The EU and the Libyan Crisis: In Quest of Coherence?" *The International Spectator*, Vol. 46, No. 4, 2011.

Nikolay Kozhanov, "Russian Support for Assad's Regime: Is There a Red

Line?" *The International Spectator*, Vol. 48, No. 2, 2013.

Oded Haklai, "Authoritarianism and Islamic Movements in theMiddle East: Research and Theory – building in the Twenty – first Century," *International Studies Review*, Vol. 11, No. 1, 2009.

Oliver Schlumberger and Torsten Matzke, "Path toward Democracy? The Role of Economic Development," *Swiss Political Science Review*, Vol. 18, No. 1, 2012.

Olivier Roy, "The Myth of the Islamist Winter," *New Statesman*, December 2012.

Omnia El Shary, "Imagining 'the Political' Otherwise," *International Journal of Middle East Studies*, Vol. 43, No. 3, 2011.

Ora John Reuter and Graeme B. Roberston, "Subnational Appointments in Authoritarian Regimes: Evidence from Russian Gubernatorial Appointments," *Journal of Politics*, Vol. 74, No. 4, 2012.

Pascal Menoret, "Leaving Islamic Activism Behind: Ambiguous Disengagement inSaudi Arabia".

Patrick F. Gillham et al., "Strategic Incapacitation and the Policing of Occupy Wall Street Protests inNew York City, 2011," *Policing & Society*, Vol. 23, No. 1, 2013.

Patrick James and Enyu Zhang, "Chinese Choices: A Poliheuristic Analysis of Foreign Policy Crises, 1950 – 1996," *Foreign Policy Analysis*, Vol. 1, No. 1, 2005.

Paul Aarts, "TheMiddle East: A Region without Regionalism or the End of Exceptionalism?" *Third World Quarterly*, Vol. 20, No. 5, 1999.

Paul Burstin and April Linton, "The Impact of Political Parties, Interest Groups, and Social Movement Organizations on Public Policy: Some Recent Evidence and Theoretical Concerns," *Social Forces*, Vol. 81, No. 2, 2002.

Paul D. Williams, "Briefing: The Road to Humanitarian War inLibya," *Global Responsibility to Protect*, Vol. 3, No. 2, 2011.

Paul K. MacDonald and Joseph M. Parent, "Graceful Decline?" *International Security*, Vol. 35, No. 4, 2011.

Philippe Droz – Vincent, "Authoritarianism, Revolutions, Armies and Arab

Regime Transitions," *The International Spectator*, Vol. 46, No. 2, 2011.

Philippe Droz – Vincent, "From Fighting Formal Wars to Maintaining Civil Peace?" *International Journal of Middle East Studies*, Vol. 43, 2011.

Rabab El – Mahdi, "Enough! Egypt's Quest for Democracy, *Comparative Political Studies*," Vol. 42, No. 8, 2009.

Rachel Ehrenfeld, "The Muslin Brotherhood Evolution: An Overview," *American Foreign Policy Interests*, Vol. 33, No. 2, 2011.

Raymond Dacey, "Traditional Decision Analysis and the Poliheuristic Theory of Foreign Policy Decision Making," *Journal of Conflict Resolution*, Vol. 48, No. 1, 2004.

Richard Andrew Hall, "Theories of Collective Action and Revolution: Evidence from the Romanian Transition of December 1989," *Europe – Asia Studies*, Vol. 52, No. 6, 2000.

Risa Brooks, "Abandoned at the Palace: Why the Tunisian Military Defected from the Ben Ali Regime in January 2011," *Journal of Strategic Studies*, Vol. 36, No. 2, 2011.

Robert D. Benford and David A. Snow, "Framing Processes and Social Movements: An Overview and Assessment," *Annual Review of Sociology*, Vol. 26, 2000.

Robert D. Benford, " 'You Could Be the Hunderdth Monkey': Collective Action Frames and Vocabularies of Motive Within the Nuclear Disarmament Movement," *The Sociological Quarterly*, Vol. 34, No. 2. 1993.

Robert M. Entman, "Contestable Categories and Public Opinion," *Political Communication*, Vol. 10, No. 3, 1993.

Robert M. Entman, "Framing Bias: Media in the Distribution of Power," *Journal of Communication*, Vol. 57, No. 1, 2007.

Robert M. Entman, "Framing US Coverage of International News: Contrasts in Narrative of the KAL andIran Air Incidents," *Journal of Communication*, Vol. 41, No. 4, 1991.

Robert M. Entman, "Framing: Toward Clarification of a Fractured Paradigm," *Journal of Communication*, Vol. 43, No. 4, 1993.

Roberto M. Fernandez and Doug McAdam, "Social Networks and Social Movements: Multiorganizational Fields and Recruitment toMississippi Freedom Summer," *Sociological Forum*, Vol. 3, No. 3, 1988.

Rodger A. Payne, "Persuasion, Frames and Norm Construction," *European Journal of International Relations*, Vol. 7, No. 1, 2001.

Rodney Stark and William Sims Bainbridge, "Networks of Faith: Interpersonal Bonds and Recruitment to Cults and Sects," *American Journal of Sociology*, Vol. 85, No. 6, 1980.

Roel Meijer, "Taking the Islamist Movements Seriously: Social Movements Theory and the Islamist Movement," *International Journal of Social History*, Vol. 50, No. 2, 2005.

Roger V. Gould, "Collective Action and Network Structure," *American Sociological Review*, Vol. 58, No. 2, 1993.

Ronen, Yehudit, "Britain's Return to Libya: From the Battle of al – Alamein in the Western Libyan Desert to the Military Intervention in the 'Arab Spring' Upheaval," *Middle Eastern Studies*, Vol. 49, No. 5, 2013.

Rory McVeigh, David Cunningham and Justin Farrellc, "Political Polarization as a Social Movement Outcome: 1960s Klan Activism and Its Enduring Impact on Political Realignment in Southern Counties, 1960 to 2000," *American Sociological Review*, Vol. 79, No. 6, 2014.

Roy Allison, "Russia and Syria: Explaining Alignment with a Regime in Crisis," *International Affairs*, Vol. 89, No. 4, 2013.

Ruud Koopmans, "Protest in Time and Space: The Evolution of Waves of Contention," in David A. Snow, Sarah A. Soule and Hanspeter. Kriesi, eds., *The Blackwell Companion to Social Movements*, Oxford: Blackwell, 2004.

Ryan Kennedy, "A Colorless Election The 2005 Presidential Election inKazakhstan, and What It Means for the Future of the Opposition," *Problems of Post – Communism*, Vol. 53, No. 6, 2006.

S Laajus, "North AfricaTunisia's 'Jasmine Revolution'," *African Research Bulletin Political Social and Cultural series*, Vol. 48, No. 1, 2011.

Saad E. Ibrahim, "Grasstoots Participation in Egyptian Development," *Cairo Papers in Social Science*, Vol. 19, No. 3, 1996.

Salwa Ismail, "Authoritarian Government, Neoliberalism and Everyday Civilities inEgypt," *Third World Quarterly*, Vol. 32, No. 5, 2011.

Samuel Charap, "Russia, Syria and the Doctrine of Intervention," *Survival: Global Politics and Strategy*, Vol. 55, No. 1, 2013.

Samuel Helfont and Tally Helfont, "Jordan: Between the Arab Spring and the Gulf Cooperation Council," *Orbis*, Vol. 56, No. 1, 2012.

Sarah Gaby and Neal Caren, "Occupy Online: How Cute Old Men and Malcolm X Recruited 400,000US Users to OWS on Facebook," *Social Movement Studies*, Vol. 11, No. 3-4, 2012.

Sarah Johnstone and Jeffrey Mazo, "Global Warming and the Arab Spring," *Survival*, Vol. 53, No. 2, 2011.

Sarah Johnstone, Sarah and Jeffrey Mazo, 2011, "Global Warming and the Arab Spring," *Survival*, Vol. 53, No. 2, 2011.

Sarah Kerton, "Tahrir, Here? The Influence of the Arab Uprisings on the Emergence of Occupy," *Social Movement Studies*, Vol. 11, No. 3-4, 2012.

Sarah Wolff, "Constraints on the Promotion of the Rule of Law inEgypt: Insights from the 2005 Judges' Revolt," *Democratization*, Vol. 16, No. 1, 2009.

Sasha Costanza-Chock, "Mic Check! Media Cultures and the Occupy Movement," *Social Movement Studies*, Vol. 11, No. 3-4, 2012.

Scott P. Robertson and Ravi K. Vatrapu, "Off the Wall Political Discourse: Facebook Use in the 2008U. S. Presidential Election," *Information Polity: The International Journal of Government & Democracy in the Information Age*, Vol. 15, No. 1-2, 2010.

Seyed Amir Niakooee, "Contemporary Arab Uprisings: Different Processes and Outcomes," *Japanese Journal of Political Science*, Vol. 14, No. 3, 2013.

Shadi Hamid, "Tunisa: Birth place of the Revolulition," in Kenneth M. Pollack, et al., *The Arab Awakening: America and the Transformation of the Middle East*, Washington, D. C.: Brookings Institution Press, 2011.

Shadi Hamid, "Egypt: The Prize," in Kenneth M. Pollack, et al., *The Arab Awakening: America and the Transformation of the Middle East.*

Shadi Hamid, "Islamists and Nonviolent Action," in Maria J. Stephan ed.,

Civil Jihad: Nonviolent Struggle, Democratization, and Governance in the Middle East. New York: Palgrave Macmillan, 2009.

Shadi Hamid, "The Rise of the Islamists," *Foreign Affairs*, Vol. 90, No. 3, 2011.

Sharon Erickson Nepstad, "Mutiny and Nonviolence in the Arab Spring: Exploring Military Defections and Loyalty inEgypt, Bahrain, and Syria," *Journal of Peace Research*, Vol. 50, No. 3, 2013.

Sharon Erickson Nepstad, "Nonviolent Resistance in the Arab Spring: The Critical Role of Military – Opposition Alliances," *Swiss Political Science Review*, Vol. 17, No. 4, 2011.

Shashank Joshi, "Reflections on the Arab Revolutions: Order, Democracy and Western Policy," *Rusi Journal*, Vol. 156, No. 2, 2011.

Sherine E. Hamdy, "Strength and Vulnerability afterEgypt's Arab Spring Uprisings", *American Ethnologist*, Vol. 39, No. 1, 2012.

Sherry Cable and Beth Degutis, "Movement Outcomes and Dimensions of Social Change: The Multiple Effects of Local Mobilizations," *Current Sociology*, Vol. 45, No. 3, 1997.

Shmuel Bar, "America's Fading Middle East Influence," *Policy Review*, No. 166, 2011.

Simon Cottle, "Media and the Arab Uprisings of 2011: Research Notes," *Journalism*, Vol. 12, No. 5, 2011.

Stefan Hasler, "Explaining Humanitarian Intervention inLibya and Non – Intervention in Syria," Master's Thesis, Naval Postgraduate School, Monterey, June 2012.

Stephen Blank, "The Putin Succession and Its Implications for Russian Politics," *Post – Soviet Affairs*, Vol. 24, No. 3, 2008.

Stephen C. Poulson, "Nested Institutions, PoliticalOpportunity, and the Decline of the Iranian Reform Movement Post 9/11," *American Behavioral Scientist*, Vol. 53, No. 1, 2009.

Stuart Schrader and David Wachsmuth, "Reflections on Occupy Wall Street, the State and Space," *City*, Vol. 16, No. 1 – 2, 2012.

Susanne Lohmann, "The Dynamics of Informational Cascades: The Monday

Demonstrations in Leizig, East Germany, 1989 - 91," *World Politics*, Vol. 47, No. 1, 1994.

Sushil Bikhchandani, David Hirshleifer, and Ivo Welch, "A Theory of Fads, Fashion, Custom and Cultural Change as Informational Cascades," *Journal of Political Economy*, Vol. 100, No. 5, 1992.

Sushil Bikhchandani, David Hirshleifer, and Ivo Welch, "Learning from the Behavior of Others: Conformity, Fads, and Informational Cascades," *The Journal of Economic Perspectives*, Vol. 12, No. 3, 1998.

Svante E. Cornell, "International Reactions to Massive Human Rights Violations: The Case ofChechnya," *Europe - Asia Studies*, Vol. 51, No. 1, 1999.

Svetlana V. Kulikova and David D. Permutter, "Blogging Down the Dictator? The Kyrgyz Revolution and Samizdat Websites," *The International Communication Gazette*, Vol. 69, No. 1, 2007.

Tan Yangfang, "A review of the 'Occupy Wall Street' Movement and Its Global Influence," *International Critical Thought*, Vol. 2, No. 2, 2012.

Taras Kuzio, "State - led violence inUkraine's 2004 Elections and Orange Revolution," *Communist and Post - Communist Studies*, Vol. 43, No. 4, 2010.

Tarik Ahmed Elseewi, "A Revolution of Imagination," *International Journal of Communications*, Vol. 5, 2011.

Tarik M. Yousef, "Development, Growth and Policy Reform in the Middle East andNorth Africa since 1950," *The Journal of Economic Perspectives*, Vol. 18, No. 3, 2004.

Tatyana Zvereva, "Sarkozy vs. Qaddafi," *International Affairs*, Vol. 57, No. 4, 2011.

Taylor Claire, "Military Operations inLibya," *House of Commons Standard Notes*, SN/IA/5909 24, 2011.

Theodor Tudoroiu, "Rose, Orange, and Tulip: The Failed Post - Soviet Revolutions," *Communist and Post - Communist Studies*, Vol. 40, No. 3, 2007.

Thomas G. Weiss, "RtoP Alive and Well afterLibya," *Ethics & International*

Affairs, Vol. 25, No. 3, 2011.

Thorsten Benner, "Brazil as a Norm Entrepreneur: The 'Responsibility While Protecting' Initiative," Global Public Policy Institute Working Paper, 2013.

Timur Kuran, "Now Out of Never: The Element of Surprise in the East European Revolution of 1989," *World Politics*, Vol. 44, No. 1, 1991.

Timur Kuran and Cass R. Sunstein, "Availability Cascades and Risk Regulation," *Stanford Law Review*, Vol. 51, No. 4, 1999.

Tom Isherwood, "A new direction or more of the same? Political Blogging inEgypt," *Arab Media & Society*, 2008.

Uri Dadush and Michele Dunne, "American and European Responses to the Arab Spring: What's the Big Ideas," *The Washington Quarterly*, Vol. 34, No. 4, 2011.

Valentine M. Moghadam, "Transnational Feminist Networks: Collective Action in an Era of Globalization," *International Sociology*, Vol. 15, No. 1, 2000.

Valerie Bunce, Michael Coppedege, "International Diffusion and Post-Communist Electoral Revolutions," *Communist and Post-Communist Studies*, Vol. 39, No. 3, 2006.

Wade Rathke, "The Arab Spring and the Occupy Movement," *Social Policy*, Vol. 42, No. 2, 2012.

Wael Salah Fahmi, "Bloggers' Street Movement and the Right to the City. (Re) claimingCairo's Real and Virtual 'Spaces of Freedom'," *Environment and Urbanization*, Vol. 21, No. 1, 2009.

Walter Armbrust, "The Revolution against Neoliberalism," *Jadaliyya*, February 23, 2011.

Wil Pansters, "Social Movement and Discourse: The Case of the University Reform Movement in1961 in Puebla, Mexico," *Bulletin of Latin American Research*, Vol. 9, No. 1, 1990.

William A. Gamson, "Arab Spring, Israeli Summer, and the Process of Cognitive Liberation," *Swiss Political Science Review*, Vol. 17, No. 4, 2011.

William C. Wohlforth, "Unipolarity, Status Competition, and Great Power

War," *World Politics*, Vol. 61, No. 1, 2009.

William Gamson and Antonio Modigliani, "The Changing Culture of Affirmative Action," in Richard G. Braungart and Margaret M. Braungart eds., *Research in Political Sociology*, Vol. 3, Greenwich, CT: JAI Press, 1987.

Wolfram Lacher, "Families Tribes and Cities in The Libyan Revolution," *Middle East Policy*, Vol. 18, No. 4, 2011.

Xiaotong Li, "Informational Cascades in IT Adoption," *Communication of the ACM*, Vol. 47, No. 4, 2004.

Yehudit Ronen, "Britain's Return to Libya: From the Battle of al–Alamein in the Western Libyan Desert to the Military Intervention in the 'Arab Spring' Upheaval," *Middle Eastern Studies*, Vol. 49, No. 5, 2013.

Yezid Sayigh, etc., "Rethinking the Study of Middle East Militaries," *International Journal of Middle East Studies*, Vol. 43, No. 3, 2011.

Yusery Ahmed Ezbawy, "The Role of the Youth's New Protest Movements in the January 25th Revolutions," *IDS Bulletin*, Vol. 43, No. 1, 2012.

Zeev Maoz, "Framing the National Interest: The Manipulation of Foreign Policy Decision in Group Setting," *World Politics*, Vol. 43, No. 1, 1990.

Zhondang Pan and Gerald M. Kosicki, "Framing Analysis: An Approach to News Discourse," *Political Communication*, Vol. 10, No. 1, 1993.

Ziad Munson, "Islamic Mobilization: Social Movement Theory and the Egyptian Muslim Brotherhood," *Sociological Quarterly*, Vol. 42, No. 4, 2001.

Zizi Papacharissi and Maria de Fatima Oliveira, "Affective News and Networked Publics: The Rhythms of News Storytelling on #Egypt," *Journal of Communication*, Vol. 62, No. 2, 2012.

Zouheir A. Maalej, "The 'Jasmine Revolt' has made the 'Arab Spring': A Critical Discourse Analysis of the Last Three Political Speeches of the Ousted President of Tunisia," *Discourse & Society*, Vol. 23, No. 6, 2012.

"A Million Voices, One Message," *Inter Press Service*, February 1, 2011.

"Ben–Eliezer: Mubarak Regime, Peace will Endure," *Jerusalem Post*, January 28, 2011.

"Defiance Surprises White House, Threat Chaos," *The Washington Post*, February 12, 2011.

"Egypt: Is the Party Over?" *The Middle East*, March 2011.

"Egypt: The Culture Revolution," *New York Times Book Review*, Feb 20, 2011.

"Egyptians Battle for Heart ofCairo," *The Toronto Star*, February 3, 2011.

"ElBaradei's Role Cast in Doubt", *Wall Street Journal*, February 3, 2011, quoted in Sharp, *Egypt: The January 25 Revolution and Implications for U. S. Foreign Policy*.

"Event Summary: A View fromTunisia: Elections after the Arab Spring," Chatham House, November 2011.

"Helicoptes, Tanks, A Burst of Gunfire... a Crackdown or False Alarm inCairo," *Daily Mail (London)*, Feb 7, 2011.

"Hell Breaks losse and Egypt Teeters. Rioters Fill streets, Rage against Mubarak, Obama Urges Ally to Enact Major Reforms," *Daily News (New York)*, Jan 29, 2011.

"Leaders Backer, Rich and Poor, see Much to Lose," *The Washington Post*, February 3, 2011.

"Leader's Backers, Rich and Poor, See Much to Lose," TheWashington Post, Feb 3, 2011.

"Movement Began with Outrage and A Facebook Page that Gave it an Outlet," *Associated Press*, February 5, 2011.

"Mubarak backers join fray inEgypt; Widespread clashes kill 3, injure 1,500," *The Washington Times*, Feb 3, 2011.

"Mubarak LeavesEgypt on Edge between Promise and Peril," *USA Today*, Feb 11, 2011.

"Mubarak Refuses to Heed the Call," *Sunday Telegraph (Australia)*, Feb 6, 2011.

"Mubarak won't Run again, but Stays; Obama Urges a Faster Shift of Power," *The New York Times*, February 2, 2011.

"The Brutal Rule, and Sudden Fall, of The Man Who would be Pharaoh," *The Guardian (London)*, February 12, 2011.

"The people against the police. Egyptians fight to get toTahrir Square," *Jerusalem Post*, February 3, 2011.

"Those nearest the Top Eat their Own: Fragmented Elite Likely Led to Capitulation," *National Post* (*Canada*), February 12, 2011.

"Unmoved by Mubarak's Speech, Egyptian Protests insist: 'He must Leave'," *The Christian Science Monitor*, Feb 1, 2011.

后　记

　　国内学术界对中东变局的研究，在 2011 年至 2013 年左右曾经出现过一段热潮。不过，随着美国重返亚太、"伊斯兰国"的崛起、叙利亚难民危机的出现、俄罗斯军事干预叙利亚等重大国际事件的出现，关于中东变局的研究力度，似乎在一定程度上受到了冲击。如学术界关于中东变局的研究成果数量自 2014 年后明显减少，就是一个比较明显的例子。毫无疑问，"伊斯兰国"的崛起、俄罗斯干预叙利亚危机等问题，与中东变局密切相关，在一定程度上属于中东变局衍生的间接后果。不过，除了对其影响进行考察，研究中东变局的起源、发展演变等问题仍有其必要性和意义。毕竟，要深入把握中东变局为何会带来如此复杂的直接或间接后果，还是有必要回到中东变局出现的背景或原因，以及中东变局的发展在不同国家为何会生发出截然不同的演变轨迹等问题上。这对于把握中东地区未来是否会再次发生大规模的社会运动，其他地区的社会运动是否会以及如何从中东变局中汲取经验教训等问题也能提供部分启示。故本书虽然也考察了中东变局带来的部分后果（第四部分），但把重点放在变局前的中东发展形势（第一部分）与中东变局的发展过程（第二、第三部分）上。

　　本书虽然尝试对中东变局进行具有一定理论深度的研究，但依旧存在不少缺憾。本书主要选择运用社会运动理论对中东变局进行研究，同时也借鉴了部分国际关系理论方面的成果，以探讨外部行为体对中东变局的应对与介入。社会运动理论与国际关系理论相关视角的结合，或许有助于较为深入地把握中东变局中部分具有重要理论和现实意义的问题。当然，即使社会学与国际关系学的相关理论工具能为理解中东变局提供部分洞见，但这些理论本身存在的不足以及两种理论分属不同的学科范畴，依旧限制了本书的研究深度。遗憾的是，由于理论水平不够和对中东变局的了解有限,本书并未基于中东变局提出创新性的理论模型。换言之,本书在很大程度上依旧属于理论运用型研究,而非理论创建型研究。此外,本书也未能涉及与中东变局密切相关的其他重大问题,如不同中东国家为何受到变局影响的程度不同?为何不同国家的军队在对待大规模抗议活动时立场有明显差异?大国对中东变局的应对有何异同?"伊斯兰国"为何能迅速实现崛起?"伊斯兰国"倡导的理念与国际体系的现有规范之间的关系如何?等等。这些重大的现实与理论问题,还有待学术界展开更多的研究。

本书是团队协作的成果,故首先需要对各章作者所付出的辛劳表示感谢。具体分工情况可见序言。其次,本书部分内容曾经在公开刊物上予以发表,作者对这些期刊及其审稿专家、编辑人员表示衷心感谢。第四章的部分内容发表在《社会学评论》2016年第3期上,第五章的内容刊发在《世界经济与政治》2013年第1期上,第六章发表在《社会学研究》2011年第6期上,第七章发表在《外交评论》2012年第2期上,第八章发表在《世界宗教研究》2013年第4期上,第九章发表在《国际安全研究》2013年第3期上,第十章发表在《欧洲研究》2014年第5期上,第十一章发表在《国际论坛》2015年第2期上,第十三章发表在《国际安全研究》2014年第3期上,第十四章发表在《外交评论》2016年第2期上,第十五章发表在《国际安全研究》2015年第6期上,第十六章发表在《世界经济与政治》2015年第1期上。这些刊物认真负责的态度以及约请的审稿专家提出的中肯修改意见,使这些研究成果的质量得到了明显改善。对于这些刊物约请的审稿专家所做的无私工作和编辑部各位老师所做的细致编辑工作,作者致以诚挚的谢意。当然,需要指出的是,由于受到期刊刊发论文篇幅所限,本书部分章节的部分内容在发表过程中被删节,故作者在本书中又将被删节的内容重新加以整理,希望把这些成果以一种更为完整的形式呈现出来。

再次,感谢教育部和国家社科基金项目对中东变局研究的资助。本书内容系曾向红主持的教育部人文社科基金青年项目——"社会运动理论视角下的西亚北非政治剧变及其启示"(项目批准号为11YJCGJW022)与国家社科基金西部项目——"中东国家的社会变迁与社会运动研究(项目批准号为13XGJ001)"的主要研究成果。没有教育部和国家社科基金项目的资助,本项目是不可能完成的。当然,本书只刊发了这两个项目研究成果中的部分内容。此外,教育部给予作者所处单位——兰州大学中亚研究所——的"教育部区域和国别研究培育基地"建设资金,也为作者的研究提供了资金等方面的支持。作者同样表示感谢。

然后,对支持过本书研究的前辈师友表示诚挚谢意。感谢兰州大学杨恕教授、丁志刚教授、张新平教授、马云志教授,清华大学沈晓晨博士,上海外国语大学中东研究所孙德刚研究员,中国现代国际关系研究院田文林研究员,西北大学中东研究所赵广成教授,厦门大学公共事务学院范鸿达教授等人针对本书的部分研究成果提出的宝贵建议。而《世界经济与政治》编辑部袁正清研究员、主父笑飞老师,《外交评论》编辑部陈志瑞老师、吴文成老师,《国际安全研究》编辑部谭秀英老师、谢磊老师,《欧洲研究》编辑部宋晓敏老师、张海洋老师,《社会学研究》编辑部杨可老师,《世界宗教研究》李建欣研究员等前辈师友,不仅为刊发相关成果做了众多贡献,而且就研究成果提出许多有价值的修改意见,作者对此心怀感激。感谢中国社会科学出版社的罗莉老师。此前在出版《世界观与国际关系理论》一书时,作者即有幸与罗莉老师合作。罗老师的敬业和负责,令我感觉到与她合作是一种十分愉悦的经历。而她严谨、细致的编辑工作,修正了本书存在的不少问题,令本书增色不少。衷心感谢罗老师的付出!

最后感谢我的家人。在本书的研究和写作过程中,我的师弟,如曹伟、王术森、宛程等人,往往是我成果的第一读者,他们或对此进行质疑,或提出修改意见,促使我不断完善既有研究成果。他们是我在学术道路上的热情伙伴。而我的学生,如陈亚州、杨双梅、王慧婷、霍杰、庄宏韬、陈明霞等人,有的参与了部分章节的写作,有的为本书的完善做了不少文字工作,在此一并致谢。无论是师弟师妹还是学生,都是我的家人。还需要感谢的是我的亲人。正是他们的支持和付出,才能令我心无旁骛地潜心于学术研究。尤其是我的妻子,在同样需要完成繁重教学科研工作的同时,她还对我的科研工作给予全心全意的支持,并在生活上给予无微不至的照顾。没有她的付出,本书根本不可能完成。如果说可以将一本书送给某个人,那么,她当之无愧能够享受这一礼遇!当然,还得感谢家里那位调皮捣蛋的小家伙。孩子的出生和成长,带给了我很多难以言喻的快乐和欣慰。只是因为长期在办公室从事科研工作以及需要完成相关教学工作,我很少有较为完整的时间陪伴他。对此,我心怀愧疚。希望以后能有机会弥补,尽量不要错过他成长过程中的精彩瞬间!

毫无疑问，本书依旧存在着诸多的问题与不足。这些错误与不足，均由作者负责，与其他人或本人所属的机构无关。作者诚恳希望能得到读者们的批评指正！如有批评意见或建议，请与作者联系。作者的电子邮箱为 zengxh@lzu.edu.cn。期待得到学术界和读者们的反馈。

曾向红
2017 年 5 月